世界传世藏书

【图文珍藏版】

世界通史

刘宇庚⊙主编

线装书局

图书在版编目（CIP）数据

世界通史：全6册 / 刘宇庚主编. -- 北京：线装书局，
2014.6
ISBN 978-7-5120-1397-1

Ⅰ.①世… Ⅱ.①刘… Ⅲ.①世界史－通俗读物
Ⅳ.①K109

中国版本图书馆CIP数据核字(2014)第087877号

世界通史

主　　编：刘宇庚
责任编辑：高晓彬
装帧设计：博雅圣轩藏书馆 Boyashengxuan Cangshuguan
出版发行：线装书局
　　　　　地　址：北京市西城区鼓楼西大街41号（100009）
　　　　　电　话：010-64045283　64041012
　　　　　网　址：www.xzhbc.com
经　　销：新华书店
印　　制：北京德富泰印务有限公司
开　　本：787mm×1092mm　1/16
印　　张：168
彩　　插：8
字　　数：2040千字
版　　次：2014年6月第1版第1次印刷
印　　数：0001－3000套

定　　价：1580.00元（全六册）

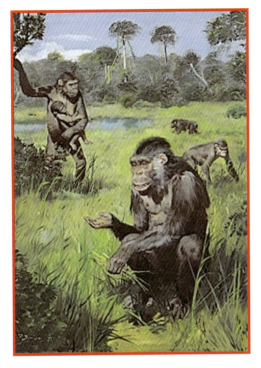

腊玛古猿复原图

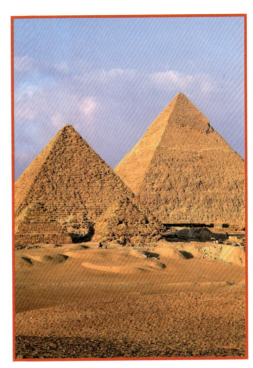

埃及金字塔

凯撒大帝雕像

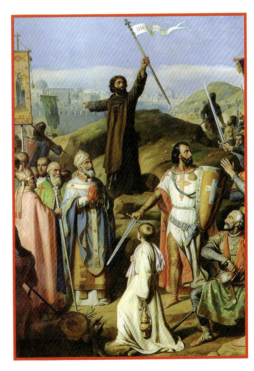

十字军东征

《马可·波罗游记》成书

米开朗基罗名作《最后的审判》

法国卢浮宫

英国白金汉宫

法国大革命

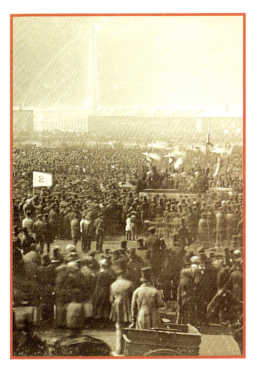

英国宪章运动

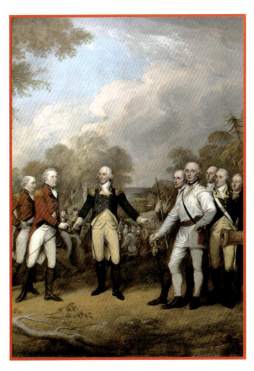

美国独立战争

俄国十月革命

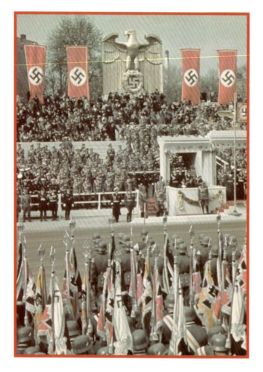

纳粹德国阅兵式

斯大林格勒保卫战

尼克松访华

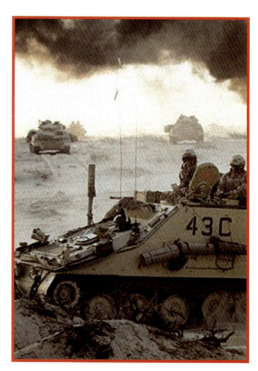

海湾战争

德国的统一和崛起

前苏联解体

莫斯科"十月事件"

美国"9·11"事件

伊拉克战争

日本福岛核泄漏

美国"棱镜门"事件

乌克兰局势动荡

前　言

　　对历史进行全球性探索的方法是现代历史编纂学的崭新起点,从十八世纪启蒙时代起,历史研究注重国别史,而不注重人类史。但是近年来,当代各重大事件的全球性日益显著,人们对世界史的兴趣也随之大增。

　　世界人类历史,经历了风雨坎坷的五千年文明历程。永恒的金字塔与斯芬克斯之谜,古埃及古老的神圣魔力,这一切都来源于太阳神与星河文明的神话传说;由古埃及艳后的红杏出墙与千古美神斯巴达王后海伦娜的私奔,又引出了世界政治战争史上最为浪漫的篇章——荷马史诗时代;在共和与专制,进步与野蛮,人性与兽性的惨烈对决中,人本主义逐渐被泯灭,被扼杀,神圣的铁幕缓缓降下,封建与神教至上的中世纪时代全面来临;当浪漫的骑士哼着忧伤的情歌,古道西风瘦马,断肠于夕阳下的时候,一位痴情于初恋的天使——贝娅特丽采的伟大诗人,浮想联翩,夜不能寐,微风拂煦,旭日临窗,一曲《神曲》,吹响了新世纪的号角。

　　发端于 14 世纪的文艺复兴运动,标志着一个新的时代——人文主义时代的到来。文艺复兴与商业的繁荣,人口的增长和不同文明之间的汇合相互呼应,不仅在更大范围内改变了人们的观念和生活方式,也进一步冲击了教皇和教会的权威,至此,全球文明的序幕已经完全拉开。

　　16 世纪末的尼德兰革命,揭开了资产阶级大革命的序幕。随之展开的是:1640 年英国资产阶级革命;1775 年美国独立战争;1789 年法国资产阶级大革命。一幅幅波澜壮阔的画卷在全球各地轰轰烈烈、如火如荼地挥洒写意,其纵横淋漓之气势已经彻底打破了世界历史进程规律与传统记录方式,巨大的变革摧枯拉朽般荡涤了旧有的一切秩序,英雄主义的革命史诗,将时代大步推向前进,前进!

　　当世界各地人民砸烂旧的机器,为自由、民主、人权独立而鏖战的时候,一连串的发明使他们居住的世界发生了翻天覆地的变化,这些发明让 18 世纪古老的生产方式发生了质的飞跃;新的生产力的解放,促成了掌握生产力即科技革命先机者成为新社会财富的霸主,并进而在政治、经济、国际秩序以强权和武力来巩固这种霸主地位。

　　遵循这条线索,随之而来的两次世界大战、长达四十余年的冷战以及大小不断的热战、高科技战争,其中的内幕与前因后果,也就昭然若揭了。

基于全人类共同的理想信念与历史良知，由世界不同角落的一群历经沧桑久远的智者、悲欢离合的见证人、责任与使命的承担者，将他们共同的聚焦点，在各国历史之外，综合运用多种艺术手法，为我们生动地描绘了一幅全新的世界历史嬗变图景。

　　今天，发生在世界各地的各类事件，离我们越来越近，与我们越来越有关联。历史是国家和人类的传记，而读史可以使人打开通往诸多学科的门径，它不但是过往的印记，更是当代的借鉴和后世的教训。有鉴于此，我们组织有关专家学者编撰了这套《世界通史》，本套丛书共分六册，以200多万字、500余幅珍贵图片，全景再现了人类从诞生一路走到今时今日的壮美征程。

　　为了充分展现人类历史光辉灿烂的进程，我们秉承传统修史严谨求证的风气、依托现代审美观念的革新，以通史之体例，用通俗易懂的文字，全方位介绍世界历史的基础知识，内容宏富充实，史事翔实有据，图片丰富多彩，具有深刻的历史感和鲜明的时代感。在编辑思路上打破了传统历史以语言文字为载体、由抽象的逻辑关系联系人物和事件的格式，利用大量的图片来将其物象化、具体化；那些虽经风蚀水浸却仍精美绝伦的文物藏品，那些久历岁月消融却雄风依旧的遗迹，那些尘封失忆但光彩不减的书影照旧……让历史具备了颜色和质地，具备了可触摸感、可观赏感。这不仅淡化了历史和现实之间与生俱来的疏离和神秘，更令读者从中获得丰富的信息、视觉的美感以及精神的愉悦。以图证史，全面地展示了世界文明，使读者可以清晰地、系统地把握历史的发展脉络，力求达到史学、文学与美学三者的完美统一，使读者以新视角、多层面看见历史，感受历史，思考历史，这便是本书最大的特色和价值所在。

目　录

世界传世藏书

世界通史

目录

四

现当代世界史

世界传世藏书

世界通史

目录

世界传世藏书

世界通史

目录

· 世界通史 ·

古代世界史

导 读

　　世界古代史始自三四百万年前人类的出现,止于约公元 15 世纪,分为上古和中古两个历史时期,经历了原始社会、奴隶社会和封建社会。时间跨度自人类诞生以来到文艺复兴(14——16 世纪)的一段时期。文明出现之前,人类经历了漫长的史前时期。随着生产力的发展,原始社会逐渐被阶级社会所代替,从五六千年前开始,在亚非的大河流域、欧洲的希腊和罗马相继诞生了灿烂的古代文明,出现了国家,进入了奴隶社会。在奴隶制度衰落和崩溃的过程中,封建制度得以发展和确立,社会经济和文化缓慢地向前发展。在世界古代史时期,各地区各民族创造的古代文明为近代文明的产生与发展奠定了基础。佛教、基督教和伊斯兰教三大宗教的形成对世界历史的发展产生了深远影响。从人类文明出现到 15 世纪,亚洲、非洲和欧洲之间的接触和交流逐渐加强,美洲和大洋洲则与亚洲、非洲和欧洲处于基本隔绝的状态。

古代世界史实纵横

最早被公认为人类的物种——"能人"出现

距今 180 万年"能人"推测已能直立行走。

1974~1975 年,在坦桑尼亚北部伽鲁西河流域的拉托利地层发现了 13 个早期猿人化石,主要是上、下颌和牙齿。经测定,年代约在距今 359~377 万年之间,这是目前所知道的最早的人类化石。1973~1974 年,在埃塞俄比亚的哈达尔地区也发现了一些早期的人类化石,其年代约在 350 万年前。然而,在这两处人类化石的地层中均未见石器,而石器的制造是人类形成的主要证据,因此有待于进一步探讨。1968 年,在东非肯尼亚特卡纳湖(旧称卢多尔夫湖)东部的库彼弗拉发现一些砾石打制的石器,其距今 180 万年左右,是迄今所知最早的石器。1972年 8 月,在上述地层下的 35.5 米发现了人的颅骨化石,暂按登记号码称之为"KNM—ER1470 号头骨",经测定约为200 万年前。其脑容量为 700 毫升以上(接近 800 毫升),

晚期猿人

颅骨形态与现代人近似,如眼窠隆起不大,没有明显突出的眉脊等等,因而在进化系统中的位置有较大的争论。自 1960 年起,在东非坦桑尼亚的奥都威峡谷陆续发现了一些人类化石,定名为"能人",经测定距今 180 万年。"能人"下肢已能直立行走,手骨表明拇指能与其他四指对握。在同一层位还发现不少砾石打制的石器。

人类三大现代人种开始形成

距今约 5 万年前晚期智人形成的时候,人类种族或人种也开始形成。大多数人类学家将全世界的居民分为三大种族或三个主要人种,即蒙古利亚人种或亚美人种(黄种)、欧罗巴人种(白种)和澳大利亚——尼格罗人种(黑种),三大人种中还分出较小种族的各种类型和过渡类型。蒙古利亚人种的特征是肤色淡黄或棕黄,黑发直而硬,胡须少或极少,体部第三期毛发不发达。脸平扁宽大,颧骨明显突出,颚宽,没有低眶类型。鼻宽度中等,鼻根低矮或中等。主要分布在辽阔的亚洲地域,包括亚洲北部西伯利亚、中亚、东亚、东南亚,美洲的印第安人也属于这一人种。澳大利亚——尼格罗人种的特征是肤色黝黑,毛发和眼睛呈黑色或深黑色,眼裂开度较大,卷曲型或波型发,脸部和体部第三期毛发极少(但澳大利亚人却很发达)。鼻宽扁,嘴裂宽阔度大,厚唇面凸,上唇前实,下肢顾长。主要分布在北回归线以南的地区,如非洲中部、东部、南部、澳洲、印度南部、印度尼西亚、斯里兰卡、菲律宾等地,还因殖民者的黑奴买卖而移居美洲。欧罗巴人种的特征是肤色一般较浅淡,从浅色、浅褐色到褐色。头发柔软,呈波状或直型,发色金黄或黑褐,瞳孔多碧蓝色、褐色或浅灰色。鼻狭而高,

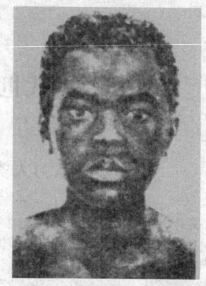

非洲东北部是黑色人种的起源地。图为黑色人种。

体毛及胡须均发达。主要分布于欧洲、北非、西亚和北印度等地,中世纪晚期以后,一些人逐渐移居美洲。人种的差别只是表现在体质形态的外表如肤色、眼型、鼻型、发型等等,而并非说明各人种之间智力的差别或种族的优劣。地理环境在人类种族形成中起着重要作用,如各人种肤色的变异在地理分布上有其规律性。随着纬度的增高,太阳斜射,紫外线的辐射量减弱,人类肤色也由深变浅,由黑变白。生活在赤道附近的人多具有深黑的肤色,皮内含黑色素(黑蛋白)较多。黑色素有强烈的吸收紫外线的能力,从而起到了保护皮肤的作用,以免被过多的紫外线照射而受损伤。在人类种族发展过程中,社会因素的作用也在不断增强,这一点也是不应忽视的。

旧石器时代生产工具不断演进

在原始社会里,人类制造和使用的生产工具主要是石器,而最早的石器考古学家称之为旧石器。根据石器制造技术的演进和生产的发展,一般将整个旧石器时代分为早、中、晚三个时期。旧石器时代早期,均始于完全形成的人类出现阶段,即距今 30 万(或 20 万)~300 万(或 200 万)年间。当时石器制造方法简单(以石击石的打制法),加工粗糙,形状简陋,类型也少。根据目前所掌握的考古资料,最早的旧石器发现于肯尼亚特卡纳湖的库彼弗拉,定年为 216 万年前。这种粗糙的石器是原始人类从事采集和狩猎活动,赖以生存的主要工具。这一时期的晚期,石器制造有了进步,逐渐向专用化演进,出现了砍砸器、刮削器、尖状器等几种类型的石器。旧石器比以前精致规整,形状也已增多。典

型的旧石器中期文化,是中国的丁村文化和欧洲的穆斯特文化。丁村文化石器的主要类

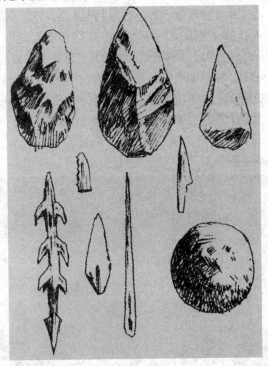

在长期的劳动实践中,早期智人积累了丰富的生产经
验,工具制作有了较大进步,工具的类型趋向多样化和定
型化,出现了雕刻器、石球、石钻等石器。

型有厚尖状器、砍砸器、刮削器和石球等;穆斯特文化石器以小型尖状器和刮削器为代
表,表明石器的用途已有明显分工。由于能猎取大动物,兽骨开始成为工具原料之一,在
穆斯特文化层中曾发现骨针,说明当时人类已能用骨针缝制衣服。旧石器时代晚期,始
于 5 万年前,到大约 1.5 万年前。石器制造除继续采用打击和琢削的方法外,还发明了压
削的方法,使石器更为规整、美观、适用。同时,在澳大利亚的阿南姆兰半岛还发现了世
界上最早的磨制石斧,定年为 2.2 万年前,说明当时的人类已开始掌握磨制石器的技术。
这一时期,骨器和角器广泛流行,有的石器、骨器和角器还装上木柄,结合成为复合工具
或复合武器。旧石器时代晚期文化中,著名的有北京周口店的山顶洞文化、宁夏的水洞
沟文化、山西的峙峪文化以及欧洲的奥瑞纳文化、梭鲁特文化和马德林文化。

人类第一个社会组织形式——血缘家族出现

旧石器时代早期和中期的社会组织是"血缘家族"。马克思曾经指出:"血缘家族是

第一个社会组织形式。"在血缘家族内部，婚姻按照辈数来划分，"所有的祖父和祖母，都互为夫妻；他们的子女，即父亲和母亲，也是如此；同样，后者的子女，构成第三个共同夫妻圈子。"这种家族形式排除了祖先和子孙之间，双亲和子女之间互为夫妻的权利和义务。而所有的兄弟姊妹，包括从兄弟姊妹之间可以互为夫妻。在血缘家族阶段，一个家族就是一个集团，一个公社，一个生产单位。从考古材料中可以看出，家族内部大概已经有了两性分工。如在坦桑尼亚的奥都威峡谷的遗址中，发现了各种类型的砾石器，有的用于狩猎，有的用于采集，有的则用于各种食物的加工。大约男子从事狩猎，女子则从事采集和养育子女。当时，社会生产力十分低下，人们过着集体劳动、共同消费的生活。人们也一起抵抗自然灾害的袭击。

旧石器时代中期，人们开始猎取大动物猛犸象。

人类狩猎活动逐渐进入新阶段

　　早在旧石器时代早期，人类的狩猎生活便开始了，不过当时还是以猎取小动物为主。北京猿人猎取的小动物有兔、鼠等，也猎取马、鹿、羚羊等大动物。在北京猿人居住的山洞里发现了许多烧过的野兽骨骸，一般都已敲破，说明人们已将猎获的动物烧熟食用。至旧石器时代中期，狩猎已成为生产活动的主要部门，猎取的大动物有猛犸象、洞熊、野马、直齿象、河马等。最初，原始的主要狩猎工具是矛。在法国的拉·基那洞内发现有被燧石尖片刺入的兽骨，显然是带燧石尖端的矛所致。中国旧石器时代中期的许多窑遗址出土了大量的石球，大小共约1500多个，野马至少91匹，拉毛犀11匹，说明狩猎规模已相当可观。由于武器的粗劣，原始人的狩猎必须集体进行，广泛采用陷阱、围猎、将野兽赶到悬崖峭壁摔死等方法。旧石器时代晚期,出现了投矛器。法国拉斯科洞画中画着的野兽形象,身上插着7根或12根标枪。稍后,人们开始猎取大的成群的动物,如捷克发现猛犸象遗骨约800~1000具,乌克兰的阿木罗西耶夫发现了约950~1000只野牛遗骨。中石器时代,人类发明了弓箭,用细小的石器为箭头。同时把狗驯养为家畜,成为狩猎的有力助手,狩猎进入了新的阶段。

旧石器时代晚期近亲通婚被禁止

原始社会的旧石器时代晚期,由于社会生产力的发展,要求原来各自孤立的集团保持一定的联系,而定居生活给这种联系提供了可能。又因人们在长期生活实践中意识到近亲通婚对人类体质的危害,于是不但排斥了班辈之间通婚,而且禁止兄弟姊妹之间的通婚。婚姻只能在两个集团之间的男女中进行,由此产生了普那鲁亚婚。美国民族学家摩尔根以夏威人的群婚作为普那鲁亚婚的典型形式;一群同胞的或血缘较近的姐妹,即从姐妹、再从姐妹或更远一些的姐妹,与别的集团的一群男子集体互相通婚。这群男子是她们共同的丈夫,这些共同的丈夫中排除了她们的兄弟,而且这些丈夫互相之间不再是兄弟,相互间称"普那鲁亚"。或者是一群同胞的或血缘较远的兄弟,和别的集团的一群女子集体互相通婚,这一群女子是他们的共同的妻子,但是在这些共同的妻子中排除了他们的姐妹,这些妻子互相之间也不再是姐妹,而称"普那鲁亚",意即"亲密的伙伴"。这种两个互相通婚的集团,就形成氏族。

人类开始穿衣防寒

旧石器时代晚期,人们已开始穿衣防寒。在这一时期的遗址中,发现了大量用骨头或燧石做所的带孔骨针和尖锥,说明当时缝衣服的劳动已相当普遍。人类最早所穿的衣服是兽皮,开始是将整块兽皮披在身上,后来才学会切割、鞣制、缝合,以便更加保暖、轻便。用植物纤维织布裁衣,是在父系氏族公社时期才出现的。在距今4000多年前的我国大汶口文化遗址中,妇女的主要随葬品之一是纺轮,说明织布、做衣已专门由妇女从事。最初人们所穿的衣服,制作十分简单。据中国史书记载,古代日本列岛上的居民,把一块大布开个洞,从头上套下去作为衣服。后来才逐渐讲究美观、合体。西伯利亚布立奇出土的猛犸牙雕成的人像,全身均为凹槽,象征紧贴身的衣服,头上的凹坑则表明戴着帽子。

人类发明和使用弓箭

从旧石器时代向新石器时代的过渡时期称为中石器时代。在中石器时代,由于生产技术的发展和狩猎的需要,人类发明了弓箭。在距今2.8万年的中国山西峙峪遗址,发现了箭头状石器。在德国的什列斯维希·霍尔斯坦,发现了属于8.3~8.8万年前的弓,是至今发现的最早的弓。弓箭是一种远射程的武器,比原来的投矛器进了一大步。借助于投矛器仅可将矛投出70~80米,而弓箭的射程至少达80~100米。北美印第安人使用重弓,射程竟达400~500米。弓箭的发明,促进了渔猎的发展,使渔猎成为普通的生产部门之一,使人类可以经常得到肉类食物和其他生活资料。

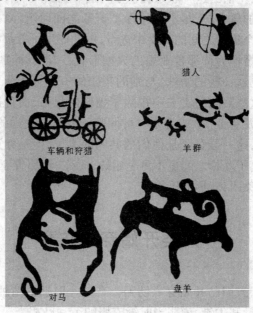

弓箭岩画

人类开始使用装饰品

在旧石器时代晚期,人类开始制作和使用装饰品。生活在距今1.8万年前的北京周口店龙骨山上的山顶洞人,将兽牙、海蚶壳、鲸鱼眼上骨和小石子等磨光,挖上孔,穿成串作为装饰品。在欧洲旧石器时代晚期的遗址中,发现了猛犸象牙做的骨镯、骨珠。中石器时代出现了琥珀做的椭圆形片,用具和武器刻满精致的花纹,其中多为几何图案。至

新石器时代,装饰品更加精细美观。中国仰韶时期已用石、陶、骨、牙、蚌、玉等制作装饰

氏族全体成员共同居住、共同劳动、共同消费。

品,稍后又出现玛瑙饰物。原始人除了穿戴、悬挂在身上的装饰外,还有纹身、割痕、耳鼻唇饰固定装饰方法。中国古代西南地区的民族"刻画其身,象龙文"(《后汉书》卷86《西南夷传》)。台湾居民"以墨黥手,为虫蛇之文"(《隋书》卷81《东夷传》)。"海南黎女以绣面为饰"(《顾海槎余录》)。古代日本列岛的居民,"男子无大小,皆黥面、文身"(《魏志,倭人传》)。澳大利亚人的袋鼠行囊中经常带着红、黄、白色土块,平时只在颊边、肩上和胸前画几笔,每逢节日或大事便涂抹全身。在耳鼻唇穿塞小块骨、贝、石、木等物,在一些原始部落中也是一种装饰。南美洲的博托库多人从七八岁起就在下唇和耳轮穿孔,装一块木塞,并不断换成大的。

人类进入新石器时代

约距今1万年前,人类历史进入新石器时代。这一时代生产工具的主要特征,是磨光石器的广泛使用和陶器的制造。在制作新石器时,人们首先将石料打制成一定的形状,然后在砺石上撒上带水的砂,进行磨光处理,制造出准确适用、刃口锋利的石刀、石锛、石镞等工具。在新石器时代末期,人们还发明了在磨光石器上钻孔的技术。制陶术的发明也是新石器时代的重要标志。原始的制陶法很多,如将一团粘土压进去一块,再捏成圆形的器皿。还有的把粘土编成长条,再做成容器。总之,都是先用手制成陶坯,然后再用火烧。新石器时代,原始农业和畜牧业也随着采集和狩猎的发展而产生了。

人类在生物分类中的地位

在地球上的所有生物中,只有人类才会探究自身的起源问题。史前时代,丰富多彩

的史前神话反映出先民确定自己在自然界中位置的强烈愿望。进入文明时代,东西方哲人都力图从理性出发合理地说明人类的起源问题。这种尝试到了 19 世纪,随着近代学科体系的完善而得到不断充实,人类对于自身起源问题的认识也渐趋明朗。

自英国博物学家达尔文及其支持者赫胥黎提出人类起源于古猿的科学理论以后,这一论断不断得到生物学、人类学等诸多新学科证据的支持,人类在自然界的位置终于确定下来。

古人类捕猎图

现代人类在自然界中处于:

动物界(Animalia)

脊索动物门(Chordata)

脊椎动物亚门(Vertebrata)

哺乳动物纲(Mammalia)

灵长目(Primates)

人猿超科(Hominoidea)

人科(Hominidae)

人属(Homo)

智人种(Homo sapiens)

晚期智人亚种(Homo sapiens sapiens)

地球的历史大约开始于 46 亿年前,其后大约可划分为五个地质年代:太古代(46 亿~25 亿年前)、元古代(25 亿~6 亿年前)、古生代(6 亿~2.25 亿年前)、中生代(2.25 亿~7000 万年前)、新生代(7000 万年前~至今)。其中每个代又分为若干个纪,每个纪又分为若干个世。新生代分为第三纪和第四纪。第三纪是哺乳动物以及灵长目动物繁荣的时代,包括古新世、始新世、渐新世、中新世、上新世;第四纪是人类演化的时代,包括人科成员演变的更新世和现代人类出现并生存的全新世。

猿类从猴类分离出来是在第三纪渐新世。最早的古猿化石发现于埃及北部法尤姆的地层中,距今 3700 万年。法尤姆发现了丰富的各种古猿化石,如都属于原上猿科的原上猿,年代距今 3500 万~3000 万年前的一种体形很小的猿类;还有距今 2800 万~2600 万年前的埃及猿。从化石分析,原上猿和埃及猿之间可能存在着祖裔关系。

中新世至上新世,亚洲、非洲和欧洲生息着许多种古猿(著名的如森林古猿、西瓦古猿、禄丰古猿等),大约有 20 多种,其关系现在还难以推断。但在以后的很长一段时间内,却很少发现古猿的化石。亚洲从距今大约 500 万年前起、欧洲从距今大约 1000 万年前起、非洲从距今大约 1300 万年前起,没有或很少有古猿化石的发现。直到进入上新世后,到了距今大约 600 万年前,才在非洲发现最早的人科化石。这就给我们研究古猿的演化及人类的起源带来了很大困难。什么古猿是人类的祖先,什么古猿是猿类的祖先,这还是一个谜。

在形态学上，世界上现生的四种猿（黑猩猩、大猩猩、猩猩、长臂猿）具有比较相似的体质特征，而它们与人类的外观形态差别则比较大。所以，分类学上就将这四种猿归在一起，称为"猿科"（Pongidae），而人类及其直接祖先则被归入另一类，即"人科"（Hominidae），形成两支不同的演化谱系。但20世纪60年代开始的分子生物学成果日益表明，在人猿超科的演化过程中，长臂猿系统最早分离出去，时间约在距今

黑猩猩

2000万年左右；大约距今1000万年左右，猩猩系统分化出去。人猿相揖别的时间比先前的估计大大推迟。根据分子生物学的推算，人与非洲猿（黑猩猩和大猩猩）的分离时间不会早于1000万年前，很可能是在距今800万年左右。

但是，就化石材料而言，我们对那些刚刚同非洲猿类分离开来的人类远祖几乎一无所知。我们现在所知道的人类远祖的化石基本上集中在距今400万年以后。也就是说，在距今800万年到距今400万年之间，人类远祖的化石除零星发现外，材料异常缺乏，我们很难推测在此几百万年间人类的演化史上到底发生了些什么。

那么，人和黑猩猩、大猩猩之间的亲缘关系又是怎样的呢？古人类学界有一种观点认为，先是分化成人与非洲猿两支，后来非洲猿又分化成黑猩猩与大猩猩。这种观点主要是依据形态学的研究结果。还有一种观点认为，大猩猩先分化出去，后来才发生人和黑猩猩的分离，人和黑猩猩拥有最后的共同祖先，这两者之间的亲缘关系最为密切。这种观点则主要依据分子生物学。以上两种观点都有很多证据。目前，后一种观点的支持者更多一些，所提出的证据也更有说服力。

目前所知，人类的近亲并不是所有的猿类，而只是其中的非洲猿类；与人类有最密切亲缘关系的则很可能是黑猩猩。

猿的出现及从猿向人的转变

3000万年前大约在新生代第三纪渐新世后期，出现了最早的猿类。他们虽为林栖动物，但身体已呈半直立状态，手和脚已有某种分工，人类学称他们为"正在形成的人"。在埃及法尤姆发现的原上猿、埃及猿和在法国等地发现的森林古猿为其代表。在新生代中新世（1200~2500万年前）到上新世（300~1200万年前）后期，东非、南亚

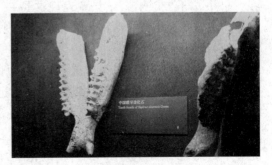

腊玛古猿化石

一带地形和气候变化,森林面积逐渐减少,出现了林间空地和稀树草原,迫使古猿经常到地上寻觅食物,逐渐习惯于用脚直立行走,从而形成了从猿向人转变的过渡阶段。在印度与巴基斯坦交界处的西瓦立克山地、肯尼亚的特南堡、中国云南的开远和禄丰等地发现的腊玛古猿化石,可能是这一时期的典型代表。他们已经能够用石块和木棒等天然工具,并产生了最初的语言。直立行走促进了脑髓及头部各种感觉器官的发展,在集体的劳动中人迫切地需要有一种交换思想和表达意见的工具,于是语言便逐渐形成和完善。经过千百万年的劳动,手变得越来越灵巧,并且发展到能够制造工具。人工制造工具的出现,标志着从猿到人过渡阶段的结束,从此开始了人类的生活。

走出非洲

对人类历史最早阶段的研究,即人们所说的古人类学或人类化石学,由于在东非的一系列重大化石发现,在20世纪下半期发生了革命性变化。在这些发现问世之前,古人类学家推定人类起源于东南亚,现在他们则知道人类的起源地是非洲,在此之前他们以为最早的类人动物发源于约100万年前,现在他们则把这一数字翻了一倍。

最激动人心的东非化石发现有多次是由英国一个著名的古人类学家之家即利基家族完成的。没有该家族的开创之功,也许不会有其他发现。路易斯·利基(1903~1972年)是英国一位赴肯尼亚传教士的儿子,他在早年就决心在东非寻找早期人类化石遗存,这在当时被多数专家视为蛮干。利基是位喜爱独来独往而不爱与人合作的人,他直到去世前不久仍令许多观察家惊奇:为了对初民祖先谋生的方式有直接感受,他不带任何武器就悄悄接近非洲野生动物。1931年,利基在坦桑尼亚(当时是坦噶尼喀)发现了原始手斧,确信自己寻找化石的路子走对了:这些手斧是由生活在大约100万年前的一个早期人类种属制造的。由于身兼其他种种职务,再加资金缺乏,利基在其后四分之一多个世纪里在化石寻找方面进展甚微。但在1959年,一个巨大的突破出现了,但这不是利基本人而是由他的妻子和合作者玛丽·利基完成的。那年,玛丽在坦桑尼亚一个遗址进行细细搜寻过程中,发现了一些看上去像是人类的牙齿和头盖骨碎片。她把所有碎片拼凑在一起并进行年代测定,结果竟发现这是一个近乎完整的头盖骨,属于一个生活在180万年前大致与人相似的动物。由于玛丽发现的这一头骨下颌和牙齿很大,报界很快就把他称为"核桃夹子人"。

"核桃夹子人"其实并不是人,而是一种直立行走的高级猿类。路易斯和玛丽·利基自己也认识到这一点,因而就想弄清楚在附近能否找到更近似于人的动物化石。仅仅过了两年,他们的长子乔纳森就提供了一种确凿无疑的答案:他发现了一个生活在180万年以前、脑容量比"核桃夹子人"大得多的灵长目动物头骨遗存。路易斯·利基认出这些是一个与"核桃夹子人"不同的种类的化石,该种属显然是现代人类的直系祖先,因此他把它归入"人"类范畴而不是"猿"类范畴,称之为"能人"(Homo habilis),即"有才能的人"。

　　一旦人们清楚东非诸遗址是找到人类起源证据的最佳场所，其他惊人的发现以令人瞠目的快速度随之迅速产生。1972年，利基夫妇的次子理查德（利基家族中现今最著名的古人类学家）率领的一支队伍在肯尼亚发现了一个属于能人的头盖骨碎片。这一头盖骨比其兄长发现的那个头骨更加完整，也更加古老：比前者要早20万年。1974年，美国人康纳德·约翰逊率领的考古队在埃塞俄比亚发现了一个生活在325万年以前的直立行走的类人猿的整个骨架的40%。在宿营地清理该类人猿骨架时，收录机中正有人演唱甲壳虫乐队的歌曲"带着钻石的露西在空中"，约翰逊灵机一动，把这一动物命名为"露西"。一年以后，约翰逊及其考古队发现了至少属于13个与"露西"同时代的类人猿的大量骨骼；又过了一年，玛丽·利基在坦桑尼亚发现了一个375万年前在那儿行走的直立类人猿的足迹。后来，惊人的发现仍在不断涌现：1984年，理查德·利基所率考古队在肯尼亚发现了一个生活在160万年前的人类祖先的骨架，这一骨架十分完整，假如它是智人的骨架，那么几乎可以用它在医学学校上解剖课。

　　自然，发现头骨和骨架是一回事，解释这些物证是另一回事。毫不令人惊奇的是，在人类起源问题上仍有许多不确定因素和争论，同时，随着更好的论点的提出和新的物证的发现，人类起源学说在不断得到修正。但不管怎样，最近20年间提出的两个基本论点现在仍是无可置疑的。其一，导向现代人的进化链与包括所有现存类人猿在内的链条之间的第一次"分裂"与人们一度认为的脑容量大无关，而是与两足行走（bipedality）或直立行走有关。"露西"和约翰逊小组发现的与露西类似的其他直立类人猿化石证明了这一点，因为它们的臂骨和腿骨表明它们直立行走，其头骨则表明它们的脑容量不大，比黑猩猩的脑容量实际上多不了多少。具有本质意义的脑容量增大出现在"露西"之后125万年的化石上，由此看来，直立行走无疑出现得最早。

"北京人"背鹿图

　　"露西"这一证据还表明，两足行走的好处并未马上表现在把双手解放出来制作和使用工具上，因为只有在脑容量增大之后这一便利才能显出威力。现在看来情况可能是，在生存斗争中直立类人猿较其他猿类占有优越，因为它们可以抓取食物，拿着食物疾行，随后在隐秘处食用。由于它们是在白天时这么做的，因而它们还要流更多的汗，这就是为什么最好的残存下来的直立猿类是些皮毛较少的猿。其实,一些古人类学家现在认为,脑容量大首先成为一种生物学上的优势,因为脑容量大可以更好地调解直立类人猿的体温。因而,由于有利的喂食而在遗传方面向直立行走的转化是下述事实的绝妙说明:"自然之母"在设计人类进化时并非高瞻远瞩,把手解放出来固然可以导致工具制造,但这种情况在一二百万年后才开始出现。

恰如近来非洲的化石发现所表明的那样,"自然之母"也是草率的,因为她创造了许多像露西那样的不再存在的动物。这以另一种方式说明了有关人类进化的现已得到公认的第二个基本论点,即向人类进化的第二次遗传学"分裂"确实与脑容量有关。能人是现知向现代人进化的最早种属,它们早在 200 万年前就存在了,并有一个比像核桃夹子人那样的同时代直立类人猿大百分之五十左右的脑容量。毋庸置疑,正是这种大脑使得能人在 10 到 20 万年的时间内取代了直立类人猿,因为它使得它们能够使用工具。不言而喻,能人的工具极其简陋——兽骨,树木的枝干,最精致的无非是边缘经过打磨而变得锋利的石片。看来,这类工具与其说是用于狩猎,不如说有助于人类始祖挖掘块茎、砍伐植物、砸碎坚果和割去腐肉从而增加他们的食物供应。但是,借助工具采集食物不仅使人类始祖得到更多和更丰富多样的食品供应,而且是人类向文明门槛迈进的第一步,因为它需要迄今在灵长目动物中尚不知晓的某种程度的集团协作。

正在形成中的人的化石代表有腊玛古猿和南方古猿。南方古猿化石大多发现于东非和南非。图为南方古猿。

晚期猿人出现

距今约 30~155 万年前人类进入晚期猿人阶段,他们分布于亚、欧、非洲各地。

晚期猿人的学名为直立人,是 1891 年荷兰军医杜布阿在印度尼西亚的特里尼尔附近发现的一个头盖骨及一枚臼齿,翌年又在同一地窟中发现一个大腿骨及一枚臼齿。头盖骨很原始,与猿相似,而大腿骨则具有现代人的性质,已能直立行走,所以定名为直立猿人。1931~1941 年,另一荷兰学者孔尼华在爪哇桑吉龙又发现了三个猿人头骨及一个下颌骨,1960 年及 1963 年在该地又先后发现了猿人的下颌骨和部分头骨。爪哇猿人化石的年代距今约 80 万年,但在发现这些猿人化石的地点未发现石器。1907 年,在德国海德堡东南的茂埃尔发现一块猿人下颌骨,其生存年代与爪哇人相当,称为海德堡人,也未见石器。

早期智人出现

20~30 万年前地球上出现早期智人。

早期智人又称古人,出现于 20~30 万年前。最早发现的早期智人化石,是 1856 年在德德杜塞尔多夫城附近尼安德特河谷的一个洞穴里的尼安德特人。简称尼人。早期智人的体质特征和现代人已很接近,但还保留一些原始的痕迹。例如前额低而斜,眉脊虽然不像猿人那样显著,但比现代人突出,颏部不明显。脑量约为 1100~1600 毫升,平均为 1300 毫升,脑组织也比较复杂。早期智人的化石分布很广,除欧洲、北非、西南亚外,许多地方也都有发现,如中国的丁村人(山西)、长阳人(湖北)、马坝人(广东),爪哇的梭罗人,非洲的苏丹、坦桑尼亚、赞比亚、南非都有发现。经过长期的艰苦劳动,人类在不断演进,至距今 5 万年前后,早期智人终于发展为晚期智人。早期智人属于人类社会发展史上的原始公社时代。

马格德林文化

马格德林文化是最先发现于法国多尔多涅河流域土尔沙克附近马格德林的欧洲旧石器时代晚期的文化。继梭鲁特文化之后而先于阿齐尔文化,距今约 1.1~1.7 万年。常见的石器有刮削器、雕刻器、石钻、单刃小石片以及钝边叶形投掷器和嵌入骨柄或鹿角柄中的小型几何形石器(如月牙形石叶、三角形石器)等。骨制的楔、锛、锤、矛头、倒钩尖状器、鱼叉、有孔针、饰物和带钩骨棒等普遍使用。当时的人们似乎过着半定居的生活,用石器或骨器、罗网、陷阱等方式猎取驯鹿、野马和野牛等动物。住所随寒暑而易,冬住洞穴、岩棚等坚固、保温的住所,夏住帐篷。绘画和雕刻都已达到相当高的水平,骨棒常镌刻有动物图像。西班牙北部阿尔塔米拉洞穴中保存着这一文化晚期绘画的部分珍品,技术高超,色彩富丽,所画的动物形象惟妙惟肖,体态匀称,姿势生动,构思精湛。

梭鲁特文化

梭鲁特文化是最初发现于法国里昂附近梭鲁特的旧石器时代后期的文化,距今约1.7~2.1万年。石器的打制技术较好,并已掌握压制法。这一文化的早期常见的石器是单面尖状器;至中期月桂叶形石刀和两面尖状器逐渐普及,还出现了小型钝背燧石刀、刮削器和单肩尖状器,甚至出现带有凹口的石器;到这一文化的晚期,出现了做工精美的柳叶形石刀、带孔骨针等,说明人类已开始缝制衣服。垂饰、骨饰针、手镯、串珠项圈和彩色颜料等用于个人装饰的艺术品,也在梭鲁特文化晚期大量出现。连石料也选择美丽的,如碧玉、彩色石英和秀美的燧石等。绘在石饰板和洞穴石壁上的图画以及石柱的中楣、浅浮雕等,更反映了艺术萌芽的魅力。梭鲁特文化继奥瑞纳文化之后而先于马格德林文化,就是说处于后面二者之间的过渡阶段。

原始人开始学会建造房屋

原始人长期居住在天然的洞穴里,至旧石器时代晚期,随着生产力的提高,人们才开始建造夏蔽烈日、冬避严寒的房屋。在这一时期的壁画中有房顶支架的画像,多为"个"字形,少数是拱卷式的。距今2.5~2.9万年的捷克多尔尼·维斯顿遗址,是用石头、支柱和兽皮建造的棚账式建筑群。有猎物宰割场,旁边有古象堆,估计常住人数约100人。在这里发现了成套的石器、骨角器、装饰品、动物烧像、骨笛和女雕像等,可能是早期母系氏族的住所。在苏联顿河上游的加加里诺,发现了一所2~3万年前的房址。房屋近似圆形,直径5米多。屋地稍低于周围地面,铺石灰岩石板。屋顶为锥形,以树干为架,上面覆盖树枝、兽皮。在波兰克拉科夫附近发现了2万年前用猛犸骨骼搭成的小屋,呈圆拱形,直径2米。在西伯利亚马理他遗址,有用石板和大块兽骨搭成的房屋。房屋的建造,说明人类已有了稳定的社会组织,凝聚成更大的力量与自然界抗争,逐渐成为自然界的主宰。

火的使用

在华盛顿一个大建筑物的前面,刻着下面几行字,其意义非常深刻:
火,一切发现中的最伟大的发现
使人类能够生存于不同的气候之中
创造出更多的食物

弓箭的发明，促进了渔猎成为普通的生产部门，使人类可以吃到肉食。

并迫使自然的力量为他们工作

　　由于地球上某个时期冰川寒气的侵入，我们的祖先如果找不到一个隐蔽的场所，就会很容易在寒冷面前丧命。幸亏那时地表石灰岩中有许多天然的洞穴，这为我们的祖先带来了一丝希望。大批的人住了进去，躲避着寒冷和死亡的威胁，但仍有很多身体虚弱的人在寒冷中丧命。

火的使用

　　也许是在石器时代的某一时刻，有个非常大胆的毛头小子，因为好奇，奇迹地掌握了用火的技术。火的使用不仅使我们的祖先生活变得舒适，而且在地球的冰期还挽救了他们的生命。

　　根据神话和传说，也许是普罗米修斯教会了我们的祖先如何保持火种，如何用火取暖煮食，如何把火点燃而不烧伤手指，不被这种有用但危险的破坏性力量所吓倒。但无论如何，有一天，当闪电再次击中干草引发野火的时候，冻得瑟瑟发抖的先民们，把那些烧得噼啪作响的干材带到了居住的洞穴里，潮湿的洞穴一会就变得暖烘烘的，所有围坐在火堆周围的人的心底，涌上了一股暖意。

　　如果我们愿意把情节继续下去，在一天傍晚，我们的祖先围坐在火堆旁取暖聊天走了神,一不小心把一只野鸡掉进了火堆里。当烧熟的野鸡散发出了阵阵诱人的香味,一个嘴馋的小孩把它扒出来尝了一口,一种从未品尝过的美妙滋味让他兴奋得嗷嗷大叫,在洞窟中狂奔。呵呵,多么富有诗情画意原始景象,这是人类告别茹毛饮血的一个重要日子,美味和营养、体力和智慧像双胞胎一样,馈赠给了人类,当然远远还不止这些,火的发现和使用,它也给了我们的祖先以更多的工具和武器,同样,火也把铁放在了人类的手里。火焰中液化出来的金属彻底改变了人的命运,这以后人类进步的速度开始日新月异。

农人时代的开端

8000 年前,西欧人还握着武器和野兽搏斗,没有固定的场所,常随着季节的变换和野兽的迁移而进行游猎,闲暇时,他们用烧黑的树枝在洞壁上画一些动物的形象,或者画一些后人不知象征什么意义的符号,这便是他们生活的全部内容。而在他们的东方,一个新的时代来临了,文明的曙光已经照亮了他们的生活。他们的生活已经很舒适,新的发明不断涌现,新的技艺不断形成,科学家称这个时期为"新石器时代"。而一个更有诗意的名字则是"农人时代",因为这个时期最主要的特征是农业的开端。

最初的农业生产还格外原始,说起刀耕火种,我们的脑海里会浮现出一幕远古洪荒的景象,一群人身穿兽皮、衣不遮体,他们挥舞着大刀长矛,砍树放火,然后用根木头锥子在地里扎眼,随便撒点种子,不耕地、不施肥、不除草……就是这种简陋的情景,却开创了人类辉煌的农业文明。

氏族公社开始形成

原始社会至旧石器时代晚期,由于生产力的发展,要求人们比较持久地结合,并且要求各集团之间保持一定的联系。已逐渐定居的人们,又为维持这种联系提供了条件。同时,人类在实践中已意识到兄弟姐妹之间的婚姻对人类体质的危害,于是排斥集团内部的通婚也成为必要了。这时不但禁止了不同班辈之间的性交关系,并且兄弟姐妹之间的婚姻也被禁止。恩格斯指出,这一过程"是逐渐实现的,大概先从排除同胞的(即母方的)兄弟和姐妹之间的性关系开始,……最后甚至禁止旁系兄弟和姐妹之间的结婚。"到一切兄弟与姐妹间,甚至母方最远的旁系亲族间婚姻关系被禁止的时候,就组成了一个坚固确定的母系血族集团,氏族便产生了。在氏族制度下,其成员已不可能在氏族内部找到通婚的对象,必须和另一个氏族的成员通婚,这就是族外婚制,两个互通的婚姻的氏族构成早期的部落。在这种婚姻形态下,人们知其母,不知其父,氏族的世系只能按母系来计算,所以称为母系氏族或母权制氏族。这是最早的氏族公社,在这样的氏族公社里,男女地位平等,妇女居于受到高度尊敬的地位。这一方面是因为世系按母方确定,另一方面是由于妇女在经济生活中起着重要作用。随着人口的增殖,一个氏族又分成两半,成为两个氏族,于是原先的氏族便成为胞族。

早期人类艺术:洞穴壁画

除拓殖美洲外,现代人完成的最早的业绩之一是创造了整个人类艺术史上某些最令人叹服的绘画,此即完成于3万年前到1.2万年前之间的法国南部和西班牙北部的著名洞穴壁画,承认这一点无论如何是激动人心的。

在至今已发现的200多个洞穴中(其中最著名的是法国南部的拉斯科岩洞和西班牙的阿尔塔米拉岩洞),现知最早的艺术家创作了描绘腾跃的动物——公牛、马、矮种马以及牡鹿——的激动人心的壁画。这一洞穴艺术强调的无疑是运动。几乎所有的壁画描绘的都是骄傲的兽类在奔驰、在跳跃、在反刍,或者面对猎人作殊死拼斗。给人以动的感觉的独创性方法是加绘一些线条以显示动物的四肢或头部运动的区域。洞穴画家时常利用洞穴墙壁表面的自然隆起和凹痕成功地创造出惊人

法国一洞窟壁上的驯鹿形象

的三维效果。总的说来,今日有幸亲睹洞穴壁画的游客往往发现,它们和悬挂在世界最著名的艺术博物馆中的任何著名绘画一样引人遐想。

这些史前奇迹意图何在?美所带来的审美快感之说必须排除在外,因为洞穴壁画的绘制者通常生活在户外,而当他们真的把洞穴用作季节性的蔽身场所时,他们一般住在洞穴里别的地方(通常在入口处),而不是发现壁画的地方(壁画通常在洞穴的最黑暗、最难接近的区域)。另外,有不少证据表明,绘制壁画的人在壁画完成后对它们大多漠不关心,因为有许多壁画是绘在更早的壁画上面的。

把最极端的解释——纯粹的审美快感——排除在外,一些学者提出了另外一种解释,认为洞穴绘画是人类关系的深奥微妙的象征性表现。根据这一学说,洞穴画家是早期的社会哲学家,试图通过以象征手法把它们描绘出来进行解释以应付其社会结构的需求。在此条件下,洞穴骏犀并非真的指骏犀,而是指"女性",马并非指马,而是指"男性",聚集在大型动物身旁的小型动物形象则用来表示次要人物聚集在领袖人物周围。毋庸置疑,由于没有文字记录,这种假说既无法得到证实,也无法被否定,但看来有些牵强附会。例如,骏犀身上并无十分明显的女性特征(其实,某些符号解释者则把骏犀看成"男性",把马看作"女性"),而最重要的是,我们不理解为什么洞穴画家在打算描写人类现

实的人时不绘人而绘动物。

　　把简单化和复杂化这两种极端解释都排除在外,我们认为,把洞穴艺术视为进行交感巫术的尝试是现有各种说法中最有说服力的一种。交感巫术建立在下述信仰上:模仿一种期望得到的结果就会出现那种结果。就洞穴艺术而言,史前画家在描绘骏鏖被箭刺穿肋腹时,描绘这种场面本身就意味着确保箭真的刺穿骏鏖,这在道理上是清楚的。有人对交感巫术说提出异议,认为现知所有洞穴壁画中只有大约百分之十描绘杀戮场面。但是,由于几乎所有洞穴绘画所描写的都是猎兽,因而可以这样答复上述异议:描绘大量腾跃的猎兽就意味着确保猎人会真的发现猎兽遍地都是,不可胜数。此外还有一个佐证:考古学家在绘有壁画的某些洞穴区中发现了举行祭仪活动的迹象。由此我

西班牙后期山洞壁画中手持弓箭的猎手

们也许可以得出结论:在绘画的同时可能念咒语并举行祭典仪式,也可能所有这些巫术活动都是在狩猎进行过程中举行的。

　　最后还有一种推断,洞穴画家并不是狩猎者。尽管此绝非一个不争的事实,但可以肯定,产生了洞穴绘画的早期人类狩猎社会已达到了大规模的专业分工和社会分层的阶段。例如,严格从技术观点来看,洞穴绘画只可能由专业人士才能完成,因为这不仅需要用碳棒绘出黑色线条,用粘土似的矿砂(赭石)团绘出黄色、红色和棕褐色,而且需要把泥土色料同油脂掺合在一起(就像后来生产蛋黄颜料那样)并用羽毛或欧洲蕨作"画笔"。与此同时,同一社会中的手工艺人在制作工具方面发展出超常的技能,不仅用石、骨制造工具,而且用多叉鹿角和象牙制作工具。举例来说,在古代人类各种工具中,他们新增加了鱼钩、鱼叉、弓、箭及缝合兽皮的针等。

　　在3万前到1.2万年前之间,由于在狩猎宝库新增了一些巧妙的新技巧,狩猎活动也可能要求人进行专门训练。尤其是,此时的猎人学会了用短矛和箭射落飞鸟,用鱼钩和鱼叉捕鱼,并通过研究猎兽与生俱有的运动学会了惊散兽群以及设陷阱捕捉它们。由于他们主要依赖猎兽为生,他们随着猎兽的活动迁移居住地;而且,某些证据表明,他们并不是把有能力捕到的动物捕尽杀绝,而是遵循禁猎原则。不管怎样,年代在同一时期的考古遗址中屡屡见到的大批炭化的骨骼证实,大批猎兽被杀掉,随后被人在公共筵席上烧烤,这证明我们现在谈论的这些人不仅知道如何绘画和狩猎,而且知道如何分享食物。

村落的出现

下面我们将集中考察西亚自食物采集转变到食物生产之后的发展情况。在该地区，向文明加速迈进的下一个步骤就是村落的出现、远距离贸易的兴起和血腥战争的产生。自约公元前6500年到约公元前3500~3000年一些村落逐渐变为城市之前，村落构成西亚地区最先进的人类组织。村落组织无可避免地引起远距离贸易，同样也无可避免地引发战争。毋庸置疑，战争与饥荒、疾病一直是危及人类生存的大敌，至少自农业村落产生以来是如此。不过在古代，战争的发育促进了经济和社会复杂化的加强，因而仍须把它视为导致文明产生的一个步骤。

西亚由游荡无定的群体向村落乃至城市之社会组织方面的进步，就其本质而言是在功能上由采集食物向生产食物乃至从事以稳定的食物供应为先决条件的各种活动的进步。在每一个发展阶段，从典型意义上讲，社会组织都比过去变大了，不过我们也不能因此认为村落总是大于群落，总是小于城市。更确切地说，尽管典型的村落有居民1000人左右，但在西亚所谓"村落时代"的最早期，有些村落只有200名居民，比群落的平均规模还要小；而在村落时代的极盛期，一些村落拥有的居民在5000人以上，规模比随后出现的典型的城市还要大。

因此，比较明智的做法是把规模置于考虑之外并坚决主张，倘若一个居民点的大部分居民没有定居下来，或者居住点中比例不小的强壮居民没有从事田间劳作，那么该居民点就不能看作是村落。自然，由于村落的农业劳动者总是寻求获得更高的劳动效率，生活得更舒适，因而，随着时间的推移，手工业开始发挥空前显著的作用，其地位仅次于农业。在一开始，所有村民都从事某种新手艺，但是随着某些手艺的技术变得更加复杂，专门的技术人员随之产生，他们逐渐成为专职的艺匠，不再从事农业劳动。不过，直到西亚村落时代临近结束时，此类专职手工艺匠依然非常少见，可能至多占成年人口的百分之一。

村落社会中的手工艺

1.制陶

村落中最重要的手工艺包括制陶业、编织业、工具制造业和武器制造业。在这些手工艺中，制陶和编织业是转向定居生活带来的直接后果。人类一旦定居下来，就显然开始对储藏物品特别感兴趣；同样非常明显的是，他们不再需要担心贮物器皿是否适于迁移。因而，人类在很早很早之前可能就已知道如何制作粘土罐，不过他们并不想劳神去制作它们，因为粘土罐十分易碎，不便携带着迁移。然而村落出现以后，人们马上就制造罐状容器,因为他们发现它们是储存谷物及其他食物的理想用具。此外,粘土罐还可用于取水、存放水;有了陶器,人们可以在家中储存饮用水。这向着享受迈出了一步,其重要性或许可以与现代室内自来水管的发明相媲美。

2.编织

编织业起初可能也是产生于人们对适用器物的追求,因为人们学会编织篮筐看来在学会织布之前。从考古记录看,柳条筐在人类定居后不久就出现了。在持续不断的迁移过程中,这种筐确实显得十分笨重、不结实,但与罐状物相比,它们更适于贮存某些物品,由于比罐类轻便,因而更便于从田地里运回收获的庄稼。人们在广泛掌握编织的原理后,就可轻而易举地把它运用到织布上,只要驯化后的绵羊可用来生产羊毛。有了羊毛织物,村落居民也就获得了比兽皮更可靠、更便于使用的衣料。(只是在公元前3000年左右埃及人培育出亚麻这种适于充当制造亚麻布的原料之后,人类才开始利用植物纤维织布。)

3.工具和武器

与制陶和编织相对,制造工具和武器对村庄时代的人来说并不是什么新鲜事,但村民确实学会了如何用新材料制造工具和武器。随着农业的发展,人们比以往任何时候都更需要更锋利、更经久耐用的工具,比如说,早期村民希望得到最锋利的镰刀、最耐用的犁具。而且,虽然武器越来越少地用于狩猎,但在战争中使用得越来越多。一开始,希望得到利刃的亚洲村落居民认识到,利用某些岩石可以打制出较之其他岩石更锋利的刃口,因而只要有可能就使用这些岩石。随后,他们注意到有些"岩石"延展性能尤其突出,因而可用以制成锋利的尖头,在磨钝时也可使之重新锋利起来。自然,这种具有延展功能的"岩石"根本不是岩石,而是自然界天然存在小块铜。在公元前6500年至4500年之间,这种铜块比较少见,因而只能用来制作器物的尖头及诸如饰针之类的极小型的用具。但在后来,可能出于偶然,有人把一块具有延展性的石块丢进了陶窑,结果发现某些"岩石"(矿石)在高温下会分化出黄铜。不论这个人是谁,他或她发明了冶炼术,在其后近千年时间里,冶炼出来的铜在西亚被用来制作各种各样的容器、工具和武器。

远距离贸易产生于剩余产品

提到越来越多地利用不同的岩石和铜,必然要引出贸易这一话题,因为早期村落居民希望得到的坚硬岩石并非见于西亚各地,不得不由外地长距离运来。即便说有,采集狩猎者也很少进行远距离贸易,因为无力支付所需费用——换句话说,他们生产不出剩余产品。这些人由一地迁移到另一地,尽量少带随身用品,因而根本不可能生产出剩余产品。另一方面,村民们是天生的贮存者,在开始贮存粮食后不久,他们逐步认识到生产并贮存超出自己需要的东西,即可藉以抵御饥馑,也可提供东西进行实物交换。

尽管我们永远无法弄清相关的具体步骤,但看来建立在血亲集团关系上的短途赠礼和交换先于更具有商业形式的远距离贸易。譬如,生活在富裕村落中的一个血亲集团可能送给邻村挨饿的亲戚一些粮食,把它们仅仅作为礼物,或者换回一两件工具。可以想象得到,住在不同村落的亲属之间正常的送礼或者交换可能是作为承认家族纽带的礼仪性手段产生的。不过,随着交换和财富积累的继续进行,某些团体不可避免地会比其他团体富有,最终有财力派出商队进行远距离贸易,比如说到盛产优质而锋利的切割用石的地方换回这种石料。不管怎样,早在公元前6500年左右,西亚贸易就无疑已经扩展到非常远的距离之外。特别是,现知存在于伊朗和伊拉克的所有村落都能设法从400到500英里之外的今亚美尼亚地区产地得到稳定的黑曜石(这是一种火山喷发造成的玻璃状物,特别适于制造锋利的切割用具刀刃)供应,此外这些村落还从两倍于上述距离之外的安纳托利亚中部得到小块的黄铜。因此,岩石、金属、食物、编织物、兽皮和小装饰品等物品的交易空前繁荣;到村落时代结束时,人们既通过陆路,也通过船只由水路运输货物。

然而贸易并非获得物品的唯一手段,因为成功的劫掠可以更好地满足人们的欲望。没有人能够说清人类战争开始于何时,但越来越多的专家对下述说法,即侵略行为在生物学上是"编入"我们之中的一种"程序"表示怀疑。从严格的生物学意义讲,人类似乎既不偏向和平,也不偏向战争,而在转向定居农业之前,游荡不定的群落是爱好和平的。至少有一点是肯定的,冰河时代的任何洞穴壁画都没有描绘

壁画上画有马、野牛等很多动物

过人与人交战的场面,现知最早的表现战争的绘画与定居的村落生活同时出现。更引人注目的一个事实是,现知西亚最早的村落有许多都是带有防御设施的村落。显然,不论人类在过去时情况如何,自定居村落产生以来,其未来将是战争和杀戮。

村落生活与战争的关联

由于一些显而易见的原因,定居生活会引起持续不断的战争。游荡不定的群落的成员在狩猎和采集活动中需要互相合作,同时他们甚至很难见到其他群落的成员。假设一个群落偶然与另一个群落相遇,双方没有什么理由兵戎相见,因为获胜了也得不到什么或根本得不到战利品。与此相对,在村落里有战利品,同时受到攻击的村民会倾向于列队应战,而不是夹起尾巴匆忙逃窜。他们不仅要保护自己的财产,而且要保住自己历尽艰辛开垦出来并耕作的田地。地方性的战争可能是在由漫游生活至定居生活的过渡时期开始的,当时一些漫游群落变成了劫掠群落。此后,在众多村落出现之时,为了获得更多的财产和财富,一个居民点一定会动手攻打另一个居民点。

具有讽刺意味的是,战端的开启促进了技术和贸易的进步。不论是出于防御还是出于进攻方面的考虑,西亚的早期村民们在武器设计和制造方面取得了重大技术进步,在短剑、战斧、长矛、投石器及钉头槌制造方面进行了尝试。进而言之,地方性的村落"军备竞赛"可能是促进冶金术进步的最重要因素,因为铜制矛尖和短剑比石制矛尖和短剑更锋利,而用青铜即铜锡合金——青铜制造在公元前3500年至3000年时得到完善——制造的各种武器都比铜制武器强得多。由于金属必须通过贸易来取得,因而参与军备竞赛的村民被迫提高生产效率,以生产出剩余产品来换取金属。就这样,对最好的武器的寻求即便造成了死亡和毁灭,却促进了经济生活的发展。

原始人在劳动实践中发明陶器

原始人在长期的劳动实践中发明了陶器。最初的陶器是把泥土抹在树条编成的或木制的容器上,这些容器偶尔落入火中,木质成分被烧毁,剩下经火烧过的成型粘土器皿就是陶器的雏形。陶器的发明,大体是在新石器时代。早期的制陶方法为手制法,人们或者用编织的器皿作模子,用泥涂在模子里面或外面,待半干后取出或把模子烧掉;或者在一块粘土上压出一个深窝,然后用手捏匀,再用火烧;或者把粘土揉成扁圆形的长条,作成一个个圆形泥圈,再将泥圈一个个叠起,内外抹平,制成坯子,再用火烧;或者把粘土

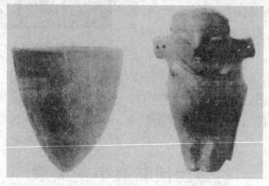

日本绳纹时期的陶器。新石器时代南欧村落制造的人形陶器。

揉成长条,然后盘旋向上,一直绕到口沿,经内外挤压,坯里垫以石球或陶模,外面用木板拍打,成坯后烧制。到新石器时代末期和金石并用时代,轮制陶器才大量出现。最原始的陶器很粗糙,后来在陶坯烧炼前对表面加以修饰,有的陶器表面磨得很光滑,有的加花纹、施彩绘。开始,人们可能是将晒干的陶坯堆放在平地上用火烧制,后来才逐渐学会建起土窑烧陶。

原始畜牧业形成

　　长期的狩猎生活使原始社会的人们逐渐认识到某些动物的生活习性,于是进行人工驯养。早在中石器时代,人类已开始驯养绵羊和狗,而至新石器时代,动物的驯养、繁殖才更加普遍,出现了原始的畜牧业。早在公元前 7000 年左右,伊朗高原已开始饲养山羊,与此同时,亚洲、欧洲的部分地区也在驯养牛。在距今 7000 年前,我国的黄河、长江流域已饲养猪。公元前 3000 年左右,在中亚、小亚细亚的山区和阿拉伯、非洲的沙漠草原上,人们驯养了马和骆驼。南美洲印第安人单独饲养了骆马和羊驼。公元前 2000 多年,亚洲已把鸡驯养为家畜,后来又驯养了鹅、鸭、鸽等。

原始农业形成

　　原始农业是从采集经济发展而来的。在新石器时代,人们在长期的采集活动中,经过反复观察,逐渐认识了一些可食植物的生长规律,从而进行人工栽培。于是,原始农业便产生了。据现有资料证明,最先出现农业的地区是西亚、东亚和美洲。距今 8000 年左右,西亚便开始栽培大麦、小麦,而距今 7000 年长江中下游已种植水稻。与此同时,中美洲墨西哥地区开始种植玉米、南瓜和胡椒等。在原始时代,荆棘遍地,树木丛生,人们要先放火烧荒,然后在烧过的土地上松土播种。当时的农具十分简单,起初用来挖土的仅有掘杖(一端削尖的木棒),后来出现木锄(一端有杈的木棒)。经过相当长时间的农耕实践,才制造出复合工具。这种用锄头耕种的农业称为锄耕农业,以后形成的农业社会在历史上经历了漫长的时间。

对偶婚和对偶家庭

　　大约在新石器时代前后,随着母系氏族公社全盛阶段的到来,人类越来越清楚地认识到近亲婚姻对后代体制的危险,加之氏族组织不断分衍,亲属禁婚的规则日益复杂,两个氏族之间的男女群婚已很困难。于是,族外群婚便逐渐被族外对偶婚所代替。对偶婚的最初形式是一个男子在许多妻中有一个主妻,一个女子在许多丈夫中有一个主夫。配偶双方仍住在自己的氏族里,婚姻关系通常采取丈夫拜访妻子的形式,即所谓"望门居"。后来又发展为对偶家庭,丈夫迁至妻方的氏族居住,即所谓"从妇居"。当时一个氏族分为若干母系大家庭,一个母系大家庭包括若干对偶家庭。对偶双方的结合还很脆弱,每个对偶家庭的经济并不独立。

金属器的使用

　　人类最早使用的金属是黄金,在埃及、西亚和北美等地都发现了新石器时代用天然金块制的小器物,这些金制品一般使用都用于装饰和礼仪场面。公元前5000年代,亚洲西南部和中亚一带开始用冷锻法(即使石斧打制)加工天然铜。后来又学会冶炼铜矿石,热锻和铸造铜器。但最初炼出的纯铜,质地柔软,用途有限,石器仍占主要地位,故称金石并用时代。公元前3000年代,两河流域和印度河流域开始使用青铜器。公元前2000年代,埃及和中国也出现青铜器。青铜是铜与锡的合金,熔点较纯铜低,硬度比钝铜高,易于锻制,在相当长的时期里成为制造各种工具、武器和装饰品的主要原料。所以称这一时期为青铜时代。继青铜时代之后是铁器时代,人类原始社会最先使用的是陨铁。约公元前2000年代后半期,西亚最先发明了冶铁术。公元前2000年代末到公元前1000年代上半期,东南亚、南亚次大陆、埃及和中国等广大地区先后进入铁器时代。铁是廉价而优质的金属,人们掌握了冶铁术后,便可制造出大量适用的工具和武器,从而大大提高了社会生产力。

巫术信仰产生

　　在原始社会,人们在自然界面前软弱无力,无法理解各种自然现象,认为有一种"超自然的力量"影响着自然界和人类,人也可利用这种"超超然的力量"实现自己的愿望。于是,各种各样的巫术便产生了。以比拟或模仿的方式施行巫术,是巫术的形式之一。法国拉斯科洞发现的旧石器时代晚期壁画,画面上的野兽插着7根或12根长矛,尼奥洞的壁画画着中箭负伤的野兽。这些2万年前的壁画,都画在神秘的地方,显然不是供人观赏,而是相信会以这种方式猎获更多的野兽。澳大利亚人向天求雨,就用口含水,喷向四方,做出下雨的样子。接触巫术,也是巫术的一种。火地人把敌人接触过的东西放在一个小口袋里,用脚踏,用火烧,然后投入大海,相信这个人会在半个

法国拉斯科洞窟壁画

月内死去。塔斯马尼亚人相信将某人的头发取来用油脂包好放在火旁,那个人就会消瘦下去而终于致死。禁忌是一种消极的巫术,认为触犯了某些事物或做出某种行为就会有灾难降临,因此禁止接触这种事物或做出这种行为。占卜巫术在原始社会相当流行,河南淅川下王岗已发现仰韶文化晚期的卜骨。景颇族过去用竹卜,将一段两端有节的竹子

放在火上烧,炸开的竹丝如向两端翘为凶兆,一丝冲天则是吉兆。原始社会的治疗巫术与医学的产生有密切联系,人们一方面对患者施以某种巫术,另一方面也采取一些合理的治疗方法。澳大利亚人普遍会自己作法,后来觉得有些力量不受自己控制,因而出现专门的巫医,人们相信他与神灵更加接近。流行极为广泛的萨满教与巫术有密切的关系。

第一次社会大分工产生

从金石并用时代至铁器时代,是原始公社解体向阶级社会过渡的时代。在这一时代,社会生产力有了较大发展。从农业生产来说,犁耕农业代替了原始的锄耕农业。最初使用木犁或石犁,后来使用金属犁,从而提高了劳动生产率,扩大了耕地面积,也增加了产品产量,使农业生产日益专门化。于是,在适宜经营农业的地区,产生了一些以农业生产为主要经济活动的部落。与此同时,畜牧业也有了较大发展。在适宜经营畜牧业的地区,出现了一些大规模放牧畜群的游牧部落。由此产生了历史上第一次社会大分工,即游牧部落从其余的蛮野人群中分离出来。

手工业出现

早在新石器时代,随着社会生产力的发展,就已产生了从属于农业的家庭手工业,如制陶、制革、编织等。金属器的应用和第一次社会大分工后,劳动生产率的提高和交换的发展对手工业产生了巨大影响。铜器和铁制的铸造、制陶、纺织、榨油、酿酒、造船、建筑等手工业日益复杂化和专门化。种类繁多的生产劳动,要求劳动者有较为丰富的经验和熟练的技术,也不能由同一个人进行了。于是,发生了第二次社会大分工,手工业脱离农业,形成独立的个体手工业。此后,社会分工更加繁复、专一,人的劳动力价值也因而更为具体。《荷马史诗》便已提到制造盔甲、盾牌的各类武装作坊和各类工匠,如铁匠、木匠、皮匠以及金银匠等。

公共财产逐渐成为私有

早在母系氏族社会后期,某些工具或物品就已归入个人所有,但这还不是真正的私有制。在原始社会末期的父系氏族公社时代,由于金属工具的使用,社会生产力和劳动分工得到发展,劳动生产率显著提高,剩余产品日益增多,父家长制大家族乃至一夫一妻制个体家庭经济随之出现,产品交换也日渐频繁。一些氏族首领利用自己对公共财产的管理权和产品交换的机会,逐渐将公共财物归为己有。首先成为私有的是牲畜、农产品等动产,后来部分土地也变为私有财产。私有制基本上有两类:以个体(农民和独立手工业者)劳动为基础的小私有制和以剥削他人劳动为基础的剥削阶级私有制。在人类历史上剥削阶级私有制先后出现三种主要形式:奴隶制、封建制和资本主义私有制。在从原始社会向阶级社会过渡的时候,私有制曾起过积极作用。作为一种新的历史因素,起初它也受到传统力量的排斥,后来才逐渐被社会容忍,直至受到保护。然而,当它一旦成为剥削阶级法律的宠儿,就完全走向反面,成为阶级社会一切罪恶的根源。

原始动植物知识

在原始社会,人们依赖自然界的动植物求得生存。在采集、渔猎活动中经常与动植物接触,逐渐积累了动植物方面的知识,了解了它们的生活习性和生长规律。澳大利亚人熟悉他们周围生长着的树木、灌木林和草,知道如何去利用它们。妇女能够用许多植物制成食品。猎人了解自己猎区的每一种飞禽、走兽,熟知它们的生活特点、踪迹和移动

非洲撒哈拉地区被驯化的野生原牛

路线。在长期的采集生活中,人们选择了一些优良的可食植物进行人工栽培。澳大利亚的美拉尼西亚人从事农业不久,就会种植 10 种山药、14 种面包树、52 种香蕉、220 种芋芳。北美印第安人用 10 个不同的词称玉蜀黍成熟过程中的各个阶段,表明他们在种植活动中已积累了丰富的经验。在狩猎过程中,人们逐渐对某种动物进行驯化、饲养。在中石器时代已开始驯养绵羊和狗,至新石器时代,山羊、猪、牛等动物也陆续被驯养。新石器时代晚期的遗址中,发现母畜的数量往往比公畜多,可能人们已将凶猛而不能繁殖的多余公畜杀掉,而选择比较驯良的母畜和必要公畜加以驯养、繁殖。

第二次社会大分工

在西亚、北非、印度、中国及爱琴海地区，早在金石并用时代或青铜时代，手工业就已出现，而在希腊、罗马等地则是在铁器时代出现的。由于铜器、青铜器和铁器的广泛使用，大面积的伐木垦荒、农田耕作已成为可能。与此同时，农业生产中栽培的作物种类也不断增多，除种植谷物外，还经营园艺，栽培经济作物。生产力的提高及交换的发展，也使手工业生产日趋复杂。金属加工、陶器制作、纺织、建筑、皮革、造船等行业也迅速发展起来，技术不断改进。如此丰富多彩的生产活动，已无法使每个人或每个部门都能从事，于是继第一次社会大分工之后，出现了第二次社会大分工，即手工业与农业的分离。

原始人开始运用医学知识治病

原始社会的人们在长期的生活实践中，逐渐积累了一些医学知识。考古材料证明，生活在三四万年之前的克罗马农人已用燧石工具进行外科手术。其中最令人惊异的是"环锯术"，就是将脑壳锯一个大洞，然后把头皮缝上，用这种方法治疗头骨破裂、癫痫、偏头痛及忧郁症等疾病。有的头骨锯口边缘已长出新骨，说明病人手术后在继续生存。在中国古代，相传神农"尝百草之滋味，水泉之甘苦，令民知所辟（避）就。当此元时，一日而遇七十毒"（《淮南子·修务训》），这是发明医药的传说记载。人们经过长期实践，将植物区分为有毒、无毒两类。将无毒的作为日常食品，有毒的制成毒药，用来毒杀野兽。人们还逐渐掌握了用某种动植物和矿物治病的本领。原始人治疗疾病的方法很多，印第安人以热水浴治疗伤风。澳大利亚人用皮革或木制夹板接骨；止血用软树皮或带子包扎，或用泥土、蛇油和其他动物油、鸟类、无花植物的汁液、木炭、灰烬等涂伤口；被蛇咬伤后，把伤口中带毒的血吸出来，然后炙烙伤口，以防腐烂；用放血法治疗头疼和风湿；治疗皮肤病用泥土、红赭石等涂抹患处；发烧用冷敷降温，治疗伤风用拔火罐，或者使病人出汗。原始社会的治病方法往往同巫术有联系，有些部族的巫师兼巫医，有些部族有专门治疗病的巫医，他们一面用巫术驱鬼，一面也采用一些合理的治病方法。

一夫一妻制取代对偶婚制

在原始社会末期，随着父系氏族公社代替母系氏族公社的社会变革，世系与财产继承开始按父系计算。于是，为了保证子女生自一定的父亲，母系氏族公社所特有的从妻居便转变为从夫居,女子出嫁到丈夫的氏族,原来的对偶婚逐渐发展为一夫一妻制。这样,使丈夫取得支配地位,婚姻关系也更加牢固。由于金属器的使用,一家一户已有可能单独从事生产,一夫一妻制个体家庭便从父系大家族中脱离出来,成为独立的社会经济单位,进一步巩固了一夫一妻制。在剥削阶级统治的社会中,在父权、夫权的支配下,都片面要求女子严守贞操,通常并不排除男子公开或秘密的多妻制。

父系氏族公社形成

原始社会末期,在出现第一次社会大分工的条件下,男子从事的犁耕农业和畜牧业成为主要的生产部门,妇女的家务劳动成为无足轻重的附属品,从而男子在经济生活乃至公共事务中取代了妇女的主导地位。于是,原来以母系为中心的母系氏族公社变为以父系为中心的父系氏族公社。在父系氏族公社,按父方血统计算世系、继承财产,婚姻关系由对偶婚转变为一夫一妻制。一个父系氏族包括若干父家长大家族,每个父家长制大家族往往包括三四代男系亲属,构成父系氏族社会的基本社会经济细胞。耕地已分配给各大家族使用,只有森林、牧场、池塘等仍为氏族共同使用。父权制氏族还保留氏族民主制的性质,但氏族议事会由各族长组成,氏族全体会议由全体成年男子参加,氏族首领由男子担任。

农村公社的产生

在原始社会末期,随着金属器的使用和犁耕农业的出现,个体劳动已成为可能。加上私有财产的增加,氏族民主制被破坏,血缘关系逐渐松弛,使得一些一夫一妻制的个体家庭从父系大家族中分裂出来。他们离开原来的氏族,迁到与之没有血缘关系的人们居住的地方,形成以地域关系结合起来的农村公社。农村公社具有两重性,一方面存在着私有制经济,生产工具、牲畜、农产品、房屋及宅旁园地已是个体家庭的私有财产。另一方面还保留着公有制,耕地定期分配给各个家庭使用,草原、森林、水源等也共同使用。农村公社是农业和手工业相结合的闭关自守的共同体。其管理机构后来已脱离人民而逐渐为富裕分子所把持,他们占有较好的份地,拥有较多的财富,并且不断侵犯公社成员的财产。但公社还残存着氏族民主制,重大问题还要由全体成员通过。随着国家的形成和公有制的瓦解,农村公社便解体了。但在某些地区,农村公社一直残存在奴隶社会和封建社会的长期历史进程中。

文字在社会实践中产生

　　在原始社会,人们为了弥补记忆力的不足或表达一定概念,创造了各种各样的办法。西伯利亚的通古斯人外出狩猎时,把一根木棍斜插在雪中,使人们知道他的去向。如果木棍十分倾斜,就表示他到附近一个牧群去了。公元前6世纪,波斯王大流士一世远征黑海草原的西徐亚人时,西徐亚人遣使送给他一份奇特的礼物:1只鸟、1只鼠、1只蛙、5支箭。这是一份措辞严厉的"最后通牒",意思是说,波斯人啊,如果你们不能像鸟那样飞走,或不能像鼠那样钻入土中,也不能像蛙一样跳入水里,就死在这些箭上吧。在中国、埃及、墨西哥、秘鲁等地,曾盛行过结绳记事的办法。人们用绳子打起各种各样的结,记忆各种事情。例如墨西哥的惠乔尔人每年要步行近500公里去采集一种无刺仙人掌,这期间留在家里的人与外出者各有一条绳子,并且每天打结。这样双方都会知道当时是什么日子,应到达什么地方和进行什么样的活动。但是结绳还不是真正的文字,离开记忆者,别人就无法理解结绳的意义。比结绳记事进一步的是图画文字,是介于图画和文字之间的表达思想的手段。常见的有人、鸟、箭、树及各种动物形象。在图画文字的基础上产生了象形文字,它以物体的形象代表一定意义的文字,有一定的读音,已是真正的文字。

美索不达米亚苏美尔人刻有人物和图形文字的板块

充满灵性的河流

　　如果我们要讲述一些民族起源的历史,实际上它就是一部介绍古人四处觅食、逃避饥饿的游记。哪里食物丰足,我们的祖先就迁徙到哪里去安家,肥沃的尼罗河河谷,在几千年前肯定就大名鼎鼎了。大约在一万年前,尼罗河周围地区的气候转为干旱,雨量减少,茂盛的植物渐渐消失,出现了浩瀚无垠的沙漠。于是,少量的土著人陆续迁到尼罗河两岸定居下来。但后来众多的埃及人究竟从哪里冒出来的? 始终是个谜。据学者推断,埃及人可能一半来自非洲,另一半来自西亚。来自西亚的闪族或阿米诺尔德人,大多具有较高的文化。这些尼罗河畔的外来移民,由于长期与当地土著人通婚,于是一种新的文化和民族诞生。据估计,埃及人以一个新民族的姿态走上历史舞台,大约是公元前3000 至 4000 年之时。

尼罗河上的船只

　　讲到埃及的故事,尼罗河是一个永恒的主题。这是一条充满灵性的河流,每年都会泛滥一次,大致从夏至起,延续 100 天。经此泛滥,沙漠奇迹般地变成了沃土,大水退去的时候,埃及便处处花开,留下几英寸厚的肥沃黏土,覆盖着所有的农田和牧场。尼罗河的泛滥,被希罗多德称为是一种“恩赐”。真是奇怪,地球上一般河流泛滥,往往都会造成自然灾害,可是尼罗河的泛滥,不但不成灾,反而有利于灌溉,于是灾祸变成了福祉。因此埃及农人的劳作,真可谓是太轻松了,他们不必犁地和锄地,就可获得丰收。他们只需要等待河水灌满沟渠田畴,水退后就可以播种了。埃及人实在是太聪明了,播种时只需要赶猪下田,幸灾乐祸地看着这些愚蠢乱窜的家伙把种子用力踩到泥土中,然后就悠悠闲闲地等着收获。有趣的事情还不仅仅如此,因为日子过得太抒情了,埃及人还常常教猴子上树帮他们摘果子,或者把蚊帐拿到池塘里捞鱼捕虾。埃及人的食物也格外丰盛,主食为谷类、鱼虾及形形色色的熏肉制品等,富人常以美酒佐餐,连穷人也可能喝到啤酒,和同一时期茹毛饮血的其他民族相比,就是生活在天堂,而这一切,都是来自尼罗河的恩赐。

一个有趣的民族

就是在今天，埃及人也是个永远令人感兴趣的话题。过去对于埃及的认识，最初的印象来自陵墓、神庙，因此会觉得埃及人似乎永远都是一脸冰霜。其实，我们如果把目光移向塑像、浮雕及记载传说的神话故事，便可知道埃及人的生活，是格外的精彩和轻松。

古埃及人

埃及人的长相很有特点，宽肩细腰、平足厚唇、身材矮小、肌肉发达。埃及人的头发黑而微曲，妇女一律把发剪得很短，就像近代摩登少女的发型一样。男人喜欢修面戴假发，为了戴假发方便，他们大都把头剃光，当然贵妇也有戴假发的。当时的社会时尚，假发的长短和社会地位成正比，因此只能是国王的假发最长。埃及的化妆用具数量和种类繁多，脸上涂胭脂，嘴上搽口红，头发手脚抹油、指甲涂颜色、眼部画眼圈，是一般埃及妇女常有的打扮。在有钱人家，化妆品通常随人殉葬。因此凡有坟墓的地方，一定可找到镜子、剃刀、梳子、发针、粉盒等东西。

埃及人在孩提时代，不分男女，都可以不穿衣裤到处乱跑，男孩子大都仅戴耳环及项圈，女孩子由于天生爱美，常常在腰间挂上美丽的串珠。古王国时代的埃及人，不论男女自肚脐以上都全裸着，他们终年只穿一条窄窄的短裙，这条裙是白麻布做成的，即使是地位高贵的祭师也是如此。

戴假发的贵妇

尼罗河畔的女孩，成熟得特别早，一般十岁多点就已发育成熟，婚前发生性行为，在埃及也是家常便饭。到了托勒密时代，男色与女色同样盛行，许多俊美的少年往往成为尤物。一些名妓的积蓄，据说足以用来建筑一座金字塔。埃及的舞女和妓男是上流社会的美丽点缀，每赴堂会，都打扮得花枝招展。他们身穿透明罗衫，腰佩珍珠宝带，手上脚上耳上是闪闪发光的金环，真是格外迷人。这种情色奢侈的场景，在古代其他地区的民族中绝对少见，因此柏拉图提到埃及人，有过一句名言："雅典人爱知识，埃及人爱黄金。"

卡玛尔残垣下寻宝

　　20 世纪 50 年代,埃及的考古学家开始对胡夫大金字塔的塔基进行清理,负责这项工作的是建筑工程师卡玛尔·马拉赫。他是一个对考古、对古埃及历史极感兴趣的工程师,他一直认为胡夫大金字塔边上除了那几个船坑之外,肯定还埋藏着一些神秘的东西。所以在清理过程中,特别注意对神秘古迹的探查。但到清理工作即将结束的时候,仍然没有任何发现。

　　金字塔建造之初都是有围墙的,胡夫金字塔的围墙因为年代久远,只剩下了地基和残垣断壁。有一天,细心的卡玛尔忽然注意到,南面围墙距金字塔的距离似乎短了一些,经测量只有 18.6 米,而其他三面的围墙距金字塔边缘都是 23.6 米。古埃及人是一个崇尚于对称、和谐的民族,设计人员不可能平白无故地将南面距离缩短 5 米,这里肯定有原因。

　　于是,卡玛尔用自己的探针在南围墙下探查,终于,在探针带上来的泥土中,他惊喜地发现了一点发红的土,那正是古埃及人自己做成的水泥的颜色。于是开始在这个地方挖掘、钻探,最后终于发现了东、西两个长方形石板阵,分别排列着 41 块白色石灰岩石板。

　　卡玛尔认定它们是洞穴的盖板,经请求获准打开东边的洞穴。当第一块石板被吊起时,一股幽香扑鼻而来,那是一种带着防腐防蛀香料味道的远古的气息。映入眼帘的是一块块大小、长短不齐的木板和棕绳、芦苇以及船桨等。时隔 4500 多年,这些东西仍然不蛀不烂。毫无疑问,这就是大金字塔的主人胡夫的太阳船。

　　经挖掘发现,太阳船船板全部为雪松木,最长的达 23 米,最短的不足 10 厘米,一共有 1224 块,分为 650 份,按顺序整齐地摆放在石坑里。

　　怎样把木板组装到一起?古埃及人造船不需要钉子,唯一能够把木板结合起来的就是这些绳子。木板上有 4000 个洞眼,工人们试着用这些绳子将它们穿起来,最后终于同缝衣一般将整条船穿扎起来。这个摸索复原的过程整整用了 11 年。

埃及国家的产生

　　埃及是历史悠久、文明古老的伟大国家。当蒙昧人、野蛮人游荡于世界广阔土地上的时候,非洲大陆东北角的尼罗河流域便已放射出人类文明的曙光,孕育了世界历史上第一个奴隶制国家。

　　尼罗河文明是怎样形成的?埃及奴隶制国家发展的最初阶段是怎样一种形式?埃及早期国家发展的基本规律是什么?这些问题不仅涉及人类社会的最初国家的起源问

题，也关系于古代世界早期的奴隶制国家的产生、发展的规律性问题。

国家问题，当然也包括国家的起源和发展的问题，"是一个最复杂最困难的问题"。特别是由于埃及历史早期的文献极其贫乏与简略，加之保存下来的又往往残缺不全，愈益加深了研究古埃及国家起源、发展问题的困难。但是，上一世纪埃及古城古墓遗址的考古发掘的成果，尤其是近年来对于某些文化遗址、遗物的深入考察与研究，虽然还存在着不少的分歧，却也给我们解决埃及国家的起源及其统一王国的形成问题，提供了某些必要的依据。

埃及国家是在什么时候出现的？这个问题在一些著作中，通常可以找到几种不同的答案。

苏联科学院主编的《世界通史》断言：在我们今天的知识的条件下，还不能确切断定尼罗河流域国家发生的日期。现在看来，这种论述未免过于武断。事实上，就在这一卷的稍后部分，另一作者则表示：早在第一王朝时，如果不是更早的话，便已形成了国家。还有的苏联学者认为，埃及的国家形成的过程开始于第一王朝的中叶。按通行的说法，埃及史上的第一王朝的年代，大约在公元前3100～前2890年。因此，依上述的意见，埃及大约在公元前3100年，或者在公元前3100年以后，才开始出现国家。

与此相反，另一种意见认为，早在公元前3100年前，埃及已经出现了国家。英国的《剑桥古代史》写道，紧接在第一王朝建立前的时期，埃及就出现了南北两个王国。还有的著作明确地表明，大约在公元前4000年代的中叶，甚至在公元前4000年前就已经形成了国家。

对于古埃及国家产生的时间问题存在着分歧意见，关键是如何认识尼罗河文明与埃及国家形成的标志。因此，我们必须把这两者结合起来加以论述。

考古学提出的"史前埃及文化"或"前王朝文明"，包括三个连续的发展阶段：巴达里文化（约公元前4500～前4000年）、涅伽达文化Ⅰ（阿姆拉文化，约公元前4000～前3500年）、涅伽达文化Ⅱ（格尔塞文化，约公元前3500～前3100年）。"文明"与"文化"，虽然在概念上有联系，但决不能混同。严格说来，埃及的文明是从涅伽达文化Ⅰ的末期开始，到涅伽达文化Ⅱ时代最后形成。

涅伽达文化Ⅰ与巴达里文化一样，仍处于铜石并用时代。但是铜器、石器与陶器的生产有了进一步的发展。手工业生产也愈益专门化，并且与亚细亚部族早已有了商业关系。

涅伽达文化Ⅰ的遗址已发现有居住地和墓地。居住地筑有雉堞墙，并有防御工事，所以，涅伽达Ⅰ的人民被称为"城市居民"。涅伽达附近的一个被称为"南城"的居住地是一个重要的遗址，其堡垒和近似长方形的房屋是用小砖筑成。这是一个设防的城市。恩格

近代德国画家笔下的希克索王朝的入侵

斯曾经指出："用石墙、城楼、雉堞围绕着石造或砖造房屋的城市……这是建筑艺术上的巨大进步,同时也是危险增加和防卫需要增加的标志";"在新的设防城市的周围屹立着高峻的墙壁并非无故:它们的壕沟深陷为氏族制度的墓穴,而它们的城楼已经耸入文明时代了"。

涅伽达文化Ⅰ时代,墓穴已有大小、充裕简陋之别。在阿巴底亚,最大和最富裕的墓是妇女的墓。这种现象反映了母系氏族的特点。在其他地方的一些大墓中,还发现了作为陪葬的巫术用品。西方埃及学者认为,这种迹象表明墓主是"巫师或女巫医,是公社的重要成员,或许甚至是他们的领袖"。还有的学者讲到,在前王朝时代早期,每个乡村是自治的,并且有一个首领,他的权力依赖于他作为一种"呼风唤雨王"的名声,他大概是能管理尼罗河洪水。这些推论,与恩格斯所说的个别成员"在非常原始的状态下执行宗教职能"的论述相一致,而且"这些职位被赋予了某种全权,这是国家权力的萌芽"。

研究埃及文明与国家形成的标志,更重要的是考古文物保留下来的有关王衔与王冠起源的记录。其一是涅伽达1546号墓出土的一块陶罐破片,罐标上是一间带有圆屋顶的房子,屋顶上栖息着一只小鸟。这种圆屋顶的建筑物可以看成是后来的"王宫的门面",也可以称为"御座"。屋顶上的一只鸟则是隼鹰神荷鲁斯的粗略形象,荷鲁斯是法老时代的埃及国王的保护神,并且是国王的第一个头衔。第一王朝的国王后来都被称为"荷鲁斯的追随者"。

埃及贵族

其二是涅伽达1610号墓中发现的一块带有红冠浮雕的黑顶陶片。红冠是埃及国王的两种基本冠式之一,也是最受尊敬的王徽之一。王徽王衔形象的出现,意味着王权的萌芽与产生,关系于国家的形成的问题。这两块重要的历史文物,根据英国F·皮特里的"顺序年代法"(S.D.)的划分,王衔陶片定年在S.D.37,即涅伽达文化Ⅰ之末期;红冠王徽的陶片定年在S.D.35~39,约当涅伽达文化Ⅰ之末期或涅伽达文化Ⅱ之初。

涅伽达文化Ⅱ时代,墓穴发现的很多,仅在涅伽达就发掘出2149座"史前墓"。涅伽达文化Ⅱ的居民更精心制作的墓呈长方形的,并且有了砖墙结构,但是穷人仍然葬于圆形墓穴中。涅伽达的T墓地是富裕的,在那里分布有几十座大小形状不同的墓,其中除了个别的圆形或半圆形与正方形外,绝大部分都是长方形的,并且有几座规模较大的墓。研究者认为,T墓地是统治阶级或集团的墓地。在希拉康坡里发现了著名的第100号墓,因其墙壁装饰以壁画,故又称为"画墓"或"装饰墓"。"画墓"的尺寸大约4.5×2.0×1.5米,与T墓地20号墓的5×2米大小差不多,而且同样是长方形的砖砌的,并带有间壁墙的结构。画墓与T15、T23墓也有某些类似之处。希拉康坡里画墓虽曾被盗,遗物多有丢损,但保留下来的仍有32件之多,与仅有数件陪葬品的一般墓穴形成了鲜明的对比。近几十年来的研究已证明:画墓是"首领墓地的一部分",属于"王家墓地";"埋葬在装饰墓中的人物应看成为上埃及传说中的王"。还有的论证,希拉康坡里的画墓和涅伽达的T墓地两者是"前王朝国王的埋葬地"。

除了国王的墓地外,希拉康坡里画墓的壁画给我们保留了土著与外来入侵者之间战斗的形象的描述。尤其重要的是画面上出现了手举权标头的国王打杀跪在他的面前的俘虏的场面。类似的现象还出现在前王朝末期的一些调色板和权标头上。

涅伽达文化Ⅱ时期最重要的成就之一,是文字的发明。最早的文字见于圆筒印上,而最早的圆筒印,迄今所知,出自涅伽达

基沙的狮身人面像及一位法老的金字塔(前2580年,埃及)

1863号墓(S.D.46),大约相当于涅伽达文化Ⅱ的中叶。在这个时代的晚期,文字多见于权标头、调色板等文物上。恩格斯高度评价了文字在历史上的地位,指出:……由于文字的发明及其应用于文献记录而过渡到文明时代。

根据上述的生产力发展的水平,居地遗址的设防,墓葬的分化,王冠、王衔的起源以及文字的发明与应用等现象,可以确认,早在涅伽达文化Ⅰ之末期,即公元前3500年左右,埃及的氏族制度已经解体,国家萌芽,开始向阶级社会过渡。到了涅伽达文化Ⅱ时代,国家最终确立,形成了历史上最古老的尼罗河文明。

图画文字产生

介于图画和文字之间的图画文字,早在原始社会末期的母系氏族公社繁荣时期就产生了。在距今6000多年前的西安半坡遗址,就发现了在陶钵口沿上刻画的符号,这是中国文字的渊源之一。公元前4000年代后期,苏美尔人创造了图画文字。近代仍处于原始社会的民族使用图画文字的很多,印第安人的图画文字就很发达。如北美大草原达科他部落的印第安人记录公元1800年的大事时,画一人形,遍体加以红黑两色的点,表示那一年天花流行。而1840年则画两只手相向,表示那一年两个部落讲和。1849年,特拉华部落向美国总统递交了一份请愿书,在桦树皮上画了1只鹤、3只貂、3头熊、1条人鱼和1条鲶鱼。图中前面的7个动物是7个氏族的图腾,代表7个氏族。而鹤在最前面,是领导氏族。下面画着大湖、小湖以及通往小湖的路。所有动物的眼和心都有一条线与鹤的眼、心相连,表示各氏族意见一致。整幅图画的意思是,请求允许他们在苏必利湖附近一个小湖上捕鱼。

人类开始进入阶级社会

　　原始社会末期,大体在野蛮时代中期的高级阶段,由于社会生产力的提高,出现了剩余产品,使剥削他人剩余劳动成为可能。同时,生产的发展增加了氏族成员的劳动量,生产规模也在不断扩大,吸收新的劳力以减轻自己的劳动并生产更多的剩余产品也成为需要。于是,战争俘虏不再杀掉,而是把他们变为奴隶。最初奴隶在生产上仅起辅助作用,随着生产的发展和战俘的增加,奴隶便被成批地赶到田间和工场去劳动。剩余产品的积累引起社会分化,某些家族占有大量奴隶和牲畜,而另一些家族则陷于贫困的境地。于是,在部落内部又出现贵族和平民。至此,人类第一次划分为阶级——奴隶主和奴隶、贵族和平民,原始的氏族社会趋于瓦解。由于历史发展过程的不平衡性,进入阶级社会的时间有早有迟。一般认为,公元前3000年左右,尼罗河下游和两河流域最先进入阶级社会。在爱琴海地区和印度河流域,公元前3000年代中期到公元前2000年代前期已进入阶级社会。约公元前2000年代前期,中国也步入阶级社会。而希腊、罗马的阶级社会则形成于公元前1000年代上半期。

西方神话中的波塞顿、阿波罗、阿黛蜜斯等诸神(浮雕)

哈谢海姆统一埃及

　　埃及的传统史学认为,在早王朝时代(公元前3100~前2686)初,即早王朝时代第一王朝(公元前3100~前2890),美尼斯就建立了统一的国家。现代研究成果表明,这种说法不符合历史事实。实际上,早王朝初年埃及的各个州仍是分立的,埃及传统所说的提斯王朝(即埃及僧侣历史家所划分的第一、二王朝)只是一个州的王朝,或一些州联盟的王朝,不是统一的国家。古代埃及的统一,是经过长期的历史过程才得以完成的。提斯王朝期间,各州进行着频繁的争霸战争。希拉康坡里出土的文物"那尔迈调色板"反映出美尼斯对北方的远征。在阿卑多斯发现的文物,记载了美尼斯的继承者阿哈对努比亚的远征和把埃及领土扩至第一瀑布的战绩。早王朝遗址文物表明,当时的埃及存在着两个中心,北方的孟斐斯、萨卡拉一带为中心,南方的阿卑多斯至希拉康坡里一带为中心,三角洲一带还处于分散的状态。这说明早王朝时代的埃及是处在走向统一的过程中,未出现统一的局面。第一王朝第五王登是一个强有力的统治者,在长达近60年的统治中,曾对居住在尼罗河与红海之间以及西奈半岛上的部落进行征服。从登开始,帝王采用双冠(双冠指象征王权的白冠与红冠,意为两个权力的合一)。这说明经过第一王朝历代诸王的征服和扩张,到登王时期虽不能就已完全上下埃及的统一,但已出现了明显的统一趋势。有材料说明,第二王朝(公元前2890~前2686)哈谢海姆统治时,曾对努比亚和下埃及进行过征服。从希拉康坡里发现的文物(哈谢海姆的两个雕像)上描绘和记载的被杀死的尸体和数字来看,他对下埃及残酷的征伐获得了成功。埃及的统一事业到第二王朝最后一个国王哈谢海姆威统治时才得以完成,从而建立了统一的国家。

图为何露斯神和墨涅斯

埃及人建造狮身人面像

狮身人面像是古埃及第四王朝国王哈夫拉金字塔群建筑中的重要遗迹。狮身人面像离胡夫金字塔约350米远,坐落在哈夫拉金字塔的东侧,紧靠河谷庙的西北,似乎是塔陵的守护者,但更可能是死后与太阳神结为一体的哈夫拉王的象征。据说它是由建筑大金字塔(胡夫金字塔)时留下来的整块巨石雕刻而成。它高约20米,长为57米,如果把另外加上的匍匐在地的两只前爪计算在内,共73.5米。它的耳、鼻长度超过一个普遍人的身长。其胡须据说全长4米,重约30吨。千百年来,这座半人半兽的怪物不断引起人们的遐想,认为它的形象很可能意味着人的智慧和狮子的勇敢的结合,象征着国王凛然

狮身人面像

不可侵犯和凌驾一切的权威。可惜,由于长期的自然风化和人为破坏,整个狮身遍体鳞伤,鼻子破碎坍陷,面目有些丑陋不堪。尽管如此,它的威严仍不减当年,表现了古代埃及人的伟大智慧和创造力。

古埃及人制定出第一部太阳历

在公元前3000年代,古埃及人根据对尼罗河水上涨和天狼星的长期观察,制定出一种方便的历。他们把每年一度的尼罗河泛滥日(大约在6月15日左右,潮头在孟斐斯)定为一年的开始,这一天在下埃及恰好天狼星与太阳同时出现在地平线上。他们还根据尼罗河水涨落和作物生长的规律,把一年分为泛滥、播种和收割3个季,每季为4个月,一年共有12个月,每月30天。年末余下的5天称"闰日",作为节日,这样全年共有365天。埃及太阳历是人类历史上的第一部太阳历。这种历比现行的阳历少6个小时,每隔120多年将有1个月的出入。如此累进,400余年以后,将会周而复始。古埃及制定的太阳历对古代其他国家曾产生过影响,公元前46年,古罗马根据埃及历法去弊取利,制定了"儒略历"(又译为"朱里亚历")。

书写文字在世界各地逐渐出现

书写文字是在图画文字的基础上形成的,一般都经过象形文字阶段,之后有的发展为象形、会意的文字;有的向表音符号方面发展,逐渐形成字母文字。公元前3000年,埃及人在国家形成的过程中创造了象形文字,每个符号都非常形象地表达出所要说明的对象。一些动作也用形象来表示,如"打"就画一个人拿一根棍子,做打的动作。对一些抽象的概念也往往用图形来表示,如画一头牛在水边奔跑表示"渴"的意思。为了表示词的发音,又用一些图形表示音符,于是产生了24个表音符号(皆属辅音)。公元前2000年代后半期,腓尼基人在埃及24个象形音符的基础上创造了22个字母,这便是后来的希腊字母和阿拉美亚字母的来源,现代大多数字母都受其影响。古代两河流域南部的苏美尔人,在图画文字的基础上创造了楔形文字。公元前 3000 年,印度河流域的居民创造了象形符号和音节符号并存的印章文字,后来被人们所遗忘,至今尚未译读成功。公元前 9世纪,又出现了由 51 个字母构成的拼音文字——梵文。公元前后,中美洲的玛雅人创造了象形文字,用棕树皮或鞣制过的鹿皮书写,记录了历史、诗歌、戏剧等。在中国,早在距今 4000 年前就产生了象形符号。公元前 16 世纪的殷代,已创造了象形、指事、会意、形声相结合的甲骨文。

埃及人制造木乃伊保存尸体

古埃及人深信,人死以后灵魂暂时离开肉体,到了一定的时间它又返回到肉体,直至永恒。为此,埃及人积极地想办法保存好尸体,使灵魂有寄托之处。埃及人很早就掌握了制作木乃伊(即干尸)的技术。根据希腊历史学家希罗多德著作中的有关记载,以及对考古发掘出来的木乃伊的研究资料表明,尽管各个时代木乃伊的制作方法有许多细节上的不同,但一般采用的方法是:先用钩子从尸体鼻孔中钩出一部分脑子,再把药水灌进去冲洗;接着在尸体肚子上切口,取出内脏,用掺和着香料的酒冲洗腹腔,再把桂皮、乳香之类的香料充填进去;然后按原样缝好,把尸体浸泡在一种防腐液里;70 天以后将其捞出,裹上麻布,在外面涂上一层树胶,以隔离空气。木乃伊制成后,还要举行隆重的安放仪式,以示死者开始了来世生活。

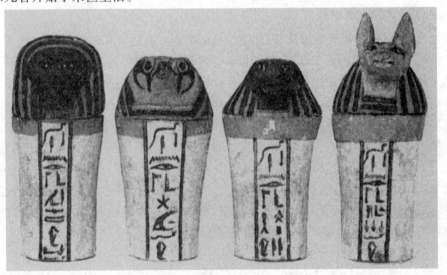

木乃伊的内脏分别储藏于四个罐内,罐上雕有神祇或死者的头像。

古埃及统治者竞相修建金字塔

公元前 2686~前 2181 年埃及第三王朝—第六王朝统治者们竞相修建金字塔。

金字塔是古代埃及安放国王木乃伊的巨型墓葬建筑。约在第三王朝——第六王朝期间（公元前 2686~前 2181），统治者们竞相建造金字塔，以显示自己永久无上的权威，使金字塔臻于鼎盛，有"金字塔时代"之称。金字塔建筑的初级形式被称为"马斯塔巴"，即在埋葬尸体的沙堆周围砌成砖墙或石墙，然后用石板加盖。其形状酷似凳子，得名"马斯塔巴"。第三王朝时期，第二任国王乔塞尔请伊姆荷太普为建筑师，在塞加拉建造了一座石制的、有 6 层阶梯的大型"马斯塔巴"。其高 60 米，底部长 120 米，宽 108 米，取层级造型，故被称为"阶梯金字塔"。第四王朝第一王斯尼弗鲁把一座位于美杜姆的阶梯金字塔的阶梯用石块填平，使埃及诞生了第一座角锥体形的金字塔。接着，斯尼弗鲁在达赫舒尔又建筑了"弯曲金字塔"（因建筑时采用了两种角度，呈弯曲形而得名）。斯尼弗鲁之子胡夫在开罗附近的基泽修建的金字塔，无论在规模、结构上都堪称金字塔之首，素有"大金字塔"之称。这座耗时 30 年之久才完

阶梯金字塔

成的巨型金字塔，外观巍峨雄伟，内部结构复杂精密。高达 146.5 米，底面呈正方形，边长 230 余米。整个建筑用去 230 万块大小不等的石块，平均每块重约 2.5 吨。石块间无任何粘着物，却堆砌得严密无缝。塔内设有阶梯走廊、墓室，还饰以绘画、雕刻等艺术品。基泽附近的第二座较大的金字塔是第四王朝第四王哈夫拉（胡夫之子）金字塔。该塔建有完整的附属建筑，并用巨石雕成一座威武的狮身人面像，屹立在塔的附近，使其独具特色。第十一王朝第一国王孟图霍特普建造的金字塔，则别具匠心地采取了山洞陵墓的新形式（位于戴尔·埃及），即依山而建，塔、山浑然一体。最后一个埃及王的金字塔，或许是新王国第十八王朝的创立者阿摩西斯所建。新王国时代的王陵，通常是在西底比斯断崖绝壁的半山腰，或是干谷的地下开凿洞窟，营建厅室，封闭埋葬。这种变化可能出自护陵防盗的考虑，因此，金字塔陵开始被洞窟墓所代替。

哈夫拉的狮身人面像

4500 年以前，在尼罗河西岸胡夫大金字塔旁边，一座新的金字塔即将竣工，这就是略

低于胡夫金字塔的哈夫拉金字塔。

竣工前夕，法老哈夫拉来到施工现场，望着这座宏伟的建筑，不免有些遗憾。尽管自己死后能住在如此奢华的地下宫殿中，能在这里乘坐太阳船升天，遨游太空，但是后人却见不到自己的容貌，于是吩咐建筑师为自己雕琢一座石像供后人瞻仰。

当时，大金字塔前边有一座光秃秃的小山包，是为开采金字塔所用石料准备的，因里面含有贝壳之类的杂质，不符合大金字塔要求的质量标准，就被留下来了。建筑师们凑在一起商议建筑方案的时候，从小山包的外形中产生了灵感，结合古神话传说，把小山包设计成了哈夫拉的头像和狮子的身躯。这样，既体现了法老的威严，又显示了狮子的勇猛。

狮身人面的斯芬克斯石雕

一座高 21 米，长约 57 米的狮身人面像终于落成了。它坐西向东，头戴皇冠，额套圣蛇浮雕，耳后方巾垂肩，双目炯炯，凝视东方，嘴角露出刚毅、自信的笑容；一对硕大无比的爪子并列向前伸展，卧伏在哈夫拉大金字塔前边。

黎明时分，它披一身朝阳，像一个忠诚的卫士，守候在金字塔前，给人一种肃穆、庄严的感觉。连法老哈夫拉也赞不绝口。

古埃及人的宗教崇拜

依据对埃及文物的考证，埃及宗教最远古的形态是对地域性的诺姆守护神的崇拜。并且经久不衰，其持续时间之长，竟延至古埃及历史之终结。所谓诺姆守护神的崇拜，就是每一诺姆均将一种动物奉为神明。所奉动物同地域神有着这种或那种联系，或以兽为化身，或兼具此兽形的半人半兽形象。例如赫尔摩波利斯崇拜赤鹭和狒狒，法龙姆绿洲崇拜鳄鱼，布巴斯梯斯崇拜牝猫等等。在这种崇拜过程中，神圣动物开始拟人化。例如猫转化为女神巴斯泰特，其形象为猫身人手，鹰演化为霍鲁斯，女神索赫梅特为狮首，如此等等。全埃及神的崇拜，早在埃及统一之前已经出现。每逢每一诺姆成为全埃及的统一中心，其守护神随即成为全国性崇拜的对象。全埃及神最古老的是鹰神霍鲁斯，它发祥于希埃拉孔波利斯和埃德福。这一地区诸王在完成统一大业的过程中，将本部落之神推崇为全埃及的太阳之神。此后，王都迁孟斐斯(约公元前 3000 年代)，孟斐斯所奉之神普塔赫遂成为埃及官方所奉的主神。第五朝时，对该王朝发祥地赫利奥波利斯的地域之神阿图姆(即拉)的崇拜延及全国，此神遂成为埃及的至高神。中王国时期，底比斯成为埃及再度统一后的中心，该地区所奉之神阿蒙本为不知名的小神，亦随之跃居全埃及之首，并与往昔所奉的至高神拉互相浑融。随着国家的统一，另有一些地域神不再囿于原享祭范围，而更为信奉者所敬奉。他们被赋予一定的职能，即奉为人类某种活动和某些行业的佑护者。例如,赫尔摩波利斯所奉之神托特(赤鹭首),成为书吏和学者的佑护神;赫乌特所奉之阿努比斯,成为冥世之神;拉托波利斯所奉之索姆梅特,成为征战女神等等。此外,在民间还有种种信仰,例如农事崇拜、冥事崇拜、君主之神化、对冥事采报等。埃及宗教以极端因循守旧著称,但是随着埃及历史的变化,它也随之发生演变。一方面表现在种种地域性崇拜渐趋融合,并演化为全国和全民的崇拜,全埃及神祇和名副其实的祭司阶层随之相伴而生;另一方面,随着对外的征服以及与邻居交往,外籍神相继而入,并纳入埃及的宗教信仰中。埃及的宗教崇拜的对象、内容和形式也繁复起来。

乌鲁卡基那改革拉格什内政

公元前3000年代中期以后,苏美尔地区的城市国家拉格什因长期进行对外战争,加剧了城邦内部的社会分化和阶级斗争。全权者与无权者、贵族与平民、王室与神庙之间的矛盾日益加剧。这种状况,到卢伽尔安达统治时(约公元前2384~前2378)更为严重。卢伽尔安达独断专行,横征暴敛,欺压剥削下层人民,把神庙的土地攫为己有,并向祭司征收赋税。在他统治下,拥有土地能服兵役的公民人数已经减少到3600人。在这种形势下,贵族出身的乌鲁卡基那在平民和下层祭司的支持下,推翻了卢伽尔安达的统治,取得了拉格什的政权。乌鲁卡基那在位7年间(约公元前2378~前2371),进行了一系列有利于平民的改革:恢复扩大了居民的公民权,改善无权者阶层"苏不路伽尔"的处境,撤销遍布全国的监督和税吏;恢复庙产,免除祭司的纳税义务,减轻人民的宗教费用;禁止以人身作为借贷条件;禁止暴力、盗窃、残杀、囤积居奇;禁止欺凌孤寡;禁止官员用廉价强买平民的住房、牲畜;禁止侵犯别人的住宅等;同时他还下令开凿两条运河,建造一些手工业作坊。乌鲁卡基那改革措施打击了氏族贵族奴隶主的势力,满足了平民的某些要求,扩大公民的一些权力,使全国人数增加了10倍。他的改革引起本国显贵和邻邦的敌视,公元前2371年,温玛和乌鲁克联军攻陷拉格什,推翻了乌鲁卡基那的统治。

西亚文明古国埃兰建立

埃兰又译为伊兰或依蓝。埃兰是西亚文明古国,位于扎格罗斯山西南部,临波斯湾,大体相当现在伊朗的胡泽斯坦省。埃兰人早在公元前4000年就在此从事农牧业生产活动,处于部落联盟发展阶段。约公元前3000年代中期,河流地区的埃兰部落率先进入阶级社会,出现了一些奴隶制小国,如阿旺、安善、西马什和苏萨等。埃兰国家的产生,深受两河流域苏美尔、阿卡德的影响,他们很早就与两河流域旺家有了往来,有时也相互攻掠。由于社会生产力的提高,氏族内部的分化,导致了国家的产生。

萨尔贡建立阿卡德王国

阿卡德城位于两河流域南部的北端。两河在此最为接近,地势优越,成为商道集中点,这为阿卡德王国的兴起与强盛创造了条件。阿卡德王国的建立者是萨尔贡一世。传统说法认为,萨尔贡为平民家庭出身,是个私生子,出生后不久便被其母抛弃。他由一个打水的园丁抚养长大并成为园丁,后被推荐给基什第四王朝的国王乌尔扎巴巴。作为国王的园丁和厨师,他使自己成为基什王的近臣。公元前2371年,萨尔贡趁基什被温玛的卢伽尔萨吉西打败之机夺取政权,建立阿卡德王国(公元前2371~前2230)。萨尔贡建立阿卡德王国后,经过34次战争,征服了乌尔拉格什、乌鲁克、温玛等各苏美尔诸城邦,统一了南部两河流域。接着,又向东攻占埃兰(今伊朗库齐斯坦地方)、苏撒等地,向北攻占苏尔巴图王国(亚述),之后远达小亚东部、叙利亚、阿拉伯东岸的一些地方,成为南部两河流域第一次出现的强大统一王国。

乌尔城邦从强盛走向灭亡

从古提人侵入古代两河流域南部后,苏美尔各城邦便展开了反对古提人统治的斗

苏美尔人社会中的政治、经济中心吾珥城塔庙遗址

争。在此期间,各邦逐渐复兴,最后,古提人终为乌鲁克人所逐出。乌尔城邦也在此时兴志,尤其在创建者乌尔纳木统治时期(公元前2113~前2096),打败乌鲁克并占领了苏美尔和阿卡德地区,统一了南部两河流域,建立起乌尔第三王朝。乌尔纳木采用了"苏美尔和阿卡德国王"的称号,并远征地中海东岸的广大地区。乌尔第三王朝内部经济发展,集

权政治强大,编定了世界历史上第一部成文法典《乌尔纳木法典》。乌尔第三王朝在舒尔吉统治期间(公元前2095~前2045),继续维持国家的强盛,对外不断扩张,东南抵埃兰,西至叙利亚,北达亚述城,成为西亚的一大强国。但是,由于乌尔第三王朝的国家内部阶级矛盾、社会矛盾尖锐,公元前2006年,在埃兰人和阿摩利人的进击下覆亡了。

埃及人修建卡尔那克神庙

在古代埃及的新王国时期,对底比斯阿蒙神的崇拜是统一王国最主要的宗教活动。为取悦阿蒙神,反映太平盛世和丰功伟绩,每位国王继位后都不惜重金修建与装饰阿蒙神庙,而其中官方奉祀阿蒙神的最高殿堂——卡尔那克神庙则堪称典型。卡尔那克神庙始建于中王国时期(公元前2040~前1786),扩建于新王国时期(公元前1567~前1085),直至托勒密时代(公元前305~前30)才算最后完成,前后共2000余年。卡尔那克神庙气势宏伟,古朴浑厚。王殿总面积达5000平方米,由排成16列的134根巨石圆柱所支撑。中堂两排12根圆柱高达21米,柱头用花状修饰,柱身布满象形文字和各种浮雕。这种列柱式建筑是古代埃及建筑艺术上的重大创造,对后来的古希腊建筑也有重大影响。为使自己的丰功伟绩流传百世,国王竭力在神庙的壁画上镌刻重大的历史事件,包括编年史、战役场景和国王名字。因此,卡尔那克神庙不仅是建筑艺术的博物馆,也是历史内容丰富的石刻档案馆。

卡尔那克神庙复原图

"苏美尔时代"

公元前 3500 到 3200 年间，美索不达米亚即两河（底格里斯河和幼发拉底河之间）地区的社会和文化生活建立在城市基础上，成了地球上第一片文明开化之地。我们可以把公元前 3200 年直到公元前 2000 年这段时期称为"苏美尔人时代"，因为美索不达米亚最

建于公元前 2000 年左右的印度古城遗址。

先进的地区是位于其最南部的苏美尔地区。苏美尔是片沼泽地带，面积与美国马塞诸塞州大致相当。在苏美尔时代的前九百年间，苏美尔没有出现统一的政权，而是由众多独立的城邦点缀其间，其中最重要的有乌鲁克、乌尔和拉格什等。随后，到了公元前 2320 年左右，整个苏美尔地区都被来自处于美索不达米亚正北部的阿卡德的一位强大武士所征服。这位武士的真名实姓已无从知晓，但我们知道他冠以"萨尔贡"（意为"真正的国王"）的头衔，与他同时代的人则称他为"伟大的萨尔贡"。美索不达米亚年代记称他在取得 34 场战斗的胜利后控制了苏美尔；最后他胜利地进军到"下海"（波斯湾），在那儿用海水清洗他的武器，以示战争结束。在其后近 200 年的时间里，伟大的萨尔贡创建的王朝统治着由阿卡德和苏美尔组成的一个帝国。不过到了公元前 2130 年左右，苏美尔重新获得了独立，实现了"复兴"。"复兴"一直延续到公元前 2000 年左右，其间该地区大多由住在乌尔的国王统治着。

苏美尔的成就主要受到其气候和地理的影响。尽管两河流域非常肥沃，但灌溉不可或缺，因为这里一年中有近 8 个月不下雨，春天里降下的暴雨来得太晚，赶不上浇灌在 4 月份就要收割的主要作物。（苏美尔地区夏天时不是生长季节，因为那时温度高达华氏 125 度，可把土地烤焦。）如前所述，灌溉工程是项集体事业，需要精心策划和专断的领导，

而这反过来导致社会分层、职业专门化和城市的出现。美索不达米亚南部完全缺乏诸如石料、矿物之类的天然资源，甚至连树木也没有，这一事实使苏美尔的处境进一步受到制约。这就意味着居住在苏美尔的人被迫严重依赖对外贸易，同时十分注意运用一切手段改变这种经济不平衡，以使之对他们有利。换言之，苏美尔人必须征服自然，而不是过着丰足舒适的生活。

苏美尔人最值得注意的发明之一，就是车辆运输，它发明于苏美尔时代初始之际（公元前 3200 年左右）。从比较的观点可以看出这一发明是何等地先进：直到公元前 1700 年左右埃及人才知道车辆运输；西半球的居民在欧洲人引入轮子之前根本不知道此为何物（秘鲁孩童的有轮玩具除外）。第一个把一个绕轴旋转的圆环形装置用于运输目的的苏美尔人可能是受陶轮的启发突发此想的，因为早在公元前 4000 年左右的伊朗轮子就已用于制陶业了，并在大约五百年后由伊朗传入苏美尔。把制陶业的轮制原理扩而应用于运输，其发展过程十分不明：至少到了公元前 2700 年，埃及人

萨尔贡青铜头像

就知道了陶轮，但他们直到一千年以后才把它用于运输，而且即使那时他们也是在与美索不达米亚人的接触中学会车轮运输的，或许并非他们"独立发明了车轮"。因此，这位为了制造一种更好的运输工具最先把轮子附加在橇板上的不知名姓的苏美尔人，可以当之无愧地跻身于人类各个时代最伟大的技术天才之列。

车辆运输

苏美尔最早的有轮运输工具是两轮战车和四轮货车。它们都是由牛牵引的（直到大约公元前 2000～1700 年之间东方入侵者将马引入西亚之后，西亚人才知道马），都是安装在没有轮辐的实心轮上：把两三块厚木板拼成圆形，用饰纽或撑柱把它们固定在一起。牛拉战车显然移动不太快，不过它们看来促成了方阵作战方式的一个进步，因为残存至今、年代在公元前 2600年左右的一些图画描绘了它们践踏敌人的场面。用于运货的货车更不看重速度，

苏美尔人的战车

它们必定在众多灌溉工程和城市建设工程中帮了苏美尔人很大的忙。

太阴历

除车轮外,苏美尔人还发明了太阴(月)历,这也是人类早期最重要的发明之一。在像美索不达米亚那样极其恶劣的气候条件下,知道播种和收获的准确时间,是绝对必不可少的;因而,有必要找到某种标明时日行程以确定周而复始的农作周期的可靠途径。做到这一点的最简单的办法,就是利用月亮的盈亏循环。既然月亮由最初的娥眉月运行到下一次最初的娥眉月共需要 29 天半的时间,人们就可以考虑把这样一个循环视为一个基本的计时单位(我们把它称为一个月),然后累计这些计时单位的数目,直到季节也完成了一个循环。就这样苏美尔人得出结论,在月亮运行了 12 个这样的计时单位(6 个是 29 天,6 个是 30 天)后,一"年"就过去了,重又到了开始播种的时候。不幸的是,他们不知道"一年"实际上是地球绕太阳绕转一周的时间,月亮的 12 次循环或 12 个月比一个太阳年少 11 天。九百年后苏美尔了解到,每隔几年他们就要在其年历上另加一个闰月,这样才可准确地预测到季节的循环。苏美尔人的太阴推算法是通向我们现在理解的精确的预测性的科学(测度自然以掌握其"运行规律")的现知最早的一步。现代犹太历和伊斯兰历法(回历)都以犹太人和穆斯林自古代美索不达米亚承袭而来的月亮运行周期为基础,这一事实证明,如果不断把短少的天数补增上去,那么太阴历本身实际上也是可以使用的。

文字的发明

与车轮和历法一起并称苏美尔人留给后世西方文明的三大珍贵礼品的是文字的发明。称文字是"发明出来"的,多少易于让人产生误解,因为苏美尔文字是逐步产生的,正如我们现在所知,其间由借助图形表达某种观念到文字(尽管尚不是字母文字)的出现经过了一千年的演化过程(约公元前 3500 年~约 2500 年)。公元前 3500 年左右,苏美尔人开始刻图像于石或镌印于粘土,以此作为拥有某物的标志:一幅图画可能表示一个人的绰号〔例如用一块岩石表示"铁石心肠"(Rocky),或者他的住所(例如用一棵树表示一幢房屋)。大约五百年以后,由图形向文字的演化速度大大加快。到了那时,苏美尔神庙的管理人员使用许多规范化的简图,把它们结合起来保存神庙的财产档案和商业交易档案。尽管这一时期的书写文字仍具有象形文字特征,但已超越了以图画表示人及具体事物的阶段,发展到了用图画表示抽象事物:一只碗表示食物(任何种类均可),一个人头加一只碗则表示吃的概念。又过了五百年,成熟的文字全面取代了旧有文字,因为到那时最初的图画已变得非常系统化,以致人们不再把它们视为图画,而须视之为纯粹的符号;这些符号有许多已不再表示特定的词,而成为与其他同类符号结合在一起就可形成字词的音节符号。

楔形文字

公元前 2500 年左右，苏美尔地区的这种文字体系达到了充分发展的阶段。这种文字被称作"楔形文字"，因为它是由用芦苇做成的带有三角形笔尖的笔在湿泥板上刻画而成的楔形符号组成的。楔形符号共有 500 种左右，其中有许多具有多重含义（其"准确含义"只能根据上下文来确定），这就使得楔形文字体系比后来的字母文字体系要难以掌握得多。尽管如此，在两千年间楔形文字一直是美索不达米亚唯一的文字体系；到了公元前 500 年左右，这种文字甚至成了西亚大部分地区通用的商业交往媒介。

从苏美尔时代残存下来、在近代被发掘出来的楔形文字文献都是抄写在泥版上的。这些泥版中，大约 90% 是商业和行政记录，其余的 10% 大致可以归入文学的范畴——明确说来，

刻着楔形的石碑

包括对话、谚语、赞美诗和神话传说的残篇。苏美尔人的对话采用这样的形式：两个角色在辩论中站在对立的一方互相驳辩——夏天对冬天，斧头对犁子，或者农夫对牧人。由于双方均有许多可以立足的根据，因而辩论通常没有输赢；倒不如说，这种形式主要是为教学目的设计的，旨在帮助神庙学校的学生对某一论题有尽可能多地了解。另一方面，残存至今的苏美尔谚语则提供了明确的观点。一则令人着迷的苏美尔处世格言这样讲："仆人呆的地方，必有争吵相伴；理发师呆的地方，必有毁谤传出"；由此可知，多嘴多舌的理发匠在人类文明的黎明时期就已臭名远扬了。

苏美尔宗教的演变

苏美尔泥版中所残存的赞美诗和神话传说（后世的美索不达米亚人所抄录的苏美尔文献可作补充）表明，在苏美尔时代有关神灵的说法经历了一个稳步发展的过程。为简便起见，我们可注意两个主要阶段：由视神灵为自然的一部分转变为把神灵想象为像常人那样行事，随后是由赋予神灵以常人的属性转变为把神灵想象为像无所不能的主宰那样行事。最古老的证据表明，苏美尔人最初崇拜的是脱离肉体的自然力量。一位"神"是

使谷物得以生长的力量,一位神是产生上升的元气的力量,另一位神是使食物储存于仓库中而不腐的力。然而,在公元前第三世纪这一千年间(公元前3000年~2000年),苏美尔人更易于根据人格化的类似来解释自然现象。因而酷热的夏季逐渐被看成繁殖神一年一度的"死亡",收获入仓则被看成繁殖神与仓储女神的"婚姻结合"。不论这些神是自然力量,还是人格化的存在,苏美尔人崇拜他们的目的都是指望他们带来丰足并防止自然灾害。但是到了第三世纪末期,在伟大的萨尔贡征服苏美尔后,苏美尔人的某些人格化的神祇不可避免地担当某种政治功能。一些神祇被视为城市的保护神,另一些神祇被视为各个领域(诸如天、地或冥界)的主宰,而其中的一个神恩利尔则被视为所有这些主宰的主宰。这就朝着神性合一和神灵万能进一步迈进了。

印度河流域出现城市国家

考古材料证明,约公元前2300~前1700年前后,印度河流域出现了许多城镇,其中以哈拉巴和摩亨佐·达罗两座城市规模最大。哈拉巴城坐落在旁遮普地区拉维古河道左岸,城堡有高厚的砖墙,约长365米,宽185米,高18米。城堡的北面有谷仓、作坊和劳动者的宿舍(估计可容数百雇工和奴隶)。摩亨佐·达罗的城市建筑更为壮观,卫城的四周有防御塔楼,占地达260公顷。卫城中心建有一个大浴池,长约12米,宽7米,深2.4米,可能是用来举行某种宗教仪式的。浴池周围是一系列公共建筑物,其中在东北面的建筑群中有一座长70米、宽23.8米的大厅,估计是这一区域内的统治者居住的。浴池南部的建筑群中心有一座会议厅,浴池西面是一座规模宏大的谷仓。下城居民区布局合理,街道整齐,主要大街宽11米。为了方便交通,在交叉路口的房屋墙角砌成圆形,设置木桩保护。街道上每隔一定距离设有路灯杆,以备夜间挑灯照明。城内有完善的供排水系统。房屋多用烧制的红砖砌成,有的只有两间,有的则包括许多房间和厅堂,甚至还有设备良好的两三层楼房。这说明当时的阶级对立已十分明显,奴隶制城市国家已经确立。

克里特文明的发生与衰落

20世纪初,英国学者伊文思在东西长260公里、南北宽55公里的狭长形克里特岛上进行了考古发掘,令人惊叹的出土文物使昔日灿烂的文明重新为世人所知。伊文思的鸿篇大作《米诺斯王宫》第一次对克里特文明进行分期,以后约翰·彭德布斯又出版了《克里特考古学》。这些巨著为人们勾勒出一幅公元前4500~前1400克里特文明的轮廓:约公元前4500~前3000年克里特文明处于新石器文化时期,其居民可能是来自小亚细亚南部和叙利亚的非希腊语人。到公元前2000年,克里特岛进入城邦时期。学者们根据这一时期王宫建筑的特点,将其分为早王宫和后王宫时代。早王宫时代(公元前2000~前

1700），王宫成为城邦的政治、经济、宗教中心，尤以克诺索斯王宫为典型。这一时期政治形式是国王专制，国王集政治、军事、宗教权力于一身。经济上以精美的手工艺品著称，

亚述国家的圣地亚述尔遗址，在遗址的中央耸立着一座塔庙建筑。

其代表是卡玛瑞斯陶瓶。城邦内有宽阔的道路，把王宫和其他贵族邸宅、居民小屋连在一起。加上青铜短剑广泛使用，成为这一时期文明的突出特征。据估计，当时克诺索斯可能有 10 万居民。公元前 1600 年王宫被毁灭，原因尚不清楚，人们推测可能是阿卡亚人入侵所致。但不久克里特文明复兴，进入后王宫时代（公元前 1700~前 1400），这是克诺索斯王宫的鼎盛时期。它已把全岛置于自己的管辖之下，并向外扩张。此时出现了犁耕农业，高头低舷的远航大船成为手工业方面的突出成就，并已产生了线形文字（以后称之为线文 A）。这一时期王宫建筑高大雄壮，曲径通幽，扑朔迷离，其南海迷宫更令人叹为观止。公元前 1450 年，出现了另一种线形文字（称为线文 B）。1952 年文特里斯释读了线文 B，证实泥板上所写的是希腊人的语言，这说明此时克诺索斯王宫已被希腊人征服了。约公元前 1400 年，克诺索斯王宫再度降临厄运，其原因晦暗不清，至此克里特文明迅速衰落。

古巴比伦王国的兴起

巴比伦城位于幼发拉底河中部两河相近的地方，正处于小亚通往波斯湾、叙利亚沿岸和伊朗高原的两条重要商道的交叉线上。这里土质肥沃，水源充足。公元前 1894 年，苏姆阿布率领的一支阿摩利人选此地建国，是为古巴比伦王国（公元前 1894~前 1595）。古巴比伦在初建的一个世纪里实为小邦，到第六代国王汉谟拉比（公元前 1792~前 1750

在位)时才逐渐强大起来。汉谟拉比执政之初,把精力放在内部发展经济、消弭内战、积聚实力方面。对外则审时度势,到他统治的第六年,利用原较强的城邦在争霸中已经削弱的机会,采取远交近攻的政策,开始向外扩张。公元前1785~前1753年,在历时30多年的时间里,先后灭伊新王国、占领马尔格、击败埃什努那、击退埃兰大军、灭拉尔萨、攻占玛里,然后又率军沿底比斯河北上,征服亚述地区。至此,完成了南部两河流域的统一,创建了一个从波斯湾至地中海沿岸的奴隶制王国。

美索不达米亚平原上古代王宫遗迹

汉谟拉比获"天下四方之王"美称

西亚两河流域古巴比伦王国第六代国王,约公元前1792~前1750年在位的汉谟拉比是古代世界历史上著名的军事家和政治家,他雄才大略,文武兼备,擅长外交活动。他凭借手中握有的强大武装力量和灵活的外交策略,经过30多年的征战,遂使两河流域最重要的地区都纳入了他所统治的版图。不仅完成了两河流域的基本统一,也造就了古巴比伦历史上最强盛的时代,形成了强大的中央集权专制帝国。武功文治也使他获得了"天下四方之王"的美称。汉谟拉比统治有以下特征:第一,中央集权,实行专制统治。集国家立法、司法、行政、军事、宗教等最高权力于一身,使之言出令随,王权无限,统领全国,威慑四方。第二,王权神化,实行专制的精神统治。他自诩是神的后裔,声称"我,汉谟拉比,恩利尔神选拔的祭司……,辛神创造的诸王之王……,玛尔都克神召唤我治理人民,并把幸福赐给国家"。借此昭示他当政的合理,统治的正义以及自身的神圣不可侵犯。

第三,官僚制度化,为汉谟拉比个人负责。他控制各级官吏的任免升迁,顺则昌,逆则亡,以保证个人旨意的有效贯彻和专制制度的畅通无阻。第四,法律制度化,实行以法治国。他当政后就着手制定法律,以"发扬正义于世"。在当政的第 35 年,终于刻石公布了历史上著名的《汉谟拉比法典》。该法典是现存的人类历史上第一部较完备的成文法典。第五,重视水利兴修,促进农业经济发展。他当政的第 8、9、24、33 年,都称作开凿河渠之年。"长流而丰盈之水"保证了农业的发展。第六,独掌军权,建立了一支强大的常备军。汉谟拉比自任最高军事统帅,控制军队的调动指挥权。有关军士的利益和待遇,均以法律形式予以保障,《汉谟拉比法典》第 30、31、33、37 条都做了明文规定。汉谟拉比统治,在古代两河流域历史上占有一席重要地位。

汉谟拉比法典

　　《汉谟拉比法典》是古巴比伦王国第六代国王汉谟拉比当政时期颁布的一部著名成文法典。据史料记载,该法典的制定可能始于汉谟拉比当政的第二年(公元前 1791),这一年名为"制定国法之年"。自此,有关条文开始制定并实施,直到汉谟拉比晚年才得以刻石公布。有的学者认为,该法典公布的年代是其当政的第 35 年,也有的认为应是当政的第 40 年。《汉谟拉比法典》制定的主要原因,一是为适应打天下到安天下的转变,更好地维护奴隶主阶级的利益和业已形成的社会秩序。二是为了适应汉谟拉比加强中央集权,实行专制统治的需要。三是为适应奴隶制经济发展中出现的商品货币关系、土地买卖和租佃关系,通过法律形式调整社会矛盾,稳定社会经济。四是立法治政早已是历代两河流域统治者奉行的传统。从苏美尔城邦时代至古巴比伦第一王朝时期,这一传统从未中断。五是以前的成文法过于简略且残缺不全,语言及内容不适应现实需要。因此制定一部能够适应社会变化的新法典,实属历史发展的必然。《汉谟拉比法典》是在汉谟拉比主持下,由法学家们集体创作的结晶。

巴比伦的两名书记记录战利品的场面

该法典因刻在一根高 2.25 米、上部周长 1.65 米、底部周长 1.90 米的黑色玄武岩石柱上,故亦称"石柱法"。法典分序言、条文、结语三个部分,共有条文 282 条。法典石碑石质坚硬,书法精工,属于巴比伦第一王朝的典型官方文献。它在 1901 年由法国学者让·樊尚·施伊尔带领的考古队于伊朗境内的苏撒发掘出土,当时已断为三段,经修复现藏于法国巴黎卢浮博物馆。《汉谟拉比法典》对巩固奴隶制度,促进经济发展起了积极作用。对后来的中期亚述、赫悌法典、《旧约》中所见的犹太法典,乃至古希腊、罗马立法都有深远的影响。该法典不仅是人类社会现存的第一部较完备的成文法典,也是史学工作者的珍贵史料。法典的颁行标志着阿摩利人在文化建设上取得的重大成就,标志着两河流域进入司法制度向世俗化发展的新时代。

巴比伦天文学

古代巴比伦人在农业生产中为了不违农时,非常注意对天象进行观测。他们一般在七级寺塔(吉库拉塔)的顶部设置观象台,由占星祭司在台上观测天体运行。经过长期的天文观测,积蓄了丰富的天文资料,掌握了一些天体的运行规律,于是便产生了天文学。在古巴比伦时期,已能将五大行星(火、水、木、金、土)与恒星区别开来,并能观测太阳在恒星背景上的视运动轨道——黄道。后来又区分出黄道上的 12 个星座,白羊、天蝎、双子、巨蟹、天秤、狮子、宝瓶、双鱼、人马、金牛、室女、摩羯等星座的命名,直至今天乃为欧洲天文学界所沿用。测定太阴月的持续时间为 29 日 12 时 44 分 3 秒,比现代天文学家测定的数据仅多 0.1 秒。他们发现每过 10 年零 11 日,月亮又回到它相对于太阳的位置上去,因而能事先算出太阳和月亮的相对位置,可预测日蚀、月蚀。以 12 个月为一年(6 个29 天月,6 个 30 天月),每年为 354 天,比太阳年(365 日 5 时 48 分 46 秒)少 11 日 5 时 48分 46 秒,以闰月的方法补足。亚述帝国和新巴比伦时期,人们还根据月相周期变化,以 7天为一周,分别用日、月、火、水、木、金、土 7 位星神的名称命名,现行的星期便来源于此。巴比伦天文学的另一突出成就,是一些星象家已认识到大地是一个球体。

喜克索斯人入侵埃及

"喜克索斯"一词意为"异方山国之酋"(即牧人王)。古代埃及史家曼涅佗称其为腓尼基人或阿拉伯人。现代学者一般认为他们是来自亚洲的塞姆人或塞姆人与胡里特人的混种。约公元前 18 世纪后半期,喜克索斯人乘埃及第十二王朝瓦解,国势衰微之机,一批批地越过西奈半岛,占领了富饶的三角洲地区。在其东北部以阿瓦利斯为首都建立了第十五王朝和第十六王朝(约公元前 1674~前 1567),并试图将势力范围扩至下埃及,喜克索斯人在埃及一个世纪之久的统治过程中,推行武力镇压政策,他们派重兵镇守要塞,焚毁城市,破坏神庙,屠杀男人,沦妇孺为奴,强征贡赋,甚至干涉埃及人的宗教信仰。喜克索斯人曾派使臣至埃及的底比斯,禁止当地人民崇拜阿蒙神及其埃及神,迫使他们转奉喜克索斯人的塞特神。喜克索斯人的残酷统治激起了埃及人民的强烈反抗。上埃及的统治者塞卡内拉开始率领埃及人同入侵者展开斗争,直到雅赫摩斯一世统治时期

（约公元前 1570~前 1546），终于把喜克索斯人驱逐出埃及。

古巴比伦王国的衰亡

汉谟拉比建立的统一国家并不稳固。公元前 1750 年汉谟拉比王死后，其国势由盛而衰。国内阶级矛盾尖锐，奴隶逃亡斗争和租税债务问题突出。阿比舒统治时期（约公元前 1711~前 1684）颁布的诏令反映了这一社会矛盾。在阿比舒给西帕尔城长官的诏令中提到，"伽巴乌官奏称'哈卢之在逃女奴已发现在西帕尔附近'……尔等应将女奴交与杜伽布官，由他带回巴比伦……。"在阿比舒王给另一些地方官的诏令中，多次提及催交租税问题，有催促地方官员贡纳牲畜的，有催促商人交纳税银的，也有催促商人向神庙交纳贡税的，还有兄弟之间因债务问题申诉国王予以裁决的。国王在迫不得已的情况下，只好做些让步。可见，社会经济的紊乱和王权的衰落，导致了社会阶级矛盾的激化和社会秩序的失常状态。外族的不断入侵和骚乱，更加速了王国的衰落过程。在萨姆苏伊鲁纳统治时期（约公元前 1749 —前 1712），东北部山区的加喜特人日益强大，不时侵袭巴比伦，逐渐成为巴比伦的严重威胁。以后又有乌鲁克、伊新等地的暴动。约公元前 1595 年，古巴比伦王国终于为赫梯所灭。

埃及第二中间期贫民奴隶大起义

从第十三王朝始，埃及进入第二中间期（第十三——十七王朝，约公元前 1786~前 1567）。在此期间，由于奴隶主阶级的残酷统治和地方割据势力再度兴起，埃及出现了分裂混乱的局面。人民生活极端困苦，阶级矛盾异常尖锐，因此爆发了大规模的贫民奴隶起义。反映这次人民大起义的重要文献是《伊浦味陈辞》（荷兰莱登博物馆所藏第 344 号纸草）。从文献所见，参加这次起义的阶层十分广泛，有农民、手工业者、城市贫民与奴隶。"……恶徒到处都是""流血到处发生"，"……每个城市都在说：'让我们打杀我们中间的强有力者吧'。"起义的怒火以迅雷不及掩耳之势燃遍全国，《伊浦味陈辞》说："大地像陶轮一般翻转起来"，"暴动者顷刻之间就占领了京城……国王宫廷的大门、列柱、屋壁都燃烧成灰烬……""国王被穷人捉去了"，"那宏大的审判庭已成为一个任意出入的场所，穷人进出那宏大的宫殿"。起义者不仅推翻了国王的统治，而且夺回被奴隶主夺去的土地、财产。《伊浦味陈辞》记载，"那本来自己不能找到一头公牛来耕田的人，现已成为大群牲畜的所有者了"，"那不能给自己造起茅舍的人，已经是房屋的所有者"，"看啊，那些丽衣华服的所有者，却穿着褴褛衣衫。那些无力织布的人，却是精美麻布的所有者了"。这次起义的结果，未见记载。从后来统治秩序得以恢复这一点来判断，起义无疑是被镇压下去了。这次起义打乱了奴隶主阶级的统治秩序，打击了奴隶主阶级、地方割据

埃及的劳动人民辛苦工作的雕像

势力,解放了生产力,为后来埃及的发展进一步开拓了道路。

赫梯人实行对外扩张

公元前 15 世纪~前 13 世纪初,是赫梯国家最强盛的时期。约公元前 1595 年,赫梯国王穆尔西里一世率兵侵入两河流域,洗劫巴比伦城。公元前 14 世纪,赫梯频繁对外征战,已扩张到叙利亚、巴勒斯坦,占领了米坦尼大部领土,并和埃及争夺叙利亚的统治权。国王穆瓦塔尔与埃及法老拉美西斯二世会战于奥伦特河上游的卡迭石,但未取得决定性胜利。公元前 1280 年,双方缔结了和约。赫梯的对外扩张,使它一度成为西亚地区的军事强国。

埃及成为奴隶制军事大帝国

埃及重新统一以后,经济获得发展,国家的实力有所增强,进而刺激了奴隶主统治阶级对奴隶和财富更大的贪欲。而经过雅赫摩斯及其继承者阿蒙霍特普一世(约公元前 1545~前 1525 在位)的统治,埃及整顿了内政,强化了中央集权统治,积蓄了军事力量,也为向外侵略提供了条件。因此,到图特摩斯一世(约公元前 1525~前 1512 在位)时,开始发动大规模的对外侵略战争。他挥军向南,把埃及的疆界扩展到尼罗河第三瀑布。在亚洲,通过对巴勒斯坦和叙利亚的远征,将埃及的兵锋扩及幼发拉底河畔,并打败了米坦尼强国。图特摩斯二世(约公元前1512~前1504在位)继续对外攻伐,先后出征努比亚、叙利亚和巴勒斯坦一带,并取得一些胜利。图特摩斯三世(约公元前1504~前1450在位)统治时,发动了更大规模的对外侵略战争。他首先向埃及的宿敌叙利亚、巴勒斯坦等地发兵,经7个月的围攻,攻克了巴勒斯坦北部的美吉多城,取得了他远征的第一次胜利。图特摩斯三世通常是在夏季出征,冬季返回埃及料理国事。根据刻在底比斯的卡那克神庙墙上的《图特摩斯三世年代记》和其他铭文记载,他先后出兵亚洲达17次之多,相继征服了叙利亚、巴勒斯坦地区,迫使米坦尼等国用丰厚的礼物向埃及妥协。此外,图特摩斯三世还征讨了南部努比亚。图特摩斯的南征北讨,使埃及的版图空前扩大:北临小亚边境,东北至幼发拉底河,西至利比亚,南达尼罗河第四瀑布,建立起一个囊括西亚、北非广大地区的奴隶制军事大帝国。

这是在公元前1460年左右,埃及皇后哈特谢苏特为自己建造一座规模宏大的建筑物。

埃及国王采用法老王号

　　埃及新王国历代统治者经过大规模的对外征服,建立起囊括西亚、北非广大地区的军事大帝国。军事帝国的建立以及与此相联系的各种社会矛盾的加剧,要求不断强化中央集权统治。从第十八王朝开始,埃及王国采用了一个新的王号"比洛",即法老。"法老"一词出现于古王国时代,其字义为王宫、后室,并非指国王。古王国时代末期始见于对国王的颂词之中("王宫,祝其长寿,健康而无恙")。新王国时代正式作为国王的尊号。法老作为国家政权的最高代表,集军事、行政、司法和宗教之大权于一身,法老的意志就是法律,对臣民拥有至高无上的权力。

雅利安人入侵南亚次大陆

约公元前 2000 年代中叶,属于印欧语系的游牧部落从中亚和高加索一带一批一批地侵入北印度(即印度河中上游),约公元前 1000 年代初又向印度河下游及恒河流域推进。入侵者自称"雅利安人"(意为"高贵者"),而称土著居民是黑皮肤,没有鼻子或扁鼻子,说着邪恶语言的人。显然入侵者与土著居民在身体外型及语言上差别很大。土著居民与雅利安人展开了激烈的斗争,有的被杀,有的被逐入山林,也有的遭受奴役。雅利安人侵入次大陆时尚处于青铜时代,主要经营畜牧业,驯养牛、山羊、绵羊、驴、马和狗。将战争称为"瞿维什提",意为"渴望得牛"。他们逐渐从土著居民那里学会了农业,耕地用牛拉木犁,收割用镰刀,并且学会了灌溉。后来,手工业也有所发展,交换也已出现,原始社会在逐步解体。

腓尼基人的海外殖民

古代的腓尼基人以航海、经商包括贩运奴隶而闻名,其航海殖民活动也相当广泛。从公元前 2000 年代起,腓尼基人已开始在小亚细亚沿岸、塞埔路斯、爱琴海诸岛甚至黑海南岸建立商业据点,并逐渐发展为居留地。公元前 2000 年代后期西顿(腓尼基城邦)强盛时,其商业殖民活动多在东部地中海,占领了塞浦路斯等岛屿。推罗(腓尼基城邦)的商业殖民活动多在地中海西部和北非,他们沿马耳他岛、西西里和撒丁尼亚西进,直达西班牙,并越过直布罗陀海峡,在海峡以西建立了卡迭尔城(今西班牙卡地斯)。公元前 9 世纪末,推罗人又在北非建立了迦太基(今突尼斯境内)。迦太基这个殖民城市强大后,自身也在地中海西部、西西里、撒丁尼亚等地建立殖民地,后来曾称霸西部地中海,与罗马展开长达一个多世纪的武装冲突。

沉睡的法老

1922 年 11 月 26 日黄昏,橘红色的夕阳正坠向西山悬崖,金色的余晖呈扇状洒满帝王谷。可是,霍华德·卡特却没有欣赏到落日的辉煌。此时,他沿着 3000 多年前就已开凿出来的 16 级阶梯,来到了帝王谷底,在一条长达 27 英尺的岩石通道的尽头,他眼前呈现的是刻有古埃及法老皇室标志的密封洞口,洞口有曾被启封开动过的痕迹。卡特多么希望洞口之后就是那位统治了埃及 10 年,于公元前 1325 年去世的年轻法老——图坦卡蒙的陵墓啊!可是,他又担忧发现的仅是一座在古代和近代被人洗劫一空的空墓。

要知道,为了寻找这个古埃及31朝中唯一没有被发现的法老——第18王朝末期法老图坦卡蒙的陵墓,卡特和他的挖掘队付出了长达8年的心血,卡那封勋爵为此投入了巨额资金……

随着洞口的扩大,气氛越来越紧张。卡特举起手电筒向里看去,半天没有说话。卡纳封用嘶哑的声音问:"你看见了什么?"卡特转过身子,眼睛里闪着光芒,结结巴巴地说:"我看见了一个奇迹,一个了不起的奇迹!"

洞口终于被打开。室内黄金闪闪发光——有堆着的包金战车、镀金装饰的狮子、一人多高的法老雕像、怪兽的卧榻,以及数不胜数的箱子和匣子,里面放满宝石装饰的金指环、项圈和手镯。在这座只有4个墓室的陵墓中,到处都是珍贵的珠宝、工艺品以及各种兵器。

最让他们震惊的是,在一个套了4层贴金木套的墓室中,放着一个巨大的水晶石棺,在打开两层贴金木棺之后,竟是一具用整块黄金制成的金棺,厚达3厘米!

图坦卡蒙的"木乃伊"就躺在这个金棺里,用薄薄的麻布裹着,浑身布满项圈、护身符、手镯、戒指等各种宝石。更为令人震惊的是"木乃伊"头上的真金面具,一副和他本人相貌一模一样的真金面具!面具上有一块伤疤,取下后发现,木乃伊脸上同一位置也有一块伤疤。有人据此认为,这伤疤与年轻法老的暴死有关。

埃赫那吞改革

埃赫那吞是古埃及十八王朝的一位国王。他原名阿蒙霍特普四世,是埃及国王阿蒙霍特普三世的幼子。他的母亲名叫提伊,她并非王族出身,但本人精明能干,能助丈夫一臂之力。阿蒙霍特普四世于公元前1379年继承父位,成为十八王朝的一位新君。

十八王朝约从公元前1570年开始,到公元前1320年结束,历时250年。十八王朝经历的时期是古埃及历史上强盛时期。埃及人在反对喜克索斯人统治的斗争中取得了胜利,重新获得了独立与统一,古埃及的历史翻开了新的一页,即新王国时代。

十八王朝统治期间,经过多次的对外侵略扩张,建立起一个地连西亚、北非的空前规模的大帝国。帝国版图的北界在叙利亚的卡赫美什,南界在尼罗河第四瀑布。十八王朝的对外扩张和军事帝国的形成,是以国内生产力进一步发展,大奴隶主对奴隶和财富的贪欲进一步膨胀为基础的。随着不断地对外扩张而来的战俘,奴隶和财富的不断输入,又刺激了国内奴隶制经济的发展,引起社会内部阶级矛盾加深,外部军事征服的扩大也需要改变原有的国家管理体制,因此,十八王朝的统治者们加强了专制主义的统治。

十八王朝统治期间,埃及开始真正形成中央集权的君主专制制度。在建立这种制度的过程中,国王曾借助于宗教的力量。国王享有"法老"的神圣称号。作为国家政权最高代表的法老,集军政大权于一身,他能对自己信任的大臣任意地赏赐土地和财产。法老政权为了加强专制主义统治,不断地利用宗教的力量,因此,神庙和僧侣集团在社会经济和政治生活中占有日益重要的地位,其中突出的要数阿蒙神庙了。

　　阿蒙神庙的势力从十二王朝以后逐渐发展,这时,阿蒙神开始成为国家的最高神了。

喜克索斯人占领埃及庙宇的场面

十八王朝的法老与阿蒙神庙有着密切的关系。法老为了证明自己统治的合法性,往往借助阿蒙神庙的力量,虚构自己是阿蒙神的后裔,是秉承阿蒙神的意旨。法老在经济上厚待阿蒙神庙,赠送战俘奴隶、土地和各种财产。随着不断地对外扩张,阿蒙神庙的僧侣在经济上迅速发展了,他们成为新王国时代最富有的大奴隶主阶级。阿蒙神庙的高级僧侣并不满足于拥有雄厚的物质财富,他们还贪求政治权利。他们常常参与国家政事,力求掌握官方机构的某些行政大权,国王手下的最高官职——维西尔往往由阿蒙神庙的最高僧侣担任。

　　阿蒙神庙的僧侣集团由于经济上和政治上的地位不断加强和提高,从而获得了与法老本人进行竞争的资本。他们有意地抬高阿蒙神的地位,以强调自己的重要性。阿蒙神庙僧侣集团的野心不断发展,后来甚至开始与法老争夺国家的领导权。国王代表的是中央集团势力,而阿蒙神庙僧侣集团代表的是地方世袭贵族势力,这两种势力发生了尖锐的冲突,成了新王国时代奴隶主阶级内部斗争的一个重要内容。

　　阿蒙霍特普四世继承王位后,为了摆脱王权对阿蒙神庙的依赖,削弱和打击日益威胁王权统治的僧侣集团势力,便试图贬低阿蒙神的地位。他起用埃及古老的太阳神"拉"来与阿蒙神对峙,他命令人在首都底比斯为拉神建立神庙,并公开宣布自己是拉神的最高僧侣。他的做法很快遭到了底比斯阿蒙神庙僧侣们的强烈反对,孟菲斯的普塔神庙的僧侣们也对此表示不满。面对这种状况,阿蒙霍特普四世决定采取坚决措施,彻底与阿蒙神庙的僧侣集团决裂。

　　阿蒙霍特普四世宣布废止对阿蒙神和其他任何地方神的崇拜,他下令封闭阿蒙神庙及其他神庙,驱逐了它们的僧侣。与此同时,他把埃及古老的太阳神阿吞尊为全国唯一崇拜的神,他的这一做法实际上是创建了一神教。阿吞神的形象是活生生的、光芒四射的太阳,它被歌颂为大地和一切生命的创造者利抚育者。阿蒙霍特普四世命令在埃及各地和埃及控制地区大建阿吞神庙,要人们对阿吞神奉献自己的财产。他还宣布自己是阿吞神的儿子,并得到了阿吞神给予的力量。阿蒙霍特普四世要人们彻底忘却阿蒙神,宣布任何地方、任何人不准使用阿蒙的名字。他率先改动了自己的名字,把阿蒙霍特普改为埃赫那吞;阿蒙霍特普的意思是"阿蒙满意者",而埃赫那吞的意思是"阿吞之光辉"。

埃赫那吞为了加强王权,彻底消除阿蒙及其僧侣的影响,便离开底比斯,于其北 300 公里的希尔摩城附近(即现今的泰尔·埃尔·阿玛尔那)另建新都。在新的首都进行了大规模的建筑,其中包括王宫、贵族大臣的府邸、阿吞神庙、国家机关等等。首都周围的区域被宣布为阿吞的财产。这个区域面积大约有 180 平方公里。新都取名为"埃赫塔吞"(意为"阿吞的视界")。阿吞神的赞美歌里记述着埃及这个豪华的首都的美丽和富足。

随同法老迁居新都的是宫廷的官吏和新太阳神的僧侣们,还有一大批艺术家。可是老国王阿蒙霍特普三世和太后提伊仍留在底比斯的宫殿里。据此,有的史学家推测老国王在这场改革中和儿子存在意见分歧。但由于缺乏史料,出现这种情况的具体原因我们尚不清楚。

埃赫那吞头像

埃赫那吞实行改革时曾力图依靠中等的自由民阶层,这一阶层的代表者("新人")在法老周围形成了一个新的宫廷官吏集团。在新都,埃赫那吞提拔"新人"作为他的宠臣,以对抗旧贵族官吏,因而有些"新人"常常获得高位。例如大臣马伊便是由一个普通的"涅木虎"(意为"孤儿""贫民",是平民阶层的代表)而高升起来的典型。他有"国家的书吏""两地之主宰的军队长官"等重要头衔。马伊在铭文中写道:"他(指法老)加到我身上的恩惠像沙子那样数不清。……我的统治者提拔我,因为我遵循他的教训。"这一新的并完全效忠法老的官吏集团是埃赫那吞依靠的一支重要力量。埃赫那吞的另一支柱是军队,遗留在阿玛尔那墓中的一个浮雕告诉我们,法老的军队正在浩浩荡荡地开往新都。

埃赫那吞提倡崇拜阿吞神,使阿吞神成为埃及最高的精神主宰,埃及唯一的神。为了颂扬阿吞神的威力和功德,这一时期编写了许多颂歌,有的刻在墓里,有的刻在遗物上,一直保存至今。在这些颂歌中,阿吞被歌颂为整个世界的创造者。《阿吞颂诗》这样写道:

在天涯出现了您美丽的形象，

您这活的阿吞神，生命的开始呀！

当您从东方的天边升起时，

您将您的美丽普施于大地。

……

黎明时，您从天边升起，

您，阿吞神，在白天照耀着，

您赶跑了黑暗，放出光芒，

上下埃及每天都在欢乐，

人们苏醒了，站起来了，

这是您，使他们站起来的。

他们洗了身子，穿了衣服，

高举双臂来欢迎您。

在世界各地，人们劳动了。

野兽吃饱了，

树木花草盛开了，

鸟从巢里飞了出来。

展开了翅翼来赞仰您。

……

您在地下造了一条尼罗河，

您按照自己的意愿把它给了人民，

来养育人民，

就像您创造他们那样。

您是一切人的主人，您为他们劳累，

您是大地之主，为它而升。

白天的阿吞神，伟大的主啊！

一切远方的外国，您也给它们以生命，

在天国，你放下了一条尼罗河，

它为人们而下降，在山峰间造成波涛，

像巨大的碧海那样，

灌溉着他们城镇里的田地。

……

当您在西方下落时，一切工作停止了。

但当您再一次升起时，

万物为国王而繁荣了……

埃赫那吞在同旧僧侣集团斗争的同时，还着眼于文学、艺术方面的改革。他提倡真实地描写世界以及在他周围的事物，反对旧传统的模式，鼓励文学艺术家大力创作赞美阿吞神和表现埃赫那吞光辉形象的作品。他的宫廷艺术家的创作给埃及艺术增添了新的光彩，例如保存至今的《阿吞颂诗》、埃赫那吞和王后尼弗尔提提的石雕像及其他绘画等。1912年，德国考古学家在埃赫那吞王宫废墟中曾发掘出一所房屋的遗址，这就是艺术家图特米斯的工作室，发现大多数雕刻作品的现实主义风格已达到非常高的水平。埃赫那吞的妻子、美丽的尼弗尔提提的彩色半身石像被誉为世界艺术的杰作（现存德国柏林博物馆）雕像高48公分，用天然石灰石雕成，外表涂一层油彩，虽湮没几千年，但仍鲜艳如新。雕像面目俊秀，安详端庄，头戴王冠，脖子上挂着五彩缤纷的项圈。在阿玛尔那官吏们的墓壁上，描绘着埃赫那吞家庭生活的情景：他和王后与幼女们坐马车去祭祀太阳神，以及他的两个女儿正在天真地嬉戏着。艺术家们甚至在画埃赫那吞的形象时也是无拘束的。墓壁上画着埃赫那吞吻着坐在他膝上的女孩，还逗着婴孩玩，或者他大口地吃着东西，手里拿着一大片肉。这些绘画都十分真实和生动，富有浓厚的生活气息。在卡尔那克发现了埃赫那吞石雕像的头部，它表现了法老的严肃和果敢的神情。这些新的文学艺术创作往往被称为"阿玛尔那文学"和"阿玛尔那艺术"。它们不仅在埃赫那吞改革过程中起了积极的宣传作用，而且破除了传统的陈规戒律，对后来埃及文学艺术的发展产生了很大的影响，在埃及文学艺术发展史上具有划时代的意义。

在埃赫那吞在位的第十二年，当阿蒙霍特普三世逝世后，提伊太后决定采取步骤来缓和国内的这场斗争。她到埃赫塔吞去看她的儿子，经常同儿子一起到庙里去祭祀阿吞神，大概暗地里做了许多工作。她想使儿子逐步地认识到如果继续斗争下去，将没有任何好的结果。不久，家庭内部发生了争吵，争吵的原因不明。提伊太后与尼弗尔提提王后决裂了，埃赫那吞与他妻子的感情也有了破裂。我们从考古发掘材料中知道，法老把尼弗尔提提的名字从宫殿的装饰上全部涂掉。后来尼弗尔提提和法老分居而孤零零地住在城北的宫殿里。

埃赫那吞一味提倡崇拜阿吞神，几乎荒废了国政，放松了对亚洲统辖地区的治理，以至于埃及帝国东部出现不安定的局面。他在新都的生活也是很不平静的。他的生命曾受到威胁，有人要谋杀他，但凶手在行凶前就被抓获了。这些情况是我们在阿玛尔那的警察长玛洊的坟墓壁画上看到的。他以破获这次阴谋而自豪，所以把这幕景象画在自己的墓壁上。

埃赫那吞统治到公元前1362年，最后三年与斯门卡勒共治。埃赫那吞把大女儿美利大吞嫁给斯门卡勒，并任命他为共同摄政王。据说斯门卡勒夫妇曾在底比斯住了三年，后来两人都死在那里。他们的死因不详，可能与改革有关，说明这时统治集团内部的斗争是十分复杂和尖锐的。

埃赫那吞在他统治的第十八年死去。他的改革也就从此完结了。年轻的图坦哈吞继承了王位。当时他和埃赫那吞的女儿安开孙巴阿吞结了婚。由于旧僧侣贵族的反攻，图坦哈吞没有把改革继续下去，而胆怯地和底比斯阿蒙僧侣集团妥协了。我们从图坦哈吞的石碑上看到，他恢复了对阿蒙神的崇拜。法老和王后带领大臣和官吏们离开了新都回到底比斯。法老重建了阿蒙神庙，归还了阿蒙神庙的土地和财富，并又慷慨地补偿了大量的田地和金银、珍宝。为了表示对阿蒙神的敬奉，图坦哈吞改名为图坦卡蒙（意为"阿蒙的化身"）。至此，阿蒙僧侣集团的势力重新复活。曾挺身与旧宗教势力斗争的埃赫那吞竟被咒骂为"埃赫塔吞的罪人"。繁华一时的埃赫塔吞荒废了，整个城市被宣布为不洁之地。一切掩盖在宗教外衣下的统治阶级夺权斗争，最后以底比斯僧侣集团的完全胜利而告终。

少年国王斯坦卡麦尔

埃赫那吞实行改革，不仅是古代埃及史上的重大事件，也是古代世界史上一次著名的改革事件。

埃赫那吞的改革以试图创立一神教而著称于世。这次改革沉重地打击了称霸一方的阿蒙僧侣集团及地方世袭显贵的势力，提高了自由民中等阶级的地位。同时在文学艺术领域冲破了传统的旧框框，发展了朴素的现实主义的文艺创作。但是，这些取得的成就只是暂时的，埃赫那吞改革最后归于失败。

改革失败的原因，一方面在于阿蒙僧侣集团及其支持者的势力根深蒂固；另一方面，埃赫那吞改革是以加强中央集权统治为目的，而不是也不可能以根本改善广大人民的社会地位为目的。相反，由于建筑新首都、新神庙以及对新显贵、新祭司的赏赐，人民的负担加重了，法老的政府官员甚至动用军队强迫交纳租税。因此，埃赫那吞的改革得不到下层广大人民群众的拥护和支持。特别是农民仍然崇奉旧神，不能突然改变一切古老的宗教习惯和信仰。同时，他们也没有从新的一神教得到任何好处。因此，埃赫那吞的改革并没有强大的社会力量来打击僧侣贵族势力，只是获得暂时的成功。

对于埃赫那吞的评价，历史学家历来持不同的看法。事实上，埃赫那吞的改革不限于宗教的范围。埃赫那吞剥夺了旧僧侣集团的领地、财富、提拔"新人"为高官，鼓励现实主义的文艺创作，这一系列的措施已经远远超过单纯的宗教改革。在宗教改革方面，他"可能是有记录的历史以来的第一个一神论者。"埃赫那吞用新的一神教代替传统的多神信仰，目的是为了树立君主专制的绝对权力，从而削弱僧侣集团日益增长的势力。所以，埃赫那吞的改革实质上是以王权为代表的中央集权与以阿蒙神庙僧侣集团为代表的世袭地方贵族之间的政治斗争。埃赫那吞和埃及所有的法老一样，是专制君主，在当时，"阿吞神应由法老和他的家庭崇拜，而所有其他的人都必须崇拜埃赫那吞。"埃赫那吞否定阿蒙神为国家的最高神,是要从阿蒙僧侣集团那里夺回权力,集中于法老手中,加强和巩固专制君主制。他对阿蒙神庙的打击,其影响完全超出宗教范围。所以,埃赫那吞的宗教改革不能看作单纯的宗教问题,而是具有政治斗争的性质。

埃赫那吞的改革虽然失败了,但埃及新王国时期的政治斗争仍在继续。到第十九王朝(公元前1320~1200年)时期,又发生了反底比斯传统宗教势力的斗争。这说明了王权与底比斯僧侣集团的夺权斗争没有停息。

希腊迈锡尼文明的兴衰

19世纪后半叶,以德国学者施里曼为代表的考古学家对"黄金遍地"的迈锡尼及伯罗奔尼撒半岛进行了广泛的考古发掘,使以迈锡尼城邦为典型的南希腊的青铜文明——迈锡尼文明在埋没几千年后重新为人知晓。传统认为,公元前1500年左右阿卡亚人创造了这一文明。学术界又以前1400年为界,把迈锡尼文明分为早晚两期。早期时已出现了迈锡尼太林斯、派罗斯等城邦。其王宫建筑宏伟壮丽,有坚固城墙护卫的城池,出现了规模宏大圆顶式墓葬。其工艺品较克里特岛的更精美。海外贸易兴旺发达,并常有东方奢侈品输入。前1450年左右可能还取得了克诺索斯的统治权。到前1400年前后进入晚期,即迈锡尼文明的全盛时期。考古发掘出的迈锡尼著名的狮子门,装饰性极强的宫廷壁画,金属器皿及精美金银陶器制品,如此种种奏出了爱琴文明最华彩的乐章。由于1952年文特里斯释读线文B的成功,我们可大致了解迈锡尼城邦的情况:城邦的最高统治者是王,有将军辅佐,并有由贵族组成的贵族会议和由公民组成的民众大会。国王、贵族、僧侣构成奴隶主阶级,他们联合起来共同对付主要由战俘构成的奴隶。土地分为公地和私地,奴隶主阶级是最大的土地占有者。这时社会的基本细胞是公社,由长老领导日常生产和进行管理,并负责向公社成员征收赋税。到公元前1200左右,由于内部阶级矛盾激化,统治机制受到削弱,加之参加长达10年的远征特洛耶战争,更使迈锡尼各邦殚精竭虑。不久多利亚人南下,给迈锡尼各邦以致命打击,从此这一文明消失在希腊历史的地平线下。目前人们已发现了很多迈锡尼人的文物。

埃及新王国崩溃

拉美西斯二世之子麦尔涅普塔赫统治时(公元前1236~前1223),埃及已开始面临内外交困的局面。利比亚部落由西方侵入,"海上民族"从爱琴海和小亚一带席卷而来,外患不断。国内阶级斗争形势也随之紧张,奴隶逃亡,甚至公开举行起义,同奴隶主阶级进行斗争。约公元前1200年,第十九王朝在人民起义的打击下告终。第二十王朝拉美西斯三世统治时期(公元前1198~前1166),底比斯建造坟墓的工匠因饥饿而罢工,他们进

埃及提比斯的阿门荷特普国王的雕像

入图特摩斯三世和拉美西斯三世的神庙,把官吏和祭司包围起来,迫使统治者们不得不向罢工者发放粮食。在此过程中,阿蒙神庙僧侣集团的势力大大加强。他们控制了埃及全部土地的 1/10,有 42 万余只大小牲畜,8.6 万余奴隶以及其他财富。最高僧侣的职务变成世袭,不再属于法老,完全独立于王权之外。神庙设有与神庙有关的经济与行政机构,并拥有武器。拉美西斯十一世(公元前 1113~前 1085 在位)时,底比斯的卡那克神庙最高祭司长霍里赫尔夺得政权,建立第二十一王朝。在北方,利比亚雇佣军首领控制了王权。这样,历时 4 个世纪之久的新王国终于崩溃了。

<h1 align="center">所罗门的统治</h1>

所罗门(约公元前 973~前 930),以色列——犹太王国国王,约公元前 960~前 930 年在位。大卫王之子,杀其兄亚多尼雅取得王位。所罗门统治下的以色列——犹太王国,重视发展工商业,扩大对外贸易;划分行政区(12 个),对周围地区征税征贡;实施强迫劳役,加强常备军,配备战车部队;大兴土木建筑,营造耶路撒冷锡安山上的华丽宫殿和著名的耶和华神庙等。在对外关系上,与埃及法老联盟,并娶法老女儿为妻,与推罗王希兰一世缔和。所罗门统治时期,是以色列——犹太国家的黄金时代。所罗门是被《圣经·旧约》赞美的英明君主。

以色列——犹太国家的建立

以色列——犹太国家是由原居于亚述地区的哈兰草原地带，以游牧为生的塞姆人的一支——希伯来人于公元前 11 世纪以巴勒斯坦为中心形成的奴隶制国家。以色列——犹太王国的建立，经历了几个过程。第一，公元前 2000 年代初，希伯来人在部落领袖亚伯拉罕率领下由哈兰草原地带迁移到迦南，即后来的巴勒斯坦地区。他们同公元前 3000 年代就定居在这里，并创造了高度文明的迦南人展开了长期的斗争。在战胜迦南人的同时，也接受了迦南人的影响，逐步形成两大部落联盟，北方是以色列，南方是犹太。他们把迦南人变为奴隶，将夺取的土地分给家族使用，加速了内部的分化，进入国家形成的前夕。第二，公元前 1200 年左右，海上民族腓力斯丁人入侵巴勒斯坦沿海地区，在反抗入侵者的艰苦斗争中，加速了以色列——犹太国家的形成。应军事斗争的需要，扫罗（公元前 1040~前 1012）成为第一个国王，初步形成了以色列——犹太王国。公元前 11 世纪末，犹太首领大卫在公民和长老支持下称王（约公元前 1012~前 960），率领希伯来人终于战胜了腓力斯丁人的入侵，建立了统一的以色列——犹太国家，定都耶路撒冷。到所罗门统治时期（约公元前 960~前 930），以色列——犹太国家已处于全盛。

阿加门农远征特洛伊

据《荷马史诗》记载，希腊第一美人海伦被特洛伊王子帕里斯诱拐后，海伦的丈夫斯巴达国王美内劳斯立志报仇。其兄迈锡尼王阿加门农拔刀相助，提出自任统帅、组建希腊联军远征特洛伊的计划。经过几年筹备，共征集了战舰 1000 艘，将士 10 万人，并用自己的女儿伊菲吉妮雅作牺牲献祭，以求得神相助。公元前 12 世纪，联军从落拉米斯的奥立斯扬帆出港，开始远征小亚细亚名城特洛伊。希腊联军与特洛伊的战争旷日持久，互有胜负。到第 10 年时，联军攻下了一个特洛伊小镇。在按惯例分财宝和美女时，阿加门农把美女克莱西丝据为己有并拒绝其父——一位阿波罗神庙祭司用钱赎女的请求，从而触怒了太阳神阿波罗。他降下瘟疫，使希腊联军遭受灭顶之灾。阿加门农被迫放弃克莱西丝，却又去抢夺已分给主将阿奇里斯的美女布莱西斯，致使统帅与主将之间严重不合。联军军心涣散，近于崩溃。后来阿奇里斯心腹巴特罗克拉斯英勇捐躯唤醒众人，又经众将领从中斡旋，统帅与主将言归于好，军心重振。最后阿加门农采纳了奥德修斯提出的"木马计"，攻陷了特洛伊，抢回了海伦，并把特洛伊城夷为平地，胜利班师。据近代考古材料证实，联军远征特洛伊城基本是历史的真实事件，但战争的起因并不像《荷马史诗》所描绘的那样，实际上很可能是希腊城邦向外殖民过程中发生的一场战争。

亚述帝国

　　古代亚述的本部,位于现代伊拉克北部沿底格里斯河上游的一小块地区。其早期疆界,东至扎格罗斯山,西北至马希奥斯山,西与辽阔的叙利亚——美索不达米亚草原接壤,下扎布河,北接阿尔明尼亚(又译亚美尼亚)高原。在亚述四周的草原和山脉上,当时植物稀少。这里的居民主要从事于畜牧业。每逢春夏之交,由于积雪融化,上扎布河水量充足,故河谷地区也适于农业。境内底格里斯河谷地区,因伟大河流的定期泛滥而得到了良好的灌溉。但是,由于东西有高山横亘,这个河谷的面积是比较小的,古代亚述本部的耕地面积不超过1.2万平方公里。

亚述帝国的首都尼尼微城遗迹

　　南临底格里斯河上游河谷,在商业上处于有利地位。这里有四通八达的商路:向南可沿底格里斯河到波斯湾,向东沿各河河谷到伊朗高原,向北则经过山道进入三大湖(谢梵湖、凡湖和乌米亚湖)区域及南高加索,向西则沿底格里斯河进入叙利亚与小亚细亚,再从那里通往叙利亚和腓尼基沿海的各个城市。

　　在远古时代,可能是公元前5000~前4000年左右,苏巴列亚人各部落就居住在亚述的土地上。这些向来居住在西亚细亚北部的种族,在语言、外貌、文化水平和历史命运上,同美索不达米亚西部和北叙利亚的胡里特人、南高加索的乌拉尔图人、底格里斯河以东各山区的部落人都非常接近。后来,约在公元前2600年左右,属于阿卡德的闪族部落来到这里定居,他们构筑了亚述城,被称为亚述人。到公元前2000年左右,当地的苏巴列亚人部落,已经部分地同亚述人融合在一起。随着历史的前进,在亚述国家形成的过程中,苏巴列亚人的各个部落便进一步融合到闪族人里面了。在亚述,占统治地位的语言是属于闪族语系的亚述语。

　　由于社会生产力的提高,私有制的出现,阶级矛盾的尖锐化,亚述逐步形成为雄踞西亚的奴隶制国家,其存在长达一千四百多年。从历史发展进程来说,亚述通常分为三个时期:古亚述时期,或称早期亚述王国,约存在于公元前 2030~前 1366 年,先后传位 42 个国王;中亚述时期,或称中亚述王国,约存在于公元前 1366~前 935 年,传位 25 个国王;新亚述时期,或称新亚述帝国,约存在于公元前 935~前 612 年,共传 19 个国王。亚述在其历史发展中,随着本国军事实力的强弱和敌国盛衰情况的变化,同其四周邻国进行了许许多多的战争。它有时实行侵略扩张,有时被迫防守自卫,维护着国家的奴隶制政权,经历了成长、扩张和衰落、败亡的漫长过程。它曾不断兴旺发达,成为西亚的强大城邦和王国,君临大批异邦;尔后,又先后沦为古巴比伦王国和米坦尼王国的藩属;但在一些有为国王的领导下,竟然灭亡了米坦尼,击败了取代古巴比伦的赫梯帝国;待到新帝国中兴,更建立了地跨亚非两洲的奴隶制大帝国。但是,曾几何时,它又衰落下去,最后被新巴比伦和米底联军消灭了。

在古亚述时期真正在军事上功绩卓著的,是 13 代国王沙马什阿达德(约公元前 1815~前 1783 年在位)。他以暴力夺取了政权,并以武力对外扩张领土,曾在铭文中自称为"四方之王"。他统治期间,接受过许多国王的纳贡,势力波及"大海"(地中海)之滨。在中亚述时期,武功最超群者为提格拉特帕拉沙尔一世(约公元前 1114~前 1076 年在位)。他不仅向南征服了巴比伦,还向西远征黎巴嫩和腓尼基。不过,亚述国王们惊世骇俗的武功和侵略扩张的战争,主要还是发生在新亚述帝国时期。从提格拉特帕拉沙尔三世(约公元前 745~前 727 年在位)大振国威,到亚述巴尼拔(约公元前 668~前 627 年在位)灭亡埃兰,亚述 6 位君主,率领强大的亚述军队,东侵西讨,南征北伐,在军事上取得了极大的成功。当时,埃及的势力已经衰落,赫梯帝国已经解体,巴比伦尼亚也基本上处于长期不振的状态,因此亚述没有强大的敌手,在对外扩张中处于有利态势。新亚述帝国正是利用这一有利时机,采取极端凶残的手段,实行野蛮的征服政策,占领和掠夺西亚广大地区。在大约一百零五年的历史进程中,亚述曾先后灭亡了西亚的所有主要王国,如大马士革王朝,以色列耶户王朝,前犹太国的埃哈兹王朝,腓尼基西顿王朝,古埃及的第 25 王朝,巴比伦王国的第四王朝,以及埃兰王国的乌曼·哈尔达什王朝等。通过这些侵略扩张战争,亚述真正统一了西亚的绝大部分地区,同时也严重挫败了其北部强邻乌拉尔图王国。

这里所要着重论述的,就是新亚述帝国几位国王进行的对外扩张战争。

亚述王阿舒那西尔帕二世(约公元前 884~前 859 年在位)奠定了亚述帝国的基础。他在自己当政期间施行了大规模的侵略扩张政策。他迫使阿拉美亚诸部屈服于亚述。与此同时,他又恢复了亚述在那伊里诸部中的势力。他对居住在幼发拉底河以西的诸部亦取得了一连串的巨大胜利,占领了卡尔凯美什地区,征服了叙利亚北部诸小

赫梯的狮门　公元前 13 世纪　小亚细亚

公国,从而打开了通往地中海的商路。

萨尔马纳塞尔三世(约公元前858~前824年在位),继承了乃父阿舒那西尔帕的侵略扩张政策。他在当政的35年时间里,出征了32次。萨尔马纳塞尔在西方征服了比特阿迪尼部落,目的在于完全征服幼发拉底河整个河谷直到巴比伦地区,公元前856年,萨尔马纳塞尔三世占领了这个阿拉美亚部落的首府提尔巴尔喜布(位于幼发拉底河岸上距卡尔凯美什约20公里处)。卡尔凯美什、阿列坡和撒马利亚慑于亚述大军的淫威,纷纷表示愿意向亚述王纳贡称臣。但当萨尔马纳塞尔再向西推进的时候,他却遭到了大马士革等部军民的顽强抵抗。大马士革把叙利亚、腓尼基诸部以及巴勒斯坦各部团结在自己的周围,甚至阿拉伯诸部也加入了这个以大马士革为首的巨大反亚述联军。两军会战于奥龙特河畔哈马特以北的卡尔卡地区。亚述军损失十分惨重,不得已撤退(约公元前854年)。稍后,亚述军于公元前850、前849、前846和前842年,先后4次组织了大规模进攻,但却被西方联军阻遏住了。公元前841年,萨尔马纳塞尔三世再度率领12万大军攻打大不里土,虽然未能取得决定性胜利,但是亚述王在很大程度上削弱了大马士革,以大马士革为首的反亚述联军不久即土崩瓦解。大马士革向亚述投降。以色列、推罗和西顿都接受了亚述的宗主国地位并向其纳贡。甚至埃及也认可了亚述国际强国的地位而把两只骆驼、一只河马及其他珍奇动物作为礼物献给萨尔马纳塞尔三世。亚述王对巴比伦尼亚的战争取得了更大的成就。他率大军长驱直入,一直攻到波斯湾沿岸的沼泽地区,彻底征服了全部巴比伦尼亚。在北方,亚述王挥兵侵入乌拉尔图,但自然环境的恶劣给亚述大军的行进造成了巨大的困难。乌拉尔图王充分利用了地利、人和的有利条件,成功地抵御了亚述人的侵略,甚至一度由防御转入进攻。

阿舒那西尔帕二世和沙尔马纳塞尔三世留下了不少铭文,宣扬他们的所谓"武功"。他们所过之处,动辄摧毁城市,焚烧城垣,对战俘用刀杀,用火烧以至竖立尖桩把他们刺死在上面。他们对投降的城市勒索巨额财富。他们的这种行径引起了统治区内的大起义。参加起义者不仅有被征服地区的人民,也有亚述核心地区的人民。公元前829~前824年连续六年的大起义,给亚述奴隶主贵族以十分沉重的打击。公元前8世纪80年代末至40年代中,亚述约有三十多年实际处于瘫痪状态。

在此期间,即在公元前8世纪中叶,近东政治地理也经历了一场风云变幻。当时,由于亚述帝国忙于在国内镇压起义而无暇他顾,叙利亚阿拉美亚诸部争当霸主,争斗不休,丧失了团结御侮的力量;伊朗地区的波斯人开始由北部向南部的巴卡第阿里山区迁移,而米底则乘机将其势力范围扩及整个伊朗高原;乌拉尔图则进一步发展成为堪与亚述争雄的强国。在阿尔吉斯梯斯一世(约公元前780~前750年在位)统治下,乌拉尔图的版图自亚美尼亚境内的谢凡湖扩展到伊拉克北部山区。在乌拉尔图本部的四周,各弱小诸部构成其藩属群,其中包括高加索地区的希缅因人,安那托利亚陶鲁斯地区的新赫梯诸部,以及伊朗境内的曼奈人国家。阿尔吉斯梯斯一世的后继者萨尔杜尔三世(约公元前749~前734年在位)成功地拆散了叙利亚的阿拉美亚部落阿尔帕德与亚述新缔结的联盟,并通过阿尔帕德将乌拉尔图的政治影响迅速扩展到阿拉美亚诸部。

乌拉尔图势力的崛起，使亚述感到巨大的挑战，在萨尔马纳塞尔四世（约公元前782～前773年在位）统治时期，亚述人屡遭挫折的事实使亚述人清醒地认识到：在当时情势下，任何针对乌拉尔图的直接军事行动都将导致失败，于是，亚述不得不采取迂回战略。即加强自己在两河流域的地位，征服并控制叙利亚和伊朗，以斩断乌拉尔图的统治支柱。公元前745年，提格拉特帕拉沙尔三世登基，这位雄才大略的国王随即展开了大规模的军事行动。

提格拉特帕拉沙尔三世的第一个行动是出兵巴比伦尼亚北部地区，驱逐那里的阿拉美亚驻军，使屡遭阿拉美亚人骚扰的商路重新畅通无阻。通过这次行动，亚述王使得巴比伦充分认识到了亚述的军事实力，并体会到与亚述保持友好睦邻关系给巴比伦商业带来的好处。

提格拉特帕拉沙尔三世的下一个目标是叙利亚。公元前743年，他举行第一次大规模西征，率军横渡幼发拉底河，向叙利亚北部诸部进攻。叙利亚诸部十分恐慌，他们遂联合在阿尔帕德（位于阿勒坡以北）的旗帜下迎击亚述侵略军。与此同时，他们火速向乌拉尔图国王萨尔杜尔三世求援。萨尔杜尔洞悉亚述人对叙利亚诸部的进攻实际是针对乌拉尔图王国的，所以，即刻率乌拉尔图大军急如星火地前往解救。其实，亚述王早已预料到这一点，并在幼发拉底河谷的萨姆萨特附近的险要地点设下了埋伏。当乌拉尔图大军进入伏击圈以后，亚述军队全线出击，一举将其全歼，萨尔杜尔三世只身脱逃。于是，叙利亚完全暴露在亚述的兵锋之下。阿尔帕德被围，城内军民英勇抵抗达三年之久，最后在公元前740年陷落。整个叙利亚落入亚述人掌握之中。

征服叙利亚以后，提格拉特帕拉沙尔三世挥师东向。于公元前739年和前737年，踏平了中部扎格罗斯山区的大部分地区，把它们纳入亚述的版图。接着，亚述王向占据着伊朗高原的中央地带的米底人发动了战争。亚述军队横扫伊朗高原，兵锋远达摩温德山以及盐漠地区，直至德黑兰西南部。公元前735年，提格拉特帕拉沙尔认为，最后打击乌拉尔图的时机已成熟，便对乌拉尔图发起了进攻。乌拉尔图的首都被围，但因设防坚固，久攻不下。而此时地中海沿岸的局势再度紧张：由于亚述的劫掠，而使黎巴嫩地区的西顿和推罗与埃及的大宗木材贸易大幅度减少，引起了这些地区

作战中的弓箭手和投石器手

人民反亚述奴役的起义；同时，一个由所有巴勒斯坦和约旦地区诸部结成的反亚述同盟也在腓利斯丁地区的阿斯卡龙和加沙两部的号召下建立。于是，提格拉特帕拉沙尔被迫于公元前734年中止与乌拉尔图的战争，回师镇压这次起义。亚述五的二次西征，经过两年多的持续作战，又一次取得了决定性胜利。阿斯卡龙王战死，加沙王逃往埃及，各部

被迫向亚述称臣纳贡。

西方已被提格拉特帕拉沙尔踩在脚下,现在他又不得不回师应付发生在巴比伦尼亚的事变,名义上仍处于独立地位的巴比伦国王那布纳西尔去世后,一个阿拉美亚酋长乌金泽尔于公元前731年僭称巴比伦国王。亚述王先是号召巴比伦公民起而反对之,并宣布将对那些从阿拉美亚酋长的军队中开小差的战士豁免一切税收。但这些外交宣传手段毫无结果,于是亚述王不得不率领部下攻入巴比伦尼亚,并将乌金泽尔逐回其在波斯湾南岸的老巢。公元前729年,这场战争结束之时,迦勒底人的比特阿木卡尼部落、乌金泽尔王国、阿拉美亚人的比特雅金部落以及伽勒底地区的海国,都臣服于亚述王了。公元前728年,提格拉特帕拉沙尔宣布自己为巴比伦王。次年,他就去世了。

提格拉特帕拉沙尔之子萨尔马纳塞尔五世(约公元前726~前722年在位)统治期间,以色列的傀儡国王霍西雅起而反叛亚述。萨尔马纳塞尔派兵围攻撒马利亚达3年之久(约从公元前724年到前722年)。但对以色列的最后征服是由其后继者萨尔贡二世(约公元前722~前705年在位)完成的。

萨尔贡二世继位之际,在近东发生了两件影响亚述的战略和外交达百年之久的重要事件:埃及对巴勒斯坦地区的干涉和埃兰对巴比伦尼亚的染指。两者都是提格拉特帕拉沙尔三世征服战争的结果:亚述在伊朗高原势力范围的扩展阻止了两河流域通往埃兰的唯一贸易孔道;亚述对腓尼基的控制则断绝了埃及和巴勒斯坦地区历史悠久的贸易往来。埃及和埃兰由于共同的利益而联合亚述的劲敌乌拉尔图一起与亚述为敌。然而,面对正处于鼎盛时期的亚述,他们不得不采取外交手段,即相对稳健的策略:煽动并支持亚述诸属国的叛乱以达到消耗亚述实力的目的。故而,每当南部伊拉克的阿拉美亚酋长或被亚述军队不可战胜神话所吓倒的巴勒斯坦诸部首脑乞援时,他们在人力物力上都不惜给以全力支持。因此,萨尔贡二世统治时期的战争兼有平叛与攻掠的特点。

古巴比伦钱币

巴比伦地区起义烽火不断,埃兰人暗中给予全力支持,亚述军队疲于奔命。萨尔贡登基的同年,埃兰人扶持定居于巴比伦尼亚的阿拉美亚酋长美洛达赫巴拉丹登上巴比伦王位。公元前721年,埃兰人甚至直接侵入美索不达米亚,围攻底格里斯河下游的都尔依鲁要塞,以支持巴比伦王。萨尔贡二世率部前往解围,但在要塞下被埃兰人击败。这一败绩的直接后果是美洛达赫巴拉丹君临巴比伦达11年之久(约公元前721~前710年)。

对亚述构成同样威胁的是叙利亚、巴勒斯坦地区所出现的反叛。在埃及的策动和支援下,哈马、大马士革、以色列在撒马利亚的余部、加沙和腓利斯丁,都企图摆脱亚述人的枷锁。约公元前720年,萨尔贡二世放弃了收复巴比伦尼亚的所有计划,挥师西指,在卡尔卡尔击败哈马、大马士革、以色列、加沙和腓利斯丁联军,接着又在埃及国境线附近的拉斐亚全歼腓利斯丁和埃及联军。埃及被迫像其他小邦一样向亚述纳贡。也就是在这次征服中,亚述人将以色列彻底灭亡,将其90%左右的居民迁往亚述和米底(约公元前722年)。

在拉斐亚取得对埃及及其所支持的叙利亚、巴勒斯坦诸部的决定性胜利以后不久,萨尔贡二世又不得不奔赴北方边境,因为野蛮游牧部落对那里的骚扰持续不断,而背后支持他们的则是乌拉尔图和安那托利亚地区新兴强国腓瑞吉亚。这场在北方的战争花去了萨尔贡二世十年的时间。战争期间,乌拉尔图的鲁萨斯一世成功地用自己的傀儡在公元前719~前715年间取代了亲亚述的莫奈统治者。这一事件点燃了亚述与乌拉尔图战争的导火线。

约公元前714年,亚述对乌拉尔图发动了大规模的进攻。这次进攻的显著特点是行军极为艰苦:亚述大军不得不常常翻越库尔德斯坦山区的崇山峻岭。萨尔贡二世翻山渡水,率大军如神兵天降般突然出现在乌尔米雅赫湖和凡湖之畔。乌拉尔图人猝不及防,旋即退入其首都穆萨里尔城,拼死抵御亚述的围攻。但终于矢尽粮绝,穆萨里尔陷落,乌拉尔图民族神哈尔迪亚的神像被掠往亚述,鲁萨斯一世绝望自杀。乌拉尔图虽未亡国,但所遭受的打击是空前的。

乌拉尔图虽战败了,但它所点燃的反亚述的烈火仍在其余各地燃烧着。约公元前717年,卡尔凯美什因阴谋反叛亚述而被萨尔贡二世兼并,被划为帝国的一个行省。公元前715年,亚述军在勒法伊亚击败埃及法老奥索尔康三世的军队,随后扫荡巴勒斯坦南部。犹太国王埃哈兹投降,前犹太国从此不复存在。在连续征战的五年内,同样的厄运降临到库埃、古尔古姆、米利德、库姆胡和塔贝尔的头上。小亚的腓瑞吉亚只因与亚述关山重隔才避免了被奴役的命运。在此期间内,约公元前713年,亚述军还乘扎格罗斯地区的统治家族内乱之机,征服了凯曼什哈和哈马丹地区的公国和城镇,并迫使米底纳贡称臣。

到公元前710年左右,萨尔贡二世终于扑灭了帝国各地蜂起反叛的烈火。整个叙利亚、巴勒斯坦和大部分扎格罗斯山区被亚述牢牢掌握;米底成为其藩属;乌拉尔图受重创;埃及不得不做出友好姿态;埃兰和腓瑞吉亚虽有敌意,但仍愿与亚述保持和平状态。

然而,美洛达赫巴拉丹统治下的巴比伦尼亚仍是亚述的心腹之患。约公元前710年,亚述王再次出兵巴比伦尼亚。巴比伦王动员了全体人民反击亚述军队的侵凌。巴比伦的战士们英勇顽强,抵抗达两年之久,但最终难免于失败。萨尔贡兼并巴比伦领土,自称巴比伦国王。亚述的这次军事胜利的影响十分深远。安那托利亚的腓瑞吉亚王国请求与亚述

尼尼微的覆灭

建立友好睦邻关系;波斯湾巴哈林岛上的迪尔蒙王国向亚述纳贡称臣。萨尔贡二世的敌人阴谋削弱亚述的努力已告彻底失败,亚述空前强盛。

辛那赫里布(约公元前704~前681年在位)在位期间,北部和东部边境处于相对平静状态。萨尔贡二世在库尔德斯坦、亚美尼亚和陶鲁斯地区对乌拉尔图等国毁灭性的打击,使得他们不再是令人生畏的敌手了。而且好战的游牧民族希缅因人开始活跃于近东政治舞台,他们对乌拉尔图等亚述敌人的压力使得亚述人获得了暂时的宁静。然而,希缅因人的进展是令亚述忧虑的:他们正沿着黑海南岸向前推进,在彭提克山脉的褶皱地带骚扰腓瑞吉亚和它的西邻——年轻而富庶的吕底亚王国。与此同时,希缅因的其他支派则正向伊朗西北角渗透,并与莫奈人和米底人建立了同盟。辛那赫里布无疑了解这种态势,但他既未能洞察其潜在的严重后果,而事实上也无力对这边远地区所发生的事变进行卓有成效的干预。因为当萨尔贡二世死亡的消息一传开。地中海沿岸和巴比伦地区又立即落入叛乱者手中,而辛那赫里布不得不为镇压叛乱分子而全力以赴。

由于埃及的政治游说,腓尼基和巴勒斯坦地区的西顿、犹太、埃克雍和阿斯卡龙等地区,在萨尔贡二世死讯传来后,废除了与亚述王的宗属关系。约公元前700年,辛那赫里布残酷地镇压了反叛者,结果,西顿王逃往塞浦路斯岛,阿斯卡龙王被解往亚述城,一股援救埃克雍的埃及军队被击溃。在上述诸部中,更驯服的人被扶上统治者的宝座。接着,辛那赫里布进攻犹太国,包围了设防坚固的拉西什城,分兵进攻耶路撒冷。犹太人最后用重金贿赂亚述王,并且被迫割让大片土地给其世仇腓利斯丁,亚述军队始撤围。此役之后,为了报复埃及对反叛者的支持,辛那赫里布决定入侵埃及。亚述军队曾开进到现苏伊士运河以东30里的彼吕西乌姆地方,只是由于军中发生瘟疫才不得不回师。

萨尔贡二世庄严的宫殿坐落于豪尔萨巴德

亚述王在巴比伦所面临的形势要比叙利亚、巴勒斯坦严峻得多。反击阿拉美亚及其埃兰同盟者的战争在辛那赫里布统治的大部分时间里都在进行着。在辛那赫里布登基的那一年(约公元前704年),萨尔贡的老对手美洛达赫巴拉丹从避难地埃兰归来。在埃兰军官团的帮助下,他很快在南伊拉克组建了一支由阿拉美亚部民组成的军队。但亚述王不想给美洛达赫巴拉丹以喘息之机,公元前703年,辛那赫里布兵临基什城下,美洛达赫巴拉丹的乌合之众不堪一击,美洛达赫巴拉丹落荒而遁。亚述王命士兵劫掠了巴比伦城,虏走战俘无数,并将一亚述傀儡倍尔伊比尼扶上巴比伦王位。公元前700年左右,美洛达赫巴拉丹又在他的老巢比特雅金部落支持下崛起,亚述王不得不再次加以镇压。由于怀疑倍尔伊比尼暗中勾结美洛达赫巴拉丹,辛那赫里布以自己的儿子亚述尔那丁苏米取而代之。美洛达赫巴拉丹遁迹海上,不久死去。

在亚述淫威下,比特雅金部民避难埃兰。亚述王以此为借口,于公元前694年左右发动了一场对埃兰的突然袭击。这是一场大规模的两栖作战行动,其真正目的在于打通一条穿过亚述的敌国——海国通往波斯湾的贸易通道。亚述舰队的舰只是由腓尼基工匠在尼尼微修造的,水手则是来自推罗、西顿和爱奥尼亚的青年。这支舰队沿底格里斯河顺流而下直达欧匹斯。然后,这些舰只被从陆路拖入附近的阿拉赫图运河。舰队通过阿拉赫图运河驶入幼发拉底河,顺流而下直达河口附近的巴布萨里米提,在那里与集结于此的陆军会师。然后,满载官兵的舰队通过波斯湾驶向埃兰的领土,袭击了全无戒备的埃兰人,劫掠了埃兰沿海地带。满载迦勒底避难者和埃兰战俘以及亚述官兵的舰队返航巴比伦尼亚。埃兰王哈鲁苏立即进行报复。他很快攻入巴比伦尼亚,攻陷西帕尔并俘获了辛那赫里布之子巴比伦王亚述尔那丁苏米,并将他的一个随从纳加尔乌什兹立为巴比伦王,然后携亚述尔那丁苏米返回埃兰。

巴比伦空中花园

公元前693年,辛那赫里布重新夺回巴比伦尼亚,并将纳加尔乌什兹解往亚述,随即大举进犯埃兰本土。埃兰新王库都尔那赫混特采取坚壁清野战术,退入山中,展开游击战争。亚述王无功而还。公元前692年,巴比伦人又拥立穆什兹波马尔都克为王。公元前691年,辛那赫里布南征巴比伦尼亚,惶恐的巴比伦新王遂请求埃兰王乌曼米那努(库都尔那赫混特的继承者)支援。乌曼米那努与亚述军会战于底格里斯河畔的哈路里。亚述军队损失惨重而不得不撤回亚述本土。埃兰军队跟踪追击并占领了巴比伦尼亚的部分土地,而穆什兹波马尔都克仍旧据有巴比伦尼亚其他领土。但埃兰方面损失亦相巨大:主帅战死,美洛达赫巴拉丹之子被俘。

公元前689年,埃兰王乌马米那努死,亚述王开始实施其酝酿已久的复仇计划。他突然袭击并攻陷了巴比伦城,将其王穆什兹波马尔都克以及马尔都克神的神像掠往亚述。巴比伦城被蓄意地毁弃了:人民被放逐,城垣夷为平地,阿拉赫图运河被填塞。

亚述位于美索不达米亚北部,底格里斯河中游。公元前3000年代末,以亚述城为中心,形成亚述国家。亚述是一个好战的国家,亚述王从不满足于已占有的土地,几乎每一代国王都继续着扩张政策,不断出征,征服别国,企图统一当时他们所知道的世界。在长期战争中,亚述曾几度兴衰,又重新崛起,到公元前8世纪,由于军队训练的加强和武器的不断改进,亚述终于成为当时的世界(指西亚、北非、地中海地区)巨强。它先后攻陷文明古国巴比伦和埃及,又扩大到周围的地区,使其疆域东临伊朗高原,西抵地中海以至埃及,北及南高加索,南至波斯湾,以底格里斯河畔的尼尼微为都城,确立起一个庞大的军事帝国。

亚述的强大突出在它的军事威力,亚述本土多山地,出产铁矿,便于制造锐利武器;艰苦而又十分危险的山地打猎生活,又将亚述人锻炼成坚韧和大胆的武士。在这些有利条件下,著名的亚述王之一,提格拉特帕拉沙尔三世(公元前745~前727年)又实行了卓有成效的军事改革。他改组军队,实行募兵制;建立战车兵、骑兵、重装步兵、轻装步兵、工兵等多种兵种,装备以铁制武器;同时注重武器的改进和军事工程的建造;侦察兵和谍报员也有其特殊地位。军事在亚述发展为完善、有系统的科学,亚述军队成为古代东方社会中最强大的军队。这支军队曾攻陷了许多历史名城,叙利亚都城大马士革就是其中之一。

公元前734年,通往大马士革的路上,匆匆行进着一支大军,这就是由强悍无敌的亚述王提格拉特帕拉沙尔三世率领的亚述军团。队伍来到一条小河旁,停顿下来,工兵立刻来到河边,熟练地吹起了皮囊,把它们绑在一起,又在上面铺上杉木板。这样的木筏不仅能够渡过步兵,同样也可以渡过骑兵和战车。亚述军团渡过小河,直逼大马士革城下。

大马士革王登上城墙的塔楼瞭望,他几乎绝望了,亚述军团铺天盖地而来,有5000辆战车,骑兵像"海滩上的沙"那样多。而大马士革城内只拼凑出2000辆战车,士兵只有亚述的一半。而且孤立无援,看来只有拼死一战,或能保全。

在大马士革城外的平原上,两军迅速进入战场。亚述军队排开了阵势,每一个连队都占据了指定地点。每一连中,走在前面的是五辆战车,后面十五个骑兵排成一列,第三排是二十五个重装步兵,而在两翼和后边则布置了五十个轻装步兵。连队由一个连长指挥,他的副手是两个伍什长。随着亚述王一声令下,战车首先向前挺进,沉重的车轮迅速转动着,铜的辐条闪闪发光。每辆战车上有两名战士,一个人拉开了弓箭,另一个手拿盾牌,拉着马缰。沉重的铁矛挂在战车后部特备的架子上,箭囊和铜斧则在车厢两侧摇摆,车辕木是用金银的花瓣形钉子装饰起来的,马衣上则飘扬着各色的缨穗。在战车之后,奔驰着身穿铁甲的骑兵弓箭手,他们的脚边巧妙地装着铁的刺马钉,马鬃上装饰着羽毛,马笼头上的银铃发出叮当的响声。铃声、厮杀的呼号声和箭的嗖嗖声交织成一片。在短暂的互射后,两军相接,战车和战车相遇,骑兵与骑兵交手。大马士革的战车招架不住亚述人优势兵力的进攻,城堡塔楼中百发百中的射手保护他们退却。这时,亚述的战车和骑兵忽然向两边分开,亚述的重装步兵向前挺进了。每个重装步兵右手执矛,左手拿着青铜盾牌,他们的头上戴着有高尖的、半圆形的、沉重的帽盔。在重装步兵的两翼配合作战的是轻装步兵,他们由专门拿着跟人那么高的、柔韧的树条编成的盾牌的盾牌手掩护,盾牌的上部是弯曲的,以便遮挡从城堡上射下的箭。步兵奔向前去,射出箭或用皮弹弓打出石块,然后在盾牌手的掩护下飞跑回来。

在亚述兵的进攻下,大马士革军队乱成一片,向城里退去。战车、骑兵和步兵互相践踏,四个军事将领被亚述人生俘,在亚述王的命令下被打得皮开肉绽,绑在大马士革城门前的木桩上。大马士革人再也不出城作战了，他们储备的粮食可维持五年，决心坚守。亚述人围城一年多，仍未使其屈服。恼羞成怒的亚述王决定强攻。

公元前 732 年的一天，在大马士革城墙下，亚述王命令士兵们拉来了二十只"大苍蝇"——这是人们对一种攻坚器械的称呼。不论是埃及人、巴比伦人、还是以色列人都不会破坏敌人的坚固工事，顶多只会采用云梯爬上城墙。可是亚述人却创造出别具一格的攻坚器械。这是一些巨大的木框子，里面装有一种特制的绞盘，上面绞着用马鬃和橡树皮编成的绳索，绞盘把绳索绞紧，然后拉开，产生很大的力量。把石弹或燃烧着的油桶抛到城堡的门上或墙上，造成很大的破坏。"大苍蝇"把大马士革南面的城墙的门打坏了许多处。得意的亚述王又让士兵们换上攻城器。这种攻城武器像一只只大笼子，下面有四个轮盘，前面是一枚又重又粗的大铜锤，大铜锤的头是尖的，直向前方，后面则用皮带牵动。在亚述王的命令下，四个大力士拉动着皮带，攻城器撞击着城角，砖块纷纷下落，城上的大马士革士兵慌忙射出带火的箭，可是亚述士兵在盾牌的掩护下很快扑灭了火焰，攻城器继续在轰击城墙，不久，在城墙上出现一条裂缝。第二天，正城门也被崩塌了。亚述士兵冲进城去，大马士革人仍然顽强地抵抗着，激烈的巷战整整继续了七天七夜。以凶残著称的亚述人对谁也不留情。他们用棍棒敲碎受害者的头，用短剑割断他们的咽喉，在城中燃起大火，抢劫每一户人家的财产，掳走妇女、小孩和老人。第八天，全城已被占领，浑身是伤和血迹的大马士革国王被捆绑着押到亚述王面前。亚述王凶狠地看了他一眼，就下令把他斩首了。

战败的大马士革，其状惨不忍睹。北城门边，砍下的人头堆成了一座小山，还有上千的战俘被绑在上端削尖的木桩上，让他们在痛苦中慢慢死去，20000 个和平居民作为奴隶被押回亚述，随后，还有一堆堆的金、银、铜、象牙和其他贵重物品。一车接一车地运回亚述……

亚述就是这样残酷地蹂躏战败的国家。后来，打了胜仗的亚述王通常要坐在四个被俘国王挽曳的两轮车上，在都城尼尼微巡行一周，显示威风。战败被俘的贵族被装在囚笼中陈列在街道两旁。对于战败国的人民，亚述王则要课以极重的赋税，甚至亚述自己也称之为"重税"。

亚述最后一个杰出的国王是亚述巴尼拔。他虽然受过教育，博学多才，堪称政治家和外交家，还曾在尼尼微的皇宫中设立了世界上最早的图书馆。但是，他身上同样继承了他喝血的先辈们的残忍。他统治时期，亚述帝国已开始动摇，为了威吓不顺从的人，他下令把敢于反抗亚述统治的地区的居民，不论老人、妇女、儿童都斩尽杀绝。他还大言不惭地吹嘘："……我在一个月的时间内，就把埃兰王国从大地上消灭掉，我使这个国家的田地和草原上没有人的声息，没有马匹、母牛和母绵羊的足迹。让凶恶的野兽、毒蛇和爬虫自由地到那里去栖息……我连他们城市的余烬都运到了亚述。"

被征服的人民都仇恨亚述，整个东方都在亚述的残暴统治下呻吟，整个东方就期待着亚述灭亡。在许多古代东方文献中，亚述被称为"狮穴"，尼尼微被称为"血城"。渴望着亚述灭亡的不仅仅是奴隶和下层人民，还有被奴役国家的贵族。亚述帝国虽然幅员辽阔,但它外强中干,它是借助血腥掠夺、残酷镇压而建立的,它不可能是巩固的。因此,亚述巴尼拔死后,它迅速地瓦解了。埃及首先宣布独立,叙利亚和腓尼基也不再俯首听命;公元前626年,巴比伦也争得独立,并和米提人结成反亚述的同盟。亚述已接近末日了。公元前614年,米提人攻下亚述城,把它洗劫一空,城中贵族都被砍死。公元前612年,巴比伦和米提联军攻陷尼尼微。在这血腥的城市里,战车在飞驰,战马在嘶叫,骑兵在飞奔,剑和矛亮光闪闪。尼尼微被蹂躏、被毁坏、被洗劫了,满城的大火,积尸成堆,亚述注定要灭亡了。最后一代亚述王为了不被生擒,纵身跳入火海。亚述军队的抵抗也挽救不了亚述灭亡的命运。公元前605年,亚述军队在卡尔赫美什进行了最后一次激战,一个声威强盛的国家——亚述就永不存在了。

亚述帝国与乌拉尔图的斗争

在阿达德尼拉列死后,乌拉尔图出现了一个有才干的国王阿吉斯提一世。他在各个方面对亚述展开了攻势,把亚述人从那意里赶走;在乌尔米亚湖东南征服波苏瓦和曼奈各部。萨尔玛拉萨尔四世(公元前782~前772年)与乌拉尔图苦战六年毫无成效。大马士革再次反叛。阿淑尔丹三世(公元前772~前755年)时,阿淑尔城、阿拉普哈和古赞那三个大城市相继反叛,六年后才平息下去。国内还发生了两次瘟疫。阿淑尔尼拉列五世(公元前754~前745年)在位11年,仅出征两次。连续几个国王的无能引起国内各阶层的不满。公元前745年,首都卡拉赫发生了起义,强有力的非王室血统的军事将领提格拉特帕拉沙尔三世(公元前744~前727年)在全国一片拥戴声中登上了王座。从此,帝国进入了一个新的发展阶段。

从提格拉特帕拉沙尔三世开始,亚述帝国达到极盛。这时,总督的辖区(行省)缩小了,削减了总督的权力,加强了国王的权力;对被征服国家,不再采用过去保留本地王公的政策,而是尽量将其变成由亚述总督治理的行省(对巴比伦这样的大国由亚述王兼任国王);把反抗情绪大的人民迁移到离亚述首都近的地区或其他远隔的地区的做法现在几乎是常规了。这几种措施减少了反叛和起义的机会,从而大大地稳定了帝国。在军事上,提格拉特帕拉沙尔三世也进行了改革。他将临时召集公民入伍的办法变成设立常备军。另外铁制武器已在军队中完全取代了青铜武器,军队的战斗力从而大大提高了。在与众多的敌人作战中,他采取各个击破的战略。公元前745年,他平定了巴比伦的内乱,树立起亲亚述政权,从而稳定了后方。公元前744年,亚述军东北进击,征服了米底各部落。公元前743年,亚述王率军西征北叙利亚各国同盟。亚述军围阿尔帕得城不下,转入西北山区并与乌拉尔图军队和其六个同盟国家的军队遭遇。两军鏖战,敌军不支,乌拉尔图王落荒而逃。亚述乘胜深入敌境追击,大获全胜,此役共俘敌72950人。公元前742~前740年,亚述军再围阿尔帕得,三年始下,置为行省。叙利亚各国皆称臣纳贡。公元前739年,以大马士革、以色列为首的西方(小亚南部、叙利亚、巴勒斯坦、阿拉伯等地区)19 国联合反叛亚述。亚述大军在黎巴嫩山区与之会战,再次获胜。此役震动西方,各国纷纷降服。哈马特居民 30300 人被移往他乡,其地置为亚述行省。公元前 736 年和735 年,亚述王再次北伐乌拉尔图,将乌拉尔图王萨尔杜里二世围在其首都凡城(在凡湖岸边)。凡城因其地势险要才未被攻下。公元前 734 年,亚述征服了腓力斯丁城邦阿斯卡隆和伽萨。两年后,亚述王终于攻陷了大马士革,将它置为行省。公元前 731 年,巴比伦尼亚南部的迦勒底人强大到已能夺取巴比伦王位。亚述王岂能容他人染指巴比伦,他战败了篡位者。公元前 728 年新年,他举行了"握拜尔神之手"的仪式,自任"苏美尔和阿卡德王"。第二年,这位战果累累的国王死去了。他的儿子萨尔玛拉萨尔五世(公元前726~前 722 年)仅统治五年。

这位国王在国内得罪了阿淑尔城的贵族和祭司。一位贵族乘机杀了他,自己登上了王位,这就是萨尔贡二世(公元前 721~前 705 年)。萨尔贡授予阿淑尔城免税自治权和他把很少在名年官表上出现的阿淑尔总督列为名年官之第二名这两件事,说明了他的登位是与阿淑尔城的支持有关的。

夺取巴比伦和征服埃及

虽然迦勒底人被提格拉特帕拉沙尔三世夺走了巴比伦王位,但在萨尔贡登位的同一年,另一位迦勒底领袖梅罗达克巴拉丹(《旧约·圣经》上记有此王)在埃兰的支持下,又夺回了巴比伦王位。公元前 720 年,萨尔贡与巴比伦和埃兰联军会战于德尔城附近,显然没有占上风。十一年后,当埃兰军队无法援助迦勒底人时,萨尔贡才降服了梅罗达克巴拉丹,自任"巴比伦总督,苏美尔和阿卡德王"。在东方,他对米底和曼奈采取攻势,扶植对亚述称臣部落的王公,打击与乌拉尔图结盟的王公。在长途远征,纵横乌拉尔图境内之后,他攻下了乌拉尔图的宗教中心穆萨西尔,获得巨额财富。在西北,他镇压了与弗里吉亚王米达斯勾结而反叛的卡尔凯美什、古尔古姆、库姆赫等国,将他们置为行省。弗里吉亚王也被迫进贡。在西方,他战败了埃及与叙利亚反叛国家的联军,将哈马特置为行省。和阿淑尔那吉尔帕二世一样,萨尔贡也树立自己的纪念碑——新建的首都。他在尼尼微北面建立新王都——萨尔贡堡。公元前 705 年,强大的游牧民族西米连人侵入塔巴尔,萨尔贡亲率军队迎战。结果亚述方面以国王阵亡的代价才使强悍的野蛮人离开亚述边境。

萨尔贡的儿子辛那赫里布(公元前 704~前 681 年)的主要敌人还是埃兰支持下的迦勒底人,以及埃及。即位后,他战败埃兰军队,把东山再起的梅罗达克巴拉丹从巴比伦王座又一次撵下来。接着他打败了埃及军队,迫使犹太人向他交纳了大量贡品。随后他与埃兰、迦勒底及他们的许多盟国进行五次战争,双方互有胜负。他的儿子曾被任命为巴比伦王,但后被埃兰人俘走。公元前 689 年,埃兰发生内乱。不能干涉巴比伦事务,辛那赫里布才有机会攻入巴比伦,俘虏了迦勒底国王,并大肆破坏了这个名城。辛那赫里布把首都迁回古城尼尼微。他在这里大兴土木，为自己树碑立传。雄伟的尼尼微城成为帝国最后的首都。在晚年，辛那赫里布宣布其最小的儿子阿萨尔哈东为王太子，这就引起了其他儿子的不满。前681年，他被两个儿子杀死在神庙中。

亚述宫墙上的雄狮中箭浮雕

阿萨尔哈东（公元前680～前669年）顺利地平定了内乱。他的一个正确的决策是重建其父毁坏的巴比伦，其母后巴比伦人那吉娅可能主持了这项工作。由于兼任巴比伦王的阿萨尔哈东深得巴比伦贵族好感，在他治下，迦勒底人竟无机可乘。更重要的是他成功地把一个与亚述友好的王子乌尔塔库推上了埃兰王位，这使迦勒底人失去了靠山。可能认识到米底将成为亚述的主要敌人，亚述王多次率骑兵进入伊朗高原，最远达到德黑兰以东的大沙漠。三个重要的米底王公成为亚述的藩属。由于埃及总是在叙利亚煽动叛乱，亚述王平定西顿的反叛（公元前677年）后，就计划征服这个庞然大物。公元前673年，当推罗企图与埃及联合反对亚述时，亚述军包围了推罗，但无法攻陷岛国推罗。公元前671年，亚述军艰难行军十五天，穿过西奈沙漠，进入埃及。亚述军队成功地击败了埃及军队，攻下了埃及首都孟斐斯，统治埃及的努比亚法老逃回努比亚。可是庞大的埃及是不会轻易屈服的，两年后，上埃及掀起反亚述的浪潮。阿萨尔哈东急忙前去镇压，在路上染疾，病死在哈兰。由于阿萨尔哈东生前曾要求全体官员和藩国使节宣誓效忠太子亚述巴尼拔，因此他死后没有发生争夺王位的内乱。他生前还任命另一个王子沙马什顺乌金为巴比伦王继承人，规定其位置低于亚述巴尼拔。当父王死讯传来，两个王子同一天登上了各自的王位。

阿萨尔哈东死后，一度逃往努比亚的法老赶走了亚述驻军，收复孟斐斯。亚述巴尼拔（公元前668～前626年）即位后立即率领22个属国的队伍赶到埃及，夺回了孟斐斯。努比亚法老向南逃，亚述部队穷追不舍，直到底比斯城下，并攻下该城。公元前665年，新即位的努比亚王不甘心失败，又一次杀回了孟斐斯。这使得亚述王再次进军埃及。亚述军这次进入底比斯后，大肆掠抢并毁灭了这个埃及古都。但是亚述确实无法掌握像埃及这样大而又远的国家，十年后埃及又脱离了亚述。亚述始终不能攻破的推罗和另一岛国阿尔瓦德也给亚述巴尼拔带来麻烦。亚述军对推罗的长期封锁使推罗又一次暂时屈服。

亚述帝国的灭亡

亚述帝国虽然表面上盛极一时，但本质毕竟是虚弱的。因为这个大帝国并没有牢固的统一的经济基础，而只是一种依仗军事行政的强制联合，离开了武力，一天也难以存在下去。随着帝国内部阶级矛盾的日趋尖锐,统治阶级内讧加剧,亚述的军事力量被削弱,它便迅速走向衰落和瓦解了。

亚述帝国后期,国内阶级斗争日益尖锐。奴隶主阶级和劳动人民的生活状况有如天壤之别。奴隶主贵族们过着奢侈腐化的享乐生活。他们居住在深宅大院里,室内墙壁上挂着花布或毛毡,房间里陈设的卧榻、桌椅和凳子上,雕刻着花纹,镶嵌着象牙或贵金属制作的精美饰物。他们身上穿的除了华贵的紧身衣服外,还要披上一件绣花结穗的毛织物。他们的脖子上戴着项圈,耳朵上戴着耳环,手腕上戴着镯子。这些饰物都是用青铜、白银或黄金制成的。贵族妇女脸上蒙着轻薄的面纱。在他们的餐桌上,摆满了青铜和白银器皿。贵族们大杯大杯地喝着来自乌拉尔图或美索不达米亚的名酒和其他高级饮料,吃着鲜美的佳肴野味,嚼着葡萄、石榴、苹果、桃子等各种水果。可是贫苦农民和奴隶们的生活,却十分困苦。他们早出晚归,在田野里或牧场里艰难地熬过了一天之后,拖着疲惫的身躯,回到家里,钻进简陋的小屋——这种住宅同早先苏美尔人可怜的房子几乎没有什么区别。不论严冬酷暑,他们身上只有那一件破旧的衣衫。他们只有粗劣的食物,而且往往不足以果腹!至于远离故土的俘虏和移民,境况就更加悲惨。有的俘虏在劳动时还得戴着脚镣,并且处于武装士兵的监视之下。沉重的赋税和劳役都压在农民和奴隶身上,使他们简直喘不过气来。

亚述帝国的对外侵略扩张,对于本国的劳动人民来说,只是带来了无穷的灾难。连年征战必须不断地补充兵员,而被征入伍的人绝大多数是自由农民。自由农民是亚述军队的主要来源。起初,亚述的自由农民人数众多,因而兵源充足,可以组织起一支强而有力的军队。可是,到了帝国末期,长期征战造成的伤亡,特别是阶级分化使众多的自由农民破产,自由农民的人数大大减少。所以亚述帝国的统治者这时不得不从被征服地区居民中招募新兵。这样一来,亚述军队的成分发生了重大变化。这些外族士兵不能不受本民族和其他被压迫民族的影响。他们憎恨亚述统治阶级,厌恶侵略战争,这使得亚述军队的战斗力在一定程度上受到削弱。

亚述帝国统治集团内部也是矛盾重重,争权夺利愈演愈烈。原来,在亚述的统治阶级中,一直存在着两大集团。一个是工商业奴隶主和祭司集团,他们占有很多田庄和奴隶,而且他们的田庄生产具有明显的商品性质。因此,他们侧重于关心商品生产和商业的发展。他们同巴比伦的大奴隶主有着比较密切的联系,主张扩大联盟内部统治阶级的权利,给予城市更多的特权和自治权。要求裁减军队,甚至停止进一步扩大对外战争。这种主张和要求势必和另一集团即军事奴隶主贵族集团发生尖锐的矛盾和冲突。军事贵族集团认为只有军队才是帝国的唯一支柱,只有依靠军队不停地进行征伐战争才能发财致富,保持帝国的强大。因此,国家的一切都必须服从军事的需要。他们积极追随或怂恿国王对外掠夺。统治集团内部利益和主张不一致,常常导致公开冲突。提格拉特帕拉沙尔三世的儿子萨尔玛那沙尔五世,就是因为代表军事贵族集团的利益,取消了巴比伦、尼普尔、西帕尔以及亚述城等城市的特权,结果被工商奴隶主贵族和祭司集团组织的宫廷政变所推翻。辛那赫里布在一次宫廷政变中被杀死,也是因为遭到工商奴隶主贵族和祭司集团的反对。正因为如此，他的儿子阿萨尔哈东登上王位以后，不得不对祭司集团做出某些让步。从这些史实看来，亚述帝国奴隶主统治集团内部的斗争是很激烈的。随着奴隶社会经济的发展，非军事奴隶主贵族的力量日益壮大，他们同军事奴隶主贵族的矛盾也更加尖锐。统治集团的内讧，大大地削弱了亚述奴隶主阶级的力量。

亚述本土的奴隶、贫苦农民和被征服地区的人民，对亚述奴隶主贵族十分憎恨。他们时时发出愤怒地诅咒，希望"狮穴"早日崩溃、"血城"快点毁灭。他们有时以大批逃亡或杀死个别奴隶主的方式进行反抗，更有力的则是不断举行大规模的起义，冲击着帝国的反动统治。据亚述的《名年官表》记载，在萨尔玛那沙尔三世统治后期，即公元前829年至公元前824年，就发生了延续六年的可能是全国性的起义。公元前8世纪内，起义也不断发生。其中，有公元前763~前762年亚述城的起义，有公元前761~前760年阿拉法城的起义，有公元前759年古札那城的起义，有公元前746年卡拉赫城的起义，等等。所有这些起义，都给予亚述统治者以沉重的打击。公元前745年登上王位的提格拉特帕拉沙尔三世之所以改变统治政策，收敛了一下过去那种烧光、杀光、抢光的凶焰，除了前边说过的那些原因之外，显然与帝国受到这么多的起义的打击有着密切的关系。

把被征服地区的居民强行迁徙，使之远离故乡，与别处居民混合，这本是亚述统治者为了防止他们起义所采取的一种措施，但是并没有达到预期的目的。被征服地区人民的反抗斗争仍然不断发生。在萨尔贡二世统治时期，叙利亚和腓尼基在埃及的支持下，曾举行起义，于公元前720年被镇压下去。卡尔凯米什城的起义于公元前717年也被萨尔贡二世所镇压。在公元前717~前714年期间，亚述帝国的东北部地区也不断发生骚动。此外，在辛那赫里布和萨尔贡二世统治时期，巴比伦的反抗也是此伏彼起。到阿萨尔哈东的儿子阿淑尔巴尼拔统治时期，亚述帝国已是强弩之末了。

前边说过，亚述帝国的兴起，有一个重要的原因是在它周围没有遇到强大的敌人；由于同样的原因，也使得亚述帝国维持了一个较长的时期。到了阿淑尔巴尼拔执政的后期，国际形势发生了不利于亚述的重大变化。公元前657~前655年期间，埃及一个省的统治者普萨姆提赫与小亚细亚半岛的吕底亚国王古顾结成了同盟。依靠这个同盟的力量，普萨姆提赫夺取到埃及法老的王位，并且消灭了亚述在埃及的驻防军。从此，埃及摆脱亚述羁绊而独立。与此同时，吕底亚也仿效埃及，同亚述脱离了关系。此后，叙利亚、腓尼基也不再对亚述俯首听命了。亚述北部和东部的游牧部落，如阿拉美尼亚人、斯基泰人、米底人和波斯人，也经常威胁着亚述。也正是这个时候，两河流域南端的迦勒底人逐渐强大起来了。

阿淑尔巴尼拔为了维持帝国的统治，曾经花费了很大的气力。当埃及独立以后，他已经没有力量再去进行新的远征了。这时，他需要保持住本土，对付南边和东边威胁他的统治的主要敌人，即巴比伦和依兰。原来，阿淑尔巴尼拔有个弟弟，名字叫萨马萨木金。他接任巴比伦国王以后，便力图使巴比伦脱离亚述的统治，成为独立的国家。为此，他与依兰国王缔结同盟，于公元前652年公开反抗自己的哥哥。于是，阿淑尔巴尼拔亲自率领大军讨伐巴比伦。亚述军队将巴比伦城围得水泄不通，城内发生了可怕的饥馑。

这次饥馑极为严重，史籍记载说，城里人们"由于饥饿而吃自己亲生儿女的肉，咀嚼皮带"。至公元前648年，巴比伦城终于被攻陷，萨马萨木金跳入蔓延全城的大火中自焚而死。平定巴比伦之后，阿淑尔巴尼拔两度讨伐依兰，公元前639年洗劫了苏萨城，杀死了依兰国王台乌马努。阿淑尔巴尼拔在一篇铭文中骄傲地记叙了自己取得的胜利，他说："我占领了伟大的苏萨城（依兰首都）——诸神莅临的场所。我遵着亚述神和伊丝塔女神的谕旨，走进了皇宫。我踌躇满志地在宫里休息。我打开了他们的宝库，取去了所有的金子、银子和一切财富。我毁坏了用白云石作基础、用青铜做顶盖的塔楼。我把他们的男神和女神加以奴役。我的战士占领了从来没有人迹的森林，把它们付之一炬。我毁坏了他们历代国王的陵墓。我把国王的妻子、女儿和家属、统治者、战士和所有的居民、所有的家畜都带走，带到我的故乡亚述加以奴役。我在一个月的时间内就把依兰王国从大地上消灭掉。我使这个国家的田地和草原上没有人的声息，没有马匹、母牛和母绵羊的足迹，让凶恶的野兽、毒蛇和爬虫自由地到那里去栖息……"请看，这个阿淑尔巴尼拔是多么的得意忘形啊！然而，这时的亚述帝国毕竟外强中干了。公元前633年左右，阿淑尔巴尼拔死去，此后帝国便急剧地衰落下去。

在那波帕那沙尔的领导下，迦勒底人攻占了巴比伦城，于公元前626年建立起新巴比伦王国（也称迦勒底王国）。此时，阿淑尔巴尼拔的继承者阿淑尔埃奇里依拉尼已无力去干涉这件事情了。新巴比伦王国不久便与伊朗高原上的新兴国家米底结成同盟，共同对抗亚述。这是一个有足够力量打败亚述的联盟。他们在同亚述长期作战中积累了经验，并且逐渐学会了亚述人的军事技术，采纳了亚述人的军事组织。亚述军队再也不能像过去那样为所欲为了。

阿淑尔埃奇里依拉尼的统治被一次新的宫廷政变所推翻之后，阿淑尔巴尼拔的另一个儿子萨拉克于公元前616年登上王位。这时的亚述帝国更加分崩离析。为了应付日益恶化的形势，亚述不得不与埃及结盟，甚至与它以前根本不放在眼里的乌尔米亚湖附近的马纳王国结盟。萨拉克这时不仅对边远地区鞭长莫及，就是本土的许多地区也难于行使王权，他的军队只能够控制国内的中心地区。

公元前615年11月，吉阿克沙尔率领米底军队越过扎格罗斯山，来到阿拉哈普。马纳王国向米底人表示臣服。公元前614年7月，米底人顺利地攻入亚述本土。亚述军队节节败退，米底军一直追到亚述城，并且很快地攻下了这座有着坚固防御工事的城市。米底人把亚述城洗劫一空，并杀死了留在城内的所有亚述贵族。那波帕那沙尔率领巴比伦军也很快地抵达亚述城，与米底军队会师。吉阿克沙尔与那波帕那沙尔一起举行了隆重的庆祝仪式，来祝贺两国友好同盟的签订。同时，他们为了进一步巩固这个同盟，吉阿克沙尔还把米底公主嫁给巴比伦的王位继承者尼布甲尼撒。

紧接着，吉阿克沙尔与那波帕那沙尔共同制定了进攻尼尼微的计划。亚述的形势越来越危急了。萨拉克为了坚守尼尼微，急速加固城防工事。巴比伦和米底经过两年的充分准备，于公元前612年春天，会师于底格里斯河畔，开始向尼尼微推进。巴比伦、米底联军对尼尼微城的围攻从这年的5月一直持续到7月底。开始时，他们也使用攻城机，但效果不大。后来,他们想法把底格里斯河的水引向城市,淹没城区。亚述军队虽然进行了顽强的抵抗,尼尼微城最后还是陷落了。

关于尼尼微城的覆灭,有一份史料是这样描述的:

"亚述啊,破坏者爬到你身上。你要坚守要塞,严把道路,扎紧腰带,振作力量。他的勇士的盾牌是红的;他的士兵都穿朱红衣裳;在准备出战的那天,戈矛之林在骚动。

"战车在街上飞驰,在广场上轰响;它们发出星火般的闪光,像闪电一样的耀眼。亚述王召唤他的勇士,然而他们只能绊跌而行,奔上城垣,但是城已经被围困起来了。

"河闸开放,宫殿被冲。命中注定:亚述将赤裸裸地变为阶下囚。

"可以听到鞭子的抽打声、旋转的车轮声、战马的嘶鸣声和奔驰战车的隆隆声。骑兵在飞奔,剑和矛的亮光闪闪;被杀的人很多,积尸成堆;一举足就要碰到尸体。

"人人都要离你而去,说'尼尼微荒凉了'。有谁为它悲伤,我到哪里去寻觅安慰你的人呢?

"……亚述王啊,你的牧人在沉睡,你的大臣在安逸,你的人民散在山间无人招聚,你的创伤无法医治,你的伤口在疼痛,所有听到你的消息的人,都将拍手,因为还有谁没有尝到你那无穷尽的残暴。"

尼尼微城被摧毁了,亚述帝国在人们的仇恨和诅咒声中灭亡了。萨拉克为了逃避被俘的下场,火焚王宫,自己则投身于熊熊燃烧的烈焰之中。

尼尼微被攻占之后,阿淑尔巴尼拔的一个兄弟阿夙路巴里特二世率领一支亚述军队占领了幼发拉底河上游的哈兰城,并且在那里自封为亚述王。他依靠埃及法老尼科的援助,在哈兰-卡尔凯米什地区坚持了七年之久。公元前605年,他的军队与巴比伦军队在卡尔凯米什进行了最后的一场激战,终遭彻底失败。从此以后,亚述作为一个国家已不复存在;但是,这并不意味着亚述民族被消灭。亚述人的后代仍然在原来的地方繁衍生息,逐渐与阿拉美亚人融合起来。

苏美尔的衰落

文明有如生命,要生存必须和死亡不断斗争。生命和死亡斗争的方法,最巧妙的就是新陈代谢——不断创造新细胞,不断创造新生命。世界上,许多文明其所以绵延不绝,就是由于它们不断开创新境,不断注入新血之故。

公元前3200年到公元前2000年这段时期在史学界称为"苏美尔人时代",而其中最有名的是月神之城——乌尔。公元前3000年的乌尔已经是一个大都市,居民已达三万人。在乌尔城中心矗立着月神南娜及其妻宁伽尔的塔庙,塔庙屹立在25米高的3层台阶之上,俯瞰着周围拥挤的民房、店铺和市场。两条宽阔的渠道绕城一周,同附近的幼发拉底河相通。

在这宛如童话一样的故事中,不能不提到卢伽尔扎吉西。此人可以说是当时美索不达米亚的第一名将了。卢伽尔扎吉西东征西讨，不但奇迹般地彻底征服了国力已达鼎盛的拉格什，更是乘胜而战，攻灭乌鲁克等50个城邦。将美索不达米亚的南部除乌尔以外的广大土地牢牢地控制在了自己的掌握中，并进而号称"乌鲁克之王"。

乌尔城遗址

卢伽尔扎吉西是苏美尔人的最后的骄傲，而在他之后，苏美尔人的事迹渐渐地淡出历史，直至被征服。苏美尔的征服者是阿卡德人，他们身材匀称，脸型狭长，中间凸起，鹰钩状的高鼻，像座高耸的分水岭隔开两只深陷的眼睛，男子通常长有卷曲的络腮胡须。他们在大约公元前3000年左右进入了两河流域。或者他们原本是一个游牧民族吧，自叙利亚草原来到这里，带着几分浪子的骄傲，带着几分面对着繁华的惊讶。

来到了美索不达米亚的阿卡德人很快地就适应了这里的生活环境。他们就像海绵一样，贪婪的吸收着这里的养分。他们开始学会使用车轮并很快地组建起属于自己的战车部队，他们开始了解到原来还有除了一年12个月之外，还应该有一个叫作闰丹的东西，他们也开始建立起自己的城邦了。

印度最早的文明

印度西北部是与美索不达米亚和尼罗河谷文明同时代的伟大的古代文明地区。许多世纪以来，它被人类遗忘了。它的存在和文明程度通过20世纪20年代的考古发掘而展现在世人面前。在公元前三千纪达到其顶峰的印度河谷文明，与后来的印度文明有许多不同。它的兴衰原因仍是个谜，但70年代的发掘提供了令人信服的证据，即印度河谷地文明是土生土长的，是由早在公元前第六千纪就定居于这一地区的能制造工具，生产食物的人创造的。

早期印度农业社会的文化

在北俾路支斯坦（现巴基斯坦）的一个500英亩遗址上的一个农业村落的发掘工作揭示了几个相连续的、处于不同水平的食物生产文化，它大约经过了三千年才进入成熟的印度河谷文明时期。早在公元前4000年，这些村庄就开始生产轮制陶器，有了动物种类多样的畜牧业，并种植包括棉花在内的多种庄稼。他们的彩陶以及赤陶人物和动物塑像展现了很高的艺术技巧,俾路支的产品远销包括伊朗和阿富汗在内的广大地区。

摩亨佐—达罗和哈拉帕的发掘

印度河谷文明(约公元前3200~1600年)面积近50万平方公里,从阿拉伯海岸起,北经印度河水系直抵阿富汗北部的阿穆达利亚(乌浒河)。尽管该文明的基础是农业,但其本质是城市文明,它是一个功利主义的、讲究享受的都市社会,与外界有大规模贸易。与美索不达米亚的交往在公元前2300~2000年间特别活跃。在已发掘的约70个中心城市中,摩亨佐—达罗和哈拉帕是两个主要遗址,前者距海岸约300英里,后者坐落于由河上溯至400英里的旁遮普。据估计两个城市各有35000以上的人口,并且在住房式样上鲜明地反映了各阶级不同的财富拥有量和不同的社会地位。两城市都是城堡式的,有坚固的砖结构,展示了与雄心和

圣午之印

智慧相应的设计能力。甚至有些三层的坚固的房屋,配有带下水道的浴室,排污管铺设在主要街道下面。摩亨佐——达罗建有900平方英尺的公共浴池,周围用不透水的砖砌成并配有美丽的装饰。哈拉帕的一个巨大的粮仓由一个升起的平台作基础,以防止所存储的各种谷物被洪水淹没。驯养的动物有隆肉的牛(瘤牛)和没有隆肉的牛、水牛、山羊、猪、驴和家禽。只有少部分印度河谷文明的文物被重新找回,大部分都不可复得,因为水平面已上升数百年了。但所获证据足够说明,这一文明在其顶峰时期,是高度发达,可与埃及和美索不达米亚媲美。

印度河谷文明时期正是印度的青铜时代。赏心悦目的带有金银饰物的铜和青铜器皿已被发现。手工技术是专门化的,其水乎极高。虽然印度河谷居民没留下威仪堂堂的纪念碑,但他们在个人饰物,动物和人物优雅自然的造型上展示了手工艺才能。一些象征被采纳,其中包括卍字符,它成为以后印度艺术的基本装饰图形。在哈拉帕发现了两件石刻的男子躯干造型,它们完美地符合解剖规律,比起一千年后古希腊的雕刻来,更具有生气。

一批在美学上有深远意义但却是为日常生活而设计的物品,包括方形和长方形的石印,已发现2000多件。每一个印——大概是用于个人签字标志,正如美索不达米亚的圆筒印章——都刻上一个动物和一行简短的文字,它提供了迄今所发现的唯一的书写证据。印度河谷文书有约270个象形文字或字母,与任何别的体系的文字明显无关。遗憾的是,由于这种文书至今仍没破解,所以还不能断言使用它们的人与智慧的生活有关。

关于早期印度河谷居民们的众多宗教信仰
和实践问题是需要推测的，但无疑它们为印度宗
教遗产提供了持久的因素。已发现的雕刻和造
型表明了生殖崇拜的突出地位。男性生殖器象
征，一个母亲女神，一个男性神祇，一株圣树，一
头公牛，这些都是圣物。一个出现在三个印上、
头上有角的雄性形象被认为是印度教广为人知
的湿婆神的原型。

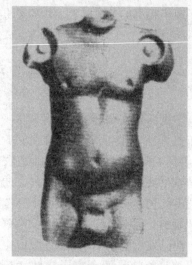

哈拉帕的男子裸体躯干雕像

印度河谷文明在公元前第二世纪的上半期
衰败了，似乎在公元前 1600 年左右就已终结。其
原因仍在争论中。一个重要的干扰因素大概是
一系列的洪水和地震，它使印度河水改道并淹没
了人口稠密的地区。与此同时，印度西北部遭到
半开化部落的入侵，那些武士摧毁了城市并占领
了土地。然而，人们不再相信，印度河谷文明是突然崩解的，或只是野蛮人入侵造成衰败
的这种说法。入侵者带来了新印度文明的种子，但也与被征服的居民融合，吸收并延续
了土著文化的许多因素。

入侵与印度早期文明衰落的巧合并不是世界上的一个孤立事件。公元前 2000 年稍
后，还有一些环境因素——可能是中亚和西亚草原的不断减少——包括游牧民族的大量
迁移，也突现出来。移民主要定居在亚洲南部和西部(例如约公元前 1600 年赫梯对安纳
托利亚的占领)，但这种人口流动所产生的文化效应比区域的物质效应深远得多。虽然
移民部落社会较为原始并缺乏文字体系，但他们的口语却很发达，大有替代所遇居民口
语的趋势。现代术语"印欧语"是特指从印度斯坦到欧洲西部和北部边界线这一广大地
区的一种占压倒优势的语族。它包括古希腊语和拉丁语，也包括现代欧洲语言——希腊
语、罗曼语、斯拉夫语，克尔特语和日耳曼语(主要的例外有匈牙利语、芬兰语和爱沙尼亚
语)。

在公元前两千纪上半期的大移民中，两个关系密切的部族从俄罗斯西部草原向东南
方向移动，一支进入伊朗高原，另一支穿越兴都库什山脉进入印度西北部。这两部分人
都自称是"雅利安"(Arya，"贵族"之意)；地理和政治名词"伊朗"即由此而来，这一词的
一些印度变种也从此而来。严格来说，雅利安这一名称只适用于伊朗人(波斯人)和次大
陆的印度——雅利安人，虽然它常常被宽泛地用于整个印欧语族。用它来称呼任何欧洲
民族或种族是不适当的。

早期印度——雅利安人的经济和社会

早期印度—雅利安人拥有一个单一但规模巨大的畜牧经济。他们驯养的动物有：绵羊，山羊，拉战车和赛车的马，他们还是牛的热心饲养者。虽然当时不崇拜牛，但牛颇受欢迎，被当作货币。仅仅耕种一些谷物才需用小公牛牵引的木犁来帮助。所有的常见手工工艺，包括金属冶炼业在内，都已存在。包括声乐和由长笛、乐鼓、钹钹、琵琶或竖琴组成的器乐在内的音乐，是人们喜闻乐见的娱乐形式，舞蹈亦然。投骰子赌博是全民性的消遣形式，举国上下几乎为之迷狂。早期印度——雅利安社会与其他半野蛮的、好战的民族非常相似，如荷马笔下的《伊利亚特》，盎格鲁撒克逊人的《贝奥武甫》和北欧、爱尔兰人的英雄传奇。社会基本单位是父系家庭，一夫多妻现象甚为罕见。妇女虽不像在后来的印度教社会受到种种限制，备受屈辱，但这时已处于从属的地位。

政治和法律机构

法律和政治机构在早期印度—雅利安社会中已有雏形。每个部落都有头人或国王（罗阇），其作用是在战场上指挥战士作战。在有些部落，罗阇是由武士大会选举产生的，这与贵族共和国更相像，而不像专制君主制。由于缺少可从中获利致富的人口稠密的大城市，罗阇的权力欲求受到限制。他管辖内的村庄自理其内部事务，只将部分产品送给罗阇以换取"保护"。对犯罪的控制和处罚形式与一千年后入侵罗马帝国的那些日耳曼部落颇为相似。受害者或他的家庭应主动控告罪犯。对受害者的补偿通常是向原告支付款项，在谋杀案中，款项应支付给被害者

弥勒

家庭。与此并行的另外一种日耳曼司法制度是偶尔运用神裁法，用火或水去决定犯罪与否。盗窃行为仍是人们普遍抱怨的对象，特别是偷牛行为，尽管这种罪行被人唾弃并遭到特别的谴责。一个破产的债务人——通常在赌博中太粗心——可能被判为债权人的奴隶。

早期雅利安人的宗教

在印度悠久的历史中，在文明的每一阶段，宗教都是个主要因素。早期雅利安人相

对简单的宗教与早期希腊、罗马、挪威和日耳曼社会的宗教有可比性。雅利安人的神祇——天神（dcva），或"发光者"——是大自然威力或这些力量的拟人化。他们没有神像或庙宇，拜神主要靠奉献牺牲。谷物和牛奶被神圣化，动物肉在祭坛中烧烤（敬神者自食这些肉）。最佳的奉献是苏摩，这是一种用山区植物发酵而成的制幻饮料。神灵被看作是巨大的有威力的动物，他们具有人类的特征，但只要喝了苏摩就会长生不老，而且，总的来看，他们还会造福人类。据认为他们会对人类所给予的尊敬和礼物报以谢意。渐渐地，这样一个观念深入人心，即如果神圣的仪式受到永恒精确的引导，他们将会强迫神来服从他们。

神灵的名册非常大并有增加的趋势。虽然一些神祇与别的印欧民族神祇相同，但他们却没有希腊或挪威神祇那样鲜明的个性。雅利安人和后来的印度教徒万神殿趋向于复杂化和专门化。底尤斯是光明天之主，相当于希腊的宙斯（虽然重要性低一些）。在包容一切事务的能力方面，伐楼那代表着上苍或天国，它掌握着整个宇宙。他被称为阿修罗，这个称呼表明他与波斯的最高神阿胡拉·玛兹达有很密切的关系。至少有五个不同的神被视为太阳。密陀罗是其中之一，与波斯的密特拉同出一源，但该神在印度并不像在波斯和西方显赫。苏利耶是太阳的金轮，普善代表着太阳帮助植物和动物生长的力量，毗湿奴是这个迅速移动的天体的人格化体现，三大步就跨越天空。

整个吠陀时代神祇中最受崇拜的是因陀罗，他最初的意义并不明朗。据传他曾通过杀死一个作恶多端的大毒蛇而造福人类。该蛇是个旱魔，它死后被阻断的水又释放出来，浇灌大地。而且，据说因陀罗发现了光，为太阳开辟了一条道路，创造了闪电。他的主要荣誉是以一个勇武的战士和战神的身份获得的。他为雅利安人宰杀了恶魔和"黑皮肤"的敌人。据传因陀罗特别喜好苏摩，饮后热血沸腾，渴望战斗，又传这种烈性饮料他一口能饮三湖，同时能吃下 300 头水牛肉。苏摩这种圣液也被神化，正如圣火阿耆尼一样。阿耆尼既是神，也是众神之口，或是将食物带给天堂诸神的仆役。

原始的雅利安宗教——与多姿多彩的自然神话相结合，且从本质上说是机械的和契约式的结合——随着时间的流逝缓慢但明显地改变了。一些神祇开始很显赫，后来重要性下降或干脆消失了，而另外一些神祇，也许是受雅利安人之前的居民崇拜的，却进入了万神殿。更有意义的变化是充满活力的智力活动的结果，它是由相互竞争的阶级因争夺权威的压力而激发的，下一部分将讨论这一问题。宗教的不断成熟与由从游牧、畜牧经济向定居的农业社会，最终成为人口众多的中心城市的转变中，社会复杂性的增加相一致。雅利安部落逐渐由印度西北部基地向东，推进到恒河谷地，通过刀耕火种，在恒河北岸开出农田。约公元前 800 年左右。雅利安武士由于获得铁制兵器而提高了战斗力，他们是有名的好战者，战斗常在他们内部和非雅利安邻居间展开。在公元前第一千纪的最初几个世纪里，他们征服了恒河东部地区，并开始向德干渗透。与此同时，部落和部落联盟转变成了有一定规模的王国，设有固定的法庭，行政官员亦分等级。

孔雀王朝的兴起

公元前 323 年亚历山大死后,出现了反叛和混乱的局面,一个名叫旃陀罗笈多·孔雀的印度冒险家乘机建立了一个王朝。旃陀罗笈多运用希腊人的战术,获益甚多,他领导了把马其顿官员驱逐出印度的运动。然后,他率军攻打当时印度斯坦最强大的摩揭陀王国。他击败并杀死了摩揭陀国王,自立为王,定都华氏城(今巴特那)。该城宏伟壮丽,雄居恒河南岸,长达八英里。当塞琉古(亚历山大在叙利亚和波斯的继承者)试图收复印度失地时,旃陀罗笈多给予他迎头痛击并迫使他放弃了俾路支斯坦和部分阿富汗的土地。旃陀罗笈多将他的政权扩大到北印度的大部分地区,建立了印度历史上的第一个帝国。虽然他的孔雀王朝持续不到一个半世纪,但它在历史上却占有突出地位。

作为一个统治者,旃陀罗笈多·孔雀与早期的雅利安罗阇大不相同。不仅是由于他的王国人口稠密而又富庶,而且还因为他的统治令人惊奇地有一些现代国家的特征。通过职能繁多的官僚机构,政府对社会生活和社会活动施行家长式管理,在经济领域尤其如此。政府控制了矿山,森林,珍珠采集业,甚至控制了制盐用的平底锅。政府开办了农场,船厂和兵工厂,雇佣贫穷的妇女进行纺织。除民事机构外,旃陀罗笈多还建立了强大的军事力量,号称有 60 万步兵,3 万骑兵和 9000 头战象。政府财政收入的主要来源是土地税,占总收成的四分之一和一半之间。

旃陀罗笈多的统治是有效而严厉的,他取消了因违反上谕而受严惩的种种界定。死刑有时以施毒药来执行,对死刑的判决不受任何限制。拥有大量的间谍、情报员和秘密警察是早期印度君王体制的典型特征,但孔雀皇帝似乎将其发展到完美的艺术境地。谍报人员从婆罗门、占星家、失去种姓的人,娼妓等所有的社会阶层中招募,他们领命去收集公众舆论,监察官员,侦破罪案或阴谋案,并把情报汇总,将中央情报局和联邦调查局的职能合为一体。孔雀王朝严酷的统治和技巧的高超由《政事论》给予了阐述,这是一个五百年后定形的有关政体的条约集,但它的形成应归功于旃陀罗笈多的宰相。这部常常用来与马基雅弗利《君主论》相对比的书,要求统治者做一个意志坚强、精力充沛、敢作敢为并有高度警惕性的人,以防下属的阴谋活动。它还断定两个邻国永远是敌人,建议统治者与其邻国的更远邻国——他的敌人的天然敌人结盟。

除了给印度广大地区带来稳定,旃陀罗笈多还在兴建和改善公共水利工程及建设道路上广受赞誉,其中有一条连接首都与西北边陲的皇家大道,长度为 1,200 英里。尽管他有间谍网的护卫,但仍为可能发生的暗杀而担忧,以致每晚都更换寝宫。据传统说法,在经过 22 年的军事统治后,旃陀罗笈多退位,以一个耆那教僧人的身份了此余生。

奴隶制的全盛

孔雀帝国时代,社会生产力有了很大的提高,铁器的制造和普遍的使用,以及新兴城市的出现和商业的繁荣,促进了奴隶制的发展。这时,奴隶制度已经进入了繁盛阶段,奴隶的来源很多,使用的范围也很广泛。《摩奴法典》列举了以下几种来源:战俘奴隶,债务奴隶,家生奴隶,卖身奴隶,继承下来的奴隶和罪奴等。国王是大奴隶主。不少僧俗贵族也占有很多奴隶。在国王的大庄园中,耕种土地的大部分是奴隶,也有一些是雇工和罪犯。在王室作坊中,使用奴隶劳动很多,其中很大一部分是女奴隶。这些女奴隶天一放亮就得进入工场,不许随便讲话,如果完不成任务或浪费了原料,就要受到割去大拇指的惩罚。在有月亮的夜晚,监工们还把她们赶进工场,借助月光劳动。在王室牧场里,也使用奴隶劳动,包括放牛、挤奶、搅乳等。在僧俗贵族的庄园中,有大量的奴隶用于农业、手工业和畜牧业。王室及一些显贵之家还使用宫女、侍从、舞女、歌手和乳媪等,他们的地位和奴隶没有多大区别。

奴隶大多数用于家务劳动,如酿酒、做饭、打水、推磨、捣米、脱粒、看守仓库、园丁以及向田间送饭等。奴隶劳动相当繁重。《佛本生经》描写一个王家奴隶厨师的劳动情况时说:他很早就得起身为主人做饭,饭后还要劈柴、洗碗、打水,身体非常疲劳。有些碾米的女奴,常常工作到深夜。一年之内,不问天气,不问节日,奴隶们从来没有片刻的闲暇时间。解放奴隶要举行一种仪式,就是从奴隶肩上取下水瓮,然后打碎,表示奴隶已经解放。这说明,劳动确是奴隶的沉重负担。

奴隶是奴隶主的财产,可以同牲畜一样买卖、抵押、交换。佛经文献在提到显贵之家财富时,常常把"仆从奴婢"和"金银珠宝""象马猪羊"并列。奴隶主对奴隶可以随时拷打、加上锁链或打上烙印等。在奴隶制度下,奴隶没有任何财产,没有人身自由,过着悲惨的苦难生活。

孔雀帝国的建立

公元前518年,在伊朗高原的波斯帝国侵入印度,占据了印度河流域。至公元前327年,马其顿国王亚历山大征服波斯帝国后,越过兴都库什山,于次年侵入印度河流域的上游地区。这时,东方的恒河流域在难陀王朝的统治下已经统一起来。亚历山大妄想渡过印度河上游最东一条支流(贝阿斯河)入侵恒河流域,但由于士兵厌战和东方难陀王朝的强大,不敢贸然前进。公元前325年,亚历山大率主力分水陆两路回到了巴比伦。他离开印度后,将西北印度交给两个傀儡管辖,委派总督,留军监管,当时,北印度的政局动荡不安,到处爆发人民起义。据希腊史学家查士丁的记载,有一个名叫旃陀罗笈多的首领

"从各地招募盗贼，怂恿印度人改变统治。"大约在公元前324年，旃陀罗笈多在驱逐希腊—马其顿军的过程中，推翻难陀王朝，自立为王，建都于华氏城。公元前317年，马其顿驻军被迫全部撤离印度。从此，开始了孔雀王朝（公元前324年至前187年，因其出身孔雀宗族而得名）的统治，北印度大部统一。公元前305年，西亚的塞琉古王国（即条支）侵入印度。不久双方签订条约，塞琉古把大体相当于今天的阿富汗和俾路支一带的地方割让给旃陀罗笈多；而旃陀罗笈多给塞琉古王国五百头战象。孔雀王朝传至阿育王时代（或称无忧王，约公元前273年~前236年），对南印度进行了大规模的征服战争。根据铭文记载，他在征服羯陵伽时，俘15万人，杀10万人。到这时除半岛的极南端一部分外（至迈索尔），整个印度都在阿育王的统治下。孔雀王朝已成为一个幅员辽阔的大帝国。

印度佛

阿育王崇信佛教，建造了许多佛塔（即窣堵波）。传说在公元前253年，阿育王召集佛教高僧在华氏城举行了佛教史上的第三次结集，编纂整理经、律、论三藏经典，以求解决各派之间的争论。他还派佛教徒到斯里兰卡和缅甸等地宣传佛教。

孔雀帝国是奴隶制君主专政的国家。国王被视为神圣不可侵犯。国家的一切军事、行政和司法等最高权力都集中在国王的手里。国王下面设有庞大的官僚机构，由行政长官、军事长官和祭司长老分别掌管。另外还设有供咨询的大臣会议。地方划分为许多省，由总督管理。国家最基层的行政单位是村社，即"哥罗摩"，由村长管理。军队是专制帝国的统治支柱。据麦伽斯梯尼（驻旃陀罗笈多宫中的塞琉古大使）记载，旃陀罗笈多拥有60万步兵，30万骑兵和9000头战象。孔雀王朝利用这支强大的军队，对外进行侵略扩张，对内残酷地镇压人民。

大雄像

孔雀王朝靠着从全国搜刮来的财富，过着极其奢华的生活。据麦伽斯梯尼记载，国王行猎时，伴随国王的全是武装起来的女猎手。她们有的驾驭战车，有的骑马、乘象，俨如出征一样。在举行某种宗教大典时，在宫廷的游行队伍里，有用黄金和白银装饰起来的许多大象；有四马战车；有拿着盛满贵重宝石的各种黄金或黄铜器皿的侍从；还有许多水牛和驯服了的狮子、豹等等。国王通常被24头大象保护着。

阿育王统治时期是孔雀帝国的全盛时代。但这个庞大帝国没有统一的基础,各个地区在经济、政治和文化上还保有很大的独立性。因此,这个靠武力统一起来的帝国不能长期维持下去。阿育王死后不久,帝国即告分裂,约在公元前187年,孔雀帝国的最后一个国王被普沙密多罗·巽伽(属巽伽族)所杀,开始了巽伽王朝统治时期。公元前73年左右,甘婆王朝取代了巽伽王朝。在甘婆王朝时期的摩揭陀更加衰落了,统治范围主要在恒河流域的中下游。至公元前30年,甘婆王朝为南印度的安德罗所灭。安德罗是南印度的一个强国,它对北方的统治为时不长。摩揭陀的历史,从甘婆王朝灭亡后直到公元4世纪初期笈多帝国兴起时为止,共有二百几十年是模糊不清的。

古代希腊概况

古代希腊的地理范围包括希腊半岛、爱琴海和爱奥尼亚海上的诸多岛屿和小亚细亚半岛的西部沿海地区,比现代的希腊共和国所辖面积稍大。

希腊半岛位于地中海的东部,地处巴尔干半岛的最南端,东濒爱琴海,西接爱奥尼亚海。从希腊半岛出发,向东可达小亚细亚半岛的西海岸,往东北则可穿越赫勒斯滂(今达达尼尔海峡)到达黑海。希腊半岛按自然地理条件可分为三个部分,即北希腊、中希腊和南希腊,北希腊包括伊庇鲁斯山地和色萨利平原。中希腊境内群山绵延,将该地区分为阿提卡、彼奥提亚等8个自然区。其中阿提卡是雅典城邦的所在地,在古代希腊史上占有重要的地位。南希腊亦称伯罗奔尼撒半岛,包括阿哥斯、拉哥尼亚等地区,著名的斯巴达城邦就在拉哥尼亚境内。

古代希腊由于境内多山。除少数平原地区宜于种植谷物外,其他地区只能种植适于山地生长的葡萄、橄榄等。因此,古代希腊半岛居民所需的粮食,有很大部分需要从西西里岛、黑海沿岸,甚至从埃及舶入。但是,希腊半岛拥有丰富的大理石等矿产资源,又为其冶金、建筑等手工业的发展提供了有利的条件。希腊半岛的东部沿海地带,海岸曲折,多优良港湾,利于航海经商。爱琴海海上散布着数百个大小岛屿,其中最大的岛是克里特岛。该岛扼西亚、北非和南欧海上交通之咽喉,战略位置极为重要,同时也是古代希腊与外部世界联系的桥梁。小亚细亚西部沿海地区有与希腊半岛东海岸同样曲折的海岸线,也有许多优良的港湾,附近海面上散布着星罗棋布的岛屿。这一地区距西亚等文明最早发生的地区较近,是古代希腊与这些地区联系的中介地,对希腊古典文明的形成,有着重要的影响。

根据传统说法,古代希腊半岛最早的居民是皮拉斯古人,海岛上的居民是勒勒吉人,他们是非希腊语族人。大约在公元前2000至前1200年左右,属于印欧语系的希腊语人从北方先后分三批进入半岛的中部和南部。到公元前1000年左右,希腊语人的诸部落占据了希腊各地。其中爱奥尼亚诸部落占据了中部希腊的阿提卡、小亚细亚西海岸的中部地区以及爱琴海中部诸岛,多利亚人占据了伯罗奔尼撒半岛、小亚细亚西海岸南部地区以及爱琴海南部诸岛。阿卡亚人则分布于伯罗奔尼撒的阿卡亚和阿卡地亚地区,希腊原有的土著居民逐渐被同化。

全部古代希腊史可以划分为五大阶段:爱琴文明(公元前2000~前1200年)、荷马时代(公元前11世纪~前9世纪)、奴隶制城邦形成时期(公元前8~前6世纪)、古典时代(公元前5~前4世纪)和马其顿亚历山大大帝国时代(公元前4世纪~公元2世纪)。

爱琴文化是指爱琴海地区早期奴隶制城邦文明(或青铜文化),它包括克里特文化和迈锡尼文化为主的两个阶段,又称克里特·迈锡尼文明。

亚历山大大帝

公元前1200年前后,希腊语种的一支多利安人侵入希腊半岛和克里特岛,毁灭了仅存在于爱琴海局部地区爱琴文明,导致希腊历史的发展经历了几个世纪的暂时局部曲折。这个过程在历史上称为"荷马时代"。

希腊奴隶制城邦形成时期,希腊人建立了许多城市国家,同时又通过广泛的殖民运动在海外建立许多殖民城邦。斯巴达和雅典是两个典型。

古典时代是希腊奴隶制城邦繁荣时代,希波战争是这一时期的重大历史事件。战后,希腊大多数工商城邦的奴隶制经济、文化和民主政治出现了繁荣景象。伯罗奔尼撒战争是希腊城邦由盛变衰的重要历史转折。战后,由于奴隶制进一步发展,自由民贫富分化加剧以及城邦间的混战,使希腊城邦陷入危机而趋于衰落,终于被北方新兴的马其顿王国征服。

马其顿亚历山大帝国是亚历山大率希腊马其顿军队进行侵略波斯的战争,结果建立了一个横跨欧、亚、非三洲的奴隶制大帝国。亚历山大死后,帝国分裂为三部分:托洛密埃及、安条克叙利亚、马其顿统治下的希腊本土,直至最后被罗马吞并。

爱琴文明的发现

古希腊的文明史是从爱琴文明开始的。所谓爱琴文明就是指南希腊和爱琴海岛屿上的文明。在青铜时代,这些地区的原始社会逐渐解体,产生了奴隶制国家。

爱琴文明的发现,是近代考古学上的一项重大成就。它所处的地理位置极佳,气候宜人,农产众多,林木茂盛;位于腓尼基与意大利、埃及与希腊之间,正是战略要冲,也是贸易重地。亚里士多德曾指出这个地理的优越性,以及"它如何使得克里特王米诺斯获得了爱琴海帝国。"米诺斯的故事虽然被所有古典学者认为是真有其事,但是现代学者却斥为传说;并且直到六十年前,包括英国历史学家格罗特在内,均认为爱琴海文明的历史乃是开始于多丽斯人的入侵或是奥林匹克竞技。

1871 年至 1890 年间，德国学者谢里曼根据荷马史诗中吟咏的特洛伊战争，以及有关战争发动者迈锡尼国王阿伽门农的传说，先后对小亚细亚西部的特洛伊，南希腊的迈锡尼和太林斯等地进行考古发掘，取得了惊人的成就。他的考古报告，引起了当时考古界的极大重视。一些考古学者开始试图寻找古代希腊神话中提到的克里特岛米诺斯王宫的遗址。

在 1893 年，英国考古学家伊文思博士，在雅典买到了一些小石块，这是被希腊妇女戴在身上当护身符用的。他对于石块上面刻的象形文字甚感好奇，这些象形文字也没有一位学者懂得。为追溯这些石块的来源，他来到克里特岛，在岛上各处游荡，捡拾他认为是克里特古文字的样品。1900 年春季，他雇了 150 个人，连续挖掘了九个星期，终于掘出了现代历史研究上最丰富的宝藏——米诺斯的宫殿。所有已知的任何古代遗物均无法与这个建筑的壮丽相比，它的外观与古代希腊故事中的迷宫完全一样。在这个宫殿以及其他废墟中，就好像是要证实伊文思的直觉一样，又发现了数千块图记和泥板，上面所刻的图形文字（线型文字 A）是跟他最初发现于小石块上面的相同。消息传出后，来自各国的学者纷纷赶到克里特，进行了大量而细致的发掘工作，其后，一些学者又在希腊半岛、爱琴海岛屿和小亚细亚等地进行了富有成果的发掘，进一步丰富了爱琴文明的内容，终于使得湮没数千年的爱琴文明，重为世人所知。

由于爱琴文明的发现，使希腊的历史可以远溯到更古的时代，成为世界五大文明发祥地之一。爱琴文明的中心是克里特岛和迈锡尼城，因此又称克里特·迈锡尼文明。从公元前 2000 年克里特岛上出现最早的奴隶制国家起，到公元前 12 世纪迈锡尼灭亡止，爱琴海地区的上古国家存在约八百年。

希腊城邦兴起

公元前 12 世纪，随着多里安人的入侵，希腊堕入"黑暗时代"。这一时期的希腊以农业为主，实行部落制和贵族政治，活动范围限于爱琴海区域，到公元前 6 世纪末，这一切都改变了。

荷马时代晚期，希腊已普遍使用铁器，提高了社会生产力。铁铧、铁锄、铁镰的应用，使农田得以深耕，丘陵被进一步开垦，耕地面积在不断扩大，粮食、葡萄、橄榄的种植都超出了过去的水平。手工业也有显著的发展。希腊的酿酒、榨油和制陶业在地中海世界已处于领先的地位。他们的造船业也很发达，这时已能建造三层桨座的快速远航船。农业的进步与手工业的多样化，加速了国内外贸易的发展。在一些工商业较为发达的城邦已出现集市，有了专做买卖的商人，商业活动的中心逐渐形成，城镇正在兴起。在公元前 7 世纪，有的城邦已开始铸造货币。对外贸易不断扩大。工商业城邦与地中海沿岸各地已有密切的经济往来，向外输出葡萄酒、橄榄酒、陶器等生活用品，输入他们所需要的粮食、手工业原料和奴隶等。

社会劳动大分工导致了希腊社会的阶级大分裂,希腊人的氏族制度终于被新的社会组织形式——国家所代替。古代希腊人建立的是城邦国家,即以一个城市为中心,把周围的若干村镇附属于城市国家的统治之下。这些城邦地不过百里,人口不过数万,最大的也不过数十万人,具有小国寡民的特色。当时,在希腊各地先后建立有二百多个城邦,其中最著名的有:小亚细亚西部沿岸的米利都和爱非斯(亦译以弗所);中希腊的特尔斐与雅典;南希腊的科林斯、阿果斯和斯巴达,等等。各城邦原则上都是独立自主的,但也通过结盟的方式加强政治、军事上的联系,并奉较大的城邦为盟主。古代希腊人虽未建立统一的国家,但他们在语言文字、宗教节日活动、社会习俗和文化传统方面都基本保持一致,并都自称是"希腊人"。

斯巴达统治者禁止女性参政,但要求她们认真参与体育运动。

在城邦建立初期,各邦的政权都被氏族贵族独占。但在政体上分别采取了贵族共和、贵族寡头和君主专制等不同的形式。实行共和制的城邦往往通过贵族会议从贵族中选举出两名或数名执政官执政。执政官的任期有一定的年限,卸任后可进入贵族会议。在国家遇到战争或其他紧急事务时,可从执政官中推选一人为总裁官("埃修尼德")。总裁官任职期限分别为半年、一年,或只以完成某件大事为限。在出现平民与贵族斗争的一些城邦,还有过一种僭主政治("僭主"意为依靠武力取得政权而建立的个人统治)。早期僭主政治常在反对贵族残暴的统治中出现,对社会发展起过一定的积极作用。在为数众多的希腊城邦中,最强大而又最重要的是斯巴达和雅典。这两大城邦在奴隶制的经济和政治上各代表一种类型,并在相当长的一段时间是希腊城邦集团的两个霸主。

由于各地区、部落条件、特点不同,希腊各城邦形成的具体过程也不一样,大致可以分为以下几种形式:

1.原迈锡尼文明地区,由于外族入侵,原有的城邦毁灭,重新在氏族社会瓦解的基础上形成的国家;或者在征服过程中,征服者与被征服者的斗争过程中形成国家,前者如彼奥提亚诸邦,后者如斯巴达城邦等。

2.由于公元前11世纪末多利亚人南下,引起希腊各部落迁移,在移民过程中形成的城邦;后来在大殖民运动中形成的城邦。前者如小亚细亚沿海的爱奥尼亚诸城,后者如地中海和黑海沿岸的殖民城邦。

3.迈锡尼文明时代尚未形成国家,也没有遭到外族的入侵,"国家是直接地和主要地从氏族社会本身内部发展起来的阶级对立中产生的"。雅典是这类城邦中的典型。

希腊地区的地理特点是促成发展的一个基本因素。希腊地区没有丰富的自然资源,也找不到肥沃的大河流域和广阔的平原,而具备这些天然条件,并合理地开发和利用,是供养如中东、印度和中国所建立的那种复杂的帝国组织所必需的。在希腊和小亚细亚沿海地区，只有连绵不绝的山脉，这不仅限制了农业生产率的提高，而且把陆地隔成小块。因而，那种可作为地区合并基础的天然地理政治中心，希腊人是没有的。入侵者入侵之后，在彼此隔离的村庄里安居下来。这些村庄通常坐落在易于防卫的高地附近，因为高地上既可设立供奉诸神的庙宇，又可作为遭遇危险时的避难处。这些由村庄扩大而成的居留地一般称为"城邦"，而提供避难处的地方称为"卫城"或"高城"。城邦常策略地设在土壤肥沃的地方或商路附近，因而吸引来更多的移民，成为该地区的主要城市。许多小城邦就是这样形成的，彼此较为隔绝，而又生气勃勃地独立不移。

有经济方面的原因。希腊触目皆是天然屏障使货物难以运输，除了通过海上，而大海这时还不能保险地航行。而且，我们先前所说的多样性使得很小的一块区域对于希腊人这样对物质生活要求甚低的民族能够自足。这两个事实都导致一个方向：在希腊没有很多的经济依赖，在这国家各部分之间也没有足以将希腊人拉出小社区的相互驱动。

古希腊石雕少女像

宗教也和城邦息息相关——虽然并非宗教的每一种形式。奥林匹斯诸神的确在全希腊都受崇拜，但每个城邦，就算没有自己的神祇，也有其独特的崇拜仪式。雅典娜在斯巴达也受崇拜，但对斯巴达人而言，雅典娜绝不是雅典人所说的"护城女神雅典娜"。因此在雅典，赫拉是专由女人崇拜的女神，是炉灶和家庭女神，但在阿耳戈斯，"阿耳戈斯的赫拉"是当地人民所崇拜的最高神祇。但除了这些奥林匹斯神以外，每个城邦还有其本地小品神，"英雄"和仙女，各按其古来即有的习俗加以崇拜，很难想象它们会在仪式展开地以外存在。因此，尽管有泛希腊的奥林匹斯神系，尽管有使得单纯部落的神祇对希腊人而言成为不可能的哲学精神，在某种意义上，我们还是可以说，城邦是个独立的宗教单位，一如政治单位。起码悲剧诗人仍会利用这种古老的信仰：这一座城市行将被征服，就说诸神离弃了它。神祇是城邦福祉之不可见的伙伴。

宗教与"政治"思想联系得也非常紧密，埃斯库罗斯的剧作《奥瑞斯忒亚》这一三部曲就是围绕正义的观念而建构的。它从浑沌到秩序，从冲突到调和，同时抵达两个层面：人性的和神圣的。在第一部中，我们看到一种宇宙的道德法则，罪恶必须得到惩罚，这一法则以可能是最粗野的方式得到实现；为了报复一个罪恶，产生了另一个罪恶，冤冤相报，看来没有尽头——然而总是为宙斯所赞许。在第二部中，这一罪恶之链达到了高潮，此时奥瑞斯忒斯(主人公)替父报仇，杀死了母亲。他是怀着矛盾的心理犯下这罪行的，而指挥他去干的则是阿波罗，宙斯的儿子与代言人——为什么？因为克吕泰涅斯特拉谋害了她的丈夫阿伽门农王，这一罪行若不加惩罚，将会瓦解社会组织。奥林匹斯诸神所关注的是捍卫秩序，他们是专属城邦的神。然而奥瑞斯忒斯的弑母则超出了人类最深层的本能,因而他不见容于其他神祇:复仇女神。复仇女神对社会秩序毫无兴趣,却不容许践踏血缘关系的神圣性,她们的使命就是维护这种关系。在第三部中,古老的复仇女神与年轻的奥林匹斯神祇为这不幸的奥瑞斯忒斯发生了可怖的冲突。最后的解决是雅典娜带来了宙斯的一项新制度。由雅典公民组成的陪审团受命在卫城审讯奥瑞斯忒斯——他逃到此处寻求保护——这就是雅典最高法庭的第一次集会。两边

19世纪的人们所构想的雷埃夫斯的城墙

的票数相等,于是,出于仁慈,奥瑞斯忒斯被判无罪。被骗走合法的牺牲品之后,复仇女神威胁要摧毁阿提卡,但雅典娜劝说她们以雅典为家,其古老的使命并未废除(如起初她们所设想的)而是得到了提升,因为从此她们将惩罚城邦中的暴力,而不仅仅是家庭中的暴力。

成熟的城邦是实现法律而不产生混乱的手段,因为公共的正义高于私人的复仇;而权威的主张也与人性的本能相协调。整个三部曲结束于一幕令人难忘的欢庆场面。令人畏惧的复仇女神将她们的黑色裙袍换成红色的,不再是复仇女神,而是"仁慈者";不再是宙斯的敌人,而是其意志与荣誉的代理人,是其完善的社会秩序的捍卫者,反对来自内部的暴力。在卫城下剧场之中,当着全体雅典公民的面——而且还是在公民司仪的引导下——她们步出剧场来到卫城另一处的新家。某个最为严重的人类道德与社会难题得到了解决,而调解的手段就是城邦。城邦的尺度使得一个人可以向其他所有的人发出呼吁。当他觉得城邦的另一成员伤害了他,他就很自然地会这样做。希腊人普遍接受这样的假定:城邦源于对正义的需要。个人是无法无天的,但城邦必须使错误得到改正。然而不是通过一套复杂的国家正义的机制,因为这样一部机器只能由个人来操作,他们会像最初的坏人一样不公正。受害的一方只有当他的冤屈让整个城邦的人了解,才会确信自己获得公正的对待。

从公元前8世纪起,希腊人开始远涉重洋,在地中海和黑海的沿岸建立殖民地。希腊人的殖民活动,是其社会内部的原因所引起的。由于氏族纽带的崩解和阶级的分化,那些贫无立锥之地的人为了避免当奴隶的悲运,便纷纷到海外去寻找安身立命的地方。有些政治上的野心家,也常常因为在政争中失败而离乡背井,到海外去开拓他们的新事业。而海上贸易的兴盛,也刺激了移民。这样,希腊的殖民者便舳舻相接,一批又一批地向海外拓殖。最初,希腊人的殖民仅具有垦殖的性质。接着,由于手工业和商业的发展,这种殖民就意味着开拓新的市场和原料出产地。及至奴隶制盛行,希腊人的海外拓殖又兼有掠夺"蛮族"以充当奴隶的性质。

希腊人的殖民活动是由希腊各城邦分头进行的。在东方,早期的希腊殖民者原已在小亚细亚的西部海岸上建立了许多城邦,其中最重要的是米利都,它在公元前7至6世

纪时成为希腊所有殖民地中的翘楚,在文化上实高于希腊本土。邻近的塞浦路斯岛,也成为希腊殖民者的乐园。向南,希腊人在埃及的尼罗河三角洲上建立了一个商站,叫作瑙克拉提斯,并且在非洲北岸的西里尼地方定居了下来。向西,希腊的殖民者于公元前750年左右开始定居于意大利半岛南部,先后建立了塔兰托、克罗顿、那不勒斯、丘米等城市。希腊人移往意大利南部者甚众,以致后来罗马人竟把那地方称为"大希腊"。在西西里岛,希腊移民把原先移植到那边的腓尼基人压缩到该岛的西北一隅之地,而在该岛东部建立了墨西拿、叙拉古等城市。后来,叙拉古曾一度发展为地中海西部最昌盛的城邦。现今法国南部的要港马赛,最初便是希腊殖民者所建的商站马赛利亚。希腊人更远航到现今西班牙的东部,在那边开采银矿,并且建立了萨贡顿等城市。向北,希腊的殖民者穿过达达尼尔海峡,定居于黑海沿岸。在公元前600年左右,黑海的四周便遍布了希腊人的殖民地,其中较为重要的是克里米亚半岛南端的刻松尼索斯和小亚细亚北面的西诺普。希腊人与西徐亚人有所接触,他们从黑海以北的地区取得了谷物、牲畜、蜂蜜、木材、琥珀和奴隶,并且在小亚细亚北部开采铁矿。希腊人在博斯普鲁斯海峡通往黑海的海角上所建的拜占庭城,后来成为欧亚水陆交通的枢纽。罗马帝国后期的都城君士坦丁堡,便是在拜占庭的原址上建筑起来的。

在这些早期的殖民地中起码有一点是肯定的,即它们都不是出于贸易的目的而兴建的,它们不是"工厂",殖民者所寻求的是土地。希腊的农民没有多少盈余,过着一种朝不保夕的日子。家庭地块的划分很快就到了临界点,不再可能从事有效的种植,并且大块地产不知不觉地吞食着小块的土地。重新分配土地的呼声常能在希腊听到,殖民运动就是一道安全阀。贫困的农民或许会放弃他母邦的那小块被蚕食或抵押的土地,到海外去捞一块无人耕种的土地——这样也会形成新的斗争,他和他的后代也许会富有,成为新城邦有土地的贵族,或者失败了,准备下一轮殖民或革命。

虽然首要的目的是土地而非贸易,但殖民运动的确极大地刺激了贸易和工业,以至于有些后期的殖民地眼睛盯着贸易而不是农业。有时新土地出产的作物与他们母邦不同,这样的殖民地就会让希腊人更多地与"蛮族"相接触,因为他们会有合乎希腊人需要的东西出售。在一些古老的贸易路线,比如从波罗的海开始的琥珀之路上,有些殖民地就靠近货源。因而货物的交换愈加兴旺,新的接触又会带来新的想法和新的技术。慢慢地,不引人注目地,物质生活水平提高了,这在有些地方远比其他地方为高。比如说,科林斯这座地理位置极其适合贸易的城市,就忙于建造船只,用黄铜制作物品,并且在陶器上发展出一种希腊人数百年未见的自然主义绘画风格,而不出30英里的阿卡迪亚村庄却丝毫没有受到这些新事物的影响。参与这场贸易与工业增长的其他城市有埃伊纳,埃维亚的卡尔西

危险的游戏

斯,以及伊奥尼亚的米利都。埃维亚是因有历史时代第一场希腊战争而为人所关注,这场战争的对手是她的邻邦厄立特立亚,为了争夺邻近的利兰丁平原的控制权。其他许多城市各支持一边,对有争议的领土却没有明显的兴趣。看起来,商业的竞争已经开始扮演角色。

希腊词 Apoikia 字面上的意思是"远处的家"。无论怎么说,apoikia 都不是母邦的扩展,也不对母邦有什么依赖,它是个全新的独立的机构。母邦组织了移民群体,也常常邀请其他城邦的人加入。母邦从自己的成员中挑选一位正式的领导,他将监督新土地的分配,并且会长久地被尊为创立者。通常在试图建立一个殖民地之前,要到德尔斐去求神谕。这不仅仅是针对各种未知危险的宗教设防。在希腊的全部宗教圣地中,德尔斐赢得高超卓越的地位,一年到头,全希腊各地——有时还有"蛮族"——都有人来此地求神谕,德尔菲的祭司对各处的情况也就相当熟悉(更不用说其重大的政治影响力)。

殖民地建立起来后,它与母邦的联系就纯然是宗教与情感的。公共炬台上燃烧着的圣火是从母邦传来的;母邦的公民来访,按理会有某种获得礼遇的特权;假如从这殖民地又去另创一殖民地,八成会邀请母邦提名一位创立者。严格的政治联系是不会有的,一座城市与其殖民地之间的战争是不自然不成体统的,但不算是反叛或脱离。因此希腊人这样源源不断地从城市密布的希腊本土与伊奥尼亚流出,虽然将希腊的影响带到地中海的各个角落,除了被迦太基人和伊达拉里亚人所控制的地区,但他们并未形成一个希腊帝国或国家。只意味着独立的希腊城邦的数目大量地增加了——也意味着故乡的同情和争执也传得越来越远。希腊人的殖民活动,更刺激了希腊各城邦工商业的发展。如果说在这以前,希腊城市只不过是防卫设施和贵族的邸宅,这时它们却成为工商业的中心了。由于交换经济发展的需要,钱币便出现了。在最初,人们在经济交换中是"以物易物",那种交换方式当然很不方便。后来人们便用金属做贸易的中介,因为金属一方面有它本身的价值,一方面又可作为表现其他商品中所含社会劳动量的尺度。

埃尔全·马希尔

很久以前,埃及人和腓尼基人就用金块、银块或铜片、铁片做货币。但货币要尽到它在交换经济中的特殊职能,就必须有一种固定的质量和形式。到了公元前 7 世纪中,爱琴海区域便出现了金制或银制的钱币。在公元前 550 年左右,小亚细亚西部吕底亚的国王克罗苏斯用金和银的合金铸造了一种钱币,流通甚广,于是人们就错误地把他当作钱币的发明者。其实在克罗苏斯以前,雅典和其他的希腊城邦早已开始铸造钱币了。

钱币的使用,在社会上引起严重的后果。它促进了贸易的发展,急遽地破坏了昔日那种淳朴的在自然经济状态下人与人的关系,使富者愈富,贫者愈贫,加速了社会上的阶级分化。一些握有金钱的高利贷者和工商业者,成为有权有势的特殊阶级。在公元前 6

世纪初,代表工商业贵族利益的雅典政治家梭伦竟公然说:"人的社会地位是由金钱造成的。"

氏族制度和货币经济是绝不相容的。货币经济就像腐蚀性的酸液一样,侵蚀着那建立在自然经济基础上的氏族组织。恩格斯在《家庭、私有制和国家的起源》中曾指出:当人们最初发明钱币的时候,他们没有料想到他们是在创造着一种新的社会权力。整个的社会,都必须向这无孔不入的权力屈膝。不管它的创造者知道不知道,愿意不愿意,这新的权力突然产生了。雅典人在各方面都感到货币经济在其青春时期的猛烈性。怎么办呢?旧的氏族组织不仅无力对付那货币权力的胜利进军,而且也绝对不能在它的范围内容纳钱币、债权人、债务人以及强迫收债等等新的花样。但是,那新的社会权力却根深蒂固了,什么善良的心愿,什么想回转到旧日平等时代去的渴望,都不能把金钱和高利贷驱逐出这个世界。希腊的氏族制度解体了,在阶级社会中出现了国家。

在为数众多的希腊城邦中,最强大而又最重要的是斯巴达和雅典。这两大城邦在奴隶制的经济和政治上各代表一种类型,并在相当长的一段时间是希腊城邦集团的两个霸主。

希腊城邦斯巴达

公元前8至前6世纪,希腊半岛上出现了二百多个奴隶制国家。这种国家是以一个城市为中心,包括周围若干村镇所组成的所谓"城邦",意即城市国家。斯巴达是其中最强大最重要的一个。

斯巴达位于伯罗奔尼撒半岛的东南部。公元前12世纪左右,一批由多利亚人组成的希腊部落从希腊北部侵入伯罗奔尼撒,散居在被毁的斯巴达城附近的村落里,到公元前10至前9世纪,才由五个村落联合成一个新的政治中心,这就是多利亚人的斯巴达城,这支入侵的多利亚人被称作斯巴达人。

斯巴达人不断用武力征服周围的居民。被征服者大多成为斯巴达的国有奴隶,称作希洛人;一部分被驱逐到偏僻的山区和沿海地区,以农业、手工业和商业为生,承担纳税和服兵役的义务,被称作庇里阿西人。斯巴达人建立了一个强有力的国家机构,由国王、长老会议、公民大会和监察官组成。

国王有2个,平时主持祭祀;战时领兵出征。

长老会议是最高权力机构,由2个国王和28个年逾60岁的长老组成,讨论决定一切有关城邦的重大事务,提交公民大会通过。

公民大会由国王主持,年满30岁的斯巴达男子都有权参加。公民大会对于长老会议的提议只有表决权而不进行讨论,表决时也只以呼声的高低来表示赞成与否。

公元前5世纪以后,一年一选的五人监察委员会成为最重要的国家权力机构,可以监察国王和公民的言行,拥有巨大的势力和职权,成为事实上的统治者。

斯巴达的土地和奴隶统归国有，斯巴达人长期过着以农业为主的自然经济生活。全国土地分成数千份，每个公民一份，不准买卖、转让或分割。份地由希洛人耕种，平均每七户希洛人供养一户斯巴达人。希洛人终年劳作，还被迫到军中服役，从事运输、修筑工事等劳役，有时也充当水手，可是得到的却是贫困、皮鞭和无尽的屈辱。

希腊骑士和斯巴达战马

希洛人虽在法律上属国家所有，个别斯巴达人无权买卖他们，但可以任意伤害他们。节日里，斯巴达人常用劣酒把希洛人灌醉，然后拖至公共场所，让斯巴达青年知道醉酒是怎么回事。希洛人即使没有过错，每年也要被鞭笞一次，说是要他们记住自己的奴隶身份。斯巴达的长官时常派遣大批身佩短剑的青年战士下乡，白天分散隐蔽起来，一到晚上，便奔向大道，屠杀他们所能捉到的每一个希洛人。有时，他们也来到希洛人劳动的田地里，杀死其中最强壮最优秀的人。这种制度称为"克里普提"，意思就是"秘密勤务"。

斯巴达没有建筑城墙，人民的身体便是斯巴达的城墙，青年的胸膛便是斯巴达的国防。为了镇压希洛人的反抗，为了向外扩张，斯巴达人用强大的军队筑起了一堵"人墙"。

斯巴达人的婴儿落地，先要接受长老的检查，强者生存，弱者弃之。随后，母亲用劣酒替婴儿浴身，经不起刺激的婴儿，则任其死去。幼儿七岁之前由母亲抚养，母亲从小注意培养他们不哭不闹，不怕黑暗与孤独的习惯，以便长大后成为维护奴隶制度的勇猛战士。

男孩满七岁。离家编入儿童队，受严格的体育和军事训练。到十二岁，经过测验，升入少年队。测验那一天，国王、长官和斯巴达公民都来观看，测验项目之一是搏斗，儿童分成两队，教官一声令下，赤手空拳的孩子们一对对打成一团，你来我去，拼命要将对方推入壕沟，以显示自己的勇敢和狡诈。测验项目之二是挨打比赛，儿童们跪在神殿之前，任凭皮鞭的嗖嗖抽打，谁最能忍受痛苦，谁就是获胜者。编入少年队后，生活更严酷了，穿单衣，睡草垫，食物也很少，为的是让他们自己能向饥饿做斗争，他们还必须学会偷窃，在偷窃中训练敏捷和机智。

从20岁起，斯巴达男青年正式成为军人。30岁成亲，但每天仍得参加军训，直至60岁才结束军事生活。

斯巴达的妇女虽不参军，但和男子同样从事体育锻炼。斯巴达人认为，唯有刚强健壮的母亲才能生育刚强的战士，在斯巴达母亲的眼里，儿子战死疆场或凯旋而归，则是母亲最大的光荣和安慰。

斯巴达人尚武轻文，文化程度很低，而且讷讷寡言。在它的历史上，没有语惊四座的演说家和口若悬河的雄辩家，也看不见雄伟的建筑和艺术珍品，只有寒光闪闪的刀剑和森严壁垒的军营。

公元前2世纪中叶，随着罗马统治在希腊的确立，斯巴达终于走到了历史的尽头。

　　斯巴达是古希腊的一个城邦国家。它位于伯罗奔尼撒半岛的南部,拉哥尼亚地区的幼洛他斯河谷。幼洛他斯河谷三面环山,南面临海,与外界交通不便。但是这里有肥沃的土地,丰富的铁矿和大片森林、草地。很早就有人在这里安身。公元前 2000 年代末期,斯巴达国家的建立者——一支希腊人部落,翻过高山,来到河谷,侵占了当地人的住处,而后又占据整个拉哥尼亚,把当地原有居民变做奴隶,称之为"希洛人"(意即俘虏),外来者在河谷中心地区建起斯巴达城,自称为"斯巴达人"。这样就出现了斯巴达国家。

　　在斯巴达国家里,居民主要有两类:斯巴达人和希洛人。斯巴达人是希腊征服者的后裔,他们是享有全权的公民,是国家的统治者;希洛人是当地被征服者的后裔,是受斯巴达人统治奴役的奴隶。据说,斯巴达国家初建立时,一个叫来库古的人为了使斯巴达人能永远保持统治者的地位,不致因内部分化而使力量削弱,于是努力使斯巴达人之间保持平等,不让他们发展财富或过奢华的生活。他把属于国家的土地平均分给每一个斯巴达家庭,不许买卖;同时,为禁止斯巴达人从事商业和手工业,便发行笨重的铁币,代替金币和银币,使斯巴达人认为从事工商业是下贱、可耻的事,只有奴隶才去做;而为了随时准备镇压奴隶的反抗,在斯巴达人中长期保持着军事民主制阶段的尚武遗风。

　　斯巴达设有两个国王,他们在战时有无限的权力,在平时则共同处理国政。而且必需征求长老会议的同意。长老会议是由包括国王在内的三十位老人组成,他们是凭民众大会上欢呼声音的高低而当选,当选后则具有巨大的权力。人民无权讨论长老的决议,只有以叫喊声表示通过或拒绝。

　　在这样一个长期遗存军事民主制的国家里,一方面是由于部落生活的影响,一方面是镇压奴隶起义的需要,斯巴达国家力图把每一个斯巴达男子训练为百折不挠的战士,把每一个斯巴达女子训练成为养育战士的母亲。说来令人惊奇,几乎是从婴儿初生的日子起,这个锻炼就在开始。新生的婴儿必须经过长老的检查,长老认为健壮合格的,才准许父母养育,否则就命令抛弃到山峡里面去,免得他身体虚弱,长大了不能适应斯巴达严酷的军事生活,在别的国家,母亲给婴儿洗澡只用水,斯巴达人的母亲却用酒来洗刚刚出世的婴儿,她们以为这样可以考验孩子的体格:病弱的任他在酒里晕死,强健的在经过考验之后就可以变得像铁一样结实。对于孩子的养育,她们也有一套不同寻常的办法,她们不用襁褓或绷带,相信这样可以使孩子的四肢和形体自由发育;她们也不把好吃的食品给孩子;训练孩子不怕黑暗,不怕孤单,不急躁,不爱哭等等。男孩长到七岁,就要送到少年团队里去参加体育锻炼。他们几乎不学读和写,主要是进行艰苦锻炼,发展体力,训练敏捷和耐劳能力。人们常看到,男孩子们由一个年龄稍大的男孩带引,在烈日下长时间地行走在荆棘丛生的路上,以培养他们吃苦耐劳的精神。随着孩子年龄的增长,团队的训练也越来越严,他们总是剃光头,整年赤脚走路,穿极粗朴单薄的衣服,晚上睡在河边拣来的干草上,即便是冬天,也仅是再铺上一些蓟花絮,用以取暖,唯恐舒适的床,会使男孩子们变得懒惰。几乎所有的希腊历史书上都提到这样一个斯巴达儿童:这个孩子在上学路上抓到一只活狐狸,怕老师发现,就把它藏在上衣贴胸的地方。上课时,狐狸开始用锋利的爪子在男孩子的胸部乱抓,尽管疼痛难忍,孩子却一丝不动,最后活活地让狐狸咬死。之后，凡经受痛苦而不哼一声的男孩就被誉为"小斯巴达"。这个故事有几分真实我们且不去考证，但是，在斯巴达有意识地训练青少年忍耐痛苦的能力，倒是确有其事。每年，在亚特米斯（希腊女猎神）神坛前举行一次鞭打，不许儿童大声喊叫和啼哭求饶，越是忍得住鞭打的，就越被认为有毅力。斯巴达的儿童就是在这种棍棒教育中长大，没有欢乐，没有爱抚。不仅如此，更使人奇怪的是斯巴达人还训练他们的青少年偷窃。如果有人在行窃时没被人发现，则受到赞扬；凡在偷窃中被人捉住的，说明这个人太笨，太不机灵了，就要受到责罚。斯巴达人认为用这种方法可以训练青少年的敏捷和机智，更主要的是使斯巴达士兵在行军打仗时不至于挨饿。因为，斯巴达人外出打仗时，军队是不携带粮食的，也没有负责供给食物的军需官，士兵们只有依靠自己的偷窃本领去弄到食物，否则就要挨饿。

斯巴达人的教育培养了优良的战士，可是也使斯巴达人残酷、粗鲁、不文明。在实行民主政治的希腊城邦雅典，富有的父亲总想把儿子教育得文采斐然，能诵诗，能辩论，能够出口成章，在公共场合可以语惊四座。在斯巴达，则完全不重视这种文化教育。他们要求青年人沉默寡言，不好文饰，只要青年人出言简当，就算达到了语文教育的目的。据说，"在斯巴达从男孩那里比从石像还难得听到声音。……男孩比女孩还娴静"。这种教育方式，与斯巴达的社会状况是分不开的。斯巴达是清一色的军事国家，实行贵族专政，奴隶主阶级没有分化为经济利益不同的阶层，把青年训练成为雅典式的能够左右公民会议的政治家，远远没有把他们训练成为战士重要。

庇得科斯，哲学家及暴君。

斯巴达青年到了二十岁则离开少年团队，开始军营生活，受正规的军事训练。斯巴达的战术主要是以步兵战为主，把军队编成方阵，每一个方阵构成一个有机的整个。这种战术，胜败不仅依靠每一个战士的勇敢，而且还要依靠全阵组织和纪律的严密，为了保证方阵在战斗中进退娴熟，接应机敏，长期的操练成为必不可少的条件。因此，斯巴达青年战士的正规训练，定期十年。从二十岁到三十岁，每个青年都必须在军中受训；三十岁后，他们可以成家，并住在自己家里，但他们还必须每日出操，和战士们一起进餐，为此按月交纳规定数量的粮食，直到六十岁，才可以结束军事生活。

斯巴达尚武的风气，也表现在对妇女的教育上。斯巴达的女孩子不像许多别的国家的女孩子一样被娇生惯养，而是和男子们同样进行体育锻炼。根据记载，斯巴达的少女必须练习格斗、赛跑、投铁环和掷标枪，目的是为了将来怀孕的婴儿可以在强壮的母体中长得更结实，发育得更好，而她们自己也会因体格健壮更能经得起分娩的痛苦。这样教育出来的妇女是刚强的。照斯巴达人的想法，唯有刚强的母亲才能生育刚强的战士。在斯巴达,做母亲的并不怕看到儿子在战争中负伤,她们所怕的是养出来的儿子太弱,在战场上丢了武器,身上没有一点伤痕,就退阵回到故里,这是要被人耻笑的。斯巴达的母亲常以儿子战死沙场而自豪,她们把斯巴达的荣辱看得比儿子的性命还重要。有一位母亲去询问战争的情况,别人告诉她,她的五个儿子都战死了,但她却说:"这并不是我要问的,我要问的是斯巴达人胜利了没有。"

这种严格训练的结果,斯巴达人被培养成勇敢善战、吃苦耐劳的战士,斯巴达的军队有良好的纪律,特别出色的优美姿势和武装。全体斯巴达战士一律配备有战马、短剑和盾,戴着盔,披挂着甲胄和护足。他们在战斗中

勒卢瓦尔在这幅画中

永不退却,直到最后一口气,因此斯巴达的步兵被认为是全希腊最优秀的步兵,长时间内被认为是无敌的,它的步兵方阵在南希腊享有常胜的威名,而且在全希腊都有举足轻重之势。

斯巴达独特的军事制度和它畸形发展的军事生活,使其拥有其他希腊城邦所不及的军事优势。斯巴达用几十年时间征服周围的地区,被征服的居民都沦为希洛人。到公元前6世纪,斯巴达已成为伯罗奔尼撒半岛上最强大的国家。后来,斯巴达又建立起以自己为首的伯罗奔尼撒同盟,几乎南希腊的全部国家都参加了同盟。同盟的职责是支持贵族寡头政治和镇压奴隶起义。斯巴达的军事寡头政治及尚武风气与雅典的民主政治和文采、雄辩形成鲜明对比,除了因为应付共同的敌人而形成短期联合外,它和雅典总是处于矛盾的地位。

第一次美塞尼亚战争

在古代希腊,斯巴达是一个著名的奴隶制城邦,斯巴达的公民是十足的寄生阶级,他们既不从事农业和手工业,也不经营商业,全靠剥削一种叫作黑劳士的奴隶来过活。据古代希腊学者说,当时各城邦的奴隶人数,以斯巴达的黑劳士为最多。黑劳士制度是斯巴达通过征服邻近地区特别是征服美塞尼亚而发展起来的。

斯巴达城邦是多利亚人建立的。公元前12世纪,多利亚人部落从北希腊南下。其中一支来到伯罗奔尼撒半岛东南部的拉哥尼亚地区,在斯巴达一带逐渐定居下来。他们成了斯巴达人。这些斯巴达人最初还处于原始社会晚期阶段,当然也还没有奴役黑劳士的制度。随着原始公社的逐渐解体,约公元前9世纪,斯巴达人的国家开始发生。同时,斯巴达人逐渐向周围地区的阿哈伊亚人发动进攻,强迫被征服者接受他们的统治。据说,当斯巴达人征服南方沿海的黑劳士(Helos)城的时候,他们开始把那里的被征服者变

为奴隶。这种奴隶因地名而被称为黑劳士(Helos),而且斯巴达人把以后由征服得来的同类奴隶也照例称为黑劳士了。

斯巴达人约在公元前 8 世纪中叶统一了拉哥尼亚,同时开始建立起剥削黑劳士的制度。公元前 8 世纪后期,斯巴达人又对西边的邻邦美塞尼亚发动战争。这就是历史上所说的第一次美塞尼亚战争(约公元前 740~前 720 年)。

希腊提洛岛上壮观的石狮游廊

相传,这次战争是由这样一些事件引起的。两国边境上有一处神庙,逢年过节,双方的人们都来祭献。有一次双方的人发生流血冲突,斯巴达的一个国王也在冲突中死去。斯巴达人说,美塞尼亚人要污辱斯巴达的妇女,斯巴达王在阻止的过程中被杀。美塞尼亚人说,斯巴达人派出一些没有胡子的青年,男扮女装,身藏利刃,阴谋伤害美塞尼亚的一些上层人物,所以美塞尼亚人的行动是出于自卫。此外,一个斯巴达人骗取了一个美塞尼亚人的畜群,还杀了美塞尼亚人派来讨债的儿子。这个美塞尼亚人向斯巴达申诉无效,就决定一有机会就杀斯巴达人,以作为报复。斯巴达派使者要求美塞尼亚交出凶手。美塞尼亚方面表示和国人商议后再回答。在商量中,美塞尼亚内部两派人发生了流血的冲突,最后不向斯巴达屈服的一派胜利。他们遣使回答斯巴达人,要求把两国间的纠纷交托中间人来仲裁。斯巴达人表面不做答复,实际已秘密准备战斗,并发誓不论经过任何艰难曲折最终也要夺取美塞尼亚的土地。所以,这次战争的真正原因是,美塞尼亚有着比拉哥尼亚肥美得多的土地,刚刚征服拉哥尼亚并开始建立黑劳士制度的斯巴达人,对邻邦的土地起了贪心,企图把邻邦的人民变成黑劳士来奴役。

战争从斯巴达人突然袭取美塞尼亚边境上的一个小城镇开始。美塞尼亚人知道这个消息以后,才开会商量对策,准备抵抗。斯巴达人进攻美塞尼亚的城镇,因对方防守严密,不能得手。他们经过农村,赶走牲畜,掠取庄稼,但是不毁坏树木、房屋。他们心中已经认定,这些将来都是他们的财产。美塞尼亚人基本处于守势,但也伺机扰掠拉哥尼亚沿海地区和西部农田,作为报复。

三年以后,美塞尼亚人认为准备基本就绪,开始反攻。斯巴达人从所占领的边境城镇出来迎击。美塞尼亚人选择地形崎岖之处作为战场,使斯巴达人的精良的步兵无所发挥其优势。斯巴达人不能取胜。美塞尼亚人又步步为营,使斯巴达人无法以突击取胜。于是斯巴达人被迫退回本国。

一年以后,斯巴达人再度侵入美塞尼亚,美塞尼亚奋起迎敌。开战之前,斯巴达王勉励部下毋忘决心征服美塞尼亚的誓言。美塞尼亚王则对部下说,这一战不仅为了保护土地和财产,而且如果战败,妻子儿女将被虏为奴,成年男子将受辱而死,神庙将遭抢劫,祖宅将被焚毁,所以宁可死战,也不能受此灾祸。接着双方展开激战。斯巴达人在军事训练和兵员人数上都占优势,美塞尼亚人则不惜牺牲,做了最英勇的奋战。鏖战到夜幕降临,双方胜负难分,只好暂停,次日双方虽然未继续开战,但是美塞尼亚方面情况开始逐渐恶化。财政发生困难,奴隶向斯巴达方面逃亡,疾病也发生了。于是美塞尼亚人被迫放弃内地城镇,退而据守伊托麦山。

战争持续地进行着。到第十三年,斯巴达人又大举进攻。美塞尼亚王埃夫法埃身先士卒,负了重伤。他虽不久因伤重致死,其行为却鼓励了美塞尼亚人的抵抗精神。随后,美塞尼亚人选举亚里斯托德摩斯为王。亚里斯托德摩斯照顾人民,尊重贵族,并与阿尔卡迪亚、阿尔哥斯、西居昂保持友好的关系。他采用小股作战的方法不断困扰斯巴达人。到亚里斯托德摩斯当政的第五年,双方都为长期战争的消耗感到焦急,于是又发生了一次大战。斯巴达人不仅倾全国之力,而且请了盟邦科林斯的军队。美塞尼亚方面则请了阿尔

抢劫海伦·列尼

卡迪亚、阿尔哥斯和西居昂的援军。在战斗中,美塞尼亚方面的不同兵种配合得很好。结果斯巴达人战败。但是他们征服美塞尼亚之心不死,仍然伺机行动。到战争的第二十年,美塞尼亚方面力量消耗殆尽,亚里斯托德摩斯绝望,自杀殉国。这一年年底,美塞尼亚人为饥馑、匮乏所迫,撤离伊托麦山,退往邻国。不过,这只是美塞尼亚人中的不多的一部分。大多数美塞尼亚平民还散居在各自原来的居住地。斯巴达人夷平伊托麦山的堡塞,占领美塞尼亚,给公民们分配了被征服的美塞尼亚土地,迫使被征服的美塞尼亚人将田地收成的一半交给斯巴达人。所以,由于第一次美塞尼亚战争的胜利,斯巴达的刚在拉哥尼亚发生的黑劳士制度在广阔的美塞尼亚地区扩展起来。

第二次美塞尼亚战争

美塞尼亚人民不甘忍受斯巴达人的奴役。尤其是青年人,虽然没有经历以前的战争,却常怀着宁死也不能忍受奴役的气概。在美塞尼亚的青年中出现了一位杰出的领袖,名叫亚里斯托麦涅斯。他秘密地组织群众,准备起义,并且和阿尔卡迪亚、阿尔哥斯取得联系,争取他们的支持。不久起义爆发,史称第二次美塞尼亚战争。关于这次战争的年代,古代希腊史家即有不同说法。比较可靠的说法是第一次美塞尼亚战争的参与者是第二次战争参加者的祖父一代。所以这次战争约在公元前7世纪后期。

起义开始的第一年,双方在美塞尼亚的德拉伊地方打了一次大仗,结果难分胜负。亚里斯托麦涅斯在战斗中的超乎寻常的勇敢善战,博得了起义者的尊重。人们要推举他为美塞尼亚国王。他谢绝了,人们就拥戴他作为全权的大将军。他也成了斯巴达人的所忌惮的一个带有传奇性的人物。据说,他曾乘夜潜入斯巴达城,在那里的雅典娜神庙上

希腊城邦间战争中的两军对垒情形

高悬一面盾牌，上面大书："亚里斯托麦涅斯获自斯巴达人，谨以奉献女神。"

第二年，双方都请到了盟军，在名叫豕冢的地方举行会战。支持美塞尼亚人的有埃利斯人、阿尔卡迪亚人、阿尔哥斯人、西居昂人等，站在斯巴达人一边的有科林斯人等。在双方激战的过程中，亚里斯托麦涅斯率领一支由80名最精悍的美塞尼亚青年组成的突击队，首先冲向斯巴达国王亲率的军队，经过奋战击败了敌人。当斯巴达王领兵脱逃时，他就让其他部队承担追击任务，自己又领兵往战斗艰苦的地方去打击敌人。亚里斯托麦涅斯率先冲锋陷阵，击败斯巴达方面一支又一支队伍，最终使敌方全线溃败。斯巴达人伤亡惨重，士气沮丧，企图结束战争。据说由于一个名叫提尔塔伊奥斯的跛足诗人的鼓励，斯巴达人才坚持战斗下去。亚里斯托麦涅斯率领起义军在豕冢的大胜，使美塞尼亚人欣喜若狂。当他凯旋原驻地时，妇女们向他抛撒彩带、鲜花，为他高唱凯歌，热烈欢迎起义的英雄。这一战役以后，亚里斯托麦涅斯又一再向斯巴达人进行了奇袭和伏击。

战争的第三年，双方又在名叫大壕的地方展开一场大战。阿尔卡迪亚地区各城都出兵支援美塞尼亚人。但是斯巴达人已经暗中用金钱收买了阿尔卡迪亚人的君主和统帅亚里斯托克拉特斯。战斗尚未开始，亚里斯托克拉特斯就对部下阿尔卡迪亚人说，现在处境不妙，如果一旦战败，退路都成问题。他命令每一个阿尔卡迪亚人注意他发的信号，一见信号大家就立即逃跑。战斗刚刚开始，亚里斯托克拉特斯就命令阿尔卡迪亚人撤退，造成美塞尼亚人阵线方面的左翼和中翼空虚。而且他命令阿尔卡迪亚人逃跑时经过美塞尼亚人所坚持的右翼，以扰乱他们的阵脚，影响他们的士气。在这种情况下，斯巴达人毫无困难地对美塞尼亚人合了围。亚里斯托麦涅斯率众英勇抵抗，终因寡不敌众，形势无法扭转。这一役美塞尼亚方面伤亡惨重。以后亚里斯托麦涅斯纠合余众，带领大家放弃平原，退守埃伊拉山。斯巴达人满以为不久即可消灭这支起义军，结果起义又坚持了十多年。

亚里斯托麦涅斯知道已经没有力量组织大军同斯巴达人进行大战，就组织了一支300人的精兵，不时袭击美塞尼亚和拉哥尼亚的斯巴达人，夺取谷物、牲畜和各种财物作为起义军的给养。他们的这种斗争策略使得斯巴达人深感头痛，据说竟然在战争结束以前一直不敢在美塞尼亚和与之毗邻的拉哥尼亚地带从事种植。这种说法虽然不免太夸大了，但也说明埃伊拉山起义军的存在总使斯巴达人不能在美塞尼亚安稳地建立起黑劳士制度。亚里斯托麦涅斯对斯巴达人的神出鬼没的袭击，有一些在古代就成了流传民间的传奇故事。据说有一次他在袭击斯巴达人的时候负伤被俘，斯巴达人把他和他的同伴投入一个四面绝壁的深谷。同伴都摔死了，他竟然独能不死。当他在谷底坐以待毙的时候，看到一只狐狸从死者尸体上爬过。他捉住狐狸尾巴，跟着它找到出谷的孔道，把这个孔道扩大开来，他也就又逃回了埃伊拉出。这类故事不论其真实程度如何。总反映出美塞尼亚人民对自己的起义领袖和民族英雄的热爱之情。

斯巴达人攻取埃伊拉山的行动不止一次失败了。在战争的最后一年（据说也就是埃伊拉山被围的第十一年），斯巴达人乘天下大雨美塞尼亚人难防的机会，突然进攻埃伊拉山。美塞尼亚人奋不顾身地进行抵抗，连妇女都起而助战。战斗十分激烈。斯巴达军人多，就分批轮番作战。美塞尼亚人连续战斗了两天两夜，不能休息，也得不到饮食，到第三天已经精疲力竭。亚里斯托麦涅斯不得不组织撤退。他亲自率先突围，让自己的儿子和一些人断后。他们将残部撤退到了阿尔卡迪亚。

亚里斯托麦涅斯在阿尔卡迪亚又选出五百名美塞尼亚战士，准备乘斯巴达军还在埃伊拉未回之际，直接袭取斯巴达城。有300名阿尔卡迪亚人也准备参加。事情因阿尔卡迪亚王亚里斯托克拉特斯将秘密露给斯巴达王而未成，不过亚里斯托克拉特斯也因叛卖事泄而为国人所杀。第二次美塞尼亚战争又以斯巴达胜利而告终。

梭伦改革

在希腊文明史中，雅典扮演的角色最有典型性。雅典发达的商品经济、健全的民主政治，使其创造了希腊文化中的绝大部分辉煌。按照雅典将军伯里克利的话说："雅典是全希腊的学校。"就是在这里，梭伦进行了一场非常成功的改革，可以说是世界历史中成功改革的典范。

公元前638年，梭伦出生在雅典的一个贵族家庭。年轻时梭伦一面经商，一面游历，到过许多地方，漫游名胜古迹，考察社会风情，后被誉为古希腊"七贤"之一。在游历中梭伦还写过许多诗篇，在诗中他谴责和抨击贵族的贪婪、专横和残暴。这些诗篇同时为他赢得了"雅典第一位诗人"的美誉。

一个月色融融的夜晚，轻纱般的薄雾使萨罗尼克海湾的景色显得更加迷人。汹涌的海浪拍打着船舷，发出阵阵扣人心弦的回响。雅典改革家梭伦

梭伦的半身像

迎着海风伫立在甲板上，回首遥望渐渐消失的祖国海岸，他心潮起伏，思绪万千："啊，祖国，我已经向你献出了我的智慧和力量，再见吧！……"他的眼睛润湿了，模糊了……

梭伦出身没落的贵族家庭,年轻时因家境贫困而外出经商,希腊、埃及和小亚细亚等地都留下过他的足迹。长期的旅游使他积累了渊博的学识和丰富的经验,生活的变迁更使他饱尝了社会的不平,听见了平民痛苦的呻吟和战斗的呼声。

　　公元前6世纪,雅典的奴隶制度已经确立,但氏族制残余犹存。贵族垄断了国家的执政官等职务,控制了统治机构——贵族会议,成为特权阶层,还霸占土地,征收重租,用高利贷盘剥农民和手工业者。

　　农民借债度日,被迫以土地作抵押,将收成的六分之五交租,自己只留 1/6,被称为"六一汉";一旦还不起债,便沦为债务奴隶,甚至不得不将自己的子女卖到国外做奴隶。——这就是"雅典人的文明时代的欢乐的曙光。"

　　这一时期,雅典农民的境况是极其艰苦的,借了财主的债若还不清,财主就在借债者的土地上竖起一块债务碑石,借债者就会沦为"六一农",他们为财主做工,收成的六分之五给财主,自己只有 1/6。如果收成不够缴纳利息,财主便有权在一年后把欠债的农民及其妻、子变卖为奴,并把他们卖到异邦。就政治方面而言,此时雅典的全部政权都属于贵族的后裔。担负高级职务的执政官以及元老院(顾问团)的成员只能从他们中间选出。他们决定着国家大事,判定着法庭争讼,指挥着对外征战。

　　公元前7世纪,雅典与邻邦墨加拉为争夺萨拉米斯岛而发生战争,结果雅典失败了。这样,雅典就失掉了进行和发展贸易所必需的出海口。这时候,那些对海外贸易根本不关心的执政官以及元老院竟颁布了一条屈辱的法令:任何人都不得提议去争夺萨拉米斯岛,违者必处死刑。而梭伦却从文献资料、历史传统、风俗习惯等考证出萨拉米斯本应属雅典所有,他对当局的这种懦弱行为深为不满,为了唤醒雅典人的爱国热情,同时避开不公正的法律的残酷制裁,他想出了一个巧妙的办法:佯装疯癫。于是"疯"了的梭伦经常出现在雅典的中心广场上,向着人群大声朗读他的诗篇:"瞧吧。不久,到处都将说我们的坏话……他就是那些把萨拉米斯岛拱手让人的家伙中的一个……"最后,他热情号召说:"让我们向萨拉米斯进军,我们要为收复这座海岛而战,我们要雪洗雅典人身上的奇耻大辱……"听梭伦演说的都是些工匠、作坊主、商人等城市居民,因为对他们来说,海外贸易的停顿,就意味着破产和贫困。因此,他们主张继续进行战争,并且热烈地支持梭伦。在梭伦的努力下残酷的禁令终被废除,战争再次爆发。公元前600年左右,年约三十岁的梭伦被任命为指挥官,统帅部队,一举夺回了萨拉米斯岛。赫赫军功使梭伦声望大增,城市居民把梭伦看成了自己的领袖和庇护者。而完全属于贵族后裔并处在他们的债务束缚下的农民也在渴望着他的保护。

　　在平民起来要求废除债务奴隶制、要求重分土地、要求政治权利的急风暴雨中,作为工商业奴隶主的代表,梭伦的政治热情像奔腾的江河,一泻千里,他以诗作为武器,把同情献给平民,把憎恶射向贵族:

　　"你们这些财物山积,丰衣足食而且有余的人,应当抑制你们贪婪的心情,压制它,使它平静;应当节制你们傲慢的心怀,使它谦逊,不要以为要什么就有什么,我们决不会永远服从!"

梭伦不仅是个才华横溢的诗人，而且是个智勇双全的军事家。当时，雅典和麦加拉城争夺梭伦的故乡萨拉米斯岛，雅典人屡遭失败，于是贵族会议宣布一项法令：若再有人提议收复萨拉米斯岛，以死罪论处！梭伦深知，萨拉米斯岛是雅典的门户，对外贸易的重要基地，他立下誓言：不收复萨拉米斯，"宁愿改换一个祖国，不做一个雅典人"！一天，他佯作疯癫，头戴花环奔进雅典广场，对着人群大声朗诵他的诗作《咏萨拉米斯》：

"让我们到萨拉米斯去吧！去夺取那可爱的岛屿，去雪洗那令人难堪的耻辱！……"

这激越的诗篇，铿锵的语调，重新燃起了雅典人的爱国热忱和民族尊严。在广大人民的支持下，雅典当局被迫取消禁令，与麦加拉重开战端。雅典人推举梭伦为指挥官，终于一举收复萨拉米斯岛。

萨拉米斯战争的胜利，使梭伦声望倍增。公元前594年，梭伦当选为首席执政官。从此梭伦如虎添翼，他用他那大权在握的双手，描绘了一幅幅壮阔宏伟的改革蓝图。

第一项改革是颁布"解负令"。平民所欠债务一律废除，因负债而沦为奴隶的全部恢复自由；永远禁止再把雅典人变为奴隶；因欠债而被卖到海外的雅典人由国家赎回。

公元前592～前591年左右，梭伦被授权修改宪法。他按财产而不是按门第把全体公民分成四个等级。第一、二等级可以享有一切政治权利，可以担任执政官；第三等级可担任低级官职；第四等级不能担任官职。

为了限制和削弱贵族会议的权力，梭伦规定公民大会为国家最高权力机关，决定国家方针和政策，选举执政官；又设立公民大会的常设机构——400人会议，负责准备和审理公民大会的提案；还设立最高司法机关——陪审法庭，每个公民都可当选为陪审官，参与审理案件。

鼓励工商业经济也是改革的内容之一：提倡农业水利；扩大橄榄油的输出；禁止谷物出口；实行货币改革；奖励外邦工匠移居雅典；提倡每一个雅典人学一门手艺。

梭伦将他采取的每一项改革措施都刻在轴转木板上，竖立在雅典城的中心广场，公布于众。他带头放弃了人家欠他父亲的债务，并鼓励别人仿效他的榜样。

梭伦以他的言行在人们的心中竖起了爱的丰碑。许多人劝他夺取政权，做终身独裁者，但他严词拒绝了。他决心让"进网的鱼跑掉"，而不愿僭窃政权。

然而，鉴于当时的历史条件和梭伦的工商业奴隶主的立场，他没有满足下层平民重分土地的要求，也没有赋予他们享受平等的政治权利，因而引起他们的不满；贵族们的责难和反扑更似恶浪般地涌来。梭伦被迫急流勇退，借口出国考察，扬帆远航了。

梭伦在埃及、塞浦路斯和小亚细亚等地漫游了十年之久。当他回到故国时，雅典各政派正纷争不止。庇西特拉图企图建立僭主政治，梭伦进行了规劝和斗争，但雅典人民没有接受他的忠告，他只得回家过隐居生活。

古希腊的雅典城邦，在希波战争后国力空前强大，其势力几乎控制了整个希腊半岛以及爱琴海区域，成为全希腊最富庶的强国。这是同梭伦的改革分不开的。

梭伦（约公元前630～前560年）是贵族埃克塞凯斯提德斯的儿子。年轻时家境不富，他便出外经商，到过埃及、塞浦路斯和爱琴海东岸的希腊移民城市，经历过许多风险坎坷。他很喜爱学习,同希腊各地的学者们广交朋友。丰富的学识是梭伦后来成为杰出的政治家的重要因素。

梭伦生活在雅典社会孕育巨变的时代。雅典在公元前7世纪还只是希腊的一个穷国,但雅典的工商业奴隶主也在逐渐地成长起来,私有制度,商品经济不断冲击整个社会。这时,雅典国家刚刚产生,部落组织的残余依然存在。氏族贵族成为奴隶主统治阶级。他们仗着传统势力,占有大量田地,垄断国家官职,顽固维护旧传统,妨碍雅典社会进步和国家富强。贵族以经营地产为业,与小农争夺土地。

公元 1 世纪的浮雕

很多小农无力偿还贵族的欠债,他们的田地被插上债碑。他们被迫把收成的六分之五交给债主,成为所谓的"六一汉"。没有土地的债务人或不能满足债主勒索的"六一汉",本人或他们的子女往往被债主卖为奴隶抵债。小农的处境恶化,影响了农业生产,也不利于工商业的发展。而雅典的旧制度、旧法律却保护氏族贵族的利益,平民百姓在政治上也处于无权地位。遭受奴役的人民心怀怒火,起来反抗。贵族面对骚乱也惶惶不安。公元前594年,雅典人推举梭伦为执政官,授予他最高权力,请他作为"调解人"来消除严重的社会危机。

穷人们认为梭伦虽是贵族,但诚实公正,同情穷人,谴责富人,他曾说:"作恶的人每每致富,而好人往往贫穷"。梭伦拼命鼓吹"平等",指出平等不会产生战争,因而受到贫富双方的欢迎。

梭伦看到社会弊病威胁到国家的生存,决心实行改革,把雅典从内战的威胁中拯救出来。

首先,梭伦颁布《解负令》。他下令拔除债碑,废除与人身抵押有关的所有债务,解放债务奴隶,禁止以人身作为债务抵押,从而永远废止了债奴制。因债务被卖到国外的雅典人也被陆续赎回。梭伦带头放弃了别人欠他父亲的一大笔钱,并鼓励别人也这样做。他规定个人占有土地的最高限额,以便限制贵族觊觎小农土地的无限贪欲。梭伦还采取了其他一系列办法来发展农牧生产和奖励工商业,振兴雅典。例如规定:奖励植树造林、开凿水井;打死1只危害家畜的大狼,可得钱5德拉克马(1德拉克马可买羊1只);如果做父亲的没有教会儿子一门谋生手艺,就不得强迫儿子赡养他;外来移民中的熟练工匠可优先得到雅典公民权等。梭伦又以流行较广的优卑亚币制代替了原来的埃基那币制。为鼓励雅典人的国家荣誉感,他规定奥林匹克运动会的优胜者,可得奖金500德拉克马。《解负令》和这些措施都得到了雅典新兴的工商业奴隶主的支持。

梭伦着手改革雅典的政治制度。他写了一首很有名的诗,诗中说明了他的政治主张:"我给了一般人民以恰好足够的权力,也不使他们失掉尊严,也不给他们太多;即使那些既有势力而又豪富的人,我也设法不使他们受到损害。我手执一个有力的盾牌,站在两个阶级的前面,不许他们任何一方不公正地占着优势。"

在梭伦改革以前,雅典人中有贵族、农夫和手工业者三种人。为了按地产收入多寡承担不同军事义务,他们又分为五百斗级(收入 500 斗)、骑士级(收入 300 斗)和双牛级(收入 200 斗)三个等级。双牛级以下的贫民无力负担军役,其中很多人没有氏族土地,因而没有资格参加公民大会,丧失了基本的政治权利。执政官等高级官职只有贵族才能担任,执掌大权的是显要贵族组成的议事会。梭伦改革终止了贵族独霸政坛的局面。他将雅典公民按收入大小分别归入五百斗级、骑士级、双牛级,收入低于双牛级的人归入新设立的日佣级。第一、二等级的成员出任执政官,第三等级担任低级官职,日佣级虽不能担任任何官职,但负责提供轻装步兵和水手,也可以参加公民大会,从而使大会成为全体公民的会议,划清了同氏族大会的界线。新的公民大会选举各级官员,从指定的 40 人中选出执政官。梭伦设立 400 人会议,由雅典 4 个部落各出 100 人组成,它分掌了贵族议事会的一部分权力。

有人曾经问梭伦,住在哪一个国家最好?他回答说:要住在这样的国家里,那里未曾受害的人也和受害人一样,都尽力惩罚罪犯。根据这样的思想,梭伦建立了雅典的陪审法庭。全体公民都可担任陪审员。梭伦规定,除杀人犯外,对任何罪犯不得处以死刑。每一个人对其他任何人的罪行都应告发。不关心国家事务的公民应剥夺其选举权。这些改革都是为了把人们从狭隘的氏族、家族圈子里解放出来,让他们以国家公民的身份关心整个国家和社会。梭伦准许没有子女的人把财产留给同自己无血缘关系的朋友。这实质上是进一步肯定私有财产权,否定氏族制度的残余。

无论是在古代还是在后世,梭伦素有雅典"民主之父"的声名。但梭伦本人绝不是民主派,他在政治改革上走的是"中间路线",只希望在贵族政治的旧体制上增加一些民主色彩。以一方面减轻人民的不满,一方面抑制一下氏族贵族的骄横,最终目的是提高发财致富的工商业奴隶主的地位,他是他们的政治代表。不过陪审法庭和公民大会成为后来雅典民主政治的重要机构,对于雅典政治制度的发展演变有深远的影响。

梭伦是古代奴隶主阶级的杰出政治家和改革家,他顺应历史发展的要求,进行广泛的社会改革,对雅典社会的发展起了重大的促进作用。梭伦实行一系列有利于生产发展的政策,从而为雅典经济繁荣创造了条件。他通过一系列改革措施,打击了旧的氏族制度的残余与氏族贵族势力,创立了新的政治制度和国家机构,奠定了雅典民主政治的基础。同时,梭伦改革改善了广大平民的经济与政治地位,缓和了阶级矛盾,使广大平民摆脱了沉重的债务奴役和沦为债务奴隶的威胁,从而扩大了社会基础,增强了雅典的国力。总之,梭伦改革使雅典调整了社会关系,建立了适应经济发展需要的上层建筑,促进了社会生产力的发展。梭伦改革后一个世纪,雅典终于以一个经济繁荣、国力强大、政治民主、文化昌盛的奴隶制国家出现于世。

但是,梭伦毕竟是奴隶主阶级的代表人物,他又奉行中庸、温和的处世哲学,因此梭伦改革又有一定的局限性。经过改革,雅典的氏族贵族的经济和政治力量虽然受到沉重打击,但是氏族制度的残余和氏族贵族的势力没有得到彻底清算。平民的经济和政治地位有所改善,但是平民最迫切的重分土地的要求没有满足。梭伦建立按照财产资格确定政治权利的制度,也只是以富豪政治代替贵族政治,广大下层公民在国家权力机构中的作用仍然十分有限。

雅典娜及帕德农神庙复原图

对于平民反对贵族的斗争,梭伦在自己的诗中表明了自己的态度。梭伦的态度是"拿着一只大盾,保护两方,不让任何一方不公正地占据优势"。他还说,他"所给予人民的适可而止","即使是那些有势有财之人",也"不使他们遭受不当的损失",亚里士多德指出,梭伦是"以仲裁者身份,代表每一方与对方斗争,而后劝告他们共同停止他们之间方兴未艾的纷扰。"梭伦双方都不讨好,"却宁愿遭受双方仇视"。用妥协的办法来求得斗争双方的和解,以达到公民集体的团结,这是城邦形成时期阶级斗争的一大特点。在梭伦的言行中,这种折中、调和的思想表现得很典型。虽然他认为如果"有时让敌对的两党之一得意,而有时又令另一党欢欣,这个城市就会有许多人遭受损失",但是他的同情心主要是在有权势的人们方面。所以他的诗中一再说到"抑制人民""必须责备人民",要使人民"好好追随领袖"。他明确地说,他不愿"让君子与小人""享有同等的一分沃土"。

公元前594年,梭伦被选为雅典的首席执政官。他得到了"修改或保留现有法律及制定新法律"的权力。当政后的梭伦立即实施了一系列改革,颁布多项法令,向氏族贵族发动了猛烈的进攻。他首先废除了"六一农",抵押了的土地归还了原主,竖在地里的柱子被拔去了,由于欠债而沦为奴隶的雅典人又回到了自己家中。这一转变使贵族后裔和古老的氏族贵族受到了很大损失。但梭伦不想从根本上彻底废除奴隶制度,他的法律反对的只不过是那种妨碍雅典经济发展的债务奴隶制。

具有重大意义的是梭伦在雅典确立新的国家制度的改革。

根据梭伦的法令,雅典的全体公民将按财产的多少划分为四个等级,不同等级的公民享有不同的政治权利。谁的财产多,谁的等级就高,谁就享有更大的政治权利。第一、二等公民可担任包括执政官在内的最高官职,第三等只能担任低级官职,第四等级不能担任任何官职。

这一制度虽然并未实现公民之间的真正平等,但它意味着身为贵族,如果财产少,也享受不到过去那么多的政治权利,而新兴的工商业奴隶主可凭借自己的私有财产,跻身于城邦政权。这就打击了贵族依据世袭特权垄断官职的局面,为非贵族出身的奴隶主开辟了取得政治权利的途径。当时,战神山议事会是国家权力结构的中枢。贵族借助这个机构操纵了立法、行政、司法等大权。梭伦恢复了公民大会,使它成为最高权力机关,决定城邦大事,选举行政官,一切公民,不管是穷是富,都有权参加公民大会;设立了新的政府机关——400人会议,类似公民会议的常设机构,由雅典的四个部落各选一百人组成。

除第四等级外,其他各级公民都可当选。这一切,为雅典政治制度的民主化开辟了道路。

在梭伦改革之前,雅典行使的是德拉古法,它对偷窃水果、懒惰等过失都要判处死刑。人们指责它不是用墨水,而是用鲜血写的。对此梭伦建立了新的陪审法庭,所有年满30周岁的公民都可出席法庭。法庭成员用抽签的办法选出,陪审法庭监督担负国家职务的人员活动,保护雅典人民的利益。同时,雅典的军队也不像从前那样,按氏族、族盟和部落来组成,而是根据财产的等级。头两等的公民在骑兵服役,第三等级组成重武装步兵,轻装部队和海军由第四等级组成。

梭伦还采取了许多鼓励手工业和商业发展的措施,如除自给有余的橄榄油外,禁止任何农副产品出口;凡雅典公民,必须让儿子学会一种手艺;奖励有技术的手工业者移居雅典,给予其公民权;改革币制;确定私有财产继承自由的原则等。梭伦制定的这一系列法律条文均刻在木板或石板上,镶在可转动的长方形框子里,公诸于众。梭伦的改革获得了雅典人民的热烈拥护,在梭伦颁布这些法律的时候,整个雅典都沸腾了。让我们来回顾一下当时的情景:

古城雅典的中心广场上聚集了成千上万的农民、手工业者和新兴的工商业奴隶主。兴致勃勃的人们正急切地等待着一个重要时刻的到来:新上任的首席执政官梭伦将在此宣布一项重要的法律。

梭伦在众人的注视下大步登上讲坛,环顾四周,径直走到一个大木框前。此时,嘈杂的会场立时变得鸦雀无声,人们凝神平息,视线随着梭伦不约而同地投向了那个大木框。梭伦用手一拨,将架在木框中的木板翻转过来,刻在木板上的新法律条文便呈现在人们面前。梭伦高声宣读着各项改革法令,并以洪亮的声音庄严声明:"此法律的有效期为100年。"顷刻间,掌声雷动,欢声四起,那些无力还债的农民更是起劲地欢呼,整个雅典城被一种异常热烈的气氛所笼罩。

这种情景是对梭伦改革的肯定,只有成功而合理的改革,才会获得人民的拥护。

恩格斯认为,梭伦的改革与国家起源有关。恩格斯说:"社会一天天成长,越来越超出氏族制度的范围。即使最严重的坏事在它眼前发生,它也既不能阻止,又不能铲除了……既然氏族制度对于被剥削的人民不能有任何帮助,于是就只有期望正在产生的国家。而国家也确实以梭伦制度的形式给予了这种帮助,同时它又靠牺牲旧制度来增强自己。梭伦揭开了一系列所谓政治革命,而且是以侵犯所有制来揭开的……迄今所有的一切革命,都是为了保护一种所有制以反对另一种所有制的革命。它们如果不侵犯另一种所有制,便不能保护这一种所有制。在法国大革命时期,是牺牲封建的所有制以拯救资产阶级的所有制;在梭伦所进行的革命中,应当是损害债权人的财产以保护债务人的财产。债务简单地被宣布无效了……他清除了负债土地上的抵押柱,使那些因债务而被出卖和逃亡到海外的人都重返家园。"

梭伦的改革并不能完全消除公民集体中的深刻矛盾。广大平民要求进行更多的民主改革,而氏族贵族则力图恢复失去的财产和权力。因此,梭伦改革既遭到贵族的反对,又得不到平民的全力支持。在完成所许诺的改革之后,梭伦离开雅典,出国旅游去了。

以后,雅典的阶级斗争进入了新的阶段。

梭伦在首席执政官任满后,即放弃全部权力离开雅典去远游了。据说他到过埃及、塞浦路斯、小亚细亚等地,一路上留下不少佳话和美谈。晚年他退隐在家,从事研究和著述,死后骨灰撒在了他曾为之战斗过的美丽的萨拉米斯岛上。

梭伦改革的伟大之处,在于他提出了"公正"这一观念。他在一首诗中写道:"我拿着一只大盾/保护两方/不让任何一方不公正地占据优势/我制定法律/无贵无贱/一视同仁。"梭伦抑制了平民与贵族的过分的欲望,在"公正"的旗帜下将一个氏族社会引入了国家的轨道,私有制诞生了。"毫无疑问,二千五百年来私有制之所以能保存下来,只是由于侵犯了财产所有权的缘故。"梭伦改革中,解除债务的政策,无疑是对债权人的一种"侵犯",但这种"侵犯"是一种执行社会公正的结果,是公正地推动社会进步的必要措施。雅典人民不负历史的厚爱,在梭伦之后的 200 年间,不断完善着公正的观念,创造了政治、经济、哲学、艺术、科技全面繁荣的希腊文明。

梭伦改革奠定了雅典乃至希腊的民主制度和自由之风的基础,而后者,却是欧洲民主制度的一个重要来源。梭伦改革,从某种意义上讲,对后来的世界资本主义民主制度的建立,有深刻的思想渊源。

平民与贵族的斗争继续发展,雅典人分成了三派:(1)平原派。主要是在平原地区占有大片较肥沃土地的贵族,他们主张实行极端的寡头政制,维护贵族原有利益。(2)山地派。主要是住在山地的小农、手工业者以及遭受债务奴役的人民,他们主张实行激进的民主政治,进行社会改革,他们是平民的下层。(3)海岸派。主要是住在沿海地区的工商业奴隶主。他们的利益不在于放高利贷、收地租和奴役的债务奴隶,而在于向海外发展商业,掠夺奴隶。他们的经济利益与贵族不同,在政治上不满贵族的特权统治。他们的经济地位也与下层平民不同,所以也不赞成山地派的激进主张,而主张温和的改革。这一派可以说是平民的上层。

公元前 594 年,在平民已组织起来准备用暴力实行改革的情况下,梭伦当选为第一执政官,开始实行改革。梭伦出身一个没落贵族家庭,青年时因家贫而出外经商,因此致富。贵族鉴于他的出身,平民鉴于他的经历,都同意他为"仲裁者"。梭伦的第一项重大措施是发布"解负令",取消债务,拔去债务人田地里表示抵押的牌子,禁止借贷的人身担保,废除了债务奴隶制,甚至把先前被贵族卖往国外的债奴也赎了回来。一时那些债奴和逃亡在外的农民,都以自由之身重新回到自己的土地上。梭伦的改革是侵犯贵族的财产以维护平民的利益,是取消贵族的债权以恢复平民的自由,在这一点上就具有政治革命的意义。亚里士多德在《雅典政制》中写道:"梭伦禁止以人身奴役作为贷款的抵押,他不但在当时,而且也在未来,都是解放了人民。"这段话并不算过分的美化。此外,梭伦还废除了德拉古所制定的那些过于苛刻的律令,并且创立了"陪审法庭",规定司法案件须由一定数目的陪审员陪审,期能杜绝徇私舞弊,使法治趋于清平。

梭伦改革的另一个重要内容,便是他把全体的雅典公民按照其财产的多寡分为四个等级:每年的收入合谷物 500 墨斗(1 墨斗约等于 52.3 公升)以上者为第一级;300 墨斗以上者为第二级；150墨斛以上者为第三级；其余无地或少地的贫民，则为第四级。不同等级的公民，在政治上的地位绝不相同。只有属于前三级的公民，才可以担任政府的公职。而政府的最高职位，必须由属于第一级的大贵族充任。在军事上，第一级和第二级的公民组成骑兵，第三级的公民组成重铠兵，第四级的公民则组成轻铠兵。梭伦按照雅典公民的财产状况来划分等级，这便意味着氏族制度的破坏，意味着私有财产的巩固。于是，一个全新的要素就被引用于政治组织之中：私有财产制。公民所享有的权利和义务，是按照他们土地财产的多寡来决定；而当有产阶级开始在政治上取得优势时，那旧有的由血缘关系所构成的集团便处于不重要的地位了。氏族制度又遭受到新的打击。

梭伦的第三项改革是在贵族会议之外另设一个由400人组成的议事会，由它来为公民大会准备提案。这样就使大会摆脱了贵族会议的直接控制，限制了贵族会议的一部分权利。此外，梭伦鼓励人们从事手工业，限制农产品输出。这也有利于工商业奴隶主，而不利于贵族。

恩格斯把梭伦从侵犯贵族财产所有权开始的一系列措施称为"政治革命"。因为梭伦改革打击了贵族，打击了旧的氏族制度，促进了雅典奴隶制经济和奴隶制国家的发展。另一方面，梭伦改革又很不彻底，他没有也不愿满足下层平民重分土地的要求，还在许多方面保留了贵族的利益。梭伦在自己的诗里说："我拿着一只大盾，保护两方，不让任何一方不公正地占据优势"。他要表明自己在贵族与下层平民之间不偏不倚，实际上正好表明他所持的是工商业奴隶主的立场。他绝不是超然的。

在此基本立法之外，对于希腊历史最重要者，是梭伦更增列若干其他法律以求解决当时之各项次要问题。首先，他使在习惯上早已认可之私有财产制合法化。倘一人有子嗣，在死亡时可将财产分配于诸子；倘无子嗣，可将其财产遗赠予任何人，在此种情形下通常其财产自动转入宗族。因此雅典自梭伦开始实施遗嘱的权力与法律。因梭伦本身系一商人，故亦经由开放公民权利以促进雅典之工商业，凡外国人具有各行业专长，欲携眷永久定居雅典者可获得公民权利。除橄榄油外，其他出自土中之产物均禁止出口，其目的是将生产过剩之农产品转移为工业。梭伦并且制定法律，凡父亲未传授其子一技之长者，儿子对父亲无奉养义务。对梭伦而言（并非对尔后之雅典人），工艺实具有其本身之荣誉与尊严。

梭伦的法律甚至亦涉及道德和礼仪的领域。长期的怠惰认为系一种罪行，生活荒唐淫乱者不得在民众大会发表演说。他使娼妓合法化并予课征税捐，他建立公共妓院，由政府发给执照并予监督，并以国库经费建一阿佛洛狄忒神殿。一位当时的诗人曾歌颂他："啊！梭伦，我们歌颂你，你为本城和本城道德的利益而设置公娼，因为这个城市充满了精力充沛的青年，如果没有你这个明智的措施，他们一定向良家妇女骚扰，因而对社会造成困扰"。他建立了"非德拉科的惩罚"，凡是冒犯自由妇女者，处以高额罚款，凡当场捕获通奸者（男方），准许将其就地处死。他限制妆奁的价值和数量，希望双方以爱情及为生育与抚养子女之目的而结合；他采取一种率直的信任，禁止妇女在衣橱内超过3套服装。他被要求订立反对单身汉的立法，但他认为妻子毕竟是一个很重的负担，因而拒绝。他制定法律，认为诽谤死者，或在神殿、法院、公共办公处所及竞技中中伤他人均为罪行，但这仍不能钳制雅典人爱说话的口舌，因为雅典和我们的情形一样，闲言和造谣似乎是民主的一个重要部分。他规定在雅典发生暴乱时采取中立者将丧失公民资格，因他认为大众对国事漠不关心可致国家于灭亡。他对浮夸的典礼、奢侈的牺牲和对丧葬的冗长哀悼

亚里士多德教导童年的亚历山大

都加以谴责，他也对殉葬的财货加以限制。他制定了一个非常有益的法律，凡殉国者的子女应由国家扶养与教育，这个法律为雅典人多年勇敢作战的主要原因。

　　梭伦对他的法律都定有罚则，虽较德拉科所订较缓，但仍甚严厉。他规定任何公民都可以对认为是犯罪的人提出控诉，为使他的法律更能为人了解与遵守，他把这些法律写在"王者"执政官"朝中"的木滚或棱柱上，以便能一面转动，一面阅读。他并没有像莱克格斯、米诺斯、汉谟拉比一样说他的法律系得自神谕，这种情形当然也反映了时代、城市和人们气质的不同。人民曾邀请他作为永久的独裁者，他未予接受，他认为"独裁者是一个很好的位置，但上去后没有路下来。"激进分子批评他未能建立财产和权力的平等；保守分子批评他不应让一般人民享受特权及进入法院，他们说这部法典的精神将是"智者恳求，愚者决定"。梭伦很谦虚的接受这些批评，承认他的法典并不完美。当有人问及他是否已给予雅典人以最佳法典时，他的答复是："不，但那是一部雅典人所能接受的最佳法典"——也就是当时在雅典能劝服各种不同利害集团所能共同接受之最佳法典。他采取中庸之道且保全了邦国；他可以说是"生于亚里士多德前的亚里士多德的好学生"。传说在特耳斐阿波罗神殿所刻的格言"从无过度"就是他的写照，同时所有希腊人都一致把他列入七哲（七贤）之林。

麦加拉禁令

　　公元前5世纪60年代以来，麦加拉时而倾向雅典，时而倾向科林斯。麦加拉的骑墙态度加剧了雅典和科林斯之间的冲突。公元前460年，麦加拉与科林斯失和，退出伯罗奔尼撒同盟，加入雅典海上同盟。但是，到公元前446年，它又解除和雅典的同盟，跟科林斯和好，引起雅典的仇恨。波提狄亚事件以后，科林斯竭力怂恿斯巴达和雅典开战，并支持麦加拉反对雅典。于是雅典借口麦加拉垦拓神庙圣地和庇护雅典的逃亡奴隶，就在公元前432年的民众会议上通过一项决议：禁止麦加拉商船在雅典和雅典同盟国的港口出入。这一禁令给麦加拉这个商业城邦以致命的打击。伯罗奔尼撒同盟在科林斯召开

同盟代表会议,会上麦加拉对雅典提出控诉。在辩论中大多数同盟国并不主张立即采取军事行动,而科林斯却坚持要向雅典宣战,并且终于说服了其他同盟国。不久之后,斯巴达再度召开同盟会议,通过一项决议,向雅典提出最后通牒:驱逐阿克米尼达家族(即要求驱逐雅典民主派领袖伯里克利),解除波提狄亚之围,取消麦加拉禁令。雅典断然全部予以拒绝,伯罗奔尼撒战争跟着也就爆发了。

十年战争

公元前431年3月,伯罗奔尼撒战争由斯巴达的同盟者底比斯夜袭雅典同盟城邦普拉提亚而正式爆发。底比斯300多人夜袭普拉提亚失败,一部分人战死,180人被俘,并立即被处死。5月,斯巴达国王阿基达马斯二世统率伯罗奔尼撒军侵入亚狄迦,蹂躏了雅典近郊的农村,砍伐雅典的橄榄树和葡萄藤。

从战争第一年到公元前421年双方签订"尼西亚和约"止,在伯罗奔尼撒战争史上,称这一阶段的战争为"十年战争",或按斯巴达国王名字命名为"阿基达马斯战争"。

战争开始阶段,双方的实力几乎是势均力敌,各有千秋。雅典的海军和财政力量雄厚,而斯巴达的陆军,尤其是重装步兵最强。

雅典方面,根据同盟贡税登记材料,到战争爆发时期已有300多城邦加入雅典海上同盟。雅典从各盟邦收取的贡税,平均每年有600他连特;雅典卫城还蓄存了6000他连特银币和价值3500他连特的金银珍宝。海军方面雅典拥有300艘三层船舰;陆军方面约有27000名重装步兵。

斯巴达方面,除小部分城邦外,几乎全部伯罗奔尼撒半岛上的希腊城邦都加入了伯罗奔尼撒同盟,而中希腊的底比斯等绝大多数希腊城邦以及西西里、叙拉古等许多希腊城邦也都是它的同盟者。伯罗奔尼撒的基本军事力量是陆军,根据古代希腊作家普鲁塔克记载,阿基达马斯二世率领的伯罗奔尼撒军和底比斯等中希腊的同盟者的重装步兵,第一次入侵亚狄迦的人数约6万人。伯罗奔尼撒舰队主要是由科林斯、麦加拉的船舰组成,加上其他一些同盟者的辅助舰队,总数不超过300艘,大体上相当于雅典舰队的数目,但它的战斗力却远不及雅典。在财政上,伯罗奔尼撒同盟也不能和雅典相比拟。不过据推算,它所能支配的数额仍然相当可观,在战争期间,要供给一支300艘船舰的舰队活动经费,一天至少要3他连特。

战争的第一年,伯罗奔尼撒军侵入亚狄迦的战略方针是竭力挑动雅典人出战。但是,雅典民主派的杰出领袖伯里克利却清醒地知道,雅典的重装步兵总额还不到入侵的斯巴达及其同盟者的一半,不能和他们正面交锋。他说服了雅典人,采取"坚壁清野,固守城垣"的方针。雅典人把妻室儿女和全部能携带的财产,甚至门板、窗格、大小牲畜都移植到城内或送往优卑亚岛,依据"长城"坚守;同时尽可能发挥它的海军优势,围绕伯罗奔尼撒半岛,破坏沿海城市,鼓动斯巴达的奴隶希洛人暴动。

战争的第一年夏天，雅典派了一支 100 艘三层船舰的舰队蹂躏伯罗奔尼撒沿岸，伯里克利也亲率雅典军侵入麦加里德进行破坏。从这时起一直到公元前 424 年，雅典军每年都多次入侵麦加里德，对斯巴达军屡次入侵亚狄迦采取报复行动。

第一次侵入亚狄迦的伯罗奔尼撒军，并没有跟雅典军正面接触，仅在亚狄迦停留一个月就进入彼奥提亚，在这里解散了同盟军，返回伯罗奔尼撒。

第二年，雅典再度派 100 艘三层船舰的舰队去进攻伯罗奔尼撒沿岸城市，蹂躏了许多地方。而斯巴达军也第二次入侵亚狄迦，6 月初进入雅典罗立温银矿区。他

雅典将军米太雅得

们在亚狄迦停留时间约有四十天，可是破坏程度却远比第一次严重。这时候，雅典城内瘟疫已经开始流行，斯巴达军又撤了回去。

西西里远征

缔约后双方都没有履行条约的诚意，除交换俘虏外，没有解决任何问题。斯巴达仍然占领安菲玻里，雅典也没有放弃派娄斯。斯巴达的同盟者科林斯、麦加拉、底比斯等自始就反对议和。不久雅典跟斯巴达因交换占领地的问题发生了争执。在和约后的六年零十个月里，双方虽然没有发生直接的武装冲突，但是他们的敌对活动从来就没有停止过。

克里昂死后，年轻的亚西比得担当了雅典激进民主派的领袖。据说他的军事才能、演说技巧、英俊仪表、富有资产，在雅典素负盛名。但是，他生活腐化、贪求功名和投机取巧，在他的政治生涯中，几次改变立场，不惜公然背叛祖国。

亚西比得一登上政治舞台，就竭力鼓吹恢复战争，主张立即向西西里远征，同时还不遗余力地攻击尼西亚。公元前 420 年他当选为雅典将军。亚西比得的远征冒险计划，反映了雅典日益增多的破产公民希望通过战争寻找出路的好战情绪和侵略野心。古代作家普鲁塔克写道，这时期的雅典公民用贪婪的目光把西西里看作富有的谷仓。青年人听了亚西比得煽动性的演讲，热望着战争。雅典公共场所的沙土地上，到处画着西西里、迦太基的地图，随时可以听到热烈的谈论。

公元前 415 年，雅典借口援助西西里的同盟国厄基斯泰，发动了西西里远征。厄基斯泰和它的近邻栖来那斯因婚姻纠纷和对一块土地的争执发生冲突。栖来那斯早就跟斯巴达在西西里的同盟者叙拉古结盟，厄基斯泰为对付栖来那斯，便派代表向雅典求援，并带给雅典相当于 60 他连特的白银。

雅典民众会议通过决议，决定派遣六十艘船舰赴西西里援助厄基斯泰，任命亚西比

得、尼西亚、拉马科斯三人为远征军将领。拉马科斯是一个年高而有经验的将领，他同样热衷战争，喜爱冒险，但又因非常吝啬而不大受雅典人欢迎。尼西亚是一个十分谨慎、保守、优柔寡断的统帅，他自始就反对远征。雅典人选举他的理由，按雅典人的说法是用清水冲淡烈酒。也就是说用尼西亚的小心谨慎配合亚西比得和拉马科斯，事情就可以进行的更顺利些。

5天以后，雅典又召开了一次民众会议，讨论远征船舰的装备和军需供应问题。会上尼西亚发言坚持反对冒险远征，认为后方的斯巴达时刻威胁着雅典，远征不合时宜，并且抨击亚西比得年轻（时年30岁）、生活腐化和贪求功名，不称职。但是，大多数雅典公民并不支持他的发言。亚西比得充满煽动性的发言答复说："我有青年的勇气，尼西亚有幸运的名声，你们会从我们两人所能贡献地得到好处。"他又指出西西里无足够的武装和互不团结的弱点，认为西西里是不难征服的。

民众会议没有改变远征的决议，尼西亚勉强接受远征将军的职务，随后他向民众会议提出一项庞大的军备计划。民众会议又通过一项决议，授予远征将军调集从征人员和处理一般军事事务的全权。会后，雅典马上派使者去通知各同盟国。雅典也开始了挑选最优良的战士和水手，以及往船上搬运武装和粮食的紧张工作。

雅典远征准备工作即将完成的时候，城内却发生了一桩惊人的事件。有一天夜里，大多数竖立在十字路口的"赫尔美"神雕像的面部，居然被人捣毁。"赫尔美"神是希腊手工业和商业之神，也是航海与旅行者的保护神。按雅典人的信仰，这当然是远征的不祥之兆，这样重大的渎神案是必须追究的。城内散播着一种谣言，说与亚西比得有关，实际上这是贵族寡头分子和亚西比得的政敌搞的阴谋。他们暗地里尽量夸张事件的严重性，散布恐怖气氛，说这是亚西比得企图建立僭主政治阴谋的一部分。

亚西比得要求在远征前审讯这个案件。然而他的政敌却很明白，这时来召开民众会议审讯，毫无疑问，亚西比得会得到远征军的支持。而且雅典公民迫不及待地远征情绪，也不容许拖延出征日期，于是他们鼓动远征军立即出发，等到远征归国后，再行审理。其实，这是一个阴谋，他们早已确定在出征的途中召回亚西比得本人受审，那时他就失去远征军的支持了。

公元前415年6月，雅典的大部分同盟国已经接到通知，派遣它们的船舰运载大批军队、粮食、军需品到科西拉集中。

雅典一百艘扬帆待发的三层船舰，停泊在庇里犹斯港。这支远征舰队装备的齐全、精良、华丽，在雅典是史无前例的。修昔底德说，"它好像是一次显示雅典的力量和伟大的示威运动，而不像是一支出发进攻敌人的远征军"。

赫拉神庙是奥林匹亚作为圣地地支持了一个见证

起航那一天的黎明，舰队照例在航行前举行奠祭和祈祷，遥向岸上送别的亲人告别，排成纵队徐徐航行出港。

雅典舰队抵科西拉后，汇合同盟国的船舰，再渡过亚得里亚海前往西西里。雅典这支庞大的舰队共由134艘三层船舰和两艘五十桨大船组成，运载着5100名重装步兵，1300名轻装步兵与30名骑兵，此外还有许多面包师、石工、木工。远征的人数达3万人以上，这还不算自愿尾随做生意的大量商船和小船上的人。全部军需物资用30艘商船装运，其中包括大批的粮食和全套建筑要塞的工具。

远征舰队按原定路线沿着意大利海岸向西南航行，沿途他们并不受意大利的希腊人欢迎。三位将军经过几番争执，才按亚西比得的计划先去跟西西里的麦散那结盟，但没有成功。他们就偷袭了卡塔那城，再从卡塔那驶到叙拉古，登陆劫掠，跟叙拉古的骑兵发生初次交锋，然后又退回卡塔那。正当这个时候，意外的事情突然发生了。

雅典国家战舰"萨拉米号"带着民众会议的命令，传讯亚西比得和其他几个人回国受审。亚西比得不得不交出指挥权，乘自己的船跟随"萨拉米号"返航回国。但当他们航行到意大利的条立爱时，亚西比得就乘隙潜逃了。不久，他坐小船投到斯巴达方面。雅典民众会议做了缺席审判，判处他和他的几个同伴死刑，他的全部财产充公。亚西比得听到这个消息就向斯巴达提出两项建议：一，斯巴达应立即派一支舰队援助西西里；二，斯巴达陆军应长期占领雅典近郊的狄西里亚。斯巴达完全接受这两项给雅典以致命打击的建议。

雅典远征军在尼西亚和拉马科斯率领下，没有马上去进攻叙拉古。他们把远征军分为两部分，分别指挥。他们率领舰队沿西西里北岸航行，中途攻陷了海卡拉，把它的全部居民都卖为奴隶，土地交给厄基斯泰。

雅典一部分陆军和厄基斯泰人的骑兵从西西里腹地的陆路返回卡塔那，然后派半数军队去进攻机拉地区的亥布拉，结果受到亥布拉的坚决抵抗，没有攻下。转眼间，夏季也就过去了。

冬季开始后，雅典远征军才包围叙拉古，亥布拉的抵抗增加了叙拉古御敌的信心。雅典军和叙拉古的第一次交战，叙拉古军被截成两段，溃败进城。第二年春天，雅典陆军建筑了一道包围叙拉古的城墙和环塞。叙拉古为了对抗雅典的包围，也建筑了一道切断雅典与外界联系的反包围城墙，这一条城墙在雅典建筑的环塞下面，与雅典人所建筑的城墙成直角。雅典舰队乘叙拉古人建筑城墙的时机，驶进叙拉古大港，占据了海岸地带。雅典围困叙拉古的前一阶段是很成功的，不过在一次激烈的战斗中，雅典军将领拉马科斯却阵亡了，从此，雅典军指挥的重任完全落到尼西亚的身上。

雅典远征军的节节胜利使西西里和意大利许多希腊城邦都投到雅典方面。粮食和大量军需物资都源源从意大利运来。叙拉古几乎绝望了，城内一部分奴隶主开始和尼西亚秘密谈判投降的条件了。就在这个关头，斯巴达的援军开到了西西里。

斯巴达的七百名援军由有经验的统帅吉利普斯率领在希米拉登陆。他们联合希米拉的轻装步兵1000人、骑兵100人及其他希腊人1000人，占领了雅典军的几处工事，从叙拉古北面进入城内。叙拉古士气受到很大的鼓舞，他们完成了反包围城墙的建筑，雅典军企图从陆上切断叙拉古外援的计划破产了。科林斯的 12 艘船舰也乘雅典海军不备驶进港口。雅典军队开始转入不利地位，他们船舰上的划船奴隶和雇佣水手开始逃亡，严重破坏了舰队的战斗力。船舰的供应也开始接济不上了，士兵和水手们不得不远离海岸去寻找烧柴和饮水，因而时常遇到敌人的骑兵袭击，付出重大代价。消极、胆怯、犹豫的尼西亚派人给雅典送回一封信，借口生病请求免除他的职务，另派人来担任指挥，如果不召回远征军，就需要再派一支与远征军同样大的援军前来增援。

雅典民众会议反对撤军，也不同意免除尼西亚的职务。会议决定再派一支远征军增援，选举德谟斯提尼和攸利密顿任统帅。攸利密顿带领十艘船舰和 120 他连特先去西西里，德谟斯提尼组织第二批远征军随后出发。

公元前 413 年春季，斯巴达军侵入亚狄迦，蹂躏了平原区的乡村，占领了离雅典 20 几公里的狄西里亚，并在这里长期设防，控制了雅典整个平原区的最富庶部分。从这时起，雅典公民必须日日夜夜在城上轮流警戒了，雅典的处境十分危险，但他们为了在西西里取得胜利，仍以很大决心重新组织了第二批远征军，在德谟斯提尼率领下开赴西西里。

在雅典集结第二批远征军的时候，围困西西里的雅典战舰在一次海战中被击沉了 7 艘，雅典军的状况更加恶化。西西里的希腊城邦几乎全部又倒向叙拉古。在这个紧急时刻，雅典第二批舰队驶进叙拉古大港。

雅典 72 艘华丽的船舰又运来约 5 千名重装步兵和 3 千名轻装步兵，另外还有大批水手。雅典援军的到来，引起叙拉古人的震惊。德谟斯提尼建议乘敌人惊慌、迷惑的时候发起攻击，如果不能立即攻陷叙拉古，便撤军回国。

雅典军迅速投入战斗，他们先劫掠了附近的乡村，然后用攻城器械攻城，结果被叙拉古人纵火烧毁。雅典军继而夜袭叙拉古的厄庇波利地区，但又遭到意外的惨败。

雅典军营中召开了军事会议，德谟斯提尼坚持撤兵回国，不然就先把军队撤到卡塔那和塔普萨斯，攸利密顿也支持他的意见，但尼西亚却担心回国会受到雅典的谴责或被处死，不同意撤军。同时他与城内一部分想把叙拉古出卖给雅典的奴隶主有秘密联系，据他们提供的特殊情报，叙拉古财政非常困难，如果继续围攻，城内情况就会恶化。但是，在会议上尼西亚既不同意撤军又不公开他的秘密的特殊情报，以致撤军问题拖延不决。不久，斯巴达第二批援军又抵达叙拉古，大批西西里的军队也都集中到叙拉古来；而雅典的困难却日益增加，患病的士兵愈来愈多，最后尼西亚也不得不赞成撤军。可是，正当他们准备撤军的时候，一天夜里，忽然发生月蚀（即公元前 413 年 8 月 27 日月蚀）。多数雅典人都非常恐惧，过分迷信的尼西亚依预言家的指示下令，等过了三个九天之后再讨论如何撤军的问题。在这期间，叙拉古趁机训练和改进了它的海军，雅典海军的战术优势也就丧失了。

不久，叙拉古的 76 艘船舰发动了一次攻击，雅典以 86 艘船舰迎战，攸利密顿指挥的右翼被拦截于一个狭窄的海湾里，攸利密顿战死，他率领的船舰大部分被歼灭，其余雅典的船舰也被封锁在海边。叙拉古人在海港外围布置了木栅，阻拦雅典船舰出港。

但是，雅典军最大的危机还是粮食的断绝。他们再次召开军事会议，会议决定放弃一段围城的城墙,在海岸另建一道防御城墙,以便安置全部病号和伤员,留下一部分军队保卫;其余凡能手执武器的人都登舰作战,冲破封锁,在海上做一次殊死的战斗;如果获胜就开往卡塔那,失败就焚毁船舰,从陆路撤退到西西里西部。到这时为止,雅典只有110艘可以航行的船舰了。

雅典海军发起突围并迅速冲破栅栏障碍物,击溃栅栏前的敌舰。然而叙拉古已做好截击准备,大部分船舰坚守在港口的外围,布成半圆形阵势,阻挡雅典舰队出港。一场大规模的海战发生了。在这个狭窄的港湾里,双方密集了二三百艘船舰,战斗之初,他们互相投射武器,然后便展开了短兵相接的肉搏战。战斗激烈地持续了很长时间,最后叙拉古人竭尽全力,发动一次猛烈的冲击,把雅典舰队打得一败涂地。

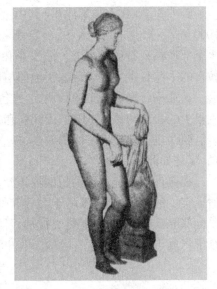

尼多斯的阿鞭罗狄忒雕像

经过这一次海战,双方的船舰都所剩无几。雅典仅剩下60艘,而叙拉古也只有50艘了。德谟斯提尼提议,再配备他们的船舰,在黎明前冲出港口,可是雅典的士兵再也没有登舰突围的勇气了。现在他们唯一的希望寄托于从陆路撤退。沮丧的雅典人行动迟缓,第二天才陆续出发。而叙拉古和斯巴达的军队已经把他们一切可能撤退的路线都封锁了,并在河流地带驻扎了军队。

撤退的雅典军不下4万人,他们分成前后两队退却,尼西亚率领前队,德谟斯提尼指挥后队。在途中,叙拉古的骑兵和轻装步兵不断袭击他们,杀伤了他们很多人。撤退的第一天他们总共才走了7公里的路程,第二天只前进了3公里多一点。第三天,他们为了夺取一个隘口,战斗持续了一天,直到第四天也没有攻下。于是,他们被迫改变方向,从平原地带退却。那正是初秋季节,天空下着细雨,隆隆的雷鸣震动着灰心绝望的雅典士兵的心。

撤退的第五天,雅典人完全断绝了粮食,叙拉古人从各方面袭击他们,他们前进不到1公里。当夜幕降临的时候,他们扎了营。夜里他们燃起许多篝火欺骗敌人,然后偷偷向南方海岸退却。但是夜间行军,前后队失掉联系,后队远远落在后面。黎明时,叙拉古骑兵追上了雅典的后队,把他们包围在一个橄榄园里,向他们投射武器。最后,雅典军只剩下6000人,向叙拉古人投降。

第二天尼西亚率领的前队也被包围了,尼西亚派人和叙拉古谈判,要求放他们回国,愿以雅典人为人质,赔偿叙拉古的损失。叙拉古拒绝了尼西亚的要求,并立刻向他们发起猛烈进攻,直到黄昏才停止。夜间尼西亚率军奋力逃跑,拂晓到达阿栖那鲁斯河边。许多人因抢渡过河跌进河里。而驻守在陡峭对岸的叙拉古军队,居高临下,向他们投射武器,河里填满了雅典人的尸体。尼西亚终于投降了,剩下的人数总共不到1000人。

　　雅典军7000人当了俘虏,其中大部分成了私人的战利品,交给叙拉古城邦的只有1000人左右。这1000人中,除原来是奴隶或雅典同盟城邦的人被卖为奴隶外,其余雅典人全部送往采石场做苦工。尼西亚和德谟斯提尼押解进城后,立即被处死,因为统治叙拉古的一些奴隶主唯恐泄漏了他们与尼西亚秘密谈判投降的事。

　　送往采石场做苦工的雅典人,被囚在一个露天石坑里,在连续8个月中,每天只能得到很少的粮食和饮水。他们因疾病和营养不良而死亡,尸体堆积在活人中间。

　　西西里各地充满了俘虏奴隶,一些人的前额上被打上马形的烙印。雅典远征军的结局,就是如此耻辱和悲惨。

　　雅典远征军全军覆没的噩耗传到雅典,起初雅典人很难相信,但是当可怕的消息最后证实了的时候,全城都陷于哀嚎和惊慌之中。的确,雅典丧失了它最精良的军队和几乎全部舰队,雅典的海上威力被摧毁了。从此以后,雅典和斯巴达双方的战争虽然还继续了将近10年,然而这一次的惨败却注定了雅典最后失败的命运。

罗马的诞生

　　在古代罗马史上,关于罗慕洛斯建国有着动人的传说。相传小亚细亚的特洛耶城被希腊人攻陷后,该城的英雄伊尼亚率领一些保卫城市的人逃了出来。他们在海上漂泊了很久以后,来到意大利海岸一个叫拉丁的地方定居下来。伊尼亚的儿子在这里建立了一

公元前390年,罗马居民抵抗高卢人的入侵场面。

座城,命名为阿尔巴·龙加,世代为王。当努米多尔为王时,他的阴险残暴的弟弟阿穆留斯篡夺了王位,同时杀死了努米多尔的儿子,并强迫他的女儿列雅·西尔维娅当了维斯塔女神的祭司,禁其婚配。不久,西尔维娅与战神马尔斯生了一对孪生兄弟。阿穆留斯

听到消息后非常愤怒,就派人将这对婴儿抛入第伯河。可孩子却被冲到岸边,一只母狼用奶汁哺育他们。后来兄弟俩被国王的牧人发现了,把他们养大成人,哥哥叫罗慕洛斯,弟弟叫勒莫。当他们知道了自己的身世后,组织起一支队伍,杀死阿穆留斯,夺回了阿尔巴·龙加城及王位。但兄弟俩不想留在那里,他们将政权交给外公努米多尔之后,在过去被丢弃得救的地方另建新城。后来因用谁的名字来命名新城发生了争吵,罗慕洛斯杀死弟弟,以自己的名字命名新城为罗马。据罗马作家瓦罗的推算,罗马建城的年代为公元前754~前753年,古罗马人就以这个年代为纪年的开始。近代考古学和史学研究成果表明,这些传说是不可靠的,实际上自公元前1000年代的初期,属于印欧语系的人已移入拉丁平原,其中主要一支是拉丁人。他们在第伯河岸的巴拉丁等山区上建立起居住地。公元前7世纪~前6世纪,拉丁人以阿尔巴山的丘庇特神庙为中心,结成了拉丁同盟,公元前6世纪末形成国家。

罗马历的创立与发展

最早的罗马历相传是古罗马的建国者罗慕洛斯于公元前738年制定的。这种历一年只有304天,共10个月,其余的被略去,结果冬季是缺历的空白。约公元前713年,相传"王政时代"的第二王努玛·庞皮里乌斯在位时,对原来的历做了改订,即在年初和年末各增加1个月,创立了12个月的历法。其中1、3、5、8月每月31天,2、4、6、7、9、10、11月各29天,12月为28天(或29天),全年为355天(或354天),比太阳年短10天。因误差大,需以不时加进一个27日(或28日)的闰月的办法来协调历法与季节的不一致。又兼祭司们出于政治需要随意改历,以延长和缩短某些长官的执政时间,因此这种不合理定制的历法是很混乱的,实际应用多有不便。公元前1世纪中叶,罗马统治者恺撒聘请亚历山大里亚天文学家索西格尼对传统的历法进行了改革。索西格尼以古埃及太阳历为蓝本,创立了"儒略历"(因恺撒姓氏是儒略,亦译尤里乌,故名)。这种历法规定:平年365天,每4年置一闰年为366天。其中1、3、5、7、9、11月每月31天,4、6、8、10、12月每月30天,2月平年29天,闰年30天。"儒略历"于公元前46年公布,公元前45年正式实行。屋大维执政期间,对"儒略历"又做了某些改动:按罗马人以单数为吉的习惯,将2月减1天加于8月,故8月变成大月;又因屋大维自己出生于8月,故将8月命名为"奥古斯都"。同时9、11月各减一天,定为小月,10、12月改为大月。这种历法各月参差不齐,无规则性,使用亦多不便,但在西方一直使用到16世纪。

希腊实行大殖民运动

公元前8世纪~前6世纪,希腊形成了众多的城邦国家。这些城邦共同的特征是"小国寡民"。这种地域狭小的城邦要求公民人数和生产力发展水平应有一定的比例关系。但这一时期人口的增长速度已远远超过城邦生产力的发展水平,调整这一局面又能保存城邦的唯一办法便是向外移民。此外,有的人因失地破产,被迫去海外寻求土地,有的因贵族内部斗争失败而仓皇出逃,有的因自然灾害而背井离乡,也有的手工业者和商人要到海外寻求销售市场和工业原料。由于种种原因,使希腊形成了向海外殖民的大浪潮。这一殖民运动的范围极广,东北到爱琴海诸岛及黑海入口附近地区,南到埃及、利比亚,西到南意大利、西西里岛等地区。一批殖民城市如西诺普、拜占庭、库科涅、诺克拉、麦加拉、丘米等如雨后春笋,遍布在这一广阔的领域内。殖民者在殖民地建立起城邦,它们在

希腊人在萨拉米斯大败波斯海军。这是希腊战船。

政治上完全独立,但在经济上与母邦有着较密切的联系,并保持了母邦的风俗习惯和宗教信仰。希腊大殖民运动是希腊人对殖民地区居民的侵略行为,但这一运动扩大了希腊的影响,传播了希腊文明,同时吸收了世界各地的先进文化,促进了希腊世界政治、经济和文化的发展。

希腊人修建阿波罗神殿

据希腊神话讲,天神宙斯曾向两个相反方向放飞两只鹰,它们却在特尔斐相遇。于是特尔斐被认为是世界的中心点,又有"大地的肚脐"之称。特尔斐以前被巨蟒皮托盘踞,后来太阳神阿波罗杀死皮托,成为特尔斐的主宰。在特尔斐附近的帕尔那索山(在弗

西斯境内)旁有一条裂缝(或山洞),升起一种神秘气体,它能使人在陶醉中与阿波罗神相通,体会阿波罗神的预言。一个牧羊人偶然发现了这个秘密,以后当地居民选出一个50岁以上的妇女佩提亚为女祭司,专司传达神谕之职。大约在公元前8世纪,人们在弗西斯境内神秘气体附近修建了特尔斐神托所,即阿波罗神殿。主殿长60米,宽23米,用石灰石作殿基,上面用大理石叠砌而成。整个建筑分为三个部分。前部大厅上刻有古代贤哲尊神的箴言。中部竖立着阿波罗、赫拉等众神塑像,并有始终燃着月桂枝的火炉。后部是密室部分,存神秘气体(可能是硫磺气体)中,佩提亚坐在三足鼎上,口中念念有词,以传达阿波罗神的旨意,旁边的祭司记下来作为征求神谕者的回答。公元前548年,特尔斐神庙遭大火焚毁,公元前508年重修。公元前372年因山石滑落再度受损,公元前329年又修葺一新。此期间为特尔斐神庙的财产,弗西斯与其他希腊城邦发生多次圣战,使神庙的控制权几易其主,后又遭马其顿掠夺。罗马时代被并入罗马管辖。到罗马皇帝狄奥多西在铲除异教的冲动中,特尔斐逐渐销声匿迹了。直到1881年,才被考古学家发现。在整个希腊时代,特尔斐一直是希腊宗教中心。在古风时代、古典时代,它常常左右希腊各邦的政治、经济的发展,甚至对人们思想意识起了难以估量的影响。它在当时希腊人心中的地位,正如伊斯兰教徒心中的耶路撒冷一样神圣。

罗马建立元老院

元老院是罗马国家重要的权力机构。它起源于氏族社会末期,即罗马历史上的"王政时代"(公元前8世纪中叶~前6世纪末),罗马传统认为,它是由罗马的建国者罗慕洛斯组建的。其成员最初为100人,后增至300人。由氏族长老组成,是"王"奉行内外政策的咨询机构,并有权批准人民大会的决议。从共和国(公元前6世纪末~前1世纪后期)时代起,其成员先由执政官审定,后改为监察官审定。元老是分等级的,占首位的是所谓坐圈椅的(高级的)元老,即卸任的高级官吏,如独裁官、执政官、监察官、行政长官和坐圈椅的(高级的)营选官。次之是卸任的平民营造官、保民官和财务官,以及没有担任过高级官职的元老。它拥有军事、行政、财政、司法和外交等方面的权力,是罗马共和国核心领导机构和最高行政机关,在国家政治生活中占有重要地位。在共和国后期,贵族派以它为堡垒同民主派进行斗争,借以维护传统势力,一些独裁者(如苏拉)常以控制元老院来强化其统治。到帝国时代(公元前1世纪后期~公元5世纪),随着皇权的加大,元老院权力被削弱,逐渐失去其重要作用。

《荷马史诗》问世

公元前12世纪,斯巴达王后海伦被特洛耶王子帕里斯诱拐,因而导致了希腊联军与特洛伊之间旷日持久的大战。在长达 10 年的战争背景下，涌现了许多可歌可泣的希腊英雄，以及围绕英雄们而出现的悲喜剧。这些一直激荡着希腊人的心灵，人们开始口头传颂，讴歌英雄们的伟绩，行吟诗人和诗朗诵者更在节日或贵族盛宴上吟唱。经过无数人的加工、渲染，又加了许多想象的神奇色彩。公元前 8 世纪，伟大的盲诗人荷马对其进一步加工、提炼，基本上形成了史诗的两大部分《伊利亚特》《奥德赛》的雏型，但这时仍属于口头创作。大约公元前 7 世纪时，小亚的一个诗歌朗诵班称为"荷马族人"，他们手头可能已有史诗部分记录的抄本。约公元前 6 世纪雅典僭主庇西特拉图时代，开始了有意识地请人收集、记录史诗，并全部编定成本，在社会上广为流传。到公元前 3 世纪，亚历山大里亚的学者对史诗重新分类整理，按事情发生的先后顺序和各自所围绕的中心进行调整，基本上已是我们现在看到的体例和艺术风格，只是部分已经失传了。《伊利亚特》24 卷，共 15693 行，讲述战争第 10 年中最初 51 天

奥德赛和他的同伴奋力用棒子刺向敌人的眼睛

希腊联军中发生的故事。《奥德赛》24 卷，共 12110 行，描绘伊大卡国王奥德赛荣归故里，路上所耗 10 年间所发生的光怪陆离的故事。《荷马史诗》部分真实地记录了发生在公元前 12 世纪的希腊与特洛耶的大战。是我们研究希腊从军事民主制向国家过渡的重要史料。史诗是否真为荷马所作，所反映的时代究竟为何时以及是否有荷马其人等，至今仍无定论。

希洛式奴隶制在希腊产生

公元前 21 世纪，多利亚人南下。其中的一支进入拉哥尼亚地区，被称为斯巴达人。他们定居拉哥尼亚之后，将一部分土著居民（阿卡亚人）变为"边区居民"，称为"庇里阿西人"。这些人是自由民，但不是斯巴达公民。大约公元前 9 世纪末~前 8 世纪初，斯巴达人剥夺了庇里阿西人的平等地位，并强迫他们纳贡，结果引起居住在南部希洛地方的庇里阿西人的不满，起来同斯巴达人进行斗争。斯巴达人征服了他们，进而把他们置于奴隶地位，受斯巴达人的奴役和剥削。希腊的希洛式奴隶制由此而产生（另说，希洛一词可能源于美塞尼亚的一个城市）。公元前 8 世纪后期，斯巴达人侵西部美塞尼亚。美塞尼亚人虽然进行了长期的抵抗，但最终还是被斯巴达人征服。当地居民除少数逃往外地，大部分被斯巴达人变为希洛人，希洛制也随之流行起来。希洛人是斯巴达国家的集

体奴隶，他们必须穿标志自己地位低下的衣服，每 7 家依附在一户斯巴达人的份地上，为主人耕种土地。每年要向主人缴纳 82 麦斗大麦及一定数量油和酒，约占收获量的一半。剩下的一半为 7 户希洛人所有，以维持他们的最低生活。斯巴达人可以任意打骂杀戮希洛人，但不能转让、买卖。战时希洛人要充当轻装步兵，随斯巴达出征。打起仗来，他们在斯巴达前面去冲击敌人，用鲜血为斯巴达人铺平通向胜利之路。斯巴达人为防止希洛人起义，常以极为残忍的手段屠杀希洛人。新上任的监察官都要对希洛人做形式上的宣战，以表明他们可以任意杀害希洛人。同时，斯巴达人经常发动他们称之为"克里普提"的恐怖行为，屠杀希洛人中的健壮者和优秀分子。希洛制作为奴隶制度的一种类型，在希腊别的地区也存在过（如狄萨里亚）。也有的史家认为希洛人不是奴隶，而是农奴。

《奥义书》陆续成书

该书为古代印度婆罗门教文献中的一类，自公元前 600 年起陆续成书，用散文或韵文写成。《奥义书》的梵文原意是"近坐""秘密的相会"，引申为师生对坐所传的"秘密教义"，也被称为"吠檀多"（意为"吠陀的末尾"或"吠陀的最高意义"），是诠释《吠陀》经典的作品。传世的《奥义书》有 200 多种，最晚的是 16 世纪的作品。《奥义书》已在诸多方面摆脱了宗教神话的内容，从哲学角度探讨人的本质，世界的起源，人和精神世界的关系，死后的命运等问题，内容庞大芜杂，相互矛盾。其中最古的部分据考证为 13 种，最重要的有《广森林奥义》《唱徒奥义》等。

印度婆罗门教的《梵书》

《梵书》又称《净行书》，是古代印度婆罗门教文献中的一类，是解释《吠陀》经典中有关的祭祀起源、目的和方法以及赞歌、祭词、咒术的意义的文集，以散文体裁写成，也是语言学上的重要文献。四部《吠陀》本集都有各自的梵书，如《爱达罗氏梵书》是《梨俱吠陀》所属的梵书，《百道梵书》是《耶柔吠陀》所属的梵书，《二十五大梵书》是《沙摩吠陀》所属的梵书等。其形成年代约为公元前 10 世纪~前 8 世纪左右，留存至今的有 14 或 15 部。《梵书》的内容虽然主要是宗教仪式、神话、巫术，但也涉及自然科学和社会生活，反映了雅利安人从南亚次大陆西北五河流域渐次向东南迁移的历史。

埃及舍易斯王朝建立

新王国衰落后，古代埃及陷于南北纷争，外族入侵的动荡局面。早在第十九王朝统治时期(公元前 1320~前 1200),利比亚人就有定居三角洲的野心。第二十王朝时期(公元前 1200~前 1085),法老的卫队、朝臣以及驻军中多为利比亚人,并且势力越来越大。第二十一王朝时(公元前 1085~前 945),法老的统治中心在北主的塔尼斯城,而南方的底比斯则由僧侣势力所控制,实际形成了南北对峙的局面。利比亚雇佣兵首领沙桑克趁分裂之机,在布拢斯梯斯建立了第二十二王朝(公元前 945~前 817),并进军底比斯,占领了该城。随后任命其子为阿蒙神庙的最高祭司,迫使众多的阿蒙僧侣逃亡国外,埃及暂时统一起来。大约在沙桑克三世统治时期,阿蒙神庙僧侣势力又在底比斯建立了第二十三王朝(公元前 817~前 730),统一了一个世纪之久的埃及又分为两个王国。第二十三王朝后期,北方舍易斯的统治者特夫那赫特(利比亚人)据地自立,建立第二十四王朝(公元前 730~前 715)。此时,三角洲和中埃及各地纷纷称王,一片混乱。而自古王国以来一直为埃及掠夺、奴役的努比亚人也乘势独立。他们以那帕特为中心建立二十五王朝(公元前 730~前 656),并向北方扩展势力。第二十五王朝晚期,亚述人侵入埃及,与努比亚人反复争夺于孟斐斯、底比斯之间,第二十五王朝的势力因此而削弱。特夫那赫特的后裔普萨姆提克借机在舍易斯建立起第二十六王朝(公元前 664~前 525),史称舍易斯王朝。至此,埃及经几个世纪之久的内部纷争、外族侵扰之后,又重新统一起来,并且在各方面均呈现出繁荣的景象。因此,这个时期被称为埃及的"复兴时代"。

环绕非洲探险

根据希罗多德记载,古代埃及第二十六王朝法老尼科为了促进与非洲的贸易和与南方的通商关系,雇用了腓尼基水手去非洲海岸探险。他们从苏伊士湾出发南行,每年上岸播种,收割以后再往前航行。在旅行开始时,太阳从他们的左边升起,但经过了海岸的某些部分以后,突然发现太阳正从他们的右边升起,这证明已环绕航行一周了。最后,他们通过直布罗陀海峡、地中海回到尼罗河三角洲,全部航行用了将近三年的时间。这次奇异的海上航行一直被人们所怀疑,但现在却得到一些考古学证迹的支持。

新巴比伦王国建立

新巴比伦王国是在迦勒底人反抗亚述统治的斗争中建立的,因占据巴比伦城而建国。为与古巴比伦相区别,学术界通称为新巴比伦王国,亦称迦勒底王国(公元前 626~前 538)。那波帕拉沙尔是迦勒底人反抗亚述统治的著名领导人和建国者。公元前 626年,他率军打败亚述,占据了巴比伦城,宣布建国。公元前 614 年,又与米底结成反亚述联盟。公元前 612 年,联军攻陷了尼尼微亚述统治中心,推翻了亚述帝国的统治,从而确立了相对稳定的新巴比伦王国统治。其版图领有美索不达米亚大部分,叙利亚、巴勒斯

正在复原中的新巴比伦尼亚都城

坦以至阿拉伯北部地区。尼布甲尼撒二世统治时期（公元前604~前562），新巴比伦王国最为强大，此后逐步走向衰落。公元前538年，新兴的波斯帝国吞并了新巴比伦王国，新巴比伦王国因而灭亡。

罗马塔克文王朝建立

据罗马传说，当"王政时代"第四代王安卡斯在位时期，伊达拉里亚之塔克文城的一个富豪迁居到罗马城来，罗马人把他叫作塔克文。其父德马拉图是科林斯的希腊人，由于伊达拉里亚人对异邦人的苛待，塔克文全家便迁到罗马定居。此后，塔克文靠自己的聪明才智和超人的胆识，得到罗马人的赏识，并受到国王安卡斯的信任。安卡斯王死后，塔克文于公元前616年被罗马元老院正式选为国王，建立了塔克文王朝（公元前616~前509）。塔克文治世38年，罗马史上通常把他叫作"老塔克文"。他统治罗马期间，相传曾建成丘庇特、朱诺和米涅娃一体的大庙。公元前578年，老塔克文被前罗马王安卡斯之子所暗杀。继承王位的是塞维阿，相传为女奴之子，为主母所赏识，娶老塔克文之女而得以继位。塞维阿统治时，实行了罗马史上著名的政治改革。公元前534年，老塔克文的儿子琉喜阿斯杀死塞维阿并取得了王位，罗马历史上称琉喜阿斯为"高傲者塔克文"。公元前509年，"高傲者塔克文"被罗马人驱逐，塔克文王朝告终，罗马"王政时代"亦随之结束。

尼布甲尼撒征服犹太国

　　尼布甲尼撒二世(公元前605～前562在位)是新巴比伦王国著名的统治者和征服者。尼布甲尼撒二世当政治国期间,对犹太的征服成为他武功胜利中的最显赫事件。为后妃修建的"空中花园",成为他风流韵史的一部分。公元前586年,尼布甲尼撒二世远征犹太,同年7月攻陷首都耶路撒冷,灭犹太王国。按照亚述攻城略地、掳民掠财的征服办法,他将犹太人的一部分强行迁往巴比伦城。据《圣经·旧约》记载,犹太国王及王室、贵族官史全被掳去,还有战士17000人,木匠、铁匠1000人。"除了极贫穷的人以外没有剩下"。这件事,在犹太史上被称为"巴比伦之囚"。犹太上层在巴比伦度过了近半个世纪的流放失国生活。在长期的痛苦磨难中,犹太人中间逐渐萌发了"救世主"观念,成为后来犹太教形成的一个重要酝酿阶段。直到公元前538年,波斯攻陷巴比伦,灭亡新巴比伦王国,犹太人臣服于波斯,才得以返回故国巴勒斯坦地区,重建神权政体国家。

新巴比伦国王建造空中花园

　　空中花园一称"悬苑",是公元前6世纪新巴比伦国王尼布甲尼撒二世为其米底亚后妃所建造。据说米底亚美女来到巴比伦后,并不为豪华奢侈的宫廷生活和后妃地位感到愉快,而是精神不振,郁郁寡欢,思念自己的亲人和故里。尼布甲尼撒二世为取悦后妃,讨其欢心,特令能工巧匠大兴土木,仿照后妃家乡的景观而建。据说采用立体造园手法,将花园置于4层高的平台上,由列柱支撑,高达25米。土台的底部是石块,上面铺土砖,再上面盖铅板,将泥土堆置在铅板上,在泥土地上栽植各种奇花异草和树丛,并设有灌溉用的水源及引水设备。远看犹如花园悬于空中,成为新巴比伦时代的一大名园。空中花园被古希腊人誉为世界七大奇观之一,享有很高的声誉。

印度婆罗门教产生

　　公元前7世纪以前,雅利安人的信仰基本上是自然崇拜。人们相信世界万物都受某种神的支配,如天神梵伦那、太阳神弥陀罗、雷神因陀罗、火神阿耆尼等等,也尚未形成专门的祭司阶层。随着国家的形成,公元前7世纪出现了专门的祭司贵族集团婆罗门,他们将雅利安人的原始信仰加以整理,为新形成的奴隶制度和种姓制度提供理论依据,婆罗门教便随之产生了。婆罗门教以《吠陀》为经典,信仰"三神一体"的梵天(世界精神,创造神)、毗湿奴(护持神)和湿婆神(破坏神)。婆罗门教的教义可概括为互相联系的两个方面:第一,"梵"(世界精神)是唯一的真实,自我或个灵魂来自"梵",整个客观物质世界都不过是一种幻觉。第二,自我造"业",死后必转生为低种姓甚至牲畜,只有遵循"法"("达摩"),才能转生为较高种姓,以至最终实现理想境界的"梵我一致"。祭祀万能是婆罗门教的重要特征。繁琐的祭祀活动大体可分为两大类,即家庭祭和天启祭(火祭)。仅家庭祭就有受胎(一般在妇女怀孕后进行)、成男(祈求生男孩)、分发(祈求母亲和胎儿安泰)、出生(祈求生后的胎儿健康)、命名、出游(婴儿初次出行)、剃发(表示卜成年)、入法(接宗教训练)、归家(回家过世俗生活)、结婚等 12 种。公元前 6 世纪,佛教和耆那教兴起后,婆罗门教的势力受到冲击。至公元 8 世纪以后,经商羯罗等人的改造,并从佛教和耆那教中吸收了某种因素,遂发展为后来的印度教。

波斯帝国建立

波斯帝国兴起于伊朗高原,是具有四五千年悠久历史的文明古国。约公元前 2000 年代末,一支操印欧语的波斯人从中亚迁入高原的西南部(法尔斯地区)。此时其社会发展正处于原始社会阶段,他们共有 10 个部落,其中 6 个农耕部落中,阿契门尼德氏族最为强大,其他 4 个部落从事畜牧业。来到此地的波斯人一度受米底人统治。公元前 553 年,出身于阿契门尼德族的居鲁士(公元前 558～前 529 在位)乘米底内乱,率领波斯人起兵反抗统治者,从而加速了波斯原始社会的解体和国家的形成。公元前 550 年灭米底,获得独立的波斯人在居鲁士领导下,建立了民族独立政权——阿契门尼德王朝,定都苏萨城,是为波斯帝国之始。经居鲁士、冈比西斯、大流士等不断对外扩张,征服了小亚细亚、两河流域、叙利亚等地,占领了中亚的大夏、粟特以及北非土地,使帝国疆域东起印度河,西至爱琴海及非洲东北部,形成了空前强大的奴隶制大帝国。

大流士改革

存在两个多世纪(公元前 558～前 330 年)的阿黑门尼斯族治理下的波斯帝国,在人类历史的发展中起了巨大的作用。这个一度包括埃及、印度西北部、伊朗、小亚细亚、叙利亚、巴勒斯坦、中亚和欧洲的部分地区的庞大帝国,在很长的时间内保证了发展国际贸易和各族人民文化交流的条件。这个时期形成的社会经济和政治制度以及文化传统,对后来的亚历山大帝国以及希腊化诸国,对伊朗境内后来的国家,都有深远的影响。

当人们谈论古代波斯帝国的历史作用时,必然要提到大流士(约公元前 558～前 486 年)这位显赫一时的国王及其进行的改革。正是这位国王所做的承前启后的改革,奠定了波斯帝国主要政治制度和经济制度的基础。

大流士是在残酷镇压了波斯本部及帝国境内各族人民的起义之后才牢固地掌握波

斯国柄的。他汲取了波斯帝国由于没有坚强的国家组织而一度瓦解的历史教训,大概从公元前518年开始,着手进行改革。当时他所面临的问题,主要有两个方面:一是怎样处理波斯人内部的关系,其中包括国王和氏族贵族的关系;一是怎样处理波斯人和帝国境内其他各族人民之间的关系。

早在冈比斯当政时期即已开始反对波斯氏族贵族特权的斗争,高墨达起义之后,反对氏族贵族特权的斗争更为坚决。高墨达所进行的改革是符合广大人民的利益,具有历史进步意义的。消灭氏族贵族的特权有助于波斯人民摆脱氏族部落制度的羁绊。大流士一上台,立即恢复了波斯氏族贵族的特权,因而激起波斯本部及帝国境内各族人民的起义。大流士在把各种起义镇压下去之后对波斯贵族的政策是,恢复遭到冈比斯和高墨达削弱的氏族贵族的特权,并且竭力加以维护。波斯贵族的特权,在阿黑门尼斯王朝存在的整个时期都得到尊重。大流士采取各种措施,务求使氏族贵族忠于国王。波斯贵族始终是阿黑门尼斯王朝的最忠实、最可靠的支柱,并且一直保持自己的统治地位。在波斯人官方的传统说法中,居鲁士由于尊重氏族贵族的特权而得到美化,大流士也同样被美化。但是对于侵犯这些特权的冈比斯则加以斥责,说他残忍和发疯。

由大流士确认的波斯氏族贵族在整个帝国内部的统治地位,是阿黑门尼斯王朝社会基础狭窄的原因。国家的一切最重要的军事和行政职务,都操在波斯贵族手中。他们的专横跋扈和横征暴敛,阻碍了社会的发展。

在处理波斯人和帝国境内其他各族人民的关系方面,大流士的政策是维护全体波斯人的特权地位。在全力维护波斯贵族的特权的同时,他又力图使所有普通的波斯人都忠于国王,成为听命国王、惯于征战的兵士,以便于他镇压反对波斯国王的任何起义。仰仗从帝国境内各族人民那里搜刮来的大量资财,大流士豢养了一支由波斯人组成的有一定战斗力的庞大军队。

大流士改革的首要目的是把一切权力集中到波斯氏族贵族的手中。在居鲁士和冈比斯当政时期,忙于征战的波斯国王,基本上保持被征服地区原有的秩序,让原有的统治者继续统治。而从大流士开始,在各被征服地区的重要军政职务,都派波斯人充任。

脱离原始社会不久的波斯人,在建立国家机构的过程中,必然会碰到加强国王权力与保持氏族社会传统之间的矛盾。希罗多德记述的大流士即位前后波斯人中关于政体问题的争论,便是这种矛盾的反映。大流士在尊重氏族贵族特权的同时,也竭力加强自己的权力,建立君主专制统治。他自称是"伟大的王、众王之王",大权独揽。

在很短时间内形成的波斯帝国,地域辽阔,民族成分复杂,各地政治、经济、文化发展极不平衡。埃及、两河流域、印度河流域、叙利亚、巴勒斯坦等地,奴隶制发展已有千年甚至更长的历史,而中亚的一些地区却还处在原始游牧阶段。这种情况给波斯人建立国家机构的工作带来很多困难。但是大流士面对这一情况,作了一些颇见效果的工作。

大流士把全国分成一些大的行政区,史称这种行政区为"行省",它的希腊文名称的音译为"萨特拉佩伊亚"。

关于波斯帝国的行省数目,说法不一。据希罗多德的记载,计有20个行省,其中包括印度而没有波斯(希罗多德,Ⅲ,89~97)。贝希斯顿铭文中列举了23个,内中有波斯,但缺印度。其他文献中还有另外的说法。学者们认为,希罗多德的记载来源于波斯国王办公厅的正式报道,只是所列举的行省是属于公元前5世纪中期,不是属于大流士在位的时候。至于古代波斯文献中的其他说法,那很容易用不同文献出现的时间不同来加以解释。

大流士接受贡物浮雕

每个行省由国王任命的总督治理。大流士派波斯人充任总督。总督只拥有民政权力。他的职责是:受理诉讼,征收赋税,保持境内安宁,监督下级官吏。他有权铸造银币和铜币。总督的任期没有明确规定。行省下面可以划分更小的行政区。例如在埃及,依旧保持了诺姆的划分,只是诺姆的首脑改由波斯人充任。在大的行省内部,可以包括原来的若干个国家,可以使原来的统治者继续管理本国的内部事务。例如,从公元前516年起,就没有向犹太派波斯人去当首脑。

至于波斯本部是由总督还是由国王直接治理,现有文献未能提供明确的答案。有的学者认为,严格地说,波斯不是一个行省。由于它不是被征服的,因此它不是处于从属地位。

大流士使行省总督的权力和军权分开。行省的最高军事方面的官员也由国王任命,直接对国王负责。

与在地方设置行省相适应,在中央建立了以国王办公厅为首的庞大管理机构。帝国的行政首府是苏萨。一切政令由苏萨发往各省。帝国境内的各级官员,频繁往返于苏萨和自己任职的地方。

大流士十分关心并务求帝国境内不发生破坏内部安全的事件,不产生分离主义倾向。在行省内部,他使总督和军事首脑相互监督。此外,他还经常派遣名为"国王耳目"的要员巡视各地,预防任何谋反行动的产生。最高的负责监察的官员是"千夫长"。他是国王卫队的司令,又是国王办公厅的首脑。

波斯帝国是靠军事征服建立起来的,它也靠军队来维持其统治。大流士自然关心军事制度的改革。他把全国分为五个大军区,每个军区辖若干行省。波斯的常备兵包括步兵、骑兵和海军。军队指挥官有千夫长、百夫长、十夫长等。军队的精锐部分由波斯人组成,尤其是1万名"不死队"。"不死队"的名称来源于它始终保持1万人的员额,缺员时马上补足。在帝国境内,波斯人的主要职业就是当兵。据色诺芬说,波斯"国王颁发奖赏的时候,他首先约请那些在战场上显身扬名的人,因为如果没有人保卫土地,耕种多少亩土地都是没有用的"。

除了由波斯人组成的军队,大流士还广泛使用由各被征服民族的成员组成的军队。

在一般情况下,不让本省人在当地驻防。从埃及南部埃列丰提纳岛出土的文件便是这方面的明证。这个岛上的驻军主要由犹太人组成,波斯人数量不大。各地驻军的最高指挥官均由波斯人担任。除了波斯人、米底人、巴克特里亚人等东部伊朗人在军队中也占有重要地位。关于波斯军队的人数,没有确切的数字。

为了密切中央与各地的联系,为了保证军队的迅速调动,大流士继承并发展了亚述人修筑道路、设置驿站的制度。公元前5世纪中叶在波斯帝国境内做过广泛旅行的希罗多德,对波斯人的良好道路作了细致的描写。最长最著名的驿道是从小亚的以弗所至苏萨的一条路,被称为"御道",全长约2470公里。驿道沿途每隔约25公里设一驿站,其中备有信使和马匹。一旦有事,像接力赛跑一样一站一站地飞快传递。由于不断更换信使和马匹,每天可行约300公里。为了保证驿道畅通和商旅安全,沿途都派有军队把守。各省总督的任务之一就是要保证驿道的安全,在驿道上各个相隔一日路程的驿站中设有国王的仓库,负责向信使和因公务而在路途中的官员发放口粮。出土了一些有关波斯驿站的有趣文物。例如,一个装公文的皮袋中装有埃及总督阿尔沙马的一些信。

大流士在经济方面的重要措施之一就是整顿税收制度,以保证波斯人对各被征服地区的长期而稳定的剥削。

在居鲁士和冈比斯当政时期,来不及建立根据帝国境内各地的经济情况确定的固定的税收制度。据希罗多德说,当时有的地方纳税,有的地方交纳礼物。大约公元前518年,大流士建立了新的税收制度。他规定,按照丈量土地和土地肥沃程度确定税额,用白银交付,只是印度每年要交纳金砂360塔兰特。希罗多德列举了各个行省交纳的税额:巴比伦和亚述一起作为一个行省,每年交1000塔兰特;埃及和利比亚等每年交700塔兰特,最少的是由萨塔基迪亚人等组成的一个行省,每年交170塔兰特。各个行省合计,每年共交纳白银14560塔兰特(其中包括印度的360塔兰特金砂折算成的4680塔兰特白银,这里所用的计算单位是优卑亚制的塔兰特)。据折算,全部税款约为白银400多吨。各级行政官员,从行省总督直到乡村头人,都要负责收税。处于边远地区未划入行省的阿拉伯人、埃塞俄比亚人、科尔希人等则要交"礼物"(黄金、象牙、香料等等)。

据希罗多德说,波斯人不纳税(Ⅲ,97)。有的学者认为,这大概只是指波斯人不交用金钱支付的税。实际上,他们既要供养过往的军队,又要向国王赠送礼物。

大流士所定税额不算太重,但是收税官员的恣意横行,往往使纳税人痛苦不堪。供养过往的军队便是他们的一项非常沉重的负担。

哈桑鲁一座金瓶的局部

大流士在经济方面的另一项重要措施是统一全帝国的货币铸造制度。他规定,只有波斯国王有权铸造金币,各地只能铸造银币和铜币。他所铸造的金币称为"大流克",重

8.42 克。这种金币成色足,重量准确,因而广为流行。有的学者认为,"大流克"这个名称,可能是从古波斯文"黄金"一词演化而来,并非源于国王的名字。

关于包括大流士在内的阿黑门尼斯王朝的历代国王的宗教政策,学术界有种种不同意见。我们认为,这样的说法是比较正确的,即波斯帝国境内不存在某种被奉为国教的宗教,也就谈不到用伊朗的琐罗亚斯德教取代各被征服地区各族人民信奉的种种不同的宗教。虽然在高墨达起义过程中有过宗教方面的斗争,但在起义遭到镇压之后,大流士的宗教政策与居鲁士以及冈比斯的宗教政策并无本质区别。他们的共同之处是:既信奉波斯人的神,又信奉其他各族人民的神,对两者都祭祀。同时,他们要适当限制僧侣的势力,不使各个神庙拥有的经济力量过于强大。对于大流士说来,经过琐罗亚斯德改革的拜火教有利于他加强王权,因此他奉祀阿胡拉·马兹达为最高神祇。不过,这绝不意味着他排斥其他的神,排斥其他的宗教。有趣的是,后来在苏萨出土的一尊大流士雕像,他被塑造成埃及的阿杜姆神的模样,但是身着波斯装。

大流士所制定的各种制度,就其基本点而言,一直实行到波斯帝国死亡之日。当然,不可避免的是,随着客观情况的改变,有过局部的变化。

毕达哥拉斯学派在希腊产生

毕达哥拉斯(约公元前580~前500)是古希腊的数学家,原住在爱奥尼亚的萨摩斯岛,据说曾游历过埃及、巴比伦和克里特,求知访学。约在公元前532年,由于反对母邦的僭主政治失败而移居南意大利的希腊民城邦克罗顿,并在那里组成一个政治、宗教、学术三位一体的团体,招收300多名富家子弟为门徒,毕达哥拉斯学派便由此产生。据说毕达哥拉斯的活动引起当地居民的不满,其团体被驱散,本人也被杀,但他的数学和哲学理论却对当时的希腊世界产生了影响。毕达哥拉斯认为事物具有数的关系,并且有数的规定性,提出直角三角形斜边的平方等于其他两边之平方和的"毕达哥拉斯定理"(即勾股定理),在数学上做出了贡献。然而,当毕达哥拉斯及其弟子把数用于哲学领域时,把本是从客观事物中抽象出来的数加以片面夸大,硬把它说成是独立存在的,是决定客观事物的东西,是万物的本原,这样在哲学的基本问题上,就把抽象的、非物质的数看成是事物的本原,从而陷入唯心主义。毕达哥拉斯学派还给数加上许多神秘的本质,如说"一"是秩序,"四"是正义,"十"是完全,甚至把数看成是主宰世界的神。他们主张"没有数,人就不能认识事物,也不能思考什么。"把数说成在人类认识以前就先已存在的东西,这是最早的唯心论先验论的表现。在宗教上他们宣扬灵魂不死,这一点对后来苏格拉底和柏拉图产生了影响。

波斯帝国征服埃及

　　波斯人自立国之后就开始向外扩张势力。波斯帝国的创建者居鲁士（公元前558~前529在位）攻伐小亚，降伏巴比伦，侵占伊朗东北部和中亚，并准备远征埃及。在他与马萨革泰人作战阵亡后，其子冈比西斯（公元前529~前522在位）秉承其父的侵略政策，开始远征埃及。冈比西斯依靠自己的庞大军队和腓尼基人、塞浦路斯人与萨摩斯人的强

波斯人的雕像，风格独特。

大舰队，于公元前526年以排山倒海之势推向埃及。当时埃及的统治者普萨姆提克三世（公元前526~前525在位）是个无能之辈，在皮鲁西恩战役中，埃及军队被打败。波斯征服了埃及，在埃及建立起第二十七王朝，亦称波斯王朝（公元前525~前404）。冈比西斯在埃及实行残暴统治，破坏田园，没收庙产，虐待僧侣，诋毁埃及人民的宗教信仰。埃及人民因此掀起了反波斯侵略的斗争，冈比西斯的继承者大流士（公元前522~前486在位）镇压了起义。在大流士统治期间，埃及作为波斯帝国的一个行省，受到了更残酷的搜刮和大量的掠夺。据希腊史学家希罗多德记载，埃及每年要向波斯帝国缴纳700塔连特的银子，6亿公升的谷物。波斯贵族还强占大片沃土，肆意榨取埃及人民的血汗。埃及人民为摆脱波斯人的奴役和压迫，不断地进行反抗斗争，终于在公元前404年打败了波斯侵略者，埃及取得了独立。

高墨塔夺取波斯政权

高墨塔亦称高墨达,波斯帝国的一名米底僧侣。在波斯帝国民族矛盾和阶级矛盾复杂尖锐的历史条件下,高墨塔趁冈比西斯国王远征埃及,国内各地人民反抗波斯统治的有利时机,于公元前522年3月在波斯发动政变,并一度夺取了政权。高墨塔及其所实行的政策,即剥夺波斯贵族的牧场、牲畜和奴隶,免除各省居民三年兵役和赋税,摧毁一些宗教设施等,受到各省人民的普遍欢迎。这次政变是各省地方起义的有机组成部分,沉重地打击了波斯帝国的统治,推动了波斯帝国政治制度的改变和历史的发展。

基督教的起源

基督教与伊斯兰教和佛教一样,是世界三大宗教之一,是信仰上帝(即"天主")和"救世主"(上帝之子)的宗教。在古希腊语中,上帝之子被称为基督,基督教由此而得名。

基督教最早产生于公元1至2世纪小亚散居的犹太人中间。但是,基督教并不仅仅是犹太民族自己的宗教,也是罗马社会广大下层人民在现实生活中无数次反抗斗争均告失败而感到绝望,在精神上和思想上的解脱和安慰又无法在现实生活中找到,从而将摆脱人世间苦难的希望,寄托在宗教幻想之中的产物。

基督教首先产生在犹太人中间,是有其深刻的历史根源的。犹太民族是一个多灾多难的民族。在历史上曾先后遭到亚述、埃及、波斯、塞琉古、罗马的侵略,多次饱尝亡国之苦。在罗马统治时期,犹太人曾掀起多次的反抗斗争,但均被镇压。犹太人又一次背井离乡,流落异地。早在"巴比伦之囚"期间,犹太人就产生了救世主的观念,到公元前2世纪至公元2世纪间,在散居小亚的犹太人中间出现了一个宣扬"救世主将要降临"的秘密宗教派别,基督教就是从这一教派中脱胎而来的。

基督教的思想来源主要有犹太教中的救世主思想;东方一神教中神为救助众生死而复活,赎罪献祭的思想;希腊、罗马哲学中斯多噶学派的天体神圣说;亚历山大里亚学派斐罗的学说,以及西尼克派的伦理学等。

公元1世纪时,罗马帝国的一些城市中出现了一些传教者,他们到处宣扬耶稣基督的神话:上帝为了拯救人类,使耶稣之母玛丽亚(圣母)未婚而孕,在伯利恒生下耶稣。因此,耶稣是上帝之子,是救世主。他在巴勒斯坦收下12名弟子,并到处传道,表演起死回生、医治病人、驱除妖魔的奇迹。后来由于弟子犹大的叛卖而被害。犹太上层分子勾结罗马总督彼拉多把耶稣钉死在十字架上(是日为耶稣受难日),但死后三天又复活(是日为复活日)显灵,然后升天。

早期基督教教义的主要内容是：救世主不久还要下凡，拯救人类进入幸福的千年之国；因人有罪，信仰上帝并虔诚悔罪的人才能进入天国，否则要下地狱；穷人易升天国，富人进天国"比骆驼穿过针眼还难"；信教者应把财产献给公社，一起过共产生活。这些教义中包括实行现有财产的共产（不包括共同生产），鄙视富人，反对罗马帝国的统治。这在当时有进步意义。但同时，基督教并不反对奴隶制度，也不主张组织起来以暴力实现其教义。当时罗马奴隶制比较稳固，奴隶和其他穷苦人民的反抗已被镇压下去，在绝望中，人们纷纷加入了基督教。这就是基督教得以建立并发展起来的社会背景。

早期基督教徒秘密流动传教。教徒集会时间在黎明前，地方为野外或墓地（罗马法律保护这里的安宁）。活动的内容是举行仪式，包括祈祷、唱赞歌、发誓言、洗礼、传教、共同进餐（公餐）等。当时活动经费由教徒捐献；教徒组成公社，公社由长老、助祭主持。公社对教徒中的孤寡病残予以救济，出资赎回成为罪犯、战俘的教徒，帮助教徒解决紧急困难，劝谕人们宽待奴隶等。基督教徒的誓言是：一、不欺骗，不说谎；二、不偷盗；三、不奸淫；四、不做邪恶的事；五、不背教。

罗马因基督徒反对罗马统治，不信奉罗马旧神，不崇拜皇帝，而加以镇压。公元64年，尼禄皇帝对基督教进行了一次大规模的迫害，杀死了许多基督徒。

公元四世纪初，当皇帝戴克里先在位时，基督教徒受到一次规模最大的迫害。戴克里先下令焚毁教堂和《圣经》，用苦刑和死亡来胁迫基督教徒放弃他们的信仰，结果有数千名基督教徒都因此被杀。然而，基督教却仍然在传布，教徒的人数日渐增加。在戴克里先以后，罗马的帝王便改用怀柔政策以宽容基督教，并且利用它来巩固其专制统治。

基督教的传播和演变

罗马统治者企图用强权消灭基督教，但未得逞。随着奴隶制危机的加深和罗马皇帝残暴统治的强化，基督教日益发展起来。同时，在基督教传播的过程中，信徒中增加了富有者。他们捐献财产，并且拥有文化知识。这些富有者在教会中逐渐取得领导地位，担任主教、执事和长老等各种职务。到公元二世纪后期，基督教就从最初"受苦受难人"的宗教蜕变为富有者、统治阶级的宗教。这样一来，基督教无论在成分上，或在性质以及组织上都发生了根本的变化。许多教会逐渐拥有大量的产业和金钱。这时担任教会的职务变成有利可图的事业，教会逐渐被一些有财有势者所控制。这些有财势者在早期基督教教义中加进宣扬忍耐服从、爱仇敌、寄望来世等等欺骗的内容。例如，在《马太福音》中，耶稣说："你们听见有话说，以眼还眼，以牙还牙。只是我告诉你们，不要与恶人作对。有人打你的右脸，连左脸转过来由他打。……你们听见有话说，当爱你的邻舍，恨你的仇敌。只是我告诉你们要爱你们的仇敌"《新约全书》还大肆宣扬君权神授，并号召人们服从神授的政权，号召奴隶要顺服奴隶主。《罗马书》中说："在上有权柄的，人人当顺服他。因为没有权柄不是出于上帝的，凡掌权的都是上帝所命的。所以抗拒掌权的，就是抗拒上帝的命,抗拒的必自取刑罚"。《彼得前书》还宣扬说:"你们作仆人的,凡事要存敬畏的心顺服主人。不但顺服那善良温和的,就是那乖僻的也要顺服。"这样,基督教就逐渐失去被压迫者宗教的性质,而变成剥削阶级可以接受和利用的宗教了。

在三世纪危机中,基督教得到了更迅速的发展,受到震动和打击的奴隶主、大地主、大商人、官僚,甚至皇帝的亲属,也有一些加入了基督教。教会也有所发展,罗马、拜占庭、迦太基、亚历山大里亚等城市,成为其所在地区教会的中心,并渐渐发展成为领导所在地区教会的上级教会。教会的领导权转到了大有产者的手

被放下十字架的耶稣

中,基督教从而失去被压迫者宗教的性质,逐步蜕变为剥削阶级手中的工具,到后期帝国时,终于实现了与帝国政权的结合。

基督教合法化

由于基督教的势力日增,而且教徒拒服军役,拒不崇拜罗马的神,所以3世纪时基督教仍被帝国当局视为威胁而加以迫害。其中,戴克里先对它迫害的规模较大,一部分坚持基督信仰的教徒被处死,教会财产被没收,文献被烧毁,集会被禁止。但是,帝国当局既无法消灭初创时期的基督教,如今教会已成为一支巨大的社会力量,就更不能阻止其传播了。

306年君士坦丁成为罗马皇帝后,面对基督教拥有很大力量的现实。乃于313年颁布了"米兰敕令"("宽容敕令")。敕令规定教徒信仰自由,即允许基督教与其他宗教并存;承认基督教的合法地位。同时还决定将以前迫害时期没收的教产归还,保护教徒,教会有权接受土地等遗产,教会神职人员免服城市徭役。"米兰敕令"最后地、肯定地确立了基督教的合法地位。

随着基督教性质的改变,在基督教内部发生了占统治地位的教派("正教"派)同与其相对立的教派("异端")之间的斗争。正统教派认为耶稣·基督具有神、人二性。或者按照所谓"三位一体"的说法,认为"圣父""圣子""圣灵"三位一体。这些说法,后来都受到有力的挑战,公元四世纪初,在埃及亚历山大里亚城担任神职的基督教神学家阿里乌斯(约250~336年)公开反对"三位一体"说。他认为耶稣·基督只具有"人性"而不具有"神性"。此外,他还主张基督教徒应当安于清贫,反对教会聚敛钱财。阿里乌斯创立了一个新的教派,因为他自己的名字而被称为阿里安教。阿里安教遭到正统教派的排

斥,被视为"异端",但在劳动人民和日耳曼诸部族中却传布甚广。

君士坦丁大帝要利用基督教来巩固他的统治,乃于 325 年在小亚细亚的尼西亚城召集各地基督教会的主教们举行会议。到会的主教有 318 名,代表罗马帝国境内各地的教会组织。尼西亚大会是基督教历史上第一次的宗教大集结。在那次大会上,主教们斥责阿里安教为"异端",确定了基督教的正统教义,并且规定了教会的组织条例。

337 年,君士坦丁大帝在临死之前受洗为基督教徒,他是罗马皇帝中皈依基督教的第一人。不过这时,罗马统治集团中仍有一部分人反对基督教,他们要求帝国各地仍保持其多神教的信仰。361 年,君士坦丁大帝之侄朱里安取得帝位,他就代表希腊—罗马古典文化的传统,下令禁止独尊基督教,以恢复帝国境内各民族固有的宗教。因为朱里安以前曾一度信仰过基督教,而这时却转过来反对基督教,所以基督教徒称之为"背教者"。当时基督教的势力已相当强固,而要恢复过去多神教的信仰亦非易事。朱里安在位不到两年,后来他一死,禁令失效,基督教的传布更广。及至 392 年,提奥多西大帝最后终于尊基督教为国教。

基督教成为罗马帝国的国教,这在历史上是一件大事。不用说,基督教在取得合法地位以后,它的教徒是大大增多了。基督教使西方人的伦理观念、风俗习惯、文化教育、建筑、艺术都发生了很大的改变。而自从基督教成了统治阶级的御用工具,它那最初的一点革命精神也就消失了。教会变成了国家统治机构中的一个重要组成部分,而那些主教们则成为高高在上的权势人物。以后在整个中古时期,基督教会本身便是欧洲封建制度之最有力的支柱。

奥古斯丁

在四五世纪时,基督教的文献传布日广。当时基督教学者哲罗姆(约 340～420 年)对《圣经》进行了校订,并且用拉丁文把《旧约圣经》从希伯来文·《新约圣经》从希腊文翻译了出来。那由哲罗姆斯校译的《圣经》,一直被天主教会奉为法定本。

起初,基督教并没有什么完整的神学体系,直到后来。在基督教传布的过程中,基督教神学家融合了希腊哲学中一些唯心主义学派的观点,特别是新柏拉图主义的观点,才产生了"教父学",提出一整套的说法。"教父学"的代表人物是圣·奥古斯丁(354～430 年)。

奥古斯丁出生于非洲北部、距迦太基不远的塔加斯特城。他原为摩尼教徒,早年生活放荡不羁,后来经历了一番精神上的磨炼,才成为虔诚的基督教徒,并长期担任北非希波城的主教。奥古斯丁留下两部著作:一为《忏悔录》,叙述他怎样由一个纨绔子弟转变为基督教徒的历程,有现身说法的意思。一为《上帝之国》(亦译《上帝之城》或《神之都》),用基督教神学的观点来解释历史。奥古斯丁毕竟曾受到过摩尼教的影响,他认为世界上有善与恶、光明与黑暗这两种势力在进行斗争,但到最后,善一定会战胜恶,光明一定会战胜黑暗。"上帝之国"代表善和光明,是极乐世界;"世俗之国"(指罗马帝国)代表恶和黑暗,是罪恶的渊薮。让世俗的罗马帝国灭亡吧,代之而起的必然是"上帝之国"。奥古斯丁还认为,教会是"上帝"在人间的代表,它管辖包括皇帝在内的一切基督教徒,因此,"教权"高于"皇权"。他这一套关于"教权至上"的说教,后来在欧洲的政、教之争中常被教会人士所引用。

基督教会的教区,是按照罗马帝国的地方行政区域来划分的。各省和通都大邑,都设有主教或大教长,其中以安条克、亚历山大里亚、罗马、君士坦丁堡这四大都市的主教为最重要。因为罗马城是京都,并且是圣·彼得殉道的地方,所以罗马城的主教显得特别重要,被称为"教皇"。后来,在西罗马帝国灭亡后,基督教会成为古罗马在欧洲西部所遗留下来的唯一有组织的力量,在历史上起过一定的作用。

由于基督教的胜利,在罗马帝国末期,希腊—罗马的古典文明便无可奈何地衰落下去了。在这以后,基督教神学的迷雾笼罩着欧洲,为时达一千年之久。直到"文艺复兴"时期,基督教的权威才开始有所动摇。

希波战争爆发

希波战争是由于波斯的军事扩张而引起的。公元前6世纪末期,波斯王大流士率军侵入欧洲,企图征服多瑙河下游游牧部落西徐亚人,结果失败。但它却乘机占领了色雷斯和黑海海峡,切断了希腊与黑海的交通,使希腊各邦的利益受到严重损害。因此,希腊各邦和波斯帝国之间的矛盾日益尖锐起来。波斯征服西徐亚的失败,动摇了波斯帝国对小亚细亚沿岸希腊城邦的统治。公元前500年,米利都僭主阿里斯塔戈拉利用这种形势,发起反对波斯统治的暴动。暴动立即得到爱奥尼亚各邦和希腊本土雅典及爱勒特里亚的响应,希腊人初步得到胜利,焚毁了波斯在小亚的首府撒尔迪斯。但他们的兵力远不能抵抗波斯派去镇压暴动的大军,终于在公元前494年失败。米利都全城被毁,居民被杀或被卖为奴隶。此后,原来就想征服希腊的波斯统治者便以援助米利都暴动为口实,发兵入侵希腊。希腊各邦为了自身的生存和独立,以及维护海上的利益,奋起与波斯帝国进行抗争,于是爆发了希腊历史上著名的希波战争(公元前500~前449)。

温泉关血战

当波斯侵略军进占希腊北部的狄萨利亚地区时,希腊联军北上迎敌,驻守在温泉关

希腊将军米太雅得

（在希腊北部和中部的交界处）的联军总人数只有四五千人，其中战斗力最强的是斯巴达的 300 名重装步兵。

温泉关是北希腊通往中希腊的唯一险关，它的西面是无法攀登的高山，东面直到海边是一片沼泽，中间是一条狭窄的道路。从前中希腊居民为了防止北希腊人的进犯，曾在这里筑城防守，城上只要有一支小小的部队，就可以抵挡住强大的敌人，真有"一夫当关，万夫莫敌"的形势，驻守温泉关的全部希腊盟军，都由斯巴达王李奥倪达指挥。他是一个坚强勇敢、富有战斗经验的人。当援军未到时，南希腊人看到波斯军的强大，提议立即撤退，中希腊居民则苦苦挽留。李奥倪达毅然决定，准备战斗到底。他一面积极布防，一面派人到各个城市去请求援助。尽管形势这样危急，希腊战士仍充满着战胜强敌的信心。据说，当时一个居民跑来报告说，波斯兵力非常强大，他们射出的箭竟能遮住太阳。一个斯巴达战士却回答道："这个消息真使我们高兴，因为这样一来，我们就可以在阴凉里追杀敌人了。"

薛西斯的大军在温泉关的北面安营。他满以为希腊军会不战而退，但是日子一天天地过去，希腊军却毫无撤退的模样。薛西斯等得不耐烦了，就派出暗探察看对方动静。暗探回来报告说，全部斯巴达人都很安详镇静，他们把武器堆在一起，有的在做操，有的在梳头。

薛西斯听了非常愤怒，下令要把这些疯子——斯巴达人活捉回来。他驱兵进攻，打了一整天，每次冲锋都被打退。薛西斯更加气愤，决定把他的"不死队"调上去。他坐在临时设立于高山坡的王座上，非常自得地观看这个必能取得胜利的场面。可是"不死队"还是不争气。两军在山沟里战斗，"不死队"根本无法利用数量上的优势，只能和斯巴达人一对一的厮杀。在战斗中，斯巴达人常常假装逃跑，等波斯军大喊大叫地追赶上去时，就突然回击，歼灭他们。薛西斯看到这种惨景，竟惊得从王座上跳了起来。

第二天，波斯军又遭惨败，当夜薛西斯正在发愁时，突然有一名希腊叛徒爱非阿里特前来求见。他献计说："我可以带领王军穿过一条秘密的山路，绕到希腊军的背后，出其不意地歼灭他们。"薛西斯听后大喜过望，立刻命令"不死队"的队长亲率精兵，星夜出发。他们渡过小河开始爬山，黎明时登上了长满橡树的山顶，却遇到1000名希腊军的"守望队"。波斯军很害怕，以为碰上了斯巴达人，带路的叛徒马上安慰说："这不是斯巴达人。他们没有什么可怕。"于是波斯军一齐放箭，"守望队"被箭雨打跑了。波斯军就通过防线冲下山去，直扑希腊大营。

李奥倪达得到报告，知道波斯军已深入背后，战则必败。因此，立刻命令盟军撤退，自己只率领300名斯巴达战士，坚守阵地，决心战斗到底。

这天早晨，正面的波斯军首先发动猛攻，在众寡悬殊的情况下，英勇的斯巴达人坚守阵地，进行了顽强的抵抗。他们的矛刺断了，就用剑砍，剑折了，就奋不顾身地拳打脚踢，甚至用牙咬。李奥倪达战死了。为了争夺他的尸体，双方展开了更加剧烈的战斗。斯巴达人奋不顾身，接连四次打败波斯军，把李奥倪达的尸体隐蔽起来。这时活着的斯巴达人越来越少，正在这危急的关头，希腊叛徒爱非阿里特领着波斯军赶到了，这使守军腹背受敌，陷入重围。胜利是没有希望了，但他们仍然坚持战斗，没有一个人逃跑，也没有一个人投降，直到波斯人用投枪把他们最后一个人打倒为止。

温泉关被攻占了。波斯军找到了斯巴达王李奥倪达的尸体，薛西斯下令将他的头砍下来，插到竿子上。

温泉关一役波斯军虽然取得胜利，但薛西斯一想到斯巴达将士宁死不屈的精神，使他仍惊恐不安地询问左右："斯巴达人还有多少？他们是否都是这个样子？"

以后，希腊人又像在马拉松战役后所做的那样，把李奥倪达和他的战士集中埋葬在一起，墓前竖立纪念碑，写着："过路的客人啊，请告诉斯巴达同胞，我们尽忠死守，在这里粉身碎骨。"温泉关战役成为希腊历史上爱国主义战斗的典范。

希腊取得马拉松战役胜利

公元前490年，波斯王大流士发动了对希腊的第二次进攻。波斯海军横渡爱琴海，攻占了爱勒特里亚之后，在雅典附近的马拉松平原登陆。雅典动员了所有公民，征集1万名重装步兵，另有普拉提亚1000名援军，而波斯有10万之众，实可谓众寡悬殊。在形势十分紧急的情况下，雅典采纳了将军米太雅得的建议，全军出动至马拉松。在战斗中，为保卫国家独立而战的雅典军队士气高昂,同时采取了巧妙队形:军队排列成长方阵,主力集中于两翼。两军接触后,力量较弱的雅典中军在波斯军的压力下向后退却。而两翼迅速突破波斯军的弓箭队伍,以长枪密集方阵击退了波斯的两翼,波斯军顿时大乱,全线溃败,雅典取得了马拉松战役的胜利。之后,米太雅得派一善于长跑的名叫腓力庇的战士跑回雅典报捷。他用3小时跑完了全程(42195米),到达雅典卫城中心广场时高呼"雅典得救了",话声刚落,便倒地而死。后世为纪念这位英雄的壮烈行为,决定定期举行马拉松赛跑。

波斯在萨拉米海战中惨败

波斯王薛西斯率军攻占温泉关后,长驱直入地侵入中希腊,直捣雅典,并占领了雅典城。雅典人在海军统帅太来斯托克利的指挥下,将妇孺迁移到伯罗奔尼撒半岛的特洛伊森城,壮年男子参加海军,并把波斯海军引诱到萨拉米海湾,准备在萨拉米海湾与波斯军

希腊海军拥有200艘战舰,实力强大。

进行决战。公元前480年9月20日晨,双方海军展开激战。希腊战士斗志高昂,操纵着运用自如的小型战舰,猛烈冲击高大笨重的波斯舰队,打乱了波斯战舰队形,使其自相碰撞。入晚战斗结束,波斯海军大败,损失战舰300艘,希腊取得了辉煌的胜利。这次战役歼灭了波斯海军的主力,扭转了希腊战争的战局。

居鲁士大帝

话说越过高耸的兴都库什山,远离喧嚣扰攘的两河流域,有处广垠宁静的高原。蓝蓝的天上白云飘,白云下面牛、驴、马、羊、骆驼跑。两河流域苏美尔人、阿卡德人打得天

翻地覆,这里却人烟稀少,年复一年贺太平。人们在高原和贫瘠的山间,过着牧歌似的生活,除了与两河流域接壤的西南部埃兰人不时地到西亚的"中原"地带骚扰掳掠外,高原内地几乎从未听说有什么大的战乱。

公元前 10 世纪左右,有两支操印欧语的民族移居到相对平静的伊朗高原,一支叫米底,一支叫波斯。米底人居住在里海以南,而波斯人则住在米底人以南。初来乍到,两部分人的经济转向半农半牧,埋头谋生,解决温饱,相安无事。谁也没曾想过他们后来能在西亚政治舞台上扮演惊天动地的角色。在两个新的移居民族中,米底人原始社会组织先解体,建立起王国,定都阿克巴塔纳,头一个国王戴奥凯斯制出朝仪:任何百姓不能再随便晋见国王,而需通过传令官员禀报;任何人若再像过去一样在国王面前嬉皮笑脸或随意吐痰便要严惩。此制一定,国王便成了高高在上的圣主。后来他儿子即位时,米底组织起强大军队,征服了波斯人。再后来又把触角伸出高原,同两河流域的迦勒底人携手并肩,埋葬了称雄西亚、北非的大帝国亚述,这一下名声大噪。到了国王阿斯提阿格斯当政时,米底的国王平安传了四代,统治着伊朗高原和亚述。公元前

浮雕米底人和波斯人

612 年,米底和巴比伦一起摧毁了亚述帝国,米底从此号称帝国,成为西亚最强大的国家之一,波斯人成为他们的臣属。居鲁士就是波斯人与米底人通婚的后代。

阿斯提阿格斯虽然继承他父亲睿智英武所打下来的天下,但他一即位便尽情享乐。上有所好,下必有甚焉。国王要穿好的,住好的、吃好的,臣民当然便跟着来了。当时的上流社会,男衣纹绣,女饰珠宝,马佩金鞍,务以繁华奢侈是尚。至于老百姓,当年辛苦工作,伐木为车,粗衣粝食的民风没有了,一般都是雕车饰马,征逐酒食,享乐不已。

居鲁士的身世特别传奇,"历史之父"希罗多德详细记录在他的巨著《历史》中。米底国王阿斯提阿格斯在一次睡梦中,梦见女儿芒达妮的后代将夺取自己的王位并成为亚细亚的霸主。于是,他决定将女儿嫁给地位较低且性格温顺的波斯王子冈比西斯,以便使女儿的后代失去问鼎米底王权的资格。但在女王决定处死自己的外孙。

女儿怀孕时,这位国王又被一个噩梦惊醒:他梦见从女儿的肚子里长出的葡萄藤,遮住了整个亚细亚。为防不测,居鲁士一生下来,就被交给国王的亲信大臣哈尔帕哥斯处理。哈尔帕哥斯不敢伤害公主的儿子,便命一个牧人将孩子弃之荒野。牧人的妻子恰巧刚产下一个死婴,他们于是留下了居鲁士,用自己的死婴顶替交差。牧人的妻子叫斯帕科,在米底语中是"母狼"的意思,因此日后有传说称居鲁士童年时曾得到母狼的哺育。

小居鲁士到了十岁的时候,和村里的一些孩子玩游戏,孩子们推选居鲁士为游戏中的国王,鞭笞了一个抗命的贵族之子。事情越闹越大,以至于国王阿斯提阿格斯亲自介入调查,居鲁士的身份终于被发现。宫廷祭司说,这个孩子已经在游戏中成为国王,不会

再第二次成为国王了。阿斯提阿格斯终于消除疑虑，将居鲁士送回波斯他母亲处。

公元前559年，年轻英俊的居鲁士成了米底属国波斯境内安瑟一地的王子，并且统一了波斯的10个部落。曾奉命处死居鲁士的大臣哈尔帕哥斯便开始与他联络，要他起兵攻打米底，自己则约为内应。原来，当初国王发现哈尔帕哥斯未杀死居鲁士，一气之下，把他儿子砍头剁手，还要哈尔帕哥斯当场把他儿子的肉吃掉。哈尔帕哥斯说："国王之命，谁敢不从？"但最后的报复是，他死心塌地协助居鲁士，刻骨的仇恨让他决心要搞垮米底这个大帝国。

公元前553年，居鲁士起义反抗米底。为了说服波斯人追随自己，他命令全体波斯人带镰刀集合，让他们在一天之内将超过3公里见方的土地开垦出来。在完成这项任务之后，居鲁士发出第二道命令，让他们在次日沐浴更衣后集合。居鲁士宰杀了他父亲所有的绵羊、山羊和牛，并准备了酒和各种美食犒劳波斯全军。第二天，波斯人聚集在草地上，尽情饮宴。此时，居鲁士问他们是喜欢第一天的劳苦还是第二天的享乐。听到大家都选择了后者，居鲁士说："各位波斯人啊，如果你们听我的话，就会享受无数像今日这般的幸福；如果你们不肯听我的话，那就要受到无数像昨天那样的苦役。"波斯人奉居鲁士为领袖，起兵攻打米底。

征服米底的战争持续了3年，公元前550年，居鲁士终于攻克了米底都城，正式建立波斯帝国。居鲁士属于波斯人的阿契美尼德家族，因此他所创立的帝国也被称为阿契美尼德王朝。

居鲁士是位一位美男子，波斯古代艺术家，对于男子的造型，一律以居鲁士为模特儿。希腊人一提到他无不肃然起敬。在希腊人观念中，他是最富于传奇性的人物，认为历史上的大英雄亚历山大出现前就要数他。居鲁士建立的波斯帝国攻下了萨迪斯及巴比伦，结束了闪族人在西亚长达1000余年的统治。他承受了亚述、巴比伦、米底亚及小亚细亚诸国的版图，而形成了罗马以前一个最大的帝国。

居鲁士执行宗教宽容政策，他允许被征服者供奉自己本族的神祇。半个世纪以前，巴比伦人曾经两次进攻耶路撒冷，焚毁了犹太教的圣殿，将犹太权贵和工匠掳回巴比伦，史称"巴比伦之囚"。当犹太人哀叹何时才能结束流亡生活的时候，却得到居鲁士的诏令，允许他们回耶路撒冷并重建圣殿。犹太人欣喜若狂，在《圣经》中，他们将居鲁士称作"上帝的工具"，上帝应许他"使列国降伏在他面前"，"使城门在他面前敞开"。

居鲁士的最后一战是和北方游牧人发生的战争。公元前530年，他出兵征讨里海东岸广阔草原上的马萨盖特人。他们由寡居的女王托米丽司统领。

波斯军队采取惯用的战术，突袭了马萨盖特，捉住了马萨盖特女王托米丽司的儿子。马萨盖特人终于被激怒了。女王派遣使者到波斯军营中索回儿子，遭到居鲁士的拒绝。后来，又听说儿子已经被居鲁士杀死，更加激起了女王的愤恨。女王发誓要为儿子报仇，并要用鲜血灌饱居鲁士。在女王的指挥下，马萨盖特军越战越勇，结果波斯军队的大部分士兵在战场上阵亡，居鲁士本人也死于战场。马萨盖特人获得胜利。

居鲁士的遗体归葬故都帕萨尔加迪，他赢得了永久的尊敬。200年后，灭亡波斯帝国

的亚历山大大帝从希腊东征到此,不仅没
有毁坏他的陵墓,相反还下令加以修葺。
居鲁士陵2500年来屹立不倒,在陵墓旁的
一根柱子上,一段铭文至今仍清晰可见:
"我是居鲁士王,阿契美尼德宗室。"

居鲁士陵墓遗址

伊朗高原西部有一个名叫贝希斯敦
的村子,村子附近450米高的悬崖峭壁上,
刻有铭文和画像。这些铭文是用古波斯、
埃兰、巴比伦文字雕刻的。铭文的上方,
刻着波斯国王大流士的全身画像。他高
昂着头,挺着胸,一副征服者的骄傲姿态。
在大流士国王的脚下,一群人跪伏在地
上,旁边还有9个囚犯,他们耷拉着脑袋,
被绳子束着脖子,双手反绑在背后,这9
人是大流士在19决战争中俘虏的9个国王。这就是历史上著名的"贝希斯敦铭文",铭
文向人们叙述着发生在2000多年前的一段故事。

公元前529年,居鲁士在波斯东北部和游牧民族作战时阵亡了。他的儿子冈比西斯
继承了他的王位,在公元前525年征服了埃及,扩大了帝国的版图。

正当冈比西斯远征埃及的时候,波斯的本土爆发了僧侣高马达领导的政变。高马达
长得和冈比西斯的弟弟巴尔迪亚有些相像。冈比西斯早就把自己的弟弟暗地里杀死了,
他一直不敢让别人知道。高马达利用了这一点,自称是王弟巴尔迪亚,打着"居鲁士之
子、冈比西斯之弟"的旗号,吸引许多人跟随他。公元前522年4月,高马达夺取了王位。
冈比西斯听到这个消息以后,急忙返回波斯,不料在途中却突然死了。

有一天,冈比西斯过去的一个王妃发现新国王高马达没有耳朵。她把这件事告诉了
他的父亲,大臣欧塔涅斯。欧塔涅斯马上断定新国王不是巴尔迪亚,而是僧侣高马达。
因为在居鲁士当国王时,这个高马达由于过失被居鲁士下令割去了双耳。欧塔涅斯马上
把真情告诉了另外的6名波斯贵族,其中包括后来的国王大流士一世。他们决定也发动
一次政变,杀死高马达,夺回政权。

这几个大臣知道真相后,于是派人在首都到处散布,新国王不是真正的巴尔迪亚,而
是高马达的消息。没几天,假巴尔迪亚的消息便在京城传开。高马达知道真相败露之
后,惊慌失措,马上逃到米底的一个地方,最后被欧塔涅斯和大流士等人杀死。

高马达死后,这7个大臣又商议由谁来当新国王的问题,但谁都认为自己应该当国
王。一天,7个人又为此事争执起来,只有欧塔涅斯最后退出了王位的竞争,只要求今后
不管谁当了国王,都不得对他有不敬的地方。其余6人同意了他的要求,但是由谁当国
王的问题还没有解决。最后6人商定,第二天早晨,6人乘马在郊外集合,看谁的马先嘶
叫就由谁来当国王。最后,大流士让他的马夫使了一个计策,使他的马先叫了起来,当上

了国王。

大流士出身阿契美尼德王族的旁支,其父希斯塔斯帕是帕提亚的总督。大流士随冈比西斯二世出征埃及,被任命为万人不死军的总指挥。公元前522年,大流士成了波斯王,称为大流士一世。

由于大流士是受贵族推选的国王,照东方君主惯例,一位新登基的君主,一方面要应付宫廷纠纷,一方面要镇压地方叛变。大流士镇压了巴比伦、埃及、亚述、埃兰等地的叛乱和反抗,为了稳固了中央集权,大流士以残酷的暴力及迅雷不及掩耳的手段,镇服了各地方的叛变。巴比伦因为抵抗稍久,为了杀鸡骇猴,攻城后他一口气处死了3000人。大流士还继续发动对外战争,向东征服了中亚和印度河流域,往西占领了爱琴海的一些城市。他建立了一个世界历史上第一次地跨亚非欧三大洲的大帝国。为了炫耀自己的功绩,大流士让人用埃兰文、波斯文和巴比伦文三种文字,把自己的胜利功勋刻在悬崖上,这就是"贝希斯敦铭文"。

波斯帝国的灭亡

波斯帝国前面的两位国王居鲁士和冈比西斯都在对外扩张战争中死去。大流士也像居鲁士、冈比西斯一样,梦想征服全世界。在东方,他压服了中亚的花剌子模、粟特和大夏等地的暴动,并掠取了印度河流域西北部。公元前518年,继冈比西斯之后,又一次用兵埃及,巩固在北非的统治。接着,大流士率军渡过博斯普鲁斯海峡,去征讨那些居住在多瑙河下游和黑海北岸一带的西徐亚人。西徐亚人坚壁清野,诱敌深入,致使波斯孤军进到一望无边的大草原,然后集中力量打败了波斯军队。连遭败北的大流士,在归途中占领了赫勒斯滂海峡和色雷斯部分地区,兵锋直指希腊城邦。从此,波斯的版图东至印度河流域,北至中亚,西达爱琴海西部的岛屿,南抵阿拉伯海,成为地跨亚、非、欧三洲的大帝国。

希腊拥有较强大的海军,而波斯还没有。大流士利用腓尼基人、巴勒斯坦人兴建了一支拥有数百艘战船的舰队。波斯从此成为一个拥有海军的国家,可以与希腊人争夺地中海东部的海上霸权了。公元前499年,小亚细亚沿岸的米利都起义被波斯

亚历山大与大流士激战图(局部)

帝国镇压下去后,大流士借口希腊城邦雅典曾支持过米利都,开始远征希腊。

公元前492年,大流士第一次率军向希腊本土进军,因海军在爱琴海北岸遭遇风暴覆没而受挫。不久,大流士又一次组织军队远征希腊,结果在马拉松战役中败于雅典军队。几年之后,大流士带着没能实现征服希腊的遗憾病死。他的儿子薛西斯即位,仍然

不接受教训，孤注一掷进军希腊，当然又是惨遭失败。大流士一手所建立起来的波斯大帝国，维持不到100年便烟消云散。波斯的锐气和实力，一挫于马拉松，再挫于萨拉米斯，三挫于帕拉提亚。东方大帝国，一传再传便即崩溃，似乎系理所当然。因为这类帝国的兴起，完全凭借的是武力。一旦武力不能维持，帝国即会趋于瓦解。公元前330年，率军侵入波斯的马其顿王亚历山大给了波斯帝国最后一击，不可一世的波斯帝国终于灭亡了。

佛教在印度创立

相传佛教的创始人为乔达摩·悉达多（约公元前566～前486年）。他生于尼泊尔境内的兰毗尼，为释迦族的王子，后被称为释迦牟尼（意为释迦族的隐修者）、如来（意为"成正觉"）和佛陀（简称为佛，意为觉者）。当时印度正处于奴隶制经济迅速发展，奴隶制大国竞相崛起的列国时代。在意识形态领域里，各种新思潮、新宗教勃然而生。就在这样的时代背景下，释迦牟尼开始了创立佛教的活动。相传他29岁出家修行，独处林中，刻苦自身，"日食一麻一米，乃至9日食一麻一米，身形消瘦，有若枯木"，终未获解脱之道。于是他放弃苦行，到菩提树下独自静坐，一心思维，霍然"心地光明"，悟道成佛。这时释迦牟尼已35岁。从此他就在印度恒河流域说法传教，信者纷至沓来，日益增多。于是释迦牟尼将部分信徒派赴印度各地，并偕余者云游四方，广传佛法，80岁入"涅槃"。此后，佛教继续传播，不仅在印度盛行一时，后来又成为世界三大宗教之一。佛教主张在灵魂上"众生平等"，不需通过特殊的祭司阶层导引，每个人都可以靠自我修行达到不生不灭的境界，从而否定婆罗门种姓的特权地位，否定婆罗门教的经典。早期佛教不主祭祀，不拜偶像，传教用语通俗，不排斥低种姓的人入教，是其得以迅速传播的重要原因。但是，佛教并不反对奴隶制度，反而为奴隶规定了对奴隶主的种种义务，反对劳动人民用斗争的手段摆脱现实生活中的苦难。佛教的基本教义是"四谛"（四个真理），即"苦谛"（人生皆苦）、"集谛"（欲望为因）、"灭谛"（消灭欲望）、"道谛"（法为修行）。它以说苦为出发观点，但掩盖了阶级社会中最根本的阶级压迫之苦。以脱苦为目的，却让人们消除欲望，放弃斗争，追求虚无缥缈的境界，并继承了婆罗门教业报轮回的说教。这说明其本质上也是一种麻痹人民、维护剥削阶级统治的工具。

古希腊人建造雅典卫城

雅典卫城原为防御敌人进攻的城堡。公元前5世纪中叶，雅典利用奴隶的血汗和盟国的贡金，大兴土木，装饰卫城，建设起独具风格的建筑群，成为当时希腊建筑和雕刻艺术最高成就的代表，被誉为建筑史上的杰作。卫城建筑包括门厅和一系列大小神庙，与周围自然环境谐调一致。那些大小相同，形式各异的建筑物既有对比又有均衡，一扫那种呆板的对称和单调重复的建筑式样。其中主要建筑是帕特嫩神庙、提秀斯神庙以及雅典卫城正门。高大的建筑，饰以柱廊，雄伟壮观，豪华富丽，显示了城邦极盛时期人们的创造才能。耸立于卫城广场上的"战斗指挥者"雅典娜雕塑像和帕特嫩神庙大厅的庄严富丽的雅典娜雕像，代表了希腊雕刻艺术的高度水平。

智者学派在希腊盛极一时

公元前5世纪，希腊奴隶制城邦的民主政治臻于全盛。在广泛的政治活动中，奴隶主阶级的政治家们需要有相当的讲演和辩论才能，因此一个专门以讲授讲演术、辩论术为业的智者学派应运而生。他们多为民主政治的拥护者，其哲学观点倾向于唯物论，他们关心社会问题而不关心自然界，其主要代表人物有普罗塔哥拉（公元前481～前411）和高尔吉亚（公元前5世纪）。普罗塔哥拉有一句名言："人是万物的尺度。"即任何事物的真假、是非都是相对于人而言的，我觉得怎样，它就怎样。这种相对主义等于否定了真理和客观性。因而在哲学上，普罗塔哥拉虽然承认客观物质世界是不依赖于人而存在的，但在认识论方面却陷入了唯心主义。高尔吉亚提出三条原则：一是无物存在；二是如果有某物存在，这个东西也是人无法认识的；三是即使这个东西可以被认识，也无法把它说出来告诉别人。在实质上是唯心主义的不可知论。

古希腊柱式建筑

古希腊以神庙为主的大型长方形建筑，周围都绕以柱廊。一根根粗大的石柱整齐排列，增加了神圣、庄严的气氛。石柱为圆形，柱式极为讲究，可分为多利亚柱式、爱奥尼亚柱式和科林斯柱式。多利亚式产生较早，以朴素、浑厚的形式为特征。柱身粗壮，石柱有柱基，柱头无修饰。雅典的帕特嫩神庙是其典型代表。爱奥尼亚式较多利亚式秀丽，雅典的伊利特盎神庙为其典型代表。科林斯式盛行于公地前4世纪，其特征与爱奥尼亚式大体相同，然而柱头则用卷叶状装饰，显得更为精巧华丽。其代表作是雅典卫城的奥林比昂神庙。希腊柱式的出现，代表了希腊建筑艺术发展的新水平。

古希腊哲学大师柏拉图

柏拉图（公元前427～前347）是古希腊著名的唯心主义哲学家。他出生于雅典的贵族家庭，从小受过良好的教育。18岁应征入伍，自20岁起从师于苏格拉底8年。公元前

399 年,苏格拉底被激进民主派处死,这对柏拉图震动极大。他离开雅典,漫游北非、南意大利和西西里等地。40 岁时返回雅典,在雅典近郊的凯菲索区阿卡德米体育场开办了一所学校,习惯上一般称之为学园。在学园里,柏拉图坚持学以致用的原则,按照自己的唯心主义哲学思想培养各方面的从政人才,人们称柏拉图学园犹如"政治训练班"。柏拉图哲学的核心是"理念论",他认为万物的本原是超感觉的"理念",物质世界不过是"理念"不完全的复制品。人们只要通过"灵魂"对理念世界进行回忆,就能获得知识,因为不死的"灵魂"是理念世界派生出来的。人的灵魂决定了人会有三种美德,即智慧、勇敢和节制。统治者有智慧,战士要勇敢,劳动者有节制。三个等级各守其职,便是柏拉图追求的"理想国",这实质上是小国寡民的奴隶主贵族共和国。柏拉图主持学园 40 年,曾两次去西西里的希腊殖民城邦叙拉古推行他的政治主张,但均未成功。柏拉图死后,他所创立的学园由其门徒代代相传,延续数世纪之久,传播和发展了柏拉图的唯心主义哲学体系,在欧洲产生了深远的影响。

雅典远征西西里失败

在伯罗奔尼撒战争中,雅典主战派领袖亚西比德代表雅典工商业奴隶主阶层和海军的利益,提出远征西西里的主张,维持雅典在商业和军事上的霸主地位。公元前 415 年,雅典公民大会通过了进兵西西里,给伯罗奔尼撒同盟以决定性打击的计划,亚西比德被任命为舰队总指挥。但当舰队出发前夕,雅典卫城中的赫耳墨斯神像被人捣毁,亚西比德的政敌借此散布他的谣言。这一事件尚未澄清,亚西比德即受命出发。当雅典军队开始围攻西西里的叙拉古城时,雅典公民大会要求亚西比德立即回国受审。亚西比德在回国途中背叛祖国,逃往斯巴达。斯巴达大将古利波指挥叙拉古军队大败雅典军队,雅典陆海大军几乎全军覆灭,西西里远征以失败告终。

马其顿在希腊北部兴起

马其顿位于希腊北部,包括上马其顿和下马其顿,居民由希腊的狄撒利亚部落和北方伊利里亚——色雷西亚部落组成。公元前 5 世纪中期,马其顿尚处于原始氏族社会,国家由"王"和各部落巴西琉斯(酋长)联合统治。伯罗奔尼撒战争开始后,马其顿借机染指希腊殖民地卡尔客狄克半岛,变成商业和奴隶制国家。与此同时,马其顿氏族贵族势力被削弱,失掉了以前的独立地位,君王的权利日益加强。希腊旧城邦的衰落和马其顿内部的发展,都为它的兴起创造了条件。到阿刻劳斯王朝时期(公元前 419~前 399),马其顿一方面广泛吸收希腊文化成就,一方面向海洋推进,在沿海建立新首都伯拉,国势日增。特别是经腓力二世改革后,马其顿的经济和军事实力大大增强。

雅典主战派领袖亚西比德向士兵们发表演说的场面

尼西亚条约签订

公元前431年开始的伯罗奔尼撒战争,经安菲玻里战役(公元前422)之后,雅典与斯巴达双立均损失惨重,并感到一时很难取得胜负。于是在雅典主和派的要求下,于公元前421年签订了合约,史称尼西亚和约(因雅典将军尼西亚而得名)。和约的重要条款是倘若斯巴达的奴隶希洛人起义,雅典有援助斯巴达的义务。此外,双方还交换了战争俘虏,并约定退出各自的占领地。但是,实际情况并非如此,雅典的殖民城市安菲玻里仍旧留在斯巴达人手中,雅典也没有放弃对派罗斯港的控制。双方依旧势均力敌,处于对峙状态。尼西亚和约是雅典和斯巴达暂时妥协的产物,双方都想借此赢得时间,积累力量重新再战。

雅典法庭判处苏格拉底死刑

苏格拉底(公元前469~前399)是古希腊著名的唯心论哲学家、思想家,曾被后世誉为希腊的耶稣,西方的孔子。公元前399年,雅典法庭以其不敬雅典公认的神而引进新神,煽动反民主情绪,败坏青年,给雅典带来巨大灾难的罪名,判处这位先哲死刑。在法庭上，苏格拉底为自己作了辩护演说。他说，克利底亚一伙整天忙于设法害人，他们权虽大，但不能强迫我去为非作歹。我要人们注意灵魂的改善，懂得美德不是用金钱能够买来的，这就是我的学说。如果这是败坏青年的学说，我就是个坏人。你们可以开释我或处死我，你们都要懂得我是不会改变我的行为的。即使一死再死，也不会改变。雅典法庭没有承认他的申辩，最后还是判决了他。他的学生们为他安排了出逃计划，但被他拒绝了。他认为判决虽然违背事实，但却是合法法庭的判决，必须服从。行刑的日子来临时，苏格拉底送走了妻子和儿女，在学生们的簇拥下等待狱卒送来的毒酒。苏格拉底对送毒酒的狱卒说："我的朋友，你在这些事情上有经验，你应该告诉我怎样动手。"狱卒对他说："你只要来回走到腿脚沉重，然后躺下，毒药就会起作用。"同时把酒杯递给苏格拉底。苏格拉底举止极为安详和蔼，坦然自若地举起酒杯说："用一点祭神怎样？可以吗？"狱卒说："苏格拉底，我们只准备了够您用的酒。""明白了，"他说，然后把酒杯举到唇边，心甘情愿地喝下这杯毒酒。这时，周围的人失声痛哭。苏格拉底镇定自若地说："奇怪，你们哭什么？""我认为男子汉应该在平静中死去。安静吧，耐心一点。"就这样，当时希腊最有名的哲人结束了自己的生命。千百年来，人们围绕着苏格拉底为什么被判处死刑开

古代希腊著名的唯心论哲学家和思想家苏格拉底被雅典法庭以其不敬公认之神的罪名判处死刑。这是他饮毒酒的情形。

展了讨论。由于苏格拉底本人没有留下任何著作，原告的状子迄今也不知其详。虽有色诺芬和柏拉图为其辩护的著作流传下来，但他们意在为先师辩护，难称一手材料。时至今日，仍然真相不明。当代有的学者认为，黑格尔正确地指出了苏格拉底之所以被判处死刑，以及这个判决不可挽回地在他身上执行，就是因为"他不承认人民的最高权力"，"伤害了他的人民的精神和伦理生活"。

斯巴达丧失海上霸权

伯罗奔尼撒战争后,斯巴达取得了全希腊的霸权。它对雅典及其盟邦采取高压政策,肆意干涉各邦内政,到处推行寡头政治,进行横征暴敛,因此引起许多城邦的憎恨。同时,对盟邦如科林斯、麦加拉等合理的要求也置之不理,独吞伯罗奔尼撒战争的胜利果实,因而也引起这些盟邦的强烈不满。公元前399~前394年,斯巴达企图进一步控制小亚细亚希腊各邦,与波斯发生战争,以霸主的身份向希腊各邦征集军队。而波斯利用希腊各邦对斯巴达的不满情绪,组织反斯巴达同盟。公元前395年,底比斯首先发难,雅典、科林斯、麦加拉、阿哥斯纷纷响应,先后起兵反对斯巴达。因这次战争的主要战场是在科林斯地峡,故称科林斯战争(公元前395~前387)。公元前394年,波斯舰队大败斯巴达海军于克尼达斯海角,从此斯巴达丧失了海上霸权。公元前387年,在波斯首都苏撒与波斯缔结了和约,科林斯战争结束。

雅典人再次结成海上同盟

雅典在科林斯战争中势力重新复兴。它不甘心于伯罗奔尼撒战争中的失败,利用底比斯打击斯巴达的有利形势,于公元前378年组织了新的海上同盟,即第二次海上同盟,力图重振昔日雄风。加入同盟的有70多个城邦,各邦都实行自治。斯巴达曾想进行干涉,但结果失败。被迫承认雅典在第二次海上同盟中的领导地位。到斯巴达和底比斯都逐渐衰落之后,雅典为了摆脱危机,恢复海上霸权,又加强了对盟邦的勒索和压迫。因此引起了同盟国的反抗,爆发了同盟战争(公元前358~前355),结果第二次海上同盟又告解体。

表现罗马人日常生活情景的壁画

阿哥斯平民暴动

伯罗奔尼撒战争是希腊城邦由兴盛到衰落的一个转折点。不论是战胜的斯巴达还是败北的雅典，都进入了一个政局动荡、经济衰退、阶级矛盾尖锐化时期。公元前370年，在阿哥斯爆发了平民起义，因起义者以棍棒为武器，故史称"棍棒党"起义。当时阿哥斯实行奴隶主民主政治，民主派领袖唯恐贵族夺取政权，遂利用平民起义的力量来打击贵族势力。当这一任务完成后，民主派领袖不再支持平民，反而又来压迫平民。从而使平民认清了民主派领袖的嘴脸，遂将其作为打击对象。这一事件说明，平民已开始认识到奴隶主民主政治与贵族政治的共同实质，把斗争矛头指向了整个奴隶主阶级。

难陀王朝建立

约公元前364年，出身寒微的摩诃波德摩·难陀杀死摩揭陀希苏那伽王朝的末帝摩诃南丁，建立了难陀王朝。关于摩诃波德摩的身世和取得政权的经过记载不一。希腊作家柯蒂阿斯说，摩诃波德摩是一个理发师，成为王后的情夫。由于她的影响，他取得了当朝君主的信任，升至近臣，狡诈地谋害了国王。以后装作王室儿童的监护人，杀死年轻的诸王子，篡夺了最高权力，成为国王。而《往事书》中则说："摩诃波德摩是由摩诃南丁和首陀罗妇女所生之子，他要毁灭一切刹帝利"。总之，摩诃波德摩是下层出身，通过政变夺取政权的。据佛教文献记载，难陀王朝共历九王，皆为兄弟，称为"九难陀"，统治22年。据柯蒂阿斯报道，在难陀王朝的末王达纳统治时期，有骑兵2万，步兵20万，4马战车2000辆，战象3000头。难陀王朝进行了大规模的扩张，领土扩展到贝阿斯河。这样，次大陆北部的主要地区，除西北一隅外，基本纳入难陀王朝的版图。此期间还阻挡了马其顿亚历山大向恒河流域的推进。

马其顿国王国的兴起

马其顿位于希腊本土的最北部，东以斯特律蒙河和色雷斯毗连，西以品多斯山脉与伊利里亚、伊庇鲁斯接壤。南以奥林帕斯山与帖萨利亚交界，北与帕伊奥尼亚为邻。马其顿的西部是森林茂密的山区，称为上马其顿。东部的沿海地区是适合于农牧的沃野平原，称为下马其顿。马其顿的居民是由色雷斯、伊利里亚和一些与希腊人有血缘关系的部落混合而组成的。

马其顿人进入文明时代较大部分希腊人晚，公元前五世纪上半叶还处在军事民主制时期。王位是世袭的,但王权受军事贵族的限制。这种军事贵族称之为"王友",他们组成贵族会议。古老的民众会议仍然存在,战时召集。

希波战争期间,马其顿王亚历山大一世(公元前495~前450年在位)曾依附于波斯国王薛西斯,但当普拉特亚战役前夕,他又将军事情报暗地告知希腊人,后来他就以这一功劳被允许参加奥林匹克赛会。

公元前5世纪后期至公元前4世纪初期,马其顿国家逐渐形成。伯罗奔尼撒战争期间,马其顿与希腊各邦的往来日益频繁。公元前424年马其顿国王帕尔迪卡斯二世(约公元前450~前413年)曾联合斯巴达司令官布拉西达斯,从雅典手中夺占安姆菲波利斯。国王阿尔赫拉于斯(约公元前413~前399年)时代,马其顿国家初具规模。他文武兼修,改革军事,开辟道路,兴建城寨,发展教育,举办体育竞赛,大力提倡希腊学术文化,从希腊本土请来悲剧家幼里披底斯和画家泽于克西斯。他把国都从山城埃盖迁到近海的平原城市佩拉,结果马其顿大治。伯罗奔尼撒战争后,忒拜与斯巴达争霸,希腊本土各邦无暇北顾,马其顿得以迅速壮大。

波其波利斯的饰有弓箭手的檐壁

公元前4世纪中叶,腓力二世(公元前359~前336年)当政时,马其顿王权大大加强,国势也日益发展。腓力年轻时曾在忒拜做人质三年,处于埃帕米农达斯左右,学习到战争策略、战斗技术和政治权术。他深受希腊文化的熏陶,了解希腊城邦的弱点及其相互的矛盾。腓力雄才大略,即位后削除各部落首领的武装力量,限制贵族会议的权力,把军队大权集中到自己手中。他还实行了货币改革,兼用金币银币,两种货币按固定价格兑换。当时希腊用银币,波斯用金币,马其顿金币银币并用,既便于通商,又可以和两种货币势力抗衡。货币改革促进了马其顿商业和手工业的发展,加强了国家的经济力量。

最重要的是腓力实行了军事改革,建立了常备军。他仿效忒拜的军队阵法,加以改进,创制更为密集、纵深的作战队形——马其顿方阵。队形随着敌情和地形而变化。重装步兵构成方阵的核心,他们配备有盔甲、短剑、盾牌,手持名为"萨里萨"的长枪,这种长枪加强了步兵进攻的能力。方阵的外面呈现为一重防护的盾牌及密如刺猬的枪头。方阵配置有重装骑兵、轻装骑兵和轻装步兵作为前锋和护翼。重装步兵由农民组成,重装骑兵由贵族组成,轻装步兵、轻装骑兵从色雷斯和伊利里亚边远部落中征募。在腓力统治时期,马其顿开始采用各种围攻堡垒的设备(弩炮、破城槌、攻城塔等),同时还建立了海军。

关于公元前4世纪中叶马其顿的社会经济情况,传世的资料极少。但从腓力的货币改革中、可见商业已有发展。腓力于公元前348年征服奥林托斯时,曾将居民变卖为奴,可见奴隶制度和奴隶市场有所发展。在商业和奴隶制发展过程中,马其顿出现了新的富裕的奴隶主。他们对内要求统一,对外要求扩张,因而必然拥护王权的扩大,积极支持腓力的改革。而腓力的改革既满足了他们的要求,也壮大了马其顿国家的实力。与希腊各邦相比,马其顿是内部矛盾少、兵力强、财力足,而这时的雅典、斯巴达,忒拜等城邦,则恰恰与之相反。当时内外部条件都有利于马其顿的兴起。

象征古代希腊人以海运立国的现代毕拉尤斯港风貌

底比斯建立彼奥提亚同盟

公元前4世纪上半期,在雅典的支持下,底比斯建立了彼奥提亚同盟。科林斯战争中,斯巴达为了维持其霸主地位,以出卖小亚希腊诸邦为条件同波斯缔结了和约。条约规定在希腊除伯罗奔尼撒同盟外,不得再有其他同盟。以底比斯为首的彼奥提亚同盟拒绝解散,斯巴达遂于公元前382年出兵占领底比斯,建立了寡头政权,由斯巴达将军卡德墨亚率军驻扎统治。以罗伯斯庞达为首的民主派则逃往雅典。公元前379年,罗伯斯庞达等7人密潜回国,在民主派支持下发动起义,推翻了寡头派统治,将卡德墨亚逐出底比斯,重建民主政体,恢复彼奥提亚同盟。公元前371年,斯巴达召开全希腊各国参加的会议,决定各邦独立自治,仅保留伯罗奔尼撒同盟。底比斯要求保持彼奥提亚同盟,遭斯巴达拒绝,于是双方发生了战争。同年,斯巴达侵入彼奥提亚,与底比斯大战于留克特拉,斯巴达大败,底比斯从此成为希腊最强大的国家。

希腊城邦结成反马其顿同盟

公元前4世纪中叶,迅速崛起的马其顿开始向希腊半岛扩张。面对马其顿的武力威胁,希腊许多城邦都存在着亲马其顿派和反马其顿派的激烈斗争。雅典的两派之争尤为突出。雅典的反马其顿派由一些与海外贸易有密切关系的民主派奴隶主组成。他们由于本身的经济利益受到马其顿侵略扩张的威胁,所以视马其顿为主要敌人,主张维护城邦的独立与民主。公元前340年,马其顿开始围攻赫勒斯滂海峡的伯任斯托城,激起了与黑海沿岸有密切贸易关系的希腊城邦的强烈不满。于是,雅典、麦加拉、科林斯、底比斯等城邦结成反马其顿同盟。同年,当拜占庭受马其顿舰队围攻的时候,雅典舰队驰援,大败马其顿海军。这一胜利,鼓舞了反马其顿斗争的士气。在雅典的公民大会上,根据反马其顿的领袖德摩斯提尼的提议,通过了关于改进公民承担制舰费用和观剧津贴款项改作军费的决议,以便加强反马其顿的军事力量。然而,由于希腊城邦普遍走向衰落,反马其顿同盟十分脆弱。

腓力二世的改革

腓力二世(公元前359~前336在位)是阿刻劳斯的继承人,马其顿王国的缔造者。在位期间他推行了政治、经济和军事改革。在政治上,打击和削弱了贵族势力,加强国王的权力。在经济上,施行双金制,即银本位和金本位并用。由于当时银币称雄希腊世界,金币则被波斯帝国采用,因此腓力二世的改革降低了金价,削弱了波斯帝国的经济优势。在军事上,他创立了由步兵和骑兵混合组成的马其顿方阵,使种类不同的军队和优良的战术装备结合起来。腓力二世的改革大大加强了马其顿的经济实力和军事力量,此后开始向外扩张势力。

第一次马其顿战争

马其顿王国位于地中海东部,是巴尔干半岛北部的一个古老国家。境内可分为两大部分,即以山岳为主的上马其顿和以平原为主的下马其顿。历史上的3次马其顿战争发生在公元前3世纪末期到公元前2世纪中期,即马其顿的安条克王朝统治时期。安条克王朝对内镇压希腊的反马其顿运动,巩固对希腊地区的统治,对外则与包括罗马在内的其他国家争夺爱琴海和赫勒斯滂海峡的霸权。腓力五世（公元前220~前179年在位）当政时期，西方的罗马共和国也正在大举扩张。它欲取得头等强国的地位，必须对付地中海东部的马其顿王国。因此，两强相遇，战争势不可免。

马其顿王国兴起较晚，但是经过腓力二世、亚历山大等几代能征惯战的国王的扩张，国势发展相当迅速，到公元前4世纪中期，已控制了整个希腊地区。公元前220年，17岁的腓力五世继承王位，次年便同埃托利亚同盟交战。这便是历史上的"社会战争"。这次战争最后以和约的方式结束，但它不是因为腓力没有能力打赢这场战争，而是因为他的野心远远超出了打赢这场战争的目的。公元前217年，罗马在与迦太基进行的第2次布匿战争中，遭到了特拉西美诺湖之战的惨败，士气低落，国内形势紧张。这使得腓力相信：一个绝好的插手地中海事务的机会到来了，因此，他匆匆结束了与埃托利亚同盟的战争，把侵略的目光投向了亚得里亚海方面。当年冬天，腓力建成一支快速舰队，并于次年春天把它调到亚得里亚海。这一行动暴露了腓力要代替伊利里亚成为亚得里亚海霸主的意图。对此，罗马方面立即有所警惕，并加紧准备。一旦腓力威胁罗马安全，就给他一个狠狠的打击。

公元前215年，罗马军舰在凯拉比利亚海面拦截了一条向东航行的马其顿船，搜查到一份重要文件。这便是汉尼拔和腓力准备缔结条约的草案。这一事件使罗马元老院大为震惊，它立即讨论决定，对腓力采取相应的措施：向阿普利亚增加战舰30艘，由执政官拉维努斯指挥；一旦腓力采取援助汉尼拔的行动，拉维努斯便率舰跨海，赶到马其顿，尽力把腓力的军队牵制在那里，使他与汉尼拔的合作不能实现。

事实证明，罗马元老院这个决策是正确的，它估计到了腓力可能带来的危险。公元前214年春天，腓力率领一支由120艘小船组成的舰队再次进入亚得里亚海水域，并迅速占领了奥里卡姆。奥里卡姆在被占之前向拉维努斯求援。遵照元老院的命令，拉维努斯率军越过了亚得里亚海，并成功地堵截了腓力的小股部队。腓力攻打阿波罗尼亚时，拉维努斯设计把他的一些部队送进城内，里应外合地给腓力以彻底的打击。腓力被迫烧掉了他在阿乌斯河口的新造船只，并撤退回到马其顿内地。但是，他也没有忘记为罗马舰队设置障碍，使他们长期滞留在伊里利亚水域。

由于船只被焚烧，腓力无法进行海上远征，于是他转而在陆地上发展自己的势力。公元前213年，他越过品都斯山，试图控制帕希尼、第乌鲁姆和阿提塔娜斯，并且占领了里苏斯堡。但这些只是表面上的成功，拉维努斯始终控制着亚得里亚海，寸步不让。双方的对峙持续一段时间以后，罗马人开始寻找新的同盟者。他们很清楚，腓力在战争中成败的关键，在于希腊各城邦的态度。从公元前4世纪中期，希腊地区即被马其顿全部控制。在希腊人眼里，马其顿早就成了他们的宿敌，是他们谋求解放和独立的真正敌人。所以，不单埃托利亚人对马其顿十分仇视，甚至与马其顿比较友好的亚该亚人，也对马其顿的不断强大持十分疑惧的态度。当然，他们仍不得不对腓力表现出几分好感。拉维努斯首先把目光转向了刚刚与腓力结束"社会战争"的埃托利亚同盟。共同的敌人使他们很快就结成了联盟。联盟条约规定：埃托利亚人立即在陆地上展开对腓力的战争；与之相呼应，罗马增强海上实力，提供 25 艘以上的战舰；战争中所获取的土地归埃托利亚同盟，罗马只求得到所掠夺的动产（其中包括人和牲畜）；双方不得单独与腓力订立和约。不久，联盟中又增加了埃力斯、斯巴达和培尔伽门等国相继加入联盟，从而扩大了反马其顿的力量。这样，腓力不但没能把战争转移到意大利半岛，反而使自己引火上身，在巴尔干本土陷入了四面受敌的困境。

第 2 年，反马其顿联盟取得了巨大战果。首先，他们抢占了奥尼阿达、那苏斯和匹辛索斯等地；接着，在公元前 210 年，拉维努斯和他的继承者也攻克了弗西斯的安提希拉和萨柔尼克海湾的阿吉娜等城。

在战争中，一些希腊城邦不断被占领，他们的人口被贩卖，各城邦之间正常的交往被扰乱。他们尝够了战争的苦果。由于要保持希腊世界的权威不被颠覆，正常的商业能够进行，并且害怕战争的火焰蔓延得越来越广，许多中立国家开始探索促使双方平息战火的道路。

从公元前 207 年开始，局势又开始有利于腓力。当埃托利亚同盟内部滋生厌战情绪时，腓力再次发展了他的舰队，夺回了匹辛索斯，并且直插到托利亚腹地，掠夺了该同盟在瑟木姆的至圣所。此时，恰好汉尼拔的弟弟哈斯德路巴尔率军突入意大利，给罗马造成了相当大的压力。罗马被迫把全部力量集中在意大利，因而没有能力援助埃托利亚同盟。埃托利亚损失惨重，在得不到援助的情况下，开始考虑妥协。公元前 206 年，在中立国的积极斡旋下，埃托利亚同盟与腓力之间订立了和约。

由于失去了埃托利亚同盟，罗马元老院没有兴趣也没有能力独自在巴尔干半岛作战。迦太基的汉尼拔此时给予罗马的压力仍然很大，使罗马不能对巴尔干半岛的战争承受过多的负担。况且，到此时为止，罗马进行此次战争的目的已经达到，它已使腓力未能在第 2 次布匿战争中给汉尼拔带来具体帮助。在这种情况下，罗马与腓力之间也就于公元前 205 年结束战争而签署了和约。

第 1 次马其顿战争在战术上并没有什么特色，但是它却扩大了罗马人的眼界，也开拓了罗马同希腊中部和小亚细亚一些城邦的联系，其意义远远超过了最初只为打击腓力这一狭窄的目标。尽管罗马人在和约里把大陆上的部分土地让给了腓力，但他们为自己保存了最重要的伊利里亚领地。总之，在这一次战争中，双方均未取得决定性胜利，而以大体上维持现状的一纸和约告终。

第二次马其顿战争

公元前 3 世纪末期，地中海东部的相对均势发生了变化。埃及在托勒密四世当政的最后年代里显著地衰落了。在弱肉强食的古代帝国关系中，她的衰落引起了腓力和叙利亚国王安提奥库斯的贪欲，他们试图瓜分埃及在叙利亚、小亚细亚、爱琴海及海峡地带的领地。共同的欲望使他们超越了彼此间深刻的矛盾，于公元前 203 年到前 202 年的冬天

马其顿士兵在战场上

缔结了密约,并对埃及采取了军事行动。

两个帝国对被征服地区的掠夺,以及出卖居民为奴的种种行径,在希腊世界引起了极大愤慨。不愿意看到海峡落入马其顿之手的小国,如罗得、拜占庭等结成联盟打击腓力。公元前201年夏,罗得和倍尔伽姆的使节到达罗马,向元老院请求帮助。早些时候,埃及也曾请求过保护。对罗马来说,干预东方事件始终是一个极其严肃的问题,尤其是在对迦太基的长期战争刚刚结束、历经战乱的人民渴望和平的时候更是如此。但是,元老院经过长期辩论,还是决定开战。元老院这么做,主要是基于两个方面的原因。

其一,腓力和安提奥库斯是罗马潜在的敌人,他们都有潜力建成东方最强大的国家。腓力曾公开地表示,要助迦太基的汉尼拔一臂之力。对于这一点,罗马人始终耿耿于怀,欲施报复。现在,汉尼拔虽然失败了,但并没有被彻底消灭,他会不会东山再起,与腓力再次联合呢? 想起这种可能性,罗马元老院就会感到不安。安提奥库斯是个好大喜功,而且是有毅力、有才能的统治者,罗马元老院担心他随着势力的发展而成为又一个骁勇善战的亚历山大。他与腓力秘密结约,更使罗马意识到,需要通过一场战争来消灭明敌与隐患。

其二,罗马统治集团的侵略意图也起了不小的作用。如果说,在第1次马其顿战争中,罗马还有防御的必要,那么到此时,罗马的政策则是富有扩张性了。在两次布匿战争中,罗马发展了奴隶制度,使奴隶制经济有了重大进展,并形成了意大利庄园,扩大了包括包办业务和批发商业在内的金融经济。经济的发展提出了不断扩张的要求,加上罗马人对东方文化的羡慕、对物质财富的垂涎,使元老院滋长了一定的战争情绪。东方危机的产生,促使这种情绪更加高涨。而援助遭腓力蹂躏的希腊小国,正是介入战争的最好借口。

公元前200年春天,罗马向巴尔干半岛派出一个由3人组成的使团,目的是要使希腊国家加入反马其顿同盟,并向腓力发出最后通牒。这个使团在希腊进行了热烈的煽动,但希腊各城邦始终保持观望的态度,不肯答应承担任何义务,只有与腓力发生过尖锐冲突的雅典向腓力宣战。罗马对腓力的最后通牒是:停止对希腊人的一切敌对行动;把所占的埃及领土全部归还给埃及;马其顿与培尔伽姆和罗得之间的一切争端,用仲裁办法加以解决。这个通牒实际上等于要腓力交出所有的既得利益,所以腓力无论怎样也不愿接受。这一点是罗马元老院早就预料到的,这样做的目的,是想借此在公然敌视战争的罗马舆论中煽起仇视马其顿的情绪。

公元前200年夏末,罗马执政官伽尔巴率领两个军团渡海,到达巴尔干半岛西海岸城市阿波罗尼亚,攻打腓力在伊利里亚的领地,由此开始了第2次马其顿战争。与此同时,雅典也开始军事行动。

战争的头两年,双方都没有取得决定性的胜利。但是不久之后,埃托利亚同盟加入了战争,改变了战争的局势。达尔达尼人和伊利里亚从一开始便是罗马的同盟者。罗德斯和培尔伽姆的舰队在爱琴海上和马其顿沿岸地带展开了军事行动,同罗马舰队互相配合,再加上埃托利亚同盟的力量,使罗马在此地区开始占据很大的优势。与此相反,腓力的情况远不如罗马。曾经与腓力秘密签约的安提奥库斯,担心腓力的力量超过自己,在整个战争中一直采取消极的态度,并不给腓力以实际援助。

腓力迫切需要同盟者。亚该亚同盟曾在第1次马其顿战争中帮助他对付罗马,但自从腓力插手伯罗奔尼撒事务而得罪了该同盟后,他们的关系便中断了。公元前200年秋,腓力为亚该亚同盟提供帮助,以打击亚该亚同盟的敌人斯巴达人,然后又提出了与亚该亚同盟结盟的要求,结果再次被拒绝。

这样,腓力便完全陷入了孤军奋战的境地。公元前199年冬天过后,罗马执政官伽尔巴率军出征,占领了马其顿的西部,掠夺了林赛提斯的大片土地,击溃了腓力的大部分军队,掠夺了大量财物。但他没能深入到下马其顿。秋天,他返回到海边基地,并把他的领导权移交给了继任的执政官。同时,罗马舰队继续对雅典进行掩护,并在爱琴海和马其顿岸边抢掠财物。不过到此为止,罗马人还没有取得重大的胜利。

公元前198年,罗马执政官佛拉米尼努斯被派到巴尔干,率军与腓力作战。佛拉米尼努斯当年才30岁,毅力和才能兼备,是一个希腊文化的热烈崇拜者,并有着希腊式的思想和抱负。他在罗马元老院里有强有力的支持者,元老们给他以充分支持,使他得以长久地控制罗马在巴尔干半岛的利益。

起初,罗马为了削弱腓力的力量,曾试着进行和谈。但是,由于罗马坚持自己的条件,马其顿又不肯放弃既得的利益,和谈没有进展,罗马人却在其间夹杂着进行一些零星的小规模的军事行动。到和谈彻底破裂时,腓力已失掉了通往马其顿的要道阿乌斯峡谷,并退到帖撒利亚。腓力在他仓皇之中作出决定,如果佛拉米尼努斯紧追而来,他就以牺牲帖撒利亚为代价实行焦土政策。但是,佛拉米尼努斯并没有立刻追击。他首先保护了连接西部海岸的通路,然后才进军帖撒利亚,与自己的希腊同盟军会合。不久,同盟军的舰队也进抵科林斯。在这样强大的压力之下,亚该亚同盟便倒向了罗马方面。

罗马步步紧逼,腓力节节败退。到公元前 197 年,腓力在希腊的影响,实际上只限于弗提欧提斯和帖撒利亚两个地区了。原来表示友好的一些希腊小国,现在也都反对他。这样对他来说,只剩下冒险决战一条出路了。此时,佛拉米尼努斯也产生了决战意图。公元前 197 年,腓力集结了身边所有的力量,与罗马军队在库诺斯克法莱(希腊语"狗头山")进行了具有决定意义的会战。双方兵力几乎相等:腓力有 2.5 万人;佛拉米尼努斯拥有两个罗马军团(约 9000 人),其同盟部队为 6000 名埃托利亚步兵,1200 名阿萨马尼亚步兵,500 名克里特步兵和 300 名阿波罗尼亚步兵,以及 400 名埃托利亚骑兵。腓力麾下的马其顿军队仍然沿用马其顿方阵作战。这种方阵体积庞大,在平坦宽阔的地面具有极大的杀伤力,但在凹凸不平的山区就显然缺少灵活性。因此,马其顿方阵在这次会战中发挥不了自己的优势,无形中大大提高了罗马及其同盟者的作战能力。腓力遭到惨败,差不多损失了一半以上的军队。他退入马其顿并派使节到佛拉米尼努斯那里谈和,佛拉米尼努斯早已把牌亮在桌面上,除了接受全部条件之外,腓力无路可走。

腓力被迫放弃了马其顿境外的所有领地,退出希腊,交出舰队(保留了几艘船),放还所有战俘和逃亡者,并交付了 1000 塔兰特的赔款,其中一半要立刻付出,其余的款项在 10 年内分期付清。但这个条约还算比较温和,罗马并没有把腓力逼得太急,因为罗马人希望腓力能在罗马与叙利亚王国之间势不可免的战争中充当罗马的同盟者。

第三次马其顿战争

局势的发展正如罗马元老院的设想。马其顿一度成了罗马的同盟者,与罗马联合起来对付叙利亚国王安提奥库斯。腓力有自己的利益所在,他在战争中得到了一些好处,扩大了自己在希腊北部的影响。他夺取了色雷斯、帖撒利亚、波哈比亚和阿塔玛尼亚地区的一些城镇。毫无疑问,马其顿势力的增大直接威胁着罗马在希腊事务中的利益。安提奥库斯被打败后,马其顿自然又成为罗马的主要打击对象。公元前 189 年,罗马元老院与埃托利亚人缔结了和约,目的就是要维持埃托利亚联盟与马其顿之间的抗衡。

由于对马其顿和罗马的态度不同,色雷斯各城邦中存在着尖锐的派系斗争。腓力的老对头优米尼斯曾派使者到罗马元老院控告他,元老院做出裁决,强迫腓力退出色雷斯和希腊的一些据点。腓力服从了裁决,但是心中却加深了对罗马的不满和仇恨,也导致了他又一次开始做战争的准备。

腓力从色雷斯据点全部撤军以后,罗马方面再没有对他下强迫命令。这是由于腓力的幼子德米特里乌斯的原因。德米特里乌斯曾作为人质在罗马住了几年,对罗马文化有着一定的了解,感情上倾向于罗马。因此,罗马元老院有意加强对他的影响,希望他能成为腓力的继承者。但是,腓力早已有了合法继承人即他的长子佩尔修斯,结果马其顿宫廷发生了政变,德米特里乌斯被处死。

马其顿和罗马对希腊的兴趣始终不减,双方不断调节各自的政策,以求尽快达到自己的目的。公元前 179 年，腓力大功未竟身先死，长子佩尔修斯继承了王位。此时的马其顿王国仍然是一个军事上强大的国家。应该说，秉承父志的佩尔修斯，无论从个人的角度还是从国家的角度都是极仇视罗马的。但他统治伊始，并没有破坏传统的勉强维持和平的政策，还是重修了与罗马的联盟。这种政策使他得到了尽可能多的朋友。他与叙利亚联姻，娶了叙利亚的公主劳迪斯；罗得人也想改善同他的关系；而且在埃托利亚人中间，他的影响也大大增加。但是不久，佩尔修斯便离开了保持传统政策的道路。

首先，他在希腊赦免了逃亡者、负债者和那些因为宫廷政变被流放的罪犯，并把他们召到马其顿，答应恢复他们的财产和权利。这些人的名单张贴在希腊几处重要的太阳神庙和帖撒利亚的雅典娜神庙里，他们的归来受到国王的热烈欢迎。佩尔修斯的目的是要以自己仁慈的举动吸

罗马共和国时期的陶瓶

引希腊人的目光。但是，这种煽惑政策，实际上却刺伤了一般民众的心，因而招来了适得其反的结果。居民中的有产者纷纷离开了他，而与亲罗马的政党接近了，这一点在不久爆发的战争中表现得更为明显。

罗马元老院从一开始便对佩尔修斯的行动给予特殊的关注。在希腊，有罗马的朋友，也有罗马的敌人。佩尔修斯的频繁外交活动，曾使许多城邦开始考虑与马其顿改善关系。对此，罗马人没有冷眼旁观，而是密切注视着巴尔干半岛上事件的发展，等待着采取反击措施的机会。

双方都在加快行动的步伐。公元前 174 年，从迦太基返回罗马的使者报告说，迦太基元老院接待了佩尔修斯的使者。很快，罗马元老院就派出一个高级使团前往马其顿，侦察马其顿国王的行踪。事实上，在公元前 174 年的大部分时间里，佩尔修斯都不在马其顿，他在外地奔忙，全心全意地重修与亚该亚同盟之间的关系。亚该亚同盟在第 2 次马其顿战争中与马其顿的关系破裂后，其内部一直存在着亲马其顿派和亲罗马派的激烈斗争。亲罗马派后来占据了上风，佩尔修斯派出的使团根本没有被接待，所以实际上，亚该亚同盟还是站在罗马一边的。

公元前 172 年，对佩尔修斯政策深为不满的培尔伽姆国王优米尼斯，带着对佩尔修斯的控诉书再次来到罗马元老院。他控告说，腓力早已计划了一场战争，佩尔修斯很快就要将它付诸实践。当优米尼斯从罗马返回时，在得尔菲几乎险遭暗杀。很明显，阴谋的制造者正是佩尔修斯。这件事使罗马再也不能忍耐下去了。在此以前，罗马元老院出于形势的需要已经在讨论对马其顿宣战的问题。作战的任务落到了公元前 171 年执政

官的身上；同时，许多使团和使节被陆续派往希腊和亚洲的城邦或王国，旨在寻求战争中的同盟者，并观察佩尔修斯在罗马统治区的动向。战争的准备进行得很顺利，两个军团以及一支由 50 艘战船组成的舰队迅速集结起来了，准备渡海到伊利里亚的阿波罗尼亚。

但是，与佩尔修斯相当充分的战争准备相比，罗马的战备工作还是不够的。因此，罗马元老院派出以菲利普斯为首的罗马使团与佩尔修斯和谈，希望争取时间进行更充分的准备。佩尔修斯在战略上的反应比较迟钝，做事犹豫不决，加之他对避免战争还心存幻想，因而答应了和谈。这就给了罗马以必要的准备时间，而使自己失去了最佳的作战时机。接着，菲利普斯来到亚该亚人中间，再次获得外交上的成功。亚该亚的执政官同意派遣一支部队为罗马人驻守凯齐斯。公元前 171 年 11 月，当执政官走马上任之时，罗马议会正式向马其顿宣战。

公元前 169 年，执政官克拉苏斯在凯利希乌斯遭到失败。他是在通过伊庇鲁斯进入帖撒利亚时陷入了马其顿骑兵的包围。但在整个战争进程中，这次失败并不重要，因为时

罗马少女雕像

隔不久，在进入冬季宿营地之前，他终于夺取了帕拉那。战争全面展开以后，罗马不断地取得了许多小战的胜利。他们攻破许多城镇，将居民变为奴隶，并把这些地区交到亲罗马派手中，但是明确规定：他们的职位要得到罗马元老院的认可才能生效。

由于罗马统治集团内部的原因，菲利普斯再次被派去处理马其顿事务。他的所作所为要比前几任指挥官更为活跃和成功。首先，他利用外交手段，使埃托利亚同盟、亚该亚同盟以及罗得的许多城邦都对罗马表示友好，或者至少表示了中立态度。其次，他摆脱了通往马其顿的主要道路都被佩尔修斯部队控制的困境，在阿斯库里斯湖附近离马其顿军队驻地不远的奥林匹斯山上，发现了一条通路。这是一条陡峭的山路。菲利普斯率军克服路途中的许多困难，进入了马其顿本土。公元前 169 年末，双方军队在埃尔坡斯河两岸对峙，从而使得马其顿南部的陆地和海岸完全暴露在罗马军队面前。

为了加强自身的力量，佩尔修斯试图诱惑伊利里亚国王詹提乌斯加入公开的联盟，共同对付罗马。詹提乌斯趁机索取金钱，但吝啬的佩尔修斯不愿为此花费金钱，因此，詹提乌斯回绝了佩尔修斯的要求。公元前 169 年，罗马在马其顿前线取得了节节胜利，这

使佩尔修斯重新认识到詹提乌斯对他的重要性。他不得不委曲求全,忍痛花费金钱而与詹提乌斯达成了联盟协议。

公元前 168 年,保路斯和奥克塔维斯当选为罗马执政官。罗马元老院派使者到达希腊前线,查明罗马军队在马其顿和伊利里亚的情况,然后根据他们的报告制定了战争的计划。保路斯率领主力部队进军马其顿,奥克塔维斯则致力于爱琴海舰队的建设。后来,根据伊利里亚形势的变化,罗马元老院又命令保路斯率军增援伊利里亚,进攻詹提乌斯。当年发生的伊里利亚战争,仅在 1 个月内就结束了。关于这次战争的记载大部分都已遗失,但是有一点是肯定的,即詹提乌斯在海上和陆地上都失败了,被赶到了斯柯达一隅,不久他就投降了。

当年冬天,佩尔修斯稳定了他在伊庇鲁斯的局面,并且派遣强大的部队到皮特拉和皮提乌姆驻防,以阻止罗马部队从奥林匹斯方向进行偷袭。保路斯决定穿过伊庇鲁斯直接攻击佩尔修斯。为吸引马其顿军的注意力,他首先佯攻马其顿的沿海地带。奥克塔维斯则受命率领舰队,并连同补给的船队,赶到赫拉克勒姆。公元前 168 年 6 月 17 日,纳希卡率领一队精兵,穿过伊庇鲁斯也进到了那里,然后靠着舰队的掩护,经过 3 昼夜行军,最后到达皮提乌姆。6 月 20 日清晨,纳希卡部队驱走了马其顿在皮提乌姆的驻军。佩尔修斯被迫放弃伊庇鲁斯而向皮得那撤退。6 月 22 日,双方大军在皮得那进行会战。会战开始时,马其顿方阵仍然占有很大优势,击溃了罗马的前锋,使罗马军团被迫退到自己军营附近的高地上。但是,在紧接着实行追击时,由于地形不平坦,方阵被迫变换队形,不得不散开,保路斯便趁机把中军插入敌人方阵的空隙之中,并从两翼和背后对马其顿军发起进攻,马其顿军即刻陷入混乱,骑兵束手无策。最后,佩尔修斯全面崩溃,据说,有两万马其顿士兵阵亡,6000 人逃到了皮得那,但却在那里被俘,另外 5000 人则在途中当了俘房。佩尔修斯退回首都,想焚毁王宫的文件,但追击而来的罗马人连这点时间都没有给他。他仓皇逃往萨莫色雷斯,在那里投降,后被处斩。

至此,战争全部结束,马其顿也不再作为一个独立国家而存在了。

亚里斯多德写成《政治学》

亚里斯多德(公元前 384~前 322),古希腊唯心主义哲学家,百科全书式的科学家和多产作家,堪称为古代世界"博学多才"的人。生于马其顿附近的斯达奇拉城,是柏拉图的学生。公元前 342 年,他被聘为马其顿王国亚历山大王子的家庭教师。从教 8 年后,来到希腊文明的中心雅典,在阿波罗圣林吕克昂体育场设坛讲学。因擅长采用启发式、讨论式、师生对话等教学方式传道授业,所以获得"逍遥学派"之称。亚历山大大帝死后,雅典掀起反马其顿运动,亚里斯多德被迫离开雅典城,到卡尔西斯终死病逝。《政治学》是他对当时的社会政治制度、政治生活的总的看法和研究成果。《政治学》成书于公元前 326 年,是古代政体比较研究的代表作和先驱之作。他通过各城邦宪法的比较,阐述了国家的起源、本质等问题,从中提出了个人的政治见解。他认为:政体可划分合理与不合理两大类,划分的标准在于对公共福利事业的态度和做法。温和的民主政体即共和政体,对雅典这样工商业较发达的国家是最适宜的。在国家中他将居民按财产划分为极富有、极贫穷和居中的三个阶层,认为治理国家最合适的是居中的阶层。他们人数多,经济地位平稳。既有对极富阶层的不满,又有对极贫阶层的同情,政策较为平缓、不会走极端。由他们执政,国家才能保证安定。从一定意义上讲,《政治学》实际是雅典民主政体的一曲赞歌。亚里斯多德在自然观上基本是正确的,而在社会观上是落后的、反动的。在西方世界古代历史上,从理论上他是第一个明确提出"奴隶是会说话的工具"的人。

罗马赢得萨谟奈战争的胜利

萨谟奈是萨宾人的后裔,是古意大利民族中的一支。其大部居住在中意大利,生性剽悍,勇于杀战,不但跟其他种族常有战争,就是同族之间也时起纠葛。公元前343年,萨谟奈人向同族的加普亚城和提奴姆城发起猛烈攻击,这两城慌忙向罗马求援。这对于本来就想南进统一意大利可又苦于出师无名的罗马,实在是难得的好时机。于是罗马向萨谟奈人大举进攻,从而爆发了在古代罗马历史上的萨谟奈战争。第一次萨谟奈战争发生在公元前343年,萨谟奈作战不力,罗马方面又有拉丁同盟趁火打劫,双方都无心恋战,遂于公元前341年成立了一项双边协定:由罗马占领加普亚城,由萨谟奈占领提奴姆城。第二次萨谟奈战争爆发于公元前326年,最初的一年罗马大获全胜。不料到公元前321年,罗马军队在考地安峡谷遭到萨谟奈人伏击而惨败,并签订了屈辱的条约。但罗马元老院坚持作战,公元前305年攻下了萨谟奈联军首府包维亚奴姆,萨谟奈被迫求和,第二年双方订立和约。但这和约对双方来说都是缓兵之计,双方都在积极备战。公元前298年,第三次萨谟奈战争爆发。公元前295年,罗马与伊达拉里亚、高卢人和萨谟奈人的联军在森提奴姆附近展开激战,罗马获胜。萨谟奈人南返后虽仍苦战了5年,但毫无胜利的希望,遂于公元前290年向罗马人求和。历时半个世纪之久的三次萨谟奈战争以罗马的胜利而告终。罗马对萨谟奈的胜利,使罗马版图北扩至波河、南到卢卡尼亚北境。

亚历山大率兵东侵

公元前336年,马其顿国王腓力二世被刺身亡,其子亚历山大继位(公元前336~前323)。他出兵镇压了希腊各邦的反抗,接着趁波斯帝国濒临崩溃之机,便以发动对波斯的战争来转移希腊各邦反马其顿的视线,并适应希腊工商业奴隶主扩大对东方的贸易的要求,大举入侵东方。公元前334年,他率步兵3万、骑兵5000、战舰160艘,越赫勒斯滂海峡入小亚细亚,在格拉尼库河附近打败波斯军。并用外交手段使小亚诸城不战而降,占领了小亚。公元前 333 年,亚历山大在伊索斯城附近大败波斯王大流士二世,并俘虏其家眷。此后他挥军南下,攻取腓尼基之后,于公元前 332 年进入埃及。他自称太阳神"阿蒙之子",得到埃及祭司的拥护,并在尼罗河三角洲西部建亚历山大里亚城。公元前 331 年,亚历山大率军经巴勒斯坦、叙利亚入两河流域,同年 9 月在高加米拉与波斯军决战。波斯军虽号称百万,但终因缺乏战斗力和指挥不当而彻底失败,大流士三世逃至巴克特里亚(大厦)被杀。战后亚历山大东进,先后攻占波斯首都巴比伦、苏撒和旧都帕赛波里斯。公元前 329 年,亚历山大进兵中亚,入帕提亚、巴克特利亚、索格第安那(粟特)等地,遭到当地人民的激烈反抗,北上受挫,继而转向南方。公元前 327 年,从中亚攻入印度,占领印度河上游地区。时值气候不适,士兵厌战思归,加上土著居民的抵抗,亚历山大被迫撤军。公元前 326 年冬,亚历山大率军沿印度河南下,直达印度河三角洲。然后自率军队取陆路,命海军将领涅阿尔库斯率军取海路并行西行,于公元前 325 年返抵巴比伦。至此,亚历山大东侵结束。亚历山大经过 10 年的东征,建立了西起希腊,东至印度河流域,南括埃及,北抵中亚的幅员辽阔的大帝国。亚历山大东侵给被征服地区带来深重的灾难,但客观上促进了东西方经济、文化的交流。

伊苏斯战役马其顿大败波斯

公元前 334 年,马其顿国王亚历山大率军东侵,在占领小亚细亚之后,于公元前 333 年夏挥军向叙利亚北部挺进。波斯王大流士三世为阻击亚历山大的进攻,亲率大军占据了马其顿后军方的伊苏斯城,切断了马其顿军与小亚根据地的陆上交通线。亚历山大闻讯回师,与波斯会战于伊苏斯。大流士三世集结 10 万兵力并亲自督战,企图一举歼灭马其顿军。面对强敌,亚历山大以重装方阵和重装骑兵猛烈攻击波斯军的中锋。波斯国王大流士三世是一个庸碌无能的统帅,看到亚历山大率领的精锐骑兵队向他冲杀而来,他首先动摇,扔下战弓,脱掉战袍,夺路而逃。波斯大军随即全线溃退,士兵死亡枕藉。亚历山大突入大流士三世的军营,缴获大批武器、财宝并俘虏了大流士三世的母亲、妻子和三个女儿。大流士三世致书亚历山大要求议和,遭到亚历山大的拒绝。伊苏斯战役大大削弱了波斯的军事力量。

高加米拉战役:马其顿摧毁波斯军力

公元前 334 年亚历山大东侵,长驱直入地占领波斯帝国所属的西部广大地区和埃及。他在埃及补充修整之后,继续东进,经巴勒斯坦、叙利亚侵入美索不达米亚,开始了夺取波斯帝国东部地区的战争。公元前 331 年 10 月,在底格里斯河左岸尼尼微城附近的高加米拉原野,双方进行了一场最大的战斗,亚历山大投入 7000 骑兵和 4 万步兵,而大流士三世步兵号称百万。战斗开始后,波斯军首先发动进攻,企图用装备着锋利镰刀的200乘战车首先冲垮亚历山大的方阵。但波斯战车冲来时,马其顿军让开一条路而退到两侧,预先埋伏好的马其顿弓箭手则给战车以重创。由于主力进攻扑空,波斯军队形顿时混乱。随后亚历山大率领右翼的精锐骑兵向波斯军队的左翼猛冲过去,并转而冲向大流士三世,方阵步兵又给骑兵以有力的支援。在马其顿骑兵和步兵的强大攻势面前,大流士三世甚为恐慌,于是又重演了伊苏斯战役中临阵逃脱的丑剧。结果,波斯军全线溃败,阵亡者达10万余。高加米战役是一次决定波斯帝国命运的战役。在这次战役中,亚历山大摧毁了波斯帝国的军事力量,大流士三世再没有可能重新聚集军队再战。此后,亚历山大率军东进,灭亡了波斯帝国。

马其顿军洗劫波斯旧都

公元前334,年,马其顿国王亚历山大出兵东侵波斯帝国。公元前331年高加米拉一役,重创波斯军,大流士三世仓皇逃走。亚历山大乘胜追击,在占领巴比伦和苏撒后,又攻占了波斯的旧都帕赛玻里斯。王宫里琳琅满目的财宝使马其顿将士垂涎三尺。亚历山大为满足士兵的贪欲,下令洗劫了帕赛玻里斯王宫。马其顿军队抢走了值12万塔兰特的财宝,据说曾调集了2万头骡马、5000头骆驼才把宝物运走,之后又下令焚烧了王宫。20世纪30年代考古学家发掘了王宫遗址,据考古所得的材料及史籍的一些记载,帕赛玻里斯王宫建于公元前6世纪~前5世纪,其规模壮观宠大,有雄伟的百柱厅,坚固的巨门,逼真的雕像,宽敞的台阶,浑厚的巨柱以及众多的浮雕、釉陶彩瓦、各种金银装饰品,实为古代世界之罕见。历史上对亚历山大为何要纵火焚烧这座金碧辉煌的宫殿有种种说法。阿庇安(古代罗马史家)认为波斯在希腊战争中曾焚毁希腊的无数神庙,亚历山大烧毁帕赛玻里斯王宫是以牙还牙之举。普鲁塔克(古代罗马史家)认为亚历山大在入侵波斯初步成功的庆功宴酒后失态,并受到雅典名妓泰绮思唆使才纵火的。据说亚历山大让泰绮思首先点燃了宫内一角的布幔,然后他手执火炬,高呼"跟我来",率众将士烧毁王宫,并伴之以娼妓们的歌声、呐喊声、击鼓声、喝彩声助兴。

罗马军向萨谟奈人缴械投降

第二次萨谟奈战争期间(公元前326~前304),罗马和同盟部队2万人在罗马执政官率领下,于公元前321年从坎佩尼亚穿过萨谟奈山脉,直入萨谟奈人的后方和粮食基地阿普里亚。不料行军途中,被萨谟奈人大将旁邱斯诱入林木丛生的考地安峡谷,罗马军队被团团围住,逃脱无路。罗马被迫向萨谟奈人投降,并签订了屈辱的和约。罗马撤离萨谟奈人地区,取消弗列吉雷等殖民地并保证不再发动战争。罗马全军被萨谟奈人缴械剥光,狼狈逃回阿普里亚,这是古罗马史上空前未有的国耻。

亚历山大入侵印度

马其顿国王亚历山大在灭亡波斯帝国之后,便采取拉拢波斯和中亚贵族的政策,缓和了同被征服地区居民的矛盾,又镇压了部分反对继续东进的高级将领。在内部趋于安定之后,公元327年春,亚历山大即率领军队向印度进军。在印度河上游(五河流域)的支流希达斯佩斯河,与西部印度波鲁斯王的军队相遇。亚历山大的军队第一次遇到印度人的"象军",遭到强烈的抵抗。但其绕道渡河决战,击败了波鲁斯王的军队,俘获7万俘虏和许多战象。他利用印度诸小国的矛盾,各个击破,占领了印度河流域上游的广大地区。此后,亚历山大继续率军东进,直达希帕斯河(印度河支流),并企图向恒河流域扩张,征服印度腹地。但是,亚历山大的士兵由于连年苦战,厌战情绪滋长,又受到酷暑、暴雨及热带疾病的袭击,因而怨声载道,拒不前进甚至哗变。而恒河流域的难陀王朝此时已很强大,因此亚历山大不得不停止东侵。在撤回之前,他将所占领的西北印度交给两个傀儡管辖,另设总督和希腊马其顿的驻军监管。公元前326年冬,亚历山大率军沿印度河南下直达印度河三角洲,然后分海路和陆路并行西归。至此,亚历山大对印度的入侵终告结束。

安提斯梯尼创立犬儒学派

犬儒学派是古希腊哲学派别之一。其创始人是安提斯梯尼(约公元前435~前370),雅典人,曾是苏格拉底的弟子,由于安提斯梯尼在雅典的一个名叫"快犬"的运动场讲学而得名。这一派别的主张是,快乐基于美德,美德基于知识并通过教育培养出来。凡懂美德者即可行美德,强调美德和力行,重在伦理说教。该派最有影响的人物是狄奥提尼斯(约公元前400~前325),他力图打破社会常规(包括家庭生活),从而返回"自然的"生活。他过着极端贫困的生活,认为快乐得自一个人本身自然需要的满足,得自以最俭易的方法获得这种满足。凡是合乎自然的事皆不得视为下贱或可鄙,都可在大庭广众为所欲为。他甚至像一个流浪乞丐,在公共建筑中睡觉,向人乞讨食物,以证明即使处在极其贫穷的境地仍可保持愉快和独立。该学派对现实生活中的一切秩序均持否定态度,并以消极地回到"自然"的方式来表示否定,反映了奴隶制城邦没落时期下层群众的悲观情绪。

阿里斯塔克创立"太阳中心说"

阿里斯塔克(约公元前310年~前230)是古希腊天文学家、数学家,生于爱琴海上的萨摩斯岛。他首次提出地球自转并围绕太阳公转的假说,并测得上弦月期间日月之间的角距离,以及日地距离和月地距离之比。他创立的"太阳中心说"是他对天文学的主要贡献。他认为太阳是不动的恒星,地球和其他行星沿着自己的轨道绕太阳运行。阿里斯塔克将太阳作为行星系统的中心,以此理解其他天体的运动。这一假说开创了天文学史上的新天地,后代学者深受影响,为16世纪波兰天文学家哥白尼"日心说"的产生奠定了基础。

托勒密王朝在埃及建立

公元前334年,马其顿国王亚历山大率军东侵,经过近10年的征战,建立了西起希腊,东到印度河流域,南括埃及,北抵中亚的庞大帝国。公元前323年亚历山大猝死,昙花一现的帝国迅即瓦解,埃及为其部将托勒密所占据。公元前305年,托勒密正式称王,为托勒密一世(公元前305~前283在位),开创了埃及历史上的托勒密王朝(公元前305~前30)。公元前3世纪是托勒密王朝的全盛时代,堪称为爱琴海、东部地中海的强大国家。其领土除埃及本土以外,还辖有小亚沿岸及其附近的岛屿、巴勒斯坦、南叙利亚,后来一度扩展到小亚南部和西部以及色雷斯和爱琴海诸岛。

皮洛士战争爆发

皮洛士是古希腊伊庇鲁斯国王,是一个政治冒险家,他想在西部地中海建立一个大帝国。公元前282年,罗马进攻南部意大利的殖民城市他林敦,他林敦感到形势危急,向皮洛士请求援助。皮洛士立即应援,于是罗马与皮洛士发生了战争,史称皮洛士战争(公元前280~前272)。公元前280年春,皮洛士率2万多重装步兵、3000骑兵和20头战象在意大利登陆,在赫拉克里亚城附近与罗马军队首次交战,皮洛士大胜。第二年,皮洛士又率领一支4万多人的军队进军阿普里亚,在奥斯库伦附近再胜罗马。但波洛士也付出了巨大的代价,于是派使节向罗马提出议和,遭罗马拒绝。公元前278年,皮洛士离开意大利,率军前往西西里,与迦太基苦战3年,但没有任何结果。公元前275年,皮洛士又率军返回意大利,在贝尼温敦与罗马军展开决战,皮洛士军队被打得大败,他抛下残兵败将,被迫退回希腊。公元前272年,他林敦降服了罗马。皮洛士不甘心败北,又与马其顿、亚哥斯发生战争,结果兵败身死。

埃及建造法罗斯灯塔

法罗斯灯塔位于亚历山大城港口,约建于公元前 280 年,由尼多斯的索斯特拉塔斯的埃及国王托勒密二世建造。这是建筑史上的一项伟大成就,奠定了灯塔建筑的基础。该塔高 135 米,分 3 层,底层呈方形,中层是八角形,顶部为圆柱形,塔顶立有巨像。有盘旋坡道至达顶部,以便将薪柴送到顶峰,使其夜间燃火。该塔的造型独特,建筑技艺高超,被誉为古代世界七大奇迹之一。公元 7 世纪灯塔倒塌,1100 年、1435 年遭两次地震摇撼,灯塔毁坏。

罗德斯巨人像被震毁

罗德斯岛位于地中海,是连结小亚、北非与希腊的各通路的集合点,自爱琴海时代起就成为东方和西方交流的中介,在文化上罗德斯以雕塑和诗歌成就饮誉世界。罗德斯巨人像又名罗德斯岛的太阳神像,由卡瑞斯于公元前 277 年创作。卡瑞斯是希腊晚期雕刻大师吕西波斯的学生,他继承了吕西波斯注意刻画人物个性的优点,发展了他所建立的西库翁学派。巨人像长 34 米,由青铜铸成,表现出对崇高和壮丽的向往。该像铸制费时 12 年,耸立于罗德斯岛 50 年,后在该岛的一次大地震中被毁。数年后,该像的碎片被人收集起来,用 500 头骆驼运至叙利亚,又融化成铜。

阿卡亚同盟建立

阿卡亚位于伯罗奔尼撒半岛的北部,社会经济比较落后,至公元前 4 世纪末,城邦刚刚发展起来。为维护自己的政治独立和发展奴隶制济,阿卡亚地区的各城市趋于建立地域性联盟。公元前 280 年,在贵族西拉图的倡议下,阿卡亚同盟建立。最初的同盟只不过是阿卡亚地区旧宗教同盟的复活,到后来发展成为包括全部阿卡亚、美塞尼亚等地区和城市的军事同盟,首府设在伊楷翁。同盟大会是最高权力机关,其职能是选举常设机构——同盟会议和将军。加盟各邦权力平等并享有充分的独立自主权,但各邦须提供军队和缴纳盟金。在阿拉图出任将军期间,阿卡亚同盟达到全盛时期,尤其是在希腊各邦反马其顿运动中起着最为突出的作用。

安提柯王朝在马其顿建立

亚历山大死后,马其顿和希腊的统治权由马其顿将领安提帕克掌握。公元前319年安提帕克死,指定波利派洪特为继承者,其子卡山德不满,遂引起波利派洪特与卡山德之间的争夺政权的斗争。公元前317年,卡山德取得了马其顿的政权,下令处死企图夺取政权的奥林匹亚达(亚历山大之母)和腓力三世,并拘禁了罗克萨娜(亚历山大之妻)及其子亚历山大四世。此后,亚历山大的部将之间发生内争。公元前315年,卡山德、托勒密等组成反安提柯同盟。公元前312年,托勒密与安提柯之子德米特里会战于迦隆附近,托勒密获胜。公元前298年卡山德死后,马其顿的政权落入德米特里手中。在德米特里统治期间公元前298~前283),伊庇鲁斯国王皮洛士和统治色雷斯的西马卡斯(亚历山大部将)入侵马其顿,德米特里将其子安提柯·贡那特留在马其顿,自己率军出征小亚,结果兵败身亡。公元前279年,凯尔特入侵马其顿,在温泉关打败希腊人,其势力扩展以特尔斐。以埃陀利亚为首的中希腊各邦在"希腊救亡"的口号下,打退了凯尔特人。公元前277年,安提柯·贡那特在赫勒斯湾附近彻底击败凯尔特人,次年宣布为马其顿国王,建立起安提柯王朝(公元前276~前168)。安提柯王朝统治马其顿达一个世纪之久,成为亚历山大帝国分裂后三个强大国家之一,后来被罗马征服。

布匿战争

两千多年前,迦太基和罗马两个奴隶制国家,为了争夺西地中海的霸权,发生了一场延续一个多世纪的著名战争。因罗马人称迦太基人为布匿人,所以战争被称为布匿战争,历史上也一直这样沿用。

罗马人和迦太基人之间早有接触,不过在公元前3世纪中期以前,他们基本上是友好相处的。公元前6世纪末他们订立过一个友好条约,公元前348年又续订了条约,进一步调整两国之间的关系。当时迦太基人主要是与希腊人竞争,特别是争夺西西里,无力直接染指意大利半岛,而罗马人在当时则把主要精力放在对意大利半岛的扩张上,商业尚不发达,因而与迦太基人无论在贸易或殖民方面,都无直接的利害冲突。罗马人统一中意大利之后开始向南意大利扩张,这时,迦太基人还没有把罗马人看作潜在的竞争对手,仍然注目于和希腊人的争斗。罗马人在南意大利遇到的是迦太基人的宿敌——希腊人的殖民城邦,战争爆发后,希腊人向希腊本土求援,伊庇鲁斯国王皮洛士率军前来援助,罗马人连连失利。迦太基人看到形势紧迫,更害怕皮洛士进军西西里,于公元前279年和罗马订立了互助条约,向罗马提供海军和财政援助。后来罗马人扭转了战局,最后于公元前275年打败了皮洛士,迫使他率领残余部队撤回希腊,继而征服了整个南意大利。

罗马统一意大利之后，一跃而成为西地中海的强国，形势发生了根本的变化。西地中海的国际关系由迦太基人和希腊人的角逐变成为迦太基和罗马的两强争雄。迦太基在当时已发展成为西地中海区域首屈一指的强国，所统辖的领土包括北非西部沿海地区、比利牛斯半岛南部、撒丁和科西嘉以及西西里西部海岸。他们原希望在打败希腊人以后他们能独占整个西西里，认为以农业为主的罗马不会对海外发生多大兴趣，然而，正处于蒸蒸日上的罗马不以占有整个意大利为满足。它在征服意大利过程中，奴隶制发展了，工商业也发展了，这些都要求它在征服意大利之后向海外进行新的扩张。罗马继续对外扩张必然要和迦太基的既得利益发生矛盾，旧日的盟友变成敌手，两个古代奴隶制国家之间爆发战争便是不可避免的。

西西里富饶而肥沃，宜于谷物生长，迦太基人为了占有它和希腊人争斗了数百年；而罗马人在征服意大利之后和西西里只隔着一条狭窄的墨萨纳海峡，近在咫尺，为之垂涎。这样，西西里便成了罗马人和迦太基人争夺的第一个目标，于公元前264年爆发了布匿战争。

第一次布匿战争

第一次布匿战争的导火线是墨萨纳争端。墨萨纳位于西西里的东北角，公元前289年叙拉古僭主阿加托克利死后，他原先在意大利坎佩尼亚招募的雇佣军占领了墨萨纳，建立了自己的政权。那些雇佣军自称为"马墨尔提尼人"，意为战神马尔斯的人。阿加托克利的继承人发动了对他们的战争。击溃了他们的抵抗，约在公元前265年包围了墨萨纳城。被围者处境危急，决定向外求援，一些人提议请求迦太基人保护，另一些人鉴于血缘关系，建议与罗马结盟。在墨萨纳海峡巡逻的迦太基军队开进了城里，叙拉古军队没有抵抗便撤退了。罗马在援救墨萨纳问题上因事关重大而未能迅速做出决策。一方面，罗马人不能眼看着墨萨纳落入迦太基人手中，进而控制整个西西里，封闭西地中海；但另一方面，罗马人深知迦太基雄厚的财力和强大的军力，特别是海军的威力，出兵墨萨纳就等于立即和迦太基人开战，因而不得不虑及未来战争难以预料的结局。元老院意见分歧，问题提交到百人团大会，最后百人团大会做出了出兵西西里的决定。

公元前264年，罗马军队渡过墨萨纳海峡，揭开了战幕。罗马军队进展顺利，击溃了叙拉古军队，迫使迦太基军队后撤，占领了墨萨纳城，然后又沿着西西里东海岸南下，直抵叙拉古城下，叙拉古不得不和罗马结盟。叙拉古与罗马结盟大大便利了罗马军队的进一步的军事行动，罗马军队在西西里东南部继续推进，经过半年多围攻，于公元前262年夏攻下了迦太基人在西西里南岸的主要据点阿格立真坦。罗马军队进城后大肆劫掠，有2万名俘虏被卖为奴隶。

罗马军队取得初步的胜利，控制了西西里东部和东南部的广大地区，但战争的胜负远未确定。因为迦太基的舰队还没有受到攻击，在罗马没有海军的情况下，迦太基可以利用海军进行回击，封锁西西里和意大利海岸，断绝罗马军队的后路，置罗马军队于绝境。也正是慑于迦太基海军的威力，西西里南岸的不少大城市继续据守着。为了争取最后胜利，罗马人做了巨大的努力和牺牲，在希腊人的指导下，迅速建立了一支舰队。当然，这支舰队在机动性和作战经验方面，都远不如迦太基舰队。为了弥补自己的不足，同时发扬罗马步兵良好的战斗素质，罗马人发明了新的海战战术，即在每只船舰的舰首安装一种前端装有钩子、两侧装有栏杆的吊桥，前进时竖起，可以阻挡敌人投掷武器的攻击，接近敌人时放下，吊桥前端的钩子便像乌鸦嘴一样钩住敌舰的甲板，步兵如履平地从上面冲过去，与敌人展开短兵相接的战斗。公元前 260 年，罗马舰队和迦太基舰队在西西里岛北面的米列海岬（在墨萨纳西边）展开了一次大海战，罗马军队用上述桥舰第一次打败了迦太基舰队。为了庆祝这次海战的胜利，罗马广场建了一座大理石纪念柱，上面用俘获的迦太基舰首作装饰。罗马利用舰队进攻科西嘉和撒丁岛。公元前 259 年在撒丁岛附近再次打败了迦太基舰队。

迦太基人在陆上和海上失利之后，退到西西里西部，凭借那里的海军要塞固守，战争出现了相持局面。罗马人看到在西西里迅速取胜是不可能的，便决定进攻迦太基本土：公元前 256 年，执政官雷古卢斯和曼利乌斯率领由 330 只船舰组成的罗马舰队，载着四万名步兵，远征非洲，第一次布匿战争进入第二阶段。

罗马舰队由墨萨纳出发，在西西里南岸的埃克诺穆斯海岬附近遇上了由 350 只船舰组成的迦太基舰队，展开了西方古代史上一次著名的大海战，罗马的桥舰再次发挥了威力，大败迦太基舰队，迦太基损失约 100 只船舰，罗马只损失 24 只。罗马军队在迦太基东面的克卢佩亚登陆，进展顺利，屡败迦太基军队，一直进抵到离迦太基城不远的地方。迦太基人见形势危急，请求媾和。但是自负而缺乏远见的雷古卢斯过高地估计了自己的胜利，提出了一些对方无法接受的、带污辱性的条件，结果坐失良机，使唾手可得的胜利化为泡影。迦太基迅速征集了新的雇佣军，大败军马军队，雷古卢斯本人被俘，只有两千人溃逃到克卢佩亚。公元前 255 年，载着残余军队的罗马舰队在返国途中又遭遇风暴袭击，使罗马远征军几乎全部覆没。

战场重新回到西西里。罗马人重建了舰队，于公元前 251 年攻下了西西里北岸的主要城市帕诺尔穆斯，后来又一下把迦太基人挤到西西里西部的利里拜乌姆和德瑞帕努姆。公元前 247 年，西西里的迦太基军队改由年轻的哈米尔卡尔指挥，他在西西里陆上向罗马军队展开了反击，同时从海上骚扰意大利。使迦太基人在西西里的处境有所改善。不过罗马人在重建了再次被风暴摧毁的舰队后，展开了新的攻势，终于占领了迦太基人在西西里的最后据点利里拜乌姆和德瑞帕努姆，公元前 241 年又在西西里西部的埃伽特斯群岛附近的海战中打败了迦太基舰队。连续二十三年战争已经使迦太基筋疲力尽，只好授权哈米尔卡尔与罗马谈判媾和。这时罗马也感到财匮力乏，便与迦太基签订了合约。和约规定迦太基向罗马割让西西里及其与意大利之间的其他岛屿，十年内向罗马赔款 3200 塔兰特。这样，第一次布匿战争以罗马的胜利告结束，西西里成了罗马的第一个行省。公元前 238 年罗马又乘迦太基雇佣兵和奴隶起义的机会，占领了科西嘉岛和撒丁岛，后把它们变成了罗马的行省。

第二次布匿战争

第一次布匿战争并没有彻底解决罗马和迦太基之间的矛盾。罗马虽然扩大了势力范围,得到了巨额的战争赔款,但还没有掌握对西地中海的控制权,而迦太基并不甘心失败,它虽然战败,但它的经济政治力量并没有被摧毁。它利用它所拥有的广大的殖民地的丰富资源,轻易地偿付战争赔款,迅速从战争灾难中恢复了过来。因此,爆发新的战争势在必行。

迦太基在第一次布匿战争结束之后不久即开始为新的战争进行准备。它在平定了国内的雇佣兵和奴隶起义以后,于公元前 237 年派主战派代表、曾经在西西里担任过迦太基军队司令的哈米尔卡尔率军去西班牙,恢复和扩大在那里的地盘,以弥补在上次战争中的损失,并为未来的战争准备进攻基地。公元前 228 年哈米尔卡尔在一次作战中阵亡,他的女婿哈斯德路巴尔成为继承人。哈斯德路巴尔进一步拓展了迦太基人在西班牙的领土,在西班牙的东南海岸建立"新迦太基"城,成为迦太基在西班牙的主要据点,附近巨大的银矿又为迦太基提供了丰富的财政来源。罗马对哈斯德路巴尔在西班牙的成就感到不安,但由于意大利北部的高卢人正准备南犯,形势十分紧张,无力去西班牙抗争,因而便于公元前 226 年派了一个使团到西班牙去,要求迦太基人不要越过希伯鲁斯河。哈斯德路巴尔乐意答应这样的要求,因为这等于罗马人承认他们在西班牙既得的势力范围。公元前 221 年哈斯德路巴尔被人杀死后,哈米尔卡尔的长子、年仅 25 岁的汉尼拔成为继承人。汉尼拔是古代伟大的军事家之一,也是一位出色的政治家和外交家,他矢志与罗马为敌,据说当哈米尔卡尔带他去西班牙时,曾经让他在神坛前发誓永远仇恨罗马。汉尼拔掌权后,继续前任们的政策,几乎征服了希伯鲁斯河以西的整个地区,完成了战争准备。

第二次布匿战争的导火线是萨贡杜姆事件。萨贡杜姆可能在公元前 226 年后与罗马结了盟,是希伯鲁斯河以西唯一没有被迦太基人征服的城市。汉尼拔为了挑起事端,于公元前 219 年春围攻萨贡杜姆,萨贡杜姆没有得到罗马的及时支援,坚守八个月后陷落了。在萨贡杜姆陷落之后,罗马于公元前 218 年春派以费边为首的使团去迦太基交涉。罗马历史学家李维是这样描述罗马使者在迦太基元老院进行交涉的最后场面的:迦太基人拒绝了罗马人的要求,"这时费边撩起长袍前襟,做了个褶,说道:'这里我给你们带来了战争和和平,你们喜欢什么,就挑吗!'他的话得到了同样高傲的回答,说他自己喜欢什么,任他给。当费边放下长袍宣布给他们战争的时候,所有在场的人一致回答说,他们应战,并且将以应战时的同样决心进行战争"。这样,第二次布匿战争便开始了。由于第二次布匿战争的整个进程始终和汉尼拔的行动,特别是和他远征意大利的行动联系在一起,因而许多历史学家又称这次战争为"汉尼拔战争"。

罗马人对于这场新的战争也有准备,他们的计划是由两位执政官兵分两路,一路以西西里为基地,进军非洲,打击迦太基本土;一路进军西班牙,钳制汉尼拔的军队。但在战争开始后,罗马人的进军计划却因他们自己行动迟缓和汉尼拔进军的大胆和神速而被打乱了,汉尼拔的计划是以西班牙为基地,避开罗马人的海上优势,由陆路进军,翻越阿尔卑斯山,出人意料地出现于意大利,寄希望于他在意大利的军事胜利会促使受制于罗马的意大利同盟解体,从而打败罗马。

公元前 218 年春,汉尼拔率领由 9 万步兵、1.2 万骑兵和几十只战象组成的军队从新迦太基城出发,开始了对意大利大规模的军事远征。部队顺着西班牙东部向东北方向行进,渡过希伯鲁斯河,穿过比利牛斯山,然后沿着高卢南部海岸继续前进。罗马人由于对汉尼拔的进军意图认识不足,拖延了出征西班牙的时间,当普·科尔涅利乌斯·斯奇比奥率军从海路到达罗丹河口时,汉尼拔已经进抵那里,并且迅速渡过了河,然后溯河北上,躲过了罗马军队的拦截。斯奇比奥悟出

汉尼拔

了汉尼拔的进军意图,便派自己的弟弟格·斯奇比奥率领军队继续去西班牙,自己则率一部分军队迅速上船,赶回意大利。这时,汉尼拔经过长途跋涉,于 9 月初到达阿尔卑斯山麓,他不顾严寒和饥饿的折磨,坚韧地在已开始被冰雪封盖、人迹罕至的狭窄山道中前进。当他走出阿尔卑斯山的时候,身边只剩下 2 万步兵和 6000 骑兵,战象几乎都死掉了。汉尼拔进到山南高卢以后,让疲惫不堪的部队休息了一下,对兵员和给养做了补充,准备迎接即将开始的和罗马军队的战斗。

罗马元老院采纳了斯奇比奥的意见,立即派他率军去波河流域,准备在那里阻击从阿尔卑斯山下来的汉尼拔,同时命令另一位执政官率领的准备进攻非洲的部队也由西西里开来意大利,与斯奇比奥会合。在波河支流提基努斯河和特雷比亚河流域,罗马军队在汉尼拔的打击下接连失利,高卢人发动了反对罗马的起义,整个山南高卢倒向汉尼拔一边,汉尼拔的第一步计划实现了。在这种情况下,罗马只好改为保卫中意大利,阻止汉尼拔继续南进,于是便派两位执政官分东西两路进行拦截。汉尼拔选择了穿过伊达拉里亚的近路,采用迂回战术,绕过了罗马军队的营地,用四天三夜的时间涉过了被认为无法通过的阿尔努斯河下游的沼泽地,出人意料地出现在罗马军队的后面,在特拉西美诺湖北岸一处三面环山、一面临源的谷地打败了贸然追赶上来的罗马军队。特拉西美诺湖之战是第二次布匿战争中的重要战役,在这次战役中,罗马损失惨重,15000 人阵亡,数千人被俘。

汉尼拔踏上了通向罗马的大道,罗马紧张起来。采取紧急措施:一方面加强城防;另一方面任命费边为独裁官,统一指挥军事行动。然而汉尼拔并没有直接向罗马进军,因为他知道,以他现有的兵力无论是采用急袭的方法,还是采用围攻的方法,都不可能拿下

罗马，因此按照原先的设想，在意大利土地上纵横驰骋，蹂躏意大利土地，打击罗马的抵抗力量，同时采用区别对待的手法以图瓦解意大利同盟，孤立罗马。这样，他在特拉西美诺湖胜利以后，没有立即挥军南下进攻罗马，而是向东穿过翁布里亚，进入皮凯努姆，到达亚得里亚海岸，在那里补足给养以后再向南前进，进入阿普里亚。

费边就任独裁官后认真分析了敌我形势，他看到汉尼拔的军队，特别是汉尼拔的骑兵战斗力强，罗马军队难以直接抵御，但是汉尼拔是孤军深入，后援困难，急于求胜，而罗马军队虽然屡遭失败，但在本土作战，人员和给养补充都比较容易，时间、地理对它有利，因而决定采用拖延战略。费边率领四个军团在阿普里

罗马人与布匿人的战斗

亚和汉尼拔接触上了，虽然汉尼拔一再向他挑战，但他总是避免和汉尼拔发生大的冲突，驻守时扎营于不便于汉尼拔的骑兵活动的山区，行进时尾随在汉尼拔军队的后面，伺机进行骚扰。费边的拖延战略在当时是比较可行的，但也包含着很大的风险。罗马的威力在很大程度上依赖于意大利同盟城市对其人力、物力的支援，汉尼拔蹂躏意大利土地可能引起同盟城市和广大农民对罗马的不满，从而倒向汉尼拔。在罗马，人们对他拖延和汉尼拔决战发起了越来越强烈的攻击，称他为"孔克塔托尔"，意即"迟疑不决的人"。他的骑兵长官米努基乌斯·卢福斯便是激烈反对他的战略的人之一，利用他暂时不在军队的机会向汉尼拔出击，取得了一次小小的胜利，这更增加了人们对费边的不满，但是不久米努基乌斯中了汉尼拔的埋伏，只是费边及时赶来救援，才免于全军覆没。

公元前219年末，费边6个月的独裁官任期届满，统帅权交给新当选的执政官，这时要求与汉尼拔决战的舆论越来越强烈，公元前216年夏，在南意大利的康奈附近的原野上发生了一场西方古代史上著名的大战役——康奈战役。双方投入的兵力是：罗马步兵8万，骑兵6000；汉尼拔步兵4万，骑兵1万。从力量对比看，总的兵力汉尼拔比罗马弱，但他却占有骑兵优势。双方沿奥菲都斯河列阵，罗马阵线的中心部位是密集的重装步兵。骑兵配置在两翼，目的是以强大的步兵猛攻敌方的阵线；汉尼拔则把步兵排成半月形，突面对着敌人，骑兵放在两侧。战斗开始后，罗马步兵向敌人阵线的中心部位发起强攻，敌人的中心部位开始后缩，罗马军队继续向前逼近，结果阵线越拉越长，队伍越陷越深。这时，汉尼拔的两翼步兵发起了攻击，骑兵也向罗马骑兵冲杀过来，在打垮罗马骑兵后便包抄到罗马步兵后面，立即形成了对罗马步兵的包围圈。罗马军队惊慌起来，阵线开始混乱了，士兵越挤越紧，密集得使敌人枪无虚发，石无虚投。结果罗马军队大部分阵亡，万余人被俘，幸存者甚少，汉尼拔军队仅损失六千。后来，"康奈"成了包围并全歼敌

人的大会战的同义语。

康奈惨败对罗马是个重大的打击,前线瓦解了,罗马又做了汉尼拔直扑罗马城的准备,17岁以上的青年都应召入伍,此外还由国家出钱赎买奴隶,组成了两个军团。可是这次汉尼拔还是没有向罗马进军,因为他知道罗马的力量还没有从根本上被摧毁。不过他在康奈的胜利确实引起了对他非常有利的巨大反响,南意大利的大部分城市都投到他的方面,甚至中意大利有些城市也发生了转向。公元前216年秋,坎佩尼亚的最大城市卡普亚背离罗马,这是汉尼拔在分化意大利同盟方面的一个重大胜利。在意大利境外,在康奈战役胜利的影响下,汉尼拔运用灵活的外交手腕,争得了马其顿王腓力五世的结盟。叙拉古也背离了罗马,使罗马几乎失去西西里全岛。当时形势对罗马人来说是严峻的,他们总结了失败的教训,重又回到费边的战略上去,谨慎行动,避免和汉尼拔发生大的决战,努力保卫余留地区,支持继续忠于罗马的城市,惩罚倒向汉尼拔的城市,破坏汉尼拔的补给,消耗他的有生力量。在当时,中部意大利仍然基本上忠于罗马,随时为罗马提供充足的人力、物力补充,这是罗马得以稳住阵脚的关键因素。此外,罗马的一支军队在西班牙阻挠了汉尼拔从那里及时得到补给。西西里的叙拉古也在公元前213年被罗马攻陷。而迦太基政府对汉尼拔心怀疑忌,一直没有给他什么真正的支援;汉尼拔瓦解意大利同盟的愿望未能实现,他在人力、物力得不到及时的补充的情况下,孤军深入的弱点越来越明显地暴露出来,处境变得越来越困难。

公元前212年,罗马军队开始转守为攻,围攻卡普亚。汉尼拔率军前来救援,但两次都未能解围。他为了引开围攻卡普亚的罗马军队,只好施用调虎离山计,率军北上向罗马挺进。罗马紧闭城门,准备坚守,同时继续对卡普亚的围困。汉尼拔自知力薄,攻不下罗马,便在罗马郊外驻扎了一段时间,撤回到坎佩尼亚,尔后又撤到南意大利去了。卡普亚不得不向罗马投降。以后,罗马又攻占了一些坎佩尼亚城市。公元前209年罗马军队攻占意大利南部的最大城市塔林敦,给了汉尼拔又一个沉重的打击。

汉尼拔在意大利的处境虽然每况愈下,但他对战局并未绝望,寄希望于留在西班牙的两个弟弟的支援。公元前208年,他的大弟弟哈斯德路巴尔甩开了罗马军队的追击,率领援军离开西班牙,基本上沿着汉尼拔翻越阿尔卑斯山的路线进军意大利,但在翁布里亚境内的墨塔尔鲁斯河畔被罗马军队击溃,哈斯德路巴尔本人战死。汉尼拔断绝了从西班牙得到支援的希望,只好退到意大利南端的布鲁提伊。第二次布匿战争的战局实际上已经确定。

罗马为了在另一条战线上打击迦太基人,于公元前210年末派普·斯奇比奥去西班牙。斯奇比奥于公元前209年攻克新迦太基城;在哈斯德路巴尔离开西班牙之后,又于公元前207年打败汉尼拔的另一个弟弟玛戈,从而结束了迦太基在西班牙的统治。

公元前204年春,罗马军队在斯奇比奥的率领下,从西西里的利里拜乌姆出发,进攻非洲,第二次布匿战争进行最后阶段。罗马军队在迦太基北边的乌提卡附近登陆,得到东努米底亚首领玛西尼萨的支援,连连取得了胜利。迦太基形势危急,只好召汉尼拔回国救援,汉尼拔不得不承认他的进军意大利的计划的破产,含恨撤离转战十五年、没有遭受过一次重大损失的战场。公元前 202 年,斯奇比奥和汉尼拔在扎玛(位于迦太基南边)会战,双方步兵势力均敌,但玛西尼萨的骑兵对罗马军队的支持起了决定作用,汉尼拔有生以来第一次被打败。迦太基被迫向罗马求和,于第二年签订了合约。和约规定迦太基只能保留非洲本部的土地,不经罗马允许不得和邻国作战,除保留 10 只船舰防止海盗袭击外,必须交出全部舰只和战象,此外还得交出 100 名名门子弟做人质,五十年内向罗马赔款 1 万塔兰特。第二次布匿战争就这样以罗马再度战胜迦太基而结束了,由于这次胜利,罗马成为西地中海地区最强大的国家。

第三次布匿战争

第一、二次布匿战争摧毁了迦太基的军事力量,但它的经济力量并没有被摧毁。在失去海外殖民地的情况下,它注意发展农业,依靠非洲本土的资源,迅速从战争创伤中复苏过来,重又成为一座繁荣的城市。同时商业也兴旺起来,不仅和当地部落建立起频繁的贸易往来,而且和埃及、本都等国家和地区重又建立起了广泛的商业联系,罗马在第二次布匿战争之后,立即利用东地中海各希腊化国家之间的矛盾,走上了向东方扩张的道路,先后征服了马其顿、希腊、叙利亚等,把东地中海沿岸广大地区纳入了自己的版图,建立了对整个地中海四周广大地区的统治权。迦太基的迅速复苏引起了罗马的忌恨和不安,特别是引起了在前两次战争之后新兴起来的、与对外贸易有密切关系的罗马骑士阶层和一部分新贵的不满,他们不能允许迦太基妨碍他们在海外的利益,不希望看到迦太基又成为他们在贸易方面的竞争对手。老加图是这一派人物的代表,他是一位大农场主,和商业阶层也有广泛的联系。公元前 153 年他率领一个使团去非洲。调解迦太基人和玛西尼萨之间的纠纷,看到迦太基的繁荣景象,回来后每次在元老院发表演说时,最后总要加上一句:"我认为迦太基是必须摧毁的!"

主战派在罗马占了上风,战争借口是不难找到的。东努米底亚首领玛西尼萨在罗马的支持下野心勃勃,企图吞并迦太基的领土,经常和迦太基发生纠纷。公元前 150 年,他又向迦太基寻衅,迦太基忍无可忍,被迫进行抵抗,结果虽然被打败,然而罗马却从中找到了挑起新的战争的口实。罗马宣称迦太基违背了公元前 201 年和约,于公元前 149 年对迦太基宣战,开始了第三次布匿战争。

第三次布匿战争完全是强者对弱者的欺凌,罗马派出由 8 万步兵、4000 骑兵、600 艘船舰组成的军队在两位执政官率领下攻打迦太基。迦太基人害怕了,他们向罗马求和,罗马元老院接受了迦太基的投降要求,责令他们交出 300 名人质,并履行罗马执政官发出的一切指令。执政官首先要求迦太基人交出一切武器和军用物品,迦太基人不折不扣地履行了这些条件,然后执政官又命令迦太基人摧毁城市,在距海不近于 15 公里的内地另建新的居民点。迦太基人被激怒了,他们杀死了主张向罗马投降的元老,决心保卫城市。全城居民日夜赶造武器,修筑工事,贮存粮食,妇女们甚至剪下自己的头发搓绳索。当罗马军队来到城下的时候,城市已经巩固地设防。罗马军队包围了城市,但是城里有充足的粮食贮备,城外有部分野战军策应,海岸也没有完全被封锁住,迦太基人坚持斗争。罗马军队连续围攻了两年,没有能拿下城市。公元前147年,非洲征服者老斯奇比奥的养孙斯奇比奥·埃弥利阿努斯(后来通称小斯奇比奥)当选为执政官,率领援军来到非洲。他整顿了军纪,对迦太基实行严密的海陆包围,断绝了迦太基同外界的联系,于是城里发生了饥馑和瘟疫。公元前146年春,罗马军队对城市发起了最后攻击,从一处防守薄弱的地方进入了城里。迦太基人进行殊死的抵抗,巷战进行了六天六夜,最后迦太基人退到卫城,放火烧了里面的神庙,与之同归于尽。根据罗马元老院的命令,五万被俘的迦太基人全部被卖为奴隶,城市被付之一炬,大火一直烧了十五天,然后被夷为平地,用犁耕出沟来,禁止人在那里居住。那些在战争中站在迦太基一边的其他非洲城市也得到同样的命运。这样,第三次布匿战争以迦太基的被彻底摧毁而告终,从此,迦太基领土成为罗马的阿非利加行省的一部分。

延续一个多世纪的布匿战争以迦太基的最后覆灭而告结束,连同战争期间对东方的扩张成果,罗马基本上实现了称霸地中海的愿望。战争的爆发是两国掠夺殖民地和争夺地中海霸权的必然结果,列宁说:罗马同迦太基的战争,从双方来看都是帝国主义战争。战争的起因和全过程说明了列宁论断的正确性。整个战争使双方都遭受了巨大的损失,人民蒙受了惨重的苦难。数十万人丧生于战场,上千艘船舰葬身于地中海底,许多城镇遭到浩劫,大片田野变为荒芜,无数的平民和战俘或遭屠杀,或被卖为奴隶,战争中真正获利的是罗马大奴隶主。

在这场规模巨大、历时长久的战争中,罗马是胜利者。罗马获胜的主要原因是因为共和制罗马当时正处于蓬勃发展时期,尽管它是一个贵族共和国,作为统治阶级不同阶层的平民和贵族之间存在着矛盾,但是在平民经过两个多世纪的斗争废除了债奴制度、获得了一定的政治权益之后,统治阶级内部的关系得到调整,平民在国家生活中的积极性大为提高,国家政治生活暂时比较安定,这些为罗马顺利对外扩张提供了重要的政治和社会前提。罗马对外扩张的主要目的是掠夺土地、财富和奴隶,对这种掠夺要求最迫切的当然是奴隶主阶级上层分子,然而平民也并非毫无兴趣,许多人也希望从战争房获物中得到一点小利,特别是当意大利的土地显得越来越紧张的时候,对外扩张的结果可以使平民对土地的要求得到某种程度的满足,虽然他们往往成为战争的受难者和牺牲品,这样,在对外扩张问题上,罗马奴隶主统治阶级内部是比较一致的。罗马对外扩张的主要工具是组织严密的军团,这些军团由罗马公民组成,平民特别是农民是罗马军团的中坚力量。由于上述原因,罗马在对外扩张中具有强大的力量,它在布匿战争过程中虽然屡遭失败,但是在每次失败之后又可以迅速得到人力、物力的补充,直到最后取得胜利。

相比之下,迦太基在许多方面远不如罗马。迦太基在征服北非土地之后统治阶级内部明显分为两派:一派代表大土地所有者的利益,主张主要维护和巩固在非洲的利益;另一派为商业集团,主张继续进行海外扩张,扩大在海外的利益。两派之间一直进行着尖锐的斗争,时常此起彼伏,影响和左右了迦太基的对外政策,哈米尔卡尔、哈斯德路巴尔和汉尼拔代表的主要是后一派的利益,主要活动基地和据点是西班牙和新迦太基城,而在迦太基国内和政府内部,往往是地主派占上风。汉尼拔转战意大利期间一直没有得到过迦太基政府的支援,原因就在这里。汉尼拔虽然具有杰出的军事才能,但是统率的是一支孤立无援、与本国几乎断绝关系、主要由雇佣军组成的军队,而且是在他国领土上作战,处境是十分困难的。以上这些情况都使迦太基在战争中最后失败而被毁灭。

第一次西西里奴隶起义

西西里是罗马的谷仓,在那里使用奴隶劳动的大农庄发展得较早。在这些大庄园里往往聚集了成千上万的奴隶,而且大多来自同一民族或地区,有着共同的语言和感情,因此有利于奴隶斗争力量的组织和发动。奴隶主对奴隶残酷压迫和剥削,终于引起了奴隶大规模的起义。

据狄奥多拉斯记载,西西里岛上恩那城的庄园主达莫披洛斯和妻子加丽达残暴到无耻的地步,他们不仅不给自己的奴隶们以起码的衣食,竟驱赶奴隶去抢劫过往旅客,抢到的东西还要分去一半。公元前137年的一个夏天,那些抢不到东西的裸体奴隶,不得已向达莫披洛斯要求发给衣服,但达莫披洛斯却叫道:"难道客商们都光着身子在西西里旅行吗?难道他们没有为所有缺衣服的人提供现成的补给吗?"然后他把这些奴隶绑在柱子上毒打了一顿。忍饥挨冻的奴隶们实在按捺不住积压已久的阶级仇恨,掀起了起义。

叙利亚籍的奴隶攸努斯带了20多个最勇敢最聪明的奴隶,躲过主人的监视,到一个阴森可怕的牧场秘密聚会,决定起义,首先支持他们的是牧奴,接着达莫披洛斯在乡村的400名奴隶都参加了,当时夏收工作正在紧张地进行着,他们各以手中的锄头、镰刀、斧头、长竿短棒武装起来,冲进恩那城,得到城里奴隶的积极响应,很快便占领了城市。起初达莫披洛斯还气焰嚣张地威胁说,罗马很快就会派大军来,要把"闹事"的奴隶全部处死。但还来不及等待大军的到来,结果先被处决的是他自己和他的妻子,落得应有的报应。

为了有组织地开展斗争,起义军进入恩那城后在剧场开会,建立国家,以奴隶们的故乡叙利亚命名为"新叙利亚王国",攸努斯被推选为国王,取国号为"安条克",下设有"人民议会""人民法庭",由才智最杰出的奴隶组成,其中也有希腊人,如阿凯乌斯。并在三天之内建立一支拥有6000人的武装军队,将军都由奴隶担任。这个奴隶王国带有东方的色彩,但它是作为与罗马政权相对抗的一种独特的奴隶政权形式出现的。

西西里其他地方的奴隶闻风而动,纷纷响应,其中最大的一支是西西里岛西南部阿格立真坦地区克里昂领导的有5000人的起义军。克里昂是一橄榄园主的马夫,他和同伴们也做着随时起义的准备。当攸努斯发动起义后,他们立即响应,很快地与攸努斯取得联系汇合起来。起义军增至7万人。为了共同事业的胜利,克里昂听命于攸努斯,自愿当助手,大家选他为总司令。这一举动,使奴隶主们指望他们之间争吵的打算落了空。

起义的力量迅速发展,其他各地奴隶纷纷响应,西西里东部和中部许多城市如墨萨纳、托洛明尼亚、卡塔涅、列昂提尼等都转到起义军手中。起义人数日益增加,竟达到20万人之多。

奴隶们打击的对象是奴隶制大庄园,起义军所到之处,摧毁大庄园,杀死大庄园主,但对小庄园、小农经济和手工业者则加以保护。据狄奥多拉斯记述:"在所有这一切当中最值得注意的是起义的奴隶非常明智地关心到未来,而没有把小农庄烧掉,没有破坏其中的财产、储藏的果品,也没有侵犯那些继续从事农耕的人们。"所以,起义军也得到农民的同情和支持。对于手工业者,特别是武器匠,让他们继续生产武器,以保证起义军的需要,为了减少敌对力量,起义军宽恕了那些早先人道地对待奴隶的人,而且不侮辱他们。对于以前庇护过他们的达莫披洛斯的女儿,他们甚至派了可靠的护送队,将她送往卡塔涅城她的亲戚那里。

罗马统治阶级一开始就派兵镇压起义,但都被起义军屡屡挫败。起义军击溃了从罗马城派来的由鲁齐·希庇西带领的一支装备精良的8000人的队伍;在公元前134年和前133年又先后打败了由执政官富尔维优斯·拉库斯和执政官卡尔普尔尼乌斯·披索带领来镇压起义的军团。狄奥多拉斯不胜感叹地说:"从来没有像西西里爆发的这种暴动!"它使"恩那城的'代行最高审判官'和他们的地方部队毫无办法,就是从意大利调来的两个执政官的军队也完全无能为力。"

但是,罗马奴隶主不甘心他们的失败,公元前132年执政官普布里乌斯·路庇里乌斯率领大批军队,向起义军猛扑起来,攻下起义军的重要据点马尔干提纳,接着,路庇里乌斯利用收买叛徒的手段,攻占了起义军的主要城堡——托洛明尼亚,被俘的起义军经拷打后被扔下悬崖。继后又围困恩那城,企图以饥饿的办法迫使起义军投降。起义军领袖们决定突围,但在突围的激战中,由于罗马军团的凶残攻击,起义军伤亡惨重,克里昂英勇战死,两万奴隶阵亡。1000名近卫军保护着攸努斯血战到底,当他们知道自己的国王被俘时,便用剑互相砍杀而死。攸努斯被囚禁在狱中,后被折磨至死。

执政官普布里乌斯·路庇里乌斯攻陷恩那城后,又派出军队追击幸存的参加起义的奴隶,并彻底梳洗了西西里全岛。第一次西西里奴隶起义就这样结束了。

第二次西西里奴隶起义

第一次西西里奴隶起义失败后,奴隶的状况更加恶化,奴隶反抗的怒火并没有泯熄,三十多年后,在同一个西西里岛,又爆发了一次大规模的奴隶起义,即公元前104~前100年的第二次西西里奴隶起义。

这一次起义的直接原因是由西西里总督涅尔瓦停止释放奴隶而引起的。

公元前2世纪末,罗马在非洲进行朱古达战争,后又和北方入侵的基姆伯尔人和特乌托涅斯人作战,需要大量的军队。但许多行省和同盟国的自由民却因债务关系沦为奴隶,不能提供兵源。当元老院请求各地支援时,比提尼亚国王尼科美德斯答复说,为了满足罗马包税人的勒索敲诈，其王国内的壮丁都被卖为奴隶了。其他同盟国提出同样的申述，元老院无可奈何，只好命令各行省总督对奴隶及其家族进行审查，凡出身自由民家庭的奴隶概予释放。西西里总督涅尔瓦接到命令后释放了800名奴隶，但他后来接受了奴隶主的贿赂，停止审查工作，热切希望获得自由的奴隶们得消息后，压制不住心中的怒火，愤然举行起义。

公元前104年，西西里岛西部赫拉克里亚城附近的80名奴隶在萨维阿斯领导下揭竿而起，立即有许多奴隶响应。萨维阿斯像攸努斯一样，是以占卜师而享有声名的。他把起义军带到卡普里恩山上修筑防御工事，建立据地，并击溃了涅尔瓦派来的部队。不久，在利里拜乌姆城附近又有一支在雅典尼奥领导下的起义军，集结了1万多人，形成奴隶起义的第二个中心。为了抗击共同的敌人，这两支队伍在西西里岛西部的特里奥卡拉城会师，联合起来。同时还有大批农民投向他们，起义军的力量不断壮大，他们在特里奥卡拉城建立国家政权，共推萨维阿斯为王，号为"特里丰"，雅典尼奥当总司令，下设议事会，作为共商大计的机构。在王宫旁还开辟一处广场，作为群众集会的场所，许多重大事情都在这个广场征求意见和最后通过决议。为了提高战斗力，从起义军中挑选出最强壮的奴隶组织正规军队，有2万步兵和2000骑兵。他们把这些军队分为三部分，每一队都有司令官，令他们分头在西西里全岛进行广泛深入的进击，然后在约定的时间地点会合，布置新的战斗任务，重新行动。这一战术收到辉煌的效果，吓得奴隶主们惊恐万状、惶惶不可终日！

与第一次西西里起义一样，农村是这次起义军开展斗争的广阔天地。也像第一次西西里起义一样，他们只打击大庄园主，对农民和手工业者的利益则加以保护，使经济维持正常的状态。两次西西里起义有好多相似之处，以致有人提出怀疑，西西里第二次奴隶起义是第一次起义的重述和翻版，不一定有真实的第二次起义，但从罗马的有关史料来看，确有两次奴隶起义，狄奥多拉斯的记载是有力的佐证，只不过相似的太惊人而已。

在涅尔瓦不能扑灭起义后，公元前103年，罗马元老院不顾北方日耳曼人入侵的威胁，把一支新征募的1.7万人的部队投入西西里战场，由行政长官李锡尼乌斯·路库鲁斯率领前来镇压起义军；次年又改派行政长官盖乌斯·塞尔维里乌斯统率罗马军队，但这两个行政长官最后都因军事失败被召回罗马，送交法庭判处流放，这时，起义烽火燃遍了西西里的绝大部分地方。起义军四处活动，捣毁大庄园，袭击军政机构，毁坏驿站并切断西西里各处的交通，使城乡之间失去联系。

但不久起义军遇到了不利的情况，萨维阿斯于公元前102年不幸病死，起义军失却了一位坚强有力的杰出领袖。粮食缺乏也使起义军面临困境。另一方面，罗马在战胜了基姆伯尔人和特乌托涅斯人以后，能够集中力量来对付起义的奴隶们，公元前101年，由执政官曼尼乌斯·阿克维里乌斯带领大批罗马军队进攻起义军，在墨萨纳附近发生了激战。据说在这次战斗中，雅典尼奥在同阿克维里乌斯进行单独决斗中被杀，起义军败退特里奥卡拉，不久，起义军的根据地特里奥卡拉陷落，无数的奴隶被俘后活活钉死在十字架上，剩下1000名起义军在沙提鲁斯领导下继续战斗了好长时间，后来受骗归附阿克维

里乌斯,竟被卖为角斗士;但当他们发现受骗后,不愿自相残杀以供奴隶主取乐,都在上
竞技场之前砍杀而死,以示最后反抗。

斯巴达克起义

　　斯巴达克起义是古代罗马一次大规模的奴隶起义,英雄的起义军在杰出的领袖、卓
越的军事统帅——斯巴达克领导下,屡败罗马军队,在意大利纵横驰骋,所向披靡,沉重
地打击了不可一世的罗马奴隶主统治阶级,谱写出古代世界被压迫阶级争取解放的光辉
篇章。

　　斯巴达克起义发生在公元前1世纪70年代,此时正值罗马雄踞地中海,奴隶制充分
发展之时。然而,罗马疆域之广阔,奴隶制经济之繁荣,完全建筑在对内压迫剥削奴隶,
对外扩张掠夺,奴役弱小国家与民族的基础之上,其结果,势必导致奴隶起而反抗,势必
引起被征服的国家与民族奋起斗争。

　　早在斯巴达克起义前,地中海沿岸地区奴隶起义的怒涛汹涌澎湃,一浪高一浪。据
李维等古典作家所记,公元前198年,拉丁地区的奴隶曾酝酿起义,计划占领奥斯提亚、
诺尔巴和萨尔泽伊。因叛徒泄密,起义失败,
被处死者达500余众,被俘者皆夹上4公斤
半的足柳;公元前196年,伊达拉里亚地区的
奴隶起义,规模之大,人数之多,竟使罗马动
用整整一个军团;公元185年,阿普里亚地区
牧奴起义,经罗马大法官调查,起义者达7000
余人;公元前138年和公元前104年,西西里
岛曾先后爆发两次奴隶大起义。在第一次西
西里奴隶起义期间,奴隶们曾组成一支20万

角斗场景

人的大军,并控制该岛的大部分地区,还建立起自己的国家——"新叙利亚王国"。在第
二次起义期间,起义军也曾在短期内占领该岛的大部分地区。在西西里起义的同时,意
大利半岛的明图伦、西努耶萨、努塞利亚、小亚细亚的帕加马都曾爆发奴隶起义。公元前
104年,卡普亚郊区还曾爆发3000角斗奴的起义。上述起义成为斯巴达克起义的先导。

　　斯巴达克起义前,地中海沿岸地区的被罗马征服的国家与民族争取独立的斗争,如
滚滚洪流猛烈地冲击征服者的堤坝。在罗马的西方,塞尔托里乌斯成功地领导了西班牙
各部族的起义,宣告了西班牙的独立;在罗马的东方,小亚细亚和希腊城市为摆脱罗马的
控制,全力支持本都王米特拉达特斯六世同罗马交战。塞尔托里乌斯与米特拉达特斯六
世的结盟,使罗马完全陷入东西夹攻的窘境。

　　此外,共和末期统治阶级内部民主派与贵族派的"内战",意大利居民为争夺公民权
所发动的"同盟者战争",农业的连年歉收,海盗的猖獗活动,这一切使得意大利本土兵连

祸结,罗马人坐卧不安,一筹莫展。

斯巴达克正是在罗马社会矛盾重重,危机四伏,内外交困的背景下,率领奴隶大众登上了历史舞台。

关于斯巴达克起义,约有 30 多位古典作家曾予记述,但保存至今只有普鲁塔克、阿庇安的概述和萨留斯特、福洛茹斯、阿罗修斯、李维等人所记的片段,有些情节众说纷纭;至于斯巴达克本人的生平事迹,古典作家更少提及。综合各家的说法,我们只能素描这一伟大战争的悲壮历程。

斯巴达克乃色雷斯人。公元前 80 年,他在色雷斯反对罗马征服的战争中不幸被俘。初在罗马辅助部队中服役,后因多次逃亡,被卖为奴。由于斯巴达克魁梧英俊、臂力过人,卡普亚一所训练角斗士的学校将其买下做角斗奴。角斗奴遭受的非人待遇,罗马人以其互相残杀作为娱乐的暴行,激起斯巴达克及其同伴们的无比愤慨,斯巴达克决计率领同伴逃出牢笼,他启迪众角斗士:"与其以生命在剧场里冒险,不如为自由而去担当哪怕最大的风险"。在斯巴达克的鼓动下,200 名角斗奴决意暴动。不幸,事泄。斯巴达克当机立断,提前行动,于公元前 73 年春末率 70 余名角斗奴,手持厨房的刀叉,以迅雷不及掩耳之势,杀死卫兵,逃出城市,躲进了附近的维苏威深山。起义者推选斯巴达克为首领,高卢人克利克苏斯和日耳曼人恩诺马乌斯为副将,成立了斯巴达克起义军。

起义军于维苏威扎寨之初,并未引起罗马元老院的注目,因为奴隶逃亡在罗马已成司空见惯之事,何况元老院正苦于内忧外患,无暇顾及镇压起义力量。起义军因利乘便,积聚力量,在短短几个月里,不仅缴获了当地驻军的大量武器,而且还从附近庄园、城市补充了大批给养。由于此时起义军纪律严明,深得奴隶与贫民的欢迎和支持,队伍迅速壮大起来,据公元 2 世纪作家福洛茹斯报道,起义军很快发展到 1 万多人。

起义军活动范围日益扩大,使愈来愈多的奴隶主惶恐不安。元老院决定迅速剿灭斯巴达克军,于是在公元前 72 年春派行政长官克劳狄乌斯前去征剿。克劳狄乌斯率领 3000 兵马抵维苏威山后,立即切断了起义军的退路,将起义军围困在悬崖峭壁之上,妄图迫降。然而,困难见巧,起义军随时制宜,用山上野葡萄藤编成绳梯,然后沿绳下到山脚,绕至敌后,突袭敌人,出奇制胜。维苏威一役打击了罗马官军的嚣张气焰,提高了起义军的士气,显示了斯巴达克的军事才能,起义军名声大振。斯巴达克深谋远虑,因势利导,扩建武装。起义军吸收了前来投奔的坎佩尼亚地区的奴隶和破产的农牧民,将军队整编成投枪兵、主力兵、后备兵和骑兵。

同年秋,斯巴达克大军浩浩荡荡从坎佩尼亚向亚得里亚海挺进。元老院闻讯,惶惶然派行政长官瓦里尼乌斯率领临时凑集的两个杂牌军团约 1.2 万人前去阻截。斯巴达克针对瓦里尼乌斯采用的分进合围战术,运筹帷幄,制定出择敌薄弱环节,集中精兵逐个击破的方针。交战伊始,斯巴达克的精兵杀向瓦里尼乌斯副将傅利乌斯的 2000 人马,迅速取胜,继而回转旌旗杀向前来增援的瓦里尼乌斯的另一副将科辛纽斯军。科辛纽斯全军溃败,其本人葬身沙场。瓦里尼乌斯见此情景,旋即改变战术,收缩兵力,将起义军逼至一荒无人烟、崎岖难行的山区角落。瓦里尼乌斯还令战士在起义军前方修垒挖堑,扎营下寨，企图困死起义军。此时起义军因连续作战，人人力尽筋疲，兵器损耗甚巨，加之粮食殆尽，气候变冷，形势十分危急。尽管如此，起义军临危不惧，"宁肯死于刀剑，也不死于饥饿"，积极筹划突围。斯巴达克意识到敌强己弱，强攻必败，于是巧施计谋。在一个夜间让战士和平素一样在营地点起篝火，然后偷偷地将死尸绑在营门木柱之上，迷敌眼目。起义军神不知鬼不觉地沿着瓦里尼乌斯认为无法通行的山路，迅速突围出去。翌日，瓦里尼乌斯方知中计，气急败坏地率领兵马追击。起义军择有利地形，设下埋伏，待敌出现，呐喊冲来，敌措手不及，溃不成军，瓦里尼乌斯本人也险些被俘。罗马元老院本想让瓦

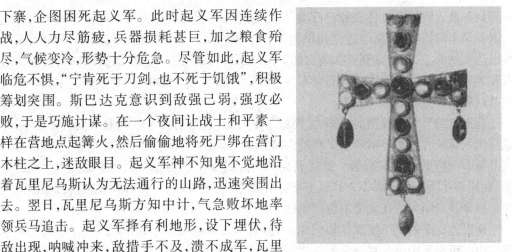

西班牙的金制品

里尼乌斯挽回维苏威败局，以壮军威，结果却适得其反，损将折兵。

起义军的节节胜利，大灭了元老院的威风，用普鲁塔克的话说："现在，斯巴达克是伟大而又威严可怕，罗马元老院忧虑的已不仅仅是奴隶暴动的不体面的耻辱，它惧怕斯巴达克了，并且意识到处境的危险。"阿庇安说："此后，聚集在斯巴达克周围的人数更多，达到7万人。"起义军占领了意大利南部许多城市，自由地驰骋在坎佩尼亚、卢卡尼亚、阿普里亚的大地上。

就在大败瓦里尼乌斯后，起义军领袖在战略上产生了分歧。斯巴达克主张队伍立即北上，尽快翻越阿尔卑斯山出境，而克利克苏斯坚持起义军留在意大利与罗马人斗争到底。领袖间"由于彼此争执行动的计划，几乎把事情弄到哗变的地步"，最终克利克苏斯与斯巴达克分道扬镳，起义军不幸分裂。

为什么斯巴达克与克利克苏斯在战略上意见不一呢？因史料欠缺，学者们看法不一。主要有两说。其一是起义军内部民族复杂说。持此说者认为，斯巴达克属色雷斯族，而副将克利克苏斯和恩诺马乌斯属高卢和日耳曼族，斯巴达克代表了包括色雷斯在内的希腊人的利益，而克利克苏斯代表了与希腊人有嫌隙的高卢-日耳曼人的利益。由于领袖们陷于本民族的狭隘利益不能自拔，必然在战略上难以一致，其二是起义军内部各阶层利益不一说。持此说者认为，起义军内部既有外籍奴隶和意大利本土奴隶，还有意大利破产的农牧民和早已定居在意大利的高卢—日耳曼人以及罗马逃兵。由于各阶层的社会地位不同，因此起义的目的也不同：外籍奴隶渴望返回祖国，获得自由；本土奴隶渴望在意大利成为自由民；破产的农牧民和早已定居在意大利的高卢—日耳曼人以及罗马逃兵希冀得到土地。斯巴达克只想满足外籍奴隶的要求，而克利克苏斯一心维护意大利人和定居于意大利人的利益，因此必然产生战略上的分歧。

起义军内部固然民族复杂，但在同罗马斗争的问题上，民族间的矛盾早已降到次要地位。我们从现存的有关斯巴达克起义的史料中，既看不到各民族间存在什么隔阂，又

看不到各民族间采取过什么敌对行动,反而却能看到当克利克苏斯率领三万战士离开主力遭罗马军围困之时,斯巴达克闻讯前去救援的动人情景。就是在起义军分裂后,无论斯巴达克的部下,还是克利克苏斯的部下仍旧由多民族组成,可见,起义军内部民族的驳杂并非导致战略分歧的原因。起义军内部各阶层的不同动机和目的,才是产生战略分歧的基础和酿成分歧的重要因素。

起义军的分裂不仅削弱了军力,涣散了军心,而且给了敌人以可乘之机。同年冬,元老院派两执政官林图鲁斯和格里乌斯围堵起义军。在阿普里亚的加尔干诺山附近,克利克苏斯军与格里乌斯军遭遇。虽克利克苏斯及其部下顽强抵抗,终因寡不敌众一败如水,克利克苏斯及其军队2/3的战士英勇献身,余众突围北上,重归前来援救的斯巴达克军。恩诺马乌斯大约在此之前也已牺牲。

斯巴达克率领全军按原计划向东南迂回,准备穿越亚平宁山脉北上,打开通向阿尔卑斯山的道路。斯巴达克命令部下烧掉所有无用的东西,杀死所有的战俘,屠宰驮兽,轻装前进。一路上,前有林图鲁斯在翁布里亚集结的几万大军的堵击,后有进入萨姆尼乌姆山区,准备切断起义军退路的格里乌斯大军的尾追,起义军处于前后夹攻的被动局面。斯巴达克不愧为天才的军事领袖,他率领队伍机智灵活地在亚平宁山脉活动,很快甩掉了尾追之敌,然后,起义军集中全力猛攻林图鲁斯的阵地,陆续挫败林图鲁斯的几员副将,粉碎了林图鲁斯的军事计划。接着起义军旌旗回转,扑向尾追的格里乌斯军,格里乌斯军招架不住,一败涂地,起义军终于摆脱了被动局面。庆功之时,斯巴达克强迫300罗马战俘进行角斗表演,用以祭奠战友克利克苏斯的"亡灵"。尔后,起义军进行了短期的修整、扩充。据阿庇安说,此时起义军已达12万人。

整编后,起义军沿着亚得里亚海岸向北挺进。经20天急行军,队伍进入了山南高卢。山南高卢总督卡西乌斯企图凭借穆提那的坚固防线和手中的1万精兵进行拦阻,起义军势如破竹夹攻敌军,迅速攻克穆提那城。

过了穆提那,起义军朝思暮想的阿尔卑斯山展现在他们的眼前。此刻再没有敌人的阻截,只要翻过高山,就能回到各自的国家,北上的计划即将实现了。

可是,起义军突然改变出境计划,烧毁了一切多余物质,杀掉了多余的马匹,急转回师,挥戈南下。

起义军为何改变原定计划?因史书对此无任何记载,故学者们做出种种推测。归结起来,大体有以下三种看法。其一,阿尔卑斯山高路险,雪窖冰天,12万大军通过,存在重重困难,况且起义军在意大利北部又得不到当地农民支持,只好南下,另找出境之路。其二,随着起义军北征的节节胜利,战士们战胜罗马的信心已愈来愈强。到了阿尔卑斯山后,战士们认为自己的力量足以进攻罗马,因此强烈要求斯巴达克改变原定计划,率领他们直捣罗马。斯巴达克此时或已丧失对部下的控制,或为顾全大局,防止起义军再次分裂,因此顺从众意,回师南下。其三,起义军出自阶级的情感,不忍心丢下仍然呻吟在皮鞭下的奴隶弟兄而离去,为了解救苦难的弟兄,他们掉转矛头向意大利中部和南部的奴隶主进攻。

其实,阿尔卑斯山的自然条件对于斯巴达克来说早已了如指掌,至于起义军出自阶级情感而放弃出境计划更难以令人信服。因为奴隶还不具备把解放本阶级作为己任的觉悟,更何况从任何史料中,找不到一点根据。奴隶起义只是为了争得个人的解放。当他们感到在罗马难以达到目的之时,自然想到出境获得自由;而一旦他们感到自己有能力在意大利赢得自由之时,原来的想法动摇了,更何况他们在意大利生活了多年,焉知出境以后之祸福? 北上的胜利,增强了他们在意大利求得自由的信心和勇气。

起义军南下途中,在皮凯努姆再遇林图鲁斯和格坦克乌斯联军堵截。经一场激战,罗马军丢盔卸甲,辙乱旗靡。起义军以排山倒海之势向南推进。元老院担心起义军直捣罗马,立即宣布全国处于紧急状态,其惶恐之状,不亚于当年汉尼拔叩罗马城门,甚至在选举下年度行政长官之时,贵族竟无人敢充任候选人。元老院费尽周折,直至最后才选定克拉苏统帅林图鲁斯和格里乌斯两执政官的军队和新补充的六个军团。克拉苏为保住罗马,率军迅速抵达罗马以东的皮凯努姆地区,扼守通向首都的咽喉之路。但是,也许是因为斯巴达克感到进攻罗马的时机尚不成熟,准备去西西里联合那里的奴隶;也许是因为起义军中许多战士无视斯巴达克的教育,屡犯群众纪律,促使斯巴达克恢复将队伍带出意大利的计划了;也许是起义军故作进攻罗马之状,以调敌军,扫清南下障碍,总之,起义军抛开了罗马,快马加鞭直指半岛南端。

1480 年的佛罗伦萨城

克拉苏闻讯急令副将穆米乌斯率领两个军团跟踪,拖住起义军。而穆米乌斯利令智昏,求战心切。斯巴达克抓住了穆米乌斯的弱点,在亚平宁峡谷与穆米乌斯公开交战,一举粉碎敌军,歼敌 7000 余人。之后,起义军飞速穿过萨姆尼乌姆地区、卢卡尼亚腹地,向南部海滨挺进。克拉苏为挽回败局,竟然恢复古老的"什一抽杀律",整饬军纪,顿时 4000 兵士葬身。与此同时,元老院为尽快消灭心中之患,采取措施,将克拉苏兵力增至 10 万余人。

起义军日夜兼程,马不停蹄,终于到达了墨萨纳海峡,准备渡海去西西里岛。为了解决运输问题,起义军曾与西西里海盗达成协议,租用船只,但是由于西西里总督维里斯收买了海盗,结果起义军上当受骗,船只落空。斯巴达克曾试图以木筏强渡,但因水势凶猛,风浪太大,渡海不成。南下出境的计划彻底破产。斯巴达克不得不率军北上。可是阴险狡猾的克拉苏为了将起义军困死在半岛南端，早已下令士兵在布鲁提伊半岛的最狭窄地带挖出深与宽各 4 公尺半，长 50 公里的深沟，并在沟边筑起土墙堤坝。起义军三面临海，一面受敌，陷于进退维谷的境地。

自公元前 72 年底，罗马的形势发生急剧的变化。西线庞培战胜了塞尔托里乌斯军队，东线卢库鲁斯击退了米特拉达特斯六世和北方部族的进攻，三年严重的粮荒也已结束，现在元老院可以调回主力部队镇压奴隶的暴动了。于是元老院令卢库鲁斯和庞培班师回国，配合克拉苏作战，形势对起义军更加不利了。

斯巴达克闻讯罗马主力大军将至，意识到处境的危险，乃提出与克拉苏谈判，遭克拉苏断然拒绝。起义军向克拉苏的防线发起一次又一次的冲锋，但接连失利，损失 1 万多人。此时已届隆冬，起义军给养耗尽，如不能冲破封锁，就等于坐守待毙。斯巴达克并不气馁，积极寻找进攻时机。在一个风雪交加的晚上，当起义军的骑兵队伍从半岛南端集结到主力部队的地点时，斯巴达克立即制定出新的突围方案。他率领 1/3 的步兵，巧妙地用树枝、柴草、泥土和敌人的死尸填平一段壕堑，在骑兵的掩护下，火速越过防线。不久其余的人也冲了出去。至此，克拉苏以"布鲁提伊陷阱"困死起义军的计划成了南柯一梦。克拉苏担心起义军进攻防备虚弱的罗马，旋即写信给元老院，请求速调卢库鲁斯和庞培前来支援。

起义军进入卢卡尼亚后，斯巴达克决计将队伍带到布隆迪西乌姆港，从那里东渡亚得里亚海出境。但是，部下康尼格斯和卡斯都斯反对此种决定并公然带领 12300 人脱离主力，结果在鲁干湖畔被克拉苏全歼，康尼格斯和卡斯都斯皆壮烈牺牲。斯巴达克闻听噩耗，预感到局势的严重，立即率领主力撤退至伯特利亚山中。克拉苏副将坤图斯和财务官斯科洛见此情景，误以为起义军败退，旋即率 6 万大军尾追。斯巴达克诱敌至卡鲁恩特河谷，凭借山地的有利地形，一举击溃敌军，罗马军丧生 1 万余众，斯科洛却身负重伤，险些被俘。之后，起义军急速向布隆迪西乌姆进发。可是，他们万万没有料到，此时卢库鲁斯已从小亚返回，抢先占领了布隆迪西乌姆港，截断了起义军的去路。

起义军的处境显得愈发艰难，前有卢库鲁斯拦截，后有克拉苏追赶，侧面庞培军正步步进逼。斯巴达克深知夺取布隆迪西乌姆已不可能，于是果断决定避开罗马主力，回师迎战克拉苏。好大喜功的克拉苏仿佛预感到同奴隶的战争即将结束，害怕卢库鲁斯分享战功，也急于同斯巴达克交战。公元前 71 年春，一场决定起义军生死存亡的鏖战，终于在阿普里亚境内拉开了战幕。

斯巴达克面对排成长长战斗行列、威武雄壮的战士们，庄严地宰马宣誓，表达了全军与罗马官军决一死战的决心。誓毕，斯巴达克率领全军战士杀向敌群。战事异常残酷，从清晨直杀到黄昏，战场上死伤枕藉，血流成河。斯巴达克不愧为起义军的杰出领袖，始终临危不惧，冲杀在前，寻找仇敌克拉苏决战；起义军不愧为威武不屈的队伍，战士们置生死于度外，顽强地抗击 12 万罗马官军的围攻。由于众寡悬殊，起义军愈来愈力不从心，被迫分散突围，以求保存力量。但是，就在这关键的时刻，斯巴达克的大腿不幸被罗马一百夫长佛里克斯的投枪刺伤，他翻身落马，被敌人团团包围。斯巴达克面对群敌，毫不惧色,他像一头愤怒的雄狮,一手举盾,一手挥剑,屈膝不停地还击,英勇地战斗到生命的最后一息。斯巴达克气吞山河的英雄气概,使奴隶主的史学家也为之感叹。福洛茹斯写道:"斯巴达克本人,以惊人的勇敢,战斗在队伍的最前列,他牺牲了,只有一个伟大的统帅才具有这种精神。"

斯巴达克牺牲后,战事急剧恶化,绝大多数战士光荣献身。根据李维和阿罗修斯报道,起义军阵亡了6万人。突围出去的战士,虽躲进深山老林,但经克拉苏围剿,6000人又不幸被俘。根据阿庇安报道,嗜杀成性的克拉苏,将这6000人残忍地钉死在从卡普亚至罗马城沿途的十字架上。

斯巴达克主力失败后,起义军余部仍旧在各地坚持斗争。在伊达拉里亚地区,一支5000人的队伍战斗了将近一年。公元前70年,当队伍向东南转移时,不幸与从西班牙返回的庞培军遭遇,全部阵亡。在意大利半岛的南部地区,另一支起义军余部以杜利城为基地与罗马进行了约十年之久的斗争,据记载,直至公元前62年,元老院还令奥古斯都的父亲前去镇压。

在奴隶社会中,任何一次奴隶起义无不因历史和阶级的局限而最终导致失败的结局,其根源盖出于奴隶阶级本身不是新的生产力和新的生产关系的代表。斯巴达克起义败因亦然。这次波澜壮阔的奴隶起义尽管人数之多,时间之长,范围之广,在古代十分罕见,但是由于起义适逢罗马奴隶制蓬勃发展,共和政体向军事独裁的帝制过渡之时,因此客观上促使奴隶制度消灭的历史条件尚不成熟,奴隶主阶级在军事、政治、经济等方面拥有强大的实力。在起义的整个过程中,起义军没有像西西里奴隶起义军那样,以推翻罗马奴隶主阶级专政,建立自己的新政权为目的,因此自始终缺乏明确的斗争纲领和远大的斗争目标,缺乏主动进击的路线。

此外,当时的罗马自由人一向鄙视奴隶,尤其是农业奴隶。甚至破产的小农把自己的失地原因错误地归咎于奴隶身上,因此奴隶和自由民对抗情绪较大。这种情况不能不反映到起义军内部中来。它明显地表现为起义军成员因各自所处的社会地位不同,对起义的目的和要求也不相同。奴隶为争取自由而斗争,破产农民则为获得土地进行斗争,由于二者利益的差别,不可能结成牢固的联盟。斯巴达克代表了起义队伍中奴隶的利益,他的三次大的军事行动旨在把奴隶带出意大利争得解放;克利克苏斯代表了起义队伍中破产农民的利益,他为了夺得土地,脱离主力,向罗马统治者进攻。由于领袖间意见不一致,行动不能统一,因此队伍中始终产生不出一个能够反映内部各阶层利益并领导各阶层战斗的领导核心,使起义军长期处于涣散状态。这不仅导致组织上的分裂,而且也给了敌人以可乘之机,酿成无法挽回的损失。

然而斯巴达克起义的功绩绝不因它的失败而泯灭,它对罗马社会的政治、经济、国事等方面都产生了重大的影响。受到沉重打击的罗马统治阶级开始认识到,现有的共和体制已完全不适应镇压奴隶和维护统治之需要,因此,一个新的作为奴隶主阶级联合的军事独裁帝国的降生已势所必然,可见斯巴达克起义在某种程度上加速了共和向帝制过渡的步伐。此外,奴隶主阶级也认识到,旧有的剥削奴隶的方式,只能激起奴隶的不满与反抗,因此,他们不得不较多地采用隶农制剥削形式,尽量购买不同种族的奴隶,更多地使用家生奴隶,开始允许一些奴隶成家,生育子女。

多少世纪以来,斯巴达克起义的光辉壮举,赢得了后世人的高度赞扬并世世代代经久不衰地广为传颂。这次起义已成为鼓舞被压迫人民和被压迫民族反抗反动势力的强大力量。无产阶级的革命导师曾热情赞颂斯巴达克,马克思称赞他为"古代无产阶级的真正代表"。列宁也赞誉说:"斯巴达克是大约二千年前最大一次奴隶起义中的一位最杰出的英雄"。伟大的斯巴达克起义的英勇事迹永存史册,万古流芳。

罗马人开始崇拜维纳斯

古代罗马与古代希腊文化接触后,希腊宗教对罗马宗教产生很大影响。罗马人吸取希腊的神话,把希腊人所信奉的神祇附会为自己的神祇。公元前2世纪后期的第二次布匿战争中,对希腊神话中爱与美的女神——阿弗罗狄忒的崇拜由西西里岛传入罗马,而罗马的神话将其称为维纳斯。维纳斯在罗马与丰产和园艺女神维纳斯混同,得到广泛尊崇。这样,维纳斯在罗马神话中是爱与美之女神,又是园艺和丰产女神。罗马在卡皮托里乌姆丘立庙奉祀她,并赋予其新的传说。传说讲,特洛伊城(小亚细亚西北部)的神话英雄埃尼雅士系维纳斯与特洛伊英雄安基塞斯之子,希腊联军攻陷特洛伊后,他辗转来到意大利建国。恺撒和奥古斯都帝均自认为是埃尼雅士的后裔,维纳斯便成为罗马人的祖先。在整个西方,维纳斯是女性美的象征。在古代艺术作品中,她被塑造得绝顶美丽。

罗马人在被征服地区建立行省制度

公元前3世纪中期,罗马开始向地中海区域扩张。在西部地中海,经过三次"布匿战争",消灭了迦太基的势力,成为西部地中海区域的霸主;在东部地中海,它先后发动了三次"马其顿战争"和叙利亚战争,把势力扩至巴尔干半岛和小亚细亚。到公元前2世纪中叶,它已成为地中海世界的主宰者。罗马统治集团对被征服地区,最初采取委托军队统帅行使统治权的办法,即每征服一个地区,就把这一地区交给征服这一地区的统帅来治理,后来委派专任的高级长官(总督)进行统治。到公元前3世纪后期,开始建立行省。行省的最高统治者是总督,其人选从统治集团中遴选,常由卸任的执政官担任,任期一年。总督有时兼任驻行省军队的指挥官,在行省内握有生杀予夺之权。行省城市一般有内部事务的自治权,但要交租和负担各项义务。行省的土地、资源等为罗马国家所有,转让、出租、分配、经营等由元老院决定,行省总督无权处理。到公元前2世纪下半,罗马先后设置了10个行省:西西里(公元前227)、撒丁尼亚及科西嘉(公元前227)、西班牙(公元前197)、山南高卢(第二次布匿战争中征服,组建行省较迟)、伊利里亚(公元前167年征服,组建行省较迟)、马其顿(公元前148)、阿非利加(公元前146)、亚细亚(公元前129)、西里西亚和塞浦路斯(公元前120)、山外高卢(又称那旁高卢,公元前120)。帝国之初,奥古斯都将行省分成两类:一类为元老院行省,由元老院任命代行执政官管辖,任期一年,不统率军队。元老院统辖的多为建立已久的行省,如西西里、科西嘉等。一类为元首直辖的行省,其地位比元老院统辖的行省重要。随奥古斯都和后来统治者的扩张和领土的扩大,行省数目不断增加,至公元3世纪中期行省已有40多个。284年,戴克里先正式确立君主专制统治之后,将行省的辖区缩小,行省数目增加到100个,其目的在于加强管理和控制。4世纪~5世纪之后,随着罗马帝国危机的加深和蛮族入侵,帝国疆域日蹙,行省制日趋解体。

印度人发明数字符号

自哈拉巴文化时代(约公元前2300~前1700)起,古代印度的居民就采用了十进位记数法。这一文化虽然被毁,但它对后世的影响是不能低估的。至公元前3世纪以后,古代印度又出现了书写数字和记数法,但因地区差异和时代变迁,常有变化。直到6世纪末~7世纪初,包括"0"的(当时以黑点表示)10个数字符号才基本定型。这种记数符号被阿拉伯人略加改进并运用,后来传入欧洲。13世纪初,意大利学者斐波那契所著的《算盘书》中,采用了从阿拉伯人那里传来的这十个数字符号,从而迅速在欧洲推广,逐渐演变为现今全世界通用的"阿拉伯数字"。这是古代印度人民对全人类做出的重大贡献。

罗马与叙利亚爆发战争

罗马经第二次马其顿战争制服马其顿之后,又出兵讨伐另一个希腊化国家叙利亚(中国史书称"条支")王国。叙利亚国王安条克三世因收留迦太基英雄汉尼拔而得罪罗马,加之安条克又素有扩张领土野心,遂于公元前192年趁罗马与马其顿交战之际,贸然出兵希腊,与罗马发生正面冲突,于是爆发了叙利亚战争(公元前192~前190)。叙利亚初时获胜,可第二年温泉关一役叙利亚失败,安条克三世狼狈逃回小亚细亚。公元前190年,罗马派执政官西庇阿兄弟会同罗马属邦帕加马和罗得岛军,在马格尼西亚附近大败叙利亚。公元前188年,安条克与西庇阿订立和约,规定叙利亚放弃在色雷斯和小亚细亚的一切领地;赔款1.5万塔兰特,分12年付清;叙利亚军拥有军舰不得超过10只。

罗马灭亡迦太基

经历了第一次和第二次布匿战争的迦太基,军事力量受到严重打击,但经济实力并没有被摧毁，半个世纪之后逐渐从战争的创伤中恢复过来。这引起了罗马统治者的恐慌，为防止迦太基的东山再起，借口发动了第三次布匿战争（公元149~前146）。罗马蓄意消灭迦太基，唆使其西邻努米底亚寻衅，然后以破坏公元前201年和约规定为口实，于公元前149年派8万步兵、4000骑兵、600艘战舰在非洲登陆。迦太基为保卫祖国奋起抗战，全城人民同仇敌忾，与敌人进行了顽强的斗争。第三年，迦太基城内发生饥馑和瘟疫，在力尽粮绝的情况下，迦太基城被罗马攻陷。劫余的居民被卖为奴隶，迦太基城被罗马军团付之一炬，夷为平地，迦太基地区被罗马划为"阿非利加"省。

巽伽王朝建立

约公元前187年，身为孔雀王朝将军的普沙密多罗·巽伽杀死了孔雀王朝的最后一个国王，在北印度的摩揭陀建立了新的巽伽王朝。普沙密多罗可能属于婆罗门种姓，他所统治的帝国比阿育王在位时的孔雀帝国小得多，其领土只限于恒河的中、下游，而南方的安度罗和羯陵伽已成为独立的大国。这时，西北印度不断遭外族侵扰。公元前2世纪初，巴克持利亚（大夏）国王侵入西北印度。约公元前175年，巴克特利亚内部分裂，占有西北印度的一支独立建国。这个国家的希腊统治者很快就印度化了，自称为佛法的信奉者。

古罗马的凯旋门

古代罗马常以建筑凯旋门的形式来表彰统帅或帝王的功勋，炫耀他们对外征服的武功和国威。凯旋门常建立在罗马城的主要街道，系拱门式结构，巍峨浑厚，上面镌刻统帅的姓名事迹及各种浮雕画面。依据古代作家所提到的计算，罗马城共有21座凯旋门。如公元前121年所建的法比乌凯旋门，奥古斯都在恺撒广场所建的凯旋门，16年提比略战胜日耳曼人所建的凯旋门，70年韦伯芗与第度父子镇压犹太起义后所建的第度凯旋门。此外，图拉真、塞维鲁、君士坦丁诸帝均建有凯旋门。其中君士坦丁与第度的凯旋门最为有名。君士坦丁凯旋门正面雕刻有君士坦丁的肖像和成功文字，建筑华丽、坚固。第度凯旋门用混凝土为建筑材料，采用科林斯式、爱奥尼亚式和多利亚式相结合的建筑形式。这两座凯旋门的遗迹至今犹存，建立凯旋门以象征军事胜利的传统也延至后世，第一次世界大战后所建的法国巴黎凯旋门就源于古代罗马。

格拉古兄弟献身古罗马的社会改革

布匿战争结束以后，罗马社会到处充斥着奴隶劳动，土地兼并愈演愈烈，富者田连阡陌,贫者无立锥之地,国家的中坚分子自耕农和中产阶级日趋没落。罗马共和国面临着严重的社会问题:如何经过土地改革,重建自耕农中产阶级阶层。迫于这种形势,格拉古兄弟冒着生命危险挺身而出。提比略·格拉古是大西庇阿的外孙,从小受希腊民主思想

布匿战争结束以后,罗马贫富分化日趋严重,这是富人居住的别墅。

影响而同情平民。在改革派的支持和平民的拥戴下,提比略当选为公元前133年的保民官。为实现他的政治抱负,遏止土地过分集中,他提出了土地法案,规定每个公有地占有者,私有土地不得超过500犹格。如有子,则长、次子尚可各占250犹格,但其总额不得超过1000犹格;然后划分每块30犹格,分给无地农民使用;农民对所分得土地永远不得买卖。土地法经过激烈斗争终获通过,同时选出提比略、他的岳父克劳狄乌斯和他的弟弟盖约组成三人委员会,具体实施土地法。这时提比略任期届满,公元前133年竞选下届保民官时,贵族元老派以提比略图谋叛乱为借口,对平民党进行大肆捕杀。提比略及追随者300人壮烈殉难,改革失败。10年之后,提比略的弟弟盖约·格拉古决心继承亡兄遗志,献身社会改革运动,铲除富人党和元老院的独裁专制统治。公元前123年,盖约当选为保民官,在恢复提比略土地法案的同时,又先后提出粮食法——以低价把官仓内的粮食卖给平民;审判法——把一向由元老院议员独占的陪审权转移给骑士;军事法——国家出资供应武器;筑路法及亚细亚行省包税法。公元前122年,盖约连任保民官,又提出殖民地法和公民权法案。这一激进法案招致元老贵族的反对,一些元老贵族和部分骑士带着雇佣的暴徒,重演了公元前133年的暴行。盖约及支持者3000多人遇难,改革再次失败。

朱古达战争爆发

迦太基被罗马划为阿非利加行省以后,罗马和意大利商人都蜂聚到这里,并渗入到邻区努米底亚。他们的掠夺和搜刮激起了当地居民的仇恨,努米底亚国王朱古达也利用这种情绪反抗罗马。公元前113年,努米底亚发生王位之争,朱古达打败了罗马人支持的对手,并在公元前112年的内战中占领塞他城。之后对居住在该城的罗马和意大利商人、高利贷者进行了屠杀。罗马元老院在民主派的压力下,于公元前111年向朱古达宣战,朱古达战争爆发。在战争中,罗马司令官接受朱古达的大批贿赂,士兵也出卖武器,军纪涣散,罗马屡打败仗。公元前109年,执政官麦特鲁斯到非洲指挥,他一面任命马略和其他能干的军官担任副将,一面整顿军纪,改善军队处境,但战争仍无大进展。公元前107年,马略当选为执政官,进行了著名的军事改革,使罗马军事力量大大增强。公元前106年,马略偕部将苏拉进军非洲。到公元前105年,终于结束了朱古达战争。朱古达被俘,死于罗马狱中。

恺撒大帝

公元前1世纪的某一天,天气晴朗,风和日丽。几个罗马贵族青年相约外出郊游。当他们有说有笑地走过高卢一个贫穷的小村时,一个青年开玩笑地说:"哎呀!在这样鄙陋的角落,该不会有人为占居首位而争夺利了啊?"话音未落,青年们都哈哈大笑起来,其中只有一人没有笑,而是神情严肃地说道:"我宁愿在这里当老大,也不愿在罗马当老二。"这个青年就是后来名震遐迩的古罗马大政治家、军事家、史学家恺撒。

盖马斯·尤利乌斯·恺撒出身罗马古老而著名的尤利马斯家族,受过良好的教育。少年时代,恺撒就有着非凡的志向,幻想权威和荣誉。他喜欢阅读关于马其顿王亚历山大大帝的事迹。但读了之后,却又使他黯然神伤。亚历山大与他同龄的时候,已经赫赫有名,而自己呢? 至今还默默无闻。然而,罗马社会的动荡变迁终于给了恺撒大显身手的机会。

恺撒生活的时代,奴隶制的罗马共和国正面临着严重的危机。斯巴达克起义给了它沉重的打击。罗马元老院由于无能而地位大为削弱。不少奴隶主都希望有一个强有力的军事独裁制度来取代瓦解中的共和制度。奴隶主阶级内部出现了两个对立集团:民主派和贵族派,其代表人物分别是马略和苏拉。恺撒一开始和民主派接近。当苏拉独裁的时候,他因此而受到迫害;幸好,苏拉不久便死了。恺撒重新活跃在罗马政治舞台上,先后担任了市政官、大祭司和西班牙总督。任职期间,恺撒穿着讲究,言谈机敏,为了笼络人心,他不惜自己借债而慷慨捐资,为公民们举办豪华的午宴和演出,还免费向观众分发面包。这样,恺撒便在平民和一部分上层人士中赢得了威望。可是恺撒深知,这还仅仅是开头。因为在他面前,有两个比他影响更大的人物:庞培和克拉苏,于是,在公元前60年,他与庞培、克拉苏结成了"前三头同盟"。在他们的支持下,恺撒出任公元前59年的执政官。为了巩固这一同盟,他还把与别人订了婚的女儿尤利娅嫁给了庞培。恺撒迈出了成功的第一步。

公元前58年,恺撒出任高卢总督。在他赴任之前,他也没有丢掉罗马,而是扶植了自己的代理人克劳狄乌斯,尽管这个人是个有名的"花花公子",还曾与恺撒第二个妻子私通,但恺撒选择他,因为克劳狄乌斯在他看来是最适合于自己计划的人。

恺撒在高卢任总督期间,正是那一地区大动乱的时期,居住在那里的克尔特诸部落矛盾重重。恺撒在对其征服的过程中,表现了出色的军事才智。他只花了两年时间就基本上合并了高卢,还越过莱茵河打败了日耳曼的部落,两次入侵不列颠岛,并于公元前52年镇压了高卢的反罗马人大起义。他用从高卢掠夺来的巨额财富收买城市贫民,培植党羽,而在征服期间久经征战的10个军团则成了他夺取政权的重要资本。还值得一提的是,恺撒为了表白自己在高卢的战功,还用简练优美的文字写下了一本《高卢战记》,这本著作史料翔实可信,赢得了后代不少史学家的赞赏。

但是,恺撒在高卢的巨大胜利引起了庞培和克拉苏的嫉恨。为此,三头同盟曾在鲁卡举行会议,但裂痕无法弥补。想效仿恺撒的克拉苏远征帕提亚,不想战败身亡。庞培则进一步靠拢元老贵族,与恺撒对立。

庞培在元老院贵族的支持下,一度占了上风,公元前49年1月1日的元老院会议上通过了决议,要恺撒立即卸任,否则就被宣布为祖国的敌人。恺撒的拥护者、保民官安东尼和克文杜斯·卡西马斯则对此行使了否决权,但受到了元老院贵族的侮辱。1月7日,元老院宣布共和国危急,并让庞培在意大利招募军队,形势非常紧张,安东尼和卡西马斯化装成奴隶逃出罗马,到恺撒所在的山南高卢报告了罗马的情况。

当时,恺撒的大部分军队驻在山北高卢,他身边只有一个军团和一些辅助部队,但是为了抓住时机,他还是决定出兵。1月10日,他率领军队渡过了意大利和高卢之间的界河卢比孔,赶在行动迟缓的庞培之前,以迅雷不及掩耳之势向罗马突进。他进军的借口是维护被侮辱的保民官。庞培果然猝不及防,只得逃出了罗马。恺撒进入罗马之后,并没有对那些政敌进行迫害,而是实行了怀柔政策,无条件释放了俘虏。他的士兵在城里也没有进行劫掠。这样,就使罗马的政治生活很快恢复,并且赢得了一部分元老贵族和骑士的好感,逃亡的人也陆续回城。

但是,庞培还有着众多的部下,他在巴尔干半岛集聚了一支大军,西班牙也有他的七个军团,恺撒仍然面临着严峻的形势。公元前49年秋天,他首先进军西班牙,经过四十天的艰苦战斗。恺撒终于包围了敌军的营寨,截断了水源,迫使庞培的两员部将投降。

第二年,恺撒开始与庞培本人进行决战。尽管恺撒的兵力少于对方,但他的神速大胆和庞培的迟缓使他赢得了胜利。公元前48年6月的法萨卢大战中,恺撒彻底击溃了庞培。庞培逃到埃及,但被国王派人杀害。恺撒的军队穷追不舍,也到了埃及,消灭了庞培党羽,把归顺恺撒的埃及女王克列奥帕特拉七世扶上王位。在以后的两年中,恺撒又转战各地,清除庞培的余孽,结束了罗马内战,他终于成为罗马的老大了。

恺撒回师罗马时,受到了空前热烈的欢迎。他被元老院推为终身独裁官,成了集军、政、司法、宗教权于一身的最高权威。这在罗马历史是空前的。恺撒掌权期间,实行了一系列改革:改组元老院,增加高级官员数目,改善行政管理等等。他还制订了"儒略历",这种历法在西欧流行了一千多年。

但是,恺撒的独裁统治也激起了一部分守旧的贵族共和派的不满。以卡西约斯和布鲁图斯为首的密谋者阴谋暗杀恺撒。但恺撒却陶醉于那些要他戴皇冠的甜言蜜语中,公元前44年3月15日,恺撒出席元老院会议,阴谋分子借机围在他身边,一声暗号,恺撒周围就

朱里亚·恺撒

出现了一片刀光剑影。恺撒流着血,愤怒地大喊着,躲避着剑锋,但当他看见他一直认为是他朋友的布鲁图斯也举剑向他刺来时,他停止了抵抗,用斗篷遮住脸,倒在血泊之中,他的身上中了23处剑伤,带着遗恨离开了人间。

古罗马文武双全的杰出政治家就这样结束了生命。但是,罗马由共和转向帝制已不可避免,作为一个不是皇帝的独裁者,恺撒的事业将由他的后继者来完成。

第一次萨莫奈战争

萨莫奈战争是罗马在亚平宁半岛的侵略扩张战争,也是萨莫奈人民反抗侵略和征服的战争。

萨莫奈地区位于中部意大利,多山而又有众多肥沃的可耕土地。从公元前5世纪后半期起,萨伯利部族中一个强大的支系,即萨姆奈人在这里繁衍生息,建立起强大的部落联盟。其所据地区,号称萨姆尼乌姆。公元前4世纪中期,罗马人兼并了拉丁平原之后,继续向南方推进,遂与萨莫奈人在坎佩尼亚发生利益冲突,矛盾继续发展,最终导致了前后3次、持续半个世纪的战争,并通过战争扩张了领土,完成了对整个中部意大利的征服。

第一次萨莫奈战争发生在公元前343年到前341年。公元前354年,罗马曾和萨莫奈人签订联盟条约,共同防御高卢人的入侵。可是,到公元前343年,当萨莫奈人入侵坎

佩尼亚的重要城市卡普亚时，罗马人却不顾他们同萨莫奈人的联盟关系，答应卡普亚人的请求，派出军队去支援他们抵抗萨莫奈军的进犯。罗马人所以欣然地答应卡普亚人的请求，向萨莫奈人宣战，原因十分简单，那就是他们早已垂涎这块肥肉，因为坎佩尼亚正是意大利半岛最丰饶的地区。这个地区是罗马人统一意大利的必争之地，他们绝不能让它落入萨莫奈人手中。

罗马的两执政官率领一支军队进入坎佩尼亚，成功地赶走了萨莫奈人，占领了卡普亚城。但是，罗马人来不及在这里进行巩固，第2年便祸起萧墙，一些属地的军队起义和内部的政治斗争，使他们无力顾及同萨莫奈人的军事冲突。因此，到公元前341年萨莫奈人提出和平要求时，他们很快答应下来，恢复了以前与萨莫奈人签约的联盟关系。这就是历史上时间短暂的第1次萨莫奈战争。

第二次萨莫奈战争

公元前340年到前338年，罗马人与拉丁同盟之间进行了著名的拉丁战争。战争以罗马人的彻底胜利而结束。因此，到公元前4世纪30年代末期，罗马便成了意大利最大的国家。它实际上已占有从南部伊特拉里亚到坎佩尼亚的广大地区。对于拉丁平原的统治既已巩固，罗马人又把眼光南移，于是同萨莫奈人的斗争又不可避免了。

公元前328年，罗马在利里斯河东岸特里路斯河汇入处的弗里格拉城建立了殖民地，以之作为周围地区的战略据点。这又激起了萨莫奈人的愤怒，因为萨莫奈人认为，他们是这一地区理所当然的所有者。与此同时，坎佩尼亚的希腊城市那不勒斯发生内乱，民主派邀请了萨莫奈人进入该城，贵族派则向罗马请求援助。于是爆发了第二次萨莫奈战争。公元前327年，罗马派执政官克温图斯·普布里乌斯·费洛率领军队包围了那不勒斯城，另一执政官率军进行掩护。公元前327年底或前326年初，那不勒斯贵族派在内战中战胜了对手，成功地赶走了萨莫奈人，打开城门将围攻的罗马军队迎了进来，双方缔结了联盟。这个联盟的缔结，是罗马在第2次萨莫奈战争中最先取得的重大胜利。

此后几年，罗马人与萨莫奈人断断续续发生过一些零星的战斗，但对双方来说都没有决定性的胜利。公元前321年，在萨莫奈西南部的卡乌丁峡谷，罗马人却首次遭受了灾难性的打击。当时，罗马执政官率领2万军队企图从坎佩尼亚抄近路穿过亚平宁山脉，直入萨莫奈的后方和粮食基地，阿普利亚，在峡谷里遭到了萨莫奈伏兵的狙击。率领萨莫奈人取得胜利的将军，是他们的杰出领袖卡维优斯·彭提乌斯。他成功地将罗马军队诱入内地山区，然后在狭窄而林木丛生的峡谷中埋下伏兵。还没有适应山区作战的罗马人，被围之后粮草断绝，没有救兵，在走投无路的情况下，被迫投降。执政官以个人名义签署了屈辱的和约。和约规定：罗马人立即撤出萨莫奈地区，以600名骑士作人质，保证不再发动战争。投降仪式对罗马军队是一种极大的耻辱，他们必须放下武器，半裸着身排成单行，一个一个钻过用兵器架起的轭形门，而他们的敌人则在旁边纵声嘲笑。

公元前316年,六年的和约期满,战斗重又开始,但这之前,罗马人却为战争作了充分的准备,他们加强了自己在坎佩尼亚和舆伦克人地区(位于拉丁平原和坎佩尼亚之间)的地位,在那里建立了两个新的特里布斯组织,即两个新的部落。公元前315年,罗马派出一支军队向萨莫奈人的后方进军,进入阿普里亚,而以另一支军队挺进萨莫奈西南部,围攻撒提库拉城,其目的是想围歼萨莫奈军队。萨莫奈人也不示弱,他们利用罗马分散兵力的机会,开进到利利斯河流域,并进而向罗马推进。

当年,经过比较长时间的艰苦围困,罗马人攻陷了撒提库拉城。但是,萨莫奈人也成功地突进到了坎佩尼亚和拉丁平原,并在塔尔拉齐那城附近的拉乌图拉打败了罗马军,劫掠了沿海地区。

公元前314年是战争的转折点。这一年,双方又在塔尔拉齐那附近进行了一场大战。萨莫奈人战败,损失惨重,前功尽弃。罗马乘胜恢复了对坎佩尼亚的控制。此后几年,罗马人相继占领了从弗里格拉到撒提库拉的各个战略要点,做好了进一步攻击的准备。

然而,来自北部的压力推迟了罗马人对萨莫奈人的胜利。公元前311年,伊特拉里亚人乘罗马的兵力被牵制在南方的机会,包围了苏特里乌姆。但是到公元前310年,罗马杰出的将领、执政官克温图斯·法比优斯·鲁里亚努斯又成功地以"围魏救赵"的办法解了苏特里乌姆之围。他率军队绕过了翁布里亚,出敌不意地出现于伊特拉里亚中部,纵横驰骋,迫使伊特拉里亚人撤军而去。经过几年的战斗之后,罗马人和伊特拉里亚人重新缔结了30年的休战协定。

对伊特拉里亚人的战争可能一度使罗马的力量有所削弱,但罗马很快就恢复过来。采取了更大规模的进攻姿态,重新向萨莫奈地区发起进攻。罗马军攻陷了萨莫奈中部的重要城市波维业努姆,继而挥师西向,收复了被萨莫奈人占领的失地。到公元前304年,萨莫奈人提出了媾和的请求,于是旧的联盟又得以恢复。

第2次萨莫奈战争结束了。萨莫奈的领土基本上没有改变。但是经过这次战争,罗马成功地阻止了萨莫奈人对阿普里亚,南部坎佩尼亚和路卡尼亚的控制。罗马在新占领区建立了新的殖民地并组成了两个特里布斯组织,继而和中部意大利诸小部落如玛尔喜人、佩利格尼人等建立了联盟关系,为对萨莫奈人的最后胜利作了充分的准备。

第三次萨莫奈战争

最后一次萨莫奈战争发生在公元前298年。这一次,罗马的敌对阵营中加进了高卢人和伊特拉里亚人,从而一度使罗马陷于非常危险的境地。罗马虽然第一次遇到几个强敌的联合进攻,但仍然获得了最后的胜利。

战争是从萨莫奈人向路卡尼亚进行袭击开始的。罗马人利用这一机会与路卡尼亚人结成联盟,名正言顺地派出军队,由两位执政官统率,分两路对萨莫奈本土发起进攻。

执政官路克优斯·科尔涅里乌斯·斯奇庇奥·巴尔巴图斯率一支军队突入萨莫奈西南部,攻占了许多据点;另1位执政官高格涅乌斯·富尔维优斯·马克西姆斯·肯图马路斯率另一路军队进攻萨莫奈北部,在那里击溃了萨莫奈军队,继而攻占了萨莫奈各部落联盟的中心城市波维亚努姆。随后几年,罗马人继续发挥了军事优势,不断攻占和蹂躏了萨莫奈的城镇和乡村。萨莫奈军队受到夹击和围剿,陷入了从未有过的困境,民族灭亡的时刻似乎就要到来。

就在这个时候,罗马北部地区风云突变。来去迅速而又极有破坏力的高卢人,重又出现于意大利北部并向南推进。高卢人曾于公元前299年扫荡过意大利北部,随后便带着丰富的劫掠物如一阵风似归去。公元前295年,他们却不断南下,进入伊特拉里亚地区。这一次,他们与伊特拉里亚人不是进行战争,而是结成联盟,并派使者与萨莫奈人联络,希望共同夹击罗马人。萨莫奈人正求之不得,立即派遣著名将军盖里乌斯·艾格那提乌斯率军策应。他成功地突破了罗马人的一道道防线,率领军队北进到伊特拉里亚,和伊特拉里亚人及高卢人的军队会合在一起。

公元前296年和前295年,罗马人的军事部署显得特别繁忙。战争的主战场已经转到了北部,在伊特拉里亚和翁布里亚境内将会有激烈的战斗。罗马人派出了他们两位英勇善战的著名将领昆图斯·法比优斯和普布里乌斯·戴克优斯。军队向翁布里亚进发,前锋部队在翁布里亚中部的卡美利努姆遭受了挫折。但是几天之后,主力军在翁布里亚北部的森提努姆城附近与萨莫奈人和高卢人的联军进行了决战,取得决定性的胜利。

公元前295年的森提努姆会战,是意大利有史以来最大的一次军事行动。罗马方面包括其盟军部队在内,总人数达3.6万人之多,是罗马建城以来投入兵员最多的一次作战。萨莫奈人和高卢人联合军的兵力数量远远超过了罗马军队,但确切的数字史无记载。有人估计为65万,那显然是不可置信地。当时双方的步兵与骑兵都投入了战斗。战斗进行得异常激烈。罗马人曾一度处于溃败边缘,但在关键时刻,普布里乌斯·戴克优斯挺身而出,勇猛地冲进了高卢阵,奋勇拼杀,光荣战死。戴克优斯的英勇行为,特别是他的光荣战死,激起了罗马人的勇气和胆略。士兵们化悲痛为力量,在为统帅报仇的口号下冲向敌阵,很快扭转了败局,使战斗向着有利于罗马军队的方向发展。据李维的《罗马史》记载,这场会战结果:罗马士兵牺牲8700人,敌军方面有2.5万人战死,其中有萨莫奈人的杰出将领盖里乌斯·艾格那提乌斯。

森提努姆会战决定了整个意大利的命运。罗马主要敌人的联盟垮台了,萨莫奈人的力量也遭到了重大损失。这对萨莫奈人来说,导致了最后失败时刻的到来。当萨莫奈军队大量北去的时候,罗马军队并没有放松对南线的作战。公元前295年和前294年,罗马军在萨莫奈也先后取得了重要胜利。萨莫奈人虽然英勇奋战,不断组织反击,但已没有力量扭转整个不利的局面。

公元前293年,萨莫奈人做了最后的努力。他们把所有力量都聚集起来,为自己民族的自由做最后的斗争。据说,萨莫奈军当时约有3.6万人,其中有1.6万人组成了精英部队,装备了很好的武器。可是很不幸,在公元前293年的阿魁罗尼亚战争中,萨莫奈人又一次失败了。他们从此一蹶不振,再也没有力量作较大的反抗了。此后几年,整个萨姆尼乌姆,即萨莫奈各部族的土地,全都遭受了罗马军队的蹂躏。罗马人在一些战略要地建立殖民地,以巩固势力。直到公元前290年,为反抗侵略、争取自由而英勇作战了半个多世纪的萨莫奈人,终于被迫同罗马人签订了合约,结成所谓的联盟,实际上完全被罗马人征服,他们自己只剩下了以波维亚努姆为中心的一小块领土。

萨莫奈战争就这样以罗马的胜利而结束了。经过这个战争,罗马消灭了它在意大利最顽强的一个敌对势力,成了从波河流域以南直到路卡尼亚北部的全部意大利的主人。萨莫奈人是一个极其顽强的民族。他们虽然战败了,但却并没屈服。后来,在罗马人对马其顿王皮鲁斯的战争中,他们重又揭竿而起,支持皮鲁斯;汉尼拔转战意大利的时候,他们又成了罗马的敌人;直至同盟战争和苏拉内战中,他们仍为自身的独立和自由而进行了英勇战斗。苏拉在他所进行的战争中,对顽强的萨莫奈人进行了野蛮的大屠杀。萨莫奈民族就这样逐渐被罗马人消灭了。

恺撒征服高卢

恺撒征服前的高卢人,还处在原始社会晚期,但已有阶级分化。高卢人分为很多个部族,彼此之间有的关系很好,有的则互相争战,争夺对高卢人的领导权。他们同罗马的关系也各不相同,有的是罗马的同盟者,有的则不是。这给了恺撒一个利用其矛盾的机会。

苏埃托尼乌斯说:恺撒在高卢"不放过任何战争借口,不论它是多么不公正或多么危险,既向敌对的野蛮民族,也向同盟的民族挑衅,以致有一次元老院命令派一个专门委员会去调查高卢行省的局势,有些人甚至建议把恺撒交给敌人。但是由于恺撒事业的成功,他得到了比他之前的任何人次数更多,每次时间更长的公众的感恩祈祷。"

恺撒为什么不惜一切地挑起战争?因为他在三头中实力和影响都是最弱的一个。他想通过战争既在军事上和经济上增强实力,又在政治上增强影响,从而获得更大的发展。

说恺撒不惜一切借口,不管公正与不公正地挑起战争,可以他挑起同厄尔维几人的战争为例。

战争的起因是这样的:公元前58年,居住在今瑞士西部的一个人数众多的民族厄尔维几人(他们有30多万人,其中能拿起武器作战的就有90000多人),由于日耳曼人的压迫而打算迁居到法国的卢姆河口一带去居住,他们烧掉了自己的城市和村庄,毁掉了储备的全部粮食,只带了可以带走的东西后就开始迁移了。

迁移的路有两条:一条是穿过汝拉山和罗丹河之间的塞广尼人居住的地区,这是一条狭窄而难走的路;另一条是穿过罗马人统治的普罗旺斯的地区,这条路比较好走。厄尔维几人走的正是第二条路。

恺撒得知此事,便急忙赶往离厄尔维几人居住地很近的盖纳瓦城(今日内瓦)去,并下令在普罗旺斯征兵。

厄尔维几人派了一个使团去见恺撒,请求让他们通过普罗旺斯。当时恺撒兵力不足,便行缓兵之计。他让他们到4月13日再来见他。他利用这个机会赶紧征兵,并修筑了一条长达19里的带壕沟的壁垒(从列曼努斯湖到汝拉山)。

待使节第二次来见恺撒时,恺撒便断然拒绝他们通过。感到绝望的厄尔维几人试图突破防线,但失败了。于是他们决定走第一条路,既穿过塞广尼人的路,这对罗马人并无损失,因此没有理由进行干涉。但恺撒仍以这个民族曾在公元前107年战胜过罗马军队,让他们受了轭下之辱(即使战败的敌人从用武器搭成的轭门下通过,以嘲弄和侮辱之)并杀死了罗马的执政官,过分好武为借口对他们开了战,当厄尔维尔几人到达爱杜依人境内时,恺撒便率领5个军团越过阿尔卑斯山,以保护爱杜依人为名,向正在渡过塞纳河的厄尔维几人发起了进攻。当时,厄尔维几人已有2/3过了河,剩下的人因恺撒出其不意的攻击而被歼灭。

随后,恺撒也渡过塞纳河,跟踪厄尔维几人。双方在爱杜依人盛产粮食的大城镇毕布拉克提附近打了起来。恺撒把军队配置在一座山上,在战斗开始前,他下令把自己的坐骑以及其他将领的坐骑都牵走,以表示自己绝不逃跑,要与阵地共存亡的决心。所以,战斗十分激烈,厄尔维几人几乎被全歼。

对这次战斗,恺撒在自己的《高卢战记》中写道:"兵士们居高临下,掷下轻矛,很容易地驱散了敌人的方阵。敌人散乱之后,士兵们拔出剑来,朝他们冲过去。高卢的人盾,大部分被轻矛一击中就穿透了,而且因为铁的矛头弯了过来,紧箍在后面,拔又拔不出来,左手累累赘赘地拖着它们作战又不方便,一时很受阻碍,于是,许多人用手臂摇摆了很久仍没法摆脱它。之后,他们因为受伤累累,支持不住,开始撤退,向离当地约1罗里的一座小山逃去。等他们占有那座小山时,我军已紧紧跟在他们背后。作为后军掩护着敌人后方的15000波依人和林都忌人,掉过头来攻击罗马军队敞开着的侧翼。包围住他们。已经退上山的厄尔维几人看到这事,重新投入战斗。罗马人回转身来,两面分开应战。第一列和第二列抵抗已被击败和逐走的敌人,第三列抵抗新来的敌人。"

厄尔维几人战斗得十分英勇。恺撒写道"谁也没有看到任何敌人转过身去逃走的。"

但厄尔维几人最后还是失败了,原来36.8万人的厄尔维几人,只剩下11万人。恺撒命令他们返回原来住地去,重建被他们自己烧毁的城市和村庄,并让附近的高卢人借给他们粮食等。

在整个高卢战争中,恺撒借口战争需要,不断地扩大军事实力,增加军团数量。由原来元老院批准的两个军团,扩充到了10个军团,其编号为第六——十五军团。其中,恺撒最为信任、战斗力也最强的是第十军团,以后内战时期也是如此。恺撒曾说过:"即便真的再没有别人肯跟我走,只剩下第十军团跟着,我还是照样继续前进。"他的这番话是在厄尔维几人之后同日耳曼人进行战争过程中,当罗马士兵因恐惧日耳曼人而惶惶不安时说的。

事情是这样的:当罗马人战胜厄尔维儿人后,在一次全高卢人的代表会议上,代表们跪在恺撒面前说,日耳曼人受阿浮尔尼人和塞广尼人之邀,前来帮助他们争夺在高卢的霸权,同爱杜依人作战。前来的日耳曼人15000人,他们在战后爱上了这块地方,不想离去,而且召来了更多的日耳曼人(到那时已有12万人了),并要求更多的土地。因此,高卢人希望恺撒帮助他们攻打日耳曼人,以解除威胁。恺撒答应了。

会后,恺撒便同日耳曼人领袖阿里奥维斯都斯谈判,他要求日耳曼人不要再向高卢移民,把爱杜依人的人质还给他们,不许再用战争威胁爱杜依人及其同盟者。

恺撒认为对方不会同意。所以,他就可以此为借口向日耳曼人开战。对方也确实拒绝了。

于是恺撒率军以急行军的速度向日耳曼人地方推进。在行军途中,他占领了设防坚固的塞广尼人的首府贝松战,并在这里停留了几天,以安排军队的供应。这里的高卢人和客商向罗马士兵和军官夸称日耳曼人身材魁梧,勇敢非凡,武艺精熟,引起恺撒士兵的惊恐。受这种情绪影响的先是年轻的将领,后来传播得更广,连有经验的军人们也都感到惶惶然了,以致"全营的人都在签署遗嘱了",还有消息说,军队可能不服从统帅的命令。

于是恺撒召集了军事会议,以制止这种惊慌情绪的蔓延。他把所有的百人队长都召了来,他责怪他们"竟然把军队要开到哪里去和开去干什么,认为是应该由他们来过问和考虑的事情"。他指责他们对自己的勇气和他本人领导缺乏信心。他说:"至于有人报告说:兵士们会拒绝听从命令,不再拔帜前进,他绝不因为这种事情动摇……因而,他本来想把过一些日子再做的事情提到现在来做,明天夜间四更天就要拔营前进,以便尽可能早一些知道,在他们中间究竟是自尊心和责任感占上风呢,还是恐怖占上风? 即令真的没人肯跟我走,只剩第十军团跟着,我还是照样继续前进。毫无疑问,第十军团一定能够这样做,他们正可以做我的卫队。"

恺撒的一番话,消除了士兵们的恐惧和对恺撒能力的怀疑,产生了要求马上投入战斗的巨大热情和渴望。第十军团的士兵更是受宠若惊,纷纷向恺撒表示,他们已做好了一切战斗准备。

恺撒把高卢骑兵们的马都拿来交给第十军团的士兵,以保证在有什么变故的情况下有一支可靠的卫队,所以,第十军中有一个士兵开玩笑说:"恺撒现在做的事情,已经远远超过他的诺言,他原来只答应过第十军团担任卫队,现在却让他们当上骑士(即最初罗马富有的人组成的骑兵百人队)了。"

当然,恺撒也知道日耳曼人英勇善战。日耳曼人领袖阿里奥维斯都斯曾说过:"如果能打败恺撒,这将符合许多罗马显贵和有影响的罗马人的心意"。因此,恺撒对同日耳曼人的战争并未等闲视之。

但是,罗马人同日耳曼人的战争并未马上发生,双方先进行了一些试探、摸底。日耳曼人回避进行决战,恺撒从俘虏口得知,按日耳曼人的习俗,在新月之前不能进行战斗。于是恺撒决定首先发动进攻。

战斗极为残酷。激战中,日耳曼人的左翼,也是恺撒准备重点打击的一翼被击溃并逃跑了。但在右翼,日耳曼人在数量上占优势,对罗马人形成很大压力,甚至有可能决定整个战斗结局。骑兵队长、克拉苏之子小克拉苏把自己的预备部队投入了战斗,使日耳曼人遭到失败,小克拉苏也因而成了英雄。

罗马人将日耳曼人一直追击到莱茵河边,只有少数人渡过了河(包括阿里奥维斯都斯),绝大多数日耳曼人被罗马人追上杀死。阿里奥维斯都斯的两个妻子和一个女儿被杀,一个女儿被俘。

这样一来,在公元前58年夏天,恺撒就打了两次大胜仗:战胜了厄尔维几人和阿里奥维斯都斯领导的一部分日耳曼人。

从这两次战役中可以看出,恺撒不仅善于指挥战斗,而且善于宣传鼓动,抓住战机。

公元前57年,恺撒同居住在高卢北部的比尔及人的战斗中取得胜利后,又继续推进,进入了纳尔维人的地区(今坎布雷地区),同纳尔维人发生了战争。

纳尔维人以非凡的勇敢著称,"他们都是极粗野、极勇敢的人"。他们同罗马人没有联系。恺撒得知,这些纳尔维人,商人一直接近不了他们,"酒和其他近于奢侈的东西,他们绝不允许带进去,认为这些东西会消磨他们的意志,减弱他们的勇气"。他们声明,决不派人到恺撒那里去,也不接受任何讲和条件。他们和相邻的一些部族联合起来,占领了撒比斯河对岸的阵地,严阵以待。

纳尔维人自古以来就没有骑兵,他们所有的力量,全在步兵上面。为了防止邻国的骑兵侵入,他们把半切开的嫩枝弯着插向地下,让其向四面八方滋生出许多小枝,茅刺和荆棘也密密麻麻夹杂着丛生在里面,长成一道墙似的藩篱,构成一条很好的防御工事,人也不能通过,甚至连窥探也不可能。

恺撒的军队扎营在萨比斯河边的一座山上,与纳尔维人所在的山正好对峙,中间隔着一条萨比斯河。

纳尔维人探知,罗马军队在行军时,一个军团同另一个军团之间,配有大量辎重队,当前面的军团进入营寨,其余的军团还隔着一段距离时,乘机攻击那些身负行囊的士兵,然后夺取他们的辎重是很容易的。

于是,当罗马的几个军团已进入营寨,修筑防御工事时,纳尔维人发现了罗马人的第一批辎重队,这成了他们攻击的信号。他们在彼此鼓励一番后,突然以全部兵力冲出来,向罗马人发动了未曾料到的神速进攻。遭到攻击的是罗马人的骑兵,而且很快把这些骑兵击溃,使其陷入了混乱。纳尔维人又以难以想象的速度奔向河边,一时看起来似乎在林中、河边乃至罗马人身边,到处都是纳尔维人。他们甚至冲上山去攻击那些赶筑工事的人和罗马营寨。

当时恺撒也感到措手不及。在一瞬间他要做许多事情:战旗要升起来——这是表示要马上拿起武器,信号要发出,士兵要从工事上叫回来,跑到远处去干事的人要召回来,队伍要排列布阵,战士要鼓励一番,还得把战斗号令发布出去,等等,时间紧迫,纳尔维人斗志又十分昂扬,罗马军队不仅徽号没佩好,甚至连戴上头盔、揭掉头套的时间都没有。

但罗马士兵的丰富经验帮了忙,他们一看到敌兵如此迅猛,没等恺撒的命令,马上就根据自己的判断行动起来。各人从工事上奔过来时,不管遇上哪一部分或哪个连队的标志,就在那边站定下来,不因寻找自己的队伍而浪费战斗时间。

虽然第八、九、十、十一军团以逸待劳,杀死了不少跑得很乏力、喘不过气来和负伤累累的敌兵,但罗马军的营寨的正面和左侧完全暴露在敌人面前,一部分纳尔维人在自己的领袖波多奥耶多斯领导下,从暴露着的侧翼包围第七和十二军团,另一部分则攻击山上的罗马人营寨。

在纳尔维人第一次冲击时败逃下来的罗马骑兵和部分轻装步兵,正退回营寨时,恰好碰上敌人,重新又向别的地方逃去,在营寨后门和山顶上的军奴(随队到军营中来侍候主人的私人奴隶)正要下山来收集战利品时,回头一看,纳尔维人已在罗马军营寨中走动,急忙四处逃命。跟辎重队一起来的人也吓得呐喊起来,到处乱窜。这时派来支援恺撒的,在高卢以勇猛著称的一部分德来维里人的骑兵,看到罗马营中到处是纳尔维人,罗马军团受到沉重压力,而且几乎处在被包围之中,军奴们、骑兵们、射石手等纷纷逃生时,大为惊骇,认为罗马军已处绝境。他们忘了自己的任务是来支援罗马军的,却急忙赶回家去,报告他们的同胞说,罗马人已被打败和溃散了,他们的营寨和辎重已落入纳尔维人手里了。

恺撒在鼓励了一番第十军团之后,急忙向左翼赶去,他看到自己的部下受到沉重的压力,第十二军团所有连队标志都集中到一起,士兵们也都拥挤在一起,无法展开战斗。有的百人队长和掮标志的人也被杀死,连标志也失落,还有许多百人队长受伤。有的士兵由于身后失去了掩护,就退出战斗,以避锋刃。另一方面,敌人却只管在正面从下向上攻,同时还冲击着侧翼,情况十危急。此时的恺撒不顾一切,他从一个士兵手中抢过一面盾,就向阵线的第一列赶去。一面叫着百人队长的姓名,鼓励着其他士兵,吩咐他们把连队标志移到前面去,连队与连队之间拉开以便能自由地使用剑。"他的到来给士兵们带来了希望,他们的精神重新振作起来,各人都想在统帅的亲眼目睹之下,表现出自己即使身历险境时还骁勇善战到何种程度"。

第七军团也受到沉重的压力,只是在恺撒的指挥之下才站稳脚跟,更勇敢地进行战斗。

后来,由于在后方保护辎重的两个军团赶来,攻占了敌人营寨的副帅拉频弩斯让第十军团前来救援,才使形势起了变化。罗马军中"即使因伤躺倒的人,也竭力倚在他们的盾上重新站立起来,投入战斗。那些罗马军奴,尽管没有武器,照样扑上去。罗马的骑兵们此时也希望以自己的勇敢洗刷掉溃逃的耻辱,就在所有战斗的地方一马当先抢到军团士兵的前面去"。

纳尔维人战斗得十分勇敢,连恺撒也不能不佩服。他写道:"敌人尽管生存的机会微乎其微,却仍显示出非常的勇敢。当他们前列的人阵亡时,旁边的人便马上站到倒下的人上面,在他们的尸体上战斗,当这些人也都倒下,他们的尸体积成一堆时,活着的人就把他们当作壁垒,站在上面向我军发射武器,或者拦截我军发出的轻矛,投掷回来。因之，我们完全有正当的理由称这些敢于渡过大河、攀登高岸、闯入形势不利的地方的人为英勇无比的人。这些行为虽是极端不容易的，但高度英勇使他们轻易做到了。"

这场战斗的结果是，纳尔维人完全失败了，"差不多把纳尔维人这个民族连带他们的名字都消灭掉了"。他们的6000个长老只剩下3个，能持武器征战的60000男子中，大约只剩500人。

赶来援助纳尔维人的阿杜亚都契人，在知道纳尔维人的结局后，半途便退了回去，放弃了全部市镇和要塞，把所有钱物都集中到一处被自然条件极好地防护着的市镇里去。但最后也没有逃脱悲惨的命运。有53000多人被卖为奴。

公元前56年，在对占整个高卢的人口和面积1/3的阿奎丹尼亚人的战争中，年轻的副帅小克拉苏也取得了胜利，敌人保存下来的至多不过1/4。

在公元前58~前56年的远征中，恺撒虽几乎征服了整个高卢地区，但一方面，被征服的地区并不甘心被征服，他们时时在寻找机会重新争取自由，并力图争取莱茵河东岸的日耳曼人的支持，日耳曼人也想渡过莱茵河进行掠夺；另一方面，恺撒和他的士兵，乃至罗马奴隶主，也并不满足于已经征服的地区，他们的贪婪之心是没有止境的，他们也想东渡莱茵河，到日耳曼人的地区去，西渡大西洋到不列颠去。因此，公元前55年，恺撒找了个借口，东渡莱茵河，挑起了同日耳曼人的战争。

恺撒的借口是，乌西彼得斯人和登克德里人这两个日耳曼部落，因受苏威皮人的侵扰，不能耕作，便大批越过莱茵河，到了高卢地区。苏威皮人是日耳曼人中最大、最骁勇善战的一族，他们不吃粮食，而以肉类和乳品为生，以兽皮为衣，他们希望自己的国土周围有一大圈荒地。据说他们有一面的边境竟长达600罗里土地是断绝人烟的。他们把人口众多、力量强大的另一个日耳曼部落乌皮人也变成了自己的属国。因此，乌西彼得斯人和登克德里人对苏威皮人的侵扰毫无办法，只好渡过莱茵河到高卢来寻求生存之地。他们所到的地方是门比奈人居住的地方，河流两岸都有他们的田地、房宅和村落。这些门比奈人看到涌来这么多日耳曼人，就撤出了莱茵河东岸的房舍，在河西布置了岗哨，以防止日耳曼人过河。日耳曼人用尽了各种办法却不得渡，便假装退回自己原来的老家去。但在赶了三天的路程后，又突然掉过头来，他们的骑兵在一夜之间赶了回来，一举袭击了毫无防备的门比奈人，杀了他们的人，抢了他们的船，占据了他们在两岸的房舍和田园，用门比奈人的粮食供养自己。

恺撒就借此要讨伐日耳曼人。正在此时，关于高卢人和日耳曼人进行谈判的消息也传到恺撒耳中。因此，恺撒提早结束了冬休，开始了对日耳曼人的战争。

他先把高卢各族头目召来，向他们宣布了攻打乌西彼得斯人和登克德里人的计划，并要他们派出骑兵来支持他们进行战争。

日耳曼人派使者到恺撒这里来说，日耳曼人决不先动手攻击罗马人，但在遭到攻击时也决不会拒绝一战。日耳曼人祖祖辈辈传下来的规矩是：不论是谁来侵犯，应该还击而不应该求饶他们还说，他们来此并非本愿，而是被逐出本土的，希望罗马人允许他们居住在被他们占据的土地上，或为他们指定一块移居地，他们愿与罗马人友好。但恺撒说，只要他们留在高卢,就不会有友谊。因为这里已没有空闲的土地。恺撒让他们到乌比伊人的土地上去居住。

使者希望恺撒宽限三日,再做答复;在此三日之内恺撒的军队不要再向前推进,恺撒认为日耳曼人是在耍手腕,因此未予答应,继续向前推进,直到离日耳曼人营地只有18公里的地方,日耳曼人请求恺撒不要再前进,但恺撒说,他的军队要取水,还需前进一点,并保证打前锋的骑兵不会挑起战争。

但就在当天,大约800名日耳曼骑兵同恺撒的5000名高卢骑兵发生了战斗。第二天,一个庞大的日耳曼人的使团来到恺撒营地,请求宽恕。恺撒不予回答,却下令把他们全部抓起来,并率军立刻前进,以迅雷不及掩耳之势,攻击了毫无准备、没有领袖的日耳曼人。日耳曼人手足无措,连匆匆考虑一下对策或拿起武器来的机会都没有。罗马人冲入惊慌失措的日耳曼营寨时,只有少数人进行抵抗,其余的人,包括妇女和孩子则四散奔逃。

正在抵抗的日耳曼人听到后面的嘈杂声,又看到自己人被杀,便扔下了武器,丢下旗帜,一起逃出营寨。当他们逃到莫塞河与莱茵河汇合处时,许多人已被杀掉,余下的觉得逃生无望,便跳进激流。由于恐怖、疲乏和河水的冲击,他们全被淹死。罗马人一个未死,伤者也少。罗马人安然度过了这场巨大的战争恐怖。

恺撒还不以此为满足,他还要到日耳曼人的土地上去显示罗马人的、实际上也是他的军队的强大威力,于是他准备渡过莱茵河。如何过河?坐船摆渡,恺撒认为这既不安全,"也与自己和罗马人民的尊严不相称"。他决定在这宽阔而又急又深的莱茵河上架起一座桥,从桥上过去。

在《高卢战记》中,恺撒详细地记载了建桥的经过:"虽然要在这样宽阔,而且又急又深的河上造一座桥是件极为困难的事,但他(恺撒)认为还是应该做这样一番努力,否则就索性不把军队带过去,他决定按照下列方式建造桥梁:把许多粗各一罗尺半的木柱每两根连在一起,中间相距两罗尺,下端从根部起稍稍削尖,量好正跟河底的深度相当,利用机械的力量把它们送到河中立住后,再用打桩锤把它们打入河底,却不像木桩那样垂直地立着,而是倾斜着俯向河水顺流的一方。面对着这一对对柱脚,又在下游方向距离它们约四十罗尺的地方,另外树立起同样成对柱脚,也同样紧紧地连在一起,只是倾斜的方向是逆着水力与激流的。每一对这种柱脚紧紧地连起时空出来的二罗尺空当中,都插入一根长梁。在他们的外档,还有两根斜撑,一里一外地从顶端把它们撑开。这样,由于它们撑开着,而且又相反地夹紧,因此这些工程异常牢固,水流和冲击的力量愈大,柱脚相夹就愈紧,这些长梁上面又都直交地铺上木材,连在一起,再加上木条和编结好的木栅。除此之外,桥梁面向下游的一方水中,还斜着插入了木桩,像一堵护墙似的紧凑地配合着整个工程,以抵抗水流的冲力。在桥梁上流不远处,也修筑了同样的工程……"。全部工程,在木材开始采集以后的十天之内完成了,军队被带了过去,但是恺撒在莱茵河东岸只呆了十八天,他在认为完成他的显示力量的目的之后,便回到了西岸,并拆毁了桥梁。

恺撒对不列颠进行了两次征讨。第一次在公元前 55 年秋天;第二次是在次年,即公元前 54 年进行的。

恺撒为什么要横渡英吉利海峡远征不列颠？他自己说是"因为他发现差不多在所有的高卢战争中间,都有从那边来给我们的敌人(即高卢人)的支援"。也就是说是为了巩固他对高卢的征服战果,并惩罚不列颠人对高卢人的支援。其实,他还有别的目的,这就是垂涎于不列颠的财富,因为不列颠富有金、银、铜、锡、铁等矿藏,以及富产粮食和牲畜。此外,还有越过莱茵河的同样目的:显示恺撒和罗马人的武力。

第一次远征时,恺撒只用了两个军团,这实质上是一次试探性地远征。因为,对罗马人来说,不列颠究竟是个什么样子,还是一个谜。所以,这一次恺撒抱定的目的是,"只要登上那个岛,观察一下那边的居民,了解一下他们的地区、口岸和登陆地点,对他(恺撒)也有莫大的用处……"。当时恺撒也知道,要真正征服不列颠,两个军团显然是不够的。

为了这次远征,恺撒先派了一名军官去进行实地考察。但这名军官根本没敢登陆不列颠,而只是在船上看了看便返回高卢了。

接着,恺撒集中了 80 艘运输船,选了一个适于航行的晴朗天气横渡英吉利海峡,开始了对不列颠的第一次远征。

不列颠人严阵以待。当恺撒的船只到达登陆点时,那里所有的山上都布满了武装的人,他们从高处往下掷矛枪,几乎可以达于海边。恺撒试图改变登陆地点,也被土著居民识破。当他们到达新的登陆地点时,土著居民的骑兵、战车兵等也跟了过来。只是经过激烈的战斗后,恺撒的军队才登上了陆地。但由于没有骑兵,所以没敢追击敌人很远。

不列颠人提出求和,答应交出人质,并执行恺撒所命令的一切,由于风暴袭击,恺撒的战船和运输船受到很大的破坏,又无骑兵,粮食储存地也被毁,因而不敢久留,便接受了求和。恺撒命令赶快修理船只,以防不测。果然,不列颠人利用有利的形势,攻击了恺撒派出去征集食品的第七军团。进攻虽被打退,但危险依然很大,因此恺撒还是匆匆地离开了这个不友好的岛屿,返回了高卢。

虽然这次远征并未取得什么积极成果,罗马元老院却决定为此举行一次为期二十天的感恩祈祷;甚至像西塞罗和卡图努斯这样一些恺撒的政敌都对此远征表示欢迎。所以,恺撒对不列颠的远征,反映了罗马奴隶主的要求。

恺撒对不列颠的第二次远征是在公元前 54 年进行的。在远征时,他把对罗马人表示忠诚的高卢领袖留在高卢,而把一些敌视罗马人的高卢领袖人物作为人质带在身边,以防他们在后方捣乱。过去同恺撒闹过矛盾的爱杜依贵族杜姆诺里克斯不想参加远征,并鼓动其他高卢贵族也不参加。当恺撒在等待了好几个月后,终于等到一个好天气而下令起锚出发时,杜姆诺里克斯和他手下的一批人擅自离开了营地。这惹恼了恺撒,他派出一队骑兵去追赶,并说如他抵抗便杀死他。杜姆诺里克斯表示他是"自由国家的自由人",进行了反抗,因而被杀。

第二次远征不列颠时登陆比较顺利,没遇到什么抵抗。原来,庞大的罗马舰队(有 800 艘船)把当地人吓跑了。但很快,不列颠人就集合起了一支人数众多的军队,拥有强大实力和富有经验的卡西维劳努斯被拥立为统帅。

不列颠人进行了顽强的抵抗。但是,由于内部分裂,给了恺撒可乘之机,使抵抗遭到失败。罗马人一直打过了泰晤士河。卡西维劳努斯只好同罗马人谈判,交出人质,并答应交纳贡赋。

由于担心高卢会发生起义,因此恺撒只好满足于这个成果,下令自己的军队带着大批俘虏回到高卢。

这次远征虽未获得新的领土,也未带回很多的虏获物,但它有利于巩固罗马对高卢的征服成果。在以后,不列颠人未曾再干预高卢事务。

不管恺撒用什么借口挑起对高卢人的战争,都掩盖不住以下事实:征服剥夺了高卢人的自由,将其置于罗马人的统治和奴役之下;征服中充满了狡诈、杀戮和劫掠;征服后的统治(交人质、赋税和服兵役)极其残酷,令高卢人难以忍受。恺撒为了罗马奴隶主的利益,为了能赢得罗马奴隶主及平民的欢心,为了显示他个人的权威,在高卢纵横捭阖,恩威并施,有打有拉,分化瓦解,显示了罗马奴隶主的残忍、奸诈和贪婪。高卢人从罗马人征服和统治的实践中认识了罗马人和恺撒的真实面目。因此,在恺撒以为他已征服了高卢时,高卢人民却给了他一个教训。他们掀起了规模巨大的、前仆后继的起义。起义席卷了整个高卢。

在先后参加起义的人中,有的是恺撒对之有过所谓恩惠的。安皮奥列克斯就是其中之一。他对罗马人说的一席话,说明了高卢人,其中也包括他这样的人为什么要起义。他说,他承认,由于恺撒对他的一番厚爱,使他沾到很多光。全仗恺撒,他才得免除惯常交给邻国阿杜亚都契人的贡赋。也是由于恺撒,才能够把他送到阿杜亚都契人那边做人质,才能够把在那边受奴役和监禁的一个儿子和一个侄子交还给他。他宣称,他之所以进攻罗马人的营寨,既不是他自己决定的,也不是他希望的,而是出于国人的压力。他所拥有的权力,是这样的一种权力,即群众在他身上的权力和他在群众身上所有的权力是相等的。他们的国家之所以发动战争,纯然是因为他们无力抗拒高卢突然采取的联合行动。只要看他的力量多么微弱,就很容易证明他决不会糊涂到妄以为光凭他一个人就可以征服罗马了。这是全高卢的共同的决定,这一天被定作对恺撒的所冬令营同时发起进攻的日子,免得这一个军团可以赶去支援另一个军团。高卢人要拒绝高卢人是很困难的,特别当他们认为参与的计划跟大家的自由有关的时候。

爱杜依人的首领孔维克多列塔维斯,也曾受过恺撒的恩惠,他的首领职位就是恺撒给他的。他鼓励人们不要忘记自己生来就是自由的,而且是统治别人的。他自己虽然在恺撒手中得到过一些好处,但恺撒给他的,本来就是他有最正当理由得到的东西,而他对全国的自由,却负有更大的责任。他问道:"为什么爱杜依人要恺撒来决定有关他们本身权利和法律的事情,罗马人的事情却不由爱杜依人来决定?"由于爱杜依人势力强大,他参加起义具有重要意义。

在恺撒征服时,遭受过灭顶之灾的民族参加起义就更是天经地义的了。例如,在公元前 57 年曾同恺撒军进行过殊死战斗,以致最后"这个民族连同他们的名字都被消灭了的纳尔维人"也投入到起义洪流中来,以争取自由,报复罗马人对他们的迫害。

起义爆发于公元前54年末。首先举起义旗的是德来维里人。他们的领袖英度鞠马勒斯早在恺撒第二次东征不列颠时就与恺撒发生了矛盾。在远征回来后,他便鼓动起义,掩袭了罗马人的一支伐木队,并攻击罗马人的营寨。在他的影响下,埃布罗尼斯人起而响应,使罗马军遭到惨重损失,罗马将领图里乌斯和科塔被杀,驻防的罗马士兵被歼。

公元前53年春,恺撒召开了全高卢大会,有几个部族的领袖未能出席,恺撒认为这是背叛和暴动的信号,因此,当即发动了对未出席会议的谢诺尼斯人的战争,迫使其交出人质。由于他还要对首举义旗的德来维里人发动更大规模的战争,才放过谢诺尼斯人。

在进攻德来维里人的途中,他还进袭了曾向他请求和平的美那皮衣人,蹂躏了他们的国土,焚烧了他们的村庄,掠夺了他们的人口和牲畜,然后才去进攻德来维里人,使其遭受到惨重的损失。

在其后对埃布罗尼斯人进行报复时,那里的居民几乎全被杀光,以致从那时起,这个民族的名称本身就永远从历史上消失了。

但起义烈火并未被扑灭,相反,却越烧越旺。公元前52年,起义者召开了全高卢人的首领会议,选举了全高卢人的起义领袖:阿德来巴德人康缪斯,爱杜依人维理度马勒斯,厄朴理陶列克斯、阿孚尔尼人维尔卡西味朗纳斯,起义达到了它的最高潮。

起义者根据客观形势,不断变换斗争方式。当阿尔维尔尼人参加起义后,它立即成了反罗马人的中心,它的领袖维尔琴格托里克斯也立即成了起义的新领袖。他包围并攻克了罗马人的同盟者波依人的中心城市高尔高比那城,使全高卢人都清楚地看到恺撒已软弱到连自己的同盟者都不能保护的地步。

维尔琴格托里克斯鉴于罗马人的强大,因此建议放弃正面同罗马军团进行战斗的方法,而采用游击战,用骑兵打击罗马人的粮秣采集和运输队,在罗马人分散兵力去保护其粮秣的运输队时,再歼灭其小股队伍。因此,他认为应放弃并摧毁自己的村庄。大多数人都同意了他的主张,只有全高卢最美丽的城市阿瓦里库姆(今布尔日)人请求不要毁掉它,因为它十分坚固。恺撒对该城的围攻十分凶狠,他挖掘坑道,修建塔楼、土堤。起义者也进行了殊死的战斗,但仍被罗马人攻克。罗马人对该城居民的屠杀特别野蛮,恺撒自己写道,起义者"沿着城墙四面散开去时,恐怕逃走的希望都断绝,就抛掉自己的武器,一路横冲直撞,向市镇最偏僻的地方逃走。其中,一部分在城门狭隘的出口处拥挤成一团时,被我军步兵杀死,一部分已经出了城门的,也被骑兵歼灭。这时谁都不忙于获取战利品,钦那布姆的屠杀和长期围困的辛苦,使士兵激怒得不顾一切,无论是年迈的老人、妇女还是儿童,概不饶过。最后,在数达40000的居民中,只勉强剩下了最初一听到喊声就跑出市镇的人"。

城市被攻下来了,但恺撒的主要打算并未实现,起义者的军事实力并未削弱,却提高了维尔琴格托里克斯的威信,因为这证实了他的看法的正确。

此后,恺撒在长期围困阿尔维尔尼人的盖尔哥维亚城时,罗马人的同盟者爱杜依人也在其领袖康维克托利塔维斯领导下起义了,他们杀死了恺撒用来安置人质、粮秣以及金库、行李和购买的马匹的城市诺维欧都努姆城的卫戍部队和城里的罗马商人,分配了掠夺来的战利品。由于粮食储备特别多,所以起义者将其余部分扔到了河里,并烧掉了这个城市。

形势对恺撒极为不利。罗马的将领们大多主张罗马军队翻过凯本纳山,退到普洛旺斯去,但被恺撒否定了。他把军队带到了阿格金库姆和拉频弩斯的军队合在了一处。

起义者重新肯定了进行游击战的计划。起义部队进入到罗马的行省普洛旺斯,迫使恺撒也不得不到普洛旺斯去。起义者用骑兵进攻在行进中拉长为纵队的罗马军队。高卢骑兵宣誓:如果有谁不是两次骑马穿过敌人的纵队,就不许他回家,不许他回到他的双亲和妻子儿女那里去。但高卢骑兵的袭击遭到失败。

起义的一次大决战是公元前 52 年在阿列西亚城进行的。当时,维尔琴格托里克斯把自己的 25 万步兵和 8000 骑兵带到了那里。因为那里有城墙保护,城外还有设防营地,但就在起义者到达该地的第二天,恺撒也率部到了那里,包围了起义者,并立即开始了攻城的准备。罗马人绕城修了一道长 17 公里的工事,同时还修了一道长 20 公里的对外防御工事,以防起义者从外部进攻。

围攻进行了一个多月,城内发生了饥荒。起义者决定把不能战斗的人送出城外去,但未成功。援军从四面八方赶来,振奋了被围者的士气。援军对罗马人进行了三次围攻,战斗进行得异常激烈。因为,对高卢人来说不突破罗马人的防线,城内的起义者就失去了一切希望;而对罗马人来说,只要他们坚守了防线,他们就胜利了。

由于罗马人调来了骑兵和步兵支援,从起义者的背后攻击援军,使起义者的援军再也支持不住而全线崩溃了。罗马人到处追杀逃跑者,只有少数起义者的援军逃入营中获救。从城里冲出来的起义者又被迫退回了城里。罗马人取得了全面的胜利。起义者的许多将领或死、或被俘。

第二天,起义最高领导人维尔琴格托里克斯投降,他被送回罗马,在后来的凯旋式时作为战败者被展示,并被处死。罗马为这一胜利举行了为期 20 天的庆祝活动。

在此后的公元前 51 年和前 50 年,起义还零星地在高卢各地继续着,但已不再对罗马人构成重大威胁。起义者同罗马人的最后一次较大规模的战斗是公元前 50 年在乌克塞洛都努城进行的,该城地形险要,罗马人的围攻进行了很长的时间。他们用坑道切断了城市的水源后,起义者才投降。

恺撒对该城的起义者进行了残酷的惩罚。《高卢战记》第 8 卷的作者伊尔久斯写道:"恺撒知道自己的仁慈是众所周知的,绝不怕给了他们严厉的处分之后,人家会疑心这是由于他的本性残暴。他还考虑到,如果再有别的地方,继续以同样的方式试行叛乱,他的计划就永无完成的一天,因而必须以一次示范性的处罚来禁止其他人效尤。他命令把所有拿起武器作过战的人的手都砍掉,然后饶了他们的性命,作为作恶必受惩罚的铁证。"这就是征服者的逻辑,只准他们烧杀抢掠和征服,不准被征服者反抗。所以,恺撒在高卢的所作所为,充分反映了罗马奴隶主及他本人的残暴本性,而不是仁慈。

据普鲁塔克统计,恺撒在高卢九年,曾经屠杀了 100 万人,俘虏了 100 万人。他本人和他的部下将士都发了大财。恺撒利用这些掠夺来的财富广施贿赂,一直贿赂到罗马要人们的宠奴身上。

马克思曾经说过,奴隶制的存在需要两个条件,一是不断增加新的土地;二是不断补充新的劳动力。恺撒对高卢的征服,对满足罗马奴隶制存在的这两个条件做出了重要贡献。因此,虽然罗马元老贵族与恺撒始终处于敌对状态,但对恺撒进行的高卢战争却感激不尽。罗马元老院多次决议给恺撒胜利举行谢神祭(这是罗马人在遇到重大灾难,如战争中的惨败,或巨大胜利后举行的一种全国性的宗教仪式)。举行仪式时,开放全城的庙宇,在公共场所陈列神像和宠物,以供人奉献牺牲。各祭司团体也要举行隆重的祈祷仪式。谢神祭的时间或长或短,由元老院决定,执政官公布,通常为三天,五天和七天已属少见,庞培在东方打败米特拉达时也不过才举行十天谢神祭。但为恺撒在高卢的远征和镇压起义的谢神祭都超过了此数:公元前 57 年的一次为十五天;公元前 55 年为二十天;公元前 53 年为二十天。说明罗马奴隶主包括元老院,对恺撒的胜利是多么欣喜若狂。

高卢战争不仅为罗马奴隶主带来重大收获;而尤其为恺撒带来重大收获:军事实力大为增强,在国内的影响大为加强,政治上的地位大为提高。恺撒成了罗马政治生活中的一个重要人物。

恺撒同庞培、元老院之间的矛盾越来越尖锐,双方都在对方营垒内进行分化瓦解工作。庞培把恺撒在高卢战争中的副帅之一拉频弩斯拉了过去;恺撒则把元老贵族派中的库里奥拉了过来。

库里奥这个人本是恺撒的敌人,在他以前担任执政官时,曾对恺撒大肆攻击。有人说此人是一个"受过教育、胆子大、荡尽了自己和别人财产的贵族";"无论用任何办法、任何努力也无法满足自己的贪欲、愿望和奇想"的人;是一个"不务正业的天才","有把共和国搞垮的语言天赋";"精力极为充沛和极为狂热的内战煽动者"。对于这样一个人,恺撒显然认为是可以利用、可以收买的。因此,他用 250 万第纳尔收买了他,帮他还清了债务。从此,他成了一个恺撒派,为恺撒效了犬马之劳,在内战爆发后帮助恺撒占领了西西里,后来在非洲同庞培派作战时阵亡。

另外,恺撒还用一笔更大的款项使得当选执政官帕乌路斯保持了沉默。此人也是一直与恺撒为敌的。另一位执政官玛尔凯路斯,恺撒企图用婚姻关系去套住他,因为他娶了恺撒的外甥孙女屋大维娅,但这未能改变他反对恺撒的立场。

恺撒甚至想把西塞罗也拉到自己一方面来,在高卢战争期间,西塞罗的弟弟小西塞罗就在恺撒军中,是其副帅之一。恺撒曾给予西塞罗有交情的人写信,企图让他们去做工作,但西塞罗同情庞培,而不同情恺撒。不过西塞罗当时还主张谈判,他希望庞培接受恺撒的条件,不过没有任何结果。

公元前 50 年 4 月,执政官玛尔凯路斯在元老院会议上坚持让恺撒提前交出对高卢行省的权力。而库里奥则提出要庞培也放弃去行省担任长官和军队的统帅权,显出在庞培与恺撒之间的一种不偏不倚的立场。他说,只有这样才有利于国家的巩固与安全,因为庞培与恺撒互不信任,只有他们两人都成为普通公民时,才能使国家平静下来。

玛尔凯路斯向元老院提出两个议案:一个议案是关于派人接替恺撒的事;另一个是有关庞培的行省和统帅权问题。在进行表决时,大多数元老投票赞成立即派人接替恺撒,并且反对剥夺庞培的权力。这时,库里奥又出来帮恺撒的忙,他要求表决庞培和恺撒应不应该同时交出权力。这一议案实际上把玛尔凯路斯的两个议案给否定了,气得玛尔凯路斯在会上叫嚷说:"你们胜利就是为了要恺撒这个暴君啊!"

元老院步步紧逼:借口帕提亚方面的战争威胁,要恺撒交出两个军团。恺撒明知这是个骗局,也只好照办,而且给他们以慷慨的赏赐。这两个军团回到意大利后,不仅没用去进行帕提亚战争,反而交给了庞培用以反对恺撒。从恺撒那里把军队带来的将领们讨好庞培,他们要庞培相信,他甚至无法想象自己有多大的威力和荣誉,因为他可以借助于恺撒自己的军队来打败恺撒,在这支军队里,人们都十分憎恨恺撒,却爱戴和崇拜庞培。这些话很快传开了,庞培日益相信自己是绝对地强大,却瞧不起害怕战争的人。当人们问他,如果恺撒向罗马进攻,他从哪里去弄到军队同恺撒作战时,庞培轻松地笑了笑,回答说:"无论在意大利什么地方,只要我跺脚,立刻就会从地里出现步兵和骑兵。"还可以在全意大利征兵,对恺撒进行战争。

公元前49年1月2日,元老院宣布了非常状态。执政官、行政长官、保民官和城市附近具有执政官权力的人们都取得了无限的权力。他们可以利用这种权力"使国家不遭受任何损失",利用这些权力也可以对付保民官的不可侵犯性和否决权。对此,保民官安东尼发誓说,那些敢于做出这种决定从而侵犯了保民官不可侵犯性权力的人们应当受到一切惩罚和灾难。

当夜,安东尼、库里奥和卡西乌斯等人装成奴隶的模样,雇了一辆车子偷偷地离开罗马,跑到恺撒那里去了。

1月8日和9日召开的元老院会议,批准了在全意大利征兵、授予庞培从国库和各自治市提款的权力。

内战箭在弦上。恺撒知道内战不可避免了。他在1月12日(或13日)召开的第十三军团士兵的会议上发表演说,向士兵们提起最近一段时间里他的敌人对他进行的恶意中伤;他抱怨庞培受到这些人的引诱和腐蚀,出于妒忌,一心想伤害他的荣誉;他责怪他们给共和国开了先例,把几年前刚用武力恢复的保民官否决权,又用武力加以污辱和破坏。他指出,这些人比苏拉更坏,有过之而无不及,因为苏拉尽管剥夺了保民官的各种权力,却没有触动自由运用否决权的规定,而庞培虽然号称恢复了他们过去失掉的东西,但实际上反把他们原来有的都攫走了。过去除非是有什么破坏性的法律提出来,或者是在有保民官肆行强暴,有人闹分裂,寺宇和高地要塞被占领了的时候,否则是不会发布命令叫官吏们注意不让共和国受到侵害的。这种号召,这种元老院的决议,就是意味着号召全体罗马人民都武装起来。他向士兵们指出,过去时代的这些先例,就是以萨图尔宁和格拉古兄弟的毁灭作为代价的。此时此刻,别说没有这类事情发生,就连想也没有人在想。他鼓励士兵们,他们是在他的统率之下,才能在八九年时间里一帆风顺地为国家干了许多事业，作了多次所向无敌的战斗，平定全部高卢和日耳曼，现在该为保卫他的声誉和尊严，起来对付敌人的时候了。

在讲过这些话后，恺撒就将第十三军团最勇敢的士兵和百人队长组成的一支不大的队伍秘密派往阿里米努姆（此城是从高卢进入意大利的第一个大城市），企图悄悄地、不流血地突然占领它。为了掩人耳目，恺撒本人则白天出席观看角斗士的表演，在众目睽睽之下度过，似乎什么事也没有发生；傍晚，他洗过澡，陪客人吃晚饭，只是在天黑之后，他才借故离开了客人，带着少数最亲密的朋友，雇了一辆车去阿里米努姆。第二天拂晓时分，在卢比康河边赶上了他派出的先头部队。

卢比康河，是一条很小的河，是恺撒的行省山南高卢同意大利本土的界河。据苏埃托尼乌斯记载，恺撒在渡河前，曾对他的同行者们说："现在我们仍然可以往回走，但是，一旦我们过了小桥，一切将决定于武器。"而据阿庇安记载，当恺撒到达意大利边界的卢比康河畔时，他停了下来，注视着河里的流水，心里思考着渡河将会引起的后果。之后，他对身边的人说："朋友们，如果不渡河的话，我会遭遇多种的灾难；如果渡河的话，全体人类会遭遇多种灾难。"于是，他像着了魔一样，一冲就渡过了河，口中说出了一句俗语："骰子已经掷了，就这样吧！"约在黎明时，他占领了阿里米努姆。

内战就这样爆发了。当时恺撒只带了率十三军团的 5000 步兵和 300 骑兵，其他军队还在阿尔卑斯山以外，而恺撒已不愿再等。

攻占阿里米努姆的消息于 1 月 16 日传到了罗马。第二天，又传出恺撒军队攻占其他地方的消息。罗马城中惊恐万状。元老院召开紧急会议，人们要求庞培拿出对策，问他的军队在哪里？一位元老指责他欺骗，还有一位元老幸灾乐祸地劝他"跺脚"。人们已经清楚，这时庞培并没有足够的兵力。有人建议派使节到恺撒那里去，西塞罗也支持这个建议，但未获通过。伽图建议把最高统帅权委托给庞培，理由是"谁惹起了这场大祸，谁就应当自己出来了结此事"。

对于这个决定，庞培的反应出人意料。他宣布说，必须离开罗马。他号召高级官吏和元老们都学他的榜样，而且还说，他认为凡是不响应他的号召的人，都是祖国的敌人和恺撒派。恺撒则宣布，凡是保持中立不参加任何派别的人都是自己的朋友。

庞培在 1 月 17 日离开了罗马，执政官和许多元老在第二天也离开了，他们走得如此匆忙，以至没有来得及举行在战争时期应当举行的牺牲奉献仪式，也没有来得及把国库带走。甚至在个人的财产中，人们也只能随身带些东西。人们是怀着惊慌失措的心情，在一片混乱中逃跑的。用普鲁塔克的话来说，城市"好像是由绝望的人来掌舵的一艘船，它任凭风浪的摆布，并且已成为盲目的机会手中任意摆弄的玩物了。"

恺撒的军队向意大利南部迅速推进。沿途许多城市自动站在了恺撒一边，赶走了庞培派，庞培则一直跑到意大利东南的布伦迪西港，然后带领军队离开意大利渡海到巴尔干去了。

恺撒率领着自己的军队于 3 月 9 日来到布伦迪西，这样，恺撒在六十天里就成了整个意大利的主人，而且，正如普鲁塔克所指出的，"没有流一滴血"就成了意大利的主人。

庞培的拥护者感到特别的痛苦和失望。西塞罗说："我们的庞培没有任何理智的行动，没有任何勇敢的行动，而最后，他没有一件事情不违反我的忠告和我的有充分根据的意见。"西塞罗认为，庞培放弃意大利就是背叛了"我们的事业"。"他把恺撒培养起来，突然又开始怕他，他不同意和约的任务一项条款，却又对战争不做任何准备。他离开了罗马，又由于本身的过错而失去了皮凯努姆地区，躲进了阿普利亚，最后又开始做去希腊的打算，但是他不来找我们，不许我们参与如此重要和如此不寻常的决定。"

在布伦迪西的事情告一段落之后，恺撒就回到罗马去了。在这里，元老院的代表们怀着战栗的心情等候着他，这些人既不愿离开，又害怕留下。在去罗马的途中，恺撒先是通过书信，后来又亲自会见西塞罗，劝他回罗马参加预定在4月1日召开的元老院会议。西塞罗拒绝了这一建议。

预定的会议还是召开了。恺撒在发言中试图向元老院证明，他的一切行动都是因他的敌人引起的。他建议元老院同他合作治理国家，而如果他们拒绝合作的话，那么没有他们，他照旧可以应付得过去。在信的末尾，恺撒再次谈到，应当派使团到庞培那里去，同他举行谈判。

派遣使团的建议通过了，但是没有执行。没有人愿意以使节的身份到庞培那里去，因为元老们记起了庞培对那些没有离开罗马的人们所做的威胁性声明。此外，元老们也不相信恺撒的意图是真心实意的。

恺撒渡过卢比康河后，在意大利节节胜利，庞培及元老院根本未做好战争准备，因而集结不起军事力量，更组织不起像样的抵抗。庞培赶紧从意大利南部的布伦迪西渡过亚德里亚海到希腊，企图在那里组织起抵抗。由于他把舰队和船只统统带走，使恺撒一时无法将军队送过海去追赶；再加上庞培在西西里、北非还有相当强大的势力，尤其是西班牙，庞培经营多年，有雄厚的基础。他在这里的军事分别由阿弗拉尼乌斯、佩特雷尤斯和瓦罗统率，共7个军团，以及若干本地的辅助兵。恺撒认为这股势力不可小看，特别是怕他们从后面进攻高卢或意大利。因此，他暂时放弃了对庞培本人的追击，而亲自率军攻向西班牙。

公元前49年4月，恺撒离开罗马前往西班牙。他共有6个军团，还有同盟者的5000步兵和3000骑兵。另外，他还从高卢召来了大约相同数目的军队，及至那些"最最显贵，最最勇敢"的人物。他向军团指挥官和百夫长们借钱发饷，既鼓舞了士气，又将这些官军们"绑"在了他的战车上。此次西班牙战役主要是在伊莱尔达这个地方进行的，庞培派在西班牙的两员主将阿弗拉尼乌斯和佩特雷尤斯的军队都集中在此。因此，这一战役将决定庞培势力在西班牙的命运。

在伊莱尔达战役中，一桩突如其来的灾难差一点把恺撒及其军队给毁了。一场暴风雨来势凶猛，大水冲下所有山上的积雪，涌上高峻的河岸，把河上的桥全部冲毁，使恺撒军队不仅没了退路，而且断绝了粮草。军队多日没有吃的，牲口也没了草料，而庞培派却粮草充足。恺撒陷入了绝境。阿弗拉尼乌斯等人十分高兴，他们在给亲友的信中说，战争马上就要结束。信件到达罗马后，大批人聚集在阿弗拉尼乌斯家里，兴高采烈地祝贺。

更有人离开罗马前往庞培处，或者是去告知消息，或者是去投靠，"想避免被看成是坐待成败已成定局，然后才在所有的人中最后一个赶去的人"。

但恺撒这次又挺了过来，阿弗拉尼乌斯的部下及部分本地军人、居民开始倒戈。庞培派的军队被迫转移。军中开始出现私下与恺撒军联系倒戈的事，虽被佩特雷尤斯强行制止，但军心已经不稳。尤其在恺撒的军队将阿弗拉尼乌斯的军队封锁在行军途中，断绝了他们的粮草、水源后，阿弗拉尼乌斯被迫将自己的儿子交给恺撒作为人质，要求宽恕他和他的部下。对此，恺撒发表一番慷慨激昂的讲话，指责阿弗拉尼乌斯和庞培。他说："在所有的人中，再没有谁比阿弗拉尼乌斯更不配来扮演诉苦和乞怜的角色。其余的每一个人，都已经尽到了自己的责任。我自己哪怕是在很有利的条件下——地形有利、时间有利，还是不愿出击，为的是使一切有助于和平的事情不受丝毫损害。我的士兵，尽管自己受到侵害，自己的战友也被杀害，却仍旧保全和掩护那些处在他们掌握中的人。哪怕是阿弗拉尼乌斯自己军队中的士兵，也自动出来设法谋求和平，因为他们认为这是一件关系到自己所有战友性命的事情。这样，全军上下一致倾向于宽容，就只有他们的统帅提到和平就变色，他们完全不顾谈判和休战的公认准则，惨无人道地杀害了没有经验、上了谈判当的人。因而，他们也遭到了常常落到最顽固、最傲慢的人头上的命运，被迫重新回过头来苦苦哀求不久前自己还鄙夷不屑的东西。现在，我既不想利用他们的屈辱，也不想利用自己的一时走运，来要求可以用于增加自己实力的东西，但我要求他们把对付我而蓄养了多年的这些军队解散掉。他们派到西班牙6个军团，又在当地征召了第七个；他们准备了这么多、这么强大的一支舰队；他们派来了极有军事经验的将领；凡此种种，也不外是为了这个目的（对付我）。它们既不是为了要镇抚西班牙，也不是为了在行省有什么用处，西班牙已经和平了这么长的时期，并不需要增派援军来。所有这些都是自始就针对着我来的。为了对付我恺撒，还创设了一个新的政治特权，一个人可以一面站在首都城门口坐镇全局，一面又自身不到却遥控两个最骁勇善战的行省这么多年；为了对付我恺撒，还篡改了官吏任职升迁次序，一反过去的常例，派到行省去的不再是已经任满的司法官和执政官，而是它们少数人所赞同和推选的人；为了对付我恺撒，一些在以往战争中有成就的人被召出来统带军队，就连年迈也不足成为推辞的理由；也只有在我一个人身上，才发生了取消统帅权利的事情，而对于一个建立了功勋的人，通常是让他带着一些荣誉回来，至少也不会让其受到耻辱并解散其军队后回来。我过去一直耐心地忍受着这一切，今后还将忍受下去。我不想把他们的军队夺过来自己保留着，虽说这样做并不困难。我只希望别人不再能保留着它，用来对付我本人。因而，正像我自己说过的那样，只要他们离开行省，解散他们的军队，做到这一点，我一个人也不愿伤害，这就是我接受议和唯一的、而且是最后的条件。"

阿弗拉尼乌斯的士兵本来都在等待着罪有应得的灾难，现在却用不着请求就开恩答应他们解散，真是使他们极感满意和高兴。他们有的立即被解散，有的到指定的地点解散。阿弗拉尼乌斯后来又到巴尔干参加了庞培反对恺撒的战争。

当伊莱尔达战役结束后，恺撒就着手解决远西班牙的问题。这里驻守的是瓦罗所领导的庞培的两个军团。

瓦罗在西班牙听到内战开始后意大利的情况,对庞培能否获胜颇为怀疑。在谈到恺撒时,他常常用极为友好的口气。但后来,他得知恺撒已在马西利亚城(即今之马赛)下被拖住,无法脱身;佩特雷尤斯的军队和阿弗拉尼乌斯的军队已经会师,而且又来了大批同盟军支援他们,还有更多的军队要来;又听到整个近西班牙都团结得很好;后来还听到恺撒的军队在伊莱尔达城下发生了粮荒;阿弗拉尼乌斯写信给他,夸张地、添油加醋地把这些事情告诉了他,他也就随着时运的转移,见机行事。他在全行省着手征兵,在征够了两个军团后,又在它们之外加上 30 个中队的同盟军。他收集起大批粮食;他命令伽德斯的居民建造 10 艘战舰,此外还安排在希斯帕利斯再建造一些。他又把赫丘利庙中的金银财宝统统搬出来,迁到伽德斯城里,还从行省中派了 6 个中队去守卫它们;他迫使罗马公民付给他现款 19 万塞斯退斯、银子两万磅和小枣 12 万麦斗。当他得知在近西班牙发生的情况后,便开始准备战争。他准备带着他的两个军团到伽德斯,他认为,在一个岛上,如果粮食和船只都有了准备,就很容易把战事拖延下去。

在派出两个军团由保民官卡西乌斯统领下进入远西班牙之后,恺撒自己也带着 600 名骑兵,急行军赶去,还事先发布一项通告,要所有各地方的官员和首领都要在指定的时间赶到科尔札巴来会见他。就在同一天,科尔杜巴的罗马侨民组织自动把他们的城门关上抵制瓦罗。当地许多城市也都仿效他们。瓦罗见此情景,只好派人去告诉恺撒,说他愿意交出在他统率下的军团。恺撒派塞克斯图斯·恺撒到他那儿去,命令瓦罗把军队移交给他。交出了军队之后,瓦罗跑到科尔杜巴来见恺撒,在非常诚实地把公共账目交代给恺撒以后,又把自己手头的所有钱财都交给他,还交代了自己有多少粮食和船只,在什么地方。

恺撒在科尔杜巴召集了一次会议,向各方面一一表示了谢意。感谢罗马公民们,为的是他们尽力竭力使这个城市保留在他手里;感谢西班牙人,为的是他们驱走了驻军;感谢伽斯人,为的是他们挫败了他敌人的计划,维持了自己的自由;感谢到那边去担任守卫的军团指挥官和百夫长,为的是由于他们的英勇,使伽德斯人更坚决地实行自己的计划。他免除了罗马公民答应给瓦罗充作公用的摊派,还把财物还给了那些因讲话"太自由了些"而招来充分之祸的人。在把酬赏发给了一些城镇的公私双方之后,他又使其余的人对未来都充满了美好的期望。他在科尔杜巴停了两天之后,出发到伽德斯去。他命令把从赫丘利神庙中拿来、现贮放在私人家中的钱财和纪念品都送回庙里去。他还任命卡西乌斯主管这个行省,并交给他 4 个军团。他自己带着瓦罗建造的船只,还有伽德斯人奉瓦罗的命令建造的那些,在几天之后到达塔拉科。差不多近西班牙行省各地方来的所有使者都已集中在那里等候恺撒来临。在给一些公社和城市颁发奖赏后,恺撒离开那里,从陆路赶向纳波,再从该地赶向马西利亚。在那里,他得知罗马通过了一条有关设置独裁官的法案,他被提名为独裁官。

瓦罗在被恺撒收降后,于公元前 46 年退出国界和政界,成为恺撒的座上宾。恺撒委任他建立一个图书馆,他则埋头著述,且著作颇丰,达 490 卷之多。其涉及面之广,令人惊叹：诗歌、讽刺诗、文学评论、文法、语言学、科学、历史、教育、哲学、法律、神学、地理学、考古研究等等。但他的著作大多遗失，保存最完整的是《论农业》，3 卷；另《拉丁语论》，25 卷，但破损严重。其他著述只有一些片段保存在别的作家著作中，从而才为我们所知。在写作《论农业》时，瓦罗已经是一位 80 岁的老人了，他是在"打点行囊准备离开这个世界"时完成的。

恺撒在总结了迪拉基乌姆失败的教训，鼓舞起士兵的作战斗志之后，便拔营向帖萨利亚而来。沿途，他躲过了庞培和西庇阿的注意，逃脱了被包围的危险，用闪电般的速度攻占了歌姆菲城，并任凭士兵涌入城市大肆劫掠。而后，又转向美特洛波利斯，该城未进行任何抵抗便投降了。其他帖萨利亚的城市，除西庇阿重兵驻守的拉里撒之外，都主动归降了恺撒。军队的供应问题解决了，敌人的封锁没有了。恺撒带领他的军队来到法萨卢西北安营扎寨，静候庞培。

庞培在马其顿东南沿海的赫拉克列乌姆同西庇阿会合后，也赶往法萨卢，扎营于撒西面。此时双方兵力情况是，庞培有步兵 50000，骑兵 7000；恺撒只有步兵 20000，骑兵 1000。从军事力量上说，优势明显地是在庞培方面，所以他对于战争的结果非常乐观。恺撒过去的副帅、现在投靠到庞培方面去的拉频努斯也赞同庞培的乐观估计。

在迪拉基乌姆战役后，庞培阵营中的人都以为庞培是稳操胜券了。他们现在考虑的不是如何取得胜利，而是在胜利后官职和财富的分配："由于庞培的部队增加了……士兵们原有的信心增强，胜利的希望也更有把握，因而时间越是向后拖，他们返回意大利的日子好像也越受到耽搁似的。当庞培在任何一次行动上稍稍显出一些迟疑或顾虑的时候，他们就硬说这只不过是一天就干得好的事情，庞培只是为了留恋统帅大权，好把那些执政官和司法官级别的人当奴隶使唤。他们已经在公开争夺酬劳和祭司职务，分配今后几年中的执政官席位，又有一些人在索取恺撒营中人的房产田地……""多弥提乌斯、西庇阿和斯平特尔已经天天在为恺撒的祭司职位争吵，竟至公开使用起极为侮辱性的话来。斯平特尔夸口说，自己年高德昭，多弥提乌斯吹嘘自己在首都得人心、有威望，西庇阿则信赖自己和庞培之间的亲戚关系（他是庞培的岳父）。多弥提乌斯在一次军事会议上说，照他看来，最好在战争结束以后，每人发给三块牌子，让他们将来留在罗马的人一个个判决时投票用，其中第一块用于判决一切该免除刑罚的人，第二块用于该褫夺公权的人，第三块用于该罚款的人。总之，大家谈论的全是自己的显耀前程、金钱酬奖或报复私人嫌怨，至于用什么办法打赢这场战争，则绝不再考虑，考虑的只是怎样去享受胜利。"

而恺撒这时却在精心准备着和庞培的决战：安排好粮食供应，调整士兵的情绪，训练步兵与骑兵的配合以对付强过自己的庞培的骑兵，做到"只要一个骑兵，哪怕在极开阔的地方，也可以抵挡庞培的十个骑兵的进攻，不会因为对方人多势众，引起很大的恐慌"。他的部队在同庞培部队的一次小接触中，还取得过胜利，杀死了叛逃到庞培一边去的阿洛布罗及斯人的两兄弟。

由于恺撒多次企图挑动庞培决战都未成功，因此，恺撒便决定改变战术，不断地转移营寨，从而既便于解决粮食供应，又使不甚习惯吃苦的庞培士兵疲于奔命，还可在运动中寻找战机歼灭敌人，亦即在运动中消灭敌人。

终于，在公元前48年8月9日这一天，战机被寻找到了。当时恺撒军队地拔寨出发号令已经传出，正在拆卸帐篷时，庞培的军队违反惯例，离开壁垒向前推进了一些，恺撒认为此时自己可以不必在不利的地形条件下战斗了，便对士兵们说："我们现在必须停止行军，正像我们一直在争取的那样考虑战斗了。让我们全心全意准备好投入战斗吧，今后我们就不容易再找到机会了。"他立即带领军队轻装出阵，冲向敌人。

而庞培也早想进行决战了，在此之前的一次军事会议上他就曾宣称：他在两军还没交战前，就可以击溃恺撒军队。拉频努斯紧跟着他说下去。他一面贬低恺撒的军队，一面吹捧庞培的计划。他说："庞培，你别以为这支军队（即恺撒的军队）就是征服高卢和日耳曼的那支军队。当年的那支军队，还留下来的只有很小的一部分了，它的绝大部分已经丧失，这是这么多战斗的必然结果，又有许多人死在意大利的秋季瘟疫中，还有很多离开军队回家了，再有许多被留在大陆上。难道你们没有听到过，在布伦迪西是把那些因身体不好留下来的人编成军队的吗？你们看到的这些军队是近年来在南高卢征集来的人组成的，他们中许多人都是从帕杜斯河外的殖民地来的。这算这样，他们的精锐部队也都已经阵亡在迪拉基乌姆的两次战斗中了。"他宣誓说：他如不战胜，决不再回到营寨里。他还恳愿别人照样宣誓。庞培赞扬他的建议，也同样宣了誓。在场的其余人，没有一个迟疑着不肯宣誓的。

战斗开始时，双方军队的配置是：庞培军队的左翼是过去恺撒根据元老院决定拨给庞培的那两个军团。庞培本人也在这一翼。战阵的中心配置的是西庇阿和他手下的几个叙利亚军团，右翼是一个军团和西班牙的步兵百人队，这些百人队是阿弗拉尼乌斯带过来的。这些军队在庞培心目中是最可靠的。其余的被他分配到整个战线里去。另有7个步兵百人队被留下来包围营地。由于战阵的右翼靠着陡峭的河岸，所以全部骑兵、弓弩手都集中在左翼。

恺撒按老习惯把第十军团配置在右翼，而把第八和第九军团配置在左翼，第九军团在迪拉基乌姆损失惨重，所以把它和第八军团放在一起。他委派安东尼指挥左翼，苏拉指挥右翼，中间是卡尔维努斯。他本人则同庞培相对峙。恺撒担心自己的右翼会被敌军的优势骑兵所包抄，于是他就从第三线的每个军团选出一个步兵百人队组成了第四线。还预先告诉这里的士兵们：战斗的结果极可能正是由他们来决定的。因此他命令，不得到他的信号第三线不得出击。

当时两军之间留下的距离刚刚够让双方军队冲击。庞培关照他的部下要等恺撒先过来攻击，自己不要离开阵地，以免阵脚被打乱。据说，是有人劝他采取这种做法的，这样，就可以粉碎恺撒军队的第一次冲刺和猛攻，使对方的队伍陷于混乱，然后，坚守在行列中的庞培的军队就可以趁势进攻那些混乱了的敌人。他还希望，如果坚持在一起不动，敌方掷过来的轻矛落下来时，会比落在这面也在一边投掷轻矛一边跑的人身上的力量要轻些。同时，由于恺撒的部队这样一来就会有双倍的距离要跑，势必跑得气急败坏，疲惫不堪。但在恺撒看来，庞培采取这种做法是失策的。他认为所有的人天生都有一股因渴望战斗而炽热起来的精神上的锐气和冲劲。这种激情，做统帅的只能加以鼓励，切不可加以遏制。因而，从古传下来的做法，即军号要四面齐鸣，全军一气猛喊，绝不是没有道理的，为的是这样做可以使敌人惊惧，使自己的部下受到鼓舞。

恺撒鼓励他的军队去战斗，他说起他对他们始终如一的关怀爱护，特别是提醒他们说，他可以让自己的部下来证明，他是用多大的努力来争取和平的。他说，他是从来不肯白白叫士卒浪费鲜血，或让共和国失掉这一支或那一支军队的。说了这些话之后，在士兵们迫切要求战斗的一片喧嚷请战声中，他用喇叭发出号令。恺撒军队中有一个留用老兵克拉斯提努斯，前年曾在他部下担任第十军团的首席百人队长，是一个极为勇敢的人。号令一发出时，他就说："跟我来，曾经和我同一连队过的兄弟们，把你们早就决心要为统帅出的力拿出来吧！只剩下这一场战斗了，当它结束时，他就可恢复他的尊严，我们也可以恢复自己的自由了。"同时，他回过头来对恺撒说："今天，统帅，不管是死还是活，我一定要让你好好感激我！"说了这番话，他从右翼第一个冲出去，约120名百人队的人跟随着他。

恺撒军队一听到号令，便挺着轻矛，跑步上前。当他们看到庞培的军队并不迎上前时，就利用从过去战斗中得来的经验，自动停止前冲，在大约一半距离的地方站定下来，以免奔到敌人面前时已经体力耗尽。在稍微停息了片刻之后，才又重新起步向前。他们投出了轻矛，又依恺撒的指示，迅速拔出剑来。庞培的军队格开投过来的武器，顶住恺撒军队的攻击，同时仍旧保持着自己的队列，在掷出自己的轻矛后，也挥起剑来。就在这时候，庞培左翼的骑兵按照命令，合力冲向恺撒的军队，大队弓弩手也跟着涌上前来。恺撒的骑兵挡不住他们的攻击，慢慢离开自己的阵地后撤，庞培的骑兵更加凶猛地压过来，而且一伙一伙散开，从恺撒军队暴露着的一侧开始对其进行包围。恺撒看到后，马上发令给那以6个百人队组成的第四线，这些人迅速奔跑，全力挺进，用极大的冲劲迎击庞培的骑兵，使得他们没有一个人能站得住脚，全部转过身去，不仅逃出阵地，而且一直飞奔，躲进极高的丛山中去。当他们被驱走时，庞培所有的弓弩手和射石手都被孤零零地丢了下来，一无支援地遭受歼灭。这些百人队一路穷追猛打，扑向庞培的左翼，乘对方仍继续在队里抵抗、战斗不止时，把他们包围起来，从背后攻击他们。

此刻，恺撒命令还守在阵地上的第三线向前推进。这样，一面有精力旺盛的生力军来接替体力不支的人，背后又有别的人赶来攻击，庞培的军队支撑不住，全都转身逃走。恺撒没料错，胜利果然是由放在第四线面对敌人骑兵的那几个百人队开始取得的。庞培一看到自己的骑兵被逐回，且自己最信赖的那一部分军队陷入一片混乱，就对其余的军队失去了信心，立刻离开战场，径自策马奔回营寨。他对布置在帅帐门口值岗的百夫长们说："管好营寨，要仔细守卫，免得出什么乱子，我要再到别的几道门去巡视一下，鼓励一下守卫营寨的人。"说完这些话，他进入帅帐，对大局完全丧失了信心，任凭战斗胡乱发展下去，直到恺撒的士兵已经冲入营地，他才清醒过来。于是他便脱掉身上的甲胄，和几位朋友从营地的后门向拉里撒方向逃去。

当庞培的部队一路逃进壁垒时，恺撒认为不应该给这些惊慌失措的人以喘息的机会,就鼓励部下好好利用机会,马上进攻敌人的营寨。虽说战斗已经一直拖到中午,大家因为酷热,疲惫不堪,但仍旧坚持着战斗。庞培的士兵,个个都惊慌而疲劳,许多人连自己的武器和连队旗帜都丢了,他们想的是下一步逃到哪里去,而不是怎样防守营寨。在他们的百夫长和军团指挥官带领下,一路飞奔,逃到营寨附近的高山里去了。

冲进庞培营寨的恺撒士兵,看到搭着的凉棚里陈设着分量很重的银盘盏,士兵们的帐篷上覆盖着新鲜的草皮,斯平特尔和其他一些人的帐篷则面掩盖着常春藤,还有许多东西。这表明庞培及其周围的人异乎寻常的奢侈和对胜利的盲目自信。他们大概对这一天的战斗结果毫不担心,所以才寻求那些不必要的享受。

恺撒在占领了那座营寨后,敦促他的士兵不要一心只管掠夺战利品,错过了完成其余事情的时机。他们用工事把那山岭包围起来。由于山上没有水,庞培的部下失去了信心。开始沿着山脊向拉里撒方向退去。恺撒把兵力分开,命令一部分军团开始走一条近路,前去追赶庞培的军队。庞培的残兵在一处山上停了下来。于是恺撒的部下开始在山下修筑一道工事,这样,就使庞培的军队在夜间无法取水。当这项工程完工时,庞培的军队只得派使者来乞求投降,少数和他们在一起的元老及随员则乘夜逃走了。

在天色刚破晓时,恺撒命令山上所有的人,都从高处下到平地上,放下他们的武器。当他们顺从地照办后,便全都趴在地上。伸开着手,哭哭啼啼地求恺撒饶了他们。恺撒安慰他们,叫他们站起来,对他们说了一些自己如何宽大为怀的话,然后宣布饶恕他们,并带他们去见自己的部下,叮嘱大家不要伤害他们中的任何一个,也不要让他们丢失任何东西。就在这一天,恺撒到达拉里撒。

具有重大意义的法萨卢战役就这样结束了。在这次战役中,恺撒损失的士兵不到200人,其中包括30名非常勇敢的百夫长,而那个克拉斯提努斯就是这30人中的一员,他在战斗中被一剑砍在脸上。庞培的军队大约战死15000人,投降的则在24000人以上,因为那些驻扎在要塞里充任守卫的百人队都向恺撒投降了。此外,还有许多人逃向附近的城镇。在战斗中缴获送来给恺撒的连队旗帜有180面,军团的鹰帜有9面。

当恺撒追踪庞培也来到拉里撒时,庞培已经离开了那里。他到列斯堡岛的米提列涅同自己的妻子科尔涅利娅会合后,去了埃及。此时埃及的国王托勒密十三世的父亲是在庞培的支持下登上王位的,庞培认为一定会受到他的欢迎。

当时埃及国王托勒密十三世正同其姐克列奥帕特拉为争权夺利而打得不可开交,双方正在尼罗河三角洲东部的别努吉乌姆交战。庞培一行也来到此地。他先派人去告知国王,说他来了。这使国王及其三位顾问(宦官波廷、国王的老师提奥多托斯和军队司令拉西斯)十分为难。他们商量结果是将庞培请来后再杀掉。

庞培乘了一条小船前去见埃及国王,他的妻、子等未去。庞培离开妻子时念了下面一句诗:"任何人到一暴君那里去时就变成他的奴隶了,纵或他去的时候是自由的。"庞培上岸后即被杀死,他的妻儿在船上清楚地看见了这一情景,便赶紧开船离开埃及。

埃及人割下了庞培首级,而将其尸体的其余部分就地掩埋了。有人在他墓前立了一块碑,上面写道:"对于在神庙中这样富丽豪华的人,这是多么可怜的一个坟墓。"

当恺撒寻迹来到埃及时，人们将庞培的头颅送给他看，他转过脸去。然后，他赦免了在埃及的曾追随过庞培的人，以便使他们归附自己。

罗马征服犹太

公元前1世纪罗马通过扩张称霸东地中海后，逐渐把侵略的魔爪伸向弱小的犹太王国。

公元前63年，罗马侵略势力扩及巴勒斯坦。当年，庞培胜利地结束了米特拉达特斯战争，接着便在东方的一些小国中到处进行干涉活动，扩大侵略成果。他把叙利亚置为罗马行省后，就向犹太进军。这时，犹太玛卡贝王朝的两兄弟希尔卡努斯和阿里斯托布路斯正在争夺王位。庞培支持希尔卡努斯，拥护阿里斯托布路斯的群众拒绝服从。他们占领耶路撒冷神殿，坚持三个月斗争后才被庞培所攻破。

查理大帝跪在教皇利奥三世面前接受加冕

庞培征服犹太后，把犹太王国的大部分领土并入叙利亚行省，只将剩下的巴勒斯坦中部、佩列阿和加利利地区，任命希尔卡努斯为祭司长进行统治。实际上，世俗政权操于安提帕特尔之手。公元前57年，罗马把希尔卡努斯管辖的地区分为五个自治的公社，实际上剥夺了希尔卡努斯的世俗权力，仅仅为他保留了宗教方面的权力。犹太人民身受罗马和本国统治者双重压迫和剥削。不满情绪日益增长。后来，克拉苏出征帕提亚，肆意劫掠犹太人奉为神圣的耶路撒冷神庙及其宝库，进一步加剧了矛盾。公元前52年，犹太人民举行起义，但受到罗马的镇压。被卖为奴者达3万之众。

在恺撒与庞培的斗争中，阿里斯托布路斯和他的两个儿子曾经支持恺撒，而在公元前48年恺撒在埃及亚历山大里亚城被起义者包围时，希尔卡努斯的重臣安提帕特尔给了恺撒重要帮助。恺撒在脱险之后，为了报答犹太人，豁免应向罗马人交纳的全部赋税，把加法城归还犹太人，保证内部自治和宗教信仰自由，允许重建庞培挖掉的耶路撒冷的城墙。不过，恺撒责成犹太人自己负责保卫国界，并且承担与此有关的开支。在这之后，犹太王国内部不同势力在对待本国统治者以及罗马人的态度上一直存在意见分歧和斗争。公元前40年，帕提亚侵入叙利亚，掳走了希尔卡努斯。恺撒被刺后，安东尼支持安提帕特尔的儿子希律为犹太的统治者。公元前37年，安东尼击败帕提亚人，占领了耶路撒冷，扶植希律为王。公元前30年，屋大维继续承认希律的地位，并将庞培在公元前63年从犹太王国划出的大部分城市交给他治理。

公元前 4 年希律死后,罗马三分犹太王国,分别交给希律的儿子安提帕斯、阿尔赫拉乌斯和菲利浦治理。阿尔赫拉乌斯的统治很不得人心。公元 6 年,奥古斯都废黜了他,将其所辖地区置为犹太行省,派罗马任命的总督治理。但是,在行省内部保留了犹太人的自治。公元 34 年菲利浦去世,其所治理地区归入叙利亚行省,而在公元 37 年,罗马又将这一地区交给他的侄儿阿格里帕。阿格里帕以国王的名义进行统治。公元 39 年,阿格里帕又领有被剥夺王位的安提帕斯曾经据有的地区。公元 41 年,罗马皇帝克劳狄乌斯将犹太行省并入阿格里帕的王国,但在公元 44 年阿格里帕死后,又将他的王国重新改为犹太行省。

犹太人民起义

继卡里古拉担任罗马皇帝的克劳狄乌斯,在对待犹太人和犹太教方面又恢复了提比略的政策。但是多年存在的罗马官员滥用职权欺凌犹太人的积弊,犹太人民群众中对罗马统治者的憎恨,并没有消除。种种矛盾引起的冲突经常不断发生。著名古罗马史学家蒙森指出,犹太人民的起义通常认为从公元 66 年开始,实则从公元 44 年即已开始。自从阿格里帕于公元 44 年去世,在犹太境内,武装冲突从未停止。

公元 66 年犹太人民的起义,首先在当时犹太行省的首府,位于加利利和撒马里亚之间的沿海城市恺撒列亚爆发。事情的经过大体是:在这个犹太人和非犹太人杂居的城市中,受过希腊文化教育的非犹太人向罗马皇帝尼禄的近臣布鲁斯提出申诉,要求在这个城市中使非犹太人在享有公民权方面占据优势。这个得到布鲁斯支持的意见在犹太人与非犹太人中引起了长期的争论和冲突。一些犹太人因而离开恺撒列亚。但是罗马当局强迫他们返回。公元 66 年 8 月 6 日,在恺撒列亚街道上发生的犹太人与非犹太人的冲突中,曾经离城的犹太人全部被杀。这一事件激起了耶路撒冷城的起义。

领导起义的是吉拉德派。他们既力图推翻罗马人的统治,又想消除大地主、高利贷者和犹太教僧侣的压迫。这一派中的激进的一翼,被罗马人称为"西卡里",意为"凶手"。因为他们主张用恐怖手段进行斗争。西卡里派的主要成员是奴隶、贫苦农民和城市居民的下层。犹太人中较为富裕的中间阶级也参加了起义。起义者的领袖是吉斯卡拉的约翰和吉奥拉的儿子西门。

当耶路撒冷发生反罗马的人民起义的时候,当时拥有任命耶路撒冷神庙祭司长和管理神庙宝库财产权利的阿格里帕二世正在城里。他先是企图说服,继而试图用武力制止犹太人起义,但都没有得逞。

驻在神庙附近的堡垒中的罗马警备部队,人数不多,很快就被起义者击败、杀死。在邻近的王宫中,阿格里帕的部队愿意投降,获准不受阻碍地撤走。而驻在王宫中的罗马军队,却在投降后被杀。这样一来,犹太人的圣城便完全解放了,而在耶路撒冷的罗马军队全被消灭。在耶路撒冷已经取得胜利的起义迅速席卷整个犹太。各地起义者很快取得联系。

在犹太境内的起义顺利发展的同时,在邻近的许多犹太人和非犹太人杂居地区,诸如大马士革、阿斯卡隆、斯基托波尔等地,都发生了犹太人和非犹太人之间的激烈冲突。

罗马驻叙利亚行省的军事首脑加鲁斯在得知耶路撒冷城起义的消息后,立即率领大军前往镇压。他拥有 20000 名罗马士兵,13000 名由各附属国提供的军队和为当罗马军队步步进逼的时候,起义的数众多的叙利亚辅助部队。他先占领了加法城,杀死了所有城市居民。九月间,他的军队已经进入耶路撒冷。但在神庙和王宫的坚固城墙面前,他一筹莫展。不知由于什么原因,他很快撤围后退,甚至抛弃了辎重和殿后的队伍,这样一来,起义者就控制了巴勒斯坦的大部分地方。只是一些希腊人的城市还在坚守。

公元 67 年 2 月,罗马皇帝尼禄指派韦斯帕西安努斯镇压犹太人起义。韦斯帕西安努斯带领了约 50000 人的军队向巴勒斯坦进军。韦斯帕西安努斯采取步步为营的战略,尽力不使自己的军力过于分散。在公元 67 年,韦斯帕西安努斯力图控制加利利地区的堡垒。仅仅在一座名为约塔帕塔的小城附近,他就率领三个军团驻扎了四十五天。到公元 68 年夏天,耶路撒冷已被罗马军队四面包围。

19 世纪重建后的巴台神庙内部

犹太人内部却充满尖锐复杂的斗争。高级僧侣和法利赛派力求与罗马媾和。贵族把政权交给由高级僧侣组成的议事会,企图用这种方法使起义失去领导。而在吉拉德派内部也分为以约翰和以西门为首的两派,彼此之间不断有斗争。西门一度被迫离开耶路撒冷,但不久又回到该城。起义队伍中的分裂,削弱了起义者的力量。

也就在韦斯帕西安努斯快要开始进攻耶路撒冷的时候,传来了尼禄自杀的消息。按照罗马的法律,随着皇帝的死亡,他的权力也随之终止。谨慎从事的韦斯帕西安努斯停止了军事行动。只是在公元 69 年 6 月,韦斯帕西安努斯才恢复进攻,占领了赫布隆。可是不久,韦斯帕西安努斯被所率领的士兵宣布为罗马皇帝。他为了争夺帝位,带领了一部分军队去意大利,另一部分军队交给了提图斯。提图斯把这支军队带到叙利亚,转赴埃及。只是在公元 69 年年底,争夺罗马皇帝宝座的斗争结束之后,韦斯帕西安努斯才授命提图斯结束犹太战争。

在罗马人开始进攻之后,据守耶路撒冷的起义者由于物资的匮乏而遭受饥饿的威胁。但是,他们仍然英勇战斗。此时,西门和约翰也结束了内讧,重归于好,联合抗击罗马军队。在西门和约翰的领导下,起义者不断打退敌人的进攻,并且不时胜利出击。不过,军队数量的优势和军事技术的优势毕竟是在罗马人方面。公元 70 年 8 月,起义者固守的据点接连失陷。在这之后,延续达一个月之久的巷战也以起义者的失败告终。长达五个月的围攻耶路撒冷的战斗,造成了巨大的生命和财产损失。起义者的领袖西门和约翰都被罗马人俘虏。

就在耶路撒冷城破之后,起义者的余部还在马赫拉和马萨达继续战斗了几年。他们的领袖是加利利人犹大的孙子埃列阿查尔。公元 73 年,被罗马军队围困在马萨达要塞的起义者,在杀死自己的妻儿之后,集体自杀,全部壮烈牺牲。

先后延续七年的犹太人民反抗罗马暴虐统治的斗争,终于被罗马军队淹没在血泊之中。耶路撒冷成了一片废墟。公元 71 年,提图斯返回罗马,并且举行了凯旋式。西门被处死。约翰则在终身监禁中度过了一生。

但是,犹太人民的这次起义,毕竟对后来历史的发展发生了影响。一方面,它促使罗马政府改变了统治犹太的方法;另一方面,它促进了基督教与犹太教的分离。

君士坦丁改革

著名的君士坦丁一世在经历了戴克里先以后 19 年争夺帝位的内战以后,于 323 年再次恢复了帝国的统一。在君士坦丁战胜其对手的斗争中,宗教政策起了重要的作用。君士坦丁的父亲康士坦提乌斯在其统治区内(高卢、西班牙、不列颠)对基督教一向采取宽容态度,君士坦丁从父亲手上承接过来的军队中又有许多基督教徒。这位识时务的统治者当时虽然还不是基督教徒,但已显示出自己是个新宗教的有力庇护人。早在 313 年,他就同据有东方各行省的李基尼乌斯联合发布了"米兰敕令",宣布宗教信仰自由。在这以后,他又赐给基督教会许多重要特权,免除了基督教僧侣本人对国家的徭役义务。基督教很快就从原来是受迫害的宗教变为占优势地位的宗教。这个宗教已习惯于罗马国家的秩序,并乐意为皇帝政权的权威辩护。另一方面,君士坦丁也积极参与教会事务,竭力帮助教会建立统一组织。他认识到统一的帝国必须有同它相适应的统一的教会;在这个教会中不容有教义上的分歧。但当时,就各种教义问题和教会纪律问题进行激烈的争辩是经常发生的。这种争辩是社会斗争的反映,它发生在教会内部,而教会是联合了各种成分的。在基督教成为受官方庇护的宗教以后,它的各派主教们就希望借助皇帝权力来解决内部的纷争。从君士坦丁时代起,教会事务和教义问题已被认为是国务问题。

君士坦丁在 313 年就参与了关于非洲的多拉图斯教派的正统性的争端。非洲基督教的代表人物向君士坦丁提出申诉,请求裁决谁该被认为有权作正统的主教——凯基里亚努斯或多拉图斯? 君士坦丁将此事交给主教会议去处理。这次会议起先在罗马开会,后来转往阿尔列。会议承认凯基里亚努斯享有正统主教的权利,并获君士坦丁批准。多拉图斯及其拥护者乃宣称只有他们是真正的基督教徒,并着手建立自己的教会。后来,在正统教会的拥护者与多拉图斯分子之间的争论具有了更激烈的社会斗争的性质:它反映了非洲城市的分离主义倾向以及大土地所有制与小土地所有制之间、奴隶与奴隶主之间的矛盾。

君士坦丁对教会事务的最大干预是在如何对待阿里乌斯教派的问题上。早在2世纪末和3世纪前半期,亚历山大里亚教会的一些神学家就对正统教义提出了异议。其中特别有影响的是奥里根(约生于185年,死于254年)。他以柏拉图的理念观为依据,力图把基督教义与希腊哲学原理结合起来。在他的神学理论体系中,逻各斯(Logos,语言、言论或理智)占有重要的地位;它与上帝之子耶稣基督被视为同一事物。奥里根对基督教神学基础所做的这种哲学解释的理论,很快就在亚历山大里亚获得广泛的传播。4世纪初,一位以其禁欲主义著名的教会长老阿里乌斯发展了这种理论,而主张这样的学说:在圣父、圣子、圣灵

亚里士多德雕像

三者中,只有圣父才是永恒的。圣父首先创造圣子或逻各斯,而后逻各斯创造圣灵。因此,圣子不能与圣父同等,而只是与圣父相似。这是对基督教基本教义提出理性主义的解释,在逻辑上是符合思维法则的。但作为神学体系的基督教义应是人们的理性所不能理解的(否则它就没有什么奥秘可言了),因此,这种学说受到了那些服务于上层社会利益的埃及地区主教们的谴责。但阿里乌斯的思想却在亚历山大里亚的普通居民、手工业者和水手中受到普遍欢迎。在街头上、市场上和其他公共场所,常常发生激烈的辩论,有时还变成了公开的冲突。辩论不仅在埃及教会,而且也在其他地方的教会进行。在这种情况下,君士坦丁显然是在教会人士的要求下进行干预的。

325年,君士坦丁在尼西亚召集了全罗马帝国基督教主教会议,讨论阿里乌斯提出的教义问题。大多数与会者表示反对阿里乌斯学说,承认圣子与圣父是同一的。会议据此制定了所有基督教徒都必须遵奉的正统教义——《尼西亚信条》,确认基督与圣父、圣灵是同体的,因而也是永恒的。此时还不是基督教徒的君士坦丁担任了会议主席,并批准了会议的决议。阿里乌斯被放逐到伊利里库姆,他的一些拥护者被放逐到高卢。

然而,尼西亚"全基督教大会"与其说是排除了,倒不如说是正式开创了阿里乌斯教派。阿里乌斯在宫廷官员中有不少拥护者,君士坦丁皇帝本人对他也有好感,因为阿里乌斯并不要求有独立于国家权力之外的教会组织。因此,不久之后,阿里乌斯戏剧性地从流放地被召了回来,而他的主要反对者、亚历山大里亚主教阿诺那修斯却被放逐了。在阿里乌斯于336年死后,他的追随者继续得到宫廷的保护。争论长期进行着。在宫廷中,时而尼西亚信条的拥护者取胜,时而阿里乌斯的支持者占上风。君士坦丁本人又于

337 年病重时在阿里乌斯教派的教士手上接受洗礼。直至 381 年，阿里乌斯学说在新的一次宗教会议上再次被谴责，尼西亚教派（正统教派）才取得了完全的胜利。但阿里乌斯教派却又在日耳曼蛮族部落中得到了顺利的传播。

对罗马旧教来说，君士坦丁的宗教政策导致了基督教的最后胜利，这无疑也是一种宗教改革。可以说，君士坦丁顺应了时代的潮流，在宗教政策上采取了比戴克里先更为明智的方针。他们在利用宗教为帝国政权效劳以巩固奴隶制的社会结构的目标上并无不同，因而在社会改革和财政政策方面，君士坦丁就只是进一步发展了由戴克里先奠定了基础的改革体系。

君士坦丁保持了由戴克里先实行的新的帝国划分，并贯彻执行了使地方民政权与军权分离的政策。把军队分为边防部队和内地机动部队的军事改革在他的时代也最后完成了。骄横不逊的近卫军（它的人数在戴克里先时代已减少）被解散，而用重新组织的特殊的宫廷亲卫部队来代替。军事权力从此完全集中到皇帝手里。

但是，帝国社会关系的日趋腐朽使军队的素质败坏了。过去那种将土地授予退伍士兵的办法曾具有复兴小土地所有者阶层的社会意义，现在已变成为单纯用来强制土地领受者的儿子世袭当兵的奴役手段了。但强制征召老兵的儿子服兵役，也只能获得新兵来源的一部分，还远远不能满足兵员补充的扩大军队的需要，因而利用蛮族人当兵，把愈来愈多的蛮族人吸收到帝国的军队中来就成为时势之所趋了。军队（包括边防军团、内地机动军团和宫廷亲卫部队）蛮族化的过程大大加速了，许多蛮族出身的人还在军队中担任了高级职位。

君士坦丁财政政策的目标同样是为了获得稳定的税收。它的强制实施所造成的社会后果是各个社会阶层之被奴役。316 年和 325 年颁布的敕令禁止城市居民的高级阶层（库里亚）离开他们出生的那个城市。他们不能以任何理由被免除城市的义务，也不能免任民政或军事的职务。库里亚的义务还成了一种世代相承的负担。君士坦丁对待劳动者的态度当然不会更宽容些。332 年的皇帝敕令，禁止隶农从一个庄园逃到另一个庄园；收容别人隶农的人，应将他交还原来的主人，此外，还应支付逃亡隶农在其庄园上居留的全部时间所应交的赋税。敕令公然说："对这些逃跑的隶农，应给他们带上镣铐，就像对待奴隶一样，为的是用惩罚奴隶的方式迫使他们对有特权的自由人履行义务"。君士坦丁也将手工业者进一步固定在他们所属的公会里，强制他们共同负担国家向公会分摊征课的赋税和徭役。317 年发布的一项命令说："造币厂的工匠要一辈子处于其现有的地位"。有些被固定在那些为供应宫廷和军队所需的皇帝作坊里手工业者还被打上烙印，以防逃跑。君士坦丁就是这样以对待奴隶的态度来对待这些原来还是自由人的手工业者的。至于奴隶本身的处境就更悲惨了。按照君士坦丁的法令，奴隶的生命是毫无保障的：主人如果为了"纠正"不驯顺的奴隶的不规矩行为而将这个奴隶鞭挞致死，可不受起诉。这在实际上就是恢复了奴隶主任意杀害奴隶的权力，而在 2 世纪时，哈德良和安敦尼已颁布过不允许主人杀害奴隶的法令的。3 世纪时，对煽动和帮助奴隶逃亡的人，只给予罚款的处分，现在却要严刑拷打。以前对企图投奔蛮族的奴隶，捕获后只是将他们交还原主,现在的法令则规定要把他们放逐到矿山去,有的甚至要被砍腿。君士坦丁还正式宣布,允许贫民出卖自己的子女为奴隶。这是违背罗马传统的基本准则的。在此之前,亚历山大·塞维鲁曾准许二十岁以上的自由民卖身为奴,但到戴克里先执政时,又下令禁止这种行为。现在君士坦丁却比亚历山大·塞维鲁在背离罗马传统准则的道路上走得更远了。他的法令还确认奴隶主有权把所谓"无礼的"被释奴隶连同其子女一起重新变为奴隶。

这样,在君士坦丁的统治下,劳动群众和普通自由民的生活状况急剧恶化了,甚至中等阶层的人的自由权利也被剥夺了。罗马奴隶制危机和古典文明危机的最后结果就是如此:以对全体劳动人民实行普遍奴役的形式表明了这个社会的不可避免的灭亡。

比阿,希腊历史学和外交家。

恺撒改革罗马历法

公元前45年,恺撒在罗马建立了军事独裁统治。在他统治时期,对罗马的历法进行了重大改革。他聘请亚历山大里亚天文学家索西格尼为罗马改历,废除罗马固有的"阴历"旧历法。旧历法以355天为一年,每3年多出的30天作为一个月,每3年置一个闰月。这样平年是355天,闰年是385年,平均每年是365又1/4天。这种历法使用起来有诸多不便,故从公元前45年1月1日起,采用埃及的"阳历"。改革后的历法"恺撒历"又称儒略历,一年为365天,每4年有一个闰日,加进2月。一年共分12个月,逢单为大月,每月31天。逢双为小月,每月30天。2月29天,闰年30天。儒略历后经奥古斯都和罗马教皇格里高利十三世的修订,逐渐成为今日世界上大多数国家所使用的公历。

罗马前三头同盟形成

斯巴达克起义曾使罗马统治集团中民主派与贵族派之间的斗争得到暂时缓和。但起义被镇压后,两派之间的矛盾和斗争又趋激烈。随着民主派势力的强大,当时左右罗马政局的克拉苏和庞培出于个人的政治目的而转向民主派。克拉苏是苏拉的部将,公元前83年随苏拉出兵意大利,建立了功勋,并趁火打劫,成为罗马首富。庞培也是苏拉的部将,曾先后平定了西班牙起义,消灭了地中海上的海盗,征服了小亚细亚,功震罗马,名满天下。但元老院早已对"军阀"专政有所戒备,以致使庞培为"有功而不得其赏"大发牢骚,同元老院发生强烈争执。与此同时,马略的内侄恺撒也以民主派的姿态登上罗马的政治舞台。恺撒既不能在军功上与庞培竞争,也不能在财富上同克拉苏匹敌。但恺撒凭借对马略的追念活动,打击苏拉党羽,赢得了平民和马略老兵的支持。但他们三人之中谁也没有力量单独战胜贵族势力,独揽权柄,而只有三人暂时联合,才能与元老院抗衡。于是公元前60年,恺撒、克拉苏和庞培达成了互相支持的协议,建立了秘密的政治同盟,史称"前三头同盟"。

古罗马政敌之间的斗争时有发生。这是政治家克劳迪修斯被政敌谋杀的画面。

巴克特里亚国家建立

巴克特里亚亦称大夏,也称希腊·巴克特里亚王国。中国《隋书》《北史》《旧唐书》《新唐书》称作"吐火罗",《大唐西域记》称作"睹货逻"。巴克特里亚是中亚细亚古国,它原为塞琉古国的一个省。公元前3世纪中叶,总督狄奥多德乘机据地称王。狄奥多德二世(约公元前250~前3世纪末)时成为独立王国,占有阿姆河与锡尔河下游之间到兴都库什山麓的领土,定都巴克特拉。公元前3世纪末~前2世纪初国势强盛,后受外族入侵而衰落。

恺撒被刺身亡

　　恺撒是古罗马统帅和政治家,贵族出身。公元前 1 世纪 60 年代,他以民主派领袖的身份登上罗马的政治舞台,成为左右罗马政局的风云人物。公元前 58 年他率军出征高卢,经 8 年征服了高卢全境,不仅为罗马开疆拓土,掳获大量财富和奴隶,而且也为自己赢得了雄厚的政治资本。在此基础上,他为了攫取罗马最高的统治权,与其政敌庞培和元老院进行了殊死的斗争。公元前 45 年,恺撒打败了庞培,成为集军事、行政、司法、宗教大权于一身的无冕之王。同时他还进行了一系列顺应罗马历史发展的改革。恺撒政权的建立和新实行的改革,在实质上否定了一小撮元老贵族操纵的狭隘的城邦共和国,这无疑地引起元老贵族的忌恨和反对。而深受罗马共和制熏陶的罗马公民,也怀念城邦共和国,不愿意把自己置于专制君主的统治下。这样随着恺撒权势的增长,对恺撒不满的情绪在日益发展。于是,以布鲁图斯和卡西乌斯为首的一小撮共和派分子组成了阴谋杀害恺撒的集团。这一阴谋集团的成员很快发展到 60 多人,他们制定了秘密计划,决定在公元前 44 年 3 月 15 日元老院的会议上刺死恺撒。同时,在庞培议事厅隔壁的房子里安排了一队武装角斗士,必要时出来应援阴谋分子。15 日清早,布鲁图斯腰藏匕首首先来到庞培议事厅,其余参加谋杀的人也随后来到。当恺撒走到议事厅入口的时候,迎面有人交给他一张揭发阴谋的字条,但恺撒没看就走进议事厅。恺撒坐下之后,他的仇敌们开始行动。当中一个名叫提留·辛姆伯尔的人走到恺撒跟前,为他的被放逐的兄弟提出请求,其余的人也都聚集在恺撒的周围,请求恺撒满足辛姆伯尔的请求。当恺撒对他们的过分纠缠感到奇怪,从座位上站起来的时候,辛姆伯尔发出暗号,站在恺撒背后的卡斯卡从衣服下抽出了剑,向他的肩上刺去,随之四面八方都有刀剑向他刺来。恺撒流着血、愤怒地大声喊着。据说当恺撒看见自己一直最信任的布鲁图斯也拿着匕首向他走来的时候,惊恐地喊着:"布鲁图斯,连你也这样吗?"恺撒说完这句话,用衣襟蒙住了自己的头,倒在地板上。这时 40 多名阴谋分子对准倒在地上的恺撒一阵乱刺。恺撒鲜血四溅,全身中了 23 刀,于是这位罗马历史上的伟大人物当场气绝身死。

古罗马的三头同盟

　　公元前 44 年恺撒被刺身亡,其部将安东尼收拾残局,势力越来越大,这引起元老贵族派的恐慌。而这时恺撒的法定继承人屋大维也开始出现在罗马的政治舞台上,以西塞罗为首的元老贵族派极力拉拢屋大维,以便对抗安东尼。公元前 43 年,安东尼用武力强占了山南高卢,元老院宣布他为公敌。同年 4 月,元老院和屋大维一起出兵,在穆提那战役中打败了安东尼,安东尼退到山北高卢与恺撒的骑兵长官雷必达会合。恺撒派内部的分裂与混乱使元老院地位日渐增强,于是元老贵族对屋大维也采取了蔑视态度,企图恢复共和制度。面对元老贵族势力的增长,恺撒的老兵不愿互相残杀,希望恺撒派的领袖联合起来,遏制元老贵族的势力。于是公元前43年5月,屋大维、安东尼和雷必达各自率领5个军团,在意大利北部波伦尼亚附近会晤。经过两天磋商,三方公开联盟,史称"后三头同盟"。经元老院和公民大会认可,后三头获得统治国家的全权。执政之后,他们对元老贵族派进行了残酷的斗争,摧毁了元老贵族派的势力,为屋大维建立帝国铺平了道路。

复仇者安东尼

埃及艳后克里奥帕特拉

克里奥帕特拉(公元前69—前30)是埃及国王托勒密十二世和克里奥帕特拉五世的女儿。她天资聪颖,美貌出众,有绝代佳人之美誉。受过良好教育,会说多种语言,长于外交,具有极强的权势欲。公元前51年,克里奥帕特拉继父位与其异母兄弟托勒密十三世(公元前63~前47)共同执政。后来,双方为争夺权势而反目为仇。公元前48年,恺撒追击其政敌庞培至埃及,克里奥帕特拉以其姿色得宠于恺撒。在恺撒的支持下,她被宣布为女王而废除了她的兄弟,成为埃及的实际统治者。但名义上仍按照埃及传统,与另一异母兄弟托勒密十四世(公元前59~前44)结婚,共同统治埃及。不久克里奥帕特拉毒死了托勒密十四世,立自己的儿子托勒密十五世为王,和她一同执政。此期间埃及政局不稳,社会危机日益加深,克里奥帕特拉为稳定和扩大自己的统治权力,以身投靠安东尼(恺撒的部将),并与安东尼结婚(公元前37)。在安东尼的赠赐下,克里奥帕特拉得到了

女皇克里奥帕特拉

叙利亚中部地区,腓尼基沿岸一些城市,塞浦路斯岛以及纳巴特王国等罗马的占领地。罗马元老院对此大为愤怒,宣布安东尼为"祖国之敌"。公元前 31 年,屋大维率海军与安东尼、克里奥帕特拉会战于亚克兴海角(希腊西海岸),安东尼与克里奥帕特拉临阵败逃回埃及,安东尼自杀。于是克里奥帕特拉故技重演,又以姿色引诱屋大维但未成,为免于充当罗马俘虏的命运,遂自杀。托勒密王朝至此终结,其领土并入罗马版图。后世的文人墨客有感于克里奥帕特拉那富有浪漫色彩的生涯,创作出不少具有传奇色彩的文艺作品。时至现代,埃及艳后仍是某些剧作家创作的题材。

屋大维统治罗马

到公元前 1 世纪,罗马共和国的政治形式和它的社会阶级内容之间已存在着深刻的矛盾。在古典城邦的狭窄范围内(指公民大会、元老院和高级官吏),被塞进了一个庞大的、复杂的内容。广大的地中海市场,行省奴隶主的新集团,意大利和行省之间,公民和非公民之间的复杂的相互关系都迫切需要一个新的管理制度。原共和国的阶级基础已经消失(或退化),农民几乎完全被消灭,新贵和骑士在内战中大部分已死掉或破产。代之而起的是新的社会集团:新的富豪、流氓无产阶级、军事殖民者。他们与共和末期的军事统帅有着密切联系,加之广大人民厌倦了百年战争,他们愿用任何代价换得和平。因而在城邦制基础上建立起来的共和政体,在新形势下已经不能适应罗马、意大利和各行省社会经济的发展需要,因此军事独裁政权的建立是必然的。公元前31年9月,屋大维和安东尼在亚克兴决战,安东尼兵败逃跑,次年伏剑自刎。至此,屋大维变成了罗马唯一的统治者,罗马由此进入了奴隶制帝国新时代。

屋大维首创元首政治

"元首政治"是普林西斯的意译,"元首"称普林尼,意为第一公民或首席元老。罗马共和国自从布匿战争以来100多年间,一直干戈扰攘,生灵涂炭,人民渴望和平。公元前31年,屋大维在亚克兴一役大败安东尼,使罗马结束了内战时期,进入帝国时代。屋大维鉴于恺撒由于忽视传统势力而被刺身亡的教训,没有公开采取君主的统治形式,而采取"元首"的名义进行统治。他将共和时代的统治机构完全保留下来,利用旧的统治形式,行君主统治之实。这种用共和制的外衣掩盖的君主制,被称为"元首政治"。屋大维建立这样一种统治形式,是经过周密考虑的。公元前27年11月,他在元老院发表了长篇演说,宣称放弃一切权力,把共和国交还给元老院和罗马人民。屋大维这一表现尊重元老院、维护共和制的举动,在罗马引起了巨大反响。传统势力的代表者元老院为了回报屋大维,正式赐给他"奥古斯都"的称号(意为"尊严""荣耀")。在此前后,屋大维获得了终身保民官、大元帅、元首、大祭司长、"祖国之父"等各种头衔。这表明,屋大维是集行政、军事、司法、财政和宗教等大权于一身的君主,其地位至高无上。

佛教经中亚传入中国

西汉末年至东汉初年(公元前后),佛教经中亚传入中国。最初仅在上层统治中流传,人们将其视为社会上流行的神仙道术的一种,大城市所建立的少数寺庙主要供从西域来的僧侣、商人参拜,没有汉人出家为僧。东汉末期以后,来中国内地的僧人增多,他们翻译佛经,将印度大、小乘佛教的内容大量介绍到中国。但在以后的传播过程中,大乘佛教占据优势。魏晋时期,门阀士族大力推行玄学唯心哲学,主张愚民政策,为巩固等级森严的封建统治提供理论基础。于是佛教大乘空宗得到迅速传播,当时所译《光赞般若经》《放光般若经》等空宗经典受到统治阶级的欢迎。西晋末年尤其是东晋十六国时期,连年战乱,民不聊生,为佛教的广泛传播提供了方便条件。北方少数民族政权大都扶植佛教,西域僧佛图澄(232~348)是后赵统治者所尊奉的"大和尚",他除了传教外,还参与军政大事。在他的影响下,统治者正式允许汉人出家为僧。5世纪初,西域龟兹(现新疆库车城南)的著名僧人鸠摩罗什(344~413)至长安,译出佛经约35部共300卷之多。在这期间,东晋高僧法显曾游历印度,回国后著有《佛国记》(亦称《法显传》)一书。南北朝时期,佛教受到统治者的大力支持,梁武帝甚至自称"'三宝'(佛法僧)之奴",四次舍身寺院,均由政府和群臣以巨金赎回,并亲自登殿讲经。北朝虽有过排佛事件,但总的说来也是扶植佛教的。北魏文成帝和孝文帝以大量的人力物力在大同云岗、洛阳龙门开凿石窟。隋唐时期,由于统治阶级的大力提倡,佛教进入鼎盛时期。唐太宗统一全国后,曾下诏全国于"交兵之处"建立寺刹。这一时期,佛教寺院经济空前壮大。

罗马朱里亚·克劳狄王朝的兴衰

朱里亚·克劳狄王朝是前期罗马帝国的第一个王朝(14~68),继奥古斯都(屋大维)之后建立。因王朝代表人物的族系属于朱里亚·恺撒和克劳狄,故称朱里亚·克劳狄王朝。王朝从提比略开始,历经四帝。提比略(14~37在位)的统治基本上延续了屋大维的统治政策,他取消了公民大会的选举权和立法权,将权力转给元老院,以缓和与元老院的矛盾。把"元首顾问会"变为较固定机构,经常处理重要事件。在统治的后期,常用过去用于惩处"侮辱罗马人民尊严"的"尊严法"制裁自己的反对派,恣意诛杀他怀疑有反叛行为的任何人。由于他的横暴,被近卫军所杀。提比略的继承者卡里卡拉(37~41在位)也死在近卫军的刀下。此后,克劳狄被拥立为皇帝。克劳狄是这个王朝比较

克劳狄建造的公路,左边为戏院。

有作为的皇帝,他初步建立一套官僚机构:秘书处(掌管内政、外交和军事)、财务处(经营财政)、司法处(处理法律事务)。他还向行省扩大公民权,吸收行省的贵族为元老院成员。同时,他采取措施改进意大利的港口、大路和改善市政管理。对外,他征服了不列颠的东南部。克劳狄死后,他的继子尼禄继位。尼禄是个暴君,由于他凶恶残暴,骄奢淫逸,在统治阶级内部和人民群众中引起强烈不满。在其统治末期,被元老院宣布为"公敌",尼禄走投无路,在逃亡中自杀,克劳狄王朝告终。

罗马诗人维吉尔及其史诗《埃尼依特》

奥古斯都时代是罗马文学的黄金时代。在这一时代,罗马的诗歌文学取得了高度成就,维吉尔所创作的民族叙事史诗《埃尼依特》就是其中的代表作品。维吉尔(公元前70

~前 19)出生在北意大利农村(孟都亚城附近的安得斯村)的一个富裕农家。少年时期他受过良好的教育,在首都罗马攻读过希腊语和伊壁鸠鲁学派的哲学。由于身体瘦弱又有口吃病,使他不便从政,因而隐退故乡,研读古希腊牧歌诗人狄奥古里塔的作品,并从事牧歌的创作。他所创作的吟咏北意大利明媚风光的《牧歌集》由于受到奥古斯都的赏识,被延聘为宫廷诗人。40 岁时他创作出长篇田园诗,堪称能和古希腊诗仙希西阿德的《田功农时》相媲美的杰作。公元前 30 年他开始创作史诗《埃尼依诗》,经 11 年共写出 12 个诗章,准备再用 3 年时间对全诗加以润饰,不幸于公元前 19 年病逝。《埃尼依特》以神话传说为题材,描写了传说中的罗马人祖先、特洛伊英雄埃尼依特冒险游历的故事。前 6 卷摹仿《奥德赛》,主要描写埃尼依特在特洛伊城陷落后 7 年间的海上漂泊经历,其中着重描写了他与迦太基女王狄杜的爱情悲剧。后 6 卷摹仿《伊里亚特》,主要描写埃尼依特到意大利之后一系列的磨难和斗争,最终成为拉丁民族国王的故事。史诗通过英雄人物埃尼依特的活动,歌颂了罗马的光荣历史,颂扬奥古斯都创建罗马帝国的伟大。维吉尔的创作在欧洲曾产生深远的影响,复兴时代的诗圣但丁在《神曲》里竟把维吉尔推崇为访地狱、进天堂的伟大导游人。

贵霜帝国建立

贵霜帝国在中国史籍中称为大月氏。大月氏人原为中国敦煌、祁连山一带的游牧民族,公元前 170 年左右被匈奴击败而西迁,后征服大夏,控制了整个阿姆河和锡尔河流域。张骞通西域时曾到过大月氏(约公元前 128 年),当时大月氏人分为五部,每部皆由叫作"翕侯"的酋长统领,称为"五部翕侯"。约公元 1 世纪,五部翕侯之一的贵雪翕侯丘就却(约 15~65)消灭其他翕侯,自立为王,国号"贵霜",建立了统一的奴隶制国家。贵霜国家建立后,国势日强,丘就却南侵次大陆,灭大夏残部,攻占喀布尔河流域和今之克什米尔等地。阎膏珍继位后(65~75)继续南侵,确立了对恒河流域上游的统治权。迦腻色伽统治时期(约 78~102),击败了西部的安息,东部也有所推进,使帝国进入全盛时期。当时贵霜帝国的版图西起伊朗东部,东到恒河中游,北自咸海、锡尔河、葱岭一带,南达次大陆的纳巴达河,成为与当时中国的东汉帝国、安息帝国、罗马帝国并驾齐驱的四大帝国之一。迦腻色伽提倡大乘佛教,在首都富楼沙(今巴基斯坦的白沙瓦)建立了雄伟壮丽的寺院和佛塔,召集佛教史上的第四次结集,编定经、律、论三藏 10 万颂。其文化为古代印度、伊朗、希腊及本民族文化成分的混合,以犍陀罗艺术著名。帝国境内商品经济发达,为"丝绸之路"的必经之路。

耶稣被判处极刑

据《新约圣经》"福音书"记载,耶稣(约公元 1~34,或约 4~37),是上帝的独生子。

其养父为木匠约瑟，母为玛丽亚。上帝为了拯救世人，由圣灵降孕玛丽亚而取肉身成人，生于耶路撒冷城外的伯利恒。他来到世间，召了 12 使徒，在巴勒斯坦传教，宣称天国将至，人们应该悔改，信者必得救，不信者将被定罪。教人"爱人如己"和"爱敌如己"，并到处表演起死回生、驱妖逐魔的奇迹。由于他抨击犹太教的当权者，所宣传的教义已不利于罗马帝国的统治，遭犹太教上层分子嫉恨，在逾越节前被门徒犹大出卖，由犹太教大祭司的差役拘捕，以"谋叛罗马"之罪名被送交罗马驻犹太的总督彼拉多。经审讯，以"犹太人的王"的罪名被判处极刑，钉死在十字架上。据称死后 3 日复活，40 日升天，并宣称他将复临人间，建立理想的"上帝之国"。18 世纪英国史学家吉本对耶稣是否是真实历史人物提出怀疑，此后史学界长期争论不休，至今仍无定论。

罗马弗拉维王朝的兴亡

弗拉维王朝是前期罗马的第二个王朝。该王朝之前的朱里亚·克劳狄王朝(14~68)末期，罗马历史上有名的暴君尼禄掌握政权。尼禄是个凶暴残忍，耽于淫乐，骄奢无度的人，并常以能登台吟诗作赋、歌唱演奏、竞技角斗而自命为"伟大的艺人"。尼禄的倒行逆施，使得民怨沸腾，反抗四起。68 年，高卢爆发了以文德克斯为首领的讨伐尼禄的起义。同时，近卫军也背叛了尼禄，元老院宣告尼禄为人民公敌。尼禄走投无路，自杀身亡。尼禄死后，帝国境内烽烟四起，满目疮痍，各行省军团纷纷拥立自己的指挥官为皇帝。69 年 12 月，多瑙河军团的统帅韦斯巴芗战胜西部行省和近卫军推举的皇帝，建立起弗拉维王朝(69~96)。弗拉维王朝推行提高行省地位加强其作用的政策，向行省扩大公民权，给服役于军队的外省人以罗马公民权，借以取得外省奴隶主的支持。弗拉维王朝历经三帝，末帝图密善(81~96 在位)在政变中被杀，该王朝告终。

中国丝绸输入罗马

中国丝绸很早就已外销西方，公元前 4 世纪希腊人称中国为丝国，不仅说明中国的丝绸已远至欧洲，而且早以盛产丝绸而著称于世。自西汉至南北朝，中国丝绸大量运往西方。公元 1 世纪，罗马自然科学家普林尼(23~79)在其新著的《自然史》里，对中国丝绸作了这样的描述："赛里斯人(即中国人)……其林中产丝，驰名宇内。丝生于树叶上，取出，湿之以水，理之成丝。后织成锦绣之绮，贩运罗马。富豪贵族之妇女，裁成衣服，光耀夺目。由地球东端运至西端，故极其辛苦。"中国的丝绸曾受到罗马人的喜爱，一位史家记载说："昔时吾国仅贵族始得衣之，而今则各阶层人，无有等差，虽贱至走夫皂卒，莫不衣之矣。"如果说在普林尼时代中国丝绸的使用还限于贵族妇女的话，那么随着时间的推移，其范围越来越广。基督教教会的法衣、祭服、祭坛装饰概用丝绸，国家官吏穿着特殊形式的丝袍,世俗富豪普遍穿着一般丝袍。他们对中国的花绸更是赞美不绝:色彩像野花一样美,质料象蛛丝一样纤细。中国丝绸如此受到欢迎,以致在罗马有专门销售中国丝绸的市场。

弗拉维竞技场,能容纳 5 万多观众,中央是角斗场地。

罗马帝国爆发全面危机

从 2 世纪末~3 世纪末,罗马奴隶制社会爆发了全面危机,经济全面衰落,政局一片混乱,内战不断发生,社会动荡不安。罗马帝国 3 世纪危机的发生有着深刻的经济、政治原因。从经济上来说,主要是罗马奴隶制发生了危机。从 2 世纪中期起,由于帝国无力发动大规模的对外侵略战争,奴隶来源大为减少,奴价越来越高。而奴隶主无止境的强制性劳动,不仅使奴隶缺少劳动积极性,而且不断采用怠工、破坏生产工具、逃亡、甚至武装起义等方式进行斗争。这种情况必然造成劳动生产率日益下降,使用奴隶劳动越来越无利可图,以致作为罗马帝国农业经济基础的大庄园经济很难维持下去,因而导致农业生产的衰败。而农业的衰落,又引起了手工业和商业的衰落。从政治上说,奴隶主统治集团越来越腐朽,他们为炫耀国威和满足狂欢纵饮的需要,屡屡增加娱乐日。1 世纪时罗马全年娱乐日为 66 天,到 2 世纪时增加到 123 天。在娱乐日里,演出奴隶角斗、斗兽、戏剧、海战和骑战等。这些娱乐活动要付出大量的钱财。此外,庞大的官僚机构和宫廷浩大的开支,以及官吏贪污受贿,使帝国的财政发生危机,帝国政府不得不发行劣质货币。3 世纪金币成色减少 17%,银币成色只及原先的 50%,后来甚至只含 5%。货币的贬值引起物价上涨、投机横行,政府的货币开支也随之膨大。奴隶主统治阶级为了扭转这一局面,就要加重税收,再发行更劣质的货币。

罗马塞维鲁王朝的统治告终

安敦尼王朝末帝康茂德(181~192 在位)被杀后,近卫军和各行省驻军纷纷自立皇帝,各自为政。经过 4 年之久的混战,潘诺尼亚总督塞维鲁取胜,建立了塞维鲁王朝(193~235)。塞维鲁是依靠军队得到王位的,因此在其统治期间(193~211),他极力推行培植军队,提高军饷,优待士兵。任用军人为行政长官,任命骑士出身的代理官对元老担任总督的行省进行监督。临终前还告诫儿子说:"让士兵发财,其余的人可以不管。"因此有人称塞维鲁是第一个"士兵派"的元首。其子卡拉卡提继位(212~217)后,继续执行其父的政策,除了增加军饷、贿买军队外,于 212 年颁布一项敕令:把罗马公民权授予全体自由民,其目的在于缓和阶级矛盾,扩大税源,但收效甚微。到塞维鲁王朝最后一个皇帝亚历山大·塞维鲁统治时期(222~235),母后当政,从元老贵族阶层中任命高级官吏,元老贵族取得优势。他们组成特别委员会,实行紧缩开支、降低赋税等措施,结果遭到军队的强烈反对。亚历山大被哗变的士兵所杀(235),塞维鲁王朝告终。

罗马人在其非洲殖民地建造的大型剧场

罗马迁都君士坦丁堡

323 年,君士坦丁成为罗马帝国的统治者。他废除"四帝共治制",扩充官僚机构,亲自任命高级官吏。同时将帝国划分为四大行政区(高卢、意大利、伊利里亚和东方),其下设行政区,再下为各行省,使君主制的统治形式更加完备。鉴于基督教的演变和发展,君士坦丁于313年颁布敕令,承认基督教的合法性。此外,由于帝国的经济和文化中心已逐渐转移到东方,君士坦丁于执政的第二年,在具有战略和经济意义的拜占庭的遗址上建立新都。330年建成后,君士坦丁将罗马首都迁至拜占庭,并改名为君士坦丁堡,借以适应政治、经济和宗教形势发展的需要。从此,罗马失去了帝国政治中心的作用。

罗马帝国分裂为东西两帝国

3世纪危机之后,罗马帝国奴隶制经济继续衰落:农村劳动者逃亡,农田大量荒芜,城市工商业凋零。大地主乘机大肆兼并土地,大地产制、庇护制迅速发展起来。这表明罗马奴隶制生产关系已经腐朽没落。君士坦丁死后,帝国统治集团内部为争夺皇位于339年又发生了长期的混战。此后虽有狄奥多西一度恢复统一的残局,但无法建立稳固的统治。狄奥多西死后,把帝国分给两个儿子,于是帝国于395年正式分裂为东、西两个帝国。西罗马帝国(首都在罗马)和东罗马帝国(首都在君士坦丁堡)。至此,统一的罗马帝国在历史上不复存在了。

巴高达运动爆发

4世纪以后,由于罗马帝国的残酷统治,帝国境内爆发了波澜壮阔的人民起义,在高卢地区爆发的巴高达运动就是其中的一支。"巴高达"意为"战士"。巴高达运动发起于3世纪70年代,参加者多为下层群众:贫民、奴隶、隶农以及入境的蛮族。最初活动在高卢(今法国一带),逐渐扩展到西班牙。80年代,起义者展开更大规模的斗争,他们组织起强有力的武装力量,袭击和占领庄园,打杀地主,分配土地、财产,并选出自己的领袖埃里安和阿曼德做皇帝。起义的烽火席卷了大半个高卢(主要为乡村地区),致使罗马人在高卢的统治陷于瓦解。罗马当局派大军镇压起义,经罗马统帅马克西米亚努斯的长期围困,起义军所占据的马恩河上的城堡被攻陷,许多起义者不屈而死,起义转入低潮。4世纪末~5世纪初,巴高达运动再度高涨,435年巴高达在首领提巴托领导下举行大规模起义,向罗马官吏发动进攻,夺取了政权,控制了整个阿尔摩卡,其势力由高卢发展到西班牙。至5世纪中期,已发展成声势浩大的农民战争,致使罗马在不列颠、高卢、西班牙的统治完全瓦解。后来巴高达运动被当地贵族所败。

罗马军队在卡塔洛尼平原上和蛮族人展开激战,但最后罗马城仍被蛮族人攻陷。

马资达克运动

　　马资达克(约470~529)是萨珊波斯祆教祭司,据说出生于伊朗东北部的内沙布尔。因他不满祆教的奢侈与堕落,在摩尼教的影响下背离祆教而另创马资达克教派。他主张世上有善恶两种势力,社会的压迫和不平等是恶,恶源于恶魔。善即是光明,即是消灭人剥削人的压迫制度。他的宗教主张及思想极大地鼓舞了下层人民的反封建斗争。公元491~529年,马资达克教派发动了起义,大批农民、城市贫民以及部分奴隶纷纷参加,因其领导人是马资达克,故史称马资达克运动。马资达克运动沉重地打击了封建贵族和祆教祭司,曾一度受到柯巴德一世国王的利用。公元529年,新国王柯巴德一世之子哥士娄一反往常,将马资达克及其数百名支持者诱至首都泰西封杀害,并诛杀马资达克起义参与者,起义归于失败。

罗马帝国被迫与西哥特人达成协议

　　西哥特人是哥特人的一个分支,4世纪时与东哥特人分离。374年,西哥特人受到匈奴的袭击,西撤越过多瑙河,请求罗马当局允许他们移住罗马境内避难。罗马皇帝瓦连斯同意他们移住色雷斯,但必须交出武器。西哥特人移居罗马后,罗马地方官吏和奸商

乘人之危,抬高粮价,敲诈勒索,逼得西哥特人饥寒交迫,卖妻鬻子。于是西哥特人愤而举行起义,当地的奴隶、隶农和色雷斯矿工也参加了起义。他们并肩战斗,组成一支色雷斯劳动群众与哥特人的联军,拥立弗里提盖伦为首领。377年夏,起义群众控制了整个色雷斯平原,378年瓦连斯亲率大军前往镇压,双方在亚德里亚堡展开决战。罗马全军覆没,瓦连斯被杀,37名将领战死,4万名战士被歼。弗里提盖伦乘胜前进,其势力扩展到西至阿尔卑斯山,东抵君士坦丁堡附近。战争持续两年多,后来狄奥多西皇帝被迫与西哥特人订立和约,规定西哥特人得以"同盟者"的身份定居麦西亚等地,保留部落组织和部落首领,免除西哥特人的纳税义务,西哥特人为罗马提供兵源。

罗马帝国衰亡

公元前30年,屋大维上台成为罗马的军事独裁者,由此开始了历史上的罗马帝国时期。此后的一二百年间,罗马帝国迅速扩大了领土,地跨欧亚非大陆,奴隶制经济呈现出非常繁荣的景象。

不过从2世纪末开始,罗马帝国开始出现社会经济的混乱,大规模的奴隶制已经成为生产力发展的桎梏。农业萎缩,商业衰落,政局动荡,国内经常爆发奴隶起义,因此罗马帝国的这段历名被称为"3世纪危机"。

导致罗马帝国开始走向衰落的主要原因,在于奴隶所有制生产关系日益腐朽,已经成为生产力发展的桎梏,导致社会经济停滞和萎缩,政局陷于混乱状态。从2世纪中叶开始,罗马帝国通过大规模的对外战争而掠夺战俘,使之成为奴隶。但是奴隶主对奴隶进行残酷的压榨,而他们自己却过着穷奢极欲、荒淫无度的生活。因此,奴隶经常发动起义事件,他们破坏奴隶主的劳动庄园、矿场和手工作坊,导致奴隶主的生产遭到致命打击,奴隶经济迅速走向衰落。

奴隶制度的衰落,给帝国的整体经济带来了打击,此时,政府的税收减少,出现财政危机。为了克服财政困难,政府大量铸造不足值的劣币,到3世纪末时,银币的含银量只有法定的2%。劣币的发行,导致国内物价上涨,人民对政府失去信任,很多人开始放弃使用货币而宁愿实行物物交换。

与此同时,帝国内部中央政权的控制力量越来越弱,地方势力开始蚕食中央的权力,并且互相争权夺利。公元192年,当时的帝国皇帝康茂德被暗杀,导致军队和各行省的将军们纷纷拥兵自立,相互间展开内战。

从公元235年之后,罗马帝国更是陷入了长期的混战之中。例如,在公元238年这一年中,罗马就出现了4个皇帝,但是他们都在几个月后的战斗中被杀。在公元238年以后的15年中,罗马竟然换了10个皇帝。

塞维鲁王朝覆灭后,政局陷入混乱,出现了所谓"三十僭主"的局面。在西方,形成了包括高卢、西班牙和不列颠在内的高卢帝国,在东方则产生了地处叙利亚和美索不达米亚之间的帕尔米拉帝国。这些"帝国"分别拥有自己的军队和行政机构，并且还可能拥有独立的经济体系，例如独自发行货币等。

自由民和城市的中下等阶层也在不稳定的政局中日益贫困，甚至沦为隶农，处境和地位和奴隶几乎一样。不满的人民群众不断爆发起义，在北非、西西里和高卢等地都发生了人民起义。

在3世纪中叶爆发的"巴高达"运动是当时最大的起义。起义者包括奴隶、隶农和城市贫民，他们占领了高卢的大部分农村地区，并且贡献了很多城市，建立了一支强大的军队。罗马政府于273年暂时平息了这次起义，但是在此后的一百五十多年间，巴高达运动始终在进行。

罗马国内政局的混乱导致边疆防守的放松，因此边疆的驻军根本无力抵抗外族的入侵。来自多瑙河和莱茵河地区的日耳曼民族的部落如潮水般涌入高卢地区和意大利北部，到3世纪70年代时，

罗马人推崇奥古斯都皇帝的欢呼场面

他们已经进入到意大利的中部，直接威胁到罗马。在东部，东哥特人不断侵入小亚细亚和希腊半岛，波斯萨珊王朝也不断向西侵犯，并在罗马皇帝瓦勒里安出征时俘虏了他。

公元284年，戴克里先（公元284～305年在位）杀死了一个月内杀害了两个罗马皇帝的军官阿培尔，登上了罗马的帝位。此后，戴克里先采取各种措施加强王权。首先，他把元首的称号正式改为"君主"，规定君主的权力不受任何限制。这种君主制成了后期罗马帝国相袭的一种统治形式。

其次，戴克里先还意识到他一个人不可能对付国内的奴隶起义及外族入侵，于是把罗马分成两个部分，由东部各省组成东罗马帝国，西部各省组成西罗马帝国。东、西罗马帝国分别设立一个皇帝，并享有同样的统治权。戴克里先自己统治东罗马帝国，而将西罗马帝国委托给好友马克西米治理。后来，他们又各自把统治区域分成两个区，为自己使用了副职恺撒。从此，戴克里先和他的3个助手共4个人分别治理帝国的一部分，历史上称为"四帝共治制"。

最后，戴克里先还将雇用兵制改成征兵制。在戴克里先之前的帝国，由于罗马没有可用的士兵用来抵抗外族的入侵，因此雇佣了其他外族的士兵来抵抗另外民族的入侵。采用了征兵制后，罗马暂时有了大量的士兵和军队，并将军队分成边防军团和内地机动军团，分别负责抵御外族入侵和国内的人民起义。

当然，戴克里先还在货币、税收等方面也进行了改革。

戴克里先退位后，君士坦丁（公元306～337年在位）于公元306年登上罗马帝位。但是此时罗马帝国东部的李西尼却一反戴克里先原先的愿望，和君士坦丁争夺罗马帝国的

统治权长达数年之久。

公元 324 年，君士坦丁废除了"四帝共治"制度，独揽军政大权，重新统一了罗马帝国。由于帝国经济、文化重心东移，君士坦丁认为罗马不足以作为帝国统治的中心，因为一旦北方的外族再向内陆挺进，罗马城就岌岌可危，因此他在 330 年把罗马迁往东部的拜占庭，并将之改名为君士坦丁堡。

马克奥瑞略的罗马军团兵们用盾牌作掩护袭击敌人

此外，君士坦丁在许多方面继续执行戴克里先的政策，改组国家机构，扩充官僚体系；颁布一系列法律，竭力维护奴隶制度，使得奴隶和隶农的境遇更加恶化；加强对奴隶的奴役和镇压，明确指出奴隶主有权处死奴隶，宣布贫民出卖子女为合法。

帝国通过一系列法令，剥夺隶农的自由。332 年 10 月 30 日，皇帝君士坦丁发布敕令："任何人，不但应把隶农送回原地方的原主，而且应该负担隶农在那个时期（即归他所有的期间）的人头税。"从此隶农被固定在奴隶主的土地上。

为了利用基督教巩固反动统治，君士坦丁又颁布米兰敕令，承认基督教的合法地位并加以特殊保护，使基督教逐渐成为帝国的重要支柱。

戴克里先和君士坦丁的改革，并不能挽救趋于瓦解的罗马帝国。公元 337 年，君士坦丁病逝，罗马内部争夺帝位的斗争重新开始。君士坦丁的 3 个儿子将罗马帝国一分为三。不久，三兄弟之间又开始了争夺领土和权力的战争。

公元 379 年，狄奥多西一世（公元 379~395 年在位）当政，并一度恢复了罗马的统一。但在他死后，罗马帝国就分裂为两部分：西罗马帝国以罗马城为首都，东罗马帝国以君士坦丁堡为首都。罗马帝国从此彻底分裂为东西两个帝国。

西罗马帝国的统治者依然推行各种反动的措施，企图加强奴隶制在帝国的统治。不仅如此，统治者们还通过法令的形式剥夺隶农的权利，使他们降到和奴隶相似的地位。公元 396 年，西罗马帝国皇帝阿卡第乌颁布敕令，禁止隶农控告自己的主人，隶农全部财产归主人所有。422 年又明令宣布剥夺隶农签订任何契约与合同的权利。在瓦伦廷尼安三世统治时期（425~455 年）规定，隶农的身份是世袭的。当时的法律规定，主人可以像拷打奴隶一样拷打隶农，隶农的婚姻和奴隶的婚姻一样，仅被视作简单的同居。

这些事实说明，阻碍社会发展的并不仅仅是哪个皇帝，而是整个奴隶制度和奴隶主政权,除非废除这些制度,封建制度才能在古罗马顺利发展,而日耳曼人的入侵,则加速了这一过程。

公元374年,亚洲北部的匈奴人进入欧洲,征服了那里的阿兰人和东哥特人,并向黑海北岸的西哥特人进攻。西哥特人在匈奴的进攻下,不得不渡过多瑙河,向巴尔干半岛迁移。他们向罗马帝国提出了进入罗马帝国的要求,在经过和罗马皇帝的谈判后,罗马帝国同意这些罗马的"世敌"进入罗马,但是这些西哥特人有为罗马帝国御边的责任。

但是皇帝原先允诺的粮食并没有运到西哥特人守卫的地区,这些地区的罗马官吏则任意欺侮这些西哥特人,甚至任意抓人充当罗马奴隶主的奴隶。378年,不堪忍受的西哥特人举行武装起义,当地的奴隶和隶农纷纷加入起义队伍。起义军占领了墨埃西亚和色雷斯,罗马军队毫无招架之力。西罗马皇帝瓦伦斯急忙调集守卫在东罗马边界上的军队。不久,两军在阿得里亚堡展开决战,起义军歼灭了2/3的罗马军队,瓦伦斯也被哥特人围在一所房屋里烧死。

公元401年,西哥特人在首领阿拉里克领导下,从巴尔干半岛侵入意大利,西罗马皇帝一度要求向阿拉里克献纳大量财物而让阿拉里克暂时放弃对罗马的围攻。但是阿拉里克拒绝了西罗马帝国的请求,继续向罗马城挺进,沿路的奴隶和隶农纷纷加入这支西哥特人的队伍。在4万奴隶和数万"蛮族"出身的罗马士兵的配合下,终于在410年攻占了被称为"永恒之城"的罗马城。

西哥特人冲进了罗马城,经过三天三夜的洗劫后,罗马城到处是燃烧的大火,巍峨的殿宇和壮丽的宫殿化为一片焦木。

公元419年,西哥特人在高卢南部和西班牙地区建立了第一个得到罗马帝国承认的"蛮族"王国——西哥特王国。到5世纪中叶,西罗马帝国的境内已经出现好几个日耳曼人建立的王朝。

继西哥特王国之后,汪达尔人也经过高卢进入西班牙,后来由于西哥特人的威胁,他们横渡直布罗陀海峡而占领了北非首府迦太基城,建立了汪达尔王国。在奴隶和隶农的支持下,汪达尔人迅速占领整个北非,罗马帝国的贵族大部分被屠杀和逃亡到东方各行省。公元455年,汪达尔人渡过海峡而攻占了罗马城,劫掠了大批奴隶和金银财物。

罗马城遭到汪达尔人洗劫后,西罗马帝国从此一蹶不振。罗马城经过几次蹂躏,从原先的几十万人口一下子变成了7000余人。瓦伦斯之后的西罗马帝国的皇帝们为了避免帝国灭亡的命运,都做了极大的努力,但是仍然不能摆脱亡国的命运。帝国的皇帝们已经不住在罗马城,而是龟缩在沼泽围绕的拉温纳。他们得不到帝国军队的保护,反而成为雇佣军的傀儡。

此后,西哥特人再次侵入意大利,法兰克人和阿勒曼尼人侵占了莱茵河地区,西哥特人一部和汪达尔人一部共同占领了西班牙。

公元476年,西罗马帝国最后一个皇帝罗穆勒·奥古斯都被日耳曼雇佣兵首领奥多亚克废黜,西罗马帝国至此正式宣告灭亡。就这样,这个曾称霸地中海、历时12世纪的奴隶制大帝国,终于在国内奴隶起义和外族入侵的情况下覆没了。

公元 1 至 2 世纪，是罗马帝国的强盛时期，它雄踞于地中海一带，俨然是一个不可一世的大帝国。然而，到公元 3 世纪，罗马的奴隶制便出现了严重的危机，农业衰落，政局动荡，帝国的没落已成无可挽回之势。这时候，东方的游牧民族大规模向西迁徙，也开始冲击罗马帝国的城墙。

公元前 6~前 1 世纪，在欧洲中部日耳曼尼亚的广阔土地上，居住着许多语言和物质生活相近的部落。他们来自斯堪的那维亚南部和日德兰半岛，被古希腊、罗马人称为日耳曼人。日耳曼人居住在北至北海和波罗的海南岸，西到莱茵河，南抵多瑙河的广大区域内。

公元前 2 世纪，日耳曼人与罗马人发生了冲突。到公元 9 年，双方在战略上取得某种均势，暂罢干戈。这时候日耳曼人进入原始社会末期，力量日益强大，而罗马帝国则日渐衰落。此时位于亚欧大陆另一端的匈奴，在汉帝国精锐骑兵的攻击之下，于公元前 1 世纪左右，开始了缓慢的向西迁移，在匈奴的推动之下，其他民族也一波一波向西运动，在这种背景下，出现了震动世界的民族大迁徙。公元 2 世纪，原住维斯拉河河口地区的哥特人由于人口增多，原住地狭小而开始南迁，到 4 世纪形成东西两个大部落，称为东哥特人和西哥特人。公元 375 年，顿河草原上的匈奴人进攻东哥特人，逼迫日耳曼部落向西大迁徙，成为日耳曼人征服欧洲奴隶制罗马帝国的起点。

与此同时，公元 395 年，罗马帝国终于分裂为东西两部，即以君士坦丁为首都的东罗马帝国和以罗马城为首都的西罗马帝国。千疮百孔的罗马帝国民怨沸腾，奴隶起义风起云涌。所以，日耳曼人所到之处都受到奴隶、隶农的欢迎。西哥特人仅用几年时间就踏遍了意大利全境。最后，他们矛头直指帝国首都——罗马。

公元 408 年，西哥特人在他们最有名的勇士阿拉里克的率领下向罗马挺进。阿拉里克出征前曾对妻子许愿说："我要打进罗马，把城里的贵妇给你做奴婢，把他们的财宝给你作礼物。"阿拉里克首先占领了罗马的港口，断绝了罗马的粮食来源。这令罗马的统治者惊恐万状。罗马元老院决定派军使到阿拉里克那里求和。最后终于达成了协议：罗马人出黄金 5000 磅，白银 3000 磅，绸料 4000 块，皮革 3000 张，胡椒 3000 磅。罗马人为了凑足 5000 磅的黄金，甚至将金质的神像都熔化了。哥特人收到这些贡品，才允许罗马人出城买粮食。

公元 410 年，阿拉里克决定打进罗马城，他向士兵们宣布：攻进罗马，可以任意抢劫三天。于是在一个雷电交加的夏夜，穿着兽皮的西哥特人吹着牛角号，冲进了罗马城，三天三夜的洗劫，四面八方的大火，使巍峨的殿宇、壮丽的宫殿化为一片焦土。金质神像和黄金器皿装满一车又一车，都被拉走了。

抢光、烧光之后，哥特人在入城的第六天放弃了罗马，向意大利南部推进。不久，阿拉里克突然死去，据说哥特人强迫罗马俘虏排干了一条河，把阿拉里克的遗体和无数宝物一起埋在河底，然后再把水放进河里。工程完成后，全部俘虏都被杀死。所以阿拉里克的葬地及殉葬品始终未被发现。

公元 419 年，阿拉里克之孙提奥多里克出任领袖，他以土鲁斯为首都，建立西哥特王国。从此,西哥特人历经半个世纪的大迁移活动结束了,他们在南高卢和西班牙定居下来。

在哥特人西迁的同时,居住在潘诺尼亚的日耳曼人——汪达尔人、苏维汇人和阿兰人,因受到匈奴人的威胁,也被迫西移,到达了诺立克和里西亚两省,从此,开始踏上大迁移征途。公元410年,汪达尔人、阿兰人越过莱茵河,进入高卢。在高卢劫掠两年后,他们又越过比利牛斯山到达西班牙,占领了整个伊比利亚半岛。苏维汇人获得了西北部的加里西亚,阿兰人占领西部地区,其余部分归汪达尔人占领。公元416年,西罗马皇帝唆使同盟者西哥特人进攻西班牙。经过十年战争,汪达尔人、苏维汇人、阿兰人被驱逐到了边远地区。新上任的汪达尔人领袖盖塞利克,为了摆脱困境,决计去攻打罗马的北非行省。

公元429年5月,盖塞利克率兵8万渡过直布罗陀海峡,在北非登陆,受到奴隶和隶农的欢迎。盖塞利克先后征战十年,于439年占领北非首府迦太基城。这标志着罗马帝国在北非的六百年统治的结束。盖塞利克以迦太基为首都,建立了汪达尔人王国。

居住在莱茵河和马斯河之间的日耳曼人,被称为法兰克人,他们分滨海法兰克人和滨河法兰克人两部分。公元5世纪初,他们趁高卢地区的巴高达运动(奴隶、隶农反对奴隶制,梦想恢复农村公社的斗争)的发展,于420年向南推进。但法兰克人的迁移是以原有土地为根据地向外蚕食的办法进行的。

在法兰克人向北高卢进发的同时,原居住在奥得河口一带的勃艮第人也南下进入高卢,在罗纳河流域定居下来。

公元451年春,匈奴国王阿提拉率军攻打高卢。西罗马军事统帅阿提乌斯联合西哥特人、勃艮第人、法兰克人,于6月20日在卡塔龙尼安平原的特洛伊城附近与匈奴人会战。两军伤亡惨重,不分胜负。阿提拉退出高卢,阿提乌斯也回到意大利。滨海法兰克人乘机南侵罗马土地。不久,勃艮第领袖贡德里斯以里昂为首都建立勃艮第王国,于是西罗马政府同北高卢的联系中断了。

由于法兰克人、勃艮第人的相继入侵,罗马在高卢的领土很快被分割完了。当时西哥特王国占领南部、西南部,东南部归勃艮第王国所有,西部为不列颠人占领,只有高卢中部地区仍属于西罗马帝国,但已同西罗马隔绝,由高卢贵族西阿格留斯治理。公元476年,西罗马帝国灭亡,西阿格留斯处于四面楚歌之中,滨海法兰克人克洛维继承墨洛温为首领,联合其他法兰克人向西阿格留斯王国进攻。公元486年,双方会战于苏瓦松,西阿格留斯兵败被杀。克洛维就以苏瓦松为首都,建立法兰克王国。不久,又将首都迁到巴黎。496年,克洛维皈依基督教,并把西哥特人赶出高卢。到公元6世纪中叶,法兰克王国便据有与现在法国大致相同的疆域,成为当时西欧最强大的国家。

大不列颠岛上的最早居民是凯尔特人,公元1世纪中叶大不列颠被罗马征服,罗马派总督治理。但罗马的统治主要在东南部平原区,西北部山区仍为原始的凯尔特人控制着。从公元4世纪起,罗马帝国在奴隶、隶农起义和日耳曼入侵的联合打击下,日渐衰落,帝国政府就不断从边远行省不列颠撤军,从407年开始,至442年全部退走。从此,罗马对不列颠的长达四百年的统治结束了。于是这就给了另两个日耳曼部落以可乘之机。他们就是居住在日德兰半岛南部的盎格鲁人和居住在易北河、威悉河下游的撒克逊人，由于二者语言风格很难区分，因此被称为盎格鲁·撒克逊人。

他们同法兰克人毗邻，但势力比法兰克人小，无法越过法兰克人向高卢发展，因此从公元3世纪起，他们就划着小船横渡北海，从事海盗劫掠活动。为了防止这些海盗袭击，占领不列颠的罗马人，沿东南海岸建立起一系列要塞和瞭望台，配备军队专门防守，从而限制了盎格鲁·撒克逊人的活动。但是，随着罗马帝国的衰落，尤其是罗马军团撤退后，凯尔特人内部发生争斗，使盎格鲁·撒克逊人得以大举进入不列颠。

公元5世纪中期，当匈奴人进犯北欧时撒克逊人从北海的东南岸启程，乘船到达沃什湾进入英格兰，然后溯乌斯河向南进发，在剑桥附近上岸，再沿罗马人修筑的伊克尼尔克大道进入泰晤士河流域。盎格鲁人则横渡北海，取道恒比尔河口进入英格兰的中部。凯尔特人同入侵者进行了激烈而持久的战斗。公元500年左右，凯尔特人中出现了一位能干的武士阿鲁狄尔，他采取坚壁清野等策略，打了一连串胜仗，遏止盎格鲁·撒克逊人前进达几十年之久。直到公元550年以后，入侵者才又重新向前推进。南部撒克逊人把疆土扩展到布里斯托尔湾。公元613年，盎格鲁人在今日诺丁汉郡的切斯特获胜，把占领区推进到爱尔兰海岸。这时，不列颠的大部才被盎格鲁·撒克逊人占领。从此，他们便在这个岛上定居下来。

而日耳曼人中的东哥特人，曾一度归顺匈奴人并进兵欧洲，长期活动于达基亚和潘诺尼亚一带。匈奴帝国解体后，经东罗马皇帝马尔契安同意，他们定居于潘诺尼亚。公元476年，西罗马帝国的军队统帅日耳曼人奥多亚克举兵叛乱，推翻皇帝罗穆洛·奥古斯都，西罗马帝国灭亡了。西罗马帝国的灭亡引起了东罗马帝国的震动。奥多亚克政变后建立的军事贵族掌权的王国，被东罗马人视为眼中钉。于是东罗马皇帝唆使东哥特人向奥多亚克王国进攻。东哥特国王狄奥多里克巧妙地利用罗马贵族敌视奥多亚克政权的情绪，仅用3年就征服了意大利，建立了意大利东哥特王国，领土包括现代的意大利和瑞士、南斯拉夫一部分。

东哥特王国的巩固与扩大，又引起东罗马的嫉恨。从公元534年开始到公元554年结束，东罗马用了二十年时间消灭了东哥特王国，而它的财力、物力也消耗殆尽。公元568年，日耳曼人的一支伦巴德人，越过阿尔卑斯山，到达波河流域，其目的是侵占领土，长期定居。他们在军事首领阿尔波音的率领下大举入侵意大利，迅速打垮东罗马军队，占领北部意大利，建立伦巴德王国。

从公元4世纪末到6世纪末，经历二百多年，先后有十几个日耳曼部落冲进罗马帝国，建立各自的国家。这些国家很大程度上影响了后来欧洲的政治力量布局。这次大迁移不是和平迁移，而是日耳曼人对罗马帝国的征服。在这个征服的基础上使罗马因素与日耳曼因素结合起来，逐渐形成了西欧特殊形式的封建社会。在这种总体上介于封建性质的国家中，还存在着原始农村公社的残余，被称为"马尔克"。现在西南欧的格局，也是由日耳曼人大迁徙确定下来的。欧洲历史从此揭开了新的一页。

1. 三世纪危机

从公元 2 世纪末到 3 世纪末，罗马奴隶制社会在经济、政治等方面爆发了全面危机，史称三世纪危机。

罗马奴隶制的危机早在 2 世纪已在意大利露出端倪，到了 3 世纪由于奴隶制社会基本矛盾的发展、激化，终于导致农业萎缩、商业衰落、城市萧条、财政枯竭、政治混乱、奴隶起义此伏彼起，整个罗马社会陷于动荡之中。

与经济危机相伴而行的是政治动乱。安敦尼王朝最后一个皇帝康茂德（180～192 年）被杀以后，帝国内部各军事将领之间就爆发了争夺帝位的内战。战争结果，潘诺尼亚省军团的将领塞维鲁被军队拥立为皇帝（193～212 年），建立塞维鲁王朝（193～235 年）。塞维鲁是非洲人，出身富有家庭。他做皇帝以后，首先对军队进行了改革。193 年，他解散专横跋扈和已经堕落的旧近卫军，从各省军团中选拔新的近卫军。他提高军人待遇，并允许士兵的家属可以居住军营附近，士兵可以在家里住，只是有军事任务时才住在军营里。士兵在驻防区又得到分配的土地。

塞维鲁用军团的军官充任行政长官和各行省的统治者。他加强中央集权，以元首顾问会为国家的最高机关。它的决议可以代替元老院的法令。因此元老院管理国家事务的职权实际上已被解除。塞维鲁统治时期，又对安息进行侵略，使罗马在幼发拉底河以外扩大了疆域。211 年，他率领军队出征不列颠的时候，死在不列颠。据说他对儿子的最后遗训是"愿你们兄弟和睦，让士兵们都发财致富，其余的人不在话下"。

塞维鲁的儿子卡拉卡拉即位后，除了增加军饷，贿买军队外，还于 212 年颁布了一项把罗马公民权授予帝国全体自由民的敕令，史称卡拉卡拉敕令。这一敕令是帝国时期扩大统治阶级的社会基础这一趋势的必然结果。其目的，既在于缓和阶级矛盾以利统治，也在于扩大税源，使一切自由民都和罗马公民一样担负遗产税及其他捐税。然而，增加税收仍无济于事。217 年，卡拉卡拉为近卫军所杀。到塞维鲁王朝末帝亚历山大·塞维鲁统治时期（222～235 年），母后当政，元老贵族取得优势。元老组成特别委员会，施行了另一套挽救危机的措施：紧缩开支、降低赋税、确定主人对隶农农具的所有权，准许二十岁以上的自由民卖身为奴，把土地、牲畜和奴隶分给边疆移民以扩大兵源。这些措施当时已经行不通，又遭到军队的强烈反对，起不到什么作用。罗马又陷于混乱，亚历山大·塞维鲁被哗变的士兵所杀（235 年）。

塞维鲁王朝覆灭后，士兵拥立马克西米（235～238）为帝，不久也为部下所杀。238 年一年内，元老贵族推出四个皇帝，不久全为兵士所杀。随后，十三岁的戈尔迪安三世即位，以充当近卫军的傀儡。此后十五年，发生了多次政变，换了十个皇帝。从 253 年到 268 年，进入所谓"三十僭主"时期。军团和行省都拥立皇帝，互相残杀，政局一片混乱。在这期间，高卢曾出现独立的"高卢帝国"，叙利亚、埃及曾经分立，中央政权实际上处于瘫痪状态。

与此同时，帝国边境"蛮族"部落的侵袭日益加紧，帝国边境的防线到处被"蛮族"突破。日耳曼部落从莱茵河右岸进入高卢地区和北意大利，哥特人从多瑙河下游劫掠黑海地区，并进入爱琴海一带和小亚细亚。在东方，新兴的波斯也不断向幼发拉底河一带进攻。从前强盛一时的罗马帝国,至此已是一片风雨飘摇、山河破碎的局面。

　　2．戴克里先和君士坦丁的改革

　　"三十僭主"之后,从 268 年至 283 年,帝国的皇帝中有 4 个是来自伊利里亚的军人,因此,被称为伊利里亚诸帝。在奥列尼统治时期(270～295 年),一方面与各行省和意大利的大土地所有者结成联盟,一方面残酷镇压人民的反抗斗争,使政局暂时稳定。公元 275 年,奥列尼被暗杀。在此后的十年间,帝国又相继出现了 3 个皇帝。284 年,近卫军长官戴克里先(284～305 年)取得了帝国政权,罗马进入了后期帝国时代。从这时起,罗马皇帝不再称为元首,改称"君主"。由于共和国国家机构的一切残余均已消失,因此,政权形态被称作"君主制"。戴克里先仿效波斯皇帝,身穿皇袍,头戴皇冠,要求所有视见皇帝的人须行跪拜之礼,并宣扬自己是罗马大神朱庇特的后裔,被奉为神明。

　　为了加强统治,戴克里先进行了一系列改革。为了防止人民起义和外族入侵,他下令把帝国分成四部分,由其 3 个副手和他共同统治,即所谓"四帝共治制"。四帝中有两个正职,由戴克里先和马克西米安担任,称奥古斯都;两个副手称"恺撒"。并规定"奥古斯都"任职二十年,二十年后,将权力交给"恺撒",并将他们收为奥古斯都的继子或女婿,其目的是用亲缘关系巩固统治,防止发生军事政变或宫廷政变。但实际上,在戴克里先统治时期,最高权力仍属戴克里先。为了防止行省的分裂倾向,他重新将帝国划为 100 个行省,分属几个行政区。行省中实行军政分立,行省总督不再掌握军队。此外,戴克里先还对军队进行了改编,将军队的编制增至 72 个军团,军种分为边防军和巡防军,并招隶农和蛮族加入军队,使军队进一步蛮族化。为了扩大税收,戴克里先改革了税制,对农村人口一律收土地税和人头税,对城市人口收入头税。此外,还进行了币制和物价方面的改革。

　　公元 305 年,戴克里先宣布退位。随着戴克里先的退位,四帝共治制也随即破灭,在他的继承者之间发生了相互敌对的斗争。312 年,君士坦丁一世在罗马的米尔维桥打败了罗克森提乌斯(马克西米安的儿子),从而成了西部的唯一皇帝。次年,李锡尼乌斯获得了对东部的毫无异议的控制。这样在罗马历史上又出现了两个皇帝共治的局面。323 年,君士坦丁击败李锡尼乌斯,从而成了罗马世界的唯一统治者。

　　君士坦丁在其统治期间,首先废除了"四帝共治制",加强皇帝的个人独裁统治,他任命三个儿子为恺撒,授权治理帝国各地。君士坦丁三世掌管西班牙、高卢和不列颠;君士坦丁西乌斯三世管辖叙利亚、埃及等省;君士坦图斯则治理意大利、伊利里亚和北非。君士坦丁的三个侄儿分别统辖北部边区和黑海一带。君士坦丁自己则直接控制帝国的核心地区:巴尔干、色雷斯和小亚。这种实际的分权管理由于有四个近卫军长官的存在而得到了保证,这四个近卫军长官领导着四个行政区:东方、伊利里亚、意大利和高卢。不过,这时的近卫军长官已经失去了其军事性质。

　　君士坦丁完成了戴克里先的官僚改革,增加了官僚职位,扩大官僚人数。同时实行官阶制,以严格的等级划分全国官员,按阶品授以尊贵的头衔,并享有一系列特权。这些特权包括:免纳租税,免除在市政机构中服役,免受拷打;也包括:可以进入宫廷,职管元首的审判等。高级军政官员完全由皇帝指派,效忠皇帝是他们的职责。皇帝的意旨已经成了唯一的法律。皇帝本身也已神化,凡是涉及皇帝本人的一切措施均冠以"神圣的"形容词。在军队方面,君士坦丁取消了近卫军,而用皇帝直接控制的宫廷亲卫队来代替它。这样,近卫军长官也就失去了其军事势力。军事领导权则交给"军事长官"和他的副手"骑兵长官"手中。同时,他又降低了边疆驻军的重要性和实力,使之变成地方民兵性质,由地方将领指挥。此外,他还大大地增加了军队中的日耳曼人的比例,大量接受日耳曼人在内地和边防内服役,有的甚至进入了宫廷亲卫队。四万名哥特人构成了"联盟者"的一支特殊的队伍,他们从帝国政府那里领取饷银,并为帝国服务。

为了表示专制政体的彻底建立,君士坦丁永远离开了罗马,并于 330 年正式宣布拜占庭为帝国的首都。罗马的元老院被迁到新的首都,新首都建立起了华丽的政府建筑物和神庙,并取名君士坦丁堡,意则君士坦丁的城市。从此,君士坦丁堡比罗马城占有了更重要的地位。君士坦丁的迁都表明,罗马城在帝国统治区内的位置日趋下降。

为了巩固帝国的统治,君士坦丁顽固地执行维护奴隶制的政策。他重申主人有权处死奴隶,准许父母出卖子女为奴,加强对逃亡奴隶及其煽动者的刑罚。被释放的奴隶如有"无礼"行为,奴隶主有权将他重新收为奴隶。332 年,他又颁布敕令,禁止隶农从一个庄园逃到另一个庄园。任何人,若在他的地方内发现别人的隶农,不但应把发现的隶农送回原地,而且应该负担隶农在这期间(即在他的地方上生活期间)的人头税。至于隶农自己,凡是有意逃亡的就应该被束缚于不自由的地位,他们在这种奴役地位的惩罚下,就会被迫去完成与自由人相当的任务。君士坦丁还将手工业者进一步固定在他们所属的公会里,强制他们共同负担国家向他们分摊的赋税和徭役。317 年颁布的一项敕令说:"造币厂的工匠要一辈子处于其现有的地位。"有些在皇帝作坊里工作的手工业者,还被打上烙印,以防止逃跑。君士坦丁把隶农和手工业者固定在土地上,限制他们的自由,实际上就是把他们重新降到奴隶的地位。

313 年,君士坦丁颁布"米兰敕令",承认基督教的合法地位,同时还决定偿还他们先前被没收的财产,免除教会神职人员的徭役,使基督教成了罗马皇帝对内实行统治的精神工具。

3.帝国的分裂

戴克里先、君士坦丁的统治,虽然缓和了三世纪危机的一些方面,但不能从根本上挽救正在没落的奴隶制度。相反,奴隶和其他劳动者的处境更加恶化,奴隶及接近奴隶的隶农与奴隶主之间的阶级对立和斗争,在这一时期发展到了空前广泛、激烈的程度。

帝国后期的社会经济,各地情形不一。帝国西部奴隶制发达的地区,农业、手工业、商业继续衰落,农村荒芜,城市萧条,社会经济表现出更严重的自然经济特色。帝国东部也经历衰落的过程,但有些行省表现较缓,有的地区经济还稍有发展。

帝国后期的社会阶级关系,以隶农地位下降为其突出表现。隶农一般耕种土地 20 犹格。他们的收获,一般约缴 1/3 给地主,还要给地主尽一些其他义务,交给国家的赋税,又约占 1/3,加上地方的摊派、官吏的敲诈,所剩无几,生活非常困苦。因此,隶农逃亡,参加起义,成为普遍现象。从君士坦丁到以后历代皇帝,都针对隶农制定了一系列法令,规定窝藏逃亡隶农者处以罚金;主人在出卖土地时,须连同隶农一起出卖;隶农不得与自由民结婚;隶农无权控告主人;隶农当兵,须经主人允许;隶农没有财产权,无权出卖农具和收获物。国家对土地、隶农和农业奴隶每五年调查一次,依据调查结果征收赋税。与此同时,手工业者、商人则被固定在同业公会组织中,公会成员应缴的税款、实物及应承担的徭役,由该公会负责。市议员也被固定在公职上,负责监督市民向国家缴税。对逃避的市议员,规定严厉的惩罚,或鞭打,或下狱,直至处死。4 世纪末的法令规定,在城市应缴税款不足或不能按期上缴的情况下,应处死三个市议员。因此,市议员逃避义务或逃亡的情况更加严重,有的弃家逃走,有的去当兵,等等。所以城市中的这一阶层,到帝国末期只剩下原有人数的十分之一。

在 337 年君士坦丁死后,帝国统治集团又发生了十六年争夺皇位的混战,随后也无法建立稳固的政权。提奥多西(379~395 年)虽曾一度恢复统一,但他死后把帝国分给两个儿子,于是帝国于 395 年正式分裂为二:西罗马帝国(首都罗马)和东罗马帝国(首都君士坦丁堡)。至此,统一的罗马帝国不复存在,昔日罗马的繁荣景象亦一去不复返了。人民贫困,人口锐减,经济衰败,城乡萧条,政局混乱,国家分裂,这一切便是罗马帝国的末日迹象。

4.西罗马帝国的灭亡

继三世纪大规模的奴隶和人民起义之后,4 世纪 30 年代,在北非又爆发了阿哥尼斯特(意为争取正义信仰的战士)运动,参加起义的有奴隶、隶农、贫农和柏柏尔人。他们到处打击大土地所有者和奴隶主,烧毁奴隶名单和债券。起义虽被罗马帝国重兵镇压,但沉重地打击了罗马帝国的统治。4 世纪末期,在多瑙河下游居住的西哥特人,由于受到匈奴人的压迫,经罗马皇帝的允许,越过多瑙河进入色雷斯地区居住。不久,由于不堪忍受罗马统治者的压迫,举行大规模起义。公元 378 年,罗马皇帝瓦伦斯亲率大军前往镇压,结果全军覆灭,瓦伦斯也被打死。此后,提奥多西也前往镇压,但同样没能取得胜利,遂把色雷斯和马其顿让给起义者居住。395 年,西哥特人在阿拉里克的率领下又掀起起义,并进攻意大利。与此同时,日耳曼部落的汪达尔人和勃艮第人也从北方进攻意大利。410 年,阿拉里克围攻罗马,得到城内奴隶的响应。内应的奴隶打开了城门,被称为"永恒之城"的罗马陷入奴隶和蛮族人的手中。西哥特人洗劫了罗马之后,又进入高卢和西班牙,于 419 年在高卢南部和西班牙北部建立了西哥特王国。汪达尔人此时则进入西班牙南部定居,后来又渡海进入非洲的西北部,在迦太基故地建立了汪达尔王国。455 年,汪达尔人渡海进攻意大利,再次洗劫了罗马。

4 世纪末,匈奴西迁进入欧洲中部。五世纪中期,匈奴王阿提拉率大军攻入东罗马境内,东罗马战败求和。此后阿提拉又两次进军意大利。尽管罗马人联合西哥特人和法兰克人最后战胜了匈奴人,但是匈奴人给予西罗马帝国的打击是异常沉重的。此后,帝国在奴隶、隶农起义和蛮族入侵的双重打击下,已经奄奄一息。

到 5 世纪 70 年代,西罗马帝国已经土崩瓦解。西哥特人统治西班牙,汪达尔人统治非洲北部,高卢则成为法兰克和勃艮第人的天下,意大利则被东哥特人统治。西罗马皇帝已成为日耳曼人雇佣军手中的傀儡。476 年,日耳曼雇佣兵的首领奥多雅克废除了罗马最后一个皇帝慕洛,西罗马帝国从此不复存在。

罗马军队袭击村庄

西罗马帝国的灭亡是西欧奴隶社会结束的一个标志。在此之后,封建制生产关系在西欧成长起来。东罗马帝国尽管由于历史和社会经济方面的原因,没有同西罗马帝国一起灭亡,但也同样经过奴隶起义和外族入侵的过程进入封建社会。

西罗马帝国末期尽管封建的生产关系萌芽已经成长,但是旧的奴隶制生产关系还有相当的基础,腐朽、保守的上层建筑还在顽强地维护旧的生产关系,从而使罗马奴隶社会走入绝境。而长达两个世纪的大规模的人民起义和外族入侵推翻了奴隶制生产关系的最后依托——罗马帝国政权,终于导致罗马帝国的灭亡,从此,西欧历史进入了封建时代。

古代柬埔寨与中国的友好交往

公元 1 世纪中国东汉时期,称柬埔寨为"扶南"(高棉语"扶南"意为"山")。3 世纪时,东吴政权派康泰、朱应为专使出访扶南,扶南王范旃又遣使回访。康、朱二人分别著有《扶南异物志》和《吴时外国传》(现已失传)。6 世纪时,扶南衰落,又兴起另一王国,我国史书称之为"真腊",与中国唐朝往来频繁。8 世纪初,唐玄宗开元、天宝年间,真腊王子率随员 26 人访唐。代宗大历年间,真腊副王婆弥携妻来访,赠大象 11 匹。9 世纪初,唐宪宗元和年间,真腊还有使节访唐。唐朝有不少商人在真腊经商,当地人称中国商品为"唐货"。中国元朝时,仍有使者往来。13 世纪末,周达观随元使出访真腊,其时正是真腊吴哥王朝的极盛时期。周达观所著《真腊风土记》中,生动描述了当时国都吴哥城的建筑、雕刻和当地人民的经济活动、日常生活,也记载了与中国人民的通商友好关系。明代万历年间有柬埔寨之称谓。

占婆国家的兴衰

占婆系占婆补罗的省译（"补罗"梵语意为城），我国古书中称为"林邑""环王"或"占城"。占人在今越南中部地区建立占婆，秦汉时为中国郡县。198年，区逵乘汉朝势衰自立为王，建立国家。占婆深受印度文化影响，信奉印度教和小乘佛教。与中国关系密切，交往频繁。与邻国常有战争发生。982年，首次遭到越南前黎朝的进犯，首都沦陷，国王毙命，并被迫把首都迁往南方的佛誓城（今平定省）。1044年，越南李朝的军队再度来犯，杀死国王和众多无辜百姓。1069年，越南李朝三次侵犯，攻陷佛誓城，国王被俘，并被迫割让布政、地哩、麻令三州给越南。12世纪时，柬埔寨的吴哥王朝为与李朝争夺占婆，于1145年曾一度占领首都佛誓城。14世纪初，沦为越南陈朝的附属国。占婆王制蓬峨统治时期（1360~1390）国力强盛，不仅收回被越南掠去的领土，而且几度攻陷其首都升龙（今河内），并俘获其皇帝。制蓬峨死后，岘港以北地区重新被陈朝侵占。1471年大部领土被越南后黎朝侵占，国力大为削弱。1697年最终被越南南方阮氏所灭。

日本的文字

由于文字对文明进步是有决定作用的，所以，对日本人来说他们从中国引进文字是个不幸。如果他们能发展或引进一种表音或字母系统，书写他们的语言就会变得相对简单了。汉字——基本是象形的或表意的，与发音关系极不明确——已发展成一个复杂的体系并被用来创造了中国文学的杰作；但它们表达日语却很别扭。与中文不同，日语是表音的，想用汉字写出日语就像试图用汉字写出英语一样困难。然而，日本人为此努力奋斗，终于发展出一套自己的文字——准确地讲，是一套文字的两种形式。虽然原来的汉字被大量删减，而且在9到10世纪又统一了日语音节的音值，结果仍是十分麻烦。从那时起，学写日文——这个有48个音节符号和1850个不能取消的汉字的文字系统就成为一件非常吃力的事情。这种文字系统与其口语的结构、曲折变化和其他特性的大相径庭严重阻碍了表达的清晰。为了弥补这些缺点，大量的汉字被采用进日文中，使它在词汇和概念上都极大地丰富了。由于中文的环境，一个希望受教育的日本人几乎必须学习中文，因为它是几乎一切文学名著的载体。在好几个世纪里，日本学者、官员和文人都用中文文言写作，这与中世纪及其以后受过教育的欧洲人写拉丁文有点相似，但那些欧洲人也说拉丁语，而日本人说汉语的却很少。

佛教在日本的立足

6世纪中期,佛教开始在日本立足。据说第一个佛教传教者来自朝鲜;后来这种新信仰的传播者不仅来自朝鲜,也来自中国甚至印度。和在中国一样,大乘佛教由于它高深的理论和强调拯救灵魂而显得最为著名。正如在中国一样,许多新的教派时时刻刻在日本兴起。佛教在日本的出现引起了比它几个世纪前传入中国时可能大得多的震动。中国人至少通过道教比较熟悉了那些神秘的概念,但日本人以前从未有过无论是这种宣扬"来生"的宗教还是其他类似哲学的经验。佛教对日本人的号召力部分在于它的新奇。佛经提出了显然日本人以前闻所未闻的问题——例如灵魂,非物质世界的本质,死后的果报等——然后又以令人折服的雄辩来回答它们。在一段时间内,为是否应该接受这种外来的信仰发生了尖锐的辩论(第一尊来自朝鲜的佛像在一种传染病流行时,被扔进了河沟)。然而,一个显赫的贵族家庭苏我氏接受并支持佛教,并说服皇族也支持它。因此,到6世纪末,佛教在日本已经成功地扎了根。从某种意义上讲,它的成功归因于政治策略和权宜之计。苏我氏家族帮衬佛教是为了提高它自己的威望而且通过这种宗教超自然的力量来确立自己在与敌对家族的斗争中的优势。佛教在平民和贵族中迅速获得大批信仰者,而且发展得如此稳定,以至无论那些相互斗争的氏族势力如何变化,它的地位都是坚不可摧的。它的普遍流传也许是因为它被解释为一个神奇的保护者,使人在今生来世都避免灾难而不是因为它的哲学遗产。尽管如此,对佛教教义的不断熟悉激发了人们的知识活力,并有助于培养同情和仁慈的态度。

佛教在日本的传播的最有意义的方面是它所表明的那样,是一种传播中国文化的最有效的媒介,尤其是艺术、建筑和文学。寺庙和神龛建立起来了,佛教的绘画和造像出现了,佛教的经典也积累起来了。贵族阶层中的信佛者经常去中国学习,开了眼界之后带着高雅的姿态回来。日本土著的信仰这时开始被称为"神道",虽然没有被消灭,但它在与佛教的接触中显然受到很大影响。两种宗教之间很少有对抗。日本的佛教染上了民族传统色彩,而且对同一个神龛,两种信仰都认为是神圣的。日本的僧侣,无论是佛教的还是神道的,都和中国僧侣一样,没有建立一种对人民实行严酷统治的僧侣政治,尽管佛教寺院由于获得大量土地而在经济上显得十分重要。

日本向中国求教

在盛唐时代,中国文明对日本的影响达到了高潮,它标志着日本社会演进的一个转折点。这段时间日本人贪婪地向中国寻求教导,这一点也不奇怪。在唐朝头几个皇帝统治下的中国是世界上文明最发达,实力最强大的国家之一,在远东没有实力相近的对手。

在整个7、8世纪,大和政府向大唐朝廷派出一系列的使节,很重要的目的之一是为了搜罗科学、艺术和文学上的人才。结果深刻地影响了日本社会的每一个方面。中国的医药、军事、筑路方法都被引进了;建筑风格、家具陈设甚至服饰都被照搬过来。中国的度量衡制度被采用了,铜钱也开始有限地流通,尽管几个世纪以后货币经济还没有完全取代易货贸易。许多艺术品很早就被引进和复制了,但这时日本的画家和雕刻家才开始展示他们的精湛技艺和创造力。中国的典籍,尤其是儒家典籍被日本人认真学习,因为每一个教养好的人都要求熟悉它们。随着这些具体而明显的革新,一种按中国方式改变社会结构的尝试也开始了。新的强调家庭和睦和孝顺父母的理论出现了,它也要求祭祀祖先的责任。日本的统治者和知识阶层似乎已下决心照中国的样子再造他们的国家了。

最全面的改革计划是按照唐朝的模式来改组政府。它是由一个被称为"大化改新诏书"的敕令宣布的。这个诏书是由大和的统治者在一个学者改革集团的督促下发布的。这个诏书,而不是公元前660年那个神话事件,标志着日本帝制的建立。从文化改新诏书的颁布起,统治者起的作用不再仅仅是一个氏族首领,而是一个拥有无上权力的皇帝,尽管他还宣称遵守儒家准则。整个日本被划分成国、郡、里几级行政区,每一级由中央从民众中选拔任命的官吏来管理。改革者们忠实地仿效中国的样子,设立科举制度,通过考试来选拔官吏,选拔的标准不是对日本的问题是否熟悉而是对中国哲学和古典文献是否精通。为了给新的统治制度一个经济基础,也为了让它直接统治人民,改新诏书宣布,土地全归天皇所有,每六年在农民中平均分配一次。反过来,每个土地所有者都被要求直接向国家纳税(实物、货币或劳役)。

日本政治制度的巩固

总而言之,7世纪的改革是所有统治者进行过的改革中最有魄力和抱负的一次。它的目的是把一个文化发达、传统深厚的民族经过几乎一千年的发展而产生的统治制度嫁接给一个仍然相当原始的社会。与此相似,它还努力把日本一部分地区的政体推广到整个地区,而它的大部分还几乎没有走出新石器时代。在采用这种中央集权的家长式统治时,中国原型的一个侧面被想方设法地避开了;就是说,皇权是以公众幸福的增进为条件的,它可能被人通过造反这种最高形式来终止,如果它不能实现这一目标的话。大和统治集团试图使学者型官吏组成的官僚机构依附于一个由万世一系的家族统治的政府,它的最高统治者有不可冒犯的神格。为了加强天皇的威信,他是天照大神后裔这一神话被空前地强调。他被看成是"万世一系"的化身而且他本人即是神——与中国皇帝"受命于天"的有条件和暂时的神性迥然不同。除了中国和日本的这方面官方理论的根本对立外,对于政治权威的根基和限度,在实践中也有显著差异。中国有许多不同的朝代,大多数是通过造反或篡权建立的。但当一个有作为的皇帝即位后,他通常能够有效地有时是独断专行地治理国家,正如每一个主要朝代的开头几个皇帝的实践所证明的。而在日本,无论是社会内部暴力的或革命性的变化还是对外的关系,都没有改变和废黜过皇室;在皇家神性的偶像被精心维护着的同时,大部分实权都是被其他家族、机构和集团打着皇室的神圣旗号掌握着。自从日本企图照搬中国的统治机器以来,"间接治理"就成为一种制度而不是例外,只偶尔被几个名义上的天皇统治阶段取代过。

由于那些固有的困难,7世纪的改革计划没有完全成功是不足为奇的。新的统治制度只是纸上谈兵,并没有真正实行。以前只有有限的并且很大程度上是礼节性权威的皇族不能够强迫边远地区绝对服从它,而贵族传统过于强大,难于立即打破。天皇实行的是任命氏族首领为他们自己领地上的官员而不是派忠实的奴仆去取代他们。这样,那些当地的巨头们获得了新的头衔并保留了他们以前的大部分权力。那些渴望在政府中获得一席之地的人们有了科举考试这一阶梯,而重要的职位几乎总是给贵族成员保留的,较低阶层的有才能者发现他们自己只能做下属和杂务。为了给统一的税收体系打好基础,宣布了"班田制",它却是最令人颓丧的失败。它是在中国的社会利益在于土地这一思想的激发下产生的,这种思想谴责任何个人为了私利而霸占土地,指出土地应该在耕作者中平均分配。这只是一种中国的理论,在日本它是完全不现实的。后来大的土地所有者设法逃税,增加了贫苦农民的负担。有些人完全失望,弃田逃走。这样,可收税的土地越来越少,天皇又把土地赐给大臣或佛寺,更使这种状况加剧。再以后,这种定期重新分配土地的制度只在已开垦为稻田的地区实行,这是个相当小的范围。边远地区的氏族从土著居民手中征服的和开荒得来的土地被认为是私人所有,不计入向天皇纳税的比例。结果,经济的发展不是增加了而是减少了中央政府有效控制的土地。朝廷越来越依赖于皇室直接所有的土地上的收入而不是确保从税收中获得大量收入。

虽然中央政府没有完全达到它的目的,它却把文化水平成功地提高到一个令人钦佩的程度。7世纪以前,即使在大和地区也没有一个全日本的固定首都,实际上也根本没有城市。日本人为唐朝的首都——伟大的长安城所倾倒,他们决定仿照它建造一座城市作为皇家的大本营。从710年起他们在现在的奈良附近,忠实地仿效中国的样子建设都城。它也有宽阔的街道和整齐排列的方形里坊,不过它没有城墙,也比长安小得多。尽管如此,它比起城中的人口来还是太大了。794年,在京都建造了一座更加壮观的都城,从那时起它一直是一个重要城市。这两座在皇家主持下建成的城市有宫殿、庙宇和其他公共建筑物,他们也使各种艺术发展起来。以历史著作、论文和文学为内容的学术事业在宫廷里也日益繁荣。不管官僚集团有没有真正的社会责任心,它的成员们都能从精心学习汉语文言、翻译佛经、绘画或按中国的相当严格和矫揉造作的格律去作诗中寻找乐趣和通过它们提高社会威望。对礼仪方面的修养也受到相当的重视。宫廷内的生活越来越颓废和浮华,但也给了一些艺术和知识方面的天才以优雅的环境。这一时期日本最好的文学作品都出自贵族和皇室妇女之手。她们的那些在10到11世纪显得卓越不凡的贡献主要是散文,特别是日记形式的,也包括一部相当著名的爱情小说(《源氏物语》)。这一事例表明,妇女,甚至是宫廷中的妇女,没有按男子的标准受教育是多么幸运。"当这个时代的男子自鸣得意地写着莫名其妙的中文时,他们的夫人们却以写优美的日文来安慰自己的缺乏教育;而且是不经意地创造了日本最伟大的散文作品。"

古加纳国家建立

公元 300 年前后,在西部非洲的塞内加尔河至尼日尔河中上游地区,建立了加纳国。到 622 年,加纳已有过 22 个国王相继在位,后来又有 22 个国王执掌政事。约 790 年,索宁凯人(黑肤色曼迪人的一支)的领袖卡亚·马加·西塞夺取了加纳政权,确立西塞·通加(索宁凯语,意为国王)王朝的统治,延续达 3 个世纪之久。9 世纪~11 世纪,加纳王国进入盛期。其版图包括撒哈拉沙漠以南,万加腊(尼日尔河与塞内加尔河的黄金产地)以北,台克鲁尔、锡拉(塞内加尔河下游地区国家)以东,及廷巴克图以西的广大地区。约在 1040 年,加纳王国北部游牧的柏柏尔人部族,伊斯兰教化的桑哈扎人兴起,在撒哈拉西部和北非的摩洛哥建立了疆域广大的穆拉比特王国。1062 年,穆拉比特王国挥师南下,侵犯加纳被击退。加纳还乘机合并了巴布克和万加腊两个产金地,掳获大批奴隶。1076 年,加纳未能抵挡穆拉比特王国的又一次猛烈攻势,首都昆比沦陷,加纳居民沦为奴隶,并被迫改宗伊斯兰教。经过长达 11 年的反复斗争,加纳于 1087 年赶走了侵略者。

笈多王朝在印度建立

公元 3 世纪,占有中亚和南亚次大陆北部地区的贵霜帝国已经衰落,次大陆又分裂为诸多小国。4 世纪初,摩揭陀地区(今比哈尔)的一个小国国王旃陀罗笈多与梨车族的一个公主结婚,并由此取得华氏城,建立笈多王朝(320~540),王朝的创立者旃陀罗笈多称为月护王。他在位 15 年(320~335),使邻近各小君主服从他的统治,并向西进到钵罗耶伽。在他儿子海护王时期(335~380 年),把国家的边界向西扩展到印度河,向东扩展到布拉马普特拉河,并使旁遮普、摩腊婆、提婆迦(东孟加拉)、迦摩缕婆(阿萨姆)等成为附属国。他开始远征南印度,到达今马德拉斯,遭到泰米尔人的反抗,转而向西,横渡德干,达到坎维德,带了大量战利品回到华氏城。他的儿子超日王在位 35 年(380~415 年),继续其父的武功,击败了摩腊婆、瞿折罗和迦提阿瓦尔的统治者,扩大了国家的版图,并将首都迁到阿渝陀。此期间国内经济发展较快,与中亚和远东各国商业交往日渐增多。文学艺术也得到发展,古代的口头文字得到整理,阿旃陀的壁画美丽动人。自 5 世纪中叶国家开始衰落,藩臣开始起事。6 世纪初,来自中亚白匈奴人逐渐占有整个西部地区,先前的藩臣脱离了王朝而独立。6 世纪中叶,笈多王朝的统治已只限于摩揭陀地区。

朝鲜北部出现高句丽国家

据中国史书记载,公元前3世纪~前2世纪,在朝鲜北部的咸镜南道、江原道地区有原始的沃沮等部落,他们处于氏族制度的末期,还没有形成国家。公元前2世纪初,燕国人卫满入主朝鲜,自立为王。公元前108年,汉武帝扩张疆土,灭了卫氏政权,并在朝鲜北部设立乐浪等4郡。原住在鸭绿江中游一带的高句丽部落逐渐强大起来,先后征服沃沮等部落,以辑安(今吉林省集安市)为中心建立了国家。4世纪时,乘中国汉朝政权的削弱,占领了辽东。到4世纪末,消灭了以平壤为中心的汉政权,进而北伐契丹,南攻百济,俘获大量人口作为奴隶。到广开土王统治时(392~412),是国家的兴盛时期,其版图北起辽东,南到半岛中部。427年,将都城从辑安迁到平壤,为向南方发展创造条件。为争夺半岛的南部,曾与百济、新罗不断进行战争。最后于668年被中国唐朝军队所灭亡。之后,唐朝在高句丽故地设置安东都护府,派薛仁贵为都护,驻军2万,施行军政统治。

阿克苏姆国家的兴衰

大约于公元前1000年,地处埃塞俄比亚北部的阿克苏姆城已经出现。约在2世纪~9世纪,这里出现了一个独立的国家。阿里苏姆的阿杜里斯港是红海贸易的重要集散地,这里繁荣的海外贸易,使阿克苏姆成为3世纪时世界四大强国(巴比伦与波斯、罗马、中华帝国、阿克苏姆)之一。3世纪,阿克苏姆征服也门,从此几乎囊括了红海商路的全部过境贸易。4世纪时,阿克苏姆王埃扎纳(320~325在位)统一了埃塞俄比亚北部,征服苏丹的麦罗埃王国,成为东非和红海地区的当然统治者。在他统治时期,阿克苏姆国改宗基督教,统一了文字,发展了基督教文化。4世纪~6世纪,阿克苏姆国家进入盛期,在国际舞台上充当了十分重要的角色。它同波斯、罗马及早期伊斯兰教势力都有不同程度的往来,也参与了拜占庭和波斯争夺红海商路的斗争。525年,在拜占庭策动下阿克苏姆吞并了也门。570年波斯夺取也门,又侵占了阿克苏姆部分海岸属地和通商城市。7世纪以后阿拉伯国家兴起,东西方贸易商路北移,红海贸易趋于衰落。加上北方游牧民族贝扎人的侵扰,阿克苏姆国势日衰。10世纪末(976年),埃塞俄比亚中部阿加乌部族女王古迪特领导了反阿克苏姆征服的斗争,其间焚毁各处教堂和城市,把所罗门王室驱赶至南部埃塞俄比亚。阿克苏姆国家从此一蹶不振。

拜占庭帝国的奠基

公元330年,罗马皇帝君士坦丁大帝把首都从罗马城迁至博斯普鲁斯海峡欧洲一岸

公元 2 至 9 世纪时候,阿克苏姆城建造的方尖碑,壮观宏伟。

的古城拜占庭,易名为君士坦丁堡(即君士坦丁之城),是为拜占庭(即东罗马帝国)的开端。拜占庭是古希腊城邦麦加腊在东方建立的殖民城市,因建城的移民之首领拜占兹而得名。君士坦丁在此建"新罗马"之前,此地因旧时罗马军队的破坏,还只如一个村庄大小。它位于马尔马拉海的一个海岬上,隔着博斯普鲁斯海峡同小亚海岸相望,控制着黑海和地中海间的唯一水上通道。它的海岸线由高耸的岩石构成,其东北方向的古河道入海口,构成了深入内陆的天然港湾,被称为"黄金角"。陆上一面则是凹凸不平的巴尔干丘陵地带。因它接近古代西亚文明发源地,又是当年马其顿亚历山大大帝建立的希腊化文明区的重要中心,在文化上也具备得天独厚的优势。加之位于富庶的色雷斯平源,与帝国的粮仓——小亚细亚仅一海峡之隔,又扼东西方商业贸易之要道,因此"新罗马"竣工后,迅速成为欧亚非三洲最为闻名的城市,帝国最重要的政治、文化、宗教、贸易及经济活动的中心。从君士坦丁大帝起,数位东罗马的皇帝先后修建、加固和延长了从黄金角到马尔马拉海岸的长城,使之成为易守难攻的天险。从此,君士坦丁堡在博斯普鲁斯海峡上屹立千年之久,数经围攻而不克,成为拜占庭帝国的象征和帝国历史的见证。

米兰敕令颁布

罗马帝国晚期,基督教在罗马帝国境内广泛传播,并逐渐被罗马统治者所接受。313年罗马帝国皇帝君士坦丁为更有力地统治罗马,与东罗马皇帝李锡尼在意大利的米兰城达成协议,联合发表《米兰敕令》,亦称《宽容敕令》。敕令申明各种宗教都享有同等的自由,承认基督教和基督教教会的合法地位,基督教徒享有各种合法权利,发还被没收的教会财产。《米兰敕令》是罗马统治者从迫害转为利用基督教的标志。

东罗马召开全帝国宗教会议

4世纪初,亚历山大城的大教会主教与以阿利乌为首的神甫集团就基督教教义的解释问题引起争论。318年亚历山大城主教革除阿利乌派神甫的职务,两派通函帝国各地教会互相攻击,导致各地教会卷入长期纷争。东罗马皇帝君士坦丁一世为调解基督教各教派之间的论争,加强皇帝对教会的控制,于325年在小亚细亚的尼西亚城召开全帝国范围的宗教会议。会议由西班牙哥多瓦主教何西乌主持,帝国东部及非洲约300名主教参加,罗马主教仅派两名代表参加。会议强制性地制定了基督教教会的统一信条,确认圣父、圣子、圣灵三位一体。宣布不接受此条的阿利乌派为异端,开除其教籍。会议制定了加强教会权力的教会法规,确立亚历山大和耶路撒冷两教会的主教分别在各自地区有超出一般主教的更大权力。会议规定主教由皇帝任免,从而加强了皇帝对教会的控制。尼西亚会议在基督教史中称为第一次公会议。它是基督教成为罗马帝国国教的标志。

狄奥多西一世召开基督教普世会议

381年罗马皇帝狄奥多西一世为解决基督教内部因对教义解释而引起的争执,在君士坦丁堡举行基督教第二次普世会议,约有150名东派教会主教参加。会上确认了尼西亚会议制定的基督教教会统一信条即《尼西亚信条》,详细阐述了圣父、圣子、圣灵三位一体论教义。谴责君士坦丁堡主教马其顿尼关于圣灵纯属受造者的说法,宣传阿利乌斯等为异端,并规定君士坦丁堡主教的地位仅次于罗马主教。5世纪~6世纪,德奥道罗、狄奥多莱、依巴斯三位主教相继发表文章反对基督一性论,强调二性论,在教会内再次引起争论并形成案件,教会史中称"三章案"。553年,东罗马皇帝查士丁尼一世为终结"三章案",在君士坦丁堡召开主教会议,即第五次普世会议。东派教会150余名主教到会,西派教会仅有6名主教出席,会议谴责了德奥道罗第三名主教。7世纪君士坦丁堡主教塞尔琪提出,愿随西派教会信仰基督具有神人二性教义,但要求对方信仰耶稣只有一个神的意志。东罗马皇帝厄拉克和君士坦丁二世相继于638年和648年发布谕旨,令全国信从一志论。西派教会则极力反对,680~681年,君士坦丁四世召开主教会议,即第六次普世会议。会议谴责一志论,宣布此说为异端,并惩罚塞尔琪,将耶稣有神和人的意志定为信条。9世纪东西派教会间因佛提乌在职一事发生争执。869~870年,罗马主教阿德里安二世的代表在君士坦丁堡召开的主教会议即第八次普世会议上,惩罚佛提乌,禁止俗人干预主教选举,谴责圣像破坏运动。

基督洗礼和 12 使徒局部放大图。

耶稣升天节确定

据《使徒行传》第一章记载，耶稣复活后多次在使徒面前显现，第40天当着众使徒的面升上天。耶稣升天被列入《使徒信经》的条文中。基督徒相信，耶稣死而复活后享荣耀、被高举，回到天父身边，因此耶稣升天有重大意义。3世纪与4世纪之交，耶路撒冷教会确立复活节后第40日（大约在5月1日~6月4日之间）为耶稣升天节。

圣诞节确立

基督教会内有关耶稣基督诞生之日各说不一，甚至基督教最早的文献中也没有记载其出生的日期。开始定12月25日为耶稣诞生之日大约是在4世纪，这一天是当时流行的古伊朗人崇拜的正义之神密特拉的生日。后来基督教会承袭这一习俗，将此日定为基督教重要节日之一的圣诞节，以纪念耶稣的诞生。圣诞节期间教堂举行弥撒，装饰象征奋斗生存的常青树。圣诞树起源于德国，德国人于圣诞节前夜在家里布置一株象征伊甸园之树的圣诞树，挂上象征圣饼的小甜饼，点燃象征基督的蜡烛。18世纪以后圣诞树盛行于欧洲,后又由德国移民带入北美。圣诞节不仅是基督教的节日,同时也是普遍庆祝的世俗节日,因而有探亲访友、馈赠礼品等各种庆祝活动。

基督教迅速发展

313 年,君士坦丁大帝承认了基督教的合法地位,330 年又迁都于希腊化文化的中心君士坦丁堡。从此,基督教摆脱了以往受官方压抑的地位,被越来越多的人们所接受,以不可遏制之势在希腊化文化沃土和拉丁文化地区迅速发展起来。4 世纪中叶以后,以城市为中心的基督教在罗马各级统治者支持下,已压倒了罗马的异教诸神。375 年,格拉先皇帝正式取消了自奥古斯都起罗马皇帝所一直兼有的罗马神庙"最高大祭司"的头衔,并禁止向神庙献祭。328 年格拉先又下令,使帝国西方的教会接受罗马主教管辖。到狄奥多西大帝时期(379~395),基督教的地位继续上升,异教及异端活动受到更严格的限制。392 年,狄奥多西下令关闭异教神庙,停止一切异教献祭活动,基督教的独尊地位进一步确立。5 世纪初,基督教进而获得了各种政治、经济特权:如教会的司法自治,教会法庭对世俗法庭的干预,教会和教堂"圣地"的豁免权、避难权、教产的免税权等。

日耳曼和斯拉夫民族大迁徙

4 世纪后半期,各"蛮族"部落人口不断增长,迫切需要扩大新土地。4 世纪末,匈奴人西迁至黑海北岸,征服了伏尔加河、顿河一带的游牧部落,形成以匈奴人为首的部落联盟。375 年匈奴进攻东哥特人(黑海北岸),之后又联合进攻西哥特人,于是开始了以日耳曼人为主的各"蛮族"部落长期迁徙、转战、征服、建立国家的历史(4 世纪末~6 世纪末)。西哥特人西迁,转战意大利,一度攻下罗马城(410 年),再经高卢入西班牙,建立"西哥特王国"(高卢西南部和西班牙北部,419 年);汪达尔人西迁渡莱茵河入高卢,转徙至西班牙,迫于西哥特人进攻,进入非洲,建立"汪达尔王国"(439 年);勃艮第人进入高卢南部,建立"勃艮第王国"(457 年);法兰克人进入高卢北部,建立"法兰克王国"(481 年);东哥特人、伦巴德人先后进入意大利,分别建立"东哥特王国"(493 年);"伦巴德王国"(意大利北部和中部,568 年);盎格鲁·撒克逊人、裘特人(日德兰半岛)进入不列颠(5 世纪中叶),在岛的东部和南部建立了一些小部落公国,6 世纪末~7 世纪初联合成 7 个王国(苏塞克斯、威塞克斯、埃塞克斯、东盎格里亚、麦西亚、诺森柏里亚、肯特王国)。随着日耳曼人的西迁,斯拉夫人也开始了迁徙。600 年前后,亚得里亚海以东的斯拉夫人越过多瑙河进入巴尔干半岛,占据了除希腊南部和伯罗奔尼撒少数沿海城市外的巴尔干半岛,当地居民(除阿尔巴尼亚人外)逐渐被斯拉夫人同化,先后建立了各自的国家。

公元五世纪末期日耳曼族诸国

西哥特王国的兴衰

　　匈奴人打败东哥特人后,迫使西哥特人向西退却。376 年西哥特人来到多瑙河,不久进入罗马境内,得帝国政府准许移居麦西亚(今保加利亚)。罗马国家的统治激起西哥特人的反抗,378 年西哥特人在其领袖弗里提盖伦领导下,打败了帝国政府军队,皇帝瓦连斯战死,因而获准定居马尔马拉海沿岸。5 世纪初,阿拉里克率领西哥特人几次进攻意大利,410 年攻陷罗马城,迫使帝国皇帝避居拉文那。阿拉里克死后,西哥特人又回师北上,转向高卢,412 年攻陷土鲁斯、波尔多等地。415 年攻入西班牙的巴塞罗纳,迫使汪达尔人渡海转入北非。罗马皇帝为酬谢西哥特人打败西班牙的汪达尔人,正式把土鲁斯和波尔多封赐给西哥特人。419 年,以土鲁斯为中心建立西哥特王国,阿拉里克之孙狄奥多里克为王。此后西哥特王国继续向比利牛斯山以南推进,6 世纪中叶将首都迁到托勒多。比利牛斯山以北领土逐渐为法兰克王国攻占,西哥特王国成为纯粹的西班牙国家。711年,北非的阿拉伯人的柏柏尔人侵占西班牙,714 年西哥特王国灭亡。

匈奴人进攻拜占庭帝国

公元 441 年,匈奴王阿提拉(434～454 在位)乘拜占庭(东罗马)帝国忙于边界战事之机,向拜属多瑙河地区发动了大规模进攻。匈奴人原是中亚北部的游牧民族,从 376 年由亚洲西移,占领了西哥特人的领地,建立了西起阿尔卑斯山,东抵里海岸的大帝国。匈奴人对拜占庭的进攻,蹂躏了多瑙河沿岸的许多重要城市,包括辛吉杜努姆(今贝尔格莱德)。443 年,阿提拉再次对帝国发动进攻,他的军队沿多瑙河东进,一路摧毁了纳伊苏斯(尼什)和塞尔迪卡(索菲亚),在菲利普城歼灭了拜占庭守军主力,直抵君士坦丁堡城下。因匈奴人弓箭手不长于攻城,阿提拉遂回师加利波利半岛,全歼东罗马守军残部,迫使东罗马帝国以重金纳贡。447 年,阿提拉第三次向帝国发动进攻,进攻东南欧的下西徐亚和莫西亚。

法兰克王国的扩张

法兰克人是日耳曼人的一支,原来住在莱茵河下游。3 世纪以后,他们经常越过莱茵河侵袭罗马高卢地区,后以罗马"同盟者"的身份定居在高卢东北部。5 世纪以后,法兰克人分成两个主要集团,里普阿尔法兰克人和萨利克法兰克人,他们趁"民族大迁徙"的浪潮转入了对罗马的进攻。1481 年,克洛维(481～511 在位)成为法兰克人的酋长之一。486 年他率领法兰克人在苏瓦松击败高卢罗马军队,夺取了塞纳河和罗亚尔河之间的土地,建立了法兰克王国。496 年,克洛维联合邻近部落,在斯特拉斯堡附近打败阿勒曼尼人,并于圣诞节接受了罗马基督教。在教会的支持下,克洛维继续进行扩张。500 年在乌什河打败勃艮第人,一度使其纳贡。507 年又在武耶一战打败西哥特人,将其驱逐到西班牙,占领了高卢西南部地区。523 年,法兰克人再次进军勃艮第,打败勃艮第人,并于 534 年灭亡了勃艮第王国,将勃艮第地区并入法兰克王国。至此,法兰克人占有了整个高卢地区。至 6 世纪中叶,法兰克人征服了图林根、巴伐利亚及萨克森的一些部落,法兰克王国成为西欧最强大的国家。

加洛林王朝建立

查理·马特击败阿拉伯人后名声大噪,被称为"铁锤"查理,成为整个基督教世界的救世主。

"铁锤"查理登上皇位的条件已经成熟,但他将这个任务交给了儿子。查理死于 741

年,他的两个儿子中一个讨厌世俗,向往宁静清淡的生活,很早就归隐,于是另一个儿子——矮子丕平继任宫相。

丕平虽身材矮小,但勇气和野心却毫不逊于其父祖。751 年,他废掉墨洛温皇帝而自立,并将末代国王希尔德里克三世贬入修道院。稍后又以意大利中部的土地作为交换条件,换取教皇为其举行加冕礼。大主教卜尼法斯亲自为丕平涂膏油,戴王冠。就这样,丕平夺得了"神授"王权,加洛林王朝开始。

最初,有些贵族对身材矮小的丕平并不服气。一次集会上,丕平命人牵出一头凶猛的公牛,又放出一头残暴的狮子,狮子咆哮着扑向公牛。这时,丕平让身边的贵族们去把公牛和狮子分开。面对殊死搏斗的狮子和公牛,贵族们已经吓得魂不附体,战战兢兢地说"天下哪有人敢尝试此事"。这时丕平站起来,抽出宝剑,只见寒光一道,狮子的脖子就断了,同时他把牛头齐肩切掉。收剑入鞘,矮子丕平对贵族们说:"你们认为我配做你们的主人吗?你们难道没有听说幼小的大卫对巨人歌利亚做过什么吗?"贵族们魂飞魄散,全都为之慑服。

矮子丕平是个不知疲倦的斗士,他在欧洲大陆上到处征战。768 年,征服阿奎丹人后班师回国。在回国途中,丕平因水肿病辞世,其子查理继承了父亲打下的江山,继续南征北战,建立起庞大的查理曼帝国。

丕平献土

矮子丕平独揽大权后,篡夺王位之心已是路人皆知。但是,在欧洲篡位比较麻烦,必须跨过罗马教皇这一关。幸运的是,当时北方的蛮族伦巴第人(日耳曼人的一支)不断侵扰教皇的领地,羸弱的罗马教皇如风中残烛,哪里还有力量反抗,急需强有力的支持,而矮子丕平也急需只有教皇才能赋予的名分。双方各取所需,一拍即合。

751 年,丕平遣使觐见罗马教皇札哈里亚斯,说:"法兰克国王虽属王族,可除会在公文上签名外,已无他用。"教皇心领神会,为换取法兰克的支持以消除伦巴第人的威胁,便回答道:"有实权的人称王,比徒有虚名的人称王更好。"于是,丕平隆重宣布教皇的"决定",正式篡位称王。丕平被贵族们高举在盾牌上,以示他们的拥护,红衣大主教卜尼法斯为丕平戴上王冠。

按照传统,只需红衣大主教加冕就可以了,但若由教皇亲自加冕,那是何等的荣耀。753 年,伦巴第人再次威胁罗马,新教皇斯蒂芬二世冒着风雪,翻过阿尔卑斯山脉前往法国基尔西,向丕平求援。丕平跟教皇开始讨价还价,要求教皇亲自为自己涂圣油并加冕。作为回报,他会将意大利中部的土地赠给教皇,教皇欣然允诺。754 年 1 月 6 日,由教皇斯蒂芬二世再次涂油祝圣,丕平出兵。

754 年和 756 年,丕平两次出兵意大利击溃伦巴第人,并将夺得的拉文那到罗马之间的"五城区"赠给教皇,从而奠定了教皇国的基础。这就是基督教世界千秋称颂的"丕平献土"。

查理曼的扩张

768 年,加洛林王朝第一代国王丕平去世。查理继承父业,继续扩张。772 年,旷日持久的萨克逊战争开始。萨克逊人属于日耳曼人的一支,居住在莱茵河以东到易北河的广大地区,当时他们还处于部落社会。法兰克与萨克逊之间只有少数的山脉、森林作为天然边界,其余多为平原,边界不清,因而双方战事频繁。

查理大帝即位后决心彻底解决这个问题,出兵萨克逊,但遇到了凶猛强悍的萨克逊人的拼死抵抗,双方展开了拉锯战。萨克逊人狡诈无比,每当抵挡不住便遣使和谈。一旦元气恢复,立即重燃战火。查理大帝异常恼怒,因此打败萨克逊人后极为残酷,在某地一次就命部下砍掉了 4500 名萨克逊人的头颅。征服萨克逊后,法兰克的边境推进到易北河东岸。

东面战火还没熄灭,778 年,查理大帝又挥师西进,去征服西班牙的阿拉伯人。查理大帝的大军翻过比利牛斯山,攻陷许多西班牙城镇和要塞,迫使阿拉伯人投降。以后又经过多次征战,将阿拉伯人赶到厄布罗河以南,建立了西班牙边防区。

787 年,巴伐利亚战争爆发,查理大帝不费吹灰之力就取得了胜利。巴伐利亚公爵塔西洛的妻子是伦巴第国王的女儿,伦巴第被查理大帝灭亡后,公爵夫人怂恿丈夫塔西洛与查理大帝为敌,欲借公爵之手为父报仇。巴伐利亚公爵与东邻匈奴人结成同盟,向查理大帝挑战。查理大帝不能容忍塔西洛的狂傲无知,于是亲率大军前去讨伐。塔西洛畏惧了,派人到查理大帝那里求和。就这样,查理大帝不战而胜,次年又将塔西洛废黜,另派伯爵治理巴伐利亚。查理大帝还趁机征服丁西斯拉夫人的一支维尔齐人。

哈里发的礼物

征服巴伐利亚后,查理大帝不可避免地面临着与匈奴人和阿瓦尔人的冲突。这场战争的规模仅次于萨克逊之战,双方打了 8 年,阿瓦尔人号称坚不可摧的、用土木栅围成的环形壁垒被夷为平地,匈奴贵族全部战死在沙场,可汗的宫殿被烧成白地。战后,潘诺尼亚一带一片荒凉,渺无人迹,只有被鲜血滋养的茂密青草在风中瑟瑟作响。查理大帝随后又征服了北欧人。此刻查理曼帝国的版图已扩大到整个西欧,从易北河到比利牛斯山脉南麓,从北海到巴塞罗那和本尼文托。

查理曼的政策

查理大帝的才能和业绩并不仅限于军事征服上,在行政、司法、军事和文化各方面都推行了一系列措施。经过连年的征战,帝国疆域广阔,几乎占尽整个西欧大陆。查理大帝把帝国分成250个辖区,分别派伯爵管辖。伯爵们又把领地逐层分封给他们的附庸,这样封建制度在整个西欧确立起来。

在宫廷里,查理大帝派亲信专管财政、文书等各项事务,逐渐建立起了专职大臣制度和常设办事机构。在蛮族习惯法的基础上进行修改补充,制定了中世纪的司法制度。为适应连年征战的需要,建立了兵役制度和军事组织。查理还召开全欧洲范围内的宗教会议,制定并统一了教条、教规和什一税制度。查理大帝的对外战争,使他制定的这一整套行政、司法、军事制度、经济生产管理体制、教会组织等等推行到了整个西欧,奠定了西欧封建社会发展的基本模式。

查理大帝为巩固帝国的统一采取了各种措施。规定全帝国境内12岁以上的男子都必须对他宣誓效忠,并发布法令统一货币,规定某些物价,实行统一税收和劳役,保护商业流通,管理对外贸易。当时的西欧,自然经济占绝对优势,商品经济十分微弱。查理大帝赖以维持王权和宫廷的经济力量,主要是帝国内广为分布的王室领地。查理大帝非常重视庄园的组织制度和生产管理,曾发布了一个长达70条的《庄园敕令》。

查理曼的加冕

查理曼骑马塑像

773年,应罗马城主教哈德良之请,查理率军攻打不时骚扰罗马的伦巴第人。此举亦可说是子承父业,因为其父丕平就曾两次帮助教皇打击伦巴第人,从而换取了教皇的加冕,教皇视法兰克人为教会保护神。

在法兰克与意大利北部伦巴第人之间,横亘着高耸的阿尔卑斯山,白雪皑皑的山脊上到处是尖峰绝壁。查理率军翻越天险,仿佛天降奇兵,出现在伦巴第人面前。伦巴第国王困守城池,法兰克人将该城团团围住,鸟都不放出一只。数月之后,城中粮草枯竭,伦巴第国王被迫投降,法兰克人兵不血刃便赢得了胜利。

为防止伦巴第人叛离,查理娶了伦巴第国王的女儿,但她不能生育。一年后,查理与其离婚,这下惹怒了伦巴第国王。他率领臣民在帕维亚城起事,修建高墙,挖掘壕沟,紧闭城门,宣誓与法兰克人为敌。查理得到消息后,立即起兵讨伐。

当时,恰有一个叛逃的法兰克贵族奥特克尔在伦巴第国王处避难。得知查理大军逼近,两人登上高塔眺望。浩浩荡荡的车队出现在视野中,尘土遮天蔽日。伦巴第国王问奥特克尔:"查理在其中吧?"奥特克尔说:"不在,这只是辎重队。"片刻之后,步兵出现,队伍一眼望不到头。国王说:"查理一定在其中吧?"奥特克尔答道:"还不在。"国王惊恐万分:"难道后面还有更强大的兵力吗?"说话间,查理的亲随出现了。国王结巴着说:"我们藏起来吧,躲开这样一张可怕的脸!"话音未落,西方卷来一片乌云,晴朗的天空顿时黯然。一支铁甲骑兵开了过来,铁矛、铁剑、铁甲、铁盾,连同战马裹着铁甲。守军一片惶恐。查理出现了,他全身盔甲,脸色铁一般冷峻。伦巴第国王只说出一句"我盼望看到的查理就在那里",便倒地昏了过去。伦巴第守军的信心也被粉碎了,法兰克人又不战而胜。查理没有马上入城,他吩咐在城外扎营,并让手下建造一座教堂。人人动手,只用了8个小时,一座教堂就拔地而起。伦巴第人被吓傻了,再不敢与法兰克人为敌,国王被终生流放。

查理大帝的军团

795年,利奥三世继任罗马教皇。不久,便与罗马教会内有势力的大贵族发生矛盾,贵族首领以其对法兰克人软弱为借口,于799年4月将其逮捕监禁。利奥三世被虐待得有致盲致哑的危险,夜间他逃到教堂,因遇到两名法兰克使臣而得救。800年12月,查理率军抵达罗马,召集所有神职人员及贵族开会,帮助利奥三世复位。几天后,当查理正跪在圣彼得大教堂作圣诞节祈祷仪礼时,利奥三世突然将一项金冠戴在他头上,并向信徒宣称:"上帝为查理皇帝加冕,这位伟大的和带来和平的罗马人皇帝,万寿无疆和永远胜利!"查理因此称查理大帝,中文译称查理曼。

查理曼的文化情结

为了巩固统治和推行基督教,查理大帝致力于文化教育。他邀请欧洲各地知名学者,例如英格兰的阿尔昆、意大利的保罗副主祭等人到宫廷讲学。

查理大帝勤奋好学,连吃饭的时候也让仆人在旁边为他朗读,特别喜欢听奥古斯丁的《上帝之城》。为学习书写,身边和枕下总放着写字板和纸张。他会讲古德语、古法语、拉丁语,并粗通希腊语,还认真学习语法、修辞、辩论和算术、几何、天文、音乐这"古代七艺"，并研习早期基督教学者的学说，发布了不少敕令督促教会和修道院传授和学习文化知识。他还令人抄写大量古典和早期基督教的著作加以保存，这些著作因此得以流传至今。这些成就后来被称为"加洛林文艺复兴"。

为了培养贵族子弟及少量平民，查理大帝在宫廷中和各地建立了一些学校，聘请饱学之士主持，让贵族子弟和一部分平民入学学习，并且经常在政务和打仗余暇检查这些学生的学业。他发现，凡出身低微的孩子学习都比较好，而贵族豪门的后代却成绩很差。他对那些学习好的孩子说："我的孩子们，你们深得我的喜爱，因为你们竭尽全力去执行我的命令，并且自己也得到了好处，因此今后要继续学下去，以达到完善。我将赐给你们主教管区和华丽的修道院，你们在我的眼睛里永远是光荣的。"而对坏学生他则大发雷霆："你们这些贵族，你们这帮少爷，你们这群花花公子，你们仗着出身、仗着财产，对我让你们自己谋求上进的命令竟置若罔闻！你们忽视探求学问，沉湎于奢侈和嬉戏，沉溺于游手好闲和玩乐。上帝在上，我看不上你们的高贵出身和漂亮仪表，虽然别人或许因此而羡慕你们。千万要明白，除非你们发奋读书，弥补从前的怠惰，否则你们永远得不到我的任何恩宠！"

加洛林王朝的建筑风格

矮子丕平建立了加洛林王朝。查理大帝即位后，采取了一系列措施恢复古典文化，这样，既可以争取教会的拥戴，又可以吸收先进的文明，促进文化的交融。尤其是在建筑方面，吸取了早期希腊·罗马和拜占庭艺术中的精华，其建筑风格一直传到西班牙、奥地利、不列颠和意大利，成为中世纪建筑艺术中的瑰宝。

加洛林时期的建筑以教堂为主，呈长方形状的"巴西里卡"风格是主要形式，其主体分为中殿和侧廊，后殿为半圆形。查理大帝定都亚琛后，大兴土木，修建了许多金碧辉煌的宫殿和教堂，其中亚琛的王宫教堂就是加洛林王朝建筑艺术的代表，堪称欧洲宗教建筑史上里程碑式的杰作。

经过无数战火的洗礼和岁月的沧桑后，只有亚琛的王宫教堂保存了下来。它曾经是一座雄伟宫殿的组成部分，现在孤零零地站在那儿见证着历史。亚琛的王宫教堂和同时代的教堂相比，具有独创性。内部放弃了各小厅之间的彼此交错，以便于清晰而简洁地划分空间。大厅引出的通往回廊的壁龛，不再是普遍的圆形而变成了八角形。一个由气势雄伟的拱廊构成的底层承载着一个楼厢，楼厢上方则又是一个高高的拱廊，其敞开的一面则按照拜占庭的式样，以两列重叠的圆柱加以"围栏"。一个八棱锥形拱顶覆盖了这个八角形建筑，下面的回廊是正方形和三角形的十字交叉拱，楼厢则有筒形的拱顶。整个穹顶技术都源于古罗马的式样。另外，教堂还拥有一个两层的门厅，两边有两个圆塔，使得整幢建筑在方向上朝向圣坛，而三个塔楼构成的群体使得外观上也十分明显，这种方法为我们指明了罗马式建筑今后发展的可能性。

加洛林王朝的美术成就

雄伟的纪念碑式雕塑是古典艺术的一个最重要的方面,但在加洛林时期却未能有所突破。一方面,因为当时教会认为塑像可能会成为一种新的偶像崇拜而会威胁到自己的利益;另一方面,也缺少创作大型雕塑的所需要的技术条件。在加洛林时期,浮雕艺术的发展显然要优于独立塑像。

加洛林绘画往往是壁画或者镶嵌画,现在留下的只有残片。但是,从所记载下来的描述中,我们能了解到表现《旧约》故事和《新约》故事的组画,这些在教堂里到处可见。然而,从大量流传下来的手抄本插图的实例中,我们才真正了解到当时的绘画风格。那些由一页页古手稿装订而成的书取代了传统的书写卷轴,书籍作为知识的载体被赋予了重要意义。

早在加洛林王朝之前,就已经开始对特别珍贵的书籍进行绘画装饰了,但是,这种绘画装饰开始仅限于装饰起首的大写字母。爱尔兰僧侣首先创造了这种花纹装饰风格,而动植物纹饰起源于凯尔特人和日耳曼人,平面纹饰则是受科普特人的影响。查理曼大帝把一些爱尔兰僧侣召集到亚琛,他们在宫廷的学校里教授手抄本插图艺术。于是,这里也完成了装饰画艺术从抽象纹饰到人物插图的重大转变。这种新的风格首先表现在阿达派的手抄本插图中,醒目的人像和古典装饰形式是具有开创性的。在兰斯大主教的"福音书"里,具有强烈动态的衣服褶皱生动地表现了形体,具有印象派风格的风光背景赋予画面以立体感。古代晚期写实的绘画风格在加洛林时期手抄本插图中得以复兴。

东哥特人侵占意大利

东哥特人系日耳曼族哥特人的东支,3世纪末~4世纪初入居米西亚及潘诺尼亚(大部分在今匈牙利和南斯拉夫境内)一带。375年受到西迁匈奴人的进攻。5世纪后期得东罗马皇帝认可(西罗马帝国已亡),东哥特人首领狄奥多里克遂于489年率部众从潘诺尼亚入侵意大利。在当地贵族支持下,仅用三年时间便打败了统治意大利的"蛮族"雇佣军将领奥多亚克,征服了意大利半岛,建立了东哥特王国(493年)。狄奥多里克正式成为意大利东哥特王国的国王,定都腊万纳。其疆域包括意大利半岛、西西里岛和达尔马提亚一带(位于亚得里亚海东岸),后又兼并普罗温斯(位于法国东南部)。东哥特人进入意大利后,其氏族制度受到罗马文明的影响,逐渐过渡到封建社会。不久国内分裂,"亲罗马派"(东哥特贵族和残存的罗马贵族)与"老哥特派"(东哥特军事贵族和普通氏族成员)的斗争愈演愈烈。535年,东罗马帝国皇帝查士丁尼乘机出兵意大利,东哥特人进行了顽强抵抗。战争互有胜负,绵延20余年。至554年东哥特人的最后一个抵抗据点丧失，意大利重新归属东罗马帝国，东哥特王国灭亡。

拜占庭与波斯频繁交战

518 年，波斯夺取了拜占庭所属的小亚重镇狄奥多西、阿米达和尼西比斯，引起了两帝国间旷日持久的又一场大战。这场战争是自古罗马时期以来，东方与西方两大帝国间争夺两河流域和小亚细亚的长期战争和冲突的继续。查士丁尼在位期间（527～565），拜占庭同波斯交战三次（530～532、540～542、549～562）。前两次的统兵主帅为贝利撒留，主战场是小亚细亚和两河流域。第三次交战，则以外高加索的拉齐卡为主战场，以争夺黑海出海口和北方商路为目标。贝利撒留虽是良将，但查士丁尼却无心在东方作战，而一心想"光复"西部帝国，因此三次战争均无明显胜负，拜占庭以巨款纳贡为条件同波斯三次媾和。查士丁尼去世后，帝国国库空虚，其继承者查士丁二世决定取消对波斯的年贡（572 年），于是再次引起长期战争。以雇佣兵为主体的拜占庭军队屡次败于波斯，直到莫里斯时期（583～602），战事才略有转机。由于波斯发生内讧，拜占庭乘机干涉，从而促进了波斯王库斯劳二世同拜占庭的友好关系，拜占庭收回两河前线要塞德拉和亚美尼亚的大部分。但这种关系由于 602 年的福卡斯政变和莫里斯的被废而受到破坏。7 世纪初的十几年，拜占庭在内忧外患中苦度时光，直到 630 年，拜占庭同波斯的长期战争在希拉克略（610～641）领导下取得最后胜利。但两大帝国此时已两败俱伤，千疮百孔，已无力抵抗新兴的阿拉伯人在西亚和中亚的扩张了。

查士丁尼与《罗马民法汇编》

527 年查士丁尼继位后，为巩固国内秩序，立即开始着手编纂法典。他任命当时著名的法学家特里波尼安主持了法典编纂委员会，以前朝皇帝提奥多西二世的法典为蓝本，审订自罗马共和国以来的历代法令和元老院的决议，删除失效和互相矛盾的部分，529 年完成《查士丁尼法典》10 卷。533 年公布《法学汇纂》（50 卷）和《法理概要》，前者辑纳历代法学家的论文，后者则可作为研习罗马法的教材，故也称《法学家指南》《法学阶梯》等。534 年以后，查士丁尼开始用希腊文颁布法令，被独立搜集成册，称《新律》。查士丁尼时代整理和颁布的所有这些罗马法律文献，统称《罗马民法汇编》，是欧洲历史上第一部系统完备的文献。它对斯拉夫地区司法制度的形成和近代西方社会的法治传统有着巨大影响。

查士丁尼

拜占庭征服东哥特

　　535~554 年,拜占庭皇帝查士丁尼先后任用贝利撒留和纳尔塞,对意大利的东哥特王国进行了长期征服战争,以实现他"光复"罗马帝国的野心。本来东哥特人进入意大利是应拜占庭之请,以驱逐西哥特人为目标,并被允准代表拜占庭皇帝统治意大利的。但在狄奥多里克时期(493~526),由于他坚持按罗马的法律行事,引起东哥特人不满,因而狄奥多里克死后,其女儿即遭杀害,狄奥达特篡夺了王位。这成为查士丁尼干涉意大利事务的借口。535 年,查士丁尼的大将贝利撒留率部在西西里登陆,迅速征服了意大利南部并夺取了罗马城。哥特人遂选出杰出的将才维提格斯为国王,取代了篡权者狄奥达特的位置,组织了有力的抵抗,但未能战胜贝利撒留,于 540 年投降。查士丁尼担心贝利撒留功高盖主,立即召回派往波斯战场,并开始在意大利着手恢复旧日罗马的行政机构。这时,东哥特人重新选出了自己的首领托提拉,迅速把拜占庭人势力排挤到沿海一带,重新控制了那不勒斯和罗马。贝利撒留奉命再次西征,但因受到查士丁尼的怀疑,兵力甚弱且得不到及时增援,征服战争长期没有进展。于是查士丁尼又召回贝利撒留(548),代之以纳尔塞。纳尔塞率领一支以蛮族雇佣军为主体的大军,由北方陆路进入意大利,终在塔吉纳附近歼灭东哥特人的军队(552),使意大利又处于拜占庭控制下。但此时的意大利完全失去了其以往的经济和政治意义。

圣索菲亚教堂建成

圣索菲亚教堂是奉拜占庭帝国皇帝查士丁尼的旨意,于 532 年在首都君士坦丁堡开始建造的。这座带长方形屋顶的教堂仅用 6 年时间,就于 537 年完成。建筑师为特拉利斯的安提米乌斯和米利都的伊西多尔。8 世纪~14 世纪期间,又不断进行修建,成为拜占庭拱形建筑的典范。教堂长 77 米,占地约 5400 平方米。中央大长方形屋顶顶端高 55 米,四周有圆拱和数以百计的小窗。它是拜占庭帝国东正教的宫廷教堂,也被用作君士坦丁堡大主教的座堂。1453 年土耳其人灭亡拜占庭帝国,君士坦丁堡改为伊斯坦布尔,教堂遂改为伊斯兰教清真寺,后在四周加建尖塔。1847 年重加修茸。1935 年改为博物馆。以将其中一所经堂开放,为穆斯林礼拜用。

天主教本尼迪克法规制定

480 年本尼迪克出身于意大利努尔西亚的一个贵族家庭,18 岁时他离家隐居于辛布鲁伊尼山中的恩费达,后迁居罗马东部阿布鲁齐山麓的一个洞穴中隐修。他因圣洁之名被聘为维谷瓦洛修道院院长,后因他的主张遭到反对,又脱离该院重返洞穴,但仍有人慕名前往洞穴求教于他。此后他先后建成 12 所修道院,每院只有 12 名修士,由他统一管理。6 世纪上半叶,本尼迪克在意大利南部距罗马 140 公里的卡西诺山上建立了一座修道院。他吸收了以前的修道院规章条例,制定了"本尼迪克法规",共 73 条。法规规定院长由修士推选;修士不能拥有任何财产,发愿终身居于修道院,安贫守贞,在院长监督下遵守法规;修士们集体进行祈祷礼拜,从事各种劳动,读经、圣修书籍;违反法规者受到各种处罚。"本尼迪克法规"开创了天主教修会制度的最早模式,此后被西欧各国君主和教会主教推行,成为拉丁教会修道院的通用章程。

尼卡起义遭镇压

532 年,在拜占庭首都君士坦丁堡发生了一次大规模的市民和贫民起义。因起义口号为"尼卡"(希腊语意为"胜利"),故名。这次起义同拜占庭的城区组织和竞技活动有关。拜占庭的城防组织继承了古罗马的传统,由各城区的民兵担任,他们一方面是城防力量,同时也是城市竞技活动的代表,各城区间以不同服色为区别。君士坦丁堡共有四大城区党,分别以红、白、蓝、绿为其象征,各代表火、天、水、土四大元素。其中以蓝、绿两党势力最大。蓝党上层主要代表土地贵族和元老贵族的利益,绿党上层则代表工商业者、高利贷者和包税人。在宗教上，两党也各有倾向，前者拥护卡尔西顿正教信条，后者拥护"一性派"。下层民众则依其住区不同而附属于某一党派。在古罗马和拜占庭时期，人民热衷于参加竞技活动，并常利用竞技场聚会之机，向皇帝和政府提出劝谏，表达心中不平，甚至迫使皇帝向人民解释实行某项政策的动机。532年，君士坦丁堡市议会严酷镇压了蓝党和绿党间的一次冲突，逮捕双方领袖，激怒了民众。于是两党联合行动，袭击了市府和监狱，冲进竞技场，拥立新的皇帝。斗争延续了8天，查士丁尼一筹莫展。这时皇后提奥多拉果断地支持查士丁尼调入大将贝利撒留和大批军队，在竞技场进行了野蛮屠杀，约3万名起义者血染城区。

拜占庭帝国时代，朱尼乌斯·巴苏斯石棺，该石棺刻有基督教徒雕像。

拜占庭在拉温那和迦太基建立总督制

　　6世纪末期，拜占庭皇帝莫里斯在拉温那和迦太基建立了军政合一的统治形式——总督制，以加强对意大利和北非新占领区的统治。这成为后来拜占庭军区制所仿照的模式。在查士丁尼时代，拜占庭帝国虽"收复"了意大利、北非和西班牙半岛一部，却未能使它们"长治久安"。伦巴德人在北意大利的入侵和摩尔人对北非地区政权的反抗，使两地的统治者疲于应付，帝国统治摇摇欲坠。为加强意大利和北非军队的势力，拜占庭皇帝莫里斯分别以拉温那和迦太基为中心，建立了意大利拉温那总督区和北非迦太基总督区。在总督区内，地方行政官员服从军事长官——总督。总督是皇权在地方上的代表，是当地军事、政治、宗教事务的最高仲裁者。总督的身份如同皇族，其宅邸也称"圣殿"。回京城述职时，京城文武官员须以迎接"圣驾"（皇帝）之礼出城迎接。北非总督区的将军希拉克略之子还承担了推翻福卡斯军人政权，恢复帝国元老贵族统治，建立新王朝的历史重任。

拜占庭爆发福卡斯起义

602 年,拜占庭多瑙河戍军百夫长领导了著名的福卡斯起义。起义得到人民的广泛响应,推翻了拜占庭皇帝莫里斯的统治。6 世纪末 7 世纪初,拜占庭与波斯战争告一段落,开始把军队全力置于多瑙河前线,以利于同斯拉夫人作战。由于 6 世纪以来的连年战争,帝国经济拮据,皇帝莫里斯下令把军队薪饷制改为供给制,引起军人不满。602 年他又下令让多瑙河彼岸的戍边军队就地越冬,自行解决补给,又加深了军人们的不满情绪。于是在百夫长福卡斯号召下,前线军队揭竿而起,一路杀回首都,沿途得到民众热烈响应。义军迅速占领了首都君士坦丁堡,杀死皇帝莫里斯,拥立福卡斯为帝,其政权维持 8 年之久。后来帝国元老贵族们引来了北非总督之子希拉克略,推翻福卡斯政权,建立了希拉克略王朝。

麦地那清真寺兴建

622 年,穆罕默德由麦加迁至麦地那以后,为组织信徒做礼拜而创建了清真寺。其早年很简陋,只是将周围的平房屋顶加长,以枣椰树干支撑,再用树枝和泥土将屋面的延长部分加以覆盖,四周以土坯砌成围墙,整个面积不过 1400 平方米。倭马亚王朝哈里发瓦立德于 8 世纪初进行重建,将穆罕默德女儿法蒂玛的故居遗址并入清真寺,从而扩大了面积。1848~1860 年,又对清真寺进行了修建,使之更加富丽堂皇,形成现存的模样,五道大门和五座尖塔,气势雄伟。1955 年又行扩建,使清真寺面积达到 1.6 万平方米。在清真寺的东南角有一块地方,用铜栏杆圈围,与其他地方隔开,这里是穆罕默德的陵墓所在地,靠北是阿布·伯克尔和欧麦尔两位最初哈里发的坟墓。由于这座清真寺和穆罕默德的陵墓而使麦地那成为伊斯兰教的一个圣地,受到伊斯兰世界广大穆斯林的敬仰。

伊斯兰世界的起源及形成

伊斯兰教

伊斯兰教,在中国又称回教、清真教、天方教,是公元 7 世纪初穆罕默德首传于阿拉伯半岛的麦加城,以后在世界各地获得广泛传播的宗教,与佛教、基督教并称为世界三大宗教。"伊斯兰",意为"顺从",即顺从唯一真主"安拉"的意志。一个信仰伊斯兰教的人称为穆斯林。现在全世界大约有 8 亿人信仰伊斯兰教,分布各大洲,特别集中在西亚、中亚、北非、东南亚各地。伊斯兰教传入中国已有 1300 多年的历史,现在全国共有 10 个少数民族信仰伊斯兰教,即回族、维吾尔族、哈萨克族、东乡族、柯尔克孜族、撒拉族、塔吉克族、乌兹别克族、塔塔尔族和保安族,共 1,400 余万人(据 1982 年人口普查数字)。

伊斯兰教包括理论与实践两个部分。理论部分包括信仰(伊玛尼),即信安拉、信天使、信天经、信先知、信后世。实践部分包括伊斯兰教徒必须遵行的善功和五项宗教功课(简称"五功")。所谓"五功"即念"清真言"、礼拜、斋戒、天课、朝觐,简称"念、礼、斋、课、朝"。现分述如下:

伊斯兰教的信仰

伊斯兰教的基本信条(即所谓"清真言")是:"万物非主,唯有真主;穆罕默德是真主的使者"。这里的真主,就是阿拉伯语的安拉。一个人只要承认这点,并用清楚的语言表白自己的信仰,在名义上就可以称为穆斯林。在这一基本信条之下,又分为五项信仰:

1.信安拉。确信安拉是唯一的真主,反对多神和偶像崇拜。伊斯兰教认为真主是不可见的宇宙万物的创造者和恩养者,清算日的掌权者,全能、全知、大仁、大慈、无始、无终、独一无二、永生、自存、无形象、无所在、无所不在、不生育、亦不被生。《古兰经》中列举了安拉的美名达 99 个之多,集中到一点,就是"信主独一"。在一个盛行多神拜物教的社会里,对安拉的这一概念,具有统一信仰的划时代的意义。

2.信天使。伊斯兰教认为安拉创造万物,天使也是安拉创造的。安拉派遣天使管理天国,但他们并无神性,只是执行安拉的命令。《古兰经》认为,人是安拉在大地上的代理者,天使也要向人祖下拜。人看不见天使。伊斯兰教在天使论中给哲卜利勒以最高的地位,据说是他把安拉的启示传达给穆罕默德。

3.信天经。伊斯兰教认为《古兰经》是安拉的语言,是通过穆罕默德而降示的一部安拉的经典,也承认在穆罕默德以前历代先知所传的经典如《旧约》《新约》等为"天经",但认为它们有的已经失传,有的经过后人篡改而失真,只有《古兰经》是最后、最完善的一部天经,为穆斯林所遵行。

4.信先知。伊斯兰教认为在每个民族那里都会出现一个先知,作为安拉的使者,向人们"报喜信,传警告",但穆罕默德却被认为是一位最后的先知和安拉的使者,即"封印的圣人"。《古兰经》中所提到的先知,绝大多数是《旧约》和《新约》中记载的,这说明伊斯兰教是集闪族宗教(包括犹太教、基督教、哈尼夫思想、伊斯兰教等)之大成的宗教。

5.信后世。伊斯兰教的后世论,是《古兰经》中最生动的部分。第 75 章被称为《复生章》,认为世界将有一天,一切生命都会停止,进行总的清算,所有曾在这个世界上生活过的人,都将"复活",集中起来,接受安拉的审判,决定赏罚,善人进"乐园",恶人进"火狱"。后世的信仰,一直是历代先知的教训的主要部分,伊斯兰教把它列为信条之一。

有些学者把"信前定"列为信条之一,成为"六信"。所谓"前定",就是说,世间发生的一切事情,不论善恶,都是出自真主的意志。"前定"是伊斯兰教的一条重要教义,但在是否列为第六信仰上,伊斯兰教学者中尚有争议。

伊斯兰教的五功

伊斯兰教实践包括"五功",它是一个穆斯林必须履行的宗教义务。"五功"的内容是:

1.念"清真言"。"万物非主,唯有真主;穆罕默德是主的使者"。这是信仰的表白(即"作证")。当众表白一次,名义上就是一个穆斯林。

2.礼拜。这是穆斯林面向麦加"克尔白"(天房)祈祷的宗教仪式,主要有:每日五次礼拜,分别在晨、晌、晡、昏、宵五个时间举行;每周一次的星期五聚礼(主麻拜);每年开斋节和古尔邦节的会礼。

3.斋戒。每年在教历九月("莱麦丹"月)斋戒一月,每天从黎明到日落禁止饮食和房事等。莱麦丹月是《古兰经》开始下降和穆罕默德开始为圣的月份。

4.天课。这是伊斯兰教的宗教课税。信徒的资财达到一定数量时,每年必须提出其中一部分散给贫苦的穆斯林。天课原来是一种自由施舍,后来成为按信徒财产的不同种类以不同比率由国家征收的宗教税。近年来,在一些伊斯兰教国家中,天课与国家税收分开,又变成一种宗教性的自由施舍。

5.朝觐。伊斯兰教规定,一个穆斯林,在身体健康、经济能力许可、旅途安全的情况下,一生中至少应去麦加朝觐一次。一年一度的麦加朝觐,是世界性的穆斯林大集会。

一些伊斯兰教者想在"五功"之外增加一项"圣战"(为安拉之道而战),成为"六功",但不为大多数学者同意。

伊斯兰教不仅是一个宗教,而且是一个思想体系,一个伊斯兰教作为主导因素的文化。"政教合一"是伊斯兰教社会制度的特征。

伊斯兰教的主要经典是被称为"安拉的语言"而为穆罕默德所传述的《古兰经》;穆罕默德的言行录——哈迪斯(圣训)是《古兰经》的补充。教法(沙利亚)是后来伊斯兰教学者根据《古兰经》和圣训,并参考被征服地区的法律和风俗习惯,因时制宜而制定的穆斯林"行为的规则"或"法典"。研究教法的学问叫作教法学(斐格赫)。因对教法问题的看法不同而出现了许多教法学派,如哈乃斐派、马力克派、沙斐仪派与罕百里派。中国穆斯林在教法上遵行哈乃斐派的主张。伊斯兰教有许多传统的风俗习惯,例如饮食、婚姻、丧葬、宰牲等,都具有深厚的历史、民族、宗教和社会根源。伊斯兰教禁食自死物、血液、猪肉、未诵安拉之名而宰杀的牲禽等,还有禁酒,在《古兰经》中都有明文规定,在当时是对古阿拉伯人饮食禁忌上的一大改革。穆斯林严格遵守《古兰经》上的这些规定。但"为势所迫,非出自愿,且不过分的人,(虽吃禁物),毫无罪过"。

伊斯兰教主要有三大节日:开斋节(教历十月一日)、古尔邦节(教历十二月十日)和圣纪(先知穆罕默德的诞辰,教历三月十二日)。伊斯兰教有三大圣地:麦加、麦地那和耶

路撒冷。伊斯兰教有两个主要教派：逊尼派（多数派）和什叶派（少数派）。什叶派也有

穆罕默德的阿拉伯文书法

自己的圣地和节日。什叶派的圣地有纳贾夫、卡尔巴拉（以上在伊拉克），库姆和马什哈德（以上在伊朗）。什叶派的节日有阿舒拉节（教历一月十日）等。

伊斯兰教的创立与发展

伊斯兰教是世界三大宗教之一，自创立之后，就对东西方都产生了重要的影响，至今对世界仍发挥着作用。这一宗教于公元 7 世纪时产生在阿拉伯半岛，创立者是穆罕默德。

渴望得到解救的阿拉伯人

阿拉伯半岛地处欧亚非三大洲的交汇处，因此，这里的居民在肤色上也兼有三个人种的特征。几乎被沙漠和草原所笼盖的阿拉伯半岛特别适合于游牧，独特的自然条件使得这一地区在古代农耕业不发达时期，一直比其他地区先进。

在世界各地普遍进入定居的农耕时期以后，阿拉伯地区的优势地位便开始消失。到公元 5 至 6 世纪之后，世界上许多地区早已进入文明时代三四千年了，然而阿拉伯地区，尤其是贝都因人居住的地方，却仍然未能摆脱原始的落后状态。经济、文化停滞不前，部落间的战争连绵不断，人们经常为争夺牧场和水草而展开血腥的厮杀。

但是，靠近红海的汉志地区的情况却比较特殊。这里虽是不毛之地，但却是从南部沟通欧亚的商业要道。东方的商品从印度洋运到也门，然后再由阿拉伯商人用骆驼驮着北上，通过汉志地区到达地中海，再从那里转送到欧洲各地。得天独厚的交通条件为汉志地区带来了繁荣，其中麦加和麦地那城最为出名。

麦加城位于整个阿拉伯地区南北交通的中枢，那些长途跋涉的商人通常都要在这里歇脚。因为这里有一口诱人的清泉井，这在视水如油的阿拉伯人眼中是很不寻常的，这里还有一块巨大的不知什么时候从天上落下来的黑色陨石，阿拉伯人将它看成是一个圣物。为了供奉这块圣石，还建了一座庙，名字叫克尔白神庙。远近的阿拉伯人常常成群结队地专程到此拜祭。同时，他们往往还随身带来一些货物互相交换。久而久之，一个大规模的交易市场就在麦加形成了。

公元 6 世纪，为了争夺也门、波斯和埃塞俄比亚发生了战争，这就使原来经过汉志的商路被切断了，麦加城由此陷入了十分困难的境地。公元 572 年，波斯人占领也门以后，

没有恢复原来的商路,而是把运到这里的商品改道波斯湾进入两河流域,然后再运抵地中海。商路断了,财路同样也就断了,麦加人的收入因此急剧减少,变得越来越穷。为了争夺财富,阿拉伯人各个部落之间加紧了互相的掠夺,战争由此更加频繁。

此时汉志地区的大多数阿拉伯人都感到十分痛苦,但是又没有人给他们指出一条出路。绝望中,他们把希望寄托于神,希望神能解救他们出苦海。伊斯兰教于是在这种背景下产生了。

安拉的使者

穆罕默德(意为"受到高度赞扬")生于公元 570 年的麦加。他的父亲出身哈希姆家族,以前是强盛的古莱西部落的望族,所以穆罕默德是这支贵族旁系的后裔。穆罕默德的父亲在穆罕默德出生前就去世了,穆罕默德的母亲也在他六岁时死去,在穆罕默德六岁至八岁时由他的祖父(克尔白神庙的管理人)抚养,八岁时祖父去世,由伯父收养。

穆罕默德的童年很苦,从小就得自谋生路。他当过放牧人,是一个半文盲,年轻时他诚实可靠,相貌俊秀,在随伯父经商的时候,到过巴勒斯坦、叙利亚和许多地区。通过游历,穆罕默德增长了见识,对阿拉伯人民的各种痛苦也有了很深的了解。他又研究了基督教和犹太教的教义,知道了许多神话传说,同时也了解了这些地区的风土人情。另外,他还学会了观测天气、预测风沙和治病的本领。这一切都为他以后创立伊斯兰教打下了基础。

但是穆罕默德太穷了,他的抱负没有金钱和地位的保证,是无法得到施展的。于是在 25 岁时,穆罕默德和一个年龄比他大得多,名叫赫蒂彻的麦加富商的遗孀结了婚。从此,他在经济上一下子有了保障,开始进入上层社会。

在麦加城外,有一座幽静的小山,当地人都称它希拉山。穆罕默德经常独自一人到山里的一个小山洞里冥思苦想。他一直在考虑创立一个可以被大多数阿拉伯人接受的宗教,使那些整天处于痛苦之中的同胞得到解脱。他参照基督教和犹太教的经典,将其中他认为阿拉伯人能够接受的教义和阿拉伯原始宗教中的一些教义设法结合起来。但是这个工作太艰难了,穆罕默德为此常常在山中呆上许多天。终于,在 610 年的一天,他豁然开朗,想通了最关键的道理。不久,他从山上下来,便开始传教,这就是后来的伊斯兰教。

"伊斯兰"一词在阿拉伯语中原意为"顺从"。按伊斯兰教的观点,穆罕默德是伊斯兰教的复兴者而不是创始人。所谓复兴是因为在漫长的历史中伊斯兰教发展到尔萨(公元元年~40 年)圣人时代之后中断了五百多年,到穆罕默德为圣时才复兴了伊斯兰教。穆罕默德宣称,世界上只有一个神——安拉,他是世界的创造者和人的创造者,人只有生前服从安拉,死后才能进入天堂,否则死后就会被打入地狱。穆罕默德自称为安拉的使者,由于自己是安拉的第一个信徒,所以他就是信徒的先知,是安拉派到人间的使者,传达安拉的意旨。信仰安拉的人被称为穆斯林,意为信仰安拉和服从先知。

虽然伊斯兰教教义在解决社会矛盾方面，要求人民采取消极的态度。但在另一方面，又给教徒提出了做人的基本准则，如为人行善，买卖公平，救济贫困，照顾孤寡老人等。此外，对偷盗和欺诈等犯罪行为，伊斯兰教义也规定要给予极为严厉的惩治。因此伊斯兰教教义也被信仰伊斯兰教的一些国家长期奉为法律。伊斯兰教的另一个显著的特点是一夫多妻。穆罕默德本人就在赫蒂彻死后，又娶了八个妻子。穆罕默德的施教早年并不顺利，头三年只有30多个人皈依他宣传的宗教，还遭到一些麦加富商和奴隶主贵族的反对。因为伊斯兰教是一神教，同传统的古莱西部落的多神教是极不相容的。同时，教义中提出的施舍济贫的主张，也损害了大贵族和富商的经济利益。一些贵族和富商时刻准备谋杀穆罕默德。在这种险恶的情况下，622年7月16日深夜，穆罕默德率领他的信徒离开了麦加，移居到麦地那，这就是伊斯兰教的"徒志"，伊斯兰教把这一年定为伊斯兰历法的元年，历史上称为"希吉拉"，意思就是大迁移。

雅特里布与麦加不同，这里不是顽固的古莱西部落贵族统治的中心，手工业和商业也很发达，贫民也较多。在这里，伊斯兰教很快便被人们所接受。在此基础上，穆罕默德制定了"伊斯兰教不仅是宗教权威而且是世俗权威，管理人们事务的统一力量应是信仰而不是部落"这一流传至今的法则。

不久，麦加贵族向雅特里布发动了进攻，企图消灭穆罕默德的势力。穆罕默德将雅特里布的教徒组织起来，建立了自己的军队，同麦加贵族进行了多次的战斗，打败了麦加贵族军队的进攻。628年，穆罕默德和麦加的贵族们签订了停战条约，使双方的战争暂时停止下来。

公元630年1月，穆罕默德以一个麦加人害死一个穆斯林为借口，集合了一支1万人的大军攻占了宗教中心麦加城。进入麦加之后，穆罕默德清除了克尔白神庙中的所有的部落神，只保留了那块陨石，作为全体穆斯林的圣物，又把克尔白神庙改为清真寺，并规定，每一个穆斯林一生中必须到这里朝圣一次。同时他还宽恕了他的大多数敌人，收复了各个部落，把非穆斯林赶出圣地，不接受伊斯兰教的人不得参政（但不会遭杀害或放逐）。自此，建立了穆罕默德在阿拉伯半岛的伊斯兰教的统治地位。

632年，穆罕默德在麦地那病逝。当时他没有留下遗嘱安排谁为哈里发（继承人），也没有谈到以什么形式推选哈里发。按照阿拉伯人的传统，领袖是从部落上层有威望的人中推选的。然而穆罕默德所建的公社包括了许多部落，哪个部落有优先权呢？由此，在伊斯兰教内诞生了两大主要派别——"逊尼派"和"什叶派"。

"逊尼派"全称为"逊奈与大众派"，阿拉伯语原意为"遵循传统者"。逊尼派是伊斯兰教中教徒最多的一个教派，占全世界穆斯林的90%左右。此教派的教徒主要分布在阿拉伯国家以及土耳其、印度、马来西亚等国。逊尼派虽然将其他不同信仰视为异端，却同时提倡求大同存小异，融合不同见解，努力调和真主的无限权威和人的责任这两个观念。

"什叶派"是伊斯兰教中仅次于"逊尼派"的第二大教派。"什叶"在阿拉伯语中意为"追随者"或者"派别""同党"。该派认为只有出身哈希姆家族（即圣族）的阿里发及其直系后裔才是穆罕默德的合法继承人，否认阿布·伯克尔、欧麦尔、奥斯曼前三任哈里发的合法性。目前该派主要分布在伊朗、伊拉克、印度、巴基斯坦、也门、叙利亚、黎巴嫩、阿富汗、土耳其、巴林等国。

到 16 世纪时,伊斯兰教徒已经遍布世界各地。伊斯兰教的产生促进了阿拉伯地区的发展,对于阿拉伯地区的统一,抵御外来侵略也起到了积极的作用。但是,伊斯兰教中让教徒进行"圣战"的教义,使它在传教的过程中,具有极大的侵略性。伊斯兰教徒们正是以"圣战"的名义,在新月的旗帜下,挥舞着阿拉伯弯刀,进行猛烈的扩张,建立了许多富有侵略性的大帝国,比如阿拉伯帝国、奥斯曼土耳其帝国等。直到现在,伊斯兰教仍然在世界上拥有巨大的能量。

7 世纪前的阿拉伯半岛

阿拉伯人原来住在阿拉伯半岛上。半岛位于亚洲西南部,是世界上最大的半岛,面积达 300 万平方公里,约为欧洲的 1/3,绝大部分土地为沙漠和草原,叫作"内志",气候干燥,土地贫瘠。半岛西南部的也门,气候温和,是一个富庶的农业区,称为"阿拉伯福地",主要生产咖啡、椰枣和大麦。6~7 世纪时,半岛上的居民大多数为牧民,称为贝多因人。他们逐水草而居,放牧骆驼、羊和马匹。骆驼素有"沙漠之舟"之称,是阿拉伯半岛不可缺少的运输工具。在半岛西部红海沿岸,有一条狭长地带,叫作"汉志"。自古以来,这个地区就是亚欧两洲交通的一条重要商道,中国的丝绸、印度的香料、非洲的黄金和奴隶等,都经海路运往也门,然后由骆驼运到地中海东岸,再转运到欧洲。半岛上出产的椰枣、皮革和金银矿产等也通过这条商道运往境外。商路两旁形成许多商业据点和城镇,其中以麦加和雅特里布最为重要。

麦加城是个繁荣的城市,它是商道上的重要枢纽,手工业和商业都很发达。麦加城的多数居民是古莱西部落(意为收集财物),他们主要经营商业和服务行业,也有一些手工业者。麦加城有个克尔柏古庙。其中有一块黑陨石,为阿拉伯人所崇拜。每年春季举行的庙会,成为定期市集,各方的阿拉伯人常来赶集和朝拜神庙。古莱西部落的贵族组织和领导朝拜及交换事宜,从中获得大量的商业收入和其他经济收入。

阿拉伯人的社会发展是极不平衡的。半岛西南部的也门地区,早在公元前就建立了奴隶制城邦国家。7 世纪时,居住在汉志一带以及少数绿洲的阿拉伯人,处在原始公社解体和阶级社会产生的阶段。部落中分化出来的贵族占有较好的牧场、牲畜和奴隶。在通商要道的城市里,出现了商业和高利贷贵族。奴隶的主要来源是战争俘虏,也有人因犯罪和负债沦为奴隶的。阿拉伯人认为,掠夺是光荣的,为了争夺水草和牲畜,部落之间经常发生战争,氏族之间血亲复仇之风盛行。奴隶和贫苦牧民为了反抗贵族的剥削和压迫,经常起来反抗,捣毁贵族的帐幕,抢走他们的牲畜和财产。

6 世纪初,伊朗和埃塞俄比亚为了争夺半岛的西南地区进行长期战争,使也门地区遭到严重的破坏,土地荒芜,人口锐减,商旅不前,汉志地区商业因而转向衰落。东方商业改由波斯湾和两河流域运到地中海。商业的破坏和经济的衰落,使农民、牧民、手工业者和奴隶深受其苦,许多靠过境商业维持生活的部落逐渐贫困化。麦加贵族和富商乘机用高利贷盘剥穷人,广大下层人民的处境非常困难,人民群众不满情绪日益高涨,反抗斗争不断发生。贵族为了加强统治,镇压人民群众反抗,夺取新的土地,开辟新的商业途径,需要政治统一,建立一个强有力的国家机构。阿拉伯人民也希望打破部落的局限,获得牧场和肥沃土地。阿拉伯各部落联合成为统一国家的前提条件已经具备。伊斯兰教的产生,这是这些社会变动和政治统一要求在意识形态上的反映。

麦地那神权国家的形成

610 年后,穆罕默德开始在麦加宣传伊斯兰教。由于他主张信仰一神,反对多神教和偶像崇拜,影响到麦加贵族与富商的宗教特权和经济利益,以倭马亚族的阿布·苏非扬为首的麦加贵族起而反对甚至多次殴打穆罕默德及其信徒,迫使穆罕默德的一些信徒离开麦加,迁往埃塞俄比亚。雅特里布的居民因受麦加商业贵族的盘剥,支持穆罕默德,他们派出代表,邀请穆罕默德前去雅特里布。穆罕默德先派其大批信徒迁去,622 年 7 月 16 日夜,他本人与少数门徒亦从麦加出奔,这就是著名的"徙志"。后来这一年被定为伊斯兰教历的纪元。雅特里布也被改称为麦地那(意为"先知之城")。由麦加迁到麦地那的伊斯兰教徒称为"迁士"(穆哈吉尔),接受伊斯兰教的麦地那居民则被称为"辅士"(安沙尔)。

麦地那居民中有不少人长期受到麦加富商和贵族的高利贷盘剥,因此,自然地形成了对穆罕默德的支持,伊斯兰教也在麦地那迅速传播开来。穆罕默德依靠"迁士"和"辅士"的力量,开始建立了以伊斯兰教为共同宗教信仰的政教合一的国家。穆罕默德不仅是宗教首领,而且是最高法官和军事统帅。为了打败麦加贵族,穆罕默德曾亲自出征 20 余次。630 年,穆罕默德和麦加贵族达成协议:穆罕默德率军进入麦加城,麦加贵族接受伊斯兰教,承认穆罕默德是"先知";穆罕默德则承认麦加是伊斯兰教的圣地,克尔伯古庙改为伊斯兰教的清真寺,黑陨石作为伊斯兰教的圣物保存下来。这样,也就保留了麦加贵族在政治上的特权和经济上的利益。此后,麦加成为阿拉伯半岛伊斯兰教的中心,麦地那成为阿拉伯国家的首都。到 632 年穆罕默德逝世时,阿拉伯半岛已基本上建成了统一的阿拉伯国家。

哈巴尔战役

628 年 5 月,穆罕默德率领信徒进攻麦地那以北的哈巴尔,以征服那里富有的犹太人。犹太人向盖特方部族搬兵,求得 4000 多名贝多因人来保护他们。但当犹太人闭守要塞不与穆罕默德对阵作战时,他们的盟友也就罢兵而归。穆罕默德由于缺乏攻城武器而初战不利,后来由于有犹太人背叛使攻城有了突破点,形势急转直下,犹太人被迫投降。穆罕默德鉴于这里远离麦地那,信徒居住此地会削弱穆斯林集团力量的情况,于是就在犹太人答应缴纳农作物收成一半的条件下,准许他们保有土地。后来,在法达克、瓦迪库拉和台马等地聚居的犹太人也根据同样条件归顺伊斯兰,不过穆罕默德却把法达克划为个人的私产。

穆罕默德

穆罕默德征服麦加

630 年,穆罕默德以几个麦加人袭击改信伊斯兰教的贝多因部族为由,召集 1 万麦地那人和贝多因人,对麦加发动进攻。行进途中,有些麦加人,其中有他的叔父阿拔斯在内,出城投奔于他,穆罕默德在麦加西北马尔查哈兰地方安营扎寨之后,连一度是反对派的中心人物阿布·苏非扬也归顺入教,穆罕默德答应保护其全家的安全。阿布·苏非扬说服了麦加居民,同意穆罕默德进城,只是少数死硬派坚持准备应战。穆罕默德分兵两路同时向麦加进军。只是在城南门遇到主战派的一些抵抗,于是穆斯林军很快进入了麦加城。当穆罕默德来到克尔白古庙时,骑马绕行圣地 7 圈,每次都以杖轻触庙中黑石,于是黑石成了伊斯兰教崇拜的圣物。而对庙中其他偶像,则予以销毁,从此克尔白古庙成为穆斯林朝圣和礼拜的场所,麦加成为伊斯兰教的宗教圣地。麦加人民接受了伊斯兰教,同时保留了麦加贵族管理克尔白古庙的权利。由此,麦加和麦地那两个城市的居民在伊斯兰教的旗帜下实现了联合。

阿克拉巴战役

穆罕默德死后不久,各地纷纷反叛。632 年 8 月,以麦斯莱麦为首的叶麻麦的哈尼法族发动叛乱,对麦地那造成极大威胁。伊克里马率领一支穆斯林军队前往镇压,结果失败。叛乱队伍一直推进到叶麻麦的北部边界。哈立德又调动穆斯林军队前往,双方在阿克拉巴进行了一次决战。哈立德令麦地那、麦加的穆斯林各自作战,以激发他们的斗志。哈尼法人则以人多取胜,他们不断猛攻,穆斯林纷纷败退。敌军的嚣张气焰激怒了麦地那人,他们拼死压住阵脚,又逐渐迫使敌军后退。敌军被迫退到一个果树园里据守阵地,指望在果园坚固的墙壁的掩护下抵挡穆斯林的正面攻击。但这无济于事,穆斯林攻入这个阵地后,开始了一场可怕屠杀,结果无一获免,麦斯莱麦本人也被杀身死。穆斯林也遭受了惨重的损失,仅麦地那的穆斯林就有 700 人战死,其中很多人都是穆罕默德的圣门弟子和忠实信徒。经过这次战役以后,各地反对力量一蹶不振。

阿拉伯—拜占庭战争

632 年,新兴的阿拉伯国家开始向北方扩张,侵入叙利亚境内。636 年雅穆克河战役中拜占庭失败,决定了叙利亚的命运。637~642 年,阿拉伯人进而攻占耶路撒冷,蹂躏美索不达米亚,占领埃及。到 7 世纪 50 年代,原属拜占庭北非之一部、叙利亚、小亚细亚部分领地、上美索不达米亚、巴勒斯坦、埃及等地都落入阿拉伯人之手。地中海上的几个战略要地罗得岛、克里特岛及西西里岛也被新建的阿拉伯海军所占领。661 年,阿拉伯名将摩阿维亚建倭马亚朝,定都大马士革。在拜占庭皇帝君士坦丁四世时期(668~685),阿拉伯舰队越过爱琴海进入马尔马拉海,在基齐库斯城建立基地,封锁了君士坦丁堡。673~677 年,阿军每年夏季都向君士坦丁堡发动攻势。君士坦丁四世则用一种叫"希腊火"的液体燃烧剂,多次击退阿舰队的进攻。677 年,阿军被迫撤离,回军途中在小亚南部海域遇风暴,加之希腊舰队截击,几乎全军覆没,陆军在小亚也被击败,于是与拜占庭签订了 30 年和约(678)。717 年,阿军乘拜占庭政权交替,内政混乱之时,再次向君士坦丁堡发动水陆两路进攻。陆军由骑兵和骆驼兵构成,号称 12 万。水军有战舰 1800 艘,重载运兵战舰 20 艘。拜帝利奥三世组织了有效的抵抗,又用"希腊火"破敌。对阿拉伯陆军则由于保加利亚人的援助而一举痛歼。718 年春,来自埃及的阿拉伯增援部队也由于其内部基督徒倒戈而失败。幸存撤离的军舰在遇大风暴后,只余 6 艘回到亚历山大港。740 年,利奥的军队又在小亚的阿克罗伊农痛歼阿军,从而基本确定了阿拉伯与拜占庭在近东的边界,阿军从此不再作进攻君士坦丁堡的尝试。

穆斯林历确立

穆罕默德的第二代哈里发欧默尔发布诏令,凡伊斯兰文书、条约、布告和事件一律按 622 年阴历七月 16 日即先知穆罕默德从麦加迁到麦地那之日算起,622 年为穆斯林历的纪元,7 月 16 日为穆斯林历元旦。穆斯林历或称伊斯兰历,一年有 12 个月,每月的天数交替为 30 天或 29 天,到第 12 月则有变化。它的天数在 30 年周期中发生变化,在这个周期中,有 11 个年份的 12 月是 30 天,其余 19 个年份则为 29 天。这样,穆斯林历一年有 354 天或 355 天。因为不设置闰月,所以指定的月份并不总在同一季节,而是每过 32 个太阳历(阳历),就倒退整整一个太阳年(约 365 天)。目前,伊斯兰国家仍奉行穆斯林历。

《古兰经》定本形成

穆罕默德在 610~632 年的传教过程中,以安拉的"启示"为名说教,由其弟子默记或录在兽皮、石版、枣叶上。穆罕默德逝世后,第一任哈里发阿布·伯克尔令人搜集、整理、保存起来。鄂斯曼时,为统一各地流传经文,又令人对已汇集之本进行订正、编纂、抄录,除麦地那保存一份外,分送初期哈里发国家的麦加、大马士革、库法、也门、巴士拉和巴林群岛等六个城区,同时销毁各地传本。这一定本流传至今。"古兰"意为"诵读",全书共 30 卷,114 章,6200 节。分两大部分,其中麦加篇占全经 2/3,麦地那篇占 1/3。书中记述了伊斯兰教的基本信仰和信徒的基本义务("五功");该教对阿拉伯半岛社会的种种主张和道德规范;为穆斯林公社确立的宗教、政治、经济、军事和法律制度;与多神教徒、犹太教徒和基督教徒进行辩论的观点和活动。另外还包括流传于阿拉伯半岛的古代故事、传说和谚语等。《古兰经》在穆斯林的宗教与世俗生活中具有极其重要地位,它是伊斯兰世界种种教派、学说、社会思潮和社会运动的经典或理论根据。它的最早译本出现于 11 世纪的巴格达。1143 年有了第一个拉丁文本,并于 1543 年在巴塞尔印行。阿拉伯文本最早于 1530 年在罗马印刷(但没有发行),1694 年汉堡版问世,此后西方相继出版几个版本。中国自明清以来开始有选本,到 20 世纪 20 年代起,先后出现由李铁铮、姬觉弥、王静斋、刘锦标、杨仲明、时子周和马坚等伊斯兰学者或教长的通译本。

阿拉伯人大规模对外扩张

自第二任哈里发欧默尔统治时期(634~644),阿拉伯对拜占庭和伊朗进行了大规模的征服战争。636 年 1 月,号称"安拉之剑"的哈立德大将率 2500 骑兵进攻叙利亚。8

月,双方军队会战于约旦河支流雅姆克河畔,阿拉伯粉碎了拜占庭的 5 万军队,占领了大马士革,并趁势攻陷安条克、阿勒颇等城,占领了叙利亚全境。638 年进入基督教圣地耶路撒冷,不久又全部占领巴勒斯坦。雅姆克河战役后,欧默尔集中主力部队进攻伊朗。636 年,阿拉伯骑兵在幼发拉底河畔卡迪西亚地方击溃伊朗军队,次年占领伊朗首府泰西封。624 年双方军队又会战于尼哈温,伊军大败,萨珊王朝灭亡。欧默尔派遣另一员大将阿穆尔进攻埃及,于 642 年攻占开罗,拜占庭海军在亚历山大里亚投降。645 年,又占领昔兰尼加和利比亚。7 世纪末到 8 世纪初,倭马亚王朝分兵两路,挥戈东西,继续进行大规模扩张。664~674 年,1.7 万名阿拉伯骑兵穿过两河流域,先后攻克喀布尔、布哈拉和撒马尔罕,接着占领了印度河流域的中亚。西路大军多次进攻君士坦丁堡,698 年攻陷迦太基,消灭了拜占庭在北非的残余势力。之后降服了当地柏柏尔人,并以他们为主力组成骑兵队,越过直布罗陀海峡,于 711 年灭了西哥特王国,迅速征服比利牛斯半岛。尔后又进攻法国南部,于 732 年普瓦提埃战役中,被法兰克军队击败。长达一个世纪的对外征服,为帝国疆域的扩大奠定了基础。

阿拉伯人在大马士革建造的大清真寺

日本大化革新

645 年 6 月,中大兄皇子与中臣镰足合谋,在朝廷杀死专权的苏我入鹿,消除苏我氏权势,拥立孝德天皇即位,改元大化,12 月迁都难波(今大阪)。646 年元旦天皇颁布诏书,正式掀起改革的浪潮。诏书包括四点:没收皇族以及中央、地方豪族的私有地,取消部民制,实行公地公民制;确立行政机构,中央设二官、八省、一台,地方设国、郡、里等建制,国司由天皇任命;编制户籍,施行班田收授法,按户籍合理分配土地;统一税制,征课租、庸、调、杂徭等。同年 3 月中大兄皇子将庄园和奴隶献给国家,其他一些贵族也仿效行动。改革措施从京畿和东部开始施行,逐步推广。改革的成果由半世纪后(701 年)编成的《大宝律令》加以巩固。这一改革打破了氏族贵族的世袭特权,促进了社会经济的发展,并建立了以天皇为首的中央集权国家,此后使日本由奴隶制社会逐渐过渡到封建社会。

拜占庭与阿拉伯人争夺地中海

7 世纪~9 世纪,阿拉伯人与拜占庭在地中海上进行了长期争夺。7 世纪 40 年代,阿拉伯人在叙利亚、美索不达米亚已取得了相当的进展,决心向海上发展。于是在埃及总督阿卜杜拉·伊本·萨德和叙利亚总督摩阿维亚的主持下,建立了阿拉伯舰队,从此成为拜占庭在地中海上的劲敌。649 年,摩阿维亚的海军以叙利亚沿海地区渔民为骨干,启舰进入塞浦路斯,夺取该岛首府康斯坦提亚,拜占庭被迫以重金乞和。654 年,摩阿维亚的舰队蹂躏了罗得岛,夺取开俄斯岛,控制了东地中海区域的制海权。655 年,两军舰队在吕西亚海岸相遇,拜占庭大败。阿拉伯人乘势进入马尔马拉海,封锁了君士坦丁堡。从 674~678 年,阿拉伯人多次进攻君士坦丁堡,但未取胜,被迫撤离拜占庭水域,其舰队损失惨重。7 世纪~8 世纪初,阿拉伯舰队又开始向北非海岸及西地中海发展,直抵大西洋沿岸,控制了迦太基和直布罗陀海峡,从而控制了整个地中海的制海权。9 世纪初,阿拉伯人占领了地中海上的克里特岛(825 年),在此建立了坚固的防砦,并成为阿拉伯海盗的重要据点。盘踞在岛上的阿拉伯人经常袭击往来于地中海航路上的商船,成为拜占庭的心腹之患。意大利海峡的西西里岛及南意大利重要港市塔兰托、巴勒莫也在 7 世纪~9 世纪间落入阿拉伯海盗之手。从此,拜占庭失去了地中海上大国的优势,无力与阿拉伯海军及海盗相抗衡。

阿拉伯倭马亚王朝的兴衰

656 年,穆罕默德的女婿阿里当选为第四任哈里发后,以叙利亚总督摩阿维亚为代表的倭马亚贵族拒绝承认阿里政权,双方爆发内战。661 年阿里被杀,叙利亚和埃及的大贵族拥立摩阿维亚为哈里发,建立叙马亚王朝,定都大马士革,哈里发从此成为世袭。苏非扬家族和麦尔汪家族共掌王朝大权。王朝在巩固内部以后,遂即开始对外扩张。664 年占领喀布尔。674 年越过阿姆河,先后占领布哈拉和撒马尔罕。669~678 年,对君士坦丁堡发动一系列进攻。684 年摩阿维亚二世死后,麦尔汪一世立为哈里发,苏非扬家族统治告终。在马立克统治下(684~705),王朝的扩张达到登峰造极的地步。穆斯林军队侵入北非,698 年攻陷迦太基,又越过直布罗陀海峡,侵占西班牙大部分地区和中亚的大部分地区。8 世纪中叶,国家的疆域西起大西洋,东到印度河,形成一个横跨亚、非、欧三大洲交界处的帝国。长期的对外征服，激起各地区人民的反抗，从而为阿拉伯贵族反对王朝所利用。750 年阿布·阿拔斯在库法称哈里发，推翻了倭马亚王朝的统治。

新罗统一朝鲜半岛

新罗原是朝鲜半岛东南部的一个部落。这里土地肥沃，适宜农耕。4 世纪~5 世纪，乘半岛西南部的百济与高句丽在汉江流域进行战争之机，得到迅速发展，562 年攻占了被日本长期占领的半岛南端的弁韩地区（任那），国势日强。为对付百济和强大的高句丽，新罗竭力与中国唐朝建立友好关系，从而遭到高句丽和百济的联合进攻。唐太宗于 644~651 年，几次发兵远征高句丽，以解除新罗的困境。660 年，新罗借助唐朝军队一举消灭了百济，于是使高句丽陷于孤立境地。668 年，唐朝与新罗联军最后攻陷平壤，灭掉高句丽。唐朝在高句丽设安东都护府，施行军政统治。此间，新罗积极蓄积力量，展开驱逐唐军的斗争。670 年在南北地区发动对唐军的全面进攻，在北方支持高句丽旧部的反唐斗争。670 年 7 月终于击败唐军，收复城池近百座，迫使唐朝于 676 年将安东都护府撤到辽东（今辽阳）。至此，新罗实现了半岛的统一。735 年，与唐朝正式划定以大同江为界，确认了各自的国境。

西芬之战

656 年第三任哈里发鄂斯曼被杀后，穆罕默德的女婿阿里当选哈里发。倭马亚家族认为谋害鄂斯曼与阿里有关，于是这个复仇的责任就落在倭马亚家族的首领、叙利亚总督摩阿维亚身上。而哈里发阿里必须使全国各处都臣服拥戴，于是 657 年春进兵西北，摩阿维亚在叙利亚边境的西芬迎战。双方谈判月余，毫无结果，阿里拒绝接受摩阿维亚要交出谋害鄂斯曼凶手的要求。到 5 月间双方开战，阿里夺得使军队开往幼发拉底河的通道。到 6 月 19 日，双方在禁月（禁止作战的月份）里约定停战，但谈判也无结果，于是又厮杀起来。马立克热心支持阿里，率伊拉克人冲入摩阿维亚阵地，使之走投无路。最后双方重新谈判并达成协议，选出两名仲裁者，让他们根据《古兰经》做出决定。仲裁宣布，阿里和摩阿维亚作为哈里发的竞争者都不合格。阿里拒绝接受这样的决定，而摩阿维亚在自己军队中身价倍增，对他都以哈里发相称。从此阿里在伊拉克的地位每况愈下，过去忠实于阿里的人也离他而去。

保加利亚王国建立

7 世纪，亚洲草原上的游牧民族保加尔人越过多瑙河南下，拥立阿斯巴鲁赫为国王，建立了第一保加利亚王国（679～1018）。在巴尔干半岛上，保加尔人逐渐被斯拉夫人所同化，改操斯拉夫语。9世纪以后，保加利亚国势强盛，逐渐侵入拜占庭领土，其疆域扩至今保加利亚全境及罗马尼亚和匈牙利之一部。9世纪中叶，保加利亚接受基督教为国教，并继续扩张。到10世纪初，已成为横跨巴尔干半岛的强大封建王国，还迫使拜占庭称臣纳贡。1014年，拜占庭马其顿朝皇帝瓦西里二世乘保加利亚贵族内讧之机，灭第一保加利亚王国，使之成为拜占庭的属国（1018～1185）。1185年，保加利亚人举行反拜占庭的大起义，并赢得独立，建第二保加利亚王国（1185～1396），起义首领阿森成为国王。在其强盛时期，领土包括马耳顿、色雷斯和阿尔巴尼亚北部，东西方直达于海。13世纪后期国势衰落，农民起义和封建贵族内讧，加上拜占庭对它的不断进攻，加速了衰亡过程。1330年起，保加利亚沦为塞尔维亚的属国，1396年被奥斯曼土耳其人征服。

卡尔巴拉惨案

680年4月摩阿维亚死后，由他的儿子亚齐德继任哈里发，于是引起阿里家族和祖拜尔家族的反对，拒绝执行拥戴宣誓。阿里的儿子侯赛因及其家属应库法人的要求，从麦加前往，他的族弟先行一步，却被亚齐德的伊拉克总督所俘处死。侯赛因等在途中被亚齐德的前哨巡逻队截获，由于他不肯返回，被一直押送到克伯利，并把他们困在沙漠边缘的卡尔巴拉，希望干渴会迫使他们投降。伊斯兰纪元61年1月10日（即公元680年10月10日），亚齐德军队司令欧麦尔向他们发出最后通牒，要求侯赛因归顺，遭到拒绝，于是对他们发起攻击。交战后不久侯赛因战死，他的头颅被砍下送往大马士革哈里发那里。亚齐德哈里发对于这种结果表示遗憾，并吩咐把那些逃脱杀戮的阿里派信徒带回麦地那去。侯赛因的头颅后被送回与尸身合葬于被害处，建有陵墓和清真寺。直到今天，葬在卡尔巴拉的侯赛因墓仍然是所有什叶派（阿里派）教徒，特别是波斯人要去参拜的最神圣的目的地。

拜占庭战胜保加利亚

679年第一保加利亚王国建立后，成为拜占庭巴尔干边境的心腹之患，两国交战甚为频繁。689年，拜占庭皇帝查士丁尼二世于色雷斯击败了保加利亚人和斯拉夫人联军，把2万斯拉夫人迁至小亚细亚。不久·查士丁尼二世被国内反对派推翻，后在保加利亚王国支持下得以复位，从此两国关系略有改善。利奥三世时期，曾以重金收买保加利亚，以在色雷斯地区助其陆军抵抗阿拉伯人。但到利奥之子君士坦丁五世时期（741～775），两国矛盾激化。保加利亚采取了敌对行动，拜占庭也9次进攻保加利亚。虽有几次大胜（759年马瑟尔战役、763年安奇阿卢斯战役），但没有达到预期目的。8世纪末到9世纪初,保加利亚平定了内乱,国势日强,双方战争也日益频繁,但以边界交战为主。814年以后,由于保加利亚的衰落,拜占庭在817年的麦森布里亚大战中大获全胜,保加利亚被迫议和。865年,保加利亚沙皇鲍里斯接受了基督教洗礼,国势日强。在沙皇西梅恩时代(893~927),两国对抗加剧,保加利亚军队屡次进犯色雷斯地区,并抵达达尼尔海峡和君士坦丁堡城下。917年于阿凯鲁斯河击溃拜占庭军队,922年又夺取亚得里亚堡,并控制了除萨洛尼卡和君士坦丁堡以外的全部色雷斯及马其顿地区。西梅恩甚至自称"保加利亚和希腊人的皇帝"。直到923年,两国才议和停战。西梅恩逝世后,保加利亚趋于衰落。直到11世纪早期,拜占庭瓦西里二世对保加利亚的战争才取得最后胜利。

阿拉伯人发生内部冲突和争斗的画面

拜占庭农业法问世

7世纪~8世纪,拜占庭农业法出现。该法典是查士丁尼二世时期一部未知法典的节本。法典反映了7世纪末~8世纪初拜占廷农村阶级关系和社会结构的特点。其中既有保护自由农民私有财产的条文,也有关于破坏村社公产及权益的惩戒措施,反映了当时拜占庭帝国境内小土地私有制和公社土地所有制同时存在的事实。条文中也反映了奴隶制尚未根除,而自由农民已占相当优势的事实。农民已被固定在土地上,对村社和国家都负有一定义务,公社亦成为政府的纳税单位。这部法典问世以后,很快被译成斯拉夫各国文字,对东、南斯拉夫人的立法传统有着巨大影响。

非洲古桑海国家的兴衰

桑海国家的历史最早约在公元7世纪末期。它是继马里之后兴起于塞内加尔河尼日尔河中上游地区的第三个大国,其民族的主体是桑海族。早在公元初几个世纪,桑海人同埃及和尼罗河上游各国就保持着广泛的商业文化联系。从 7 世纪末到 1599 年桑海国家为摩洛哥王国所灭,这个国家经历了三个王朝:第一王朝(迪亚王朝),由 7 世纪末~1325 年;第二王朝(索尼王朝),1337~1493 年;第三王朝(阿斯基亚王朝),1493~1599 年。在第一王朝统治时期,国君传了 33 代。国都先设于今马里境内库基亚城,到第 15 代君主迪亚·科索伊在位时改宗伊斯兰教,11 世纪初(1010)迁都于尼日尔河上的加奥城,后沦为马里的属国。在第二王朝时期,桑海人获得独立,并逐渐发展为帝国。在该王朝第 19 代王(索尼)阿里时期(1464~1492),桑海国家对周围邻国进行了长期攻击,征服了大片土地,建立了对加奥、廷巴克图和杰内这一商业中心地带统治的大帝国。1493 年,阿里的一位将军索宁凯人穆罕默德·图雷(亦称穆罕默德·西拉)篡夺了王位,建立阿斯基亚王朝的统治。图雷统治时期(1493~1528),桑海帝国达到强盛。他建立了完备的行政体系和一支强有力的职业军队,积极发展农业、工业及商业活动,并建立了发达的文化教育事业。1517 年,外藩属国克比国王开始反对桑海统治,国势日衰。

印度无遮大会举行

7 世纪,戒日王在曲女城的恒河岸边举行法会,会期共 75 天。国家拿出大量财物分别向佛教、婆罗门教、耆那教等教徒以及乞丐布施。参加者到河中沐浴,可以净身、涤心、洁口。当时正值唐朝高僧玄奘在印度,被戒日王邀请赴会,获得很高声誉。这种大会每五年举行一次,届时各种教派人士可以自由阐述其宗教观点。8 世纪哲学家商羯罗曾在印度东、西、南、北四方分别建立一所寺院,鼓励僧人贤哲在法会上交换观点,这一制度一直延续下来。每隔三年,分别在恒河边的哈德瓦、西帕利河边的邬阇衍那、戈达瓦里河边的纳西克和恒河与朱木拿河汇合处的阿拉哈巴德等四处轮流举行。

基督教异端保罗派运动

7 世纪~9 世纪,在拜占庭小亚及亚美尼亚地区发生了保罗派运动。该派属基督教二元论异端,据传是持有二元论思想的使徒保罗所创,故名。在教义上,该派宣传摩尼教的善恶二元论,以《圣经·新约》中的四福音书和保罗、雅各、犹大书为教义经典,综合了摩尼教与原始基督教的要素。他们相信,尘世和肉体的物质世界是恶势力的创造物,精神和灵魂、智慧才是善神的功果,人们须用清洁的神秘礼仪求得解放。保罗派反对教阶制、隐修主义和圣像崇拜,反对教产和繁琐的宗教礼仪。其内部教众分为完人(选民)和听众(信士)两个阶层,在宗教公社中以民选原则推举"导师",力图恢复原始基督教的平等。7 世纪~9 世纪,该派教义思想在小亚和亚美尼亚自由农民及城市平民中间广泛传播,成为他们反抗封建压迫的组织手段。他们曾支持和积极参加了"破坏圣像运动",9 世纪中叶在阿拉伯与拜占庭小亚边境地区建立了独立的宗教公社,以泰夫里斯为中心,俨然成为一个国家。在阿拉伯人支持下,他们组织了武装斗争,多次给予拜占庭军队沉重打击。872年,拜占庭瓦西里一世对小亚保罗派进行了全面讨伐,保罗派死亡惨重。幸存者被强行移居至巴尔干半岛色雷斯地区,在那里同后来发生于保加利亚的波高美尔运动合流。

伊斯兰教苏非派出现

7世纪末,阿拉伯的一些穆斯林身着粗毛织衣,奉行安贫、苦行和禁欲,以对倭马亚王朝宫廷的奢华腐化和世俗化等表示强烈不满和消极抗议。据传这些人被阿拉伯人阿布·哈希姆称为苏非(意为"羊毛")派。8世纪中叶以后,该派以神秘主义为特征,宣传神秘的爱、泛神论和神智论,奉行内心修炼、沉思入迷以致与安拉合一。11世纪以后,该派神学家安萨里将神秘主义纳入伊斯兰教正统教义,强调宇宙为真主所创造,肯定灵魂不灭,肉体复活,并认为只有通过直觉才能发现理性所不能认识的"真理"。此后,便形成诸如吃玻璃、走炭火、由音乐伴奏狂舞,以及举行其他不同礼仪的神秘教团组织。13世纪时,在伊斯兰世界各地得到进一步发展。该派多以诗歌表示其教义,以隐喻方法解释《古兰经》,并主张通过忏悔、断念、冥想等过程才能达到人神合一。该派重视内心苦修和自身的宗教仪式而忽视正统派的宗教礼仪,因此被正统派视为"异端"。该派将念珠引入伊斯兰教。在波斯,其成员被称苦行僧。历史上的该派教团活动遍及整个伊斯兰世界,有些一直延续至今。

阿拉伯人征服西班牙

711年,阿拉伯帝国的北非总督穆萨派遣塔里克统率7000柏柏尔人,对西班牙发起进攻。他们利用西哥特王国王室的纷争,迅速占领了哥多瓦和首都托勒多。不到半年,塔里克就控制了西班牙大部分地区。712年6月,穆萨亲率1万军队进入西班牙,占领了塞维利亚。713年6月与塔里克会师于托勒多,随后共同北上,向阿拉冈、雷翁、阿斯都里亚挺进,把西哥特的残余势力赶到阿斯都里亚山区。718年阿拉伯人越过比利牛斯山,向法兰克王国发动进攻。但是在732年普瓦提埃战役中,被查理·马特的军队击败,被迫于759年全部退出法兰克王国。阿拉伯军队在西班牙获得巨大胜利,使西班牙成为阿拉伯帝国倭马亚王朝的一个行省。750年,在倭马亚王朝被阿拔斯朝推翻时,倭马亚贵族的后裔阿布德拉赫曼逃到西班牙,依靠当地阿拉伯叙利亚人和柏柏尔贵族的支持,于756年宣布独立,建立后倭马亚王朝。

法兰克王国实行采邑改革

8世纪初,法兰克王国处于内忧外患之中。王国宫相查理·马特(715~741在位)在镇压了内乱之后,为了改变无条件赏赐土地的制度,以使领受土地者和王室紧密地联系起来,进而达到长治久安,于是实行了采邑改革。他没收部分叛乱贵族的土地和教会土地,作为采邑有条件地分封给到前线作战的将领、统治边远省份和镇压部落反叛的官员。那些重新归顺的反叛地方的大贵族也可得到其原地产的全部或一部分作为采邑,但必须履行新规定的义务。查理·马特的采邑改革是在理论上收回原属王室赠予的土地,在实践上使土地租种者将租赋缴给新分封的"主人"。采邑分封有一系列条件,其一是服骑兵役,

法兰克王朝时代的象牙雕刻

其二是采邑只限终身使用,不得世袭。采邑分封的封主或受封者有一方死亡,封授关系即告中止。如封主或其继承人愿意继续这种关系,则须重新履行受封仪式,结成新的主从关系。如受封者不能履行一般臣民的职责(如拒服骑兵役、滥用豁免权、窝藏盗贼、不敬敕谕、拒缴租税等),都要收回采邑。查理·马特的采邑改革以土地为纽带形成了封建等级制度,奠定了骑士制度的基础,加速了法兰克的封建化进程,对西欧封建制度产生了重大影响。

叙利亚王朝的社会改良与振兴

717年,拜占庭阿纳托利亚军区的总督利奥以其强大的军事实力为后盾,在人民支持下登位作了皇帝,是为利奥三世(717~741在位)。利奥为叙利亚北部凯撒里亚地方的人(以往曾被一些学者确定为伊苏里亚人),故称其王朝为叙利亚王朝。在7世纪末~8世纪初的拜占庭内乱和危机中,利奥战胜了自己的竞争者,镇压了军人的叛乱,击退了阿拉伯人对君士坦丁堡组织的新的水陆进攻,限制了阿拉伯势力在小亚、叙利亚的发展。恢复和重建了帝国的政治、经济秩序,使拜占庭国家重新振兴。他以希腊文颁布了简明实用的法典《法律选编》,使罗马法适应拜占庭社会生产力发展和进步的需要。在行政方面,利奥完善了希拉克略时期建立的军区制,在整个帝国范围内推行了新的军政合一的地区统治,加速了帝国封建化的完成和新兴军事地主贵族势力的发展,使领有份地的自

由军事小土地所有者成为帝国农业生产和军队建设的主力。在宗教上,利奥发动了有深远历史影响的"破坏圣像运动",以阻止修道院制度的发展,遏制教产的膨胀,从而使军事贵族的经济、政治实力得以加强。利奥及其后代的统治,使帝国脱离了困境,为进入拜占庭的强盛时期奠定了基础。

日本《养老律令》制定

718 年(养老二年),日本天皇命藤原不比等修改《大宝律令》,编成律、令各 10 卷,称为《养老律令》。其内容较前者有明显不同。第 1、2 两卷为名例,第 3 卷为卫禁、职制,第 4 卷为户婚,第 5 卷为厩库、擅兴,第 6 卷为贼盗,第 7 卷为斗讼,第 8 卷为诈伪,第 9 卷为杂类,第 10 卷为捕亡、断狱。至 757 年(天平宝字元年)开始颁行,目的在于巩固大化革新的成果。其后又不断修改补充,至 10 世纪以后流于形式。现大部分已散佚,遗文收集在《律逸》之中。

《一千零一夜》开始流传

《一千零一夜》是 8 世纪开始流传于阿拉伯帝国境内的民间故事集。相传波斯萨桑王朝国王对王后的私通行为进行报复,于是每日娶一少女,次日杀害。宰相之女自愿进宫,每夜以讲故事吸引国王,共讲了一千零一夜,终于感化了国王,故事集由此得名。全书包括 134 个故事,主要是神话传说、寓言童话、婚姻爱情、航海冒险、宫廷趣闻和名人逸事等。它们主要来源于古波斯、伊拉克和埃及,也有一些是从希腊、印度等地流传过来。经过几百年传播过程中的提炼、加工、整理,于 16 世纪由文人荟萃,编订成书问世。故事生动地描绘了中古时期阿拉伯世界的社会状况、风物人情和宗教信仰等,因此享有阿拉伯古代社会生活的"百科全书"的美誉。故事语言生动活泼、通俗流畅,夹有诗歌、谚语,形成了阿拉伯大众文学的独特风格。它不仅是阿拉伯人民的宝贵文化遗产,也在世界产生了广泛的影响。欧洲文艺复兴时期不少作家如但丁、乔叟、薄伽丘、莎士比亚等都曾从中吸收营养,丰富自己的创作。

教皇国的建立及其疆域变更

4 世纪教皇在罗马周围占有很多地产,5 世纪起在意大利的影响不断增长。8 世纪 50 年代,伦巴德王企图控制教皇所在地区,教皇求助法兰克王矮子丕平。丕平为酬答教皇对其篡位的支持,于 754 年、756 年两度远征意大利,迫使伦巴德王放弃拉文那至罗马的大片土地,将其赠送教皇,帮助建立了教皇国,首都罗马城。774 年查理大帝赠给教皇贝内文托、威尼斯等城,962 年德皇奥托一世又赠若干城市。1077 年教皇与诺曼人结盟,又获得贝内文托公国。此后疆域屡有变更,至 13 世纪,教皇一直保持对意大利中部的主权。此后教皇不断受到地主封建主挑战,教皇的权威有所削弱。教皇迁居阿维农时期,教皇国内各地纷纷独立,出现了一些地方自治政权。直到 1417 年天主教会大分裂时,许多地区名义上是教皇统治,实际上为地方封建贵族所控制。15 世纪中叶教皇重又恢复在意大利中部的权威,但 16 世纪末教皇的领土只是意大利众多小国之一。1798 年 2 月拿破仑占领教皇国,成立罗马共和国。1800 年教皇庇护七世重建教皇国,1809 年又被拿破仑并入法兰西帝国。1815 年维也纳会议批准恢复教皇国,置于奥地利的保护下。1848 年资产阶级革命时期,又一次宣布建立罗马共和国。1859 年奥地利战败,教皇国大部分领地并入意大利王国。1870 年普法战争爆发,意大利军队攻入罗马,统一意大利,罗马为首都。教皇退居罗马城西北的梵蒂冈,教皇国的名称不再延用。1929 年意大利与教皇签订《拉特兰条约》,承认教皇拥有梵蒂冈的主权。

阿拉伯帝国新都巴格达建成

巴格达所在地,原是波斯萨珊王朝的一个村落。阿拉伯帝国阿拔斯王朝第二代哈里发曼苏尔(754~775 在位)选定为新都城址。聘请犹太人阿布·侯乃依教长担任建造新都的总设计师,又从世界各地征集了著名工程师、艺术师、镶嵌工、制瓦工以及其他各种工匠 10 万余人,于 762 年破土动工。工程历时 4 年,耗资近 500 万第尔汗(帝国银币名称)。全城由城墙围绕,呈圆形,素有"圆城"之称,直径达 3.2 公里。有宽约 20 米的护城河,河上安有木制吊桥,与城门相通。城内布局分外城、内城和宫城,由坚固的城墙相分隔。宫城的城墙高达 27 米,三道城墙以哈里发的宫殿为圆心,形成三个面积大小不等的同心圆。每道城墙有四座城门,从圆心向外辐射,形成四条大街。宫城建有不少宫殿,位于圆心的哈里发宫殿,因宫门镀金,被称作"金门殿"。宫殿内设有高达 43.34 米的接见厅,内部装饰豪华、壮观。宫城还建有金碧辉煌的大清真寺,以及帝国的第一所高等学府——"智慧馆"。馆内设有翻译局、科学院、图书馆和天文台等。9 世纪初,设立了伊斯兰教世界第一所医院。城内还建有供娱乐用的赛马场、马球场,以及射箭、投标枪、击剑等活动场所。城内交通畅达,三座浮桥紧紧联结了底格里斯河两岸城区。水路通畅,码头蜿蜒数里,可供来自世界各地的几百艘船只停泊。9 世纪,首都巴格达成为帝国名副其实的政治、经济、宗教和文化中心,人口达 200 万。与中国唐朝京都长安、拜占庭帝国首都君士坦丁堡,合称中世纪世界三大名城。

摩洛哥的阿拉伯人在木块上制作的图案雕刻，反映了独特的阿拉伯文化特色。

柬埔寨吴哥王朝的兴衰

8世纪末，柬埔寨遭到爪哇人的入侵，国王被杀。9世纪初重新获得独立。前王子·耶跋摩二世在位时（802~850），定都于今吴哥东北的考伦山上，开始了吴哥王朝的统治。9世纪后半期~11世纪是吴哥王朝的早期，吴哥城开始建成并成为国都。在这里修建有寺院和水利工程。11世纪初，出身于马来亚王族的苏耶跋摩一世夺取王位（1002~1050），并扩展势力到湄公河下游和老挝的琅勃拉耶，强令被征服地区的王公效忠，按期进献珍宝。他继续修建王公的宫廷。12世纪~13世纪是吴哥王朝的极盛时期，苏耶跋摩二世时代（1113~1150）国力强大，有战象20万头，版图"东到海，西接蒲甘，南抵加罗希"（今马来半岛东岸），并与中国有密切往来。其间与李朝越南争夺占婆，1145年曾一度占领占婆首都佛誓城。这一时期修建了吴哥寺。阇·耶跋摩七世时（1181~1201）成为东南亚最强大的国家，其疆域包括今泰国和马来半岛的大部分，北方与中国南诏接壤，东达占婆和湄公河三角洲。另建新都吴哥通（"通"，城之意），崇信大乘佛教，广建佛寺。由于大规模的营建和对外征服，汲尽了人民血汗，人民起义和被征服地区的反抗连绵不断。13世纪中叶兴起的泰族诸王国多次打败吴哥王朝，并于1431年首次攻陷首都吴哥城。为避免泰人的威胁，1434年索里约波王时迁都百囊奔（今译金边），柬埔寨逐渐走向衰落。今天的柬埔寨仍然保留有很多古代遗迹。

日本藤原家族权倾一时

藤原家族的始祖中臣镰足（614~669），因参与大化革新有功，临终前被天皇赐姓藤原。从此,中臣家族便以藤原为姓。镰足的次子不比等是采用新姓的第一人,他将女儿嫁给圣武天皇,开始与皇族结成裙带关系。但是直到9世纪下半叶,藤原家族才开始操纵政权。藤原良房(804~872)是在位天皇的岳父,皇太子的外公。天皇死后,他扶持九岁的太子登基,是为清和天皇。良房亲任摄政,是日本历史上第一个非皇族血统而担任此职的人。此后,藤原家族常迫使天皇退位,幼童登基,以行摄政之权。在其后的两个世纪中,这样的逊位八次之多,藤原家族已成为日本的实际统治者。不过,天皇到了法定年龄亲政后,还是要结束摄政的。因此,良房的侄子基经(836~891)建立了关白制度。关白一职比摄政和首相有更大的权力,他是天皇的代言人,是天皇与廷臣之间联络的媒介,其地位仅次于天皇。887年非藤原氏女儿所生的宇多天皇即位,不用藤原氏摄政或作关白。但基经之子时平(871~909)很快重新确立起藤原家族的霸权。藤原道长(966~1027)时,其家族权力达到顶峰。他将三个女儿嫁给天皇,一个女儿嫁给皇太子。道长在30余年时间里享尽荣华富贵,他的府邸比皇宫更加富丽堂皇,日本著名古典小说《源氏物语》和《荣华物语》所描写的,正是道长的这种纸醉金迷的生活。1027年道长死后,藤原家族开始没落。非藤原氏之女所生的后三条天皇于1068年即位,开始削弱藤原氏在宫廷中的势力。到12世纪,在日本朝廷中最终肃清了藤原家族的势力。

欧洲的封建庄园制度

8世纪末,随着采邑分封在法兰克王国的普及,出现了大量属于国王、教会及贵族的封建庄园。封建庄园是农业生产的基本组织,它一般包括一个或几个村庄,保持自给自足的自然经济,其产品既包括领主的消费资料也包括农奴及其家庭所需的生活资料。庄园里的土地一般分为领主自营地和农民分地两部分,农奴每周必须用三至四天时间在领主土地上服劳役,平时还要为领主做砍柴、筑路等各种杂役。农奴在使用庄园中的磨坊、面包炉、牧场、森林时还须向领主交纳一定费用。大封建主的庄园往往建有堡垒,四周修筑围墙和壕沟以便于防守,堡垒高处的堡楼是庄园主的住所。由于当时交通困难,拥有许多庄园的大封建主经常带着家属和随从人员从一个庄园转移到另一个庄园,就地享用庄园里的产品。

阿格拉布王朝的兴亡

800年,驻于北非凯鲁万城的阿拉伯总督易卜拉欣·伊本·阿格拉布在突尼斯和阿尔及利亚建立了阿格拉布王朝(800~909)。此地以柏柏尔人居多,还有少数阿拉伯移民、犹太人及拜占庭人。该王朝因控制着突尼斯的诸多良港,建立了一支强大的海军。这支海军常横行地中海,对法国、意大利进行掠夺,还占领了西地中海各主要岛屿:西西里、撒丁和马耳他等。909年，什叶派教士阿布·阿卜杜拉率领什叶派信徒和土著柏柏尔人发动起义，推翻了阿格拉布王朝。

统一的英格兰国家形成

盎格鲁·萨克逊人分别是日耳曼人的一支，他们和其他日耳曼民族一样，在民族大迁徙的过程中迁入什列斯维希和威悉河、易北河流域。5世纪开始侵入不列颠，横渡北海进入不列颠，然后沿泰晤士河、汉伯尔河和瓦什湾向内地推进。不列颠岛上的居民克尔特人对入侵者进行了坚强抵抗，但是征服者最终还是在不列颠的东部和南部建立了一些小部落公国。这些小国这间长期混战，到6世纪末~7世纪初联合成七个王国，形成英国历史上的"七国时代"。七国之间经常进行斗争，势力互有消长，但到9世纪初，七国之中的威塞克斯王国显然居于支配地位。829年，威塞克斯国王爱格伯特把各王国联合在自己的政权之下，形成统一国家，从此英格兰这个名称才见诸于世。

托马斯起义

9世纪初，在拜占庭小亚地区发生了一次大规模的民众起义，因其首领是定居于小亚的斯拉夫族军人托马斯，故名"托马斯起义"。820年，小亚军事贵族迈克尔（称迈克尔二世，820~829在位）灭伊苏里亚（叙利亚）朝，建弗里吉亚王朝。当时，帝国内外矛盾尖锐，破坏圣像派与崇拜圣像派的斗争未决胜负，阿拉伯人在小亚、叙利亚边境又不断骚扰。小亚军区的将军托马斯充分利用这一形势，在小亚集聚了一支反政府的武装。他利用帝国东方各民族对政府横征暴敛的不满，集中了由波斯人、阿拉伯人、亚美尼亚人、伊比利亚人、斯拉夫人及高加索地区各民族人民组成的队伍向政府发难。为了争取得到更多的支持，托马斯打出了支持圣像崇拜的旗号，联合了东方四个军区的力量，于821年渡海向君士坦丁堡进攻。巴尔干半岛上的人民也起而响应，从陆地策应托马斯对君士坦丁堡的海上进攻。经过一年多的对峙，君士坦丁堡久攻不克。只是由于保加利亚人被拜占庭政府收买而出兵干涉，托马斯的进军才被击退。823年10月，托马斯被逮捕而遭杀害。

古罗斯国家建立

862年，北欧瓦拉几亚人首领留里克率领亲兵夺取了罗斯北方的诺夫哥罗德，建立了最早的罗斯人国家。当时，生活在东欧广大地区的东斯拉夫人虽然已有了较先进的生产方式，但还处于部落征战阶段，无力建立统一国家。瓦拉几亚人则是经常穿越东欧商路

（瓦希商路），从事征战和贸易的北欧民族。879 年，留里克的继承者奥列格大公率军沿"瓦希商路"南下，于 882 年占领基辅，建基辅公国。随后又征服了周围诸斯拉夫部族，建立了以基辅为中心的多民族的封建国家。988 年，基辅大公弗拉基米尔（980～1015）从拜占庭接受了基督教洗礼，巩固了封建关系，加强了大公的权力。俄罗斯民族的思想文化也有了长足的发展，基辅罗斯开始进入欧洲世界。1054 年，著名的基辅大公雅罗斯拉夫死后，公国陷于瓦解。12 世纪以后分裂为 13 个独立的小公国，从此常处于外族的侵略和控制之下。

捷克早期国家建立

9 世纪中期，捷克王公莫伊米尔公爵率领捷克、摩拉维亚及斯洛伐克三个地区的人民，在抵抗法兰克人入侵的战争中，于多瑙河中游及拉巴河上游建立了大摩拉维亚国家（830～846），定都维列格勒。捷克人民属西斯拉夫人的一支，居于中欧地区，由波希米亚、摩拉维亚和斯洛伐克三部分组成。摩拉维亚建国以后，为了抵制罗马教皇和德意志传教士的影响，捷克国王邀请拜占庭传教士西里尔和美多德在摩拉维亚及波希米亚地区传教。后来，由于摩拉维亚政局变化，德意志骑士和传教士控制了捷克的统治机构。9 世纪末～10 世纪初，匈牙利以武力灭摩拉维亚国家，波希米亚则成为另一个独立国家的中心。996 年，波希米亚公爵统一各部，建立普舍美斯王朝（996～1306）。

查理曼帝国一分为三

817 年查理帝国皇帝路易把帝国分给三个儿子：罗退耳、查理和路易，以防止其死后纷争和诸侯叛乱。但事与愿违，路易死后他的三个儿子爆发内战，杀得难解难分。直到 842 年耶稣复活节，两个弟弟和罗退耳的使臣来到凡尔登开始谈判，843 年 8 月正式签订凡尔登条约。根据这个条约，帝国一分为三：些耳德河和缪斯河以西地区归秃头查理，称西法兰克王国；莱茵河以东地区归日耳曼路易，称东法兰克王国；介于东西法兰克之间的地区，北起北海，南至意大利中部，包括罗尼河流域，归罗退耳所有，并承袭皇帝称号。凡尔登条约为法兰西、德意志和意大利奠定了疆域基础。到 9 世纪后期，东西法兰克和罗退耳所领有的北部意大利分别发展为德意志、法兰西和意大利三个国家。

西里尔兄弟赴斯拉夫地区传教

9 世纪中期，西里尔与美多德兄弟在斯拉夫人居住区传播基督教文化，其在东欧及斯拉夫人的历史文化发展中占有重要地位。855 年,西斯拉夫人建立的大摩拉维亚公国打败了东法兰克王国的入侵,决心抵制西方日耳曼人对摩拉维亚地区的渗透,遂向拜占庭寻找政治靠山。他们请求拜占庭皇帝迈克尔三世派人到摩拉维亚传教。于是,西里尔兄弟二人于 863 年春受命到摩拉维亚及波西米亚地区。他们以希腊文字为基础,按照斯拉夫人的语言特点,发明了斯拉夫文字。他们用斯拉夫民族能够理解和接受的民族语言,传播基督教福音书的原则和教义,建立了斯拉夫民族教会组织,培养了斯拉夫民族的教职人员。他们的活动,为斯拉夫基督教与君士坦丁堡的联系铺平了道路。

什一税流行欧洲各国

早在古典时期,埃及、希腊、罗马等民族都有按个人财产或收入的 1/10 向国王或祭司捐税的惯例。6 世纪基督教教会依据《圣经》中农牧产品 1/10 属于上帝的记载,向信徒征收本人收入的 1/10,以供教会神职人员薪俸、教堂日常经费以及赈济等宗教事业之用,称什一税。779 年查理大帝正式规定,每个法兰克居民都必须向教会缴纳什一税。9 世纪中叶,英国开始征收什一税。10 世纪中叶,什一税在西欧各国普遍流行,并分为征收粮食

基督教福音书的宗教故事画面《圣詹姆士和赫莫根尼斯之会》

的大什一税,征收蔬菜的小什一税和征收牲畜的血什一税。什一税是中世纪教会的重要经济来源之一。税的负担主要在农民身上,贵族等社会上层往往享有免征的特权。16 世纪宗教改革运动和德国农民战争期间,农民的基本要求之一就是废除什一税,但直到法国大革命时期,西欧各国才陆续废除什一税。

拜占庭马其顿王朝建立

867 年,出身于马其顿地区的驯马手瓦西里利用拜占庭皇帝迈克尔三世对他的信任

篡权夺位,建立了马其顿王朝(867～1056)。瓦西里(称瓦西里一世,867～886在位)生于马其顿地区卡里奥城,他身材魁梧,善驯烈马,在君士坦丁堡甚有名气,因此得到当朝皇帝迈克尔三世的重用。瓦西里利用自己对皇帝的影响,唆使皇帝杀害了朝廷重臣——皇帝的舅父巴尔达斯,控制了朝廷大权,被封为"共治"帝。不久,迈克尔发现了瓦西里的篡权阴谋,但已来不及采取任何行动。瓦西里派亲信杀害了迈克尔,自立为帝,从此结束了弗里吉亚王朝的短暂统治,建立了马其顿王朝。马其顿朝是拜占庭历史上的光辉时期,历史上称这一时期为帝国文化的"黄金时代"。1025～1056年,帝国开始走向衰落。内部大封建地产的发展削弱了中央集权和军队的力量,不断的宫廷内乱削弱了对外侵略的抵抗能力,因而造成了在小亚对塞尔柱突厥人斗争的失败。

金雀花王朝的开始

1133年,亨利在法国的勒芒城出生。他的父亲安茹伯爵杰弗里控制着杜莱纳、缅因等地,势力非常强大。他的母亲玛提尔达是英国诺曼王朝末代君王亨利一世的女儿,因此亨利还同英国有着血缘关系。

亨利出生不久,英国就发生了一场战争,他的家族也加入了。1135年,亨利一世去世,而亨利的母亲玛提尔达曾被指定为王位继承人。就在玛提尔达准备接替王位时,亨利一世的外甥希腊伯爵斯蒂芬从半路杀出,抢夺了王位。玛提尔达大怒,与斯蒂芬展开了战斗。伦敦和东部封建主支持斯蒂芬为王,而西部封建主支持玛提尔达夺回王位。经过了近20年的争斗,双方于1153年议和,斯蒂芬承认亨利为其王位继承人。

1154年,斯蒂芬去世,亨利被拥立为英国国王,是为亨利二世。因亨利二世的父亲杰弗里伯爵经常在帽子上饰以金雀花枝,所以这个新王朝又被称为"金雀花王朝"。除英国本土外,出身安茹家族的金雀花王朝在法国的安茹、诺曼底、布列塔尼等地拥有大量领土,所以又称"安茹王朝"。

亨利二世成为英王以后,控制了苏格兰和威尔士,爱尔兰后来也向他臣服。这样,南起比利牛斯山、北至苏格兰的广阔土地都处于亨利二世的统治之下,面积相当于法王路易七世土地的6倍,史称"安茹帝国"。

亨利二世早年对英国的有效治理使他雄霸一方,但晚年的亨利二世却处境堪忧。外部势力已难以对他的帝国构成威胁,但家庭内部的矛盾却让他焦头烂额。亨利二世早年曾任命长子亨利为王位继承人,次子乔弗雷为布列塔尼公爵,三子理查为阿奎丹土地之王,幼子约翰因年幼跟随自己身边,未封领地。但随着约翰年龄的增长,亨利二世想从封赐出去的土地中为约翰筹措封地,这招致了其他儿子的强烈反对。

1189年,亨利二世与三子理查开战。此时理查已是王位继承人,因为他的两个哥哥已相继去世。亨利二世最终战败,接受了理查的全部条件。但当他得知约翰却在暗中帮助理查时,气得当年含愤辞世。

议会君主制的形成

无地王约翰去世后,部分英国贵族拥立他年仅9岁的幼子亨利即位,号称亨利三世。因亨利三世年幼,暂时由大封建主和大臣监国。

亨利三世亲政后,曾多次重申承认"大宪章",表示接受贵族监督。后因向教皇献纳过多,又任用法国封建贵族执政,引起英国贵族反对。他本人又好大喜功,到处插手政事,使国家财政消耗很大,经济出现严重困难。1258年,贵族武装集会,强迫国王实行改革。同年6月,亨利三世被迫接受《牛津条例》,决定组织15人会议,非经会议同意国王不能做出任何决定。不久,反对派阵营因骑士和贵族利益冲突而分裂,亨利三世乘机否认《牛津条例》,内战爆发。

在1264年5月14日的刘易斯战役中,亨利三世及王子爱德华被以孟福尔为首的贵族俘获,孟福尔控制了英国政权,于1265年召集贵族、骑士、城市市民集会议事,成为英国议会之始。1265年8月孟福尔兵败被杀,亨利三世恢复王位,但实际上由爱德华掌权。

亨利三世去世时,爱德华正参加第八次十字军东征,直到1274年才回国加冕,是为爱德华一世。爱德华一世统治时期,英国议会制度正式确定下来。1295年,爱德华一世召开英国议会,出席的除教会封建主和世俗贵族外,还有骑士和市民的代表参加。因为这次议会的组成和职能成为后世议会的"楷模",故史称"模范议会"。

卡佩王朝的建立

843年《凡尔登条约》和870年《墨尔森条约》签订以后,主要讲罗曼语的西法兰克,包括纽斯特里亚、阿奎丹、加斯科尼、普罗斯旺、勃艮第等地,逐渐形成中世纪的法兰西王国。

加洛林王朝在西法兰克的统治又延续了一个多世纪,但统治者大多腐败无能,如胖子查理、昏庸者查理、孩童查理、盲者路易和结舌者路易,从名字上就可见一斑。887年,加洛林王朝国王胖子查理被废掉以后,西法兰克王国出现了加洛林王朝和罗伯特家族的长期斗争。罗伯特家族的"强者"罗伯特因抗击诺曼人入侵有功,被封为法兰西岛公爵。

"法兰西岛"指塞纳河和卢瓦尔河中游、以巴黎和奥尔良为中心的南北狭长地带,"法兰西"这个名称即起源于此。后来,"强者"罗伯特的儿子、巴黎伯爵埃德又因击退诺曼人对巴黎的围攻,所以在胖子查理被废以后被一部分封建主拥为国王,但还有一部分领主仍坚持加洛林王朝的统治,推选昏庸者查理为国王。这两个王朝相互斗争近一个世纪。后来罗伯特王朝势力逐渐强大,而加洛林王朝的领地只剩下琅城及其附近一带领土,加洛林王朝名存实亡了。987年,加洛林王朝的末代国王路易五世去世后,罗伯特家族的休

·卡佩被兰斯主教等大封建主拥立为王,法国从此开始了卡佩王朝的统治。

休·卡佩当时拥有五个伯爵领地,分散在塞纳河和卢瓦尔河之间的狭长地带,全部面积不超过5816平方公里,境内只有巴黎和奥尔良两个城市。

落后的德意志

843年签订的《凡尔登条约》,是加洛林王朝瓦解的第一阶段,预示着近代西欧国家的形成。在这个条约中,日耳曼人路易统治下的东法兰克,也就是所说的奥斯达拉西亚,后来发展为德意志国家。

中古时期的德国比较落后,体现在很多方面。这里是日耳曼人本土,长期保存了日耳曼人的农村公社制度——马尔克制度。封建关系大约产生于8世纪末,始于查理大帝征服日耳曼地区,但直到12世纪才确立。由于远离罗马,所以罗马的文化较少渗入到这里,罗马的政治、经济和法律制度对其影响较小,日耳曼人的农村公社制度仍占据主要地位。而农村公社给农民提供了较大的自由,公社成员彼此平等,所以他们对封建制度的剥削十分抵制,并进行了顽强的抵抗,使德国整个地区封建关系的发展比较缓慢,如萨克逊等边远地区,到十二三世纪仍有自由的农村公社存在。

封建化进程的缓慢不利于国家统一。封建化过程缓慢又影响了手工业同农业的分离,不利于商品经济的发展,因而最终也使城市的兴起较晚。德国的城市大多兴起于11世纪以后,比法国与意大利大约晚了两个世纪。

另外,当时的东法兰克王国境内群雄割据,加洛林王朝根本没有实权。萨克逊、法兰克尼亚、巴伐利亚和士瓦本等著名的公国,势力强大,国王有些时候还要看这些公爵的眼色行事。而德国国王、皇帝和诸侯,多数热衷于对外侵略扩张,因此影响了国家的集权和统一。

12世纪城市兴起以后,德国城市多在边境地区,靠对外贸易繁荣,没有一个城市像英国的伦敦那样成为全国性的经济中心,因此不利于政治上的统一。为了保障各自的利益,这些城市往往结成地区性的城市同盟,对国家的统一不感兴趣,所以德国在中古时期,无论政治上还是经济上,都处于一种分裂状态。

德意志王国的建立

9世纪末,东法兰克出现萨克逊、巴伐利亚、士瓦本、法兰克尼亚、图林根五个大公国。加洛林王朝的阿努夫于899年病死后,其年幼的儿子路易四世于次年即位,人称"孩儿路易"。路易四世即位时还是个孩子,大权落在了美因兹大主教哈托的手里。后来匈牙利人入侵东法兰克王国,东法兰克的军队遭到惨败,路易四世也于911年病死,年仅18岁。

路易四世死后，法兰克尼亚公爵康拉德当选为国王，称康拉德一世，这意味着法兰克帝国的完全分裂和加洛林王朝的终结，也意味着德意志早期封建国家的诞生和德意志历史的开始。

919年，康拉德一世去世。当时萨克逊是最强大的公国，所以萨克逊公爵亨利顺利登上了王位，为亨利一世，又称为"捕鸟者"亨利，他创建了萨克逊王朝。

萨克逊王朝的社会支柱是中小封建主和教会封建主。中小封建主如果支持国王，既可以通过对外侵略增加财富，也可以借助君权对付领地内农民的反抗。教会方面，担任重要教职的都是国王的亲信，是由国王亲自任命的。国王一方面可以通过他们得到教会领地的捐税收入，另一方面也可通过教会牵制地方公爵的势力。

亨利一世还建立了一支强大的军队，以巩固和扩展王权。他依靠骑士、家臣和市民同大封建主做斗争，遏制匈牙利人的入侵，先后占领了洛林公国、易北河以东的勃兰登堡地区，使他的声望如日中天，王权在全国得到了承认，这标志着德意志王国的正式建立。

腓特烈一世

腓特烈的理想

1123年，腓特烈出生时正赶上自己的家族——霍亨斯陶芬家族与威尔夫家族混战。父亲死后，腓特烈继承了士瓦本公爵爵位。1152年，腓特烈的伯父——德意志国王康拉德三世去世，他以士瓦本公爵的身份于当年3月当选为德意志国王，即腓特烈一世。

腓特烈一世和神圣罗马帝历代君王一样，以罗马帝国和查理大帝的继承者自命，并期望获得无上的权力。1153年，腓特烈一世进军意大利，这是他第一次出征意大利。因为在腓特烈一世即位前夕，一度处在从属于皇帝地位的罗马教皇通过"沃尔姆斯协定"，几乎取得了与皇帝平等的地位。腓特烈一世无法容忍教皇凌驾于皇帝之上，他希望像奥托一世及亨利三世那样，让教皇听命于皇权，并成为统治帝国、向外扩张的工具。如果要实现这一目标，必须使罗马教皇给他加冕为神圣罗马帝国皇帝。于是，腓特烈一世整装待发，准备进军意大利。恰在这时，教皇尤格纽斯三世写信给腓特烈，要求他火速前往罗马讨伐阿诺德，正好给了腓特烈一世出兵的理由。

腓特烈一世

原来，罗马发生了政变，商人手工业者和小骑士联合起来建立了罗马共和国，其首领阿诺德喊出了反对教皇的口号。腓特烈一世与教皇签下《康斯坦茨条约》后进军罗马。《康斯坦茨条约》规定：腓特烈一世不经教皇同意不与罗马共和国或诺曼人媾和，不把意大利土地割让给拜占庭皇帝，维护教皇的地位，教皇则保证支持腓特烈取得帝位。

但是，当腓特烈一世到达罗马时，教皇尤格纽斯三世还没来得及为他举行加冕仪式就死去了。腓特烈一世抓获阿诺德并处死后，尤格纽斯三世的继承人阿德里安四世于1155年6月18日在罗马为腓特烈加冕，腓特烈一世正式成为神圣罗马帝国皇帝。同年，腓特烈一世退出罗马，他第一次入侵意大利至此结束。

血染的红胡子

意大利人给腓特烈一世起了一个"红胡子"——巴巴罗莎的绰号，意思是说他的胡子是意大利人的鲜血染红的。

1158年，腓特烈一世第二次入侵意大利。他包围并征服米兰之后，召开龙卡利亚会议，确定皇帝的权力，剥夺各城市的自由。1162年他回到德国，用从意大利征收的税金招募雇佣兵，准备征服西西里。

1163年，腓特烈一世为征服西西里，发动了第三次入侵意大利的战争。但由于意大利各城市的反对力量过于强大，腓特烈一世征服西西里的愿望没有达到。

1166年，腓特烈一世第四次入侵意大利。原来，1159年红衣主教罗兰特当选为教皇，称亚历山大三世，他想建立独立于皇帝之外的教皇统治，并于1160年将腓特烈一世开除教籍，腓特烈一世恼羞成怒，在1165年维尔茨堡会议上发誓不承认亚历山大三世，并准备出兵讨伐。1166年西西里的诺曼人国王威廉一世去世后，腓特烈一世认为给予亚历山大三世和西西里以决定性打击的时刻已经到来，于是发动了第四次入侵意大利的战争。

腓特烈一世大举攻打罗马，迫使亚历山大三世仓皇逃走，但英勇的伦巴第城市居民奋起反抗，给腓特烈一世军队以沉重打击。就在这时，腓特烈一世的军队里爆发了疟疾，大大削弱了军队的战斗力，腓特烈一世不得不宣布退回德国，第四次入侵意大利宣告失败。

1174年，腓特烈一世进行第五次意大利战役，迫使伦巴第人根据"蒙特贝洛停战协定"向他臣服。

1176年，腓特烈一世第六次发动战争，妄图一举吞没意大利。但德国贵族拒绝支援腓特烈一世，而诺曼、拜占庭、教皇亚历山大三世站在了一起，共同反对腓特烈一世，致使腓特烈一世在1176年的雷纳诺战役中彻底失败。根据1177年《威尼斯和约》，腓特烈一世承认亚历山大三世为教皇。

鲁道夫一世

哈布斯堡王朝创建人

1218 年 5 月 1 日,鲁道夫在瑞士里姆堡出生。他的父亲阿尔伯莱希特四世伯爵通过努力,使哈布斯堡家族在上阿尔萨斯地区获得采邑等种种特权。1240 年阿尔伯莱希特四世伯爵去世后,20 岁出头的鲁道夫继承了父亲的爵位和家业,管理着一个庞大的家族。

鲁道夫能征善战,热衷于扩张领土。先用武力夺取了瑞士托根堡伯爵的领地,然后强占了一些帝国田园和无主领地。而在接管母亲继承的基堡伯爵国与前妻继承的霍恩堡公国的领地后,鲁道夫的势力范围大大扩展,哈布斯堡家族也逐渐成为德国西南部一个势力强大的诸侯。

鲁道夫和教士

1254 年,康拉德四世在同罗马教廷和伦巴第同盟的战争中死去,统治德意志的霍亨施陶芬王朝宣告结束。此时的神圣罗马帝国皇位虚悬,引起了众封建领主的争夺,鲁道夫也积极参与了皇位争夺的混战。1273 年 10 月 1 日,在奥格斯堡帝国议会上,55 岁的鲁道夫当选为神圣罗马帝国皇帝,号称鲁道夫一世,从此开始了哈布斯堡王朝的统治。

鲁道夫一世在位初期,决心改变德意志混乱的局势,并致力于扩大王室领地势力。他首先收回了一些小诸侯非法窃夺的帝国土地,以加强王室的势力。同时颁布了一项"国内和平"法令以稳定国内局势。该法令规定:任何人不得继续对他人作战,违者将会受到帝国法庭的制裁。

但有一些骑士只知抢夺地盘,对过境商人收取重税,致使小的战乱不断发生。鲁道夫一世出兵严厉打击这些骑士,终于制服了这个群体。但由于莱茵河流域的诸侯对农民实行残酷剥削的政策,使农民反抗活动愈演愈烈,终于在 1285 年爆发了农民起义,许多地区也纷纷呼应,起义之火迅速蔓延。鲁道夫一世最终选择了武力镇压,并对被捕的领导人实施了火刑。

鲁道夫一世的扩张

鲁道夫一世统治时期,国土虽然幅员辽阔,但在政治上却极为松散,皇权势力有限,只能支配自己领地的军队,而无法号令诸侯的士兵。因此,鲁道夫一世极力扩大王室领地增强王权,不久他就与波希米亚国王奥托卡二世展开了争夺奥地利的战争。

奥地利在 12~13 世纪时,还只是霍亨斯陶芬王朝巴奔堡家族的一个公国。1246 年,巴奔堡家族的最后一个成员"好斗者"腓特烈二世与匈牙利就边界问题发生战争,他本人不幸阵亡,巴奔堡家族绝嗣。1251年,波希米亚国王奥托卡二世乘机占领了巴奔堡家族领地奥地利、土底里亚、克伦地亚和克莱因,此举遭到了罗马教皇和德意志其他诸侯的不满。

1252年,鲁道夫一世在诸侯和贵族支持下向奥地利进军,与波希米亚争夺奥地利,匈牙利也出兵支持鲁道夫。鲁道夫的军队与匈牙利国王拉迪斯劳斯四世的军队兵分两路,对奥托卡二世的军队形成钳形攻势。正在这时,波希米亚贵族准备趁奥托卡二世进行对外战争时造反。贵族密谋的消息传到了奥托卡二世那里,他只得放弃抵抗,表示归还奥地利和其他被占的土地,并愿意向鲁道夫一世臣服。

但是,奥托卡二世并没有放弃奥地利。他在西里西亚和波兰诸侯的支持下,集结了图林根、勃兰登堡和巴伐利亚诸侯的军队再次征战。鲁道夫一世率军迎战,并得到了匈牙利国王拉迪斯劳斯四世和梯罗尔迈哈德二世伯爵的军事援助。

1278年8月26日,鲁道夫一世与奥托卡二世在维也纳东部马池河发生激战。战争初期,鲁道夫一世处于下风。但由于援军及时赶到,全歼了奥托卡二世的军队,并杀死了奥托卡二世。马池河战役过后,哈布斯堡家族在奥地利的统治确立。

1282年底,鲁道夫一世把奥地利、土底里亚和克莱因分给他的两个儿子,并立长子为奥地利公国及其领地的唯一国君,由此建立了奥地利哈布斯堡王朝。哈布斯堡王朝统治奥地利达600多年之久,直到1918年才告结束。

萨曼王朝建立

在阿拉伯帝国倭马亚朝哈里发希沙木执政时期(724~743),一位伊朗人萨曼村的王爷萨曼胡达特皈依了伊斯兰教,成为王朝的奠基者。约在819年,他的四个孙子由哈里发马门任命为撒马尔罕、费尔干、沙什(今塔什干)和赫拉特的总督,开始时他们仍隶属于塔黑尔王朝。费尔干的总督艾哈迈德后来设法取得对撒马尔罕的控制权。875年,艾哈迈德之子奈斯尔得到哈里发授以河中的封地。其弟易司马仪一世(892~907)在河中地带和呼罗珊建立起半独立的政权,以布哈拉为都城。在他的继任者时,先后征服塞伊斯坦和朱尔詹,使版图北达咸海,南至印度河上游,东至锡尔河与阿姆河上游,西抵里海,成为中亚强国。主要城市撒马尔罕和布哈拉成为学术和文化的中心。王朝依靠突厥部落军队进行统治,实权逐渐落入突厥军官之手。10世纪中叶开始,王朝日趋衰落。后来,突厥族的喀喇汗人占领了呼罗珊。999年萨曼王朝被伽色尼王朝推翻,1005年最后一代统治者孟台绥尔被杀。

阿拉伯人向北非军事移民

　　7世纪~11世纪,随着阿拉伯的扩张,阿拉伯人向阿拉伯半岛以外进行了大规模的移民活动。早在伊斯兰教产生初期即"先知"穆罕默德时代,麦加的穆斯林就曾两次渡过红海,迁往埃塞俄比亚。阿拉伯国家形成以后,阿拉伯人以大举扩张的形式向整个地中海区,主要是北非地区大规模实行军事移民。阿拉伯军所征服之处,很多将领在征服地定居,蓄养大批女奴繁衍后代,促进了阿拉伯人同被征服地区民族的融合与同化。同时,这些定居下来的穆斯林贵族为了在征服地巩固自己的势力,

埃及穆罕默德·阿里清真寺

号召并吸引本部落成员随自己迁至被征服地定居,于是大批贝多因人移至埃及、波斯、西亚及大西洋沿岸,其中迁往埃及的阿拉伯人为最多。到9世纪中期,来自阿拉伯半岛各处的阿拉伯各部族已遍及埃及境内、尼罗河上下。阿拉伯人还以埃及为跳板迁往北非和东非,并在这些地区建立了一个又一个穆斯林王朝,如埃及法蒂玛王朝(909~1171)、阿格拉布王国(800~909)以及摩洛哥的谢里夫帝国(1553~1859)等。阿拉伯人在埃及和非洲东部、北部的移民活动,有助于伊斯兰教和阿拉伯语言、文化在这些地区的普及和发展,促进了阿拉伯民族与非洲各民族的融合。

西班牙开展反抗阿拉伯人统治的斗争

　　8世纪阿拉伯人占领西班牙之后,在西班牙北部海岸地区和山区逐渐形成阿斯都里亚王国、雷翁王国、卡斯提王国、阿拉冈王国等基督教小国家。他们不断掀起反抗阿拉伯人的统治,收复被占领土的斗争。农民、手工业者和商人成为斗争的主力,封建骑士、教俗封建主也卷入运动。10世纪时,雷翁和卡斯提不断为收复失地积聚力量,其势力已达到杜罗河流域。11世纪后半期,各王国势力强大起来。1081年,卡斯提王国占领托勒多,斗争进入高潮。11世纪末雷翁与卡斯提合并,成为运动的中心。半岛东北部,阿拉冈王国收复萨拉哥撒,斗争又有所进展。1212年西班牙多国联军在托洛萨的那瓦斯战役

中,给阿拉伯柏柏尔人以毁灭性的打击,此后斗争形势发展迅速。13 世纪前半期,卡斯提占领哈里发国家的首都哥多瓦(1236)和南方重镇塞维利亚(1248),阿拉冈收复瓦棱西亚(1238)和木尔西亚(1266),收复失地运动取得了决定性的胜利。14 世纪~15 世纪,除葡萄牙外,西班牙各王国逐渐合并,形成统一的国家。阿拉伯人只占领半岛南端的格兰那达,1429 年被最后收复,收复失地运动彻底完成。

朝鲜高丽王朝建立

9 世纪后半期,在全国性农民战争的沉重打击下,新罗王朝名存实亡。各地方豪族势力利用人民起义,不断扩充实力,各霸一方。900 年,甄萱利用西南人民的反抗斗争,逐步脱离新罗而独立,宣布成立后百济国,自立为王。没落贵族弓裔利用梁吉农民军的力量,不断壮大队伍,松岳郡的将军王建等许多地方势力纷纷归附弓裔。901 年,弓裔彻底背叛梁吉起义军,自称为王,定都松岳,立国号"高丽"(后高句丽)。904 年改国号"摩震",迁都铁原。弓裔建国后,穷奢极欲,不仅激起人民的反抗,而且引起其部将的强烈不满。918 年,弓裔的将军王建动员万余兵力,举行宫廷政变,消灭弓裔政权,自立为王,改国号高丽,次年把京都迁回松岳,改称开州(开城)。此后,高丽王朝日益强盛,不断进攻新罗和后百济。934 年,向后百济发动全面进攻,攻占熊津(今公州)以北三十余城池。935 年甄萱在其子争夺王权的逼迫下,逃出都城,投降王建。同年 11 月,新罗敬顺王也被迫投降高丽。936 年 9 月,高丽出动 8 万多兵力向后百济发起总攻,甄萱长子神剑率文武官员投降,后百济灭亡,朝鲜半岛再次实现统一。

阿拉伯法蒂玛王朝的兴衰

909 年,穆斯林什叶派首领阿布杜拉·马赫迪在突尼斯推翻了柏柏尔人的阿格拉布王朝(800~909),建立法蒂玛王朝。阿布杜拉·马赫迪自称是穆罕默德的女儿法蒂玛的后代,因此称王朝为法蒂玛王朝。该王朝原定马赫迪亚为首都,后利用北非游牧民族柏柏尔人的军事力量,极力向外扩张。969 年占领埃及,973 年把首都迁至开罗,从此埃及成为王朝的统治中心。在政治上,该王朝同建于巴格达的阿拔斯朝相对抗。在宗教上,奉行什叶派的原则,同正统逊尼派敌对。10 世纪末,该王朝臻于盛期,向西亚和巴勒斯坦地区发动征服战争,成为西亚、北非一大强国。11 世纪以后,由于十字军的打击,国势渐衰,1171 年被萨拉丁推翻。

克罗地亚王国建立

　　925 年,克罗地亚的托米斯拉夫大公建立了克罗地亚王国。克罗地亚人同斯洛文人、塞尔维亚人同属南斯拉夫人的一支。他们在斯拉夫人大规模向巴尔干半岛迁徙的潮流中,定居于萨瓦河以南、亚得里亚海以北及马其顿北部的广大地区。在长期共同的生产和生活中,他们与当地原有居民伊利里亚人相融合,改变了这一地区的民族成分。然而由于这里海拔较高,土质瘠薄,经济比较落后,又长期处于拜占庭、保加利亚、法兰克和威

斯拉夫人的杜布罗夫尼克港风光

尼斯等大国的争夺之中,因此建国甚晚。9 世纪中期,由于克里地亚人民的长期斗争,终于摆脱了法兰克人的控制,10 世纪建立了克罗地亚王国。但不久之后,又为威尼斯人和匈牙利人所占领。

艾哈迈德建立白益王朝

　　9 世纪,阿拉伯帝国走向分裂,在帝国东部里海岸出现了什叶派的阿里王朝,后在900 年被一叫作马尔达维杰的德莱木人所推翻。马尔达维杰的同乡白益为其效力,白益的儿子阿里成为卡拉杰的总督。932 年阿里竖起叛旗,占领伊斯法罕。阿里与其兄弟联合,进一步扩展他在伊朗的势力,并在 934 年征服了设拉子。与此同时,他的三弟艾哈迈德征服了克尔曼。在巴格达哈里发争权夺势时,艾哈迈德于 945 年占领巴格达,遂即建

立白益王朝,哈里发成为傀儡。艾哈迈德政权不时遭到伊朗山区人民和美索不达米亚的阿拉伯部族的反抗。到阿杜德·道莱统治时(949~983),国家达到极盛时期。兴建了公共设施、医院和库尔河上的水坝,伊朗的赖伊和奈欣以及伊拉克的巴格达成为主要文化中心。阿杜德·道莱死后,由于他的儿子们的争夺,王朝日趋解体。1029年,东部各地被突厥人占领。1055年,白益王朝的最后一代统治者被塞尔柱突厥人突格里尔·贝格废掉,王朝告终。

波兰统一国家形成

　　大约9世纪中叶,波兰国家建立。波兰人是西斯拉夫人的一支,自古居住波罗的海以南,喀尔巴阡山以北,奥得河、尼斯河及波别尔湖以东及布格河与维普什河以西的广大地区。该地属东欧平原西端,土质肥沃,物产丰饶。这里的人们一向以农业为主,果树和蔬菜栽植业的历史也很早。10世纪~11世纪,这里已出现很发达的内外贸易。早自6世纪起,这一地区已出现阶级分化,并迅速发展为封建的土地所有制。约在9世纪中叶,各部落公国经过长期兼并战争,形成两个联合中心:小波兰的维斯拉人公国和大波兰的波兰人公国。9世纪后半期,维斯拉人公国被大摩拉维亚所吞并,大波兰遂成为波兰唯一的统一中心。960年,普雅斯特家族的梅什科一世(960~992)战胜了其他公国,基本统一了波兰各部。996年,梅什科一世从捷克接受了西方基督教,使波兰进入西方基督教世界,这有利于波兰的民族统一和封建化的发展。在梅什科统治末年,波兰国土已延伸到西里西亚、玛佐夫舍、波莫瑞和维斯拉人地区。到梅什科之子勇者波列斯拉夫时期(992~1029),波兰最富庶的地区克拉科夫也并入波兰版图。11世纪以后波兰进入了大小公国争雄的封建割据时期。德意志人教俗势力在波兰社会的发展及德国的东进,促进了波兰民族统一过程的完成。13世纪末,布列斯特库雅维亚公爵弗拉迪斯拉夫·罗凯提克称王,标志着波兰统一国家的最后形成。

爱资哈尔清真寺建成

　　969年,法蒂玛王朝哈里发攻克弗斯塔德后,于970年建立新市区卡希拉(今开罗),同时开始兴建该寺院。972年落成,称卡希拉清真寺,为纪念法蒂玛后以其称号"佳丽"(爱资哈尔的意译)而命名。该寺占地1.2万平方米,三个大厅环绕着宽敞的庭院。最大的东厅由五道长廊构成,南北厅各由两道走廊组成。大厅的墙壁有用石膏装饰的几何图形的窗子,墙的饰带上书写着《古兰经》文。寺的尖塔呈四方形,有一尖塔有两个尖顶。后来几经重建,但中央部分仍保持原来的形式。哈里发阿齐兹时期该寺辟为伊斯兰教的学院。11世纪法蒂玛王朝文化昌盛时,发展为伊斯兰大学,内设不少学院和图书馆,并建有学生宿舍。国家提供固定的土地收入,作为教师俸禄和学生的费用,学生来自世界各地伊斯兰教国家,在伊斯兰世界享有盛名。

匈牙利国家建立

972 年,匈牙利的盖萨一世(972~997 在位)统一匈牙利各部落,建立了第一个匈牙利人国家。匈牙利人属芬兰~乌格尔人的一支,公元初生活在乌拉尔山一带,9 世纪后期进入多瑙河流域。在其七个部落之中,属马扎尔人为最强,因此在 10 世纪~11 世纪的拜占庭史料中,一般称匈牙利人为马扎尔人。从 10 世纪开始,匈牙利在其酋长阿尔伯德率领下沿多瑙河北岸西行,摧毁了大摩拉维亚公国,占领斯洛伐克,并侵入巴伐利亚和萨克森。955 年,德皇奥托一世在奥格斯堡附近的累赫河畔打败了西侵的匈牙利人,从此制止了匈牙利的西迁,迫其在多瑙河流域定居,建立了早期封建国家。985 年,匈牙利大公盖萨皈依基督教,在其子斯蒂芬时期(997~1038),基督教被奉为国教。1001 年,斯蒂芬由天主教罗马教皇加冕称王。11 世纪末~12 世纪初,匈牙利兼并了罗马尼亚的特兰斯瓦尼亚,以及巴尔干西部的克罗地亚和达尔马提亚,控制了亚得里亚海出海口,建立了以封建骑士领地和教俗封建庄园为基础的大帝国。拔都西征之后,国势日衰,长期处于外族及欧洲强国的争夺和控制之中。

威尼斯商业共和国

威尼斯位于意大利东北部,滨亚得里亚海。古代原为渔业居民点,6 世纪为东罗马帝国属地。9 世纪起发展为东西方贸易的中心,中介贸易兴盛,并兴起造船、纺织等手工业。10 世纪末摆脱对拜占庭的依附关系,建成商业共和国(10 世纪~18 世纪),领有亚得里亚海东北岸大部地区。十字军东侵期间,其在东地中海的商业地位得以巩固。13 世纪~14世纪,为争夺地中海商业霸权,与热那亚共和国进行了长期激烈斗争,1380 年获胜,兼并热那亚及其近畿,成为意大利最强大的商业国家。其领土包括波河下游、达尔马提亚、希腊南部、优卑亚岛、克里特岛、塞浦路斯岛。此后进入全盛时期,拥有商船和战舰 3000 多艘、3 万余名船员。手工业、银行业也很发达,是世界上资本主义萌芽出现最早的地区之一,且为意大利文艺复兴的中心之一。共和国的政权操纵在商人贵族集团手中,建立起商人贵族寡头政治。最大的立法和监察机关是由 480 个议员组成的"大议会"。国家首脑称"督治",由选举产生,终身任职。但 1297 年选举大议会议员的权利受到限制,只有列名"黄金簿"的几百个贵族大姓才有选举权。15 世纪中叶,其海上势力受到奥斯曼土耳其的遏制。随着欧洲的商业中心渐移至大西洋沿岸,威尼斯的势力转衰,疆土日蹙。1797 年为拿破仑占领,同年转归奥地利统治(1848~1849 年革命时期再度建立独立的共和国）。1866 年并入意大利王国。

现代的威尼斯仍然可以看见中世纪时代的风貌

基督教分裂为加特力教和东正教两部分

　　1054 年，统一的欧洲基督教会分裂为东西两部。西方以罗马教会为核心的，称加特力（普世的）教会；东方以君士坦丁堡为中心，自诩"正宗"，故称东正教或希腊正教。东西方教会之间的分歧和冲突由来已久。早在基督教产生初期，东西方基督教会就因语言不同而分为两派。东派教会建于希腊语区或希腊化文化区，包括亚历山大、耶路撒冷、安条克及后来建立的君士坦丁堡。西派教会以罗马帝国的旧都罗马为中心，是拉丁教会。君士坦丁大帝在君士坦丁堡建都后，君士坦丁堡跻入牧首区的行列。4～5 世纪间的尼西亚会议和查尔西顿会议，都曾阐明了罗马与君士坦丁堡牧首区的关系，即两大牧首区的牧首之权威和地位相同，但君士坦丁堡牧首在名分上位于罗马牧首之后。罗马教皇反复强调"彼得优越"论，企图凌驾于所有其他教会及大教区特别是君士坦丁堡教会之上。因此，东西方教会间常有冲突。君士坦丁堡大教长在处理宗教分歧和教派冲突时，常受皇帝意志左右。皇帝则出于政治考虑，采取一些折衷和妥协方案。于是，罗马大主教往往以"圣者"自居，抵制东方大皇帝和东方教会的政策。这种矛盾在破坏圣像运动时期趋于尖锐化、明朗化。罗马教皇遂与法兰克人结盟，在政治上加强自己的力量。9 世纪中叶，君士坦丁堡在牧首的选任上发生分歧，罗马教皇乘机插手东方皇帝与教会的矛盾，这是东西方教会最后分裂的前奏。此外，东西方教会为扩大经济和政治势力，争相向斯拉夫人地区传教,在摩拉维亚、塞尔维亚和保加利亚都发生过冲突。11世纪初,罗马教皇又利用诺曼人占领南意大利的机会,把南意教区划归罗马管辖。于是,双方教会的矛盾达到不可调和的地步。两教会牧首互相把对方除籍,互相诅咒,东西方教会正式分裂。在教义和宗教礼仪上,东西方教会也略有分歧。

意大利波伦亚大学

波伦亚大学于11世纪在意大利波伦亚建立。12世纪~13世纪,欧洲各国的大学生都前来这里研究民法和宗教法规,他们大多数是成年男子,其中不少是在教会或政府部门担任职务的人,因而大学的声望极高。13世纪初,开设医学和哲学学科,17世纪逐渐开办理科。18世纪时,开始招收女学生和聘任女教师。1803年,校址迁至切莱西宫,1860年进行了改组。现在设置法学、政治学、文学、哲学、医学和工程学等系,大学图书馆也颇负盛名。该校以法学教学与研究在欧洲享有最高名望。

法国威廉公爵征服英国

1066年1月,英国信教者爱德华逝世。法国诺曼底公爵威廉借口履行爱德华的遗愿,要求以亲属关系继承英国王位。但英国贵族却坚持执行盎格鲁·撒克逊法律,王位继承问题应依法由贵族会议选举决定,结果选举英国人哈罗德为国王。威廉决定以武力

威廉的船只将士兵运往英国。

夺取王位,在教皇的支持下,他率领1万多人的军队进攻英国。1066年9月,威廉的军队在英格兰南部登陆。哈罗德仓皇应战,只带来少数亲兵和临时召集的一部分由农民组成的步兵约6300人。双方不仅兵力众寡悬殊,而且装备训练相差很远。诺曼底骑士使用

长矛、大刀和盾牌,步兵使用长弓,而英军武器简陋。在 10 月 14 日哈斯丁斯一役,英军大败。威廉进入伦敦,加冕称王,英国进入了诺曼底威廉统治时期,以后诺曼底王朝统治英格兰历时 80 余年(1064~1154)。

古马里国家建立

马里国家是由曼迪人的一支马林凯人所建立。早在 11 世纪中期,就有过一个叫巴朗达纳的马里国王改宗了伊斯兰教,并成为第一个到圣地朝拜的黑人国王。但那时马里还只是地处今巴马科和尼日尔河上游的支流,散卡腊尼河左岸锡吉里之间的小国,且依附于加纳。马里国家的真正缔造者是曼迪人穆萨·凯塔,他曾四次去麦加朝圣,定都坎加巴城。1235 年,马里国王马里·贾塔(又称松迪亚塔·凯塔,1230~1255 年在位)利用加纳国势衰微,外族苏苏人国王苏曼古鲁统治不稳的机会,兴兵杀死苏曼古鲁,吞并了加纳,把马里的疆域扩及塞内加尔及尼日利亚之间,成为西非一大帝国。在马里·贾塔的侄孙曼萨·穆萨(又称坎戈·穆萨)在位时(1307~1332),马里臻于极盛。马里成为富裕、兴旺、太平、秩序良好的帝国。从大西洋沿岸到今尼日利亚边境,从南边的森林到北方的大沙漠,到处呈现出有效的治理及有组织的交通和贸易。1324~1326 年,曼萨·穆萨曾去麦加朝圣,排场盛大,豪华阔绰,充分显示了国家的富有和强盛。因此,1339 年的一张欧洲出版的地图上,第一次收入了马里这个国家。15 世纪以后,马里衰落。其周围各民族也不断起义,侵袭马里边境。莫里族、图阿列格族和桑海族侵占了其东方及北方许多省份。1630~1646 年,马里国王马马·穆罕被富尔贝人和班巴拉人义军打败,退至坎加巴。从此,马里的历史记载中断。

伦敦塔的兴建

1066 年圣诞节后,征服者威廉一世为控制伦敦商业社区,扼守通往伦敦池的通道,于 1087 年开始在泰晤士河北岸、伦敦市东侧兴建中央城楼白塔。12~13 世纪,以白塔为中心向墙外扩展,形成内外两层的防御要塞。内城墙上建有塔楼 13 座,外城墙上有 6 座,并有两座堡垒,四周挖有护城河,整个建筑面积为 7 公顷。城堡只在西南角有一陆上入口,13 世纪在河流上建一水门为主要通道。该塔长期被作为国家监狱使用,因此水门也被称作"叛逆者之门"。塔中军械库里收藏有中世纪初期到现代的各种武器。17 世纪前为王室住地,现在驻有军队。该塔及其周围地区被划为"自由区",不受伦敦市长和伦敦主教管辖,一般由陆军元帅担任要塞总管。塔内有管理仪仗卫士的常驻长官,仪仗队至今仍着都铎王朝时代的军服。

拯救圣地的十字军

11世纪的西欧,城市兴起,商品货币关系逐渐发展,封建贵族对城市商品和东方奢侈品的需要日增,从领地上剥削所得已不能满足他们日益扩大的胃口。当时西欧实行长子继承制,封建领地由长子继承,其余诸子成为无地骑士,常靠服军役和劫掠商旅为生。因此,封建主,特别是小封建主,渴望向外夺地掠财,那神话般富庶的东地中海各国就成为他们梦寐以求的宝地,这是导致西欧封建主阶级主动十字军东侵的根本原因。

在十字军远征中起着特别重要作用的是西欧天主教会。它不但是西欧封建社会的精神支柱和最大的封建领主;而且,在封建割据的西欧,它又是巨大的国际中心。教皇企图通过发动东征一箭三雕:争夺封建霸权,进一步凌驾于西欧各国君主之上;重建统一的基督教世界;扩张到伊斯兰教势力范围中去。

西欧城市商人,特别是威尼斯、热那亚和比萨的商人,企图从阿拉伯和拜占廷手中夺取地中海东部地区的贸易港口和市场,独占该地区的贸易,也积极参与十字军。

11世纪西欧的农民,大都沦为农奴和依附农民,封建主胃口的扩大,使他们受到更加苛重的剥削与压迫。另外还受到持续灾荒的困扰,十一世纪的法国就有26个荒年;第一次十字军远征前,1089~1095年,西欧又连年歉收。濒临死亡的农民被骗往东方,梦想寻找摆脱饥饿和封建枷锁的出路。

这时,地中海东部地区的客观形势有利于西欧封建主实现其侵略计划。塞尔柱突厥人兴起后,于1055年占领巴格达并解除阿拔斯哈里发的政治权力;又于1071年在曼齐克特大败拜占庭军队,俘获皇帝罗曼拉斯四世,实际上摧毁了拜占庭在小亚细亚的权力。接着,突厥人又夺取埃及法蒂玛王朝的领地叙利亚和巴勒斯坦,并占领大部分小亚细亚。突厥人在小亚细亚建立罗姆素丹国,定都尼西亚(后迁爱科尼阿姆),他们的前哨与君士坦丁堡隔岸对峙,一苇可航,严重地威胁着拜占庭帝国。80年代末,突厥人的另一个部落、北方的佩彻涅格人与拜占庭国内异端者的反抗运动联合在一起,于1086、1088年在多瑙河附近先后大败拜占庭军队,并进而骚扰色雷斯。1091年,佩彻涅格大军直逼君士坦丁堡城下,塞尔柱突厥人准备与他们联合行动。尽管佩彻涅格人后来吃了败仗,但拜占庭岌岌可危的处境迫使皇帝阿历克塞一世(1081~1118年)不得不派遣使臣向教皇和德国皇帝求援。至于塞尔柱突厥人的强盛,为时并不久,1092年开始分裂为摩苏尔、大马士革、阿勒颇、安条克和的黎波里等几个总督区,它们之间互相敌视,干戈扰攘,无力阻止西方侵略者的进攻。

第一次十字军东征

耶路撒冷是历史上有名的宗教圣地,世界上较有影响的犹太教、基督教、伊斯兰教都把它奉为各自宗教的圣地。犹太教徒宣称,所罗门王曾在耶路撒冷建造圣殿,它是犹太人朝拜的中心;伊斯兰教徒认为自从他们定居耶路撒冷后,不仅建造了清真寺,据说穆罕默德还是在此地升天;基督教信徒则深信为他们受尽苦难的耶稣就是在此地被钉死在十字架上的。为争夺这块圣地,或者更明确地说是为了争夺这块遍地是"奶和蜜"的肥沃土地,古代的巴比伦人、罗马人都曾在这里留下征服者的脚印,耶路撒冷几度化为废墟。11世纪,欧洲的大封建主和罗马教廷又在"拯救"圣地的名义下,号召基督教徒去夺回"主"的墓地——被伊斯兰教徒控制的耶路撒冷,发起了对东方的侵略战争。这就是历史上有名的历时两个世纪之久的"十字军"东征。"十字军",因其每个战士都以衣服上所缝的十字为标记而得名。表面上十字军进攻东方是一场宗教战争,即基督教徒反对伊斯兰教徒,"十字架反对弯月",实际上它是一场以掠夺为目的的侵略战争。

通往东方的路对欧洲人来说并不生疏。按照基督教的传说,巴勒斯坦是耶稣基督生活过的地方,也是他被钉死在十字架上的地方,基督的坟墓就埋在耶路撒冷。所以基督教徒把巴勒斯坦视为"圣地",每年都有大批的善男信女,跋山涉水,到巴勒斯坦去朝圣。虽然早在七世纪,巴勒斯坦就已被阿拉伯人征服,但伊斯兰教徒对基督教徒异常宽容。从拜占庭和西欧来的朝圣者可自由进入"圣地"巴勒斯坦。朝圣者往往结群同行,充塞道路,络绎不绝。西欧的朝圣者来到东方几乎眼花缭乱。他们看到熙熙攘攘,有数万人口的大城市,规模超过了欧洲的城市,而当时西欧最大的城市也不过几千人。他们看见了东方城市中壮丽的庙宇和富丽堂皇的宫殿,看见了拜占庭和阿拉伯富有者生活的奢侈豪华。相比之下,用粗糙坚硬的石块砌成的西欧中世纪城堡,黑暗、阴冷,室内陈设寥寥无几,即使是贵族之家也很简陋。这一切,使西欧人产生关于东方国家神话般富有的概念,激起他们强烈的占有的欲望,似乎只要远征东方就会带来无尽的财富。

实际上,西欧正面临着一场严重的社会危机。自从封建制度在西欧确立以来,始终实行嫡长子继承制,即封建领地只传给领主的嫡长子,其余各子均不得分享。结果造成社会上出现一大批既无领地,又无财产,每日无所事事,空有贵族头衔的骑士阶层。他们既想保持符合贵族身份的生活,却又身无分文。于是放纵游荡,拦路抢劫,债台高筑,或者是参与领主之间的混战,成为社会一害。而且进入11世纪以来,西欧连遭荒年,饥饿、瘟疫流行。早已沦为农奴的西欧广大农民处于贫困和绝望之中,反抗情绪日增。为了缓和西欧社会内部的尖锐矛盾,封建统治者和教会企图祸水东引,鼓动人们把目光注向富庶的东方。农民希望在东方获得土地和自由;骑士想在东方发财致富;占有领地的大小封建主们则垂涎东方肥美的土地,妄图在那里建立受他们支配的国家;商人们,特别是意大利威尼斯、热那亚、比萨等城的商人也热衷于东征。他们希望夺取东方的港口和市场,在地中海东岸建立商站,排挤贸易上的劲敌拜占庭和阿拉伯,独占贸易特权。因而积极赞助十字军。罗马教皇的野心最大。他想利用东征提高自己的威望,树立自己在一切基督教世界的统治,不仅企图控制已脱离罗马教廷的以拜占庭为中心的东正教,甚至梦想使穆斯林改宗,归属罗马教廷。而且,教皇借口为东征募捐,乘机捞取巨额金钱。由于在政权分散的西欧,罗马教廷是封建势力的中心,因而教会成为十字军东征的积极倡导者和组织者,它在十字军运动中把西欧诸国各阶级的分散力量组织起来,汇成一股远侵东方的浊流。

那么东方的情形如何呢? 11 世纪的东方依然是富庶的,然而强有势力的帝国已不存在。在来自西亚的塞尔柱突厥人的猛烈进攻下,一度声威赫赫的阿拉伯帝国解体了,拜占庭帝国也极为衰落。塞尔柱突厥人几乎控制了整个小亚细亚,建立起一个庞大的塞尔柱突厥帝国。但是这个帝国实际是由各自独立的若干小公国组成的,虚有其表。而且这些小公国之间亦经常内讧,干戈不息,自顾不暇。这就为西欧人的东侵提供了可乘之机。11 世纪末,由于突厥人的混战,有一些基督教会和修道院被破坏,有些富人逃到拜占庭帝国的欧洲部分,西欧的朝圣者也只能从海路去耶路撒冷。借此机会,罗马教廷宣传编造了许多关于伊斯兰教徒的"残暴行为",渲染他们"侮辱"西方朝圣者的奇怪消息,为发动侵略战争制造借口。恰在此时,迫于突厥人的进攻,拜占庭帝国的皇帝亚历克塞一世求救于罗马教皇,甚至向教皇乌尔班二世表示,愿将东正教重新合并在罗马教皇统治之下。这样,教皇发动十字军的东侵就更加师出有名。在宗教旗帜的掩饰下,基督教徒反对伊斯兰教徒的圣战,好像箭在弦上,一触即发。

1095 年 11 月,罗马教皇乌尔班二世在法国中部克勒芒召开宗教会议。这次会议规模很大,有来自西欧几个重要国家,各阶层的数千人参加。会议结束时,乌尔班二世发表了慷慨激昂的演说。他向封建主、骑士、教士和农民发出号召:停止封建混战,到东方去和"异教徒"做斗争,夺回"主"的坟墓,拯救圣地耶路撒冷。教皇在演说中露骨地讲道:"在我们西方,土地的出产不多,你们只能勉强糊口;可是在东方,连穷人也可以过上丰衣足食的生活。东方国家的土地上,遍地是蜜和乳;那里的耶路撒冷,是地球的中心,比世界上任何地方都肥沃得多,简直是第二天堂。在这里悲惨贫困的人,到那里就会欢乐富有!"教皇的富有煽动性的演说,挑起人们对宗教的狂热,使一场侵略战争蒙上宗教的虔诚。激动的人们不断呼喊着"这是上帝所愿!"演说刚结束,许多人立即答应出征。狂热的人们,争先恐后向教皇的随从人员领取一块红布做的十字,缝在自己的衣服上,作为参加远征的标志。教会对参加十字军的人许愿,保证他们在远征期间可以不还欠债,由教会保护他们的家庭和财产,教会还欺骗人们,说有罪的人参加圣战可以得到上帝的赦免;农奴参加远征,可以得到人身自由。

渴望摆脱封建压迫的农民,在受到教会的煽动后,迅速集结起来。他们急如星火,廉价变卖仅有的财产,又高价购买路上所需物品,不及等待骑士队伍,提前数月出发。1096 年 2 月,法国北部和中部以及德国的农民,在法国阿眠的僧侣隐修士彼得和德国骑士穷汉华尔特的领导下,分为数队,沿朝圣者常走的路向东进发。这些穷困的农民几乎手无寸铁,拖儿带女,没有整齐的装备,没有足够的给养,靠沿途抢劫以应急需。他们根本不知道怎样作战,才到小亚细亚就被塞尔柱突厥人所歼灭。农民除被教俗封建主引上灾难和死亡的道路而外,没有得到丝毫利益。

1096 年秋,法国、意大利和德国西部的封建主和骑士开始第一次东侵。他们组织严密、装备精良,分别从洛林、诺曼底、法国南部和意大利南部到君士坦丁堡会合。各路骑士共有三四万人,到1097年春才集结完毕。1097年春,十字军渡过博斯普鲁斯海峡,踏上艰苦的征途。他们时而越过陡峭的山脉,时而穿过广阔的沙漠。欧洲骑士身着重装铠甲,又兼酷暑、缺少给养,使他们生活极端困难。而且,突厥人对十字军的入侵采取焦土政策,沿途留给十字军的只是一片瓦砾,并时常袭击十字军。骑士们不得不忍着饥渴,许多人和马在灼热的阳光下倒毙。虽然在进军途中,十字军占领了小亚细亚的一些城市,特别是大肆抢劫了突厥人的重要城市安条克。但是,十字军也遭到严重挫折,队伍减员,有的阵亡,有的回乡,战斗力不断削弱。直到1099年7月,十字军才到达它东侵的目的地——耶路撒冷。当时城内只有1000守军,全城军民坚守城池。十字军骑士把耶路撒冷团团围住,用攻城机、木梯等武器猛烈攻击,终于占领了这座圣城。城垣上升起了一面面绣着十字的旗帜。

十字军骑士以解放者的姿态进入城内。他们开始"拯救"圣地,"拯救"这里的居民:每一个街巷都在血肉相搏,全城的金银财宝被抢劫一空,小孩的头颅被摔碎,隐匿在清真寺中的人也不能幸免,全城有7万多人被屠杀。在令人目眩的财富面前,骑士们暴露出野蛮本性,所谓骑士风度早已抛到九霄云外。他们尽其所能在城内抢劫,甚至达成这样一种默契:谁首先进入一个住宅,谁就可以获得和占有那个住宅及其中一切东西,不受别人侵犯。接着,他们又采取了骇人听闻的残忍手段:剖开死人的肚皮和肠子,从中取出死者生前吞下的金币。因为这样做太麻烦了,他们又把尸体堆积起来烧为灰烬,以便容易地找到黄金……这,就是所谓的"拯救"圣地,耶路撒冷在这些"虔诚"的教徒拯救之下毁灭了。

由罗马教皇煽动起来的,对东方赤裸裸的侵略,前后共有八次,延续的时间达200年之久。侵占耶路撒冷是其中的第一次,所以历史上又称它为"第一次十字军东侵"。

教皇英诺森三世在教堂中央放置募捐箱,为十字军募捐。

第二、三次十字军远征

1144 年，突厥摩苏尔总督伊马德·丁·赞吉攻占埃德萨。罗马教廷趁机煽动组织第二次十字军远征。

1147 年夏，法、德两国各已组成 7 万人左右的大军，参加者多为骑士。农民在经受第一次十字军远征的惨痛教训后，仅数千人参加。第二次十字军由德皇康拉德三世（1138~1152 年）和法王路易七世（1137~1180 年）各率己部，分头进军。康拉德率领的德国十字军先出动。他们越匈牙利，经色雷斯进入君士坦丁堡，渡过海峡后，10 月底，与爱科尼阿姆素丹战于多里利昂附近，大败而退，德国十字军大部分铩羽而归。康拉德和一些残兵败卒则留待路易七世队伍的到来。

当第二次十字军刚发动时，一向觊觎拜占庭帝国的西西里国王罗泽二世一方面与埃及穆斯林国家联盟，一方面率军占领拜占庭的科孚岛，蹂躏科林斯和底比斯，并攻掠爱奥尼亚群岛。拜占庭为对付西西里，遂与刚刚打败康拉德的爱科尼阿姆素丹讲和。不久之后，当法王路易七世的队伍到达小亚细亚时，这位素丹又予以重创，法军死亡过半。

1148 年，康拉德和路易的残部与耶路撒冷王国的军队会合。他们一道围攻大马士革，但未能得手。大马士革总督使用挑拨、行贿等手段，致使十字军溃散。康拉德和路易先后狼狈返国，第二次十字军全归失败。

但东方穆斯林世界却不断加强并日趋统一。1171 年，埃及军事长官萨拉丁·优素福·伊本·阿尤布发动政变，推翻法蒂玛王朝，建立阿尤布王朝（1171~1250 年），萨拉丁自立为素丹。他迅即征服大马士革和阿勒颇，把埃及、美索不达米亚和北叙利亚都统一在他的指挥之下。1187 年 7 月，萨拉丁在提比里亚湖附近的赫汀发动对十字军的进攻。耶路撒冷国王发倾国之兵，集结了大约 1200 名骑士、2000 名本地轻骑兵应战，结果几被全歼，国王也被俘。接着，萨拉丁又攻占阿克、贝鲁特、西顿、雅法、恺撒利亚和阿斯卡伦等沿海城市，一举切断耶路撒冷与欧洲的交通。9 月 20 日，萨拉丁围攻耶路撒冷城，10 月 2 日耶路撒冷乞降。

萨拉丁占领耶路撒冷的消息，使西欧大为震动，教皇乌尔班三世惊惧而死。于是西欧又组织主要由德、英、法三国大封建主和骑士参加的第三次十字军（1189~1192 年）。由德皇红胡子腓特烈一世（1152~1190 年）、英王狮心理查（1189~1199 年）和法王腓力二世（1180~1223 年）亲自率领。德皇怀着吞并拜占庭的野心，和拜占庭的近敌爱科尼阿姆素丹结盟，又与刚脱离拜占庭的保加利亚和塞尔维亚谈判联合反对拜占庭。拜占庭则与萨拉丁联盟，共同对付十字军。第三次十字军一开始就不顺利。1190 年 3 月，德皇率领的 3 万德国十字军进入小亚细亚。6 月，由于德皇在小亚细亚的一条小河落水淹死，德国十字军即折返国内。英、法两国十字军分头出发的时间略晚于德国，中途在西西里岛又耽搁半年多，直至 1191 年春末才到达叙利亚，旋即参加东方十字军正在进行的阿克城围攻战。十字军之包围阿克城，早在1189年8月便已开始，英、法十字军的到来，增强了围攻的力量。阿克城坚守近两年，1191年7月，十字军在付出极大代价后才得以占领。攻占阿克城以后，由于英、法两王之间矛盾重重，法王腓力旋即率军回国。英王理查留在东方，虽继续攻占雅法和阿斯卡伦，但进攻耶路撒冷的企图并未实现。1192年9月，理查与萨拉丁签订和约；十字军保有从泰尔到雅法的沿海地带，耶路撒冷仍归埃及，但3年内基督教徒可自由进入耶路撒冷。第三次十字军远征并没有收到多大成果。

第四次十字军远征

教皇英诺森三世(1198～1216年)即位不久就号召组织第四次十字军远征(1202～1204年)，目的是阿尤布王朝统治中心的埃及。第四次十字军的参加者主要是法、德、意的贵族，实际起支配作用的却是意大利城市威尼斯。1201年，当十字军使者向威尼斯总督恩里科·丹多罗商谈载运十字军前往东方的条件时，他就决定变十字军的军事征伐为商业活动。当时，威尼斯与埃及商业关系密切，威尼斯向埃及大量输出木材、铁和武器，每年可获利百万，还输入奴隶。因此丹多罗极想将十字军进攻的矛头从埃及转向威尼斯的商业劲敌拜占庭。

丹多罗提出按照每个人两马克，每匹马4马克计算，共需运费8.5万马克为条件，答应提供船只载运十字军。1202年，当十字军集中在威尼斯时人数较预定的为少，未能交足原定的款额。威尼斯就迫使十字军进攻威尼斯的商业对手、同奉基督教的扎拉城，以其掳获来补欠款。1202年11月，扎拉城陷，遭到极其残酷的劫掠。

13世纪初的拜占庭已经十分衰弱，为对付时常来犯的突厥人和意大利南部诺曼人等，军费开支浩大，因十字军诸国与东方直接发生商业联系以及威尼斯等意大利城市共和国在拜占庭拥有极大特权等原因，国库收入锐减，经济力量受到极大破坏。政局又十分动荡，时常发生宫廷政变。丹多罗与十字军首领孟菲拉侯爵卜尼法斯就以1195年政变中的废帝伊萨克二世之子的求援为借口。转送十字军攻打君士坦丁堡，而拜占庭的衰败不堪使得十字军极易得手。

十字军在城中纵火三昼夜，全部坊肆以及收藏古典书籍极为丰富的君士坦丁堡图书馆都付之一炬。他们还奸淫、掳掠、屠杀当地民众。据当时人记述："他们把奉祀上帝的处女用以满足贪色的青年的淫欲。他们不但掠夺皇室财富，毁坏贵族和平民的财物，而且还一定要残暴地打劫教会，甚至打劫教堂的用具，把祭坛上银制饰品打得粉碎，打劫圣所，并掠走十字架和圣者的遗物。"他们把掠夺来的不可胜数的金银、宝石、绸缎、皮货以及其他珍宝运回西方，其中包括极其名贵的艺术品。

随着君士坦丁堡的陷落，拜占庭帝国大部分领土都被侵占。十字军在巴尔干建立起拉丁帝国(1204～1261年，为区别希腊帝国——拜占庭而命名)，下有帖撒利亚王国、雅典公国和亚该亚公国等三个附庸国。希腊正教会被置于罗马教皇统治之下。

在这次远征中获利最大的是威尼斯。它得到拜占庭 3/8 的领土，包括君士坦丁堡的一部分，亚得里亚堡和马尔马拉海沿岸大量据点，还占领爱琴海上的许多岛屿和伯罗奔尼撒西南部。不久之后，又得到克里特岛。

第四次十字军建立起来的拉丁帝国，在当地人民不断反抗下，终于在 1261 年灭亡，拜占庭复国。

继第四次十字军东征之后，还进行了几次东征，没有一次取得成功。在当时的西欧社会，"十字军"之名十分流行，各地儿童平日都以组织十字军东征为游戏，而且当时西欧民间出现一种荒谬的说法，认为有罪的人不能夺回圣地，只有纯洁的儿童，才能感动上帝，出现奇迹。1212 年，在多旺姆少年斯蒂芬和科伦少年尼古拉的宣传下，法国和德国分别集中起数万儿童。法国儿童从马赛分乘七艘船出发，两艘在地中海沉没，其余五艘开往埃及，船上儿童全被船主贩卖为奴。德国儿童由科伦出发，沿莱茵河南下，越过阿尔卑斯山，沿途死亡殆尽，残留者溃散。

教皇英诺森三世利用数万儿童的死亡，在 1215 年拉特兰宗教会议上煽动组织第五次十字军（1217~1221 年）。1217 年，匈牙利王安德鲁二世、德国和奥地利的公爵们以及荷兰伯爵率军东征。1218 年，安德鲁抵达阿克时，已经感到这次东征是徒劳无功之举，遂率军折返欧洲。其余十字军向埃及进军，于 1219 年夺取尼罗河口的达米埃塔，但在 1221 年向曼苏拉进军时，却遭到挫败。同年 8 月，双方签订休战八年和约，十字军撤离达米埃塔。

教廷把第五次十字军失败的原因归于德皇腓特烈二世（1212~1250 年）之未履约参加，处以"绝罚"。腓特烈二世为向东方扩张，组织第六次十字军（1228~1229 年）。教皇格列高里九世宣布禁止这次十字军，并出兵占领腓特烈在意大利南部的领地。1229 年，已经到达东方的腓特烈巧妙地利用埃及素丹和大马士革总督之间的矛盾，与埃及素丹谈判，缔结条约，保证支持素丹，反对他的敌人；素丹愿将耶路撒冷和拿撒勒、雅法、西顿、伯利恒等城市交予德皇统治。嗣后腓特烈回师欧洲，驱走他领地上的教皇军。但巴勒斯坦的十字军在腓特烈离去后，却勾结大马士革的总督，对抗埃及素丹。1244 年，埃及素丹出兵，重占耶路撒冷。

埃及重占耶路撒冷后不久，法王路易九世（1226~1270 年），为在地中海上扩张势力，组织第七次十字军（1248~1254 年），远征埃及。参加者主要是法国骑士。1249 年，十字军在埃及措手不及的情况下，突然登陆达米埃塔，并向南围攻曼苏拉。但在埃及军队英勇抗击下，终于大败，被俘者万人，包括路易本人在内。路易被迫同意归还达米埃塔并交付巨额赎金后，才被释放。

第七次十字军结束后不久，蒙古旭烈兀率军西侵，于 1258 年占领巴格达，摧毁阿拔斯王朝，接着又攻陷阿勒颇和大马士革。埃及部队在大马士革以南的地方大败蒙古军，随后攻陷十字军控制下的凯撒里亚、雅法和安条克等地。

1270 年，法王路易九世雇佣骑士，组织第八次十字军侵入突尼斯，但不久就因瘟疫流行，路易染疫身亡而退兵。

此后,尽管教皇还企图组织新的十字军,但都无结果。十字军在东方的残余占领地如泰尔、西顿、海法和贝鲁特等地则相继为埃及所攻克。1291 年,十字军在东方最后一个据点——阿克,经埃及军队 43 天围攻,也丢失了。十字军以全部失败而告终。

第四次十字军以后,十字军运动由高潮转向低潮直至终止的根本原因,除了东方人民不断起来反抗、打击十字军之外,还有以下几点:一、13 世纪的欧洲由于生产力的增长和王权的加强,中小贵族或从农民那里剥削到更多财富,或投身国王部下作雇佣军人,或自行经营农牧场,不一定要冒险远征东方。二、一部分德国骑士正在波罗的海沿岸侵略西斯拉夫人,一部分法国骑士正指向法国南部的阿尔比派异端,他们就近都有了新的掠夺对象。三、西欧城市逐渐与伊斯兰教国家建立起商业关系,不愿因战争影响商业。四、第四次十字军赤裸裸地扔掉了宗教外衣,彻底暴露了十字军侵略的本质,教廷难于再作大规模的宣传鼓动。

第五次十字军东征

第四次十字军东征,建立了拉丁帝国,而置圣地耶路撒冷于不顾,十字军在东方的根据地日益陷于累卵之危。尽管教会一再呼吁发动新十字军,但响应者寥寥,为了掀起新的宗教狂热,教会导演了一场恶作剧。说只有"纯洁无瑕"的儿童,才能获得神佑,凭藉奇迹从穆斯林手中解放"圣陵"。1212 年,几万儿童十字军被送上东征之途。然而可怜的孩子们大都在途中死于非命,剩下的人被黑心的商人卖做奴隶。后来匈牙利国王安德鲁二世以及奥地利公爵利奥波尔德六世和德国南部一些大封建主,为了自身的利益表示愿应召出征。1217 年夏,十字军从达尔马提亚港埠斯巴拉托出发。

但是,这时叙利亚的基督教徒已不再欢迎十字军。因为他们和穆斯林和平相处,平等交易,战争会破坏他们的商业利益。因此,十字军到达东方后受到冷遇,在阿克毫无意义地过了一年。安德鲁二世知道徒劳无功,率军回国。留下来的十字军准备进攻埃及的商业要塞城市达密伊塔。该城位于尼罗河三角洲的一条支流上,有三道城墙和坚固的城防设施。十字军围攻数月,毫无进展,一些十字军感到失望,纷纷回国。后来由于城内发生饥荒,埃及苏丹主动撤出达密伊塔。十字军进城大肆抢劫一番。1221 年 6 月,十字军进攻曼苏拉,时值尼罗河水暴涨,十字军营地为洪水所淹。穆斯林趁机发起反攻,并断其后路,十字军进退维谷。穆斯林军从四面八方进攻,十字军招架不暇,濒于溃灭。最后被迫接受和议,退出达密伊塔,狼狈逃回欧洲。

第五次十字军的组建困难及其失败,说明十字军运动业已时过境迁,教廷的号召和远征东方已得不到众多人的响应。特别是叙利亚的基督教徒不支持十字军战争,这是导致十字军必败的重要原因。

第六次十字军东征

教皇格列高里九世将第五次十字军失败归罪于德皇腓烈二世（红胡子腓特烈一世之孙），因为他在即位时曾向教皇宣誓参加十字军东征，但即位后却不履行誓言。愤怒的格列高里九世将腓特烈二世逐出教门，并宣布他是基督教的狡猾的敌人。1128年夏，腓特烈二世为夺取耶路撒冷王位继承权（1225年他与耶路撒冷公主邱兰特结婚），主动率军东征，是为第六次十字军东征的开端。但是教皇不承认腓特烈为十字军人，说他是海盗，是想"窃取耶路撒冷的野心家"。腓特烈不理睬教皇的谴责，到阿克后就与埃及苏丹进行谈判。当时埃及苏丹与大马士革总督为争夺叙利亚和巴勒斯坦的统治权进行紧张的斗争，无力对付腓特烈二世的进攻。1229年2月，双方缔结为期10年的条约，规定苏丹将耶路撒冷（奥马清真寺所在地区除外）及巴勒斯坦的伯利恒、拿沙勒、提尔、西顿等城市让与腓特烈二世，腓特烈则保证支持苏丹对其敌人（包括驻叙利亚的十字军）的斗争及穆斯林在上述城市的信仰自由。这样，腓特烈二世通过外交手段，一兵不损，顺利地取得了十字军想得而又得不到的好处。

德国皇帝腓特烈二世

但是教皇不予承认，一方面宣布腓特烈的行径是背叛行为，对圣城耶路撒冷实行离门制裁，即禁止耶路撒冷的基督教徒举行礼拜。另一方面，教皇把军队开进南意大利腓特烈的领地。腓特烈闻讯立刻回师与教皇军作战，结果教皇军被击败，双方签订和约，教皇解除对腓特烈二世的宗教制裁，旋又批准了腓特烈与埃及苏丹签订的条约。

第六次十字军东征，就战略战术而言，是整个十字军战争最成功的一次，做到了不战而屈人之兵。

第七次十字军东征

腓特烈二世在耶路撒冷的统治没有维持多久。1244年，原来居住在里海附近的花剌子模人（突厥人的一支）在蒙古西征的压力下开始西迁，后来击败法兰克人十字军，侵入叙利亚。埃及苏丹乘势攻占耶路撒冷，圣城又回到穆斯林手中。翌年，罗马教廷在里昂召开宗教会议,依教皇英诺森四世的要求,通过了第七次十字军东征的决议。法王路易九世为巩固法国在地中海的地位,愿意东征。1248 年,路易九世率十字军自法国出发,到塞浦路斯岛集中。路易和第五次十字军一样,把埃及作为首攻目标。1249 年 6 月,十字军由热那亚船队送至尼罗河的达密伊塔。由于敌方缺乏准备,十字军很快地占领这个城市。时值尼罗河泛滥期,不能继续进军,直等到深秋才开始向曼苏拉进攻。路易九世被暂时的胜利冲昏头脑,他以为敌人弱不堪一击,不等主力到达,前头部队就开始攻城。结果陷入敌军埋伏,几百骑士阵亡,路易九世之弟亚多亚伯爵也在此役中丧生。路易九世率主力部队急忙渡河驰援,在敌前背水地方扎下营寨。埃及人利用有利地形从四面包围敌军,首先在尼罗河上击沉十字军停泊在曼苏拉的船只,切断敌军与其基地达密伊塔的交通,断绝粮食和军需的供应,然后伺机发起总攻。陷于困境的十字军,由于得不到粮食供给,士气沮丧,全军命运危在旦夕。路易九世被迫下令撤军,埃及军队乘胜追击,敌人溃不成军,纷纷投降,路易九世及其两个兄弟也做了俘虏。这是 1250 年 2 月的事。后来路易九世用40 万金盎斯赎身,并以十字军退出达密伊塔为条

十字军的骑士兵团

件而获释。路易九世退到阿克后,还想重整旗鼓继续战争。他派人回国招集军队,但无人响应。得不到增援的路易,不得不于 1254 年率领残兵败将回国。

第八次十字军东征

　　13 世纪后半叶,叙利亚、巴勒斯坦的十字军殖民势力,日趋消亡。一方面,它得不到外面的支援,单凭自己无力支持,而统治者及十字军将领互相敌视,彼此攻伐,耗尽力量。另一方面,埃及马穆路克王朝日益强大。苏丹培巴尔步武萨拉丁,决心消灭十字军,收复失地。1256 年夺取凯撒里亚和阿克 1268 年占领雅法和安条克,十字军在东方的殖民地几乎被消灭殆尽。法王路易九世不堪忍受当年失败的耻辱,在巴黎召开贵族会议,决定主动请命再次东征。1270 年,他把政事委托于重臣,亲率三个王子、6000 骑士和 3 万步兵,自南法埃格摩特港扬帆东征。值得注意的是,这次东征事前既没有制定作战计划,也没有确定进军目的地。直到抵达撒丁岛后,才决定进军北非突尼斯,然后由突尼斯进攻埃及。路易所以做出这样的决定,是因为他在撒丁岛听说突尼斯总督阿里·莫斯坦西尔曾表示愿意改宗基督教,路易打算把十字军开进突尼斯对这位总督施加压力,促进他改

宗基督教的立场,然后和他结盟共同进攻埃及。这样,既可以扩大十字军的力量,又可以通过突尼斯迂回进攻埃及,以避免重踏先年直接进攻埃及而招致失败的覆辙。此外,突尼斯的富有对路易也有很大的诱惑力量。

但是,当路易在北非登陆后发现,突尼斯总督并不欢迎十字军,并以重兵在首都严阵以待,路易九世愤怒不已,命令军队围城。突尼斯总督与埃及方面取得联系,苏丹培巴尔驰军支援,十字军腹背受攻,损失惨重。同时,十字军为酷暑和时疫所困,路易之爱子及其本人先后死于瘟疫,十字军几乎溃灭。后来安茹伯爵查理、那瓦尔伯爵提普率军来援,但为时已晚。1270 年 10 月,查理与敌方媾和后,率军回国。

此后,十字军殖民地一个接着一个被消灭,的黎波利、西顿、提尔、雅法等地先后被埃及军队占领,十字军被迫退缩于阿克。1291 年,埃及苏丹向阿克发起总攻,经 33 日的围攻,最后占领阿克。愤怒的苏丹将该城夷为平地,6 万基督教徒或遭杀戮或被卖做奴隶,余者在往船上逃亡时大多落水溺死,生还者寥寥。

至此,十字军在东方所建殖民地彻底消灭,历时将近 2 个世纪的十字军东征运动最终偃旗息鼓了。

拜占庭—威尼斯战争

12 世纪,威尼斯人为确保其在拜占庭帝国的商业特权,同帝国发生了激烈冲突,以至于爆发战争。威尼斯共和国成立于 9 世纪中期,992 年,拜占庭皇帝瓦西里二世曾决定对进入马尔马拉海和阿比都斯的威尼斯商船减免部分关税,鼓励威尼斯人进入东地中海贸易区。1082 年,科穆宁朝皇帝阿历克修斯颁布黄金诏书,完全免除威尼斯人进入帝国港口的入港税和关税,允许他们自由出入帝国在小亚、马尔马拉海的港口,并在君士坦丁堡黄金角港口附近设立商栈和贸易据点。威尼斯总督还得到帝国的荣誉头衔;其教会也得到大批赠礼,以促使威尼斯舰队参加拜占庭对西西里诺曼王朝的战争。十字军东侵以后,威尼斯又取得在近东几个国家内的贸易特权,从此成为东地中海首屈一指的航海大国。1122 年,拜占庭暂时摆脱了诺曼人的威胁之后,企图取消已赐予威尼斯人特权,由此引起威尼斯对拜占庭的战争(1122~1126)。威尼斯舰队骚扰爱琴海诸岛,攻占爱奥尼亚海上的科学岛和克法利尼亚岛迫使拜占庭收回成命。1148 年以后,处于诺曼人威胁下的拜占庭扩大了给予威尼斯人的特权。不久两国关系恶化,拜占庭又企图借热那亚及比萨人的力量牵制威尼斯。1155 年拜占庭与热那亚人和比萨人结盟,1171 年又大规模迫害侨居君士坦丁堡的威尼斯人,并没收其货物、财产。于是威尼斯又一次发动对拜占庭的战争(1171~1177),迫使拜占庭再次赔款,重新确认威尼斯人已有的特权。

教皇权利达到顶峰

1122 年,罗马教皇卡利克斯特斯二世与神圣罗马帝国皇帝亨利五世为解决主教叙职权之争,缔结了沃尔姆斯宗教协议。1123 年卡利克斯特斯二世在罗马拉特兰宫举行第 9 次普世会议,确认沃尔姆斯宗教协议,通过了禁止买卖神职、禁止世俗侵占教产、禁止神职人员结婚、不许非法立主教等 25 个有关教律的决议。这次会议是历史上第一次由教皇主持的基督教公会议。1139 年英诺森二世在拉特兰召开第 10 次普世会议,会议否认了敌对教皇阿纳克雷二世,废黜他委托的主教,承认英诺森二世为合法教皇,结束了罗马教会的分裂局面。会上还谴责了阿诺尔德派,肯定自格利哥里七世以来进行的一系列改革,强调神职人员独身制。1179 年教皇亚历山大三世在拉特兰召开第 11 次普世会议,审议 1177 年教廷与神圣罗马帝国皇帝腓特烈一世缔结的威尼斯合约。会议制定了新的《教皇选举法》,规定教皇应由枢机主教中的 2/3 多数选举产生,这个选举法沿用至今。1215 年教皇英诺森三世在拉特兰召开第 12 次普世会议,出席者有主教 400 余名,修道院长 800 余名,以及各国君主的使节和腓特烈二世皇帝的私人代表。会上规定了教产的使用、什一税、司法程序、主教优先地位等,宣布有关圣体礼的变体论为正统教义,谴责清洁派和韦尔多派。英诺森三世还在会上命令各君主相互休战四年,以组织十字军东征。这次会议是教皇政治、宗教权力达到顶峰的标志。

伊斯兰国家抗击十字军东侵

1096 年,西欧封建主、大商人和天主教会以夺回基督教的圣地耶路撒冷为号召,发动十字军东侵,1098 年占领耶路撒冷。1127 年阿拉伯人在伊马顿丁·赞吉领导下,于摩苏尔(在今伊拉克北部)抵抗十字军,1130 年攻克十字军占领的叙利亚重要据点阿勒颇,1144 年攻占第一次十字军东侵时建立的爱德萨伯国。入侵埃及的十字军也被赞吉之子努尔丁击退,努尔丁的部将萨拉丁废黜埃及法蒂玛王朝哈里发,建立阿尤布王朝,形成以埃及为中心的抵抗十字军的力量。1187 年中萨拉丁在哈特丁(距提庇利亚湖不远)附近彻底打败十字军,俘虏耶路撒冷国王,随后占领沿海城市阿克、西顿、贝鲁特等。同年又攻陷耶路撒冷,残留在十字军手中的只有安条克、特里波利、推罗等地。之后萨拉丁又打败第三次十字军东侵(1189~1192),迫使英王理查与其缔结和约,巩固了伊斯兰教国家所取得的成果。此后 100 年中,基督徒和穆斯林仍然处于互相敌视的状态。马木路克王朝时期,苏丹拜伯尔斯于 1265~1268 年夺取雅法、恺撒利和安条克,1289 年夺取特里波利,1291 年攻占十字军的最后据点阿克,绵延 200 多年的欧洲十字军远征以彻底失败告终。

穆斯林军队和十字军激战

佛罗伦萨城市共和国

　　佛罗伦萨位于意大利中部阿诺河畔,初为古罗马的城镇。5 世纪末臣服于东哥特人,6 世纪中叶属拜占庭帝国,6 世纪下半叶为伦巴德人征服,8 世纪末并入法兰克王国,11 世纪初发展为重要的工商业城市和托斯坎尼侯国的政治中心。随着市民阶级反对封建贵族的斗争不断取得胜利,12 世纪初佛罗伦萨成为独立的城市共和国(12 世纪~16 世纪)。佛罗伦萨商业、手工业发展较快,尤以毛纺织业发达;银行业兴盛,1260 年起铸造的金币“佛罗林”成为地中海区域的国际货币。14 世纪,在毛纺织业中出现了资本主义关系的萌芽,1378 年爆发了历史上第一次雇佣工人反对工场主的起义(梳毛工起义)。共和国政权初为封建贵族掌握,后操于大工商业主、银行家等城市上层分子之手。长老会议为最高权力机关,由大工商业者、大行会代表 7 人和手工业者、小行会代表 2 人组成,首领称为“正义旗手”(既是议会议长,又是城市自卫军的指挥)。1434 年,柯西莫·美第奇(1434~1464 在位)夺取政权,建立僭主政治,成为佛罗伦萨的无冕之王。美第奇家族奖掖文化,到罗棱索·美第奇当政期间(1469~1492),佛罗伦萨成为意大利文艺复兴的中心之一。15 世纪末,随着新航路的开辟,商路和贸易中心转移,佛罗伦萨的工商业逐渐衰落。16 世纪,共和国先后改为托斯坎尼公国(1537 年)和大公国(1569 年)。1739 年归于奥地利统治(1799~1814 年一度为法国占领)。1960 年并入撒丁王国,后成为意大利王国的一部分。

西欧异端运动兴起

中世纪的异端运动起源于 7 世纪拜占庭帝国的保罗派农民运动。保罗派宣扬二元论教义,主张取消教阶制,简化宗教仪式,废除偶像崇拜,恢复早期基督教的平等,被基督教中占统治地位的派别斥之为异端。10 世纪初,巴尔干半岛兴起波高美尔派农民运动,反对教会的封建特权,要求没收教会财产,对西欧异端运动产生了直接的影响。11 世纪下半叶,意大利、法兰西、弗兰德尔、德意志等西欧地区的农民和城市市民,先后进行了反抗罗马教会封建神权统治的异端运动。异端运动不否定基督教的信仰,而是谴责教会的腐化,否认罗马教皇的权威。西欧异端运动的主力军是城市市民和平民,主要异端派别有意大利的阿诺德派、英国的威克里夫派、捷克的胡司派和圣杯派、德国的再洗礼派、法国的阿尔比派等。12 世纪~13 世纪初,异端运动发展至高潮,在法国阿尔比派的势力已经超过罗马教会。为此教皇英诺森三世组成讨伐阿尔比的十字军,此后还设立了镇压异端份子的异端裁判所。罗马天主教会和世俗封建统治者对异端运动的残酷镇压,并没有阻挡异端运动的继续。法国南部、意大利北部和西班牙的华尔多派,在下层民众的掩护下一直继续活动,直到 16 世纪上半叶汇合入宗教改革运动中。

热那亚人从拜占庭获得商业特权

12 世纪后期,为了牵制威尼斯人的力量,拜占庭以贸易特权收买了热那亚人。1154 年,威尼斯在西西里诺曼王朝策动下,与拜占庭日渐疏远。于是拜占庭皇帝于 1155 年遣使节前往意大利,携重金说服比萨、热那亚支持自己。因此,比萨人和热那亚人在拜占庭首都获得了相当的贸易特权。随着拜占庭与威尼斯关系的日渐紧张,拜占庭于 1169 年和 1170 年进一步扩大了同热那亚和比萨的盟国关系。第四次十字军东征以后,威尼斯获得了帝国在爱琴海及近东一带几乎所有的重要港口,俨然成为东地中海的霸主。拜占庭把威尼斯人视为自己复国的海上劲敌,于是同热那亚人签订了尼姆费厄姆条约,向热那亚人让出帝国所有征服地港口的关税和其他税收,热那亚则许诺为帝国提供军事援助。1261 年拜占庭复国后,继续在热那亚及威尼斯间搞"平衡",使两航海大国矛盾激化,以至于兵戎相见(1253~1299),但热那亚终于没有退出东地中海和黑海贸易区。黄金角东岸的加拉泰区是热那亚商人的侨居地,繁荣的过境贸易使这里成为中世纪后期的重要贸易都市口。

腓特烈远征意大利

1152 年,德国士瓦本公爵腓特烈二世之子继承伯父康拉德三世德意志王国的王位,即腓特烈一世。因他身高貌伟,有红色的须眉,世人称他巴巴罗萨(意为红胡子)。巴巴罗萨继位后,竭力恢复"沃尔姆斯协定"之前皇帝驾驭教皇的地位,以实现支配欧洲各国的野心。为此他曾六次远征意大利。1153 年巴巴罗萨借罗马教皇向其乞兵平息罗马政变之机,与教皇签订"康斯坦茨条约",以教皇为其加冕为神圣罗马帝国皇帝作为条件出兵平乱。1155 年 6 月 18 日,巴巴罗萨首次远征到达罗马,教皇为其加冕。他正图进一步控制意大利,但因攻打诺曼底王国时得不到德国贵族的支持而被迫退出罗马,第一次远征告终。1158 年为获取意大利北部富庶城市的经济利益,巴巴罗萨第二次远征意大利,首先攻下米兰城,又使用暴力手段迫使伦巴底各城市服从,1162 年巴巴罗萨返回德国。1163 年第三次远征意大利,由于受到意大利各城市反对力量的牵制,未能达到目的。1166 年巴巴罗萨因与教皇争夺权势发动第四次远征,围攻罗马并使教皇仓皇出走。但巴巴罗萨遭到伦巴底城市居民的迎头痛击,同时军队士兵染上疟疾,伤亡惨重,不得不撤回德国。1174 年巴巴罗萨第五次远征,企图以武力迫使伦巴底城市停战,但没有得到德国贵族的支持。1176 年巴巴罗萨第六次远征意大利,在林亚诺战役中大败于伦巴底同盟,1177 年被迫与伦巴底同盟签订"威尼斯和约"。

花剌子模王朝

11 世纪中叶,一位奴隶出身的阿努什特金被塞尔柱突厥统治者委任为总督,但他已自立为花剌子模的沙(王)。11 世纪末,塞尔柱苏丹也被迫承认阿努什特金的儿子穆罕默德为其藩臣。但到艾特西兹时(1128~1156)极力摆脱苏丹的控制,并借助蒙古人的力量,向撒马尔罕进攻,以削弱其宗主的实力。1156 年,在他的儿子伊尔·阿尔斯兰继承王位时,建立了独立的花剌子模王朝。13 世纪初阿拉丁·穆罕默德在位(1200~1220)时,国力强盛,领土广阔,从印度河到波斯湾和阿塞拜疆的广大地区,都成了花剌子模的领土。阿姆河畔的花剌子模城(乌尔赤)为其首都,这里物产丰富,商业繁荣,为中西交通必经之地。1219 年成吉思汗西征,花剌子模首当其冲,布哈拉、撒马尔罕相继失守,国王阿拉丁被迫逃亡到里海中的小岛上,1221 年 1 月死去。札兰丁王孙对蒙古军的入侵亦无大作为,在尼沙普尔一带组织一些抵抗,蒙军攻陷尼沙普尔后,逃往印度,花剌子模在蒙古军进攻下灭亡。札兰丁在印度居留 3 年,又前往波斯,直到 1231 年 8 月被一个库尔德族的复仇者杀死。

牛津大学创办

1167 年前后,由于巴黎大学拒绝接纳英国学生入学而被迫创办牛津大学。创建之初,按巴黎大学的模式设神学、法律、医学和艺术学院。当时每年有学生 1200 人,由名讲师授课。初创时期办学条件简陋,学生与市民间经常产生矛盾和纠纷。此外,大学校长有较大权力,可以处理涉及学生的一切民事和刑事诉讼案件。很长一段时期,学校还参与牛津市政管理工作。大学早期的神学和人文学科享有较高声誉,但也重视自然科学。13 世纪初,大学获得皇家颁发的办学许可证,地位得到加强。16 世纪初,教授职位开始得到资助。17 世纪后半期,对科学研究的兴趣大大加强。文艺复兴时期的伊拉斯莫、托马斯·莫尔的思想理念进入大学,进一步提高了大学的声誉。20 世纪时,增设了现代语言、政治、经济等新学系。大学培养了如天文学之父哈雷等有杰出贡献的科学家。近年来有些人还获得了诺贝尔奖奖金,也培养了不少活跃于政界的人士,其中担任英国首相职务的就有 10 多人,如当代的艾德礼、艾登、希思和威尔逊等。

巴黎大学建立

1170 年,巴黎大学以圣母院教会学校为基础建立起来,当时只有教授和学生的一种集合体。由于罗马教皇的支持,使它成为阿尔卑斯山北部地区正统的神学教学中心。14 世纪时,成为基督教世界著名的教学中心。它分为神学、教会法规、医学和人文学科四个系。16~17 世纪期间,它下设不少学院,其中有 1257 年建立的巴黎大学神学院。法国大革命以后,巴黎大学隶属于"法国大学"(类似中央组织机构)而成为其中的一所学院。此后,神学系于 1886 年被撤销,又新设了科学系和药学系,教学完全成了世俗性的,摆脱了神学理论的控制。20 世纪中期,法国成立国家公共教育部,取代了"法国大学"的职权,从此巴黎大学再度成为科学和知识的中心。学校的课程均由有名望的教授担任,全校有 600 多个教授职位,学生有 2 万人之多。经过 20 世纪 60 年代的一次教育改革,扩大了各学院的权利,学生也可以更多地参加学校的行政事务。

巴黎圣母院建成

巴黎主教莫里斯·赫胥利设想以两个较早的长方形教堂为基础建造一座大教堂,这个设想于 1163 年由教皇亚历山大三世在塞纳河中斯德岛上奠基而付诸实施。1189 年,高圣坛建成并开始举行奉献仪式,唱诗班席、西立面和中堂于 1240 年先后竣工。在以后

的 100 年中,教堂的门廊、祈祷室以及各种装饰也陆续建成。整个建筑全长 130 米,宽 47 米,中部堂顶高 35 米,一对钟楼高 69 米。教堂历经几百年时间,受到严重损坏,后于 19 世纪重修,其中只有三个巨大的圆花窗上镶嵌的 13 世纪彩色玻璃仍保持着。堂内藏有 13~17 世纪的大量艺术珍品。这一教堂堪称欧洲早期哥特式建筑和雕刻艺术的代表,以其雄伟的规模、匀称的建造而著称于世。

萨拉丁统治埃及

1171 年,出身于阿拉伯叙利亚库尔德族的军事将领萨拉丁(1139~1193),在近卫军支持下推翻法蒂玛朝哈里发阿迪德,自立为苏丹,建立了阿尤布王朝(1171~1250)。萨拉丁有杰出的军事和政治才能,他在位时期,领导埃及穆斯林对进入西亚地区的十字军和十字军国家进行了长期战争,取得辉煌胜利。1187 年,他从十字军手中夺取了"圣城"耶路撒冷,统一巴勒斯坦、叙利亚和美索不达米亚北部,使欧洲大为震惊,并导致第三次十字军东征(1189~1192)。但这次东征的十字军也战败而归,基督徒和穆斯林签订了和约,欧洲朝圣者被允准到圣城耶路撒冷朝拜。萨拉丁还积极发展农业生产和对外贸易,热心倡导伊斯兰教的文化教育事业。在宗教上,他实行较为开明的宽容政策,鼓励穆斯林同基督教商人发展贸易关系,使埃及在他统治时期成为繁荣盛世。萨拉丁死后,他的帝国分裂,但他的后人对埃及的统治一直维持到 1250 年。

日本镰仓幕府创立

日本平安时代末期,源氏和平氏乘宫廷摄政、关白和院政互相争权的时机,各自发展武士势力,矛盾日益激化。1156 年,平清盛与源义朝帮助后白河天皇平定保元之乱。1159 年在平治之乱中,平清盛打败源义朝。此后源氏失势,平氏专权。平清盛的政治、经济措施激起宫廷贵族和地方武士的不满。1177 年源氏利用武士,联合部分皇族和僧俗贵族,密谋打倒平氏,即遭平氏镇压,但反抗势力日益加强。1180 年源赖朝(义朝之子)举兵,不久即占据日本东部海岸战略要地,在富士川战役中打败平氏。源赖朝在镰仓建立地方政权,关东大小武士团皆投靠源赖朝。次年,平清盛抑郁而死,平氏势力衰微。经多次战役,至 1185 年屋岛(今香川县北部海岛)、坛浦(下关海峡)之海战,平氏军队被歼灭。1192 年源赖朝正式开创镰仓幕府。

高丽农民大起义爆发

高丽自 12 世纪以后,土地兼并日益严重,田柴科难于继续实行。统治阶级内部争权夺势的斗争频仍不绝,人民的生产和生活遭到严重破坏,终于爆发了全国性的农民大起义。1176 年 1 月,亡伊、亡所伊领导贱民首先在公州鸣鹤所(贱民住区)起事,迅速占领公州。起义军击败国王前来镇压起义的 3000 大军后,攻占礼山,并得到庆尚、全罗两道农民起义军的支援。政府采用欺骗手段,宣布把鸣鹤所提升为县制,减轻租赋,并与亡伊进行谈判。亡伊识破政府的阴谋,继续战斗,接连攻陷骊州、镇川、牙州等地,直逼首都开城。政府又以谈判之名,于 1177 年 7 月将亡伊诱捕入狱,接着镇压了这次起义。1177 年 5 月在西北地区也爆发了城市贫民和农民起义,他们以平安道妙香山为根据地,活动于清川江、大宁江流域。其中西京(平壤)人民起义处决了留守官员,占领了西京。政府利用起义者内部的矛盾以及严重缺乏武器和粮食等情况,分化瓦解起义队伍,于 1178 年将起义镇压下去。1198 年,首都开城数千公私奴婢在万积等 6 人的组织策划下,以"不使三韩再有贱民"为目标,计划杀死两班贵族和压迫者。但由于叛徒的告密,他们的起义在行动前就被扼杀。1200 年 4 月,庆尚道晋州发生了更大规模的奴婢起义,起义者袭击乡吏,焚烧他们的宅院,一年间严惩了 6000 多名文武两班官吏。后来,由于乡吏出身的起义领导郑方义投降,起义军终归失败。

德意志骑士团建立

1190 年德意志十字军在巴勒斯坦的阿卡建立了一个属于医院的慈善团体,1198 年以后它逐渐成为军事组织。条顿一词原是古代日耳曼一个部落的名称,中世纪时指德意志人,该团主要由德意志骑士组成而得名,亦称德意志骑士团。1211 年条顿骑士团返回欧洲,在东欧帮助匈牙利国王安德烈二世驱逐库曼人。1225 年应波兰马索维亚公国康拉德公爵之召进攻普鲁士,并一直进入维斯杜拉河以北地区。骑士团在索恩建立要塞,自

1233 年以后逐步征服和控制普鲁士。1237 年宝剑骑士团余部奉教皇之命编入该团,使其势力更加强大。骑士团在普鲁士建筑城堡,招揽德意志农民入境开垦土地,并得到教皇的允许经营商业,建立起强大的骑士团国家,控制普鲁士和波罗的海东部地区。15 世纪骑士团与汉萨同盟联合,保护同盟的各城市。1343 年条顿骑士团曾强迫波兰国王卡西米尔大帝放弃波莫瑞,15 世纪初又切断了立陶宛的出海口。骑士团势力的日益扩大引起波兰和立陶宛的敌视,1408 年萨摩吉提亚发生于反对条顿骑士团的暴乱,1410 年 7 月立陶宛、罗斯和波兰的联军在格林瓦尔德附近的战役中大败条顿骑士团。此后该团的军事力量、政治权威和经济地位急转直下。1466 年骑士团被迫签订和约,承认自己为波兰的藩臣。1525 年骑士团团长阿尔贝特把占据的东普鲁士改为普鲁士公国,骑士团失去原有的地位。1809 年拿破仑将其解散,1834 年又经奥地利帝国恢复。1929 年改组。

十字军建立拉丁帝国

12 世纪末,在内忧外患中逐步衰退的拜占庭帝国已处于分崩离析的边缘。1195 年,拜占庭皇帝伊萨克二世被其弟阿列克塞所废,伊萨克被打入黑牢。其子小阿列克塞只身逃亡,向西方教皇及德王菲利浦求救。这时,教皇英诺森三世正在发动第四次十字军东征。参加十字军的西方封建主倾慕拜占廷的富有,威尼斯人向往东地中海的霸权,教皇则要控制东方教会,于是决定了第四次十字军东征改变方向。1203 年末,十字军进入君士坦丁堡,篡权者闻风而逃,废帝重登圣殿。但在十字军帮助下恢复帝位的父子无钱酬劳十字军,遂在城内横征暴敛,引起人民起义。1204 年 1 月 25 日,伊萨克父子再度被赶下宝座,人们拥立的新蒂阿列克塞五世向十字军发出逐客令。于是,4 月 12 日残暴的十字军攻入君士坦丁堡,经过一番洗劫后,在这里按西方人的模式建立了"拉丁帝国",佛兰德伯爵鲍得温被选为皇帝。威尼斯则因此分得帝国 3/8 的领土,控制了东地中海区几乎所有重要港口和岛屿,成为地中海上一霸。在斯拉夫人的不断打击和希腊居民的不断反抗下,拉丁帝国迅速瓦解。1261 年,在热那亚人舰队帮助下,尼西亚帝国皇帝迈克尔八世发兵夺回了君士坦丁堡,驱逐了盘踞在巴尔干及近东的大部分拉丁人,恢复了希腊人的拜占庭帝国。

印度德里苏丹国的兴衰

1186 年,在阿富汗赫拉特地区兴起的古尔王朝灭了伽色尼王朝,在夺取其阿富汗和旁遮普领土后,继续向朱木拿河和恒河流域扩张版图。古尔朝的阿富汗人信仰伊斯兰教,从此伊斯兰教的势力便深入次大陆。1206 年古尔王朝陷于分裂,该王朝驻德里的总督,出身于奴隶的库卜特乌丁自立为苏丹,占有以德里为中心的广大地区,从此开始了德里苏丹国时期(1206~1526)。这一国家历经了5个朝代320年的历史,前130年是由小到大,不断扩张的过程;后190年是分崩离析、逐渐衰亡的过程。14世纪30年代是国家发展的顶点,其版图西起印度河流域,东到孟加拉,北抵喜马拉雅山脚下,南至科佛里河流域。国家政权的支柱是由突厥人、阿富汗人、波斯人组成的军事贵族集团。他们之间争权夺势,宫廷政变或反对中央的叛乱不断发生,320年中换了35个苏丹。13世纪中叶蒙古人几次入侵,造成了极大破坏。民族的压迫,宗教的迫害,战争的蹂躏,导致13世纪末~14世纪初爆发了德里市民起义。14世纪末年又遭到帖木儿帝国的洗劫。15世纪以后,国家陷于分裂,苏丹所能统治的地区只限于德里周围和旁遮普,其权力与地方土邦王侯相差无几。1526年莫卧儿军队击败最后的苏丹,结束了德里苏丹国的统治。

剑桥大学奠基

1209年,一些学生从牛津迁到剑桥这座古老的城市,为大学的成立奠定了基础。1284年,伊利主教雨果·德·鲍尔塞姆创办了彼得豪斯学院,是为该校第一所学院。在其后的300年中,相继建立了11所学院。该校主要开设语法、修辞、逻辑、算术、几何、音乐和天文等传统课程。学完高级课程后,可获得神学、法律、医学学位。该校以数学教学与研究而著称于世,18世纪举行首次荣誉考试的科目就是数学。1873年,该校成立了第一所女子学院——格顿学院。至今为止该校已有附属学院约27所,自行管理各自事务,与大学有同等地位。大学设有藏书300万册的图书馆,其中有古典时代、中世纪和近代著作家的手稿以及绘画作品。

英国议会君主制形成

13世纪英国商品货币关系得到很大发展,而僧俗大封建主、骑士阶层及富裕市民与王权之间的矛盾也更加突出。在无地王约翰统治时期,大封建主联合其他阶层,于1215年6月迫使约翰在兰尼米德草地签署了"自由大宪章"。该宪章保障了大封建主在经济、司法和政治方面的特权,但给予骑士和市民权利较少。亨利三世统治时期,他推行重用法国宠臣、容许教士榨取英国的政策,招致普遍不满。1258年,大封建主强迫国王承认英国处于大封建主的统治下。1259年,骑士制定独立的政治纲领,反对大封建主的寡头政治,以孟福尔为首的一部分大封建主与骑士、市民建立同盟。国王拒绝接受他们的要求,于是全国爆发内战。1264年,国王被孟福尔的军队俘虏,孟福尔成为王国的实际统治者。1265年他召集议会,不但有大封建主,还有每郡的两名骑士、每个大城市的两名市民参加,是为英国议会的开端。1265年8月,亨利三世之子爱德华一世在内战中打败并击毙了孟福尔,1272年成为英国国王。1295年,爱德华为筹划对苏格兰的战争经费召开国会,与会成员仿照孟福尔议会召集的范围,史称"模范国会"。它的召集标志着英国议会和等级君主制的形成。

异端裁判所在各国建立

11 世纪下半叶,意大利、法兰西、德国等西欧国家的农民和城市市民开展了反抗教会封建神权统治的异端运动,12 世纪运动达到高潮。12 世纪末,法国南部的阿尔比派的势力压倒了罗马教会,被正统教会视为最危险的敌人。教皇英诺森三世为寻求更有效的镇压手段,于 1215 年召开第四次拉特兰宗教会议,颁布《教皇敕令》,建立异端裁判所(又译宗教法庭)。洪诺留三世继位后于 1220 年发布通令,由多明我会和方济各会修道士建立异端裁判所,直属教皇。格利哥里九世任教皇后,又于 1233 年发布通令重申上述措施。此后法国、意大利、德国、西班牙、葡萄牙等天主教国家中普遍成立异端裁判所,旨在镇压反教会、反封建的异端分子及有异端思想或同情异端的人。异端裁判所直属教皇,不归世俗当局和地方教会管辖,不受教会法规约束,并设有监狱。1252 年教皇英诺森四世批准使用酷刑,对异端分子公开宣判,或没收财产,或监禁,拒不悔罪者判处火刑。14 世纪后西欧王权加强,世俗当局将其接管。1480 年西班牙设立的异端裁判所最为残酷,仅第一任大法官多明我会修士托马斯·德·托尔克马达在任期间,判处火刑者至少达 2000人。1542 年教皇保罗三世在罗马建立最高异端裁判所。18 世纪以后,西欧大多数国家先后撤销了该机构。1908 年教皇庇护十世改组教廷,废除异端裁判所,改设圣职部。1965 年教皇保罗六世将其更名为传信部。

蒙古旭烈兀西征

大汗窝阔台死后,成吉思汗的四子拖雷之子蒙哥即位(1251～1259),他决定派其弟旭烈兀继续西征,以完成父祖辈的未竟事业。西征前,伊朗西部的马赞德兰受伊斯兰教什叶派中的一支易司马因教派统治,这个地区在中亚范围内实办强大,对周围邻国造成长期威胁。中国史书中称为"木剌夷"(阿拉伯语,意为"迷途之人")。1253 年秋,旭烈兀率队由蒙古出发。1256 年 1 月渡过乌浒河,伊朗和高加索地区的小国国君们纷纷投降,只有木剌夷国君以其有强固的堡垒而拒绝投降。同年 12 月蒙古兵攻陷木剌夷的阿剌模特堡,消灭其 5 万军队,杀掉国王。征服伊朗之后,两河流域的阿拔斯王朝就成为蒙军继续进攻的目标。1258 年 2 月,旭烈兀攻陷巴格达。全城大部未遭破坏,但哈里发的王宫受到劫掠,哈里发和他的许多亲属被处死,少数亲属逃往埃及。蒙古军继续西进,1260年 3 月攻陷大马士革。在继续西进中,被埃及苏丹的军队在大马士革以南的阿音扎鲁特打败,西进受阻告终。

旭烈兀建立伊儿汗国

成吉思汗之孙旭烈兀西征,1258 年攻入巴格达,灭阿拔斯王朝。遂在伊朗、阿富汗、两河流域和阿姆河西南地区建国,定都大不里士,按忽必烈大汗赐给旭烈兀的封号伊儿汗(意为"人民的统治者")为国名。其疆域东自阿姆河,西濒地中海,北自高加索,南抵印度洋。这个地区的居民从事农牧业,商业发达。由于地处欧亚之间,在沟通中西经济、文化上起着中介作用。合赞汗在位时(1295～1304),改信伊斯兰教逊尼派,制定度量衡,改革币制和奖励学术,使国家达于极盛。在完者都在位时(1304～1316),一度改信什叶派,因而引起国内混乱。他企图向小亚细亚扩张并限制埃及马木路克人的势力,均未获成功。他死后,其子赛义德在位时(1317～1335)又改信逊尼派,才

帖木儿(古尔·艾米尔)之陵墓

使国内恢复安定局面。赛义德死后,因王位继承问题各集团间发生混战,呼罗珊、马赞德兰、阿塞拜疆、法尔斯等地相继独立,国家陷于四分五裂。1388 年为帖木儿帝国灭亡。

英国《牛津条例》制定

英王亨利三世时期(1216～1272),奉行勒索巨额捐税、重用法国宠臣、容许教廷榨取英国的政策。1258 年初,国王要求各大封建主必须缴纳其收入的 1/3,作为对意大利战争的经费。这一政策引起许多大封建主的不满,于是他们武装冲进王宫,要求国王改革。1258 年 6 月,大封建主在牛津开会通过了限制王权的决定,是为《牛津条例》,亨利三世被迫接受。按条例规定,由 15 名大贵族组成会议,实际执掌国家政权。同时由以上 15 名大贵族和另外选出的 12 名大贵族组成"国会",每年开会三次,讨论重大国事。大贵族的专权引起骑士及市民的不满,其内部亦发生分裂。1262 年,国王取消条例,导致国王和贵族开战。在内战中,以西门·德·孟福尔为首的大封建主联合骑士、市民俘虏了国王,孟福尔成了王国的实际统治者。他不只依靠大封建主,也依靠骑士和市民。1265 年,他召集

的国会不但有大封建主,还有每郡的两名骑士、每个大城市的两个市民参加,这是英国议会的开端。

拜占庭复国

1261年,尼西亚帝国光复拜占庭的条件基本成熟。拉斯卡利斯朝中的希腊贵族迈克尔·巴列奥略利用皇帝约翰年幼、不谙政事的机会,篡夺了皇位,建立了巴列奥略王朝(1261~1453)。早在尼西亚皇帝约翰三世时期,实际上已为拜占庭的最后光复铺平了道路。其子提奥多勒二世(1254~1258)虽体弱多病,在位仅4年,但在巴尔干半岛上取得了决定性的成功。他把保加利亚人彻底驱逐出马其顿,并在马其顿北部击败了由迈克尔·阿森统帅的保加利亚军队。他还以联姻方式巧取伊庇鲁斯国的近海要港都拉斯和塞尔维亚要塞。但他英年早逝,王位传于8岁的幼子约翰·杜卡斯(1258~1261)。大贵族迈克尔乘机控制朝廷,先为自己加冕称"共治",进而废黜幼帝(1261年),独揽大权。1259年,迈克尔在马其顿西部卡斯托利亚附近战胜了伊庇鲁斯君主国与西西里和阿凯亚的拉丁人组成的同盟军,控制了巴尔干局势,威信大增。1261年,迈克尔同热那亚结盟,许之以在利凡特贸易的种种特权,换取热那亚舰队支持自己攻取君士坦丁堡。1261年7月25日,希腊军队乘威尼斯舰队暂时调离君士坦丁堡防线之机,渡过博斯普鲁斯海峡,毫不费力地攻取了君士坦丁堡。迈克尔在城中百姓欢呼声中登上皇帝宝座,建立了拜占庭历史上最后一个王朝——巴列奥略王朝。

奥斯曼土耳其崛起

1299年,奥斯曼土耳其人国家在小亚建立。奥斯曼土耳其人属突厥人乌古兹族,13世纪中期其始祖埃尔祖鲁尔受封于罗姆苏丹国,在阿纳托利亚西北比西尼亚境内的卡拉贾达定居,并由此不断向拜占庭境内扩展。到奥斯曼(埃尔祖鲁尔之子,1258~1326在位)时期,罗姆苏丹国在蒙古人打击下趋于瓦解,奥斯曼正式宣布独立。但此时国家并无固定的收入来源和正常的行政管理制度,只靠劫掠维持生计,还不是真正的国家。1326年奥斯曼之子奥尔汗继位后(1326~1360),立即攻取布鲁萨(1326),自称苏丹。1331~1338年又先后攻克尼西亚、尼科米底亚及斯库塔里等小亚要塞,并逼近加利波利半岛。14世纪中期,奥尔汗利用拜占庭内讧进入欧洲,向色雷斯地区扩张。穆拉德一世时期(1360~1389),攻取巴尔干重镇亚得里亚堡。由此出发,穆拉德对保加利亚和塞尔维亚发动征服战争,迫使其纳贡。1389年6月,奥斯曼军队于科索沃战役打败了巴尔干诸国联军,1396年又在尼科隆一役击败匈牙利与西欧组织的基督教十字军,巩固了自己在巴尔干的地位。14~15世纪,巴耶塞特一世利用自己在欧洲作战的军威,发动了征服小亚

土耳其穆斯林清真寺的雪景

的战争。小亚各突厥人国家纷纷臣服,奥斯曼的版图向东推至整个阿纳托利亚和幼发拉底河上游。1402 年,奥斯曼人在同中亚帖木儿的战争中受挫,但到穆拉德二世时期(1421~1451)又重振国威,并为最后征服君士坦丁堡做好了一切准备。1453 年,奥斯曼人攻陷君士坦丁堡,拜占庭灭亡。奥斯曼取而代之,成为横跨欧亚非三洲的最后一个地中海大帝国。

意大利教皇党与皇帝党争权

12 世纪~13 世纪,意大利仍处于政治分裂状态,神圣罗马帝国和教皇国的政策严重地阻碍了意大利的统一。意大利繁荣的城市并没导致中央集权国家的建立,随着城市的发展,城市内部的矛盾日益尖锐,并随着皇帝和教皇的斗争更趋复杂化。腓特烈一世继任皇帝之后,神圣罗马帝国内威尔夫家族为争夺王位,与霍亨斯陶芬家族进行斗争。意大利也受其影响并分裂成两派,支持皇帝,希望以此加强他们权力的皇帝党,又称吉伯林派;支持教皇,反对任何帝王干涉意大利的教皇党,又称归尔夫派。意大利各城市原有派系分别加入了教皇党或皇帝党。工业发达的米兰·佛罗伦萨、波伦亚等教皇党城市,联合罗马教皇反对神圣罗马帝国对意大利的侵略。封建主势力较强的帕多瓦、维罗纳、维琴察等皇帝党城市,力图保持封建特权,依附于神圣罗马帝国。两派城市之间经常发生战争。14世纪中叶以后,神圣罗马帝国和教皇国的势力都逐渐削弱,两派的斗争也随之渐趋平和。

《马可·波罗游记》成书

马可·波罗出身于威尼斯商人之家。约1271年11月,随其父和叔父携带教皇格里高利十世的书信前往中国。他们从地中海东岸的阿克城出发,途经小亚细亚、两河流域、波斯、阿富汗、中亚,越过帕米尔高原,穿过塔克拉玛干沙漠和戈壁沙漠,取道新疆、甘肃,历时三年半,于1275年5月到达上都(今北京),受到元世祖忽必烈盛宴欢迎。马可·波罗在中国乔居十六七年,做过皇帝的钦差,访问过当时的许多名城,到过西南部地区。1292年波罗一家奉皇帝之命,护送蒙古公主阔阔真下嫁波斯的伊儿汗为王后。从福建泉州港启航,经过今天的越南、马来亚半岛、苏门答腊、爪哇、斯里兰卡、印度等地,1295年波罗一家从波斯返回故乡威尼斯。1298年马可·波罗参加威尼斯与热那亚战争,因受伤被俘投入热那亚监狱。在狱中结识了一位作家鲁斯蒂恰诺,应他之邀口述在东方的见闻,由作家笔录成书,名为《马可·波罗游记》,又名《东方见闻录》。全书分四卷,第一卷记述了波罗等前往中国途中的见闻;第二卷记载了元朝初年的社会情况、宫廷秘闻以及历史名城的繁荣景观;第三卷讲述了中国东南部邻国的概况;第四卷介绍了蒙古诸汗之间的战争和亚洲北部的状况。《游记》是第一部向西方介绍中国的书,它不仅使西方人知道了中国而且丰富和充实了中世纪人们的地理知识,是1311年马里诺萨努托绘制世界地图以及后来其他地理学者绘制世界地图的重要资料。《游记》对后世新航路的开辟也产生了很大的影响,它促进了中西交通和文化交流。

法国王权的加强

法国王权的加强是从路易六世开始的。路易六世定都巴黎后,开始拓展王室领地,并设置"御前会议",通过法律手段加强王室的权力。12世纪中叶以后,城市与封建领主之间的矛盾成了法王加强王权的筹码。至路易七世时,城市先后25次获得了国王颁发的特许证,而腓力二世则对80多个城市颁发了特许证。国王通过与城市的联盟,不断巩固自己的王权,与大的封建领主及农民之间的矛盾越来越大。

13世纪时,法兰西的王权已显著增强。路易九世在位期间,在王宫设立了"最高法院",有权对任何案件进行审理,并且规定部分案件必须在这里审理。领主审理的案件及领主之间的矛盾,也以此法院为最高仲裁。封建领主独立的司法权力被进一步削弱,政权向国王集中,封建领主处理事务的空间越来越小。

为了限制大领主的军事特权,路易九世规定在王室领地之外实行"国王四十日",即规定在宣战之后 40 天之内不准开战,弱小者可向国王申诉,请求裁决。而在国王的领地内,任何领主都不得发动战争。路易九世还废除了服役骑兵制,改用募兵制,国王从而拥有了一支听从自己指挥且训练有素的常备军。这些规定减少了土地兼并行为,改善了混战局面,同时提高了国王的威信,加强了王权。

除此之外,国王还统一了封地内的货币,并强行规定国王的货币可以在一切领地上流通。这种币制的统一,既利于经济发展,也使国王在财政方面掌握了主动,有力地促进了法兰西全国经济的统一。

腓力二世的功绩

卡佩王朝建立初期,国势衰微,朝纲不振。经过几代君王的努力后,王权得到了加强,但领土仍十分有限。至路易六世的孙子腓力二世统治时,开始把目标转向领土扩张。

腓力二世雄才大略,首先与雄霸一时的英王亨利二世结盟,借势征服了阿图瓦和香槟伯爵,确立了国王的统治地位。趁亨利二世势力衰微时,腓力二世开始着手对付英国的金雀花王朝,伺机夺取英国国王在法国的领土。亨利二世去世后,继任的无地王约翰目光短浅且横行霸道,惹得国内外一片骂声,这给腓力二世提供了机会。当时的金雀花王朝领地扩展到法国境内,腓力二世借口约翰不履行封臣义务,宣布剥夺他在法国的全部领地,双方最终爆发了战争。

腓力二世在市民阶级的大力支持下,仅用 10 多年的时间,先后攻占诺曼底、安茹、缅因等地,控制了金雀花王朝在卢瓦尔河以北的全部土地。在 1214 年的布汶之战中,因英国贵族拒绝作战,约翰只得同原神圣罗马皇帝奥托四世结盟。腓力二世同德神圣罗马新皇帝腓特烈二世结盟,派大兵与约翰进行决战,几乎全歼约翰和他的同盟军队,并俘虏了 5 个伯爵和 20 余名男爵。

这场战争被认为是法国的一次伟大胜利,腓力二世占领了英王约翰在法国的大部分领地,同时也将佛兰德尔置于法国控制之下,王室领地迅速扩大了 3 倍,国王的实力大为增强,腓力二世因此获得了"奥古斯都"的称号。

腓力二世以后,王室领地不断向卢瓦尔河以南扩展,后来完全兼并了普瓦都,并于 1258 年吞并了阿奎丹,使英王在法国的领地只剩下西南一隅。

三级会议的召开

法国王权的发展,到腓力四世时期达到一个新的阶段。腓力四世身材高大,相貌英俊,金发碧眼,素有"美男子"之称。他即位后继续扩张王室领地,努力加强君主的地位。

法国加强王权和争取国家独立的斗争,终于与罗马教皇发生冲突。为了维持庞大的军费开支,腓力四世不断增加税收,甚至向教会财产征税20%。1296年,教皇卜尼法斯八世公开发出敕令,反对腓力四世向教会征收财产税,否则将开除他的教籍。

腓力四世闻言大怒,下令禁止一切金银出口,使罗马教廷难以从法国得到任何收入,最后迫使教皇让步,取得了斗争的初步胜利。但过后不久,争端又起。教皇发布关于教会权力至上的敕令,这危及了腓力四世的权力,他当众烧毁了教皇敕令。腓力四世在同教皇的激烈斗争中,得

腓力四世

到了国内的支持。但1302年在同佛兰德尔进行的克泰尔战役中的惨败,使腓力四世再次面临国库空虚的压力。由于法国长期对英国和佛兰德尔开战,腓力四世不得不大肆敛财,虽然使王室收入比路易九世时期增加10倍,但是仍然入不敷出。

1302年,腓力四世第一次正式召集了全国性的三级会议,研究全国赋税的征收与使用问题,历史上把这一年作为法兰西三级会议的开端。

三级会议是阶级代表制,所谓三级是指:高级教士、大诸侯贵族、城市上层代表。三个等级分别开会讨论议案,每个等级只有一票表决权。三个等级的代表与国王的利益基本一致,三级会议是王权的支柱,因此国王可以通过三级会议达到自己的目的。

卡塔洛尼亚兵团进军希腊

14世纪初,西班牙的雇佣军兵团卡塔洛尼亚人在希腊建立了雅典公国的西班牙王朝。卡塔洛尼亚兵团原是由西班牙卡塔洛尼亚人,阿拉冈人、那瓦尔人及马略尔卡人组成的雇佣兵团。在13世纪后期,曾参加阿拉冈彼得的十字军,借西西里晚祷起义(1282)之机,占领了西西里。14世纪初西西里战事平息,好战的骑士们无所事事,遂受雇于拜占庭皇帝安德罗尼卡二世(1282~1328在位),进入君士坦丁堡协助防卫。他们在君士坦丁堡大肆破坏,据称有3000名意大利人在混战中被杀。1304年,卡塔洛尼亚兵团在其首领罗哲·德佛劳尔率领下参加了土耳其人的战争,解除了士麦拿东部的费拉德尔菲亚之围,并在小亚颇有进展。为了控制这支骄纵的骑士队伍,安德罗尼卡召回佛劳尔,授予其恺撒的头衔,并在亚得里亚堡设伏,刺杀了佛劳尔及其随从。帝国其他地方的西班牙人也被株连。于是,驻扎在加里波利的卡塔洛尼亚兵团剩余军士举旗造反,在拜占庭领土

上大肆烧杀劫掠，蹂躏了马其顿和色雷斯地区，进入塞萨利。在此略为整顿后，又顺希腊半岛南下，在比奥蒂亚打败了法兰西人的军队，占领了这里的十字军国家阿凯亚公国的首都雅典，建立起西班牙人王朝的统治(1311)。1379年，在那瓦尔人的打击下，卡塔洛尼亚兵团在希腊中部和统治才告结束。

14世纪意大利文艺复兴

自14世纪开始，佛罗伦萨的新文化出现了蓬勃发展的景象，当时人们认为这是封建社会中前所未见的，似乎是光辉灿烂的古典文化的"再生"和复兴，因此也就把这种文化发展总称为"文艺复兴"。这种观点，早在当时人对但丁和乔托的文艺活动的评价中已有表露，后来由于人文主义极力提倡学习古典文化，就更为深入人心，这也就是日后史学上通称这时代为文艺复兴的由来。当时人这种看法既表现了对自己新时代的赞赏，也表现了对古典文化的肯定和对中世纪封建文化的批判。他们认识到希腊罗马古典文化中的进步成分，例如哲学中的人本主义思想<用法不当>文艺中的现实主义传统、以及科学技术的研究等等，和封建社会黑暗时代的教会文化确实判然有别、对比鲜明、前者是值得仿效的典范，后者则是应予抛弃的糟粕；另一方面，当时人尊古典为良师益友，恢复和学习古典文化的努力，绝不是单纯的复古，而是意味着反对封建旧文化和创造新文化，即创造符合新兴资产阶级和人民大众要求的新文化。因此，这个名为学习古典的复兴运动，实际上却是一个春意盎然的新文化运动。

在学习古典和创造新文化的过程中，人文主义思想起着重大作用。人文主义来源于人文学，它最初是一种市民阶级要求掌握文化的世俗教育活动。在中世纪时，教会垄断文化教育，神学占据统治地位，大学课程不仅少得可怜，而且主要为神学服务。市民阶级兴起后，城市的大学和一般学校开始重视那些和神学关系较少而能为市民经济政治服务的学科，其中主要是修辞学，通过它市民们不仅可以掌握商业通信、契约文件以及政治辩论等实际生活所需

但丁

的手段，还可以接触古典文化的著作。因为修辞学的教材完全取自希腊罗马古籍。这样，以修辞学为渠道，在14世纪的先进城市中逐渐形成了人文学这一新学科和新思想。最初的这些从修辞学走向人文学的人都是市民活动家——商人、律师、俗人教师、学者等等。到14世纪后半期，人文学趋于成熟，逐渐成为文艺复兴新文化的主流，它本身也从教育活动进而发展为内容丰富的思想体系，代表着新一代人们的世界观。在14世纪的著名文化人物中，但丁和乔托可以说是属于前半期的阶段，而彼德拉克和薄伽丘则可以

说属于后半期,亦即人文主义趋于成熟期的阶段。

但丁(1265~1321年)是佛罗伦萨的政治活动家和诗人,他在1302年后因派系斗争失败遭到终身流放,遂以诗歌创作为自己的主要事业,《神曲》则是其不朽名作。恩格斯称赞但丁说:"封建的中世纪的终结和现代资本主义纪元的开端,是以一位大人物为标志的,这位人物就是意大利人但丁,他是中世纪的最后一位诗人,同时又是新时代的最初一位诗人。"这是对但丁的历史地位的确切评价。但丁的《神曲》也可说是中世纪最后、新时代最初的一部伟大诗篇,故事情节本身是宗教性的:诗人漫游了地狱、净界和天堂,见到了各类灵魂、诸天圣众直至上帝,其中自不乏中世纪神学观念,但是代表着文艺复兴新思想的萌芽却是诗篇中的精华。他借神游三界的情节广泛反映社会现实生活,爱憎分明、观察入微,抨击教会的贪婪腐化和封建统治的黑暗愚昧;同时,他要求人们关心现实生活,强调人的"自由意志",歌颂有远大抱负和坚定顽强的英雄豪杰,公开提倡以古典为师,并且努力使文化普及于市民群众,坚持文学创作应该使用口语和群众语言,使《神曲》成为奠定意大利民族语言的重要基石。这些都鲜明地表现了他的人文主义思想倾向。和但丁同时代的乔托(约1266~1337年)则是在美术方面具有同样开创之功的伟大人物。乔托也是佛罗伦萨人,并且和但丁友谊甚笃。乔托的壁画像但丁的诗一样,虽然题材仍是宗教性的,却开始努力表现真实生动的人物形象和充满矛盾的现实世界,传达出当时初露曙光的人文主义思想,并且在表现技法上取得巨大革新,被日后的文艺复兴艺术大师奉为新美术的鼻祖。可以说,以但丁和乔托为开始,文艺复兴的伟大时代揭幕了。

彼德拉克(1304~1374年)在人文学的研究和宣传上更见成效,被称为"人文主义之父"。他的抒情诗坦率表露了作者的内心生活,无论是爱情的热烈和生活的渴望,写来都逼真而细腻,在当代和后世都极受欢迎。但彼德拉克对当代和后世最有影响的作品,却不仅仅是这些抒情诗,最重要的还有他用典雅的拉丁文写的文章、书简等等,其中更为鲜明地表现了他的人文主义思想:对古典文化的崇敬与学习、对中世纪旧文化和经院哲学的厌恶与嫌弃、对人性的肯定和个性自由的追求等等。在他的带动下,意大利文化界学习古典成风,掀起了搜求古籍和仿效古典文风的热潮,而且,这种仿效并不停留在形式上或文体上,而是着重吸取古典文化的精神实质,是利用古典文化来反对和批判中世纪的宗教神学与禁欲主义。正因为这样,彼德拉克在古典文化中愈来愈多地找到了合乎新时代的人文主义要求的东西,而古典学同时也就是人文学,两者合而为一。与此相伴的是,他开始从时代的角度批判中世纪旧制度,他看到的中世纪是一个愚昧、黑暗、野蛮和退化的中世纪。用"黑暗时代"来称呼中世纪,彼德拉克可说是其第一个源头。彼德拉克的好友薄伽丘(1313~1375年)则是第一个近代小说家和热情的人文主义战士。他的名作《十日谈》包括100篇短篇小说或故事,以诙谐生动的语言讽刺教会和贵族,赞扬市民群众,被誉为欧洲现实主义小说的滥觞。但他同时也是和彼德拉克并肩齐力推进人文主义学术运动的主将,他不仅仅写了许多仿效古典的诗文,还学彼德拉克的榜样到处搜求古籍抄本,取得显著成效,其中最有代表性的一次就是他到蒙特卡西略修道院的寻访,他终于在门倒墙斜的古老藏书室中找到了许多久已遗失的重要古籍,把它们从毁灭的边缘上抢

《十日谈》插图

救过来。他不仅精通拉丁文,还在彼德拉克的鼓励下,求师教他学会了希腊文,成为从 10 世纪以来第一个懂希腊文的西欧学者。他还担任了佛罗伦萨大学的但丁讲座,注释了《神曲》,写了但丁的传记,并把但丁的文学活动称为"复兴"。所有这些,都足以说明为什么他自己认为平生主要贡献不在他的《十日谈》,而在于人文主义的学术研究。

经彼德拉克和薄伽丘的提倡,人文主义和文艺复兴文化在佛罗伦萨蓬勃发展起来,尤其重要的是,人文主义学者开始进入政治界,为共和国政治服务,在这方面开辟道路的是萨琉塔蒂(1330~1406 年)。他从 1375 年起终身担任佛罗伦萨政府的文书长,他用拉丁文写的檄文、信函和外交文件为佛罗伦萨政府解决了不少问题,佛罗伦萨的敌人——米兰统治者甚至赞叹说,萨琉塔蒂的一纸文书所起的影响,可和 1000 兵马的武力相当。人文主义和佛罗伦萨的市民政治的结合,为人文主义的进一步高涨准备了良好条件,因此到 15 世纪,就迎来了人文主义和文艺复兴的新高潮。

15 世纪意大利文艺复兴

15 世纪初,佛罗伦萨不断面临外敌的威胁,市民阶级为了对外反抗强邻,对内巩固专政,更重视利用人文主义作为动员群众和激励人心的手段。他们把维护共和国的要求说成是保卫独立、自由和新文化繁荣的斗争。每当外敌大军压境之时,人文主义的口号就能发挥巨大作用。而人文主义的高潮也在保卫自由独立的斗争中掀了起来。15 世纪初期的两位佛罗伦萨人文主义的代表:列奥纳多·布鲁尼(1369~1444 年)和波绰·布拉丘里尼(1380~1459 年)都像他们的老师萨琉塔蒂那样长期担任佛罗伦萨文书长,他们都写有《佛罗伦萨人民史》之类的著作,极力赞扬佛罗伦萨的共和政治和新文化的繁荣。他们还以空前未有的热情学习和恢复古典文化。布鲁尼除了精通拉丁文外,更千方百计力求精通希腊文。然而,这方面的困难很大。薄伽丘虽然走了第一步,但由于师资和教材的缺乏,他没能传下衣钵。在 14 世纪末,萨琉塔蒂才在几位热心新文化的佛罗伦萨商人资助下,从拜占庭请来一位造诣很深的希腊学者赫雷索洛那,开了四年的希腊文讲座,布鲁尼就是其中最热心的学生之一。他描述这次学习说:"当时我正在专攻法律,要不要放弃它而去学希腊文呢? 在我心里引起了剧烈的斗争……我想,意大利已有 700 年没人精通这种文字了,但我们却异口同声地肯定一切学问都是从它而来。难道可以放弃这样一个神圣的机会吗? 我终于决定全力投入赫雷索洛那的讲座,我学习得那样用心,以至白天所学所读,晚间睡梦中也一直萦回于脑际。"布鲁尼勤学的结果,确实为他,也为整个新时代打开了知识的宝库,他后来翻译和编纂了不少希腊古典名著,特别是他们那种废寝忘食以古典为师的热烈态度,转变了一代学风,使 15 世纪真正变成了"人文主义的世纪"。

和热烈学习古典并驾齐驱的,是搜求古本古籍的努力。在这方面,波绰·布拉丘里尼是个著名的代表。他曾遍访意大利、瑞士和德国的古老修道院,希望能从中搜寻和抢救出一些佚亡古籍。例如,在瑞士圣加仑修道院的一个荒废多年,据说只用来拘禁死囚的塔楼里,他发现了好几种佚亡的抄本,其中包括古罗马诗人昆体良的《修辞学全书》,这是所有人文学者梦寐以求的珍宝,于是他用一个多月的时间,把这部书抄录下来,并急速送到佛罗伦萨。在佛罗伦萨,他受到了最热烈的欢迎,布鲁尼写信给他说:"整个文坛都将为你已发现的宝藏欣欣鼓舞,你真不愧是那些被你发现的古籍的再生父母,就像英雄卡米卢斯是罗马的再造者一样。"从这个具体例子中,我们不难想见当时人学习古典的热烈情况。然而,正如我们前面已指出,当时人学习古典并不是单纯的模仿,而是借古典来反对封建旧文化,创造新文化。因此古诗文对他们说来绝不是什么古董,而是真正的生活教科书,随着人文学的研究,也就推动了哲学、史学、政治学以及自然科学的研究,形成了新的人文主义教育制度,尤其对现实主义新艺术的发展起了重大影响。人文主义在反对宗教禁欲主义方面也进一步提出了肯定人性和人的全面发展的思想,这就是日后资产阶级人道主义思想的一个重要来源。这种全面发展的人的思想,就是要达到恩格斯所说的那种"在思维能力、热情和性格方面,在多才多艺和学识渊博方面的巨人"。在 15 世纪,确实有不少学者和艺术家力求实践这个思想,把自己培养为学识渊博、技艺全面、精力充沛的人物;而对于人的创造能力的信念,更激发了许多歌颂人的尊严的时代最强音,把人文主义提倡"人道"以反对"神道",提倡"人权"以反对"君权",提倡"个性解放"以反对"宗教桎梏"及其一切残余的进步观点发挥得淋漓尽致。例如,洛伦佐·瓦拉(1407~1457 年)通过考证教廷的《君士坦丁敕令》确系伪造,动摇了教廷对西欧拥有统治权的理论根据,并在《论享乐》一文中提出了反对教会禁欲主义的人生观理论。15 世纪后半期的人文主义者米朗多拉在《论人的尊严》的演说里,借上帝的口表述人的伟大时说:"我把你放在世界的中间,为的是使你能够很方便地注视和看到那里的一切。我把你造成了一个既不是天上的也不是地上的,既不是与草木同腐的也不是永远不朽的生物,为的是使你能够自由地发展你自己和战胜你自己。你可以堕落成为野兽,也可以再生如神明……只有你能够靠着你自己的自由意志来生长和发展。你身上带有一个宇宙生命的萌芽。"尽管他们还不反对上帝并且仍然信奉宗教,15世纪人文主义对人性的强调却给日后的资产阶级留下了一份贵重的遗产,在资产阶级上升的时代,这是他们手中的一个反封建的有力的武器。

15世纪早期文艺复兴的另一重大发展是艺术上的成就。新艺术从乔托的创作中就开始起步了,但是14世纪后半期它经历了暂时的停滞,因为他的后继者们拘泥于仿效老师,背离了现实主义方向,成就不大。到15世纪初期,随着人文主义的高涨,在古典艺术的启示下,新艺术大师再度高举面向自然的大旗,才促成了新艺术的高潮。因此,在艺术方面,以古典为楷模同样发挥了非常积极的作用,正如恩格斯所说:罗马废墟中发掘出来的古代雕像,在惊讶的西方面前展示了一个新世界——希腊的古代;在它的光辉的形象面前,中世纪的幽灵消逝了,意大利出现了前所未见的艺术繁荣。15世纪佛罗伦萨的两位著名艺术大师——建筑家布鲁列尼斯奇(1377~1446年)和多纳太罗(1386~1466年),就是通过到罗马废墟学习而形成自己的新风格的。他俩青年时代联袂而至罗马,在古城废墟中直接对残柱断墙和雕像碎片学习观摩,那种热衷的程度甚至被人误认为是在搜求埋于地下的宝物。通过这种直接的观摩学习,他们就能创作出许多既有优美的古典形式又有新时代特点的建筑和雕刻,终于使整个文艺复兴艺术的发展走上了全新的道路。布鲁列尼斯奇的建筑杰作是佛罗伦萨大教堂的圆顶,这个在高度和宽度上具有空前规模的大圆顶,曾被人认为即使用100年时间也难以完成,而布氏仅用十多年(1420~1436年)就建成了它,不仅设计新颖美观,而且显示了他对工程技术的精湛知识,使这个建筑变成了新时代第二个宏伟的纪念碑,直到今天仍矗立于佛罗伦萨城中,成为全城的标志和象征。布鲁列尼斯奇还利用他的科学知识从事透视法的研究,为绘画的现实主义表现奠定了科学理论的基础。他的好友多纳太罗则从古典雕刻中得到了现实主义的真髓,不仅倾慕于古典雕像的和谐与优美,还直接观察、研究甚至解剖人体。他的作品在充满古典精神的同时,又异常逼真生动,被当时人誉为"使顽石具有生命"。多纳太罗的杰作如《圣乔治像》《大卫像》《佣兵队长格太梅拉达骑马像》等等,都以其现实主义的形象体现人文主义的思想,达到了表现形式与思想内容的高度结合。在他们两人帮助和启示下,年青的画家马萨卓(1401~1428年)在壁画领域进行了巨大的革新,把透视画法与人体解剖知识运用于绘画,进一步发展了乔托的现实主义传统。这位只活了20多岁的画家的作品气魄浑厚,人物形象具有强烈的立体感和重量感,而背景空间则合乎视觉法则,具有前所未见的真实的深远效果。因此,他的为数不多的作品日后一直是所有文艺复兴大师学习的榜样。在马萨卓之后,意大利文艺复兴绘画的繁荣期来到了,在十五世纪这100年间,佛罗伦萨一地就产生了许多即使在世界美术史上也足够称为第一流的画家,达到了恩格斯所说的那种"前所未见的艺术繁荣"。

在15世纪,文艺复兴在意大利得到了广泛传播,威尼斯、米兰、罗马等城逐渐成为新文化和新艺术的重要中心,与此同时,文艺复兴也传向西欧各国,促成了北方文艺复兴的萌发。

16 世纪意大利文艺复兴

16 世纪的意大利呈现出远比前两个阶段复杂而矛盾的情况:一方面是文艺复兴文化进入盛期;另一方面却是经济政治的发展面临复杂的局面:意大利的工商业衰落,政治日益混乱,外国势力占据统治地位,城市共和国逐渐转变为封建君主国。这种经济政治的逆流终于决定了盛期文艺复兴的命运:它是短暂的(实际上只包括 16 世纪头 20 年);经过 100 余年的反复,从 17 世纪起,意大利的经济文化进入一个长期的衰落过程,而意大利也丧失了它在欧洲历史上的领先地位。

盛期文艺复兴的三位伟大代表都是艺术家。艺术在这时候走在新文化的最前列并非偶然,因为只有艺术才最充分地体现了人文主义思想,同时又吸收、结合了科学技术的积极成就。意大利盛期文艺复兴的第一位巨人就是身兼艺术家和科学家的列奥纳多·达·芬奇(1452~1519 年),恩格斯称赞他说:"列奥纳多·达·芬奇不仅是大画家,而且也是大数学家、力学家和工程师,他在物理学的各种不同部门中都有重要的发现。"他确实是这样一位博学多能,百艺精通的全面发展的人的完美典型。他的艺术创作在体现人文主义思想和掌握现实主义技法上有了极大的提高,塑造了一系列无与伦比的艺术典型。例如,他的壁画《最后的晚餐》,描写耶稣被捕前与门徒最后聚餐的情景,深刻而又精确地画出各种人物的典型性格和动作,被誉为世界艺术宝库中的不朽杰作,古今千百幅同类题材的作品和它相比都黯然失色;他的《蒙娜丽莎》画像则表明对人的观察分析与艺术概括都达到了极高的境界。画中妇女的微笑含意无穷,超过一切言语形容。同时,列奥纳多·达·芬奇精深的艺术创作又是和他广博的科学研究密切结合的。他对许多学科都有浓厚兴趣和重大发现,在解剖学、生理学、地质学、植物学、物理学、应用技术和机械设计方面建树尤多。他对人体观察之精密,解剖之周详,远远超过同时代任何医学家。他不仅在历史上第一次正确、全面地描述了人体骨骼和摹画了全部肌肉结构,而且在神经和血管系统方面有不少新发现。他研究过各种岩石构造、地形演变和古生物遗迹,最早提出地质学和地史学的概念。他在物理学、光学、静水力学上的各种发现也是非常惊人的。特别在机械设计方面,他的探索极有创见。他曾设计先进的纺车、高效率的起重机、各种车床、冲床和钻床,而且预想到飞机、潜艇、自行车等等,被誉为许多现代发明的先驱。列奥纳多·达·芬奇的现实主义艺术实践和精博的科学研究还使他进一步形成了初步的唯物主义观点,他在笔记中写道:"我们一切知识来源于我们的感觉","依我看,那些不从经验(一切无可怀疑的结论的母亲)中产生,又未曾被经验检查的知识,就全是虚假而极端谬误的","一切真科学都是通过我们感官经验的结果"。他这种先进的哲学思想不仅使他和中世纪传统断然决裂,而且也使他能够摆脱当时新文化阵营中出现的保守和唯心主义的逆流。

和列奥纳多·达·芬奇并列的另外两位盛期文艺复兴的代表:米开朗基罗(1475~

1564 年)和拉斐尔(1483~1520 年),也都在艺术创作上取得了极高的成就。米开朗基罗在建筑、雕刻、绘画方面都留下了不朽的杰作。他创造的人物形象雄伟有力,精确生动,体现了浪漫主义和现实主义的结合。他在罗马梵蒂冈西斯廷礼拜堂屋顶上画的壁画,面积达 500 多平方米,是世界上最宏伟的艺术巨作,其中充满了热情洋溢、力量无穷的英雄形象,虽然壁画的题材仍属于基督教的神造世界和人类的故事,作品本身却反映了新时代的气魄和信心。米开朗基罗的许多雕像精美无比,在技艺上已超过了希腊古典雕刻的杰作,他还设计了罗马圣彼得大教堂的圆顶和一些著名建筑,在发展文艺复兴的建筑艺术上很有贡献。作为后起之秀,学习和充分吸收了列奥纳多·达·芬奇和米开朗基罗的优秀成果的拉斐尔,则通过自己的画幅把人文主义的理想发挥到极致,在秀美、和谐、典雅的艺术风格上放出异彩。他画的圣母像最为著名,圣母马利亚的形象在他笔下已没有丝毫神秘的宗教禁欲主义的气味,成为生活中的温柔美丽的女性典

拉斐尔

型。拉斐尔也在梵蒂冈教皇宫中留下了一系列极为优美的壁画作品,无论构图、形象的描绘都达到了第一流水平。他的生命虽然短促,却是佳作如林,影响极大,被后世尊为"画圣"。他们三人在 16 世纪的意大利艺坛上取得的成就,以后一直是欧洲文化和西方文化宝库中最灿烂的明珠。

马基雅维利(1469~1527 年)是盛期文艺复兴最有影响的政治学家和史学家。他曾长期担任佛罗伦萨共和政府的重要职务,有丰富的政治和外交工作经验,在共和政府被推翻后,他转而从事政治学和历史学研究,写有《君主论》《罗马史论》《佛罗伦萨史》等书。马基雅维利主要是从意大利的历史和实际中寻找政治问题的解答,他竭力不把政治的概念和任何道德的、伦理的或宗教的概念牵扯在一起,使政治学成为一门独立的学科,因而他被资产阶级学者称为"政治学之父"。他认为人类的政治发展自有其规律,虽然他所谓的规律是从人性论出发,但在摆脱中世纪的神权政治观点上已前进了一大步,并总结了列奥纳多·布鲁尼等人文主义者有关城市共和政治兴替演化的论点。联系到意大利当时强敌压境、城市衰落的现状,他认为唯一的出路在于建立统一的中央集权君主国,他的《君主论》一书主要就是讨论这个问题。然而,可悲的是,在意大利当时既不存在支持统一的强大的资产阶级,也不存在能担当集权君主的政治势力,因此他的讨论不得不围绕着君主统治的手段、计谋、气度等问题上,构成了他的政治学说的一些特点。马基雅维利强调为建立这种君主国应该采用一切手段,并且指出政治统治的实质是不顾一切保持实力。从此出发,他发表了一系列大胆的言论,强调统治者既要坚忍狠毒,又要假仁假

义;既要勇猛善战,又要能说会道。残暴能使人敬畏,他就不必顾虑被人指为残暴而退缩;慈悲能受人爱戴,他即使没有也要假装做出来。在《君主论》第18章,当讨论到君主应如何遵守信义的问题时,他就写下了那些日后被称为"马基雅维利主义"的名言:"每个人都同意,一个君主能有信于人民,诚笃不欺,那是最好不过的了。可是经验却告诉我们:那些成其大事的君主很少恪守信用,反而总是善用机巧,使那些守信的人大上其当。由此可见,双方相争决定胜负有两种途径:一取决于法律,一取决于强力,前者是人类独有,后者为兽类同具。然而当法律无济于事的时候,就须求助于强力。因此,君主应兼用人兽之术。古人对此有一形象的教喻,他们用阿奚里和其他古代君主受教于半人半马仙基隆门下的故事,说明君主之师既兼有人兽之性,君主之术也应该是兼有两者之长,缺一不可。所谓君主之效法野兽,主要是指狮子与狐狸,因为狮子虽勇却不能识陷阱,狐狸虽猾却不能抗恶狼,因此要兼有狮狐之长,如狐之善识陷阱,如狮之威敌恶狼,才可立于不败之地。如果只学狮子,那就要吃亏。由此可见,一个聪明的君主眼见遵守前约于己不利之时,就不能,也不应该讲什么信用,或者,当那些使他守信的理由已不存在之时,他就不妨失信。假若人皆圣贤,我这种观点当然不能成立,可是人性本恶,他们不会守信于你,你又何必跟他们讲什么信用,何况一个君主总会找到合法的理由为自己的失信辩解的。关于这些,当代有无数事例可以说明,多少条约协议都由于君主的失信而归于失败;而那些学狐狸学得最到家的君主就能得到最大的成功。——然而,有必要指出,善学狐狸还得善于伪装,为狐却不露尾,使人不知其为狐,乃为上策。"在这里,马基雅维利的政治学说实际上变成了对资产阶级政治欺骗手法的揭露,同时也鲜明地反映了整个文艺复兴文化的资产阶级个人主义的特色。与马基雅维利同时期的圭契阿迪尼(1483~1540年)的史学著作,阿里提诺论文艺复兴风格的《廷臣论》,阿里斯奥托的文学诗作《狂怒的奥兰多》,是文艺复兴盛期著名的代表作。

16世纪初期,佛罗伦萨共和派曾两次起义,驱逐了从15世纪中期便大权独揽的银行家美第奇家族,但是,得到罗马教皇和西班牙武力支持的美第奇统治者最后终于复辟,并在1532年受封为公爵,把佛罗伦萨所在的托斯卡纳地区变成了公爵国,意大利盛期文艺复兴也从此宣告结束。当时除米开朗基罗还健在外,我们上面所说的几位代表皆已去世,在意大利只有威尼斯一地还有一个文艺复兴艺术流派——威尼斯画派继续繁荣到16世纪末。可是,在意大利以外,德国、英国、法国和西班牙的文艺复兴运动正方兴未艾,取得了巨大进展。16世纪欧洲的两个具有伟大历史意义的事件"哥白尼日心说"引起的科学革命和马丁·路德领导的宗教改革,也是在文艺复兴影响下发生,并从广义上说包括在文艺复兴的洪流中的。

意大利著名画家达·芬奇

在法国卢浮宫博物馆里,经常有成群的人簇拥着,人们在这里观赏一幅少妇肖像画。

她那优美、端庄、发自内心的微笑，猛眼看去，给人一种柔和、温馨的感觉；当你一看再看、茫然地走近画像时，仿佛又感到尖刻和讽刺。长期以来，这幅肖像画一直以一种不可思议的力量抓住了观众的心，使人浮想联翩，遐思不已。它就是文艺复兴时期的著名画家达·芬奇（公元 1452~1519）的杰作《蒙娜丽莎》。

这幅名画为什么会收藏在法国的博物馆里呢？这得从芬奇的身世谈起。

意大利佛罗伦萨城附近的芬奇镇是他的出生地。芬奇的父亲是当地的公证人，母亲是农家出身的酒店工人。他是私生子，靠拥有田庄的祖父抚养成人。因为母亲被遗弃后，很早就去世了。由于自幼缺少母爱，芬奇常爱画些小动物如蝴蝶、蚱蜢之类，独自玩赏，以排遣伶仃之苦。他天资聪颖，读书认真，父亲希望他成为一个学识渊博的律师。1466 年，全家迁入佛罗伦萨后，开始接待一些知名的学者。其中对他影响较大的是博物学家、天文学家托斯坎奈利，芬奇渴望自己能在科学方面做出贡献，但是他最感兴趣的仍是绘画。在他的一再央求下，直到 1469 年，父亲才让他去委罗基奥画室学画。

起初，老师只让他学画鸡蛋。芬奇按照要求，每天对着鸡蛋画，画了一年又一年，就不大安心了。老师发现后，便耐心地对他说："画蛋可不简单呀，在一千个鸡蛋中，没有两个形状完全相同的；即使是同一个鸡蛋，如果变换一个角度看它，它的形状也不同了。这是画画的基本功，要练到手和画笔能圆熟地听从大脑指挥，才算功夫到家。"芬奇明白了老师的意思，从此专心画蛋，认真训练自己观察事物和表现形象的能力，不仅为他的绘画艺术打下了基础，对于钻研其他的学问也很有帮助。他除了学画，还自学一些科学技术知识，因为老师往往运用数学、透视学和解剖学等一些科学方法进行艺术实践，这方面没有一定的知识，跟老师学画是很难学好的。委罗基奥是最早认识到透视在绘画中的重要性的意大利人之一，对他来说，绘画是立体美的数学论证。一切艺术必须基于几何图形，必须是具体的和立体的，不单要有长度和宽度，还要有深度。

11 年后，芬奇结束了学徒生活，开始独立创作。他画过一系列以《圣经》故事为题材的画，但在他的笔下，艺术不再是歌颂"神"的工具。他在米兰为一家修道院制作壁画——《最后的晚餐》时，已经去掉了耶稣头上的光圈，把他放在光亮处作为正义的化身，而把叛徒犹大处于阴暗之中加以鞭挞，反映了当时人民的心声。当他画得入神时，竟然忘记吃饭和睡眠。为了寻找可供参考的模特儿，他有时几天不能动笔。修道院副院长误以为他工作拖拉，便去向大公告状。当大公找芬奇问话时，他回答说："这幅画还有两个头像没有画好，一个是耶稣，很难从人间找到这样神圣的仪容作为模特儿；另一个就是犹大，他的叛徒嘴脸很难表现。如果副院长催得太急的话，只好照着他那副尊容来画了。"大公听了哈哈大笑，并没有责备他。这幅被誉为"人类绘画的极品"，完成于 1498 年。它使芬奇的名字永垂史册。

1503~1506 年间完成的《蒙娜丽莎》，是芬奇最喜爱的作品，他借口这是一件未完成的作品，始终把它留在身边。直到芬奇死后，法国国王弗朗西斯一世花了 1.2 万里弗，才从芬奇的弟子处买到手。将近 5 个世纪以来，人们对这幅名画做过各种各样的评论和众说纷纭的解释，其中有一种最新的观点认为：芬奇是以他自己作为模特儿创作了这幅肖

最后的晚餐

像画的。美国哥伦比亚大学艺术考古系主任詹姆斯·贝克则认为"这种可能性几乎等于零。但这幅画堪称20世纪美术作品的楷模,几乎所有的画家都受它的影响。"令人感兴趣的是:芬奇晚年的自画像同《蒙娜丽莎》肖像画重叠在一起进行观察比较时,二者面部的主要部分——眼睛、鼻子、嘴巴、甚至前额几乎完全重合。传统的观点受到挑战。人们开始怀疑《蒙娜丽莎》是否商人弗朗切斯科·德尔·焦孔多的妻子的画像。

卢浮宫收藏的达·芬奇名画还有《岩间圣母》《施洗者圣约翰》和《圣母和圣安娜》。据说:1985年在洛桑瑞士联合银行的保险柜里,有人发现了《蒙娜丽莎》的姐妹篇——油画《吉奥恭达》,除了背景和手势略有不同外,二者的表情和长相一样。

芬奇的作品除上述外,还有收藏于米兰市布雷拉美术馆的《基督头像》,收藏于都灵市的《自画像》,收藏于伦敦国家美术馆的素描《圣母和圣安娜》,收藏在梵蒂冈的《圣杰罗姆》(未完成),以及保存在佛罗伦萨的两幅未完成的作品《安吉亚里之战》和《麦琪的崇拜》。这些都被认为是芬奇的代表作。

另外,芬奇还制作了当时被誉为世界第八奇迹的骑士像(斯福查像)。1499年,法军入侵后,成了射手们的靶子,早已无存。

在战乱之中,芬奇离开了他工作过17年的米兰,回过佛罗伦萨,到过威尼斯和罗马,最后又漂泊到法国中部的昂布瓦。晚年,他的大部分时间用在科学研究上。从他遗留下来的7000多件速写、手稿和设计图中,人们发现他在哥白尼之前就否定了地球中心说,在牛顿之前提出重力法则。他还设计过飞机、战舰、自动车床和蒸汽机等。恩格斯赞扬芬奇的科学贡献时说:"多种多样的重要发明都得归功于他。"

在烈火中永生的布鲁诺

　　人类总是通过黑暗迈向光明的。这个永恒的现实与哲学命题,一方面能够促使人们乐观地展望未来,一方面又能够使人们暂时地忍受苦难。中世纪的欧洲是一个漫长的黑暗时期,在它的后期,代表进步与保守两股力量间的斗争更是异常激烈。新的思想要前进,要挣脱那浓重的黎明前的黑暗,哲人智者们已经把握住了真理,然而,正当此际,凶猛的黑夜又急剧地反扑过来,吞噬了他们。还有什么比这更让人痛惜呢? 布鲁诺这位伟大的思想先驱者,正是这个时代的优秀产儿,同时又是这个时代的不幸弃儿。

教会的叛逆

　　意大利是个美丽的国家,而位于其西海岸的海港城市那不勒斯则更是以其独特风采名扬世界。俗谚有云:"在我死之前,请让我到那不勒斯看一看。"然而正是在这里,中世纪的僧侣们正上演着一幕幕让人啼笑皆非的好戏。为了维护教会传统,整治人们的思想,教会几乎垄断了全部教育。他们怎么说,人们就得怎么做,禁绝人们有自由思考,只有这样,才能巩固他们的地位,确立他们的权威。僧侣们日常宣扬道:"天主喜欢老实人,不喜欢动脑筋的人,使徒保罗教导我们不要依赖知识!""尊者奥古斯汀也说过,不知比知更接近天主。"在僧侣们的鼓吹下,圣洁的、驴一般的智慧是众人追求的目标。

　　僧侣们得意扬扬。这样一来,他们说什么别人都不会有疑问了。那不勒斯本来就被教会严密控制,僧侣们借机大肆贩卖一些圣灵的驱邪符,换回光灿灿的金币,以满足他们的贪欲。一些不愿思索的愚夫愚妇们万分起劲儿地笃信起圣物:信圣徒的干尸,信主被钉在十字架上的钉子,信每隔一段时间便在器皿里沸腾的血。僧侣们卖力地把圣像、蜡烛、念珠、祈祷文卖给被他们愚弄的芸芸众生。

　　教堂的一个贵重柜子中,精心地保存着一件圣物:一头驴尾巴! 僧侣们宣称这条驴尾巴不同寻常,它是基督当年骑过的那头驴的尾巴。每到复活节前,这件圣物便被捧到鲜花和圣幡之间,让民众瞻仰膜拜。只见来自四面八方组成的人山人海中,几个僧侣高声叫道:"别拿手摸,吻吧! 吻这神驴的神圣遗体吧! 这神驴曾有幸把我们的主从橄榄山驮到耶路撒冷。跪下吧,吻吧,布施吧,你会得到百般回报的。"人们纷纷涌上前去,吻着那毛茸茸的东西,浑身一阵阵激动地哆嗦着,钱叮叮当当地洒落。然而,与这狂热场面形成鲜明对照的是,一个瘦高黝黑的年轻人却独自清醒地伫立街头,冷冷地看着这幕丑剧。这人就是布鲁诺。布鲁诺出生于诺拉小镇的一个破落贵族家庭,由于家道中落,十五六岁的他就被送到那不勒斯一家修道院。当时进修道院也是贵族子弟的一条出路,有很多人在修道院里苦学苦修,有着虔诚的驴一样的智慧,最终都会慢慢地爬高,从普通教士直至主教,甚至红衣主教。布鲁诺本来也可以这样做,可他不屑为此。早在幼年时期,诗人汤西洛的一句名言就被他铭刻在心："——毫无疑问，有价值的、英勇的死去，胜过无价值的、卑鄙的凯旋。"

修道院里僧侣们肮脏的一套让他无比厌烦。阴森的修道院里，绝对禁止人们阅读多神教和哲学书籍，但是，聪明的布鲁诺借口深造拉丁语而阅读了大量古典作家和人文主义者的作品。在研究神学的大前提下，布鲁诺享受着充分的阅读自由，他钻研学术到了心向神往、如醉如痴的地步，他在僧房里彻夜点灯不眠，读、写、背诵。布鲁诺对诗歌的爱好也很独特，对当时伟大诗人彼德拉克的诗他并不欣赏，他认为，一个人老是歌颂自己的情场失意，有什么意义？相比之下，他更欣赏卢克莱修的诗，那些诗中充满了有价值的思想。生活的美就在于对真理的认识，对真理的爱能使人自由而崇高，布鲁诺这样想道。他想要了解世界，了解宇宙，可周围所谓的大学者不过是一些迂腐的学究，有的终其一生收集些古词条，有的翻来覆去拨弄三两条语法，他们所从事的都和布鲁诺心目中真正的知识不相符，没有老师给他揭示真理，他只能自己摸索前进。浩瀚无边的宇宙，灿烂迷人的星空，本该有着合理的解释。布鲁诺阅读着不计其数的神学论文和教会先贤的作品，以及对这些作品的诠释——布道文集、主教会议的决议，他越来越看清楚基督教信仰和科学理性的不相容性。教会经典中荒谬不经的事例，声名显赫的神学家们谈论的各种奥秘，使布鲁诺感到无比虚伪而厌烦，看来他向往的自然界激动人心的奥秘只能在那些禁书中寻找了。终于，布鲁诺在一本书中找到头绪，这本书犹如大海中的灯塔，立刻改变了布鲁诺的生活轨迹。这就是波兰科学家哥白尼的《天体运行论》。哥白尼已于几十年前死去，他死时布鲁诺尚未出生，然而，真理的光芒不会被时间的尘埃湮没，布鲁诺一下子找到了真理，全身心地钻研起来。

在哥白尼以前，人们对于天体宇宙的认识，一直都奉行古希腊天文学家托勒密的地球中心说，出于神权统治的需要，基督教会更是极力鼓吹与灌输，容不得半点怀疑与反对。但哥白尼却向这传统观点进行了挑战，经过自己几十年的潜心研究，他得出了一个惊人的发现：地球原来不是宇宙中心！尽管他知道他的理论与圣经的教义相抵牾，这将引起很大危险。但是，从事科学研究的人决不能因为外行的嘲弄打击而裹足不前，哥白尼毅然向教皇上书：《圣经》的只言片语不能作为推翻某种学术观点的依据，转动的是地球，而不是《圣经》所说的太阳！

哥白尼

哥白尼的手稿被委托给路德派神学家奥西安德负责。但奥西安德却自作主张，去掉导言，把哥白尼的学说说成是假说，构思目的只是为了计算方便，谁要是相信这学说是真理,谁就是蠢驴!

可偏偏有人愿当这样的"蠢驴",真理的吸引力远远超过了那些指责和嘲讽的排斥力。布鲁诺的一生从此改变了。他对哥白尼创立的光辉学说钦佩之至。哥白尼天生的思虑透辟,还有他那孤军奋战,独立反抗错误观念的勇气,都让布鲁诺感觉到哥白尼人格的伟大。他写道:

"光明正大的哥白尼,时代昏黑,令人不齿,焉能遮住你才智的光芒!认识使我领悟到你的人才大智,并确认自己的有理,你已经不仅仅否定地球处在中心,而且你还断定:地球每年绕太阳运转不息,地球还围绕着自己的轴心旋转不息,这真令人惊美!"

刻苦学习的布鲁诺,于1516年取得了博士学位,他在毕业后,被修道院学校留作高级讲师,他也于几年前获得了教士的神职,本可以平安地过一辈子优裕生活,可布鲁诺握住了科学的手,决不肯放开。因为自从哥白尼成为他人生榜样之后,他就确立了这样一个人生信念,即人的生活目的和意义就在于认识真理,而为真理的获胜去斗争是十分幸福且有意义的。

借助这样的信念,并依靠自己的不断刻苦研究,布鲁诺仿佛长了一双天使的翅膀,在浩渺的科学星空飞翔。他终于超越了哥白尼的理论,在人类历史上第一次发出这样的声音:宇宙是无限的,太阳系只是无限宇宙中的一个天体系统。太阳不是不动的,它和其他恒星之

布鲁诺

间的位置在变动着。地球表面的大气层随着地球旋转。不到28岁的布鲁诺已经成为一个成熟的思想家、天文学家,他准备捍卫自己的观点,并决心为此而承受一切压力与风险。

从此,修道院里少了一匹驯服的"驴",而多了一个有自己伟大思想的人。布鲁诺扔掉了圣者的画像和雕像,对他那些愚蠢而自信的同伴们予以嘲讽和打击。他积极地参加各种辩论,并巧妙地用神学作挡箭牌,阐述自己与教会相敌对的观点。"大逆不道!"嗅觉灵敏的几个僧侣惊恐地听着布鲁诺的讲话。布鲁诺竟有这么多的异端思想,简直是个异端分子嘛!一个特别阴险的僧侣蒙塔尔令诺向罗马的宗教裁判所写信密告,说这儿出了一个大逆不道的异端分子布鲁诺。于是,宗教裁判所把布鲁诺传讯到了罗马。

被迫流亡

天主教宗教裁判所的酷刑早已恶名远扬,只要说起里面刑讯室的酷烈刑罚,人们都

会不寒而栗。布鲁诺从此就被笼罩于宗教裁判所的阴影之下。到了罗马，人们在那不勒斯搜查了他的居所，发现了一大堆禁书，这还了得！按照当时的教皇禁令，阅读禁书将被开除教籍和被捕，更不用说私藏了。不知哪个好心人给布鲁诺写信，告诉他这一情况。宗教裁判所本来已认定布鲁诺"是个顽固不化的异端分子"，他的"异端邪说"足以使他投进监狱。现在又加上私藏禁书，那就更是罪不可赦！

布鲁诺得知宗教裁判所从他那不勒斯的住处搜到禁书，害怕进一步受迫害和被捕，于是，他逃出了罗马，扔掉教士衣袍，换上了世俗服装，他不愿再当一个驯顺的"驴"了。按当时的规定，逃离修道院的僧侣们要受最严厉的惩罚，直至死刑。就在这种情形下，布鲁诺开始了在意大利颠沛流离的生活。当时的一切艰难险阻他都在所不计，他只要保住心中珍贵的思想，为了真理，他宁愿受一切苦难。

当时，新教已在一些欧洲国家兴起，新教的政论家们常常抨击宗教裁判所的暴行，似乎他们要宽容一些，他们那儿或许会容忍人们一些追求自由的行为，布鲁诺就是抱着这样的幻想，逃到了日内瓦。

但是，他很快就失望了。原来，加尔文教统治下的瑞士对待异端分子同样严酷，固执而严厉的加尔文把每一个不皈依"真正信仰"的人看成异端分子。而他们所谓真正的信仰，便是加尔文所鼓吹的信仰，那是唯一正确的。新教徒同样用火与剑铲除异己，手段之残酷与罗马教会的宗教裁判所相比，毫不逊色。例如：宣扬"三位一体"是错误学说的西班牙学者塞尔维特被他们残杀了。塞尔维特被绑在柱上，湿树枝燃起的火焰慢慢地烤死了他，从肉体上消灭异己的原则胜利了。新教徒们干出了和它们所谴责的宗教裁判所同样卑污的勾当。

布鲁诺对加尔文教的所作所为也非常不满。日内瓦大学同样充满了冷漠刻板的宗教精神，墙上写着箴言："敬畏上帝是一切智慧的开端。"这所大学培养出另一种型号的"蠢驴"，布鲁诺带来的新鲜科学气息，立即使他跟神学家教授的统治集团发生了冲突。

他们想迫使布鲁诺改信新教，布鲁诺背井离乡，并非为了屈从于另一种荒谬的宗教，可这些所谓宗教的改革者同样压迫着他。布鲁诺站起来了，他咒骂这些宗教的毒药，他自己印刷出版了揭露这些伪君子的书籍。日内瓦的密探们同他们罗马的同行一样麻利，日内瓦元老院逮捕了布鲁诺。

宗教法庭开除了布鲁诺的教籍，给他带上铁颈圈，用锁链牵着，让他站在教堂中央，并让人们对他吐唾沫。日内瓦的神权政治制度又祭起了法宝——火刑，他们逼着布鲁诺进行一番形式的悔罪，要不然……

布鲁诺屈辱地忍受了这种侮辱。他越来越清醒地看到，若要坚持真理，必然会受到这种惩罚。但是，他绝不会放弃自然的田野，他要在那儿"放牧灵魂，耕耘智慧"。让那些人追吧、打吧，真理是不可战胜的！偌大一个欧洲，究竟有没有他的容身之地？莫非宣扬真理的人永远只能承受苦难？

布鲁诺四顾茫然。幸亏他的声名日显，法国的图卢兹大学邀请他去讲授天文学和哲学，并且，他们那儿不强迫他做宗教弥撒。这位卓越的天文学家如鱼得水，在那儿的讲坛上,他那熠熠生辉的新思想一下子打破了人们头脑中根深蒂固的旧观念,流传 1000 多年的亚里士多德—托勒密的地心学说动摇了,转动的恰恰是我们脚下的大地,而不是太阳围绕地球旋转。学生们神情各异,有的将之视作异端邪说,惊得目瞪口呆,有的却默默思索,若有所悟。16 世纪晚期的法国正是宗教战争时期,天主教和新教徒厮杀得如火如荼,图卢兹时而在天主教军队之手,时而在新教军队之手。天主教势力一获胜,马上发现城中居然有个宣讲"异端邪说"的教师,迫害的黑手便迫不及待地伸了出来,布鲁诺又开始了他的流亡生涯。

布鲁诺到了巴黎,还是拒不参加弥撒仪式。但是,他讲授的课程像一块磁石,巴黎大学里的学生和追随者们蜂拥而至。他们喜欢他那充满激情的声音:"转动的是大地!而太阳系外还有广阔无边的宇宙!"被当时人们视为离经叛道的思想火花也时时闪现,如:物质和运动的不可分性,感觉是理性的基础。他口若悬河,神学家和一些顽固的教授们在布鲁诺面前往往张口结舌,不知对答。但这群阴险的人又开始谋划,"谁让他在这里宣扬异端? 这样的人怎么能不被投入监狱?"他们恨不得能马上将布鲁诺投进那个监狱里。

布鲁诺虽然每每在论战中获胜,但为了摆脱威胁着他的牢狱阴影,不得不息声隐迹逃向他方。他还要宣扬真理,他不死心:欧洲之大,他总能找到一方净土,把真理撒进人们的心田。"别再当盲目轻信的驴吧",布鲁诺心里想到,"让我们恢复作为人的尊严"。当时所谓"学术自由"的德国,成了布鲁诺的下一个避难之地。德国许多地方信仰新教,各个大学都为自己有着天主教国家中的大学所不能有的自由精神而自豪。但是在这里,他们仍然不给布鲁诺以学术自由。布鲁诺所投奔的第一所大学就剥夺了他讲课的权利,连开选修课都不行。布鲁诺胸中的烈火在燃烧,真理就在嘴边,不吐不快,这是他的使命。既然已经发现了真理,没有理由不让更多的人了解它、信服它! 布鲁诺在德国各邦流浪着,他抓住一切机会,向人们宣讲他先进的宇宙观。布伦瑞克的公爵听到他的演讲着了迷,这是当时为数不多的开明贵族,他给布鲁诺以资助,并保护他免受教会的迫害。布鲁诺有了这个机会,更为激动地忙碌起来。越来越多的人们开始运用自己的头脑观察与思考,他们不再像以往教会要求的那种"蠢驴"了,曙光似乎就在前面,布鲁诺非常欣慰。

然而,教会根本没有放松对布鲁诺的仇视。公爵的保护使他们暂时无法做到这一点,但是,路德派的宗教裁判所和天主教的宗教裁判所一样,他们决不容许任何人的学说冒犯他们的统治地位,布鲁诺这个异端分子竟敢说《圣经》是错误的。是可忍,孰不可忍!公爵一死,他们便迫不及待地向布鲁诺伸出了黑手,给他判罪,革除他的教籍,又是那种老一套的宣判词:"布鲁诺长期陷入了渎神的罪恶,我们决定将他革除教籍。"布鲁诺冷漠地看着这幕丑剧,类似这种利用手中的权力来打击异己的事他见得太多了,他实在已经厌倦,他不知道下一个地方将是何方?

正在这时,布鲁诺收到威尼斯一位名叫乔万尼·莫钦尼格的贵族的来信,美丽谦卑的辞藻打动了布鲁诺,这位贵族希望布鲁诺去传授他一些新知识和发明术,在那儿,布鲁诺将绝对安全。布鲁诺眼前不由泛起了水城威尼斯的滟滟波光,他愿意把自由传授给人,更何况是故国的人？布鲁诺毫不迟疑地动身了,等待他的又将是什么呢？

布鲁诺说:"不,绝不!"

威尼斯的宗教裁判所早就对这位声誉日隆的学者恨之入骨。布鲁诺的学说触动了他们的统治根基。居然有人宣称《圣经》是错误的！这种异端分子还活在世间这般逍遥,他们忍无可忍,任何脱离了教会控制的学说都是大逆不道！布鲁诺越是宣扬自己的学说,他们越是惶惶不安。黑夜编织了大网,准备捕捉光明,一个圈套早已设计好了。

乔万尼的邀请只是他们的一个幌子,这个不学无术的贵族何曾想学习新的知识？他和宗教裁判所串通勾结在一起了。布鲁诺到了威尼斯,那可是插翅难逃！欣然来访的布鲁诺将自己的学识倾怀相授给乔万尼。乔万尼很会做戏,他假装殷勤地接待布鲁诺,并且装模作样地总是说布鲁诺教给他的知识还不够,不够,布鲁诺一定不要离开。

布鲁诺在威尼斯呆了一段时间后,打算回德国的法兰克福去出版一本著作。这时,笑脸相迎的乔万尼突然变了脸色,他对布鲁诺愤怒地喊道:"你为什么要走？你的东西还没讲完呢？"布鲁诺客气地回答说:"我确实需要离开。"乔万尼依旧不依不饶地嚷着:"请您不要离开吧！请您把全部知识都传授给我再走吧"突然,他脸色一沉,说道:"你不愿留下,我会想办法把你留下的。"布鲁诺对这位贵族的威胁语言没当一回事,他转身就回房睡觉去了,背后留下了乔万尼脸上阴险的笑容。

半夜,沉睡的布鲁诺突然被火光和砸门声惊醒。乔万尼和六个仆从一拥而入,把布鲁诺捆了起来。乔万尼假装甜言蜜语地劝说布鲁诺把所有的知识传授给他,布鲁诺又是奇怪,又是好笑,又是气愤:"我不该受到这样的对待吧！"第二天,威尼斯宗教裁判所人员的到来让布鲁诺对乔万尼的真面目有了真正的了解。这样,布鲁诺被带入了宗教裁判所的监狱,从此他过上了漫长的牢狱生涯。

一切都已布置好,布鲁诺被押上了法庭,罪名有的是,他们并不急于对布鲁诺开刀,反正人已经落在他们手里,凶残的猫以为自己捕到了一只老鼠,他们首先要布鲁诺承认他曾反对宗教。布鲁诺毫不犹豫地承认了,早在修道院时,他说已摈弃了荒谬的宗教,法官们大为得意,他们认为布鲁诺承认自己反对宗教,下一步就应该忏悔了吧！

"不,绝不!"布鲁诺义正词严地说道。

法官们一下子愣住了,他们的如意算盘早已打好,让布鲁诺一步步承认他是个异端分子,他们再往他脸上抹黑,然后再来一番教诲的好把戏。

审讯一次接一次,法官们按照法典规定,审讯时用出种种诡计,妄图让布鲁诺无意之中做出招供。布鲁诺的回答始终是"不!"

精疲力竭的法官们决定将布鲁诺引渡给罗马宗教裁判所。在当时的宗教裁判所中,罗马宗教裁判所是最臭名昭著的,一批批的"异端分子"在那儿惨遭杀戮。它的刑讯规则、惩处标准早已一套一套定得非常严酷,所谓的《刑讯指南》就有好几本,什么《巫婆之镜》《刑事集锦》等等,教皇克莱门特八世就曾骄傲地宣布:"把异端分子交给裁判所,那里可以给他戴上锁链、脚镣、手铐，可以把他投入又暗又脏的监狱。那儿，他没有几天好活。"

教皇的这番话倒是难得的真话。人们只要走进罗马宗教裁判所的大门，就很难再活着走出来。布鲁诺似乎预感到自己的命运，他戴着重重盘绕的铁链，被押着走进宗教裁判所那阴森的大门，这是他第一次也是最后一次走进这扇门。他被关押在监狱里，直至最后走上火刑场，整整呆了七年。

法官们阴险地笑了。这个当时欧洲最著名的"异端分子"终于成了他们的网中之鱼，他们可以爱杀就杀，爱打就打，但他们暂时还不想整死布鲁诺，只是先让他受些折磨，以从精神上搞垮他。

进入监狱最先面对的折磨竟是饥饿，布鲁诺捧着粗劣的牢饭，大口大口地吞着，身体变得更加清瘦虚弱了。但他早已下定决心，无论如何都不放弃心目中最珍贵的思想。布鲁诺痛苦地回想到，过去为了求得自由，以向更多的人传授真理，他曾在日内瓦低下高贵的头颅，承认自己反对宗教；他在德国为了与当时的诸侯权贵们保持好的关系，也一声不吭地默认过路德教派，其实他早已把荒谬的宗教抛弃了。就在不久前，他在威尼斯也承认输过。不错，他曾经妥协过，但这些妥协并未触及他视为最珍贵的东西，他决不会承认自己哲学思想的错误，地球的确围绕太阳运行，而且宇宙是无限的！在罗马的宗教裁判所他还能坚持吗？

在狱中，凌辱与受刑也是同样免不了的。这一天，布鲁诺终于被狱卒带进了裁判所的刑讯室。法官们有些是第一次看见这个著名的异端犯，他们狞笑着。这么多天的牢狱生活，他该知道厉害了吧！他们看着面前这个身材消瘦、面色苍白的中年人，煞是兴奋。这种兴奋是自以为强大的人在肆意凌辱弱者时变态心理的反映。又是一番例行公事的审问，他们早已把布鲁诺的行踪打听得清清楚楚，他们关心的是：在举世唯唯诺诺的顺民中，他为什么要当异端。

因为真理！

这么几个字就可以包括布鲁诺的人生轨迹。真理在他幼时就召唤着他，认识真理，人类的思想才会不断前进。但这显然不是法官们所要的答案，火红的烙铁压了下来，细长的皮鞭举了起来。当时裁判所刑讯的唯一要求是：勿见刀伤。但对于著名的异端分子，这一条也可以例外。

布鲁诺昏厥过去，又被冷水泼醒。刽子手们轮番上场，宗教裁判所的法官们以为这样一来真理就会被打跑，或者举械投降，然而，他们失算了。但他们恼羞成怒了，从此，布鲁诺的牢狱生活就是不断地被拖出去，打得遍体鳞伤，并回答法官们无休无止的审讯。法官们想：你布鲁诺纵使是铁石身躯，也总有崩溃的一天吧！

真理绝不会被封杀！布鲁诺被关在牢狱里，但他的思想早在各地广为流传。他的先进的宇宙观、哲学观早已深入一些人的内心，人们对《圣经》宣扬的那一套开始怀疑起来。春天来了，一年又一年，布鲁诺从他狭小的窗口向外望去，正是罗马城郊野的好景色，远处的维苏威火山傲然耸立。布鲁诺不由得想起小时候父亲带他去看维苏威火山的事。

远远看上去荒凉陡峭的火山,走近了竟有那么苍翠茂密的葡萄园和森林。布鲁诺这才认识到事物的多重面貌,也养成了他最初的从多个角度观察同一事物的习惯。布鲁诺想到这儿,不由微微地笑了起来。窗外草色青青,阳光明媚,布鲁诺早已记不清这是他被关押的第几个年头了,只知道窗外的青草绿了又黄,黄了又绿,已经过了七次,那么,这年该是1600 年了吧?也不知窗外的人们过得怎样?

但他坚信,真理是不会磨灭的,人类思想的发展洪流是任何力量都挡不住的。七年来,他已不知自己经受了多少别人连听了都会毛骨悚然,马上会俯首帖耳的酷刑。终日呼吸着牢房里恶臭的空气,每到夏天,闷热的牢房像个火炉,而冬天则寒风刺骨。潮气更是毫不容情地砭人肌骨,连皮肤都显出可怕的青绿色。他已经习惯于锁链和刑讯,对肮脏的牢饭也安之若素。这些苦难的百分之一便足以让常人做出让步,然而他不,小时候时常诵读的诗句涌上了心头:"有价值的英勇的死去胜过无价值的卑劣的凯旋!"坚持真理是他的生命理想,他将从容地面对今后可能发生的一切。

烈火中永生

宗教裁判所的法官们开始惊恐了。文艺复兴时期的欧洲,未来的曙光已渐露端倪,教会统治所受到的冲击已日甚一日,他们已经疲于应付。人们要求恢复"人"的尊严和地位,要求获得人的真理和幸福,机械地用《圣经》里的教条去欺骗人们已经行不通了。在这种情况下,法官们又祭起了杀人的大刀,他们决定让声名显赫的异端分子布鲁诺承认他的说法全都是胡说八道,是异端,全部放弃自己的思想,这一切有个 40 天的期限。否则,按照宗教裁判所的规定,"顽抗到底,不肯悔改"的异端分子将处以火刑。他们对自己设计的这个处理方式非常满意,因为这样一来,布鲁诺或是承认自己的错误,从而可为教会贴金;或是布鲁诺死于火刑柱,从而可起杀一儆百的效果。

面对 40 天最后期限的布鲁诺开始沉思。他们用惨死相威胁,要他放弃真理,他该怎么办呢?也许,放弃真理的声明并不要紧,反正地球始终围绕着太阳运行,绝不会因为他的声明而颠倒过来。在这个充斥着懦夫和变节者的时代,有谁能指责他是个变节的胆小鬼呢?他所受的苦痛早已超出了人们的想象;何况他的案件性质不同,即使他宣布弃绝自己的思想,也不会损害任何人,也不会背弃任何人的。

但是否背弃了思想?背弃了这么多年来他热情宣扬和捍卫的思想?人必须忠于自己。一念至此,布鲁诺做出了艰难的抉择,为真理献出生命。布鲁诺早就知道,吞没一切的对真理的爱会把他烧成灰烬,但这种爱又会帮他战胜死神,英勇地死于这个时代,结果却不死于任何时代。

法官们对着这个被酷刑和牢狱折磨了七八年的汉子,他们的红袍在颤抖,布鲁诺坚定的声音让他们惊慌。

"我不应该、也不可能弃绝自己的思想。也没有什么可以弃绝的,没有理由弃绝,也不知道该弃绝什么。"

　　法官们无计可施,面对这个对着死刑也不让步的人,他们只求尽快地消灭他的肉体。1600 年 2 月 8 日,判决宣布举行。被监禁七八年的布鲁诺,脚步虚浮地被从牢房拖到枢机主教马德鲁锡的府邸,许多人聚在那儿,准备参加盛大仪式般地看着将要进行的火刑。

　　布鲁诺被迫跪下,公证人大声宣布判决:布鲁诺系怙恶不悛、顽固不化的异端犯,拒绝承认其观点是异端学说,兹判决褫夺其神品,革出教门,治以应得之罪,其作品应该焚毁并列入禁书目录。

　　听到判决,教士们高兴地微笑了。火刑终于加到这个著名的异端分子头上,此后再也没有人敢宣扬这些"异端邪说"了吧?

　　布鲁诺就在此时挣脱了压在他肩膀上的手,朝着审判他的人,神情严峻而坚决,高声说道:"你们向我宣布判决,比我听到宣判时更为恐惧。"

　　天亮前,给布鲁诺换上了异端犯的囚衣,他的舌头也被特制的钳子夹住,因为教会担心这名渎神者还会利用这最后的机会用他警世的语言把民众引入歧途。他被刽子手簇拥着,还没有到刑场,小教堂已经开始祭祷超度他的亡灵。

　　广场上人山人海,等着押送犯人队伍的到来。不久,行刑就将开始了,但直到最后一刻,神父们还在劝说被绑在柱上的犯人悔罪。但是,这些无耻的语言早已阻止不了布鲁诺坚定的信念,他早以自己的满腔勇气迎接死亡。缓慢燃烧的树枝使他将在痛苦中饱受煎熬而死。此时,一根长杆把耶稣受难像向他伸去,布鲁诺双眼闪闪发光,他厌恶地转过脸去,不再瞧它。

　　就这样,布鲁诺被火烧死了,但他在烈火中获得了永生。因为浓烟毕竟遮不住无边无际的天空,荒诞的理论终究被布鲁诺的思想所动摇。从此,无限的宇宙展现在人类面前,太阳的光辉永远照耀着我们这块大地。

油画的发明者凡·爱克兄弟

　　凡·爱克兄弟出生在马斯特里赫特附近的马塞克,但出生日期不详。1415 年,哥哥胡伯特·凡·爱克应德国根特市市长之邀前往该市的圣贝文教堂创作《根特祭坛画》,不幸于 1426 年 9 月 18 日去世。弟弟扬·凡·爱克接下了他的工作,于 1433 年创作完成《根特祭坛画》。《根特祭坛画》完整地展现在世人面前时,凡·爱克兄弟的名字立即响彻了尼德兰和意大利半岛。

　　凡·爱克兄弟合作的《根特祭坛画》取材于《圣经·启示录》,为情节连环画。画中人物众多,但描绘细致,有条不紊。构图和色彩沉着安静,作品空间的处理和光、色的表现十分出色。画面以对人和自然的肯定和赞美为内容,在尼德兰绘画史上具有里程碑的意义。

　　另外,扬·凡·爱克在这幅画上采用了一种新的油色画法,即使用了含有树脂的稀释油。这样颜色就易于调和,运笔也更加自如,层层敷设后画面更加透明鲜亮,表现力十分突出。这种画法很快传到了意大利,并被那里的画家所采用。从此以后,油画就在欧洲各地传播开了。扬·凡·爱克是在木板上成功创作出油画的第一人,在欧洲绘画史上占有重要地位。

扬·凡·爱克1424年移居佛兰德尔后同兄长一起工作,因其才华出众,被勃艮第公爵招为宫廷画家。任职期间,他广招门徒传授画艺,还曾到英国、西班牙和葡萄牙进行考察。1428年,扬·凡·爱克以外交官的身份商谈莫利普公爵和叶赛贝娜的联姻,并为叶赛贝娜画了肖像。后来他定居布鲁日,与上层的文艺界人士来往密切,迎来了自己创作生涯的鼎盛期。扬·凡·爱克在后期创作了大量的肖像画,为近代肖像画的发展奠定了基础。1441年7月9日,扬·凡·爱克与世长辞。

"农民画家"勃鲁盖尔

1525年,彼得·勃鲁盖尔在安特卫普东部的一个农民家庭出生。他从事艺术创作后,在作品中大量揭露了异族的入侵和宗教法庭的残酷,因善于表现尼德兰农民的生活,被誉为"农民的勃鲁盖尔",是欧洲美术史上第一位"农民画家"。

勃鲁盖尔早年师从于库克·凡·阿尔斯特,并从他妻子那里学到了在细亚麻布上画水彩的方法。库克·凡·阿尔斯特1550年去世后,勃鲁盖尔来到了科克的画店工作。科克是一位风景画家,有很高的鉴赏水平。勃鲁盖尔从此与他长期合作,并在这里陆续出版了自己的作品。

1551年,已成为安特卫普画家行会画师的勃鲁盖尔,取道法国前往意大利进修。次年抵达意大利南部,来到了巴勒摩。意大利的文艺复兴之风让勃鲁盖尔受益匪浅,他忘情地从一个地方转到另一个地方。意大利北部的乡野和阿尔卑斯山脉,丰富了勃鲁盖尔的画笔,给他带来了源源不断的灵感。他早年的代表作品《风景素描》即是在意大利所作。

1554年春,勃鲁盖尔踏上归途,次年开始制作版画稿,为科克的画店印行大幅风景组画。1556年,勃鲁盖尔借鉴博斯的创作技巧,采取幻想的和写实的形象相结合的表现方法,创作带有教育性和讽刺性的人物构图。他的创作题材多从民间谚语和传说中选取,主题严肃,且富讽刺性,表明了他对社会问题的关心。这类代表作品有《大鱼吃小鱼》《谢肉祭和四旬斋的斗争》等。

法国文艺复兴运动的兴起

当基督教会的神学及经院哲学统治欧洲的时候,法国也被压迫得呼吸困难。随着商品经济的发展和资本主义经济的萌芽,法国新兴的资产阶级急需摆脱这种束缚。为了寻求更广阔的生存空间,他们开始在复兴古典文化的大旗下传播自己的理念,谋求本阶级的利益。

15世纪末,法国文艺复兴运动开始兴起。其实早在15世纪下半叶,一些人就已经在为复兴运动做准备了。他们研究古典文化,并广泛传播这种文化。16世纪初,致力于古典作品研究的一代人取得了辉煌的成就,如布戴·戴塔普尔·皮埃尔等,他们成了法国第一代人文主义者。

法国的文艺复兴运动兴起后,意大利对它产生了不可估量的影响。在绘画、建筑、雕刻等艺术领域,法国与意大利是一脉相承的。在文学思想领域,法国吸收外来血液的同时,还形成了自己的人文特色。北欧人文主义学者伊拉斯谟和一些意大利人文主义者都曾在法国游历、讲学,促进了法国人文主义的发展。在意大利战争中,法国国王和贵族从意大利带回了大量人文主义作品、艺术珍品和古代作家手稿,深深影响了法国文化艺术界。法国把这些资源与自己的民族传统文化进行融合,形成了法国自己的人文主义文化。如对古典文化的研究保持了博学的特点,在思想领域继承和发展了怀疑主义思想,在文学表现手法上长于讽刺等等。

"伟大的笑匠"拉伯雷

1494年,拉伯雷在法国中部希农城一个富裕的家庭出生。父亲大大的庄园装满了拉伯雷童年的欢笑,但到了十多岁时,父亲安排他当了一名修士。

修道院里死气沉沉的氛围令拉伯雷十分厌倦,他开始寻找解脱的方法。当时人文主义思潮已经在法国涌动,虽然还没有形成气势,但以一种不可阻挡的姿态发展着。拉伯雷热心钻研古希腊、罗马的作品,研究法语和法律,为人文主义思想所吸引。

拉伯雷在学习希腊文中间,还同人文主义学者比代通过信,但被修道院发现了。对于古典文化,修道院虽然没有直接斥责它为异端邪说,但禁止学习,学习希腊文也被认为是追求异端学说的举止。所以修道院对拉伯雷发出了警告,并搜走了他所有的相关书籍。

拉伯雷愤然离开了这个修道院,开始在普瓦提埃、波尔多、图卢兹、巴黎等各大城市旅游,遍访高等学府,了解社会。他还游览了文艺复兴运动的发祥地意大利,拜访了那里的许多名人。经过这种方式的学习,拉伯雷在哲学、音韵、考古、天文等许多方面都小有成就。

1530年,拉伯雷到蒙佩里埃大学学医,次年即开始在里昂行医。在里昂生活期间,拉伯雷受民间传奇故事启发,以化名那西埃写成《庞大固埃》,于1533年出版,此书成了他日后创作的《巨人传》第二部。1564年,《巨人传》全书面世。据说《巨人传》出版后,两个月的销量就超过了《圣经》九年的销量之和。《巨人传》鞭挞了法国16世纪的封建社会,具有浓厚的反封建思想和人文主义色彩。因此,每一部问世均遭追究或查禁。此书还有一个特点就是引人发笑，人人都可以尽情地笑，无所顾忌地笑，因此拉伯雷被人称为"伟大的笑匠"。

1553 年 4 月 9 日，拉伯雷借着最后一口气笑着说："拉幕吧，戏做完了。"然后安详离世。

塞万提斯的潦倒人生

米盖尔·台·塞万提斯·萨阿维德拉，西班牙文艺复兴时期伟大的现实主义作家。

塞万提斯 1547 年 10 月 9 日生于卡斯蒂亚的阿尔卡拉德埃纳雷斯镇一个没落贵族家庭，父亲是位潦倒终生的外科医生。纵观塞万提斯的一生，也如他父亲一样潦倒。

由于家境贫困，塞万提斯上学时间很短，然后就随四处行医的父亲过着颠沛流离的生活，瓦尔亚多利、塞维利亚和马德里等地都留下了塞万提斯瘦弱的身影。

1569 年，塞万提斯充当一名红衣主教的侍从前往意大利，遍游罗马、米兰、威尼斯和那不勒斯等地。1570 年，塞万提斯成了西班牙驻意大利军队中的一名士兵。1571 年 10 月，塞万提斯参加了抗击土耳其军队的勒班多海战，但不幸身负重伤，左臂成了终身残疾。

为了生存，塞万提斯不得不继续服役。1572 年塞万提斯参加了纳瓦里诺海战，1573 年参加了突尼斯战役，并随军驻防那不勒斯。1575 年塞万提斯奉命回国，9 月在回国途中遭到土耳其海盗袭击，被掳至阿尔及尔被作为奴隶出卖。直到 1580 年 11 月，足足做满 5 年奴隶的塞万提斯才被赎回。

回到西班牙后，塞万提斯从此开始文学创作，第一部有影响的作品是田园牧歌体小说《伽拉苔亚》。塞万提斯还做过一些小官吏，但因缺乏警惕，常常成为贪污腐败案中的牺牲品。1593 年在负责采购军需物资时受人诬陷被捕入狱。获释后改任税吏，但后来又因储存税款的银行倒闭再次入狱。塞万提斯出狱后用 10 年时间游遍了祖国大江南北，目睹了社会的不平、人民的疾苦，为文学创作积累了大量生活素材。

1602 年塞万提斯开始写作长篇小说《堂·吉诃德》，第一卷出版后大获成功，但不幸仍然伴随着他。因家门前有人被刺，塞万提斯涉嫌下狱，尔后为女儿陪嫁事出庭受审。1611 年，就在法院责令他赔偿十多年前所失税款时，他的妻子去世。1616 年 4 月 23 日，患有水肿病的塞万提斯在马德里的莱昂街寓所去世。

大侠堂·吉诃德

堂·吉诃德是一位 50 多岁的穷乡绅，因读骑士小说脑子里充满了冒险的荒唐念头。他翻箱倒柜找出了祖上留下的一副盔甲，然后跨上家里那头皮包骨头的瘦马决定行侠仗义。他选定了一个农村姑娘作为意中的公主,并带了一个叫桑丘的农夫随行,从此开始去各地游荡。

在一片平原上,堂·吉诃德认为远处耸立着的几架风车是凶恶的巨人,便挺着长矛冲上前去。转动的风车把堂·吉诃德连人带马抛到了空中,但堂·吉诃德仍然认为是魔法师把巨人变成了风车。又有一天,主仆二人路见两队羊群,堂·吉诃德认为是两支交战的大军,便冲上去攻打邪恶的一方,结果招致牧羊人的一顿石子,被打掉了门牙。还有一次,解差正押着一队犯人行走,堂·吉诃德告诉解差人生来是自由的,应该放掉他们。解差劝他不要生事,堂·吉诃德便举枪把解差打倒,解救了犯人。然后堂·吉诃德命令这些犯人向他的公主报告功绩,犯人大怒,将主仆二人打翻在地,并夺走了他们的衣服。

在做出了一系列"游侠"事迹之后,堂·吉诃德被同村人装扮的"白月骑士"打败,只好乖乖回家,从此停止游侠活动。堂·吉诃德回家后一病不起,临终时承认自己不是骑士堂·吉诃德,而是善人吉哈诺。

《堂·吉诃德》描绘了 16 世纪末、17 世纪初西班牙社会广阔的生活画面,展示了封建统治的黑暗和腐朽,具有鲜明的人文主义倾向,表现了

堂·吉诃德绘画作品

强烈的人道主义精神。它是欧洲最早的长篇现实主义小说之一,享有世界声誉。

精神家园——《乌托邦》

莫尔的代表作是《乌托邦》,全称是《关于最完美的国家制度和乌托邦新岛的既有益又有趣的金书》,它系统地阐述了空想社会主义的基本思想。

《乌托邦》是莫尔出使欧洲期间用拉丁语写成的,并于 1516 年出版。《乌托邦》共分两部分,虚构了一个航海家航行到一个奇乡异国乌托邦的旅行见闻。"乌托邦"即"乌有之乡",是虚构的、不存在的,它第一次被作者用来作为理想国家的代名词。

在"乌托邦"中,人人平等,无论在经济还是在政治方面,每个人都拥有相同的权力。这里实行财产公有制,公民没有私有财产,社会实行的是按需分配的原则。人们的生活方式也很独特,他们工作时穿统一的服装,每人轮流到农村劳动两年,每天只需要工作 6 个小时就足够了。其余的时间人们则用来嬉闹,用来研究学术,用来做自己想做的一切事情。公民都在公共餐厅里就餐,且每十年调换一次住房。这里没有商品货币关系,因此不会滋生腐败,不会刺激官吏的贪欲。这里的官吏是由投票选举产生的,且不能世袭,

这可以维护大众的权利。

在《乌托邦》里，莫尔把私有制看成了万恶之源。他指责私有制使"一切最好的东西都落到最坏的人手中，而其余的人都穷困不堪。"因此"只有完全废除私有制度，财富才可以得到平均公正的分配，人类才能有福利。"莫尔在世界历史上首次提出空想社会主义的某些基本思想。

莫尔对"乌托邦"的赞美实际上是对现实社会的批判。《乌托邦》揭露和抨击了由于圈地运动而导致的"羊吃人"的不合理的社会现象："……不让任何人在庄园上耕种，把整片地化作牧场，房屋城镇都给毁掉了，只留下教堂当作羊圈……"莫尔虽然批判了封建专制和资本原始积累给人民带来的苦难，但无法指出实现理想制度的真正途径，因此只能借助"乌托邦"来寄托自己的梦想。

莎士比亚

花衣小丑

在英国中部的沃里克郡艾汶河畔，有一个名叫斯特拉福的小镇。1564 年 4 月 23 日，这个宁静的小镇降生了一个婴儿，名叫威廉·莎士比亚。苏联作家柯切托夫后来曾这样描述他："有一个人出生、成长、谢世并被安葬在这里。他的作品三个半个多世纪以来，一直激荡着生莎士比亚的父亲叫约翰·莎士比亚，是经营羊毛、皮革制造及谷物生意的杂货商，后来从政，并在 1568 年走到了仕途的顶点——当选为市政委员执行官。"

莎士比亚出生时家境不错，因此受到了良好的教育。

1582 年，在家协助父亲做生意的莎士比亚与大他 8 岁的邻乡姑娘结婚。当莎士比亚 22 岁时，即 1586 年，他的父亲被从市参议花名册上除名。莎士比亚的家境一落千丈，为了更好地生活，莎士比亚次年前往伦敦谋生。

初到伦敦的莎士比亚生活艰难，最初是在一家剧院的门口当马夫，专门侍候骑马前来看戏的富人。据当时的演员相传，莎士比亚初进剧团时地位很低微，后来当上了"雇佣演员"，通常扮演配角，充当一些台词不多的角色。因剧院需要经常变换节目，迫切需要剧本，莎士比亚在剧本编辑方面的天赋才逐渐显露出来。莎士比亚后来也曾说过："确确实实我曾到处奔波，扮作花衣小丑供人开心。"

"新抖起来的乌鸦"

1592 年 3 月 3 日，伦敦玫瑰剧院开始上演莎士比亚编写的《亨利六世》。同年，英国著名的剧作家罗伯特·格林曾撰文告诫剧作家们："要提防那些改编他人剧本的演员，不要相信他们；其中有一只新抖起来的乌鸦，用我们的羽毛装扮自己，用一张演员皮包起他的虎狼之心。"罗伯特·格林文中的那只"乌鸦"指的就是莎士比亚，不知他与莎士比亚结下了什么恩怨,也许只是出于嫉妒的恶意攻击,但我们可以判断出当时莎士比亚已经在戏剧上取得了不小的成就。

莎士比亚时代,寻找贵族充当庇护人是当时的社会风气。为了得到举荐,莎士比亚曾写了一首长诗呈献给他的庇护人,同时附上了一封信:"钧座大人台鉴:不揣冒昧,将拙诗呈奉阁下,选择坚固如此之柱石以支撑脆弱如彼之赘物,不知天下人将如何罪我。若钧座稍感快慰,我实大受奖赐,誓用余暇以更佳劳作敬奉左右。但若创作之尝试确属畸形,我将因其有如此高贵之教父而深感遗憾,此后将永不耕种如此贫瘠之土地,深恐依然歉收之故也。请钧座加以审处,并愿大人心情愉快。我之心愿将永远符合大人心愿及天下人之厚望。"

这封信对庇护人有溢美之词,但对自己的创作也充满了信心。莎士比亚得到庇护人的支持后,使自己的才华得到了更充分的发挥。1594 年,莎士比亚在宫内大臣剧团工作。他的剧团除在天鹅剧场、环球剧场演出外,也到宫廷演出,夏季或瘟疫流行期间,则到外省演出。后来莎士比亚得到伯爵的帮助,替父亲申请并获得了家徽,他们家成了世袭的乡绅。

1597 年莎士比亚在斯特拉福购置了房产,1599 年成为环球剧场拥有 1/10 股份的股东。1610 年莎士比亚卖出了他的股份,回乡隐居,同女儿苏珊娜和裘迪丝居住在一起,但仍给剧团编写剧本。1616 年 4 月 23 日,莎士比亚在家乡病逝,葬于镇上的圣三一教堂。

不朽的作品

1623 年,即莎士比亚去世 7 年后,曾与他共事的演员海明和康德尔收集其遗作,对其中的剧目按喜剧、历史剧和悲剧 3 类进行编排,出版了第一个莎士比亚戏剧集。一般来说,莎士比亚的戏剧创作可分以下三个时期:第一时期(1590~1600 年)以历史剧、喜剧为主;第二时期(1601~1607 年)以悲剧为主;第三时期(1608~1613 年)以神话剧(传奇剧)为主。

莎士比亚创作的第一个时期为伊丽莎白女王统治时期,当时的英国经济繁荣,社会安定,为文学发展提供了一个良好的氛围。莎士比亚这一时期中的代表作有《威尼斯商人》《亨利四世》《罗密欧与朱丽叶》等。这些作品有以爱情、友谊为主题的,也有以英国历史上百余年的动乱为题裁的,莎士比亚对人文主义思想进行歌颂的同时,还洋溢着强烈的爱国主义热情。

莎士比亚创作的第二个时期正值英国新旧王朝交替。四大悲剧《哈姆雷特》《奥赛罗》《李尔王》《麦克白》表现了人文主义思想和现实之间不可调和的矛盾,充满了时代的悲剧性。尽管《特洛伊罗斯与克瑞西达》《终成眷属》和《一报还一报》等仍可称为"喜剧",但背信弃义、尔虞我诈的罪恶也充斥在剧中,使其成了"阴暗的喜剧"。

到了第三个时期时,莎士比亚感觉到自己的思想与现实之间的差距越来越远,但沉重的社会责任感促使他不断寻找实现理想的途径。在《泰尔亲王里克里斯》《辛白林》《冬天的故事》中,尽管作者仍然坚持人文主义思想,仍然揭露现实的黑暗,但解决矛盾的方法已转变为机缘巧合、魔法、幻想等偶然事件。

世界文学史上的丰碑

诗人亚历山大·蒲伯在 1725 年出版的莎士比亚作品集的前言中写下了这样一句话："他的心向着人民。"这或许能反映出莎剧的魅力所在。

莎士比亚以人文主义为思想武器，宣扬人的价值，赞美人的理性和力量，对现实中的黑暗进行了深刻的批判。莎剧最突出的特征就是现实主义与浪漫主义融为一体，闪烁着人文主义理想的光辉而又不失社会现实的广度和深度。

莎士比亚还是一位善于继承与革新的剧作家，经常对一些材料进行"点石成金"的改造。在人物塑造方面，莎剧为我们建造了一个由近 700 个人物组成的画廊。莎士比亚塑造这些人物时从现实生活出发，使他们的形象十分丰满，如我们耳熟能详的鲍西娅、麦克白、罗密欧、朱丽叶、哈姆雷特、奥赛罗、李尔王等。

从 17 世纪开始，莎士比亚的戏剧相继传入德、法、意、俄、北欧等国，然后传至美国乃至世界各地。德国的伟大诗人歌德把莎士比亚比作"最美丽山峰上的明星"。1771 年 10 月 4 日，歌德在法兰克福举行的莎士比亚命名日纪念会上演讲说："我初次读到他的著作的第一页后，我的一生都属于他了。当我读完他的第一个剧本时，我好像是个生来盲目的人，由于神手一指而突然获见天光。"莎剧对各国戏剧发展产生了深远的影响，并已成为世界文化交流的重要纽带。而莎士比亚本人，也如同莎剧一样成为不朽的传奇。

培根

跌宕起伏的宦海生涯

1561 年 1 月 22 日弗兰西斯·培根出生于伦敦一个新贵族家庭。其父尼古拉·培根是伊丽莎白女王的掌玺大臣，剑桥大学法律系毕业。其母安妮是一位才女，熟练掌握希腊文和拉丁文，信仰加尔文教。良好的家教使培根在各方面都表现出色，年仅 12 岁时就被送到剑桥大学深造。在校期间，他对当时被教会奉为经典的亚里士多德哲学深为不满，认为它流于空论，对人生无实际效益。

1576 年，培根到巴黎任英国驻法国大使随员。1579 年，培根的父亲突然病逝，培根无忧无虑的生活宣告结束。回国奔丧完毕后，培根住进了葛莱法学院攻读法律，同时四处求职谋生。1582 年，培根取得律师资格，两年后当选为议会议员。1589 年，培根成为法院候缺的书记，不幸的是，培根一等就是 20 年。在此期间，培根曾经为生活而四处奔波，却未谋得任何职位。

1602 年伊丽莎白去世，詹姆士一世继位，培根迎来了政治上的春天。因他曾极力主张苏格兰与英格兰合并，受到了詹姆士的赞赏。1602年培根受封为爵士，1613年被委任为首席检察官，1617年被提升为掌玺大臣，次年晋升为英格兰大法官，并受封为男爵，1621年又受封为子爵。三次晋爵，六次升官，由平头律师一路上升到子爵，着实让培根有点眼花缭乱。正当培根春风得意之时，平步青云的仕途戛然而止。1621年培根被议会指控贪污受贿，被判处以罚金4万磅，并且监禁于伦敦塔，以后再也不得担任议员和任何官职。后来虽然罚金和监禁被豁免，但培根已身败名裂。此后，培根归隐田园，专心从事理论著述。

1626年3月底，培根坐车路过伦敦北郊。当车经过一片雪地时，突然冒出的一个想法驱使他走下了车。风寒乘虚而入，诱发了他的气管炎。1626年4月9日清晨，培根在病痛折磨中永远地闭上了眼睛。

培根的哲学思想

培根一生的仕途可以说是大起大落，值得欣慰的是，他的主要理论著述都是在做官期间完成的。培根主张发展生产，渴望探究自然，要求发展科学。当时流行的经院哲学阻碍了科学的发展。培根提出了著名的"四假象说"，指出经院哲学家利用四种假象来抹杀真理，制造谬误，从而给予经院哲学以沉重的打击。

培根

培根继承了古代物质是万物本源的思想，从唯物论的立场出发，指出科学的任务在于认识自然界及其规律。但由于所处时代的局限，培根的世界观还具有朴素唯物论和形而上学的特点。

1597年，培根发表了处女作《论说随笔文集》。在书中培根将自己对社会的认识和思考以及人生感悟浓缩成名言警句，受到广大读者的欢迎。1605年，培根完成了两卷集《论学术的进展》。这是一本以知识为研究对象的著作，在书中培根猛烈抨击了中世纪的蒙昧主义，论证了知识的巨大作用，提示了知识不能令人满意的现状及补救的办法。1609年培根出版了第三本著作《论古人的智慧》。培根认为远古时代存在着人类最古老的智慧，通过对古代寓言故事的研究可以发现失去的古老智慧。

培根在科学方法的研究方面做出了巨大的贡献，其中以实验定性和归纳法为主。培根本打算撰写一部六卷本百科全书式的著作《伟大的复兴》，对人类知识加以重新整理和改造。但培根只完成了此书的前两部分，1620年出版的《新工具论》便是该书的第二部分，但这足以让他成为"哲学史和科学史上划时代的人物"。

笛卡尔

解析几何学之父

1596 年 3 月 31 日,笛卡尔出生在法国拉哈耶的一个贵族家庭。笛卡尔自幼丧母,由父亲抚养长大。因体弱多病,笛卡尔 8 岁才进入学校,并获得了早晨在床上读书的特权,由此他渐渐地养成了喜于安静的习惯。

1612 年,笛卡尔进入普瓦捷大学攻读法律,4 年后获博士学位。当时法国社会流行这样一种风气:有志之士不是致力于宗教,就是献身国防。笛卡尔因此于 1618 年前往荷兰从军。服役期间,笛卡尔沉醉于数学王国中。某日休息,笛卡尔在街上散步时看到一张荷兰文招贴,但他不懂荷兰文,于是请身边的一个人给翻译。原来这是数学家下的一张"战书",征求上列难题的答案。笛卡尔揭榜应战,在数小时内即求得答案,令人对他数学方面的才华刮目相看。

1621 年笛卡尔服役期满,恰逢国内战乱,于是便前往丹麦、德国、意大利等地游览。1625 年回国,专心研究数学。1628 年移居荷兰,并通过年少时认识的梅森与欧洲主要学者保持着密切联系。笛卡尔将代数的方法应用于几何学,从而创立了"解析几何学",在数学史上具有划时代意义。

除数学之外,笛卡尔对哲学、天文学也有研究。他的著作大都是在荷兰完成的。1628 年《指导哲理之原则》完成,以哥白尼学说为基础的《论世界》也在 1634 年完成,也许是受伽利略受迫害的影响,此书并未出版。1637 年 6 月 8 日《方法论》在莱顿匿名出版。

1649 年冬,笛卡尔应邀到斯德哥尔摩为瑞典女皇授课,次年因肺炎在瑞典病逝。

伟大的哲学家

17 世纪前期经院哲学到了穷途末路,经院哲学家敌视科学思想,疯狂地用火刑和监狱对付先进的思想家和科学家。摧毁经院哲学,建立新哲学,成为先进思想家的共同任务。笛卡尔和培根一样,举起了新哲学的大旗。

"我思,故我在"是笛卡尔的名言,也是他怀疑式哲学的集中体现。笛卡尔指出,我们不能盲从。我们已有的观念和论断有很多是极其可疑的。为了追求真理,必须对一切都尽可能地怀疑。只有这样才能破旧立新。

这种怀疑与否定一切知识的不可知论有着根本的区别,笛卡尔强调的是以怀疑为手段,把真理从谬误中解救出来,从而达到去伪存真的目的,所以被称为"方法论的怀疑"。这里的怀疑是一种积极的理性活动,理性成为权威。"我思,故我在"的怀疑式哲学,给予经院哲学以沉重打击。

当时欧洲的思想界是一片生机勃勃的景象，认识论得到前所未有的发展。培根开创的经验论向传统的经院哲学提出了挑战，笛卡尔开创的唯理论则给经院派以致命一击。笛卡尔认为，凡是在理性看来清楚明白的就是真的。复杂的事情看不明白，应当把它尽可能分成简单的部分，直到理性可以看清其真伪为止。这就是笛卡尔的真理标准，即唯理论。作为 17 世纪唯理论的创始人，笛卡尔没有完全排斥经验在认识中的作用，但认为单纯的经验是不能作为真理标准的。

英法百年战争

1337～1453 年，英法为争夺大陆领地和富庶的弗兰德尔，进行了长达百年的战争。1328 年，法王查理四世死后无嗣，瓦洛亚朝腓力六世即位，英王爱德华三世即以腓力四世外孙的资格要求继承法王王位，反对腓力六世为王，从而导致战争爆发。战争开始英军先后在克勒西战役（1346）和普瓦提埃战役（1356）把法军打得大败，占领了法国许多领土。1360 年，双方缔结布勒丁尼和约，英国得到加莱和西南部基恩等地。1369 年双方再起战端，法国收复大部分失地。到 1380 年，英国只占领几个沿海据点。1415 年英王亨利五世乘法国内部混乱之机，恢复对法国战争，占领北部大块土地，法国处境危机。法国人民积极组织抗英斗争，尤其是女英雄贞德领导的法军在 1428 年奥尔良战役中大败英军，扭转了不利局面。1436 年，查理七世进驻巴黎，先后收复被占领土。1453 年百年战争结束，英法签订和约，英国除保留加莱港以外，全部退出法国。

英军在克勒西战役中大败法军

英法百年战争初期，英国取得 1340 年海战胜利后，借口弗兰德尔亲英派领袖被处死事件，于 1346 年继续发动对法国的进攻。7 月爱德华三世由诺曼底登陆，到达巴黎附近，又引军北上。法王腓力六世也率大军赶到法国北部。8 月 26 日，在克勒西附近两军交战。英军约 2 万余人，包括 1.2 万名威尔士弓箭手。法军人数为英军的两倍以上。以自由农民组成的英军弓箭手使用的弓箭强劲，手执长刀的英国步兵又训练有素，因此战斗一开始骑马披甲的法国骑士就被密集的弓箭打乱了阵角，陷入一片混乱之中。战斗进行不到一天，法军遭到惨败，死于战场者达 4000 多人，其余溃散。英军乘胜北上，于次年攻陷加莱。这是西欧历史上一次著名的战役，是以新型武装战胜沿袭几百年的传统封建骑士武装的战役。

英国军队在克勒西战场上

色雷斯爆发吉洛特起义

　　1341 年,拜占庭皇帝安德罗尼卡三世去世,其子约翰五世冲龄即位。巴尔干大贵族约翰·坎塔库津乘机在色雷斯自立为帝。他的行动得到了色雷斯大贵族的积极支持,而长期处于大封建贵族压榨下的贫苦大众则打出拥护王室的旗号,纷纷揭竿而起,反抗压在自己头上的贵族。1342 年,萨洛尼卡市民和近郊农民起义,反对约翰·坎塔库津,吉洛特党人成为起义的领导者和组织者。由于萨洛尼卡是马其顿地区重要的贸易港口,同意大利商人和市民联系甚密,因此起义者追随 1339 年热那亚民主派起义的步伐,依照意大利城市国家的模式,成立了萨洛尼卡共和国。在共和国内,他们坚决地同教会和大贵族斗争,剥夺教产和城市大贵族的私产,救济下层贫民和农民。他们积极释放农奴,取消贫民债务,改革税制,取消教职人员特权,确立了民主制度。君士坦丁堡政府为了加强自己同坎塔库津斗争的实力,支持吉洛特党建立的政府,并派出皇家代表辅政。但贵族与贫民的矛盾迅速激化,皇宫代表阴谋杀害了吉洛特党首领,企图扼杀起义。萨洛尼卡人民在水手协会领导下粉碎了这一次阴谋,继续坚持斗争。1345 年以后,坎塔库津在塞尔维亚和土耳其帮助下巩固了自己的地位,一度承认萨洛尼卡共和国(1347 年)。不久他又利用城内上层贵族的不满情绪,暗中破坏吉洛特党的群众基础,并放逐了吉洛特党的首领和水手协会的会长,最后于1349年镇压了这次起义。

罗马市民起义

14世纪,意大利一些经济发达的城市国家中已产生了资本主义关系的萌芽,但意大利仍没有统一的政权,没有建成统一的国家。这种分裂状态给外族封建主侵略、干涉意大利以可乘之机。而教皇为了加强政治威信和增加财富,也屡次勾结外族侵略者。意大利人民希望实现统一,以摆脱外族的控制和管辖。1347年罗马市民举行起义,建立共和国,拥戴科拉·迪·黎恩索为"保民官",迫使罗马封建主对共和国宣誓效忠,并号召意大利各城市国家实现联合。此外还实行了整顿税制、取消妨碍商业发展的重税等促进经济发展的措施。意大利各地25个城市的代表前来罗马,但他们为维护自己的独立地位不愿与罗马联合,并且企图削弱邻邦以壮大自己。因此,罗马市民统一意大利的尝试以失败告终。

薄伽丘的小说《十日谈》

意大利文艺复兴初期人文主义作家薄伽丘,于1348~1358年创作了短篇故事集《十日谈》。故事集描写1348年瘟疫时,10名青年男女逃到乡间别墅,每人每天讲一个故事以消磨时光,一共讲了10天,故事集由此得名。故事题材来源广泛,其中有中世纪趣闻轶事、法国寓言、东方民间故事、宫廷传闻和街谈巷议等,再经过作者的艺术加工,使之生动地反映了意大利的社会现实生活。故事集把矛头指向天主教会,揭露和批判了僧侣们的种种丑行秽德,嘲讽了那些禁欲主义的伪君子。与此同时大胆地歌颂现实,歌颂爱情,赞美人生的幸福生活,称赞下层人民的聪明才智。故事集中也有个别流于粗俗低级的描述。这部欧洲第一部现实主义文学巨著,于1471年在威尼斯出版,1472年及1478年,相继在曼都亚等城市出版。1492年,威尼斯又出版了《十日谈》的第一个木刻插图本。15世纪期间,至少刊行有十二三种版本。16世纪又印行了77版。其影响之深远,不仅对当时文坛,就是对15~16世纪,乃至17~18世纪欧洲现实主义文学的发展都有相当作用。英国、法国、德国以及西班牙等国的一些作家,都从《十日谈》中汲取创作题材或受到它的启发。

法国城市军民起义

1356年法军大败于普瓦埃提,国王及大批贵族被英军俘获。军事上的失败及负担的加重,激起了下层群众的不满。太子查理亲政后,为征集军费和赎金,于1356年召开了三级会议。巴黎商会会长艾顿·马赛利用三级会议中贵族席位暂时减少的机会,要加强市民代表的作用,提出改革的要求。要求遭到拒绝后,被激怒的群众在艾顿·马赛领导下举行起义,迫使太子查理于1357年重开三级会议。颁布"三月大敕令",市民代表得到控制三级会议和政府的权力。但太子查理又拒绝执行大敕令,于是1358年2月在马赛号召下约3000手工业者发动起义,起义者冲入王宫,杀死了国王的两名近臣。查理逃出巴黎,在北部集结军队,对巴黎进行封锁。扎克农民起义爆发后,为了打通向巴黎运粮的道路,马赛派出300人的队伍帮助农民起义军,但在粮道打通后就未再支援。对农民的背叛加速了市民起义的失败。富豪对巴黎的统治,城市贫民负担的加重,马赛与"恶人"查理的联盟,使艾顿·马赛失去了市民的信任。马赛在内部冲突中被打死,艾顿·马赛领导的起义终告失败。

法国扎克起义被镇压

14世纪法国农民处境日益艰难。许多农民担负种类繁多的封建义务,领主任意征税,对农奴有生杀予夺之权。1348年黑死病的泛滥,使农村劳动力锐减,百年战争爆发后,农民负担更加沉重。加之休战期间,雇佣军的劫掠以及承担难以忍受的军事工程,遂将农民逼入绝境。1358年5月28日,在法国巴黎附近博韦地区的农民打死强迫修筑工事的几名军士,成为扎克起义的开端(扎克,法文意为乡下佬,该起义按习惯称为扎克起义。)农民起义迅速扩大到很多地区,推举有军事经验的吉约姆·卡尔为领袖。他们在博韦、法兰西岛、皮卡尔迪、香槟等地攻打贵族的堡寨,杀死贵族,焚毁记录封建义务的册据,并提出"消灭一切贵族"的口号。起义军积极进攻巴黎,以便与城市平民联合作战。在瓦兹河的麦罗,卡尔以战车布成环形阵地,并将6000农民军分作两道防线。贵族军队无力进行镇压,便假意和谈,把警惕性不高的吉约姆·卡尔骗去杀害,然后利用农民失去领袖的时机发动进攻,残酷地镇压了起义。

俄罗斯反抗蒙古统治

1243年金帐汗国建立以后,俄罗斯诸公国成为它的藩属。人民惨遭蒙古统治者的蹂躏,苦难重重。反抗蒙古统治的起义也不断发生,1227年在特维尔,1262年在罗斯托夫、雅罗斯拉夫、苏兹达尔等地,都有规模不等的人民起义。起义虽遭到野蛮镇压,但人民中的反抗情绪与日俱增。14世纪中叶以后,莫斯科公国借蒙古人的势力发展起来,在政治、经济、宗教生活方面成为俄罗斯民族统一中心。摆脱蒙古人控制的历史重担,自然落在它身上。恰逢此时金帐汗国发生内讧,自扎尼别汗死后(1357),宫廷政变迭起,中央权力极度衰弱,出现群雄割据的局面,于是莫斯科大公从 1374 年起,停止向蒙古人纳贡。金帐汗国马麦汗遂兴兵讨伐莫斯科,1378 年双方军队会战于沃查河,蒙军大败,五名将领阵亡,士兵伤亡无数。马麦汗大怒,于 1380 年率数十万大军亲征俄罗斯。两军在顿河岸的库里科沃原野上交战,俄罗斯大获全胜,底米特里从此获得"顿河英雄"(底米特里·顿斯科伊)的称号。后来金帐汗国虽卷土重来,但顿河一战毕竟动摇了蒙古人的统治,树立了莫斯科公国作为俄罗斯民族解放者的形象。坚定了俄罗斯人民争取民族解放的信心。从此,莫斯科公国成为底米特里大公家族的世袭领地,不再乞求蒙古人册封,有了一定独立性。到伊凡三世时期,俄罗斯终于摆脱了蒙古人的控制。

奥斯曼土耳其向欧洲发动征服战争

1359 年,奥斯曼土耳其人总督乌尔汗(1326~1359)之子穆拉德继其父位,开始改称苏丹,并以其强大的武力向巴尔干各国发动进攻。早在穆拉德即位之前,由于参与拜占庭内战,土耳其军队已进入巴尔干半岛,占领了亚德里亚堡附近的几个重镇,从此盘踞该地不再返回亚洲。穆拉德即位后,很快夺取了亚得里亚堡(1362),割断了拜占庭同欧洲内陆的联系。他把亚得里亚堡更名为埃迪尔内,并把首都迁到这里,从此在欧洲大举扩张。1369 年,穆拉德的军队占领了整个色雷斯东部。1371 年马里查河一役,为土耳其人进入塞尔维亚及希腊、巴尔干内地打开了大门,拜占庭也被迫向土耳其称臣纳贡。1385~1386 年,穆拉德夺取了索非亚和尼什,征服了保加利亚中部。同时他夺取了安卡拉,控制了小亚腹地。1389 年的科索沃战役,是穆拉德胜利的顶点。在战争中穆拉德遇刺身亡,但土耳其人还是取得了战争的胜利,为继续向中欧发展奠定了基础。

教会大分裂

1377 年教皇格哥里十一世把罗马教廷从阿维农迁回罗马,结束了教会史上的阿维农教廷时代。1378 年 3 月格利哥里十一世暴卒,枢机主教团选举意大利籍大主教巴托罗缪·普里格那诺为罗马教皇,称乌尔班六世。他力图排斥枢机主教团中较强的法国势力,引起其中占多数的法籍枢机主教们的不满,再次把枢机主教团迁至阿维农,设立教廷并选举日内瓦出身的枢机主教罗伯特为阿维农教皇,称克力门七世。乌尔班六世得知后,在罗马另设枢机主教团。天主教教会遂出现两个教皇,分驻罗马和阿维农。两个教皇互相攻击、互相处以惩罚。西欧各国封建统治者出于各自的政治目的和经济利益,也分为两个敌对阵营,分别支持两位教皇。意大利北部和中部、德意志大部地区、斯堪的纳维亚半岛诸国、波希米亚王国和英格兰拥护罗马教皇;法国、西班牙、撒丁尼亚、意大利的那不勒斯和西西里以及德意志一小部分地区拥护阿维农教皇。1409 年 3 月,两个枢机主教团为弥补教会的分裂，决定在意大利的比萨召开宗教会议，选举亚历山大五世为新教皇。但在位的两个教皇拒绝退位，从而形成三个教皇鼎立的局面。1414年神圣罗马帝国皇帝西吉斯孟为了结束天主教会的分裂，迫使接任亚历山大五世的约翰二十三世教皇在康斯坦茨召开主教会议。会上废黜了约翰二十三世，批准罗马教皇格利哥里十二世退位，否认阿维农教皇本笃十三世，选出新教皇马丁五世，教廷设在罗马，天主教大分裂到此结束。

帖木儿帝国由兴转衰

帝国的创建者帖木儿(1335～1405)出身于西察合台的一个突厥化蒙古贵族家庭，常结伙拦路抢劫。一次去阿富汗抢掠牲畜，右足被打成瘸子，人称跛足帖木儿。1369年，他联合其他军事贵族击杀西察合台苏丹，并占领撒马尔罕，自立为苏丹，宣布自己是成吉思汗的继承人，决心做世界的君主。1380年占领呼罗珊，接着南下于1388年灭掉伊儿汗国，将整个伊朗和阿富汗相继并入版图。1390年以后多次进攻钦察汗国，攻陷萨莱。1398年，又挥戈东侵印度，攻陷德里，斩杀10万余人。1399年西下，侵占小亚细亚一带地方。1402年在安卡拉附近与奥斯曼帝国军队激战，双方出动军队约百万。结果奥斯曼帝国全军覆没，苏丹巴耶塞特被俘，困死牢中。至此，帝国版图已囊括东起印度河，西至小亚细亚，北自阿姆河，南抵波斯湾之间的广阔地区。帖木儿甚至梦想征服中国(明朝)，他不顾当时已年迈之身躯，仍率领20万精兵北上。但到阿姆河时染病，不久死于军中(1405)。15世纪后期，帝国陷于分裂，西部形成黑羊王朝和白羊王朝两个独立政权，帖木儿的后裔只保持伊朗的东部地区。1500年，北方游牧部落乌兹别克人占领帝国全境，帖木儿帝国灭亡。

佛罗伦萨梳毛工起义

14世纪意大利佛罗伦萨共和国经济繁荣，在毛纺织业中出现了资本主义萌芽，梳毛工人大量增加，他们是工场主的雇佣工人，在手工工场身受残酷的经济剥削，每日工作达14～16小时，但工资却很微薄。1378年春，佛罗伦萨与罗马教皇进行了一场战争，梳毛工的生活更加恶化。同年6月梳毛工向政府请愿，一名领袖反遭政府逮捕。工人闻讯拿起武器，于7月21日攻占官府，推翻了旧市政机关长老议会，组成新政府，推选米凯尔·迪·兰多为正义旗手，即政府首脑。新政府组织了梳毛工、裁缝、理发师三个新行会，建立人民自卫军，剥夺了数十个大工商企业主的参政权，征收累进所得税，向贫民发放赈济粮。这里作坊仍掌握在大企业主手里，他们关闭了作坊，使工人陷于失业和饥饿中，同时收买了兰多以破坏起义。同年8月，对新政权向大企业主妥协不满的梳毛工再次起义，组成由梳毛工自己选举的长老议会。为此激起商人、小手工业者和小作坊主组成的小行会的不满,他们为自己的利益不仅脱离了梳毛工,而且参与对起义的镇压。8月末富人雇佣兵和封建主军队联合进攻起义者,梳毛工进行英勇抵抗,终因力量悬殊被镇压,梳毛工行会被解散。梳毛工起义是历史上第一次雇佣工人反对工场主的起义。

朝鲜李朝建立

高丽王朝投降蒙古后,加紧镇压人民的反抗斗争。1368年中国人推翻了元朝的统治,高丽王朝仍顽固地依附于蒙古残余势力。1387年,中国明朝决定收复原属中国的辽东领土。但高丽王朝拒绝交还铁岭,并于1388年春组织近4万人的攻辽部队,由八道都统使崔莹任总指挥、右军都统使李成桂为前锋。5月,攻辽部队到达鸭绿江。李成桂原反对出兵辽东,便以鸭绿江雨后水涨、行军困难为由提议回师,但遭到国王和崔莹的拒绝。李成桂便迫使左军都统使曹敏修改变主张,从威化岛断然回师实行兵变,驱逐国王,立其幼子(昌王)为王,同时肃清崔莹和其他反对派。1389年,又以昌王并非王姓为借口,予以驱逐,立其远亲恭让王为王,实权为李成桂所控制。之后,马上着手进行私田的整顿,对京畿一带田地进行清理,登记造册,决定三年内对公私田实行征收田租的政策。1391年5月颁行科田法,对两班官僚和其他封建贵族按等授田,使他们享有授田的收租权。李成桂在加强统治基础上,于1392年驱逐恭让王,自立为王。1396年迁都汉城,改国号为朝鲜,开始了李朝的统治时期(1392~1910)。

捷克胡司战争

15世纪初,捷克宗教改革派胡司派领导了大规模的反封建、反天主教会的斗争。1415年捷克宗教改革领袖约翰·胡司被害是这场战争的起因,但其更深刻的社会根源在于大贵族和德籍教会领主对捷克人民的剥削和压迫。1419年,城乡人民的反抗斗争终于汇成了胡司战争的洪流。参加战争的社会阶层十分广泛,有农民、小手工业者、市民和矿工,他们以塔波尔城为中心,实行财产公有,以保卫"上帝的正义"为口号,称塔波尔派。布拉格的起义群众则以中产阶级、市民和小贵族为主,他们于1419年掌握了政权,提出驱除德国人势力、实现民族独立、教俗平等的"布拉格四条款"。因其宗教主张中包括俗人可以用酒杯领圣餐,因而被称为"圣杯派"。为了镇压这场革命,罗马教皇、德国皇帝和捷克的封建主于10年之中组织了5次十字军(1420、1421、1422、1427、1431),向起义者进攻,但均遭失败。塔波尔派义军杰出统帅约翰·杰式卡在反击教廷及德皇的斗争中发挥了重要作用,不幸于1424年阵亡。塔波尔军在大、小普罗可普统率下继续抗战。1433年,教皇和德皇在巴塞尔宗教会议上收买了圣杯派,签署了布拉格协定。圣杯派遂于

1434 年倒戈,起兵参与镇压塔波尔派。在里旁大战中,塔波尔军败阵,胡司战争结束。但这场战争毕竟促进了捷克的政治独立和民族文化的发展,对后来西欧各国的宗教改革也有深刻的影响。

中美洲玛雅文明形成

3 世纪~16 世纪,生活在中美洲的玛雅人创造了灿烂的美洲文化。玛雅文化发展和传播的主要区域有尤卡坦半岛、恰帕斯东部、危地马拉大部及洪都拉斯等地。玛雅文化的形成时期资料缺乏,3~9 世纪是它的古典时期,其中以 7~8 世纪文化最为丰富,堪称玛雅文化的黄金时代。但 9 世纪末以后,古典文化中断。10 世纪末,玛雅文化在尤卡坦半岛北部奇钦·伊查又发展起来,进入强盛的后古典时代(10~15 世纪)。在奇钦·伊查城周围,兴起了几个新的城邦,如位于它西南方的马希马尔城和其南部的马雅班。在玛雅人的城邦中,有规模宏伟的宫殿和神庙,其神庙多筑成金字塔形或梯形。祭司在人民生活中享有主导地位,控制着玛雅人的城市生活。其中有的还是官员、学者、天文学家和建筑师,他们在祭司学校里教授历史、占卜和象形文字。玛雅人在数学和历法方面有过杰出的成就,他们使用数学符号 0 的时间比欧洲人早 800 年。他们的历法也比较精确,把一年 365 日分为 18 个月,每月 20 天,年末加 5 天"禁忌日",每 4 年一闰,加 1 天。玛雅人已有了象形文字,但只有祭司识字,并用它记载历史、宗教及文学事件。由于西班牙侵略者销毁了许多玛雅人手稿,造成今日研究玛雅文化的困难。1546 年,西班牙殖民者进入尤卡坦半岛,玛雅人和玛雅文化惨遭涂炭,只有塔赫·伊查城保持了独立一直到 1691 年。

阿兹特克人国家形成

大约在 1428 年,中美洲印第安人中的一支阿兹特克人,在其首领伊茨奈特尔领导下战胜邻近三个部落,组成以自己为盟主的部落联盟。不久,以该部落联盟为中心向外扩张,发展成囊括墨西哥盆地内外的奴隶制国家,其首都在帖诺第兰城(即今墨西哥城)。当时墨西哥地区约有 600 万人口。阿兹特克人原居于墨西哥西部的海岛上,从 11 世纪中叶起向墨西哥盆地迁移。在其部落神的启示下,阿兹特克人于 1325 年来到了墨西哥盆地中的帖什科科湖上,在湖心两个小岛定居,建立帖诺第兰城。15~16 世纪以后,帖诺第兰城已发展为繁华的都市。它通过三条堤道穿过湖面与陆地相接,堤道上以吊桥重重设防。城内建筑多由石块构筑,贵族宅第的屋顶上修有花园,城内也有水上浮动花园。城中有 40 座坛庙,均筑于金字塔顶。其中最大的金字塔建于 1487 年,塔上有部落神的坛庙,气势宏伟壮观。16 世纪初,城市人口有 30 万左右。阿兹特克人国家仍保留着部落、氏族的组织,国王是最高军事行政领袖,名义上由部落议事会的四名执政官民主选举,但实质上已是家族世袭。国王被神化为崇拜对象,享有至高无上的权力。16世纪初,阿兹特克人国家已相当强盛,并已进行了一个世纪之久的征服战争,与周边部落结仇甚深。因此在西班牙侵略者面前,各部落不能统一行动,致使国家很快就西班牙人征服。

阿尔巴尼亚反抗土耳其的斗争

斯坎德培(约1405~1468)是阿尔巴尼亚中部贵族卡斯特里奥蒂家族的后代,其父曾领有阿尔巴尼亚中部的公国。15世纪,在土耳其人大举进犯巴尔干诸国时,阿尔巴尼亚沦为土耳其属国,斯坎德培曾被当作人质送往土耳其苏丹宫廷(1423)。在那里,他改奉伊斯兰教,改名为伊斯堪德(原名乔治·卡斯特里奥蒂)。后因在土耳其军中立有军功而得“培”的称号,故叫斯坎德培。1443年,阿尔巴尼亚人民掀起反土耳其起义时,斯坎德培正受命率军进攻匈牙利。于是,他毅然率300骑兵返回阿尔巴尼亚,在中部要塞克鲁亚消灭土耳其守军,升起了象征自由和战斗的义旗——黑色双头鹰红旗。斯坎德培的起义,引起各地各阶层人民的积极响应。1444年,斯坎德培组织了阿尔巴尼亚联盟,自任最高统帅,组织上万之众同土军对抗。1444~1467年,斯坎德培率领军队多次打败土耳其苏丹穆拉德二世和穆罕默德二世的进攻,成为中欧各国人民反对土耳其斗争中的强有力的支柱。1468年,斯坎德培去世,他的部下又坚持了十几年斗争。直到1479年,阿尔巴尼亚被土耳其吞并。

土耳其灭亡拜占庭帝国

土耳其人对君士坦丁堡的进攻策划已久,早在拜占庭内战时期,它就完成了对君士坦丁堡的陆上包围。占领加利波利岛后,土耳其又切断了君士坦丁堡由海上进入西方的通道。科索沃战役和尼科堡战役之后,君士坦丁堡已成为在土耳其人势力包围下的一座孤城,只是由于1402年的安卡拉战役,才暂时中断了土耳其的征服计划。1422年,拜占庭皇帝约翰11世企图策动土耳其宫廷政变,以挽救拜占庭灭亡之势。苏丹穆拉德二世大怒,遂向君士坦丁堡发动了大举进攻。在君士坦丁堡居民的奋力抵抗下,土耳其军未能如愿,遂折兵向南洗劫了科林斯地峡和莫里亚城堡,并迫使拜占庭向其纳贡,割让色雷斯的几座城市。1430年,土军夺取了帝国第二大城市萨洛尼卡。1453年4月初,土耳其开始向君士坦丁堡发起进攻。他们使用了当时相当先进的武器,包括铜炮、火枪及各种攻城器械,4月22日,土耳其买通了居住于加拉太区的热那亚商人,把战舰由黄金角对岸的陆地用滚木运进黄金角,粉碎了拜占庭的火攻计划。5月29日总攻开始,土耳其军队由三面对君士坦丁堡发动多次进攻,突破了圣罗曼努斯门,进入城内。拜占庭皇帝君士坦丁十一世战死,君士坦丁堡被土耳其人野蛮洗劫三天,许多文化瑰宝横遭破坏,人民惨

瓦特·泰勒起义

西欧城市的兴起,使英国从 13 世纪开始就实行货币地租制。封建领主的胃口越来越大,货币地租给农民带来的压力也越来越大。一些贫穷的农民因交不起地租,只好到富农或领主自行经营的土地上充当佣工,这样农业中的雇佣劳动就盛行起来了。

农民起义

1348 年,黑死病横扫欧洲,英国丧失了一半的人口,使英国的劳动力数量急剧减少。劳动力的减少,使佣工的工资呈现上升趋势。英国的廉价劳动力似乎看到了摆脱困境的希望。就在这些佣工期望领主提高佣金的时候,1349 年,英王爱德华三世颁布了"劳工法令",彻底打碎了佣工提高工资的希望。"劳工法"规定:凡是12~60 岁的成年男女,如果没有生活来源,应按黑死病以前的工资受属拒绝受雇或在受雇期满前擅自离开雇主者,将被判处监禁。

1351 年,议会又变本加厉,制定了"劳工法案",规定凡破坏雇佣法令者戴枷下狱。10 年后,也就是 1361 年,新的"劳工法案"又一次加重了佣工的苦难:"新劳工法"宣布,离开雇主者将不受法律保护,逮捕后要对其进行烙印。

"劳工法案"无视农民的利益,农民便展开了广泛的斗争。不论是在城市还是在乡村,阶级矛盾都变得极其尖锐。而在百年战争第二阶段中失利的英国统治者加紧了对人民的搜刮。如 1377 年国会决定征收人头税,14 岁以上每人需交纳 4 便士,两年后又征收一次。到了 1380 年,国会又把 4 便士的人头税提高到 5 便士。政府的剥削,税吏的敲诈,使农民忍无可忍,终于爆发了大起义。

1381 年 5 月,埃塞克斯和肯特两郡向农民征收人头税时遭到农民的抵抗,舞弊的税吏被杀死,其他税吏被赶跑。埃塞克斯和肯特两郡的抗税行动,点燃了相邻各郡积压已久的怒火,抗税的浪潮汹涌而起。进入 6 月份,全国 40 个郡中约有 25 个郡发生了起义。斗争活动不单单是针对人头税,庄园、教堂、修道院被农民捣毁,粮食、牲畜也被农民夺取。肯特郡的农民把约翰·保尔从监狱里救了出来,人们拥戴他为起义的领袖之一。而这次起义的主要领袖是泥瓦匠瓦特·泰勒,所以这次起义也被称为"瓦特·泰勒起义"。

起义军在瓦特·泰勒和约翰·保尔的领导下,很快占领了肯特郡首府坎特伯雷。起义吸引了大批的农民,声势浩大的农民队伍震惊了国王和贵族,而起义队伍的目标也锁定了伦敦。

　　6月12日,起义队伍开到了距伦敦几公里的布拉克希斯,伦敦市长尼古拉·窝尔窝斯大惊失色,立即关闭了城门。但在次日,伦敦的贫民给义军打开了城门,起义军几乎没有遇到任何抵抗就占领了伦敦。他们释放了那些因无力交纳人头税而被关押起来的农民,放火焚烧了主张征收人头税的贵族的住宅,还杀死了农民痛恨的贪官污吏。起义军请求与躲在伦敦塔内的国王理查二世对话,但被拒绝。最后在农民武力的威胁下,理查二世被迫接受谈判的请求,但要求义军退到一个叫迈尔恩德的大广场去,谈判要在那里举行。

　　这支来自英格兰不同地方的6万多起义军退到了迈尔恩德广场,他们正兴奋地交谈着,希望国王理查二世能给大家一个满意的答复。

　　这时理查二世带着一些侍从来到了迈尔因广场,他走到人们中间亲切地问道:"伟大的人民啊,你们需要什么尽管说出来啊,为什么要动刀动枪呢?"

　　"我们需要土地,我们需要自由,希望子子孙孙也都拥有自由,而不是祖祖辈辈都被捆绑在不属于自己的土地上!"

　　"伟大的人民,你们的要求都是合理的,我会满足你们的愿望。但是,你们这么多人来到伦敦,会影响政府正常的工作的。现在请你们退回各自的村庄,每个村庄留下几个代表,然后我以国王的名义给你们立下字据,还你们自由。请相信我,我还会让人把我的旗帜分送到每个区、州和郡去。"

　　一部分人开始欢呼了,但一部分人不太相信国王的承诺,他们需要立即兑现诺言,而不是退回村庄后等待消息。于是,起义军内部出现了分歧,一部分人主张先退回村庄去,因为国王以自己的名誉作了保证;一部分人主张留下来,直到获得需要的自由。

　　当天晚上,有一部分人陆续离开了广场,回到了各自的村庄,等待着国王的消息。另一部分贫民则围在了瓦特·泰勒身边,他们要留在伦敦,请求与国王再进行一次谈判,要国王立即兑现诺言。

　　瓦特·泰勒带领着大约2万义军,聚集在一个叫斯密茨菲尔德的地方,然后与国王进行了新一轮会谈。

　　"国王陛下,这里还有很多人,他们有不同的想法。我是他们的领袖,他们誓死效忠于我,所以我要对他们负责。请你考虑一下他们的想法。"

　　"我不是已经承诺过了吗?你们怎么还这样呢?"

　　"他们想请你立刻履行诺言,不是退回村庄去等待你的消息。"

　　"既然我以国王尊贵的身份发出承诺,就会实现这些诺言的,请你带着他们回到各自的村庄去吧。"

　　就在这时,伦敦市长带领一批全副武装的骑士来到瓦特·泰勒面前。因这些骑士都身披大衣,所以瓦特·泰勒和远处的义军都没有注意到他们隐藏的武器。

　　他们围住了瓦特·泰勒。"你是什么东西?竟然向国王讨价还价?"市长说着突然拔剑砍向瓦特·泰勒,猝不及防的瓦特·泰勒被砍下马,还没来得及呼救,国王身边一个叫约翰·斯坦提什的侍从跳下马来,一剑刺死了瓦特·泰勒。

起义军的首领瓦特·泰勒被杀后，理查二世立即违背诺言，开始对起义军进行镇压。他宣布，只要不是伦敦的居民或在伦敦居住不满一年的人，必须离开伦敦，否则将会以叛逆罪处死。

许多人听到瓦特·泰勒被杀的消息后，纷纷离开了伦敦。国王的号令一下，又有更多的人离开了伦敦。约翰·保尔和另一个义军领袖贾克·斯卓躲进了一座旧房子里，准备伺机发起攻击，但不幸被国王的士兵捉到，很快就被处死了。

退出伦敦的起义军半路上遭到了攻击，大批人被杀。而逃回各自村庄的义军又遭到了各郡骑士和贵族的镇压。由于肯特郡是最先发动起义的，所以遭到了国王残酷的清洗。在肯特郡的其他地方，一些义军也被残忍杀害。据统计，被绞死和砍头的共有数千人。而那些保住性命的义军，被迫接受了更为苛刻的劳工条件。

瓦特·泰勒起义虽然失败了，但起义军给封建统治阶级带来了极大的震慑。由于起义军来自英格兰各地，所以引起了统治集团内部极大的恐慌。此后农民起义不断，长期束缚农民的劳役制逐渐废弛，农奴制度也逐渐瓦解，农民获得了越来越多的自由。

红白玫瑰战争

1399 年，英王理查二世出征爱尔兰受挫，英国北部封建主趁机拥立兰开斯特家族的亨利四世为王，结束了金雀花王朝在英国的统治，进入了兰开斯特王朝统治时期。

兰开斯特王朝的建立，引起了约克、威尔士等地封建领主的不满，他们相继叛乱。为了分化封建领主的势力，兰开斯特王朝的亨利五世重新挑起英法战争，并于 1415 年在阿金库尔战役中大败法军，暂时抑制住了封建领主的叛乱之心。

亨利五世死后，不满一周岁的亨利六世继承王位，但实权落在了各封建主手中，他们更加肆无忌惮。此时英法百年战争还在继续，法国民族女英雄贞德解奥尔良之围后，扭转了法国不利的战局。1453 年驻波尔多的英军投降后，英法百年战争以英国的失败而告终。

英法百年战争的混乱，促使英国各地封建主招兵买马，以扩张自己的利益。在英国同法国战争期间，封建主的武装力量起到了重要的作用。但是，当战争的硝烟散尽时，这些强大的武装力量让英国国王如鲠在喉。

百年战争的失利，使英国国内动荡的局势更加混乱，贵族和城市市民阶层把生活安定的希望寄托在了朝代的更替上。于是，约克家族重新走上了前台，受到了广泛的支持。

1455 年，约克公爵理查宣布摄政。理查此举遭到了兰开斯特家族的反对，双方于是率领支持自己的封建领主展开了混战。兰开斯特家族以红玫瑰为标志，约克家族以白玫瑰为标志，因此这两个封建集团之间的混战称为"红白玫瑰战争"，也叫作"蔷薇战争"。

约克公爵之死

1455 年 5 月初,亨利六世让各封建领主前往莱斯特参加咨议会。按照往日惯例,封建领主是不能带领大批人马参加的。但约克公爵理查以自身安全无法保障为由,率领他的内侄沃里克伯爵及数千名士兵随同前往。此举令亨利六世极为愤怒,在王后玛格丽特和执掌朝廷大权的萨姆塞特公爵的支持下,他也率领一批士兵前往会场。

5 月 22 日,亨利六世占据圣奥尔本斯镇,与约克公爵理查率领的大军相遇。上午 10 时左右,约克公爵抢先发难,指挥士兵狂攻圣奥尔本斯镇,最终击败亨利六世,从此约克公爵控制了英国王室,称为"护国公"。

1459 年,王后玛格丽特帮助兰开斯特家族把约克公爵理查挤出咨议会,又引发了约克公爵与亨利六世之间的战争。同年 10 月,亨利六世在卢德福桥大胜约克公爵,迫使理查公爵和沃里克伯爵逃亡法国。

1460 年 6 月,沃里克伯爵和理查之子爱德华率军杀回英国,双方于 7 月 10 日在北安普顿发生激战。结果亨利六世被俘,兰开斯特军大败。约克公爵获此消息后欣喜若狂,以为王位已成囊中之物,于是早早地提出了继承王位的要求。在没有和亲信贵族商量的情况下,他宣布自己为王位继承人。

王后玛格丽特闻讯大怒,立即从苏格兰借来一支人马,纠集兰开斯特家族的残兵败将在约克公爵的领地制造祸端。约克公爵匆忙凑合一支数百人的队伍前去围剿,由于轻敌冒进,被包围在威克菲尔德城。12 月 30 日,部分市民造反,与城外军队里应外合击溃约克公爵率领的军队,约克公爵及其次子被乱军杀死。玛格丽特把约克公爵的首级悬挂在约克城上,并扣上纸糊的王冠,供人观赏。

爱德华四世

约克公爵死后,他的长子爱德华发誓要惩治兰开斯特家族。1461 年 2 月 26 日,爱德华进入伦敦。经济比较发达的南部封建主集团,以及力图树立强大王权的城市市民和新贵族给了爱德华强有力的支持。3 月 4 日,在沃里克伯爵和上层市民的支持下,爱德华自立为王,称为爱德华四世。他立即组建军队,率兵北进,攻打玛格丽特。

1461 年 3 月 29 日,飞雪连天,爱德华四世率军挺进约克城,与玛格丽特大军相遇。当时兰开斯特军队有 2 万余人,但处于逆风之中,睁开眼睛都很困难,更不用说拉开沾满雪花的强弓了。爱德华率领的约克军队趁机强攻,虽然兵力不及玛格丽特,但风雪减弱了兰开斯特军队射出的利箭的威力,使爱德华的攻势顺利展开。

蜂拥而上的约克军队给兰开斯特军队以沉重的打击。为了扭转被动的局面,不断后撤的兰开斯特军队凭借数量上的优势展开反扑,使战争惨烈程度升级。战到傍晚时分,双方仍处于胶着状态,哪一方都没有显示出绝对的优势。

就在这时,约克军队的后续部队赶到,并从侧面向兰开斯特军队发动进攻,撕开了兰开斯特军队的防线,使它腹背受敌,被迫撤退。爱德华四世指挥军队乘胜追击,大败玛格丽特,迫使玛格丽特和亨利六世逃亡苏格兰。

此次大捷,使爱德华四世威望远播,也巩固了他的王位。1465 年,亨利六世再次被俘,爱德华将其囚禁在伦敦塔中,并迫使玛格丽特携幼子逃往法国。爱德华四世统治期间,实行了一些保护工商业的政策,使中小贵族得到了很多利益,进一步巩固了他的统治。

都铎王朝的建立

英国封建专制君主制始于都铎王朝。1485 年,参与"玫瑰战争"的兰开斯特家族的支裔、里士满伯爵亨利·都铎夺取王位,建立都铎王朝,称亨利七世。

亨利七世即位之初,英国的人口还不到 300 万,仅相当于法国的 1/5,领土面积也远远比不上法国与西班牙。英国没有常备军,更没有对于一个岛国来说意义非凡的海军。而 30 年的玫瑰战争使得社会秩序混乱,国库空虚,财政机构也几乎瘫痪,国王更是债台高筑,囊空如洗。此时封建贵族不顾内忧外患,为争权夺势而勾心斗角,不仅在地方进行大规模混战,在中央也通过咨议会和议会上院左右政局。封建分裂势力从没有停止活动,推翻新王朝始终是其政治目的。

为巩固王位,亨利七世曾以资产阶级和封建贵族调停人的身份出现,他有时依靠资产阶级去反对大封建主,有时又依靠大封建主来压制新兴的资产阶级。为加强中央集权,亨利七世实行君主专制,只在需要议会批准自己决定的法令或税收时才召集开会。亨利七世还在御前会议所在的威斯敏斯特宫的"皇室"设置了一个听取臣民申诉、监察官吏并及时处理非常案件的机构,这一机构后来发展成为权力很大的"星室法院"。另外他还对地方割据势力进行了坚决的打击,禁止贵族蓄养家臣、家兵,扫平贵族的城堡,使乡绅阶层在地方上的政治势力大为增长。

黑死病爆发

黑色妖魔

"我的弟弟! 我亲爱的弟弟……。我怎样开头? 我又该在何处转折? 所有的一切都是如此悲伤,到处都是恐惧。我亲爱的兄弟,我宁愿自己从来没有来到这个世界,或至少让我在这一可怕的瘟疫来临之前死去。我们的后世子孙会相信我们曾经经历过的这一切吗？没有天庭的闪电，或是地狱的烈火，没有战争或者任何可见的杀戮，但人们在迅速地死亡……"

这是中世纪意大利诗人彼特拉克写给他弟弟的一封信。他弟弟当时在一所修道院里，那里的修士死了 34 个，而整个修道院也只有 35 个修士，只剩下彼特拉克的弟弟幸免于难。

彼特拉克信中"没有天庭的闪电，或是地狱的烈火，没有战争或者任何可见的杀戮，但人们在迅速地死亡……"，是对 14 世纪的欧洲真实情况的一种写照。原来，欧洲当时正流行

修道院的恐怖

一种名为"黑死病"的瘟疫，所到之处，几乎没有人能够生存下来，存活下来的人们心理留下了巨大的阴影。

"黑死病"其实就是鼠疫，是鼠疫杆菌引起的一种烈性传染病。原为鼠类及野生啮齿动物中发生的兽疫，鼠疫杆菌借助鼠蚤叮咬传播给人。鼠疫患者痰中含菌，可通过飞沫在人与人之间传播，造成人间鼠疫大流行。因患者皮肤呈紫黑色，故有"黑死病"之称。

鼠疫在人类历史上曾有数次世界性大流行，在鼠疫流行期间，人和鼠大量死亡，尸体遍布街巷，城市上空飘荡着腐臭的味道。那些不知道能不能活到明天的人偕家外逃，远离人群，以至于十室九空。据统计，死于流行性鼠疫的人数，超过历史上所有战争死亡人数的总和，所以人们又把其形象地称为"黑色妖魔"。

差点毁了欧洲的"黑死病"

世界上曾发生过三次鼠疫大流行。第一次是在 542 年，爆发在查士丁尼统治时期的拜占庭帝国，经埃及南部塞得港沿陆海商路传至北非、欧洲，几乎殃及所有大国。据记载，在鼠疫传播的高峰期，拜占庭帝国首都君士坦丁堡每天有 5000 人到 1 万人染病死亡，总死亡人数在 20 万人以上，几乎摧毁了君士坦丁堡，历史上把这次鼠疫称为"查士丁尼鼠疫"。

第二次鼠疫大流行发生于 14 世纪，在 100 年中大约使 2400 万人丧生，这个数字相当于当时欧洲人口的 1/4。

第三次鼠疫大流行始于 1894 年，在 20 世纪 30 年代达到高峰，波及亚、欧、美、非 60 多个国家，波及地区之广、传播速度之快，远远超过前两次大流行。

在三次鼠疫大流行中，第二次持续时间最长，持续近 300 年，给中世纪的欧洲带来了沉重的打击。对于这次鼠疫流行的原因：有人认为起源于美索不达米亚平原，因十字军远征，鼠疫被带到了其他国家和地区；另一种说法认为可能起源于中国西部、印度、中亚

和俄罗斯南部，因为这些地区古时曾爆发过鼠疫，可能是鼠疫疫源地。

还有一种说法认为是蒙古人带到欧洲的：1346 年蒙古人从亚洲征战到欧洲，在围攻克里米亚的卡法时，用炮车将患有鼠疫的士兵尸体抛射进了城里，导致了鼠疫在城内流行，使城内大批居民逃亡。卡法居民乘商船驶向意大利热那亚的途中，大批人染上了鼠疫，当局禁止船上的人上岸。虽然卡法居民没有上岸，但船上的老鼠却爬上了岸。在很短的时间内，热那亚的居民相继患上了淋巴结肿大的鼠疫，皮肤上出现了可怕的色素点。在三年左右的时间里，这场鼠疫传到了北非、意大利、西班牙、法国、奥地利、瑞士、德意志和北欧斯堪的纳维亚及波罗的海沿岸诸国。其中意大利和英国死亡人数达到其总人口的 1/2，有不少城镇的人口全部死亡。

世界末日来临

中世纪的"黑死病"使整个欧洲陷入了世界末日来临的恐慌中，有人描绘当时的情景说"惨不忍睹、阴森可怖……幸存的人们只能孤独地残存人间"。住在城里的居民，可能前一天晚上还能胆战心惊地入睡，但夜里痛苦袭来，就看不到明天的太阳了。而那些活动在海上的船只因为水手的相继死亡，只好孤零零地飘荡在海面上。

据说意大利的佛罗伦萨，城里近 10 万人只剩下 4 万人了。市民们相互回避，邻里彼此不相打搅，甚至亲人死了也不敢前去探望。生存的渴望打碎了一切关系，亲情、爱情、友情都被摧残得支离破碎，父母抛弃了年幼的孩子，儿子丢下了年迈的双亲，丈夫离开了妻子，妻子躲避着丈夫……人们四处逃散，寻找能活下去的角落。于是，街上腐臭的尸体旁躺着发呆的老人，旁边还有不知名的婴儿大声哭泣着。

有的人则结成了小团体，过上了一种与外界隔绝的生活，他们把自己关在没有病人的房子里，断绝任何关于死亡与疾病的消息和讨论，然后期待着瘟疫尽快过去。

还有些人放纵着自己，利用一切时间饮酒作乐。由于大批人逃散，许多房合成了公共财产，他们从一个房屋钻进另一个房屋，随意地用着房间里主人遗弃的东西，或者发泄地破坏任何可以接触到的东西。这个时候他们不必担心任何行政官吏和司法人员的指责或逮捕，因为他们也是逃的逃、死的死。

意大利作家薄伽丘的《十日谈》反映了这种情况。佛罗伦萨的 10 位男女青年为躲避黑死病到乡村避难，借欢宴歌舞和讲故事消遣时光，用笑声将死神的阴影远远抛诸脑后。薄伽丘在书里面写道："白天和朋友一起吃午餐，而晚上和祖先在天堂一起进晚餐。"这就是那场可怕的瘟疫带给人们世界末日般的感觉。

愚昧导致妖魔降临

中世纪的"黑死病"使人们感觉世界末日好像就要来了。由于人们无法对"黑死病"做出科学的解释，认为这是上帝对人类的惩罚。有人认为向上帝坦白罪恶就能取得上帝的谅解，就能远离"黑死病"，于是祈求宽恕成为治疗"黑死病"的主要方法。一些人组成了自笞队，通过相互间的鞭打以求上帝的宽恕。自笞队高唱着"我最有罪"在各个村镇间游行,每到一个公共场所,他们就用鞭子彼此抽打,一直到皮开肉绽,鲜血淋漓。

鼠疫在欧洲的泛滥,还由于信仰基督教的人们对猫的偏见。当时的教会认为猫和猫头鹰有相似的外表,猫令人毛骨悚然的叫声和闪烁凶光的眼睛表明它是魔鬼撒旦的化身,或是造祸女妖的帮凶,是与魔鬼结盟的异教畜生。在教会的大力宣扬下,人们接受了"猫是魔鬼的化身、邪恶的代表"这一观点,大批的猫遭到遗弃或滥杀。猫的数量急剧减少,导致了鼠害泛滥。

而关于鼠疫的传说,更说明了人们对鼠疫缺乏科学的认识。据说有一个美貌的鼠疫女子,她围着一条深红色的围巾,总是从一个村落走到另一个村落。只要她把那条红色的围巾在经过的窗户或门前一挥,这家人就会染上鼠疫。有一个男子发誓要砍掉鼠疫少女的手臂,以切断鼠疫的传播。他终日坐在门口,但不幸的是,鼠疫少女经过了他的窗户,然后挥了一下手臂,这名男子最终也死于黑死病。

"黑死病"给欧洲的社会造成了严重的影响,使其经济紊乱、风俗败坏,同时冲击了封建制度,客观上加速了封建制度的瓦解。而在宗教方面,"黑死病"使人们意识到上帝拯救论不再可靠,促成了以后的宗教改革和宗教战争。